广东工会年鉴

（2011）

《广东工会年鉴》编纂委员会　编

广东人民出版社
·广州·

图书在版编目（CIP）数据

广东工会年鉴（2011）/《广东工会年鉴》编纂委员会编．—广州：广东人民出版社，2012.2

ISBN 978-7-218-07535-8

Ⅰ．①广…　Ⅱ．①广…　Ⅲ．①地方工会-工会工作-广东省-2011-年鉴　Ⅳ．①D412.865-54

中国版本图书馆 CIP 数据核字（2012）第 002748 号

广东工会年鉴（2011）　《广东工会年鉴》编纂委员会编　

出 版 人：金炳亮

责任编辑：谢海宁　向　静
装帧设计：刘晓菁
责任技编：周　杰

出版发行：广东人民出版社
地　　址：广州市大沙头四马路 10 号（邮政编码：510102）
电　　话：（020）83798714（总编室）
传　　真：（020）83780199
网　　址：http://www.gdpph.com
印　　刷：广州市官侨彩印有限公司
书　　号：ISBN 978-7-218-07535-8
开　　本：787mm×1092mm　1/16
印　　张：26.125　**插　　页**：8　**字　　数**：580 千字
版　　次：2012 年 2 月第 1 版　2012 年 2 月第 1 次印刷
定　　价：158.00 元

如发现印装质量问题，影响阅读，请与出版社（020-83795749）**联系调换。**

售书热线：（020）83790604　83791487　**邮 购**：（020）83781421

《广东工会年鉴》（2011）编纂委员会

《广东工会年鉴》（2011）编辑部

2010年8月7日，受中共中央政治局委员、省委书记汪洋(二排左三)邀请，100多名在广东工作的外来务工人员在省委礼堂一起观看反映外来工故事的电影《所有梦想都开花》。农民工全国人大代表胡小燕是电影故事素材的原型之一。

2010年8月30日，广东省委副书记、省纪委书记朱明国到省总工会调研工会工作。图为朱明国与省总工会领导班子成员合影。左起：廖汝捷、林锡明、王丽华、刘日知(省委副秘书长)、邓维龙、朱明国、陈宗文、郭泽宇、张国兴、杨敏。

2010年7月15日，广东省人大常委会副主任、省总工会主席邓维龙(右二)，在省总工会常务副主席陈宗文(右一)，纪检组长廖汝捷(左一)的陪同下到中交广州航道局有限公司调研工会工作。

2010年4月30日，广东省庆祝五一国际劳动节暨劳动模范表彰大会在广州隆重举行。全国劳动模范和先进工作者、省五一劳动奖章获得者代表，以及广州地区各界职工群众代表，共1000多人参加了大会。

2010年7月2日，广东省成立工会法律服务律师团，为各地工会组织和职工提供公益法律服务，维护职工合法权益。

2010年4月13日，广东省第四届职工运动会开幕式在广州举行。图为省总工会常务副主席陈宗文(左一)与广东省体育局有关领导共同启动开幕式。

2010年8月6日，由省总工会主办、云浮市总工会承办的广东职工人文关怀系列活动暨“金秋助学”启动仪式在云浮举行，450名困难职工子女共获得100万元助学金。省总工会常务副主席陈宗文出席了仪式。

2010年9月26日，省总工会党组副书记、副主席郭泽宇(前)在黄振龙凉茶集团调研。

2010年3月1日，省总工会女职工委员会在广州召开广东省直单位女职工“庆三八迎亚运”健美操比赛暨广东省“五一巾帼奖”表彰大会。省总工会副主席、省总工会女职委主任王丽华宣读《广东省总工会关于授予广东省“五一巾帼奖”荣誉称号的决定》。

为了保证2010年广州第16届亚运会顺利举行，广州市组成安全检查组对亚运会开幕式场地进行安全大检查。图为省总工会副主席张国兴(前排中)在检查现场。

2010年7月2日，广东省工会法律服务律师团成立。图为省总工会副主席林锡明宣读《关于成立广东省工会法律服务律师团的决定》。

2010年7月9日，广东省工业工会召开年中工作会议。省总工会副主席张振飚出席了会议。

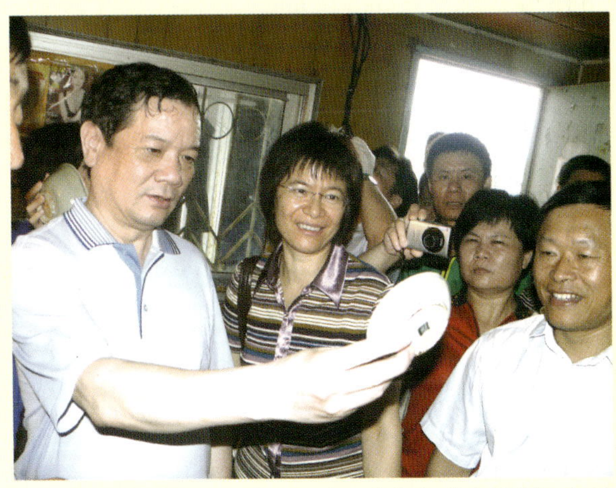

2010年6月22日，省总工会纪检组长廖汝捷(左一)到汕头南澳一号打捞现场，代表省总工会、省海员工会，慰问在恶劣环境下坚持打捞工作的交通部广州打捞局的职工。

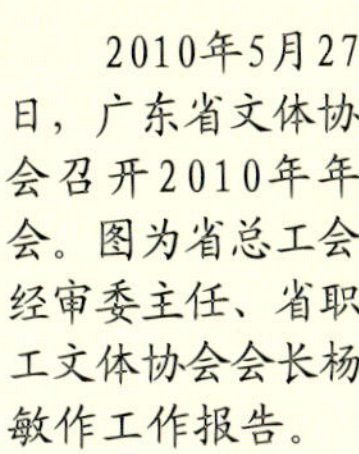

2010年5月27日，广东省文体协会召开2010年年会。图为省总工会经审委主任、省职工文体协会会长杨敏作工作报告。

2010年5月21日，广东省第四届职工运动会羽毛球比赛落下帷幕。图为省总工会党组成员、巡视员孔祥鸿与获奖选手合影。

2010年5月7日，广东省人大常委会副主任、省总工会主席邓维龙(右四)会见澳门中联办副主任陈启明(右五)一行。

2010年12月22日，广东省总工会常务副主席陈宗文(前排左四)会见苏丹联合代表团。

2010年9月4日，广东省总工会党组副书记、副主席郭泽宇接待国际劳工组织副总干事阿桑·迪奥普。

2010年10月13日，广东省总工会副主席王丽华(左三)率广东工会代表团访问澳大利亚。图为新南威尔士州工会理事会总书记马克·列侬(右三)会见代表团。

2010年6月4日，广东省总工会副主席张国兴率广东工会代表团访问欧洲。图为张国兴(左五)一行与德国工会联合会巴登·符腾堡州工会界人士合影。

2010年9月2日，广东省总工会副主席张振飚(左一)率广东省技协考察团赴台湾与台湾电力工会交流。

2010年3月1日，2010年广东省直单位女职工“庆三八迎亚运”健美操比赛暨广东省“五一巾帼奖”表彰大会在广州举行。图为省总工会副主席、省总女执委主任王丽华(左六)与“五一巾帼奖”获得者合影。

2010年8月31日，省工业系统职工人文关怀演讲比赛在从化市举行。图为省总工会副主席林锡明(前排左三)为获得一等奖的代表队颁奖。

2010年9月27日，中国电信广东公司举行“天翼腾飞”劳动竞赛活动。

2010年10月14日，广铁(集团)公司工会召开创先争优活动动员部署会议。

2010年7月2日，省地质局物料检测中心举行第一届职工技能竞赛。局党委副书记丁明贵(左五)出席闭幕式并为获胜者颁奖。

2010年7月28日，广东省机场管理集团举办“迎亚运”“安康杯”主题演讲比赛。

广东省海洋与渔业局工会积极开展文体活动。图为“迎亚运体育年”羽毛球赛现场。

2010年9月8日，中交第四航务工程局有限公司举行“中交股份2010年职工(试验工)技能比赛”。

交通运输部广州打捞局工会积极开展体育活动。2010年9月30日，局工会组织职工开展迎亚运登山活动。

中交广州航道局有限公司工会积极开展劳动竞赛。图为“敏龙”轮劳动竞赛场面。

2010年7月9日上午，广州市人大常委会副主任、市总工会主席陈伟光率市总工会高温慰问团，看望高温时节奋战在一线的环卫工人和建筑工人，并送去了价值近4万元的清凉饮料、矿泉水等防暑降温用品。

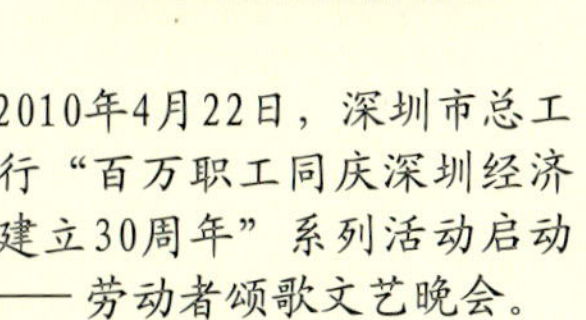

2010年4月22日，深圳市总工会举行“百万职工同庆深圳经济特区建立30周年”系列活动启动仪式——劳动者颂歌文艺晚会。

2010年3月4-5日，广州市职工迎亚运文明礼仪形象大赛在市少年宫蓓蕾剧院举行。本次大赛是广州市总工会为迎接2010年亚运会的召开，展示全市各行各业职工的礼仪风范和职业形象，共有38个系统55支参赛队的218名选手参加。

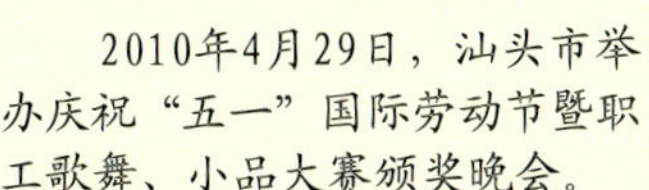

2010年4月29日，汕头市举办庆祝“五一”国际劳动节暨职工歌舞、小品大赛颁奖晚会。

2010年12月8日，韶关市乳源县境内最大外资企业(日本三协电子)工会举行挂牌仪式。

2010年9月2日，梅州市人大常委会副主任、市总工会主席刘广新(左三)率队慰问特困教师杨蔚文。

汕尾市工会第四次代表大会隆重召开，市四套班子领导出席大会开幕式。

2010年7月19日，湛江市人大常委会副主任、市总工会主席李连率市总慰问团给重点项目一线农民工送清凉。

2010年9月3日，潮州市厂务公开协调小组成员（扩大）会议召开。市人大常委会副主任、市总工会主席、市厂务公开协调小组组长王拥和，市总工会常务副主席李群玲等领导出席会议。

2010年8月27日，广东省工会法律律师服务团中山分团成立，30位律师团成员为全市各级工会组织和职工免费提供法律咨询、法律援助等服务。图为中山市人大常委会副主任、市总工会主席区碧群（右一）向律师代表胡文坚授旗。

2010年8月27日，茂名市工会法律服务律师团成立。图为市人大常委会副主任、市总工会主席卢方圆为律师团成员颁发聘书。

顺德区总工会重视“职工书屋”建设。2010年1月17日，顺德区总工会与顺德图书馆在东菱集团公司签约共建“职工书屋”。

目　　录

特　载

大事记

综合篇

省级产业工会、集团公司工会

市总工会

县（区）总工会

镇、街道、社区工会

基层工会

政策法规和重要文件

记功榜

统　计

特载

在2010年全国劳动模范和先进工作者表彰大会上的讲话

（2010年4月27日）

胡锦涛

同志们：

在全世界工人阶级和劳动群众的光辉节日——“五一”国际劳动节即将来临之际，我们在这里集会，隆重表彰全国劳动模范和先进工作者，这对激励和鼓舞全国各族人民满怀豪情地推进全面建设小康社会进程、不断开创中国特色社会主义事业新局面，对激励和鼓舞青海玉树地震灾区各族干部群众、广大救援人员和全国各族人民信心百倍地战胜一切艰难险阻、全面做好抗震救灾工作，具有十分重要的意义。

首先，我代表党中央、国务院，向全国各族工人、农民、知识分子和其他各阶层劳动群众，向人民解放军指战员、武警部队官兵和公安民警，向香港特别行政区同胞、澳门特别行政区同胞、台湾同胞和海外侨胞，致以节日的祝贺！向为改革开放和社会主义现代化建设作出突出贡献的劳动模范和先进工作者，致以崇高的敬意！我还要代表中国工人阶级和广大劳动群众，向全世界工人阶级和广大劳动群众，致以诚挚的问候！

我国工人阶级是我国先进生产力和生产关系的代表，是我们党最坚实、最可靠的阶级基础，是社会主义中国当之无愧的领导阶级，是全面建设小康社会，坚持和发展中国特色社会主义的主力军。长期以来，在中国共产党领导下，我国工人阶级和广大劳动群众始终站在时代前列，积极投身革命、建设、改革的洪流，艰苦奋斗，锐意进取，为国家、为民族建立了伟大历史功勋。新中国成立60多年来特别是改革开放30多年来我国经济社会发展的伟大实践和辉煌成就，充分显示了我国工人阶级和广大劳动群众的聪明才智和创造活力。

自2005年全国劳动模范和先进工作者表彰大会以来，我们高举中国特色社会主义伟大旗帜，以邓小平理论和“三个代表”重要思想为指导，深入贯彻落实科学发展观，成功举办北京奥运会、残奥会，隆重庆祝党的十一届三中全会召开30周年、新中国成立60周年，圆满完成载人航天飞行和首次月球探测工程，奋力抗击四川汶川特大地震和青海玉树强烈地震等重大自然灾害、迅速开展灾后恢复重建，有力应对国际金融危机冲击、保持经济平稳较快发展，精心筹办上海世博会，着力加强民族团结、维护社会和谐稳定，全面推进社会主义经济建设、政治建设、文化建设、社会建设以及生态文明建设和党的建设，书写了改革开放和社会主义现代化建设恢宏壮丽的时代篇章。这些成就的取得，是全国各族人民在中国共产党领导下同心同德、奋力拼搏的结果，是我国工人阶级和广大劳动群众团结一心、辛勤劳动的结果。今天受到表彰的全国劳动模范和先进工作者就是我国亿万劳动群众的杰出代表。长期以来，你们在各自岗位上展现主人风采、焕发劳动激情，为改革开放和社会主义现代化建设作出了突出贡献，铸就了信念坚定、立场鲜明，艰苦奋斗、勇于奉献，胸怀大局、纪律严明，开拓创新、自强不息的工人阶级伟大品格，在共和国的旗帜上镌刻了人民伟大、劳动神圣的无上荣光。党和人民感谢你们，全社会都要向你们学习。

当前，国际形势继续发生深刻复杂变化，我国继续处在经济社会发展的重要战略机遇期。在国际竞争日趋激烈、国内改革发展稳定任务艰巨繁重的情况下，认清机遇、抓住机遇、用好机遇，正视挑战、迎接挑战、战胜挑战，继续解放思想，坚持改革开放，推动科学发展，促进社会和谐，是全国各族人民的共同任务。在当代中国，工人阶级和广大劳动群众始终是推动我国经济社会发展、维护社会安定团结的根本力量。实现我们确定的宏伟目标，必须高度重视和充分发挥我国工人阶级和广大劳动群众的主力军作用。我国工人阶级和广大劳动群众一定要肩负起光荣的历史责任，继续团结拼搏、奋发努力，在前进道路上不断建立新的业绩。

第一，进一步弘扬劳模精神，为激励全国各族人民团结奋斗凝聚强大精神力量。成就任何一项伟业都离不开劳动。要实现全面建设小康社会，进而基本实现现代化的宏伟目标，必须依靠全体人民热爱劳动、勤奋劳动，必须依靠全社会尊重劳动、保护劳动，必须使通过诚实劳动创造美好生活成为亿万人民的共同追求。榜样蕴藏无穷力量，精神激发奋斗意志。爱岗敬业、争创一流，艰苦奋斗、勇于创新，淡泊名利、甘于奉献的伟大劳模精神，是中国工人阶级崇高品格的生动体现，是我们时代的宝贵财富，是激励全国各族人民团结奋斗、勇往直前的强大精神力量。我们一定要在全社会大力弘扬劳模精神，用劳模的先进事迹感召人民群众，用劳模的优秀品质引领社会风尚，充分发挥劳模的骨干和带头作用，在全社会进一步形成崇尚劳模、学习劳模、争当劳模、关爱劳模的良好氛围。要真诚帮助劳模解决工作、学习、生活中的实际问题，为劳模发挥聪明才智、建功立业营造更好环境和条件。受到表彰的劳动模范和先进工作者要珍惜荣誉、戒骄戒躁，发扬成绩、再接再厉，在全面建设小康社会的征途上为祖国、为人民、为民族再立新功。

第二，进一步激发创造活力，为推动经济又好又快发展积极贡献力量。发展是解决中国一切问题的“总钥匙”。推动经济又好又快发展对全面建设小康社会、加快推进社会主义现代化，对开创中国特色社会主义事业新局面、实现中华民族伟大复兴具有决定性意义。我们一定要坚定不移坚持发展是硬道理的战略思想，深入贯彻落实科学发展观，牢牢抓住经济建设这个中心，紧紧把握全面建设小康社会、坚持和发展中国特色社会主义这个当代中国工人运动的主题，坚持聚精会神搞建设、一心一意谋发展，同时一定要加快经济发展方式转变和经济结构调整，不断提高发展质量和效益，努力实现以人为本、全面协调可持续的科学发展。加快经济发展方式转变是我国经济领域的一场深刻变革，关系改革开放和社会主义现代化建设全局。我国工人阶级和广大劳动群众是实现这场深刻变革的主力军，要积极为实现这项重大战略任务贡献力量。要全面贯彻落实尊重劳动、尊重知识、尊重人才、尊重创造的方针，充分发挥一切劳动者的首创精神，充分调动他们的积极性、主动性、创造性，最大限度地把他们的智慧和力量凝聚到推动科学发展上来。我国工人阶级和广大劳动群众要积极开展社会主义劳动竞赛，争当锐意改革创新的先锋，争当推动科学发展的楷模，把自己的创新潜能和创造活力充分发挥出来；要积极投身自主创新实践，围绕加快传统产业优化升级、推动战略性新兴产业发展，建设创新型国家，建设资源节约型、环境友好型社会等重大任务，深入开展技术革新和发明创造活动，立足本职岗位，丰富科技知识，提高劳动技能，争创一流业绩，把实现党和国家发展目标变成自己的自觉行动，为推动科学发展积极献计出力。

第三，进一步保障劳动者权益，为促进社会和谐奠定坚实基础。实现好、维护好、发展好最广大人民根本利益是我们一切工作的出发点和落脚点。保障工人阶级和广大劳动群众经济、政治、文化、社会权益是我国社会主义制度的根本要求，是党和国家的神圣职责，也是发挥我国工人阶级和广大劳动群众积极性、主动性、创造性最重要最基础的工作。我们一定要适应改革开放和发展社会主义市场经济的新形势，从政治、经济、社会、法律、行政等各方面采取有力措施，保障广大劳动群众权益，促进社会公平正义。要健全以职工代表大会为基本形式的企事业单位民主管理制度、厂务公开制度，组织职工依法实行民主选举、民主决策、民主管理、民主监督，使广大劳动群众的知情权、参与权、表达权、监督权得到更充分、更有效的保障。要切实实施积极的就业政策，创造更多就业岗位，促进充分就业，改善就业环境，提高就业质量，不断增加劳动者特别是一线劳动者劳动报酬。要切实完善社会保障体系，健全就业帮扶、生活救助、医疗互助、法律援助等帮扶制度，着重解决困难劳动群众生产生活问题，在经济发展的基础上不断提高广大劳动群众生活水平和质量，使他们不断享受到改革发展成果。要切实发展和谐劳动关系，建立健全劳动关系协调机制，完善劳动保护机制，让广大劳动群众实现体面劳动。要切实健全党和政府主导的维护群众权益机制，统筹协调各方面利益关系，想问题、作决策、定政策要充分考虑广大劳动群众利益和承受能力，认真解决广大劳动群众反映的热点、难点问题。我国工人阶级和广大劳动群众要充分发扬识大体、顾大局的光荣传统，增强主人翁意识，坚决拥护党和政府关于改革发展的各项方针政策，正确认识和对待改革发展过程中利益关系和利益格局的调整，依法表达合理诉求，自觉维护社会和谐稳定。

第四，进一步提高劳动者素质，为推动科学发展提供强有力的人力资源支持。劳动者素质对一个国家、一个民族的发展至关重要。当今世界的综合国力竞争，归根到底是劳动者素质的竞争。不断提高广大劳动群众的综合素质，是实现人的全面发展的必然要求，也是推动经济社会发展的重要保证。我们一定要深入实施科教兴国战略和人才强国战略，引导广大劳动者不断提高思想道德素质和科学文化素质、提高劳动能力和劳动水平，努力成为掌握新知识、新技能、新本领的知识型工人和一线创新人才，成为有理想、有道德、有文化、有纪律的社会主义劳动者，使科技进步和劳动者素质提高成为我国经济社会发展的重要推动力。要大力推进社会主义核心价值体系建设，引导我国工人阶级和广大劳动群众认真学习中国特色社会主义理论体系，坚定中国特色社会主义共同理想，弘扬以爱国主义为核心的民族精神和以改革创新为核心的时代精神，践行社会主义荣辱观，打牢为坚持和发展中国特色社会主义而共同奋斗的思想基础。要大力开展技能培训、转岗培训、创业能力培训，形成有利于劳动者学习成才的引导机制、培训机制、评价机制、激励机制。要大力开展多种形式的群众性精神文明创建活动，加强职业道德建设，积极发展丰富多彩、昂扬向上的企业文化、职工文化，不断满足广大劳动群众日益增长的精神文化需要。

紧紧依靠和切实关心广大劳动群众，是坚持党全心全意为人民服务的根本宗旨和贯彻党的群众路线最重要、最根本的体现。各级党委和政府要始终坚持全心全意依靠工人阶级的根本方针，把广大劳动群众紧紧团结在党和政府周围，充分发挥他们的主力军作用。各级领导干部要增强对劳动群众的感情，密切同劳动群众的联系，深入劳动群众、关心劳动群众，倾听他们的呼声，关心他们的疾苦，为他们排忧解难，始终与劳动群众心连心。

在庆祝今年“五一”国际劳动节、表彰全国劳动模范和先进工作者的喜庆日子里，我们也迎来了中华全国总工会成立 85 周年。在此，我向全国各级工会组织和广大工会干部，表示热烈的祝贺和诚挚的问候！工会组织是党和政府联系职工群众的桥梁和纽带，是国家政权的重要社会支柱，是职工利益的代表者和维护者。新形势下，各级工会组织一定要适应新形势、新任务，紧紧围绕党和国家工作大局，全面履行各项职能，扩大工作覆盖面，增强组织凝聚力，诚心诚意为广大职工群众服务，主动维护广大职工包括农民工合法权益，充分发挥组织职工、引导职工、服务职工、维护职工合法权益的重要作用，把党和政府的关怀和温暖送到广大劳动群众心坎上，最广泛最充分地把广大劳动群众的智慧和力量凝聚到落实改革发展稳定的目标任务上来，不断开创工会工作新局面。

我们要始终高举和平、发展、合作的旗帜，加强同世界各国工人阶级和广大劳动群众的联系合作，扩大交往，增进友谊，为维护工人阶级和劳动群众权益，推动建设持久和平、共同繁荣的和谐世界作出应有的贡献。

同志们，劳动是人类文明进步的源泉，劳动创造世界。在我们社会主义国家，一定要在全社会大力培育和弘扬劳动光荣、知识崇高、人才宝贵、创造伟大的时代新风，让全体人民特别是广大青少年都懂得并践行劳动最光荣、劳动者最伟大的真理。全面建设小康社会、加快推进社会主义现代化的伟大事业为英雄辈出提供了广阔舞台。我国工人阶级和广大劳动群众要更加紧密地团结起来，在党的坚强领导下，万众一心，开拓进取，继续为祖国、为人民、为民族建功立业，继续为全面建设小康社会、实现中华民族伟大复兴而不懈奋斗！

在 2010 经济全球化与工会国际论坛开幕式上的致辞

（2010 年 2 月 25 日）

习近平

尊敬的各国工会朋友们，

女士们，先生们：

“2010 经济全球化与工会国际论坛”今天在北京隆重开幕。有机会出席这次论坛并同各国工会朋友们见面，我深感荣幸。首先，我谨代表中国政府和人民，对论坛的举办表示衷心祝贺，向各国工会朋友们表示诚挚欢迎！

经济全球化与工会国际论坛，是在一些友好工会组织共同倡议和携手努力下创立的，自 2004 年 10 月以来已成功举办 5 次。中国国家主席胡锦涛、全国人大常委会委员长吴邦国都曾出席论坛、会见各国工会代表并发表重要致辞。论坛的国际影响日益扩大，参加人数不断增多，为推动各国工会相互了解和合作，实现社会公平正义和劳动者体面劳动，促进世界经济可持续发展，都起到了积极作用。

本次论坛的主题是“国际金融危机与工会作用”。与会 118 个工会组织的领导人围绕大会主题，深入研讨在后国际金融危机时期“就业危机与可持续发展”问题，广泛交流各国工会推动实现充分就业和社会保障、推动实现可持续发展方面的思路和举措。这对于世界各国全力促进增长、推动平衡发展至关重要。在这里，我愿向各位简要介绍中国的有关情况和做法。

2008 年第四季度以后，国际金融危机持续扩散蔓延，国际金融市场跌宕起伏，世界经济深度衰退，国际贸易大幅下滑。中国也受到这场危机的严重冲击，对外贸易发生逆转，有效需求不足，不少企业生产经营困难，就业矛盾凸显。特别是大量进城农民工因失去就业岗位出现的返乡潮，如果处理不好，将对广大农民生产生活造成极大影响。

中国在应对国际金融危机冲击的过程中，坚持把保民生放在同保增长同等重要位置，把促进经济平稳较快发展同促进就业增长紧密结合起来，实施更加积极的就业政策，千方百计创造更多就业机会。中央财政安排 420 亿元就业专项资金，切实减轻企业负担，缓交困难企业社会保险费或降低部分费率，同时大力度开展一系列就业公共服务活动，多渠道开辟公益性就业岗位，对农民工和城镇其他就业困难人员实施有针对性的就业帮扶，对高等学校毕业生实施了从 2009 年开始为期 3 年吸纳 100 万人到企事业单位就业见习计划，全年共组织 2100 万名城乡劳动者参加特别职业培训计划，稳定农民工回城就业和返乡就业。到 2009 年底，在实现国内生产总值增长 8.7％的同时，中国城镇就业人员比上年净增 910 万人，城镇登记失业率控制在 4.3％以下；年末农村外出务工劳动力 1.49 亿人，比一季度末增加 170 万人。中国广大城乡劳动者在国际金融危机冲击下实现的就业稳定，既得益于国内经济稳定，又促进了经济稳定。

中国工会在稳定经济和稳定就业方面发挥了不可替代的独特作用。他们积极响应中国政府关于同舟共济、共克时艰的号召，充分发挥会员人数众多、组织覆盖广泛的优势，在应对国际金融危机冲击中，创意开展“同舟共济保增长、建功立业促发展”劳动竞赛活动，全国有近 80％的企业和职工参加了这项活动，激发了职工与企业共命运的主人翁意识。工会还积极倡导在中国各类企业开展以保岗位、保工资为主要内容的“共同约定行动”，既动员职工立足本职，为企业发展献计出力，又促使企业履行社会责任，尽量不裁员、不减薪，少裁员、少减薪。这项涉及全国 63 万多家企业、覆盖 8400 多万名职工的活动，取得多方共赢的积极效果。中国工会还大力实施以就业援助为重点的全国工会“千万农民工援助行动”，对 1390 多万名农民工开展就业培训、岗位援助、创业指导、维权服务和生活帮扶，其中帮助农民工实现重新就业达 276 万人，培训农民工 306 万人。工会还大力推动《劳动合同法》等法律法规的贯彻实施，把关心关爱广大劳动者同主动维权、依法维权、科学维权结合起来，在稳定就业岗位、促进劳动关系和谐、切实维护职工合法权益方面发挥了重要作用。

中国能在应对国际金融危机冲击中成功实现经济稳定、就业稳定，同我们坚持推动以人为本、全面协调可持续的科学发展紧密相关，同我们努力化危机为机遇、大力推动经济发展方式转变和经济结构调整紧密相关，同我们坚持走中国特色新型工业化道路，坚持尊重劳动、尊重知识、尊重人才、尊重创造的重大方针紧密相关。

我们在推进中国工业化过程中，把学习借鉴国外成功经验同探索走出一条符合中国国情的科技含量高、经济效益好、资源消耗低、环境污染少、人力资源优势得到充分发挥的新型工业化道路结合起来。中国特色新型工业化道路关于“科技含量高、经济效益好、资源消耗低、环境污染少”的主张，同发展绿色经济、低碳经济、循环经济和实现可持续发展的时代潮流高度契合；中国特色新型工业化道路关于“人力资源优势得到充分发挥”的主张，同中国拥有13亿人口的基本国情紧密相联。我们认为，在一个13亿人口的发展中大国实现工业化同实现劳动者充分就业应当统筹兼顾。为防止出现机器排挤劳动、资本所得挤占劳动所得的现象，我们提出尊重和保护一切有益于人民和社会的劳动；提出让一切劳动、知识、技术、管理和资本的活力竞相迸发，让一切创造社会财富的源泉充分涌流；提出要在积极发展资本和技术密集型企业的同时，大力发展劳动密集型企业；提出就业是民生之本，要以创业带动就业，使更多劳动者成为创业者；提出完善面向所有困难群众的就业援助制度，及时帮助零就业家庭解决就业困难；提出加强人力资源能力建设，对职工进行技能培训，全面提高职工素质；提出最大限度激发劳动者创新能力和活力，提高创新效率；提出发展为了人民、发展依靠人民、发展成果由人民共享；提出逐步提高居民收入在国民收入分配中的比重，提高劳动报酬在初次分配中的比重，等等。所有这些，都为促进实现劳动者充分就业和让广大劳动者更多共享经济社会发展成果奠定了基础。

我们认为，广大劳动者是实现可持续发展的主体，工会在推动实现可持续发展、实现体面劳动方面可以也能够发挥重要作用。在后国际金融危机时期，中国将坚持把加快经济发展方式转变同坚持走中国特色新型工业化道路结合起来，因为这既能实现经济的可持续发展，又能实现人力资源和体面劳动的可持续发展，归根到底有利于促进人类社会的可持续发展。

国际金融危机的严重冲击，虽然使世界经济增长格局有所变化，但经济全球化深入发展的大趋势没有改变。中国政府主张，在后国际金融危机时期，各国政府都有责任继续推动经济全球化朝着均衡、普惠、共赢方向发展，都有责任继续采取措施坚定不移促进经济增长，推进国际金融体系改革，推动世界经济平衡发展，推动解决世界财富分配失衡、资源拥有和消耗失衡、经济发展失衡的问题。各国工会都应该顺势而为、趋利避害，促进经济全球化健康发展，使世界经济增长惠及各国人民。要坚决反对和抵制各种形式的保护主义，维护公正、自由、开放的全球贸易和投资体系。这是各国实现可持续发展、广大劳动者实现体面劳动的重要条件，也是经济全球化条件下工会组织的重要使命。

中国政府一贯高度重视工会组织在国家经济和政治生活中的地位和作用，支持中国工会充分履行维护劳动者合法权益的神圣职责。中国政府支持中国工会同国际和各国工会组织进一步扩大交往、加强合作、增进友谊，为实现世界经济全面复苏携手努力，为推动建设持久和平、共同繁荣的和谐世界作出更大贡献。

最后，祝本次论坛圆满成功！谢谢各位。

在中华全国总工会庆祝“五一”国际劳动节劳动模范座谈会上的讲话

（2010年4月27日）

王兆国

同志们：

今天上午，党中央、国务院在人民大会堂召开大会，隆重表彰全国劳动模范和先进工作者，胡锦涛总书记发表重要讲话。下午，全总又邀请今年受到表彰的全国劳动模范和先进工作者代表一起座谈，我感到非常高兴。在座的有工会干部、机关的同志和来自全国各地各行各业的劳模，借此机会，我代表中华全国总工会向受到表彰的全国劳动模范和先进工作者表示热烈的祝贺和崇高的敬意。同时也通过你们向所有为改革开放和社会主义现代化建设作出突出贡献的劳动模范、先进工作者和辛勤工作在各个行业的广大职工致以节日的问候和良好的祝愿！

今年是中华全国总工会成立85周年，在此也向全国各级工会干部表示诚挚的问候和良好的祝愿，刚才，听了各位劳模的介绍，特别是听了来自青海玉树的劳模同志的介绍，深受鼓舞，也很感动。此时，我们想到了刚刚发生过地震灾害的玉树，想到了玉树的人民，以及在那里参与抗震救灾的解放军、武警战士、广大职工和志愿者们。现在他们都正在抢救生命、抢救财产、抢救文物，为玉树人民恢复生活、恢复生产、重建家园，顽强地拼搏奋斗着。我们向玉树的人民表示慰问，向顽强拼搏战斗在抗震救灾第一线的解放军、武警战士、广大职工和志愿者们致以崇高的敬意和亲切的问候。

在今天的表彰大会上，胡锦涛总书记发表了重要讲话，站在发展中国特色社会主义伟大事业的高度，充分肯定了我国工人阶级的重要地位和作用，高度评价了工人阶级和广大劳动群众在推动改革开放和社会主义现代化建设中的光辉业绩，热情赞扬了广大劳模的突出贡献。讲话强调了劳动创造世界，劳动是人类文明进步的源泉，要让全体人民特别是广大青少年都懂得并实践劳动最光荣、劳动者最伟大的真理，必须使通过诚实劳动创造美好生活成为亿万人民的共同追求。胡锦涛总书记的重要讲话，充分体现了党和政府对广大职工的殷切希望，对劳动模范和先进工作者的亲切关怀，对工会组织和工会工作的高度重视，这对于我们弘扬劳模精神和工人阶级伟大品格，激发广大劳动群众的劳动热情和创造活力，为加快推进社会主义现代化建设、坚持和发展中国特色社会主义贡献力量具有重大意义，也对我们进一步做好新形势下工会工作特别是劳模工作提出了新的要求，指明了前进方向。

几位劳模的发言非常好，语言质朴、情感真挚、事迹感人。你们当中有在生产一线锐意创新的学习型、知识型技术工人，有在科技教育和卫生战线上奋力拼搏的知识分子代表，有在城乡经济发展中默默作出贡献的优秀农民工，有全心全意依靠职工办企业的优秀企业家，还有来自农村的支部书记。在你们身上充分体现了新时代劳动模范的风采，你们和千千万万的先进模范人物一样，为广大职工树立了学习的榜样。今天胡锦涛总书记在庄严的人民大会堂强调，我们都要向劳模学习，全国人民都要向劳模学习。

当前，我国正处在经济社会发展的重要战略机遇期，夺取应对国际金融危机冲击全面胜利，加快经济发展方式转变，保持经济平稳较快发展，维护社会和谐稳定的任务艰巨繁重。在我们国家，无论改革如何深化，经济如何发展，劳动方式如何变化，坚持走中国特色社会主义道路不会改变，全心全意依靠工人阶级方针不会改变，工人阶级国家主人翁地位不会改变，全国广大职工一定要认真学习、坚决贯彻胡锦涛总书记的重要讲话精神，以主人翁精神积极投身改革开放和现代化建设事业，进一步增强责任感和使命感，抓住机遇、迎接挑战，为推动科学发展、促进社会和谐作出新的贡献。

要大力弘扬劳模精神和工人阶级伟大品格，为坚持和发展中国特色社会主义提供强大精神动力。包括知识分子在内的中国工人阶级，在中国革命、建设和改革的各个历史时期都作出了重大贡献。2008 年以来，在应对国际金融危机冲击的重大考验中，包括劳动模范和先进工作者在内的广大职工在党的坚强领导下，以国家主人翁姿态，充分发挥主力军作用，顽强拼搏、勤奋工作，为保增长、保民生、保稳定作出了卓著成就，展现了工人阶级伟大品格，赢得了各方面普遍赞誉。胡锦涛总书记在讲话中强调，中国工人阶级具有信念坚定、立场鲜明，艰苦奋斗、勇于奉献，胸怀大局、纪律严明，开拓创新、自强不息的伟大品格。这既是对当代中国工人突出贡献的高度肯定，也对进一步发挥工人阶级主力军作用提出了新的更高要求。国家的富强、社会的进步、民族的振兴，不仅要靠社会生产力的发展和物质财富的创造，也要靠先进思想和崇高精神的引领。工人阶级伟大品格是在长期的奋斗实践和创造活动中逐渐形成和发展的，是工人阶级先进性的时代发展，也是劳模精神的具体体现。在新的历史起点上，要凝聚广大职工的智慧和力量，夺取全面建设小康社会新胜利，必须大力弘扬劳模精神和工人阶级伟大品格。要以这次全国劳动模范和先进工作者表彰大会为契机，认真学习、贯彻胡锦涛总书记的讲话精神，把学习劳模精神与弘扬工人阶级伟大品格结合起来，用劳模的先进事迹和工人阶级的伟大品格感动职工、启迪职工、鼓舞职工，引导广大职工崇尚劳模、学习劳模、争当劳模，在全社会努力形成工人伟大、劳动光荣的浓厚氛围。

要建设一支数以亿计的高素质职工队伍，为实现经济又好又快发展多作贡献。加快推进社会主义现代化，开创中国特色社会主义事业新局面，必须推动经济又好又快发展。胡锦涛总书记在讲话中指出，发展是解决中国一切问题的“总钥匙”，全面建设小康社会、坚持和发展中国特色社会主义是当代中国工人运动的主题，当今世界综合国力的竞争归根到底是劳动者素质的竞争，劳动者素质对国家和民族的发展至关重要，只有不断提高广大劳动群众的综合素质，才能为推动经济社会发展提供重要保证。当前，国民经济和社会发展“十一五”规划的目标任务即将完成，“十二五”规划明年就要启动。加快经济发展方式转变和经济结构调整，提高经济发展质量和效益，构建支撑科学发展的体制机制，实现我国经济社会可持续发展，都对提高包括劳模在内的广大职工综合素质提出了新的更高的要求。要实施科教兴国战略和人才强国战略，建设创新型国家，加快传统产业优化升级，发展绿色经济、循环经济、低碳经济，大力培育和发展新能源、新材料、生物医药、节能环保、高端制造等战略性新兴产业，促进我国在关键行业和领域实现由“中国制造”向“中国创造”转变，不仅需要一大批科技研发人员和经营管理人才，更需要千千万万掌握现代科技知识的高技能工人。广大劳模要以自己的模范行为影响和带动职工群众，树立终身学习的理念，积极参加各种技能培训，了解新知识、学习新技能、掌握新本领，增强学习能力、劳动能力、创造能力，努力成为知识型、技术型、创新型职工。要围绕加快经济发展方式转变和经济结构调整，踊跃参加各种形式的劳动竞赛，不断深化“工人先锋号”、“创建学习型组织、争做知识型职工”等活动，广泛开展技术革新、技术协作、发明创造、合理化建议等活动，积极参与岗位练兵、技能培训、技术比武，加强创新型班组、创新型企业建设，争当锐意改革创新的时代先锋，争当推动科学发展的行动楷模。

要切实维护职工合法权益，推动共享改革发展成果。要充分发挥广大职工的积极性、主动性、创造性，最重要、最基础的工作就是实现好、维护好、发展好包括劳模在内的职工群众的根本利益和具体利益。胡锦涛总书记在讲话中深刻指出，保障工人阶级和劳动群众的经济、政治、文化、社会权益，是我国社会主义制度的根本要求，是党和国家的神圣职责。我们要积极推动各级政府实施就业优先的发展战略，拓展就业渠道、改善就业环境、稳定就业岗位、提高就业质量；促进收入分配改革，提高普通职工收入水平，不断增加劳动者，特别是一线劳动者的劳动报酬，把深化“共同约定行动”与加强集体合同制度建设结合起来，建立健全企业职工工资集体协商共决机制、正常增长机制和支付保障机制；完善社会保障体系，扩大社会保障覆盖面，提高统筹层次，着力在养老、医疗、失业、住房等方面普遍提升广大职工的保障水平；进一步加强困难职工帮扶工作，推动解决困难职工和农民工的生产生活问题，当前要着重做好支援青海玉树灾区抗震救灾和灾后重建工作。稳定是改革发展的重要前提。广大劳模要做维护稳定的表率，引导广大职工正确对待利益关系的调整和遇到的暂时困难，依法理性表达利益诉求，自觉维护职工队伍团结和社会和谐稳定。

劳动模范是民族的精英、国家的栋梁、社会的中坚、人民的楷模，是党和国家的宝贵财富。各级党委和政府要进一步加强对劳模工作的领导，切实关心劳动模范和先进工作者的工作、学习、生活和健康，帮助解决实际困难和问题，更好地发挥劳模的作用。各级工会要怀着深厚的感情，做好劳模的服务和管理工作，认真听取他们的意见和建议，为他们提供实实在在的帮助和支持，做劳模的贴心人。广大劳动模范和先进工作者要珍惜荣誉、保持本色，谦虚谨慎、再接再厉，充分发挥示范引领作用，在本职岗位上再创佳绩，为党和人民再立新功。

同志们，胡锦涛总书记的重要讲话进一步为新时期的工会工作指明了方向，提出了新的更高要求。各级工会组织一定要按照总书记的指示精神，把工会的各项工作做好，把广大职工更加紧密地团结在以胡锦涛同志为总书记的党中央周围，高举中国特色社会主义伟大旗帜，以邓小平理论和“三个代表”重要思想为指导，深入贯彻落实科学发展观，顽强拼搏，锐意进取，团结动员广大职工为夺取全面建设小康社会新胜利、开创中国特色社会主义事业新局面而不懈奋斗！

在第三届全国职工优秀技术创新成果表彰大会上的讲话

（2010年11月19日）

王兆国

同志们：

今天，中华全国总工会、科学技术部、工业和信息化部、人力资源和社会保障部联合召开全国职工优秀技术创新成果表彰大会，表彰和奖励2007年以来在职工技术创新活动中取得优异成绩、为推动技术进步和经济发展作出突出贡献的个人和单位，这对于团结动员全国亿万职工深入学习贯彻党的十七届五中全会精神，努力为实现“十二五”规划目标任务作贡献，必将起到积极的推动作用。首先，我向受到表彰和奖励的个人和单位表示热烈祝贺！向为推动我国科技进步和经济发展作出重大贡献的干部职工和技术人员致以诚挚的问候和崇高的敬意！

党中央、国务院历来高度重视职工技术创新活动，中央领导同志对此曾多次做出重要指示。职工技术创新评选表彰活动举办以来，政府有关部门和各级工会组织团结引导广大职工深入开展丰富多彩的群众性技术创新活动，取得了丰硕的成果。在历届获奖的创新成果中，许多达到了国内领先水平或获得了国家专利，有的甚至达到国际先进水平，充分反映了活动的积极成效，展示了广大职工的创造热情和创新能力。实践证明，开展职工技术创新活动，有利于凝聚职工的智慧和力量，有利于调动职工的积极性、创造性，对于我们加快建设创新型企业、创新型国家具有重要意义。

前不久召开的党的十七届五中全会，为我国“十二五”时期的经济社会发展描绘了宏伟蓝图，突出强调了推动科学发展、加快转变经济发展方式，最根本的是要靠科技的力量，最关键的是要大幅度提高自主创新能力。职工技术创新活动是推动科技进步和创新的重要途径，广大干部职工要充分认清形势、充分凝聚力量，不断把这项活动推向深入，为推动经济长期平稳较快发展作出重要贡献。今天，我和德江同志一起出席这次表彰大会，德江同志还要代表国务院对深入开展职工技术创新活动提出要求，同志们要认真学习领会，深入贯彻落实。在这里，我先就各级工会积极配合党政不断推进职工技术创新活动，简要讲几点意见：

第一，要积极组织广大职工踊跃参加

技术创新活动，为建设创新型企业和创新型国家贡献智慧和力量。企业是技术创新的主体，职工是技术创新的主力。各级工会要立足自身优势，发挥独特作用，积极组织和引导广大职工以高度的主人翁责任感，积极投身社会主义劳动竞赛和各种形式的职工技术创新活动，充分激发创新潜能和创造活力。要增强节约资源和保护环境意识，积极参与节能减排技术的开发与推广，推动资源节约型和环境友好型社会建设。要向技术创新的先进人物、先进单位学习，立足本职、勤奋钻研，进一步掀起学习技术、苦练本领、争创一流的热潮，努力提高技术创新能力，为加快转变经济发展方式、推动科学发展积极献计出力。

第二，要充分发挥工会的“大学校”作用，努力建设知识型、技术型、创新型高素质职工队伍。加快转变经济发展方式对职工队伍素质提出了更高的要求。各级工会要大力推进职工素质建设工程，努力造就一支宏大的高素质职工队伍。要深入开展社会主义核心价值体系教育，大力弘扬劳模精神和工人阶级伟大品格，引导职工树立中国特色社会主义共同理想。要把开展社会主义劳动竞赛与职工技术创新活动结合起来，把开展合理化建议、技术革新、发明创造和技能比赛作为竞赛的重要内容，突出促进经济发展方式转变的活动主题，拓展活动领域，创造更多的创新成果。要大力开展职工技术技能培训，努力提高职工技术技能水平，推进职工队伍知识化进程，为推动科学发展提供智力支持和人才保证。

第三，要积极配合党政，把职工技术创新活动引向深入。职工技术创新活动的开展，离不开各级党委、政府的重视和支持。要把职工技术创新活动作为建设创新型企业、创新型国家的重要内容，推动政府和企业制定有关政策措施，加大经费支持和技术扶持力度，加强对技术创新人才的培养和使用，加快建立以企业为主体、产学研相结合的技术创新体系，推动创新成果的转化。要让职工承担更多技术攻关项目，推动技术创新奖励、知识产权管理和创新评价体系等制度的形成，积极营造尊重科学、崇尚技能、鼓励创新的良好氛围。

同志们，科技支撑发展，创新引领未来。让我们共同努力，不断推动职工技术创新活动深入开展，为广大职工发挥创新智慧搭建有效平台，使更多职工技术创新成果竞相涌现，在加快转变经济发展方式、推动经济又好又快发展中作出新的更大的贡献。

在庆祝“五一”国际劳动节暨劳动模范表彰大会上的讲话

（2010 年 4 月 28 日）

黄华华

同志们：

在“五一”国际劳动节即将来临之际，我们在这里欢聚一堂，热烈庆祝全世界工人阶级和劳动群众的光辉节日，表彰我省各条战线上的五一劳动奖章获得者，并代表国务院表彰全国劳动模范和先进工作者。在此，我代表省委、省政府向全省广大劳动者致以节日的问候！向受表彰的先进个人，以及一直以来为我省改革开放和社会主义现代化建设作出突出贡献的劳动模范、先进工作者致以崇高的敬意！

去年是我省跨入新世纪以来最为困难的一年，也是我省积极应对国际金融危机、保持经济社会平稳较快发展、改革开放和现代化建设取得显著成绩的一年。面对国际金融危机的严重冲击及其带来的各种困难和挑战，在党中央、国务院的坚强领导下，我省结合实际全面和创造性地贯彻落实中央保增长、保民生、保稳定的各项决策部署，以实施珠三角《规划纲要》为主轴，大力推进“三促进一保持”，全力以赴保增长，抓住时机扩内需，着眼未来促转型，扎扎实实惠民生，既有效遏止了经济增长下滑态势，又为下一步推进经济社会又好又快发展创造了有利条件，在推动科学发展、促进社会和谐的宏伟进程中迈出了新的坚实步伐。2009 年，全省完成生产总值 39082 亿元、增长 9.5%，人均生产总值 40748 元、增长 8.4%，均提前实现“十一五”规划目标。来源于广东的财政总收入和地方一般预算收入分别达 9052 亿元和 3649 亿元，增长 6.9%和 10.3%。进出口总额达 6111 亿美元，出口总额占全国比重提高 1.6 个百分点。特别是结构调整成为最大亮点，服务业成为经济增长第一推动力，制造业质量竞争力指数跃居全国第一，区域创新能力综合指标跃居全国第二。城镇新增就业 172.3 万人、占全国近 1/6。今年一季度，我省经济运行开局良好，回升向好的趋势进一步巩固。全省生产总值同比增长 12.5%，地方财政一般预算收入增长 29.6%。全省正呈现出增长平稳较快、结构逐步优化、效益明显提升、民生持续改善、社会和谐稳定的喜人局面。

我省在极其困难的情况下取得这些成绩极其不易。这是党中央、国务院正确领导的结果，是省委、省政府团结带领全省人民同心同德、迎难而上、艰苦奋斗、开拓创新的结果。全省各行各业的劳动者在各自岗位上，艰苦奋斗，默默奉献，为我省改革开放和现代化建设不断向前发展作出了突出贡献，谱写了一曲曲壮丽动人的新篇章，涌现出一大批先进模范人物。特别是面对国际金融危机的严重冲击，我省广大职工群众大力弘扬工人阶级的伟大品格，万众一心、同舟共济、力克时艰、勇于胜利，以实际行动展示了中华民族顽强拼搏、自强不息的崇高品格，展示了敢为人先、务实进取、开放兼容、敬业奉献的新时期广东人精神，为全省劳动者树立了光辉典范。今天受到表彰的全国劳动模范和先进工作者、广东省五一劳动奖章获得者，就是其中的杰出代表。表彰这些先进模范人物，彰显了党和政府对优秀劳动者的推崇和敬意，目的就是要动员和号召全省广大劳动者以他们为榜样，掀起学先进、赶先进、争先进的热潮，努力夺取改革开放和社会主义现代化建设的新胜利。

当前，我省正处于继续应对国际金融危机、加快转变经济发展方式、保持经济平稳较快发展的关键时期。省委、省政府认真贯彻党中央、国务院的一系列决策部署和胡锦涛总书记去年年底视察广东的重要讲话精神，明确提出要坚定不移调结构，脚踏实地促转变，真正打好转变经济发展方式这场硬仗，推动经济社会平稳较快发展，努力当好推动科学发展、促进社会和谐的排头兵。这是今年全省的工作中心，也是摆在我们面前的一项十分紧迫而光荣的历史使命。广大职工群众要坚定信心，牢记使命，齐心协力，团结奋斗，坚决贯彻落实中央和省委、省政府的各项决策部署，努力为我省加快经济发展方式转变、促进经济社会又好又快发展再立新功。全省各级党委、政府要坚定不移地贯彻全心全意依靠工人阶级的指导方针，进一步把弘扬劳模精神和发挥工人阶级主力军作用、维护劳动者合法权益有机结合起来，充分调动广大劳动者的积极性、主动性、创造性，为我省当好推动科学发展、促进社会和谐的排头兵凝聚强大动力。

1. 大力弘扬劳模精神，努力营造尊重知识、尊重人才、尊重劳动、尊重创造的良好社会风尚。劳动模范是亿万劳动群众的杰出代表，他们身上集中展现的主人翁责任感、忘我的劳动热情、强烈的开拓意识、良好的职业道德和刻苦钻研、勇于创新的精神，是激励全省人民奋勇前进的不竭动力。要广泛宣传伟大劳模精神，以他们的先进事迹感动全社会，以他们的卓越贡献激励全社会，以他们的高尚情操带动全社会，促进形成“劳动光荣、创造伟大”的浓厚氛围。广大职工群众要以先进模范人物为榜样，大力弘扬中国工人信念坚定、立场鲜明，艰苦奋斗、勇于奉献，胸怀大局、纪律严明，开拓创新、自强不息的伟大品格，焕发国家主人翁创造激情，努力创造一流业绩。广大先进模范人物要珍惜荣誉、谦虚谨慎，发扬成绩、再接再厉，充分发挥好先进模范人物的示范带动作用。各级党委、政府要主动关心劳模的工作生活，各级工会要满腔热情地做好劳模的服务和管理工作，当好贴心人，积极帮助他们解决实际困难，为劳模全面发展、健康成长创造良好条件。

2. 充分发挥工人阶级主力军作用，推动广大职工在加快经济发展方式转变、促进经济社会又好又快发展中建功立业。工人阶级是推动经济发展和社会进步的根本力量和主力军。要始终全心全意依靠工人阶级，紧紧围绕加快经济发展方式转变这一重要目标和战略举措，掀起社会主义劳动竞赛新高潮。特别要认真组织好技能大赛和工业设计两项大赛，更广泛更充分地激发广大职工群众的积极性、主动性、创造性，动员广大职工发掘自身潜力、争创一流业绩。要积极动员广大职工参与广东现代产业 500 强、自主创新 100 强企业建设，踊跃开展技术革新、技术协作、发明创造等活动，广泛开展岗位练兵、技能培训、技术比武，推动创新型班组、创新型企业建设，加快实现由“广东制造”向“广东创造”转变的历史性跨越。要发挥广大职工的聪明才智，动员广大职工为企业发展乃至全省经济社会发展建言献策，尤其要充分利用实施珠三角《规划纲要》群众论坛这个平台，广泛吸纳广大职工的各种合理化建议。要积极引导广大职工关心、支持广州亚运会、亚残运会的组织筹备工作，以良好的精神风貌迎接亚运会、亚残运会的成功举办。要按照汪洋书记提出的“经济要转型、企业要创新、工人要升级”的要求，以构建社会主义核心价值体系为主线，以提高广大职工的科学文化素质和技术技能素质为基础，以“创建学习型组织、争做知识型职工”活动为载体，大力实施职工素质建设工程，努力造就知识型、技术型、创新型职工队伍，为加快经济发展方式转变提供重要人力支撑。

3. 切实维护劳动者的合法权益，努力使广大职工生活得更有尊严、工作得更加体面。全心全意为人民服务是我们党的根本宗旨。各级党委、政府和领导干部要坚持以人为本，真正关心职工群众，想职工群众之所想，急职工群众之所急，认真解决广大职工群众最关心、最直接、最现实的利益问题，不断提高广大职工群众的生活水平和质量。要更好地实施《劳动合同法》等劳动法律法规，发挥由工会、政府有关部门、企业代表组织等组成的劳动关系三方协调机制的作用，在加快经济发展方式转变和深化各项改革中切实维护和实现劳动关系和谐稳定，依法保障职工群众的权益。要切实保障困难职工群众的生活，让他们感受到社会主义大家庭的温暖。要积极教育和引导职工群众识大体、顾大局，正确认识和对待改革发展过程中利益关系和利益格局的调整，以理性合法方式表达利益诉求，自觉维护社会的安定团结。

4. 进一步加强对工会工作的领导，充分发挥工会组织联系职工群众的桥梁纽带作用。工会是我们党领导的工人阶级群众组织，也是我们党联系职工群众的桥梁和纽带。各级党委、政府要把工会工作纳入重要议事日程，认真听取工会组织的意见和建议，及时研究解决工会工作中涉及全局的重大问题，把党政所需、职工所急、工会所能的事更多地交给工会组织办理，为工会事业发展创造良好环境。各级工会要以改革创新的精神全面加强工会自身建设，努力建设学习型、服务型、创新型工会。要大力加强工会组织建设，最大限度地把广大职工群众组织到工会中来。要创新联系职工群众的载体，畅通联系职工群众的渠道，增强工会工作凝聚力。要大力加强工会干部的教育培训和实践锻炼，努力建设一支政治坚定、业务扎实、作风过硬、廉洁自律的工会干部队伍。要充分发挥工会中党组织的战斗堡垒作用和党员干部的先锋模范作用，把广大职工群众紧密团结在党的周围。

同志们！劳动创造世界，奋斗成就伟业。让我们紧密团结在以胡锦涛同志为总书记的党中央周围，在省委、省政府的领导下，深入贯彻落实科学发展观，坚定信心，开拓创新，扎实工作，努力促进全省经济社会平稳较快发展、加快经济发展方式转变，为我省当好推动科学发展、促进社会和谐的排头兵作出积极贡献！

谢谢大家！

在省总工会调研时的重要讲话

（2010 年 8 月 30 日）

朱明国

今天下午到省总工会调研，我是来认人、认地方的。省委领导变动以后，内部分工作了调整，省委分工我分管工会工作，这是个很重的担子，我感到肩膀上的责任是沉甸甸的。广东的工会及工人阶级在全中国的地位是举足轻重的。刚才维龙同志的汇报和宗文同志的补充汇报，全面、有重点、有亮点地汇报了我省工会工作情况及全省工会的全貌。这次来主要是和同志们近距离接触，直接感悟工会工作的性质、地位、作用以及工会工作在党和国家工作中所起的重大作用。刚才两位领导同志的汇报，加深了我这方面的印象、知识，加深了有关法律和有关业务等知识。

广东工会有着光荣和悠久的革命传统。1923 年，广东工会就在党的领导下开展了工人运动。广东工人阶级身上体现了中国工人阶级所有的优点、所有的品质。中国共产党成立的早年在广东工人阶级的帮助下，迅速成长壮大。为我们党从小到大，从弱到强，从胜利走向胜利，最后夺取全国政权奠定了基础。中国近代史以来的历次重大变革都和广东有直接关系，都是广东人先干起来的。从 1840 年的鸦片战争、太平天国运动、百日维新、辛亥革命到新中国成立后邓小平同志的改革开放、江泽民同志的“三个代表”重要思想和胡锦涛同志的“科学发展观”。改革开放以来，广东最精彩的不仅是在农村，更是在城市经济建设、经济体制改革、特区建设、城市建设、城镇化。这些都是广东工人阶级所作的贡献。

广东的工人阶级、广东的各级工会组织是有战斗力的，是有改革创新精神的，是勇于改革、敢闯敢冲、敢于创造出新经验的，是敢于打出一片新天地的。改革开放以来，特别是近年来，全省各级工会组织在贯彻党的基本路线，为中央和省委推动经济建设、维护社会稳定、加快改革、扩大开放，为广东成为第一经济大省作出了巨大的贡献。省总工会在这个方面起了很好的、很积极的作用。汪洋同志、黄华华同志，以及前任省委书记张德江同志对省总工会的工作是很满意、很放心的，也是充满信任和期待的。这证明你们这一届班子很有战斗力、很有改革创新精神，这是值得充分肯定的。希望你们把这项工作按照目前思路继续抓下去。刚才讲到的前段所做 5 点工作做得非常好。对下一步的工作，我也完全赞同，相信按照这个思路抓下去，肯定会有成效。

最近我认真看了你们上报的简报和信息，对你们的工作有点感受。尤其是最近省总工会处理停工事件，你们主动介入、主动揽事、主动提出解决问题的方案，急工人阶级之所急，急企业之所急，急党委政府之所急，这点是非常难得的，体现了工会既是群众组织，又是党依靠的、党联系群众的桥梁和纽带，也是党和政府联系工人阶级的桥梁和纽带。这充分体现在关键时刻、关键问题、关键时段和关键事情上，你们起了关键作用。你们的建议是第一手材料，省总工会在四五月份就派出几个调查组下去调查，这个工作做得很主动。这充分体现了省总工会党组在政治上是坚定的，是合格的，是经得起考验的。对你们提出的两条工作建议，我经过逐步了解后，共同努力去解决。

对省总工会下一步的工作，我想讲几点意见：

（一）坚决围绕中心服务大局，当好全国工会组织和中国工人阶级贯彻落实科学发展观的排头兵。这既是我们工会组织的政治任务，也是我们党的各级组织、各群众团体必须紧紧围绕的党的中心工作。党组织和中国工会组织有着天然的血肉关系。党提出的路线方针政策，我们必须责无旁贷地坚决执行，认真实践。围绕中心工作是我们工作的出发点、指南针。离开了中心，离开了大局，工作就没有了标准。我相信大家会比原来做得更好。

（二）充分发挥工会组织在联系、团结、组织、带领工人阶级为建设现代化强国中发挥重大作用。当前，我们面临的情况、社会情况、工人阶级本身的情况以及整个国家的情况都发生了很大的变化，工人阶级成分也发生了很大的变化。但我们工会组织在联系、团结、组织、带领工人阶级中的作用只能强化，不能削弱；只能充分发挥，我们自己不能软。党委必须坚定不移地、旗帜鲜明地采取各种方法提高工会的地位，提高工会的影响力。

（三）研究新情况、探索新活动模式、创新新载体，特别是在城市工人和农民工如何融为一体的问题上进行探索。我们要多研究新情况、多探索新活动模式。省总工会旗帜鲜明地提出“农民工有困难找工会”，这是非常正确的。工人阶级应该是没有农民工和城市工人的区别。工会要在城市工人和农民工如何融为一体的问题有所突破，在体制上、管理上和理念上有所突破，这样工人阶级才能融为一体，这样才能增加工会组织的吸引力、凝聚力和号召力。

（四）全心全意为工会会员服务，为工人群众服务，为农民工服务，树立维护工人阶级切身利益的服务意识。树立全心全意为工会会员服务，为工人群众服务，为农民工服务的意识，工会才能得到工人群众的承认和拥护。群团组织要多接触群众，防止机关化、行政化。

（五）加强自身建设，按照全覆盖的要求，在农民工集中的地方，在新的经济组织形态中，都要建立工会。在农民工集中的地方，在新的经济组织形态中，建立工会组织，不断地提高和完善，有力地抵制境外敌对势力的渗透。

（六）有计划地加大工会干部培训力度，提高干部素质。有计划、有组织培训全省各级工会主席及工会骨干。加大培训力度，两到三年内轮训全省的工会骨干。

（七）加强和港澳工人阶级以及工人群众的联谊、联系，加深相互了解。加强和港澳工人阶级以及工人群众的联谊、联系是广东工会的鲜明特色。要发挥地缘优势，加强与港澳台工会和劳动界交流、合作，不断扩大广东工会的影响。

最后，我表个态：全力支持大家开展工作！给大家提供工作平台，干事创业的氛围。请大家放心放胆放手地干好事业！

在全省十项工程劳动竞赛暨职工技能大赛总结推进大会上的讲话

（2010年6月30日）

邓维龙

同志们：

今天在这里举行广东省十项工程劳动竞赛暨职工技能大赛总结推进大会，深入学习贯彻胡锦涛总书记在全国劳动模范和先进工作者表彰大会上的重要讲话精神，总结推广我省十项工程劳动竞赛经验，进一步推动重点工程劳动竞赛、职工职业技能大赛、群众性经济技术创新活动广泛开展，动员组织广大职工响应省委、省政府的号召，群策群力，扎实工作，为我省加快转变经济发展方式建功立业。

2009年以来，广东省十项工程劳动竞赛在省委、省政府的正确领导下，在各发起单位、成员单位的大力支持下，经过广大劳动者的共同努力，在历年取得成效的基础上，又向前迈进了一大步：劳动竞赛的领域和范围得到进一步拓展，“六比六赛”的内容和形式得到进一步丰富，一大批重点建设项目按期优质高效建成。广大职工通过劳动竞赛这一平台，焕发出更大的劳动热情和创造活力，勤学苦练，提升技能，在推动广东经济积极应对国际金融危机、加快转型升级步伐的进程中充分发挥了主力军的作用。

下面，我就2009年度我省十项工程劳动竞赛情况和动员组织全省职工围绕加快转变经济发展方式、进一步深入开展建功立业竞赛活动谈两点意见：

一、2009年度广东省十项工程劳动竞赛发挥了重要的示范和导向作用，充分调动了广大职工的积极性、主动性和创造性

2009年是我省跨入新世纪以来最为困难的一年，也是我省积极应对国际金融危机、保持经济社会平稳较快发展、改革开放和现代化建设取得显著成绩的一年。面对各种困难和挑战，全省各地、各行业广大职工在省委、省政府的正确领导下，围绕建设一流工程和廉洁工程、促进企业自主创新和节能减排、提升劳动技能和综合素质等方面，深入开展“同舟共济保增长、建功立业促发展”竞赛活动，在推动广东化危为机、危中求进，保持经济平稳较快发展中作出了重要的贡献。省十项工程劳动竞赛各参赛企业和广大工程建设者，大力开展以“优质、高效、快速、安全、创新、廉洁”为目标的“六比六赛”活动，取得了明显的成效。主要体现在：

（一）省十项工程劳动竞赛不断向新领域新范围拓展、向地方和企业延伸

各赛区及各地方、各产业，积极围绕我省新十项工程项目，以及国家和地方的其他重大项目，迅速铺开新一轮重点工程劳动竞赛热潮。一是省十项工程劳动竞赛的主体赛区不断拓展。2009年，省工业工会与南方电网调峰调频发电公司成立调峰调频工程建设赛区，涉及惠州抽水蓄能、清远抽水蓄能和深圳抽水蓄能等项目。其中清远抽水蓄能电站投资近50亿元，已于去年12月举行了主体工程开工暨劳动竞赛启动仪式。省财贸工会与广东铁路投资公司成立了珠三角城际轨道交通工程建设赛区，该赛区工程都是我省贯彻落实《珠三角地区改革发展规划纲要》、加快经济发展方式转变的重点，其中已开工的穗莞深、莞惠、佛肇等三条城际轨道交通项目总投资就达630多亿元，是我省新十项工程中的重中之重，已于今年4月份举行了劳动竞赛启动仪式。至此，我省十项工程劳动竞赛主体赛区发展到12个。二是省十项工程劳动竞赛的领域和范围不断拓展。这两年，包括中海油南海西部、东部石油公司、中建三局等一批中央企业、省外企业先后加入到我省的竞赛活动中来；一些原来参赛的企业，如广州航道局、广东火电总公司等还把建设项目拓展、延伸到省外、海外。参赛的项目既有基础工程和传统产业的建设项目，又有清洁能源、新兴产业项目。参赛范围涉及设计、施工、安装、营运等各个领域，以及企业经营管理者、科技工作者和包括农民工在内的广大一线职工。三是地方和行业组织重点工程劳动竞赛的广度和深度不断拓展。如潮州市围绕500千伏韩江变电站工程启动了重点工程劳动竞赛；肇庆市组织151个重点项目开展劳动竞赛，涉及投资总额合计2250多亿元；广州市围绕2010年承办第16届亚运会，动员全市广大职工开展十大行业“迎亚运、促发展、立新功”主题性劳动竞赛，等等。据不完全统计，2009年全省各赛区和各市开展重点工程劳动竞赛的项目达1302个。

（二）省十项工程劳动竞赛在调动职工积极性和创造性，促进重点项目优质高效建设上成效更加明显

2009年，各赛区和参赛企业也普遍遇到了跨入新世纪以来最为困难的时期。如采购成本增加、招工特别是招技工难、各种不稳定的因素增加等。面对困难，广大工程建设者紧紧按照“六比六赛”的要求，大力弘扬劳模精神，坚定信心，顽强拼搏，严格自律，充分展现了当代工人阶级特别能吃苦、特别能战斗、特别能攻关的主力军风采。如广汽日野项目，总投资31亿元，首期15亿元。2008年3月动工，2009年6月建成，当年9月21日重卡下线并上市销售，填补了我省汽车工业重卡产品的空白，改写了广东不能制造重型卡车的历史。该工程在建设期间，未发生一起重大伤亡事故，荣获广州市“安全样板工程”称号。广州地铁总公司2009年有200多个工地在争分夺秒地施工，任务之重、工期之紧、施工难度之大均创历史新高，广大工程建设者迎难而上、团结奋斗，在投资控制、工程质量、技术水平、安全生产、文明施工、廉政建设等方面取得了显著成效，全年地铁新线建设投资、资金支付双超百亿，双创历史新纪录。他们又乘胜前进，启动了“保开通、迎亚运、立新功”劳动竞赛，确保各线建设顺利进行。省高速公路工程建设赛区，2009年共有国道325九江大桥修复工程等9个在建项目和湛徐高速公路工程等7个新开工项目，各建设单位狠抓管理和科技创新，共获得国家和省级以上管理和科技类创新奖15项。

（三）省十项工程劳动竞赛进一步引领、带动职工技能大赛和技术创新活动蓬勃发展

2009年初，我们启动了“同舟共济保增长，建功立业促发展”竞赛活动。全省各地、各行各业以重点工程劳动竞赛为点，以职工岗位练兵、技术比赛为线，以群众性经济技术创新活动为面，全方位、多层次推进保增长、促发展竞赛，并通过政策驱动、典型选树、经验推广、舆论宣传等形式，进一步提升劳动竞赛的示范带动效应。全省广大职工兴起了新一轮声势浩大的“在干中学、在学中练、在练中比、在比中创”的热潮。2009年共有省级24个行业28个工种纳入了省职工职业技能大赛范围。各地级以上市和其他行业共举办47项153个工种技术技能大赛。参加省市技能大赛的选手近38万名，带动了760多万名职工开展岗位练兵、技术比武活动，有力地促进了重点项目建设和企业的健康发展。各地、各行业创新招、出亮点，实行“训赛结合”、“以赛促学”，形成了新一轮“大培训、大竞赛、大提升、大发展”的良好氛围，群众性经济技术创新活动进一步走向日常化、多样化。深圳市从2009年起，连续三年每年拿出5000万元，用于包括农民工在内的职工培训，计划每年培训职工100万人次以上。珠海格力电器股份公司开发了职工合理化建议信息采集系统，并在每个车间中建立了每月一次的职工民主生活会制度，随时收集、整理、分析、反馈职工的每一条建议，充分调动了职工群众的聪明才智，增强了企业的活力。

（四）省十项工程劳动竞赛促进了企业班组建设，推动全省“工人先锋号”创建活动蓬勃开展

全省各地、各行业在强化劳动竞赛工作的基础上，突出围绕“一流素质、一流工作、一流服务、一流业绩、和谐团队”的目标，继续擦亮“工人先锋号”这一品牌，推选出一大批在优化经营、加强管理、改善服务、技术创新、节能降耗、提高效益等方面作出突出贡献的班组、车间、工

段典型。在创建活动中，各市、各产业突出抓好四个“重在”：重在创建过程、重在保持荣誉、重在社会影响、重在群众评价，推动“工人先锋号”创建活动成为班组一线职工立足岗位、奋发进取、展示形象的新舞台，成为提升企业生产、管理、服务水平的新载体。如广州地铁总公司，大力实施以综合管理、安全管理、生产管理、危机管理、业绩考核等五项目标要求为内容的班组标准化建设，打造了一支管理一流、人员一流、设备一流，具有创新精神、综合素质较高的员工队伍。东莞市公路局万江公路养护所，22 名职工深入开展群众性技术创新活动，屡结硕果，2009 年的乳化沥青添加改性剂灌缝、雾封层技术、养护垃圾回收利用等 3 项技术，进一步降低了建设成本、提高了劳动成效。2009 年，全省共推荐命名全国“工人先锋号”51 个，命名省“工人先锋号”203 个；2010 年，命名省“工人先锋号”201 个。

二、认真贯彻胡锦涛总书记在 2010 年全国劳模表彰大会上的重要讲话精神，团结动员广大职工为加快转变经济发展方式建功立业

虽然 2009 年度全省十项工程劳动竞赛取得了较大的成效，但还存在着工作发展不平衡、劳动竞赛的覆盖面还不够广、参与率有待进一步提高等弱点难点。接下来，我们要认真学习贯彻胡锦涛总书记在 2010 年全国劳动模范和先进工作者表彰大会上的重要讲话，以及中共中央政治局委员、广东省委书记汪洋同志在接见广东省工会十二大部分代表时的重要讲话精神，坚持科学发展观，不断增强工作责任感和主动性，进一步巩固和扩大省十项工程劳动竞赛的成果，努力推动全省劳动竞赛扩规模、上水平、出实效，最大限度地团结动员全省职工为广东加快转变经济发展方式，当好推动科学发展、促进社会和谐的排头兵建功立业。重点要抓好以下六项工作：

一是进一步推动全省重点工程劳动竞赛创新发展。在抓好各地、各赛区新开工建设项目劳动竞赛的同时，大力推进重点工程劳动竞赛的扩面延伸。积极支持地方、企业围绕自身的中心任务和重点工作，不断扩大劳动竞赛的内涵和外延，组织开展各种专题性、行业性劳动竞赛，进一步发挥好工会在服务地方发展大局中的作用，凸显工人阶级在经济社会建设中的主力军地位。

二是进一步推动全省职工职业技能大赛深入开展。职工职业技能大赛是省总工会、省人力资源和社会保障厅、省经济和信息化委员会、省科技厅共同组织的一项活动。大赛开展多年来，深受企业和职工的欢迎，对于推动岗位练兵、技术比武，促进职工技术培训、技术比赛、技能升级、技术创新起到了积极作用。今后要进一步完善工作机制，稳步开展全省先进操作法的命名工作，使技能大赛成为企业和项目建设、技术创新和人才培养的推进器。

三是进一步提升职工经济技术创新活动的成效。群众性的合理化建议、技术改革、技术攻关活动是劳动竞赛的重要内容，也是劳动竞赛常态发展、持续发展和创新发展的主要途径。今后，要继续大力推进职工经济技术创新工作，特别要加强对非公有制企业的分类指导，多层次、多形式开展职工喜闻乐见的“五小”活动（小革新、小发明、小创造、小设计、小建议），促进企业自主创新和节能减排，确保各级劳动竞赛取得实效，常赛常新。

四是进一步开展好全省“工人先锋号”创建活动。“工人先锋号”创建活动是新时期加强企事业单位班组建设的重要抓手和有效途径，一定要持续深入组织好开展好。

要以创建“工人先锋号”为动力，巩固重点工程劳动竞赛、职工技能竞赛和群众性技术创新活动的基础，以点带面，努力建设“五型”（知识型、技能型、创新型、效益型、和谐型）班组，推动企业科学发展。

五是进一步发挥劳动竞赛在促进企业转型升级上的积极作用。劳动竞赛是推动企业发展和职工队伍建设的不竭动力。要在过去取得经验和成效的基础上，结合加快转变经济发展方式和企业转型升级，研究新思路，探索新做法，大力开展形式多样的建功立业竞赛，促进企业快速发展和职工技能升级，不断增强企业的核心竞争力，提高职工队伍素质。

六是努力实现劳动竞赛在促进企业加强人文关怀、改善用工环境、建立和谐劳动关系上的新突破。加快转变经济发展方式对大力发展和谐劳动关系、深化劳动竞赛提出了新的要求。我们要坚持把构建和谐稳定的劳动关系作为考核劳动竞赛先进典型的重要标准，帮助企业树立以人为本的发展理念，坚持改善生产经营与推动民主管理、提高经济效益与加强人文关怀并重，努力促进劳动竞赛与优化企业用工环境有机结合，为促进科学发展和社会和谐奠定坚实的基础。

同志们，我省的十项工程劳动竞赛自从 2003 年开始试点、2004 年全面启动以来，在全省各级党委、政府和各有关部门、社会各界的大力支持下，在广大职工的积极响应和参与下，取得了显著的成绩，得到了省委、省政府和全国总工会的充分肯定。在此，我代表省总工会，向各级党政部门和社会各界表示衷心的感谢，向全省广大职工致以崇高的敬意！希望大家再接再厉、开拓创新，努力推动全省劳动竞赛向“更大规模、更多层次、更新内容、更好效益和更高水平”迈进，为加快广东经济发展方式的转变作出新的更大的贡献！

谢谢大家！

在广东省工会法律服务律师团成立大会上的讲话

（2010 年 7 月 2 日）

邓维龙

同志们：

今天，我们在这里召开省工会法律服务律师团成立大会，这是我省工会法律服务工作的一件大事，也是我省工运事业的一件喜事。省委历来高度重视工人阶级和工会工作，近日，中共中央政治局委员、省委书记汪洋同志亲自指示，要成立工会法律服务律师团，更好地维护职工合法权益，构建和谐劳动关系。刚才，省司法厅厅长陈伟雄同志、省律师协会会长欧永良同志分别发表了热情洋溢的讲话，省总副主席林锡明宣读了《关于成立广东省工会法律服务律师团的决定》，还向省总法律服务律师团的律师代表颁发了聘书，宣告了我省工会法律服务律师团正式成立！在此，我代表省总工会向前来参加会议的各位代表、律师团的律师和专家学者，向关心支持职工法律服务工作的各界朋友表示衷心的感谢！为了进一步贯彻落实汪洋书记的重要指示精神，发挥工会法律服务律师团的作用，加强工会法律服务工作，下面，我讲三点意见：

一、统一思想认识，增强做好工会法律服务律师团工作的紧迫感和责任感

一直以来，我省劳动关系整体上和谐稳定。随着我省产业结构调整和社会转型的不断深入，劳资双方的矛盾开始凸显，已经成为影响我省职工队伍和社会稳定的突出问题。近期发生的富士康员工跳楼、南海本田员工停工事件，更是引起了国内外的广泛关注。省委指出，以近期劳动关系不和谐引发的突出问题为标志，预示着珠三角劳动关系不和谐凸显期的到来。因此，成立省工会法律服务律师团，加强工会法律服务工作，充分发挥法律工作者在协调、引导和规范劳动关系中的重要作用，有利于把劳动关系矛盾纳入制度化、法制化的解决途径，建立一套适合省情、会情的矛盾化解机制，有利于增强工会的法律维权力量，发挥工会作为职工利益诉求的“代表者”和“代言人”作用，增强工会组织的凝聚力和影响力，有利于切实维护好职工的合法权益，促进我省劳动关系的和谐稳定，把加强人文关怀，改善用工环境的要求进一步落到实处。因此，全省工会法律服务律师团一定要增强做好工会法律服务工作的紧迫感和责任感，以维护权益、主持正义为出发点，以维护稳定、化解矛盾为落脚点，切实为职工服务，为党政分忧，为我省加快转变经济发展方式，保持改革发展稳定大局发挥应有的作用。

二、健全网络，落实责任，充分发挥工会法律服务律师团的作用

一是加强沟通，健全工作网络。各地级以上市总工会要高度重视工会法律服务律师团的工作，迅速行动起来，加强与司法局、律师协会的沟通联系，务必在8月底之前成立工会法律服务律师团，聘请符合条件、热心服务职工的法律工作者充实到律师团中来，发挥律师团在工会法律服务中的重要作用，切实为发生劳动纠纷的职工提供必要的法律帮助。各县（区）总工会要根据自身情况，充分利用社会资源，调动律师事务所律师、法律服务志愿者、公职律师的积极性，进一步加强工会法律服务机构和法律服务队伍建设。

二是落实责任，增强服务主动性。工会法律服务律师团要按照《工会法律服务律师团管理暂行办法》的规定，坚持以职工为本，提高服务意识，明确工作职责，做到主动依法科学维权。要认真协助工会参与劳动法律法规及政策的制定和修改，为困难职工提供法律援助，调处重大劳动纠纷，指导和帮助职工开展工资集体协商，协助工会开展普法宣传教育，为职工、工会工作者和工会组织提供法律服务。

三是大力宣传，提高律师团的影响力。要充分发挥主流新闻媒体的作用，有组织、有计划地加大工会法律服务律师团的宣传力度，扩大律师团的社会知名度，使广大职工遇到困难时能方便、快捷地得到帮助。要组织工会法律服务律师团进企业、进工地、进社区，通过举办法律知识讲座、法律咨询、发放法律宣传资料等，开展声势浩大的宣传活动，不断扩大工会法律服务在职工中的影响力。

三、加强领导，完善机制，为工会法律服务律师团提供有力保障

为使律师团工作进一步落到实处，省总工会、省司法厅、省律师协会决定设立省工会法律服务律师团领导小组，成立专门的办公室负责日常工作。有关部门要牢固树立维权维稳“一盘棋”的思想，进一步增强大局意识、全局观念，分工协作、形成合力。省工会法律服务律师团领导小组办公室要切实履行好职责，健全机制，加强协调，做好律师团的日常管理工作，加强对各地工会法律服务律师团建设的指导，推动全省工会法律服务律师团的制度化、规范化建设。为表彰先进，激发工会法律服务工作者的主动性、积极性和创造性，省总工会和省司法厅决定从明年开始每两年开展一次评选“广东省维护职工权益杰出律师”活动，获得称号者授予广东省五一劳动奖章。各级工会要从人、财、物等方面加大对法律服务工作的投入，认真执行《工会法律援助办法》的规定，把工会法律服务工作经费列入本级工会经费预算，确保工作的顺利开展。

同志们，工会法律服务律师团的工作是一项繁重而艰巨的任务，是一项光荣而崇高的任务。我们要进一步深入贯彻落实中央、省委的精神，统一思想、坚定信心、扎实工作、服务职工，为加快转变经济发展方式，不断开创我省科学发展、社会和谐新局面作出新的更大的贡献!

大事记

重要会议

【全省工会信访工作会议召开】 1月12日，广东省工会信访工作会议在江门市召开。会议总结了近两年来全省工会信访工作情况，交流了各级工会信访工作经验，全面分析了当前工会信访工作的形势，并研究部署了下一阶段工会信访工作的任务。省总工会常务副主席陈宗文出席会议并作了讲话。他肯定了两年来全省各级工会在信访工作中所取得的成绩，指出当前工会信访工作面临四个问题，一是信访总量仍在高位运行；二是重信重访增多，解决问题的难度加大；三是过激行为时有发生，组织化倾向明显；四是职工群众信访反映民生层面问题相对集中。他要求各级工会充分发挥工会组织密切联系职工群众的优势，完善各项信访工作机制和维权机制，努力解决好信访职工的民生问题和实际困难。广州市总工会、汕头市总工会、茂名市总工会和江门市总工会分别作了经验介绍，珠海市总工会和湛江市总工会作了书面交流。

【召开首次省厂务公开民主管理联席会议】 1月14日，省厂务公开民主管理联席会议第一召集人、省人大常委会副主任、省总工会主席邓维龙在广州远洋宾馆主持召开第一次会议，听取广州远洋运输公司企务公开民主管理工作汇报，共同商议、制定今年全省厂务公开民主管理工作要点。省总工会党组成员、巡视员孔祥鸿传达了全国厂务公开工作汇报会会议精神以及全国厂务公开协调小组成员、中华全国总工会副主席、书记处书记陈荣书在此次会上的讲话精神，并就今年全省厂务公开民主管理工作要点作了说明。会议决定，2010年争取年内全省大中型国有、集体企业及其控股企业贯标率达到35%；国有、集体企业及其控股企业以及公办学校、医院等事业单位职代会建制率要稳定在98%以上，非公企业职代会建制率力争达到65%以上；国有企业及其控股企业厂务公开建制率要达到100%，集体企业及其控股企业以及公办学校、医院等事业单位厂务公开建制率要达到98%以上，非公企业厂务公开建制率力争达到已建工会组织企业数的80%以上；国有公司制企业职工董事建制率要达45%以上，职工监事建制率达到60%以上。

【召开省总工会第十二届委员会第二次全体（扩大）会议】 3月31日至4月1日，省总工会第十二届委员会第二次全体（扩大）会议在深圳召开。省委副书记、深圳市委书记刘玉浦出席会议并讲话，省人大常委会副主任、省总工会主席邓维龙代表省总十二届委员会作工作报告。刘玉浦在讲话中对全省各级工会组织提出了具体要求。一要弘扬创新精神、激发创造活力，为加快转变经济发展方式作出新贡献。二是要切实维护职工合法权益，为建设和谐广东谱写新篇章。三是要进一步加强教育培训，为造就一支高素质职工队伍做出新业绩。四是要切实加强工会自身建设，努力开创新形势下工会工作新局面。邓维龙在报告中总结了2009年全省工会工作成绩，对2010年的工会工作作了部署。2011年全省工会工作总体要求是：按照省工会十二大提出的目标任务，紧紧围绕全省工作大局，着力为职工服务、为党政分忧、为企业和谐、为经济加油，在全省努力当好推动科学发展、促进社会和谐的排头兵上努力体现工会组织大有可为、大有作为，团结动员广大职工在加快经济发展方式转变、实现经济平稳较快发展中充分发挥工人阶级主力军作用。深圳市委常委、市教育工委书记李意珍在会上致辞。深圳市总工会等12个单位在会上作了发言，另有12个单位作了书面发言。会议表彰了2009年度全省工会重点工作考核获奖单位。省总工会领导陈宗文、张国兴、林锡明、张振飚、廖汝捷、杨敏、孔祥鸿等出席了会议。省总工会第十二届委员会委员，各市、县总工会主席，省级产业及省直厅局、集团（公司）工会主席等共240多人参加了会议。

【广东召开庆祝“五一”暨劳动模范表彰大会】 4月30日，广东省庆祝“五一”国际劳动节暨劳动模范表彰大会在省委礼堂隆重举行。中共中央政治局委员、广东省委书记汪洋，省委副书记、省长黄华华，省人大常委会主任欧广源，省政协主席黄龙云出席大会。大会开始前，汪洋、黄华华、欧广源、黄龙云等亲切接见了获得2009年全国五一劳动奖状、奖章，省劳动模范和先进集体荣誉称号的个人和集体代表，与全体与会代表合影留念。大会由省人大常委会副主任、省总工会主席邓维龙主持。省委副书记、省长黄华华在大会上作重要讲话。省委常委、副省长肖志恒代宣读《国务院关于表彰全国劳动模范和先进工作者的决定》，省委常委、组织部部长胡泽君宣读《中共广东省委 广东省人民政府关于表彰广东省劳动模范和先进集体的决定》，邓维龙代宣读《中华全国总工会关于授予2009年全国五一劳动奖状、全国五一劳动奖章和全国“工人先锋号”的决定》。广东省委副书记、省长黄华华代表省委、省政府向全省广大劳动者致以节日的问候！向受表彰的先进个人，以及一直以来为我省改革开放和社会主义现代化建设作出突出贡献的劳动模范、先进工作者致以崇高的敬意！会上，全国劳模代表、中海石油炼化有限责任公司副总经理赵岩作了发言；全国劳模代表、佛山维尚家具制造有限公司技术总监周淑毅代表全体劳模宣读了“大力弘扬伟大品格，充分发挥主力军作用”倡议书。省领导徐少华，省军区领导蔡多文，省委、省政府有关部门和省有关人民团体负责同志，广东省2010年全国劳动模范和先进工作者、省五一劳动奖章获得者代表，以及广州地区各界职工群众代表，共1000多人参加了大会。

【召开全省工会宣教工作会议】 5月27日，全省工会宣教工作会议在广州召开。省总工会党组成员、巡视员孔祥鸿出席会议并讲话，各地市总工会分管宣教工作的领导及宣教部长参加了会议。会议对下阶段全省工会宣教工作作了部署，广州、深圳、茂名三地市总工会宣教部负责人分别从工会的新闻宣传、职工教育、文化工作三个方面作了经验交流。孔祥鸿就进一步做好工会宣教工作发表了讲话。他指出，做好宣教工作，一要坚持工会宣教工作的政治方向，大力开展主题教育活动；二要增强工会宣教工作的感染力，大力加强各项基本建设。加强各类教育阵地建设，引导和帮助职工提升素质；加强工会新闻宣传工作建设，引导和帮助职工把握时政；加强职工书屋建设，引导和帮助职工提升学习的兴趣和能力；加强文化体育活动建设，提升职工的文化和健康水平。

【召开全省工会主席会议】 6月22日，全省工会主席会议在广州召开。省人大常委会副主任、省总工会主席邓维龙出席会议并讲话。省总工会常务副主席陈宗文主持会议，省总工会副主席郭泽宇、王丽华、张振飚及各地市总工会相关负责人共100多人出席了会议。邓维龙在讲话中指出，全省各级工会要正视职工群体性事件，统一思想认识，切实把维护职工合法权益和维护职工队伍稳定作为突出的任务抓紧抓好；要大力推进行业性、区域性工联会建设，加强工会干部的社会化、职业化建设，加快推进企业工会民主化进程；要完善信息报告制度，制定应急处置预案，利用集体协商化解矛盾，建立健全工会参与处理职工群体性事件的具体办法；要完善职工权益维护机制、诉求表达机制、利益协商机制、矛盾调处机制，努力把劳资矛盾化解在萌芽状态；要扎实开展“广东职工人文关怀系列活动”，加强职工文化、企业文化建设，注重关爱职工心理健康，加大对新生代农民工的教育培训力度，创造条件让农民工尽快融入到城市社会中；要全面开展创建劳动关系和谐企业活动，促进企业形成以人为本、关爱员工的氛围，发展和谐劳动关系。会上，广州、深圳、佛山、东莞市总工会负责人围绕“加强人文关怀，改善用工环境”这一主题分别作了发言。

【召开广东省十项工程劳动竞赛总结推进大会】 6月30日，广东省十项工程劳动竞赛暨职工技能大赛总结推进大会在广州召开。省人大常委会副主任、省总工会主席邓维龙出席会议并讲话。他指出，2009年度广东省十项工程劳动竞赛发挥了重要的示范和导向作用，充分调动了广大职工的积极性、主动性和创造性。全省各级工会要认真贯彻胡锦涛总书记在2010年全国劳模表彰大会上的重要讲话精神，团结动员广大职工为加快转变经济发展方式建功立业。会议对获得广东省五一劳动奖状、广东省五一劳动奖章和广东省“工人先锋号”称号的个人和集体进行了表彰。广州市总工会、珠海市总工会、广东省高速公路有限公司、广汽日野汽车有限公司在会上介绍了开展劳动竞赛的经验。会议由省总工会常务副主席陈宗文主持。他要求各市、各产业工会要认真学习获得表彰的个人和集体的先进经验，突出工作重点，不断探索劳动竞赛的形式、内容和载体，为我省加快转变经济发展方式作贡献。2009年度省十项工程劳动竞赛模范集体同时被授予广东省五一劳动奖状，先进个人同时被授予广东省五一劳动奖章；2009年度职工职业技能大赛各工种决赛第一名选手被授予广东省五一劳动奖章，班组被授予广东省“工人先锋号”称号。此外，2009年以来参加各种建功立业活动，为广东经济建设和社会发展作出突出贡献的200个集体被授予广东省“工人先锋号”称号。

【召开全省工会维稳工作会议】 7月23日上午，全省工会维稳工作会议在广州举行。会议传达了中共中央政治局委员、省委书记汪洋在部分企业职工停工事件情况分析会上的讲话精神，分析了当前劳资纠纷的特点、发展趋势及社会影响，并研究部署了下一阶段的维稳工作。省总工会副主席林锡明出席会议并讲话，省总工会副巡视员、秘书长薛湘衡主持会议。林锡明强调，全省各级工会要切实做好职工群体性事件的处置工作；各地级以上市总工会要抓紧成立工会法律服务律师团，并在发生职工群体性事件时真正发挥作用；要加强工会的组织建设，在推动基层工会主席民主直选的同时，努力加强行业工联会的组建；要大力推进工资集体协商制度，避免纸上谈兵，使其成为工会维权工作的主要抓手和化解劳资矛盾的重要途径；要全面开展人文关怀系列活动，督促企业改善用工环境；要防范敌对势力的渗透；要做好对新生代农民工的调查和培训工作。会议就如何做好职工群体性事件信息的搜集、报送工作作了重点部署，要求各级工会组织，要充分认识职工群体性事件信息搜集、报送的重要性，切实完善信息搜集、报送工作制度，做到职工群体性事件每日一报；建立与相关部门的信息互通和共享机制；建立职工群体性事件信息报送、通报、考核、奖惩制度，省总将每月通报一次，并纳入对各地工会年度考核中。

【召开全省工会党工共建创先争优视频会议】 9月14日，省工会党工共建创先争优视频会议在广东数据通信大厦召开。省总工会党组副书记、常务副主席陈宗文作讲话，会议由省总工会党组成员、巡视员孔祥鸿主持。陈宗文在讲话中要求，推进党工共建创先争优工作要做到“四个进一步”和“八个结合”。“四个进一步”：一是进一步统一认识，形成全会上下推进党工共建、创先争优活动的合力。二是进一步开拓创新，完善推进党工共建、创先争优活动工作机制。三是进一步加强帮扶工作，让广大职工得到实惠。四是进一步转变作风，推动党工共建、创先争优活动取得实实在在的实效。“八个结合”：一是把创先争优活动与“双措并举”相结合，进一步巩固党的阶级基础，扩大党的群众基础。二是把创先争优活动与开展劳动竞赛相结合，在广东当好科学发展促进社会和谐排头兵中发挥工人阶级主力军作用。三是把创先争优活动与帮扶困难相结合，让职工群众得实惠。四是把创先争优活动与深化人文关怀系列活动相结合，努力构建和谐劳动关系。五是把创先争优活动与推进工资集体协商相结合，切实维护职工合法权益。六是把创先争优活动与扶贫“双到”活动相结合，保证“双到”工作任务完成。七是把创先争优活动与迎亚运活动相结合，争做文明东道主。八是把创先争优活动与工会自身建设相结合，提高工会干部的学习能力、维权能力、帮扶困难能力、廉洁自律能力。

【召开全省工会女职工工作会议】 9月15日，省工会女职工工作会议在广州召开。省总工会副主席、女职委主任王丽华出席会议并讲话。王丽华传达了省人大常委会副主任、省总工会主席邓维龙在省总工会第十二届委员会第三次全体（扩大）会议上的讲话精神及中华全国总工会书记处第一书记王玉普在全国工会女职工工作暨女职工组织建设经验交流会上的讲话精神，她要求全省各级女职委在下半年要突出做好女职工劳动竞赛、女职委组建及推进女职工权益保护专项集体合同签订三项工作。来自全省各级工会、产业工会的女职委共50人出席了会议。

【召开全省工会保障工作会议】 11月18日，全省工会保障工作会议在云浮市召开，来自21个地市和有关产业工会有关负责人共60多人参加会议。省总工会常务副主席陈宗文、副主席王丽华在会上作了讲话。陈宗文在讲话中充分肯定了我省工会保障工作所取得的成绩。他要求，全省各级工会组织在进一步加大困难职工帮扶工作力度的同时，要以技能培训和就业服务为重点，多渠道、多举措地帮助城镇求职人员及广大农民工实现就业，同时加强源头参与，勇挑重担，切实维护职工合法权益。王丽华在会上总结了2008年以来全省工会保障工作成绩和经验，并要求各级工会今后一段时期内，要以发展和谐劳动关系为主线，以加强职工人文关怀为重点，进一步促进扩大和稳定就业，着力维护好广大职工劳动工资、社会保障权益，努力实现帮扶工作可持续发展。茂名市总工会、肇庆市总工会、云浮市总工会、深圳市职工继续教育学院和湛江农垦工会等在会上作了经验介绍发言。

【召开全省工会对口援疆工作会议】 12月27日，省总工会召开全省工会对口援疆工作会议，传达全国工会对口援疆工作座谈会精神，部署落实全省工会支援新疆喀什地区工作。各地级市、佛山市顺德区总工会分管帮扶工作的副主席及省级产业工会主席参加了会议。省总工会常务副主席陈宗文对援疆工作提出具体意见。省总工会副主席王丽华传达了全国工会对口援疆工作座谈会精神，对我省工会支援新疆喀什地区的疏附县、伽师县和新疆建设兵团农三师的基本情况作了简要介绍，并通报了省总工会援疆工作方案。方案拟用3至5年的时间完成四大重点项目建设：一座3000平方米左右的职工文化活动中心；30座果蔬大棚基地；联系中山大学、中山大学眼科医院等高校和医院，在喀什地区开展“健康直通车”活动；为喀什地区工会提供职工培训、困难帮扶、劳务协作等方面的帮助。陈宗文就进一步做好对口援疆工作提出三点意见：一是要高度重视援疆工作，从国家决策、全总部署的角度认识到援疆工作的战略意义和重要性，有计划、有安排、有落实地做好援疆工作。二是要抓住重点，把工会对口援疆工作做到实处，具体是抓好“五大帮扶”，即人才智力技术帮扶、工会基层建设帮扶、职工生产生活帮扶、工会基本设施帮扶和职工文化教育帮扶。三是要认识到对口援疆工作不仅是一项政治工作，也是一项经济性工作，全省工会要多方筹措，解决资金问题。目前全省工会拟筹集对口援疆资金1000万元，其中，省总工会筹集500万元，各地级市、顺德区及省级产业工会共筹集500万元。（陈慧玲）

重要活动

【慰问挂钩帮扶贫困村——黄礤村】　1月26日，省人大常委会副主任、省总工会主席邓维龙同志率扶贫工作组一行，在梅州市人大常委会副主任陈林荣和丰顺县党政主要领导姚森隆、李明权等陪同下，深入到省总工会挂钩帮扶贫困村革命老区——丰顺县留隍镇黄礤村，实地调研对口帮扶工作。邓维龙一行通过深入到拟建宝香园水电站站址现场察看、走村串户、召开座谈会等形式，与县、镇、村干部及贫困户共同研讨扶贫对策，并捐赠黄礤村村委5万元和128户贫困户每户300元的慰问金。在实地考察后，邓维龙在黄礤村村委会主持召开座谈会，他强调了四点意见：一是县、镇、村和扶贫工作组在前期做了大量卓有成效的工作，为完成脱贫工作任务打下了坚实基础；二是希望扶贫工作组要按照扶贫措施，全力配合好县、镇、村，完成脱贫任务；三是要扎扎实实落实好扶贫脱困的每项工作，具体做到“四个落实”，即认识落实、人员落实、资金落实、工作落实；四是希望县、镇、村培养好脱贫致富的带头人。经过扶贫工作组与县、镇、村干部认真调研、反复论证，省总工会将从八个方面整村推进，帮助该村实现脱贫目标：一是建宝香园水电站，增加村集体经济收入，完成此项目预计需要资金近200万元，省总工会将支持启动资金100万元、相关设备购买资金40万元；二是对该村128户贫困户进行扶持，以种植佛手、甜竹笋、杨梅等为主抓手，统一定购树苗和复合肥，完成此项目预计需要资金近30万元；三是对读高中、大学的学生赞助学费；四是帮助该村完善农网改造；五是支持修复中共东江特委党代会旧址和革命烈士纪念碑；六是兴建农村书屋；七是对该村剩余劳动力进行集中培训，解决就业问题，实现脱贫；八是帮助该村按照社会主义新农村的要求进行村庄规划，改善村容村貌。

【粤港澳台四地九市工会新春在广州团拜】

2月26日，粤港澳台四地暨珠三角九市工会新春团拜会在广州举行，来自广东省总工会、香港工会联合会、澳门工会联合总会、台湾台中市总工会和广州、深圳、珠海、佛山、惠州、东莞、中山、江门、肇庆市总工会的领导和嘉宾近百人欢聚一堂，共庆新春佳节，交流工会工作经验，探讨新形势下开展工会工作的新思路、新方法。省委常委、组织部部长胡泽君，省人大常委会副主任、省总工会主席邓维龙出席团拜会并讲话，香港中联办社工部部长张铁夫，澳门中联办社工部部长叶志华，广州市人大常委会副主任、市总工会主席陈伟光等领导出席了团拜会。胡泽君在致辞中首先向在座的粤港澳台四地暨珠三角九市工会界的朋友拜年，并通过他们向粤港澳台的广大职工拜年。她希望粤港澳台四地工会组织进一步密切交流、加强合作，共同探讨服务职工、促进经济的有效方式，更好地履行职责，维护好职工的合法权益，共同促进四地经济社会的繁荣与和谐。邓维龙在讲话中希望进一步拓展粤港澳台四地工会合作领域，加大交流力度，完善沟通机制。香港、澳门、台中及广州等泛珠三角市总工会代表在团拜会上交流了工会工作经验。邓维龙向广州等9个市总工会颁发了2009年度全省工会外事暨港澳台工作先进单位奖牌。

【省总工会举行“三八”表彰大会、健美操比赛】 3月1日下午，由省总女职工委员会主办、省直机关工会女职工委员会协办的2010年广东省直单位女职工“庆‘三八’迎亚运”健美操比赛暨广东省“五一巾帼奖”表彰大会在广州隆重举行。来自全省各产业、集团公司有关单位，省直各单位女职工代表共700多人欢聚一堂，共同庆祝节日。省人大常委会副主任、省总工会主席邓维龙，省政协副主席、省妇联主席温兰子，省关心下一代工作委员会主任张帼英到会祝贺。省总工会常务副主席陈宗文，省总工会副主席、省总女职委主任王丽华等领导出席了活动。会上，广东省北江航道局龙船厂船闸管理站等5个集体和陈月媚等5名女职工被授予广东省五一巾帼奖。大会向来自广州非公企业的10名女农民工代表赠送了“健康体检卡”。来自省直各单位共13支女职工队伍为大家送上了一台青春飞扬、激情四射的健美操比赛。大赛冠军最后被广东省机场集团和广东省监狱管理局夺得。

【广东省第四届职工运动会举行】 4月13日下午，由广东省总工会、广东省体育局联合举办的广东省第四届职工运动会开幕式在广州体育馆举行，广东省人大常委会副主任、省总工会主席邓维龙出席，并宣布广东省第四届职工运动会开幕。全国总工会、省直有关单位和各市总工会、体育局的领导参加了开幕式，与近万名职工群众一起欣赏了文体表演《主力军颂》。截至2010年5月底，职运会历时9个月，来自全省各市、各条战线、各个行业的47个代表团，3000多名运动员参加了篮球、乒乓球、羽毛球、网球、中国象棋、健美操、扑克拖拉机、拔河、田径、大众体育等10个大项60多个小项比赛，共产生金牌66枚、银牌66枚、铜牌63枚。广东省第四届职工运动会闭幕式于2010年5月27日在广州香格里拉大酒店举行。此次运动会项目设置新颖活泼，既有竞技项目，又有趣味运动，突出了竞技体育与大众体育的结合，既是广东省职工队伍竞技体育的一次集中展示，更是全省职工贯彻《全民健身条例》的一次检阅，对推动全省职工文体工作影响极大，意义深远。

【对口援建的汶川县工人文化宫落成】 4月20日，由广东省总工会和广州市总工会对口援建的汶川县工人文化宫落成并正式投入使用。按照全总和广东省灾后重建部署，地震损毁严重的汶川县工人文化宫由广东省总工会和广州市总工会共同出资援建（重建）。2008 年 11 月和 2009 年 2 月，广东省总工会和广州市总工会对口援建工作组先后赴汶川，就援建事宜与四川省、阿坝洲、汶川县三级工会多次协商研究，落实援建项目和资金。经过可行性分析论证，决定根据汶川县灾后恢复重建总体规划，由广东省总工会和广州市总工会共同出资 2200 万元，其中广东省总工会 1300 万元、广州市总工会 900 万元，帮助汶川县总工会在原址重建汶川县工人文化宫综合大楼。2009 年 7 月 7 日上午 9 时，广州市对口援建后续项目开工典礼（含汶川县总工会工人文化宫等 15 个重建项目）在汶川县威州镇电影院旧址举行，汶川县工人文化宫灾后重建项目正式启动。该工程由核工业西南建设集团有限公司承建，广州建筑工程监理有限公司为监理单位，广东省达安工程项目管理有限公司为代建单位。该工程于 2009 年 7 月 8 日开工建设，2010 年 3 月竣工。新建的汶川县工人文化宫坐落在威州镇较场大街与园林路交汇处，占地面积 2453 平方米，建筑面积 5279 平方米，是全省极重灾区第一个建成的职工群众文化活动阵地。内设“三个中心”：职工文化活动中心、职工教育培训中心和困难职工帮扶中心，功能是面向汶川职工、农民工开展职业技能培训、困难帮扶、权益维护和文化宣传教育活动，为职工特别是困难职工农民工办实事好事、提供一站式帮扶服务，集公益性和经营性功能为一体，设计壮观，设施一流。为表达汶川县工会组织和广大职工的感激之情，汶川县总工会特立碑作记：“在灾难中，我们有过倒下的悲情；在重建时，我们更有了站起来的尊严。援建有期，情意无边；千秋伟业，羌山永传！至此工人文化宫落成之际，汶川县总工会特立此碑，以示来者，铭恩奋进！”

【钟南山当选新中国成立以来最具影响力的劳模代表】　“五一”前夕，在中华全国总工会开展的“时代领跑者——新中国成立以来最具影响力的劳动模范”评选活动中，年逾古稀的钟南山院士在 1375 万张公众选票的基础上，当选为 60 位新中国成立以来最具影响力的劳动模范之一，成为广东省唯一当选的劳模代表。钟南山从医 50 多年来，在推动我国呼吸疾病科研和临床事业走向世界前列作出了卓越的贡献，奠定了我国呼吸疾病某些项目的研究水平在亚太地区的领先地位，特别在 2003 年抗击“非典”战役中，他始终坚守在医疗第一线，奔赴各疫区指导开展工作，倡导与世卫组织密切合作，对诊断和治疗“非典”疫病，发挥了关键性作用，功勋卓著。

【汶川县总工会主席带队致谢广东省总工会援助】　5 月 28 日，四川省汶川县委常委、县总工会主席郭素梅带领县总工会一行 9 人专程到访广东省总工会。座谈会上，郭素梅对广东省总工会给予汶川县总工会的援助表示深深谢意，并送上锦旗。郭素梅介绍说，在“5・12”汶川大地震中，汶川县工人文化宫遭到损毁，经规划在原址重建，得到广东省总工会和广州市工会系统的大力援建。经过建设，如今一座崭新的汶川县工人文化宫矗立而起。新的汶川县工人文化宫是集社会效益和经济效益为一体的标志性建筑，建筑面积 5279 平方米。大楼设有困难职工帮扶中心、法律援助中心、健身厅、培训室、办公室、图书馆和多功能厅等。省总工会常务副主席陈宗文，副主席王丽华、张国兴等出席了座谈会。在听取了有关情况介绍后，陈宗文作了讲话。他认为汶川县总工会克服困难短时间里重建工作体现了“三新”：新精神、新工会和新发展。同时提出三点希望：一是把工人文化宫用好，充分发挥其作用，把它建设成为汶川广大职工活动的中心阵地。二是把工人文化宫管好，保证工会资产不流失。加强管理，取得经济效益和社会效益。三是借此机遇，把工会事业发展好，使工会事业上一个新台阶，成为四川工会工作的排头兵。

【启动职工人文关怀系列活动】 6月19日，广东省总工会与广州市总工会联合在广州市白云区太和镇文化广场举行了主题为“加强人文关怀　改善用工环境”的广东职工人文关怀系列活动启动仪式。省人大常委会副主任、省总工会主席邓维龙，广州市人大常委会副主任、市总工会主席陈伟光等出席了启动仪式并为白云区职工心理健康咨询中心揭牌。启动仪式由省总工会常务副主席陈宗文主持。邓维龙在讲话中指出，要努力实现职工“政治有地位，权益有保障，精神有关怀，生活有配套，困难有帮扶，发展有机会”，共建共享改革发展成果，真正实现体面劳动。广东职工人文关怀系列活动主要有开展职工思想关怀、心理健康关怀、文化关怀、生活关怀、劳动关怀活动和开展职工之家活动等六方面内容。2010年省总工会为万名农民工免费提供保额为5000万元的职工医疗互助保障，在活动现场向参加活动的广州新穗巴士有限公司500名员工赠送保额为250万元的广东省职工医疗互助保障。启动仪式前，专家、志愿者向现场职工提供了心理健康义诊和劳动保护、法律、就业帮扶咨询服务。省总工会副主席王丽华，广州市总工会常务副主席刘小钢和来自白云区各街镇工会主席、协理员、白云区辖内企业员工1000多人出席了启动仪式。

【全力以赴做好维护职工队伍和社会稳定工作】 针对深圳富士康科技集团员工跳楼事件、南海本田汽零部件制造有限公司停工事件以及深圳百达五金塑胶厂“工人罢工事件”等几起事件，省总工会高度重视，认真学习、传达中央、省委和全总的一系列重要指示精神，研究贯彻落实意见，并迅速采取一系列有效措施，化解矛盾。第一，迅速召开主席办公（扩大）会议传达学习中央、省委文件和省委书记汪洋同志的重要指示精神。2010年6月2日上午，广东省人大常委会副主任、省总工会主席邓维龙同志主持召开主席办公（扩大）会议。陈宗文常务副主席传达中央、省委文件和省委书记汪洋同志的重要指示精神。第二，结合工会实际，从五个方面贯彻落实中央、省委文件和省委书记汪洋同志的重要指示精神。一是深刻领会中央、省委文件和省委领导重要指示精神，在中央调查组和省委的领导下积极主动做好富士康和南海本田事件的有关工作。二是全面排查各类劳资纠纷，全力做好企业的稳定工作。部署全省各市总工会组织全面排查劳资纠纷问题；组织三个调研组赴珠江三角洲调查企业劳资纠纷情况，由省人大常委会副主任、省总工会主席邓维龙，常务副主席陈宗文，副主席林锡明分别带队赴广州、深圳、佛山、东莞、惠州、中山等市调查企业劳资纠纷的有关情况。三是以人文关怀为重点，切实做好工会的基础工作。切实加强企业职工的思想政治工作；加强员工的心理辅导；加强对企业的监管，严格超时加班问题。四是加强工会组建力度，切实发挥工会组织的作用。坚持“党建带动工建、工建服务党建”，以珠三角地区和产业转移工业园区、第三产业尤其是服务业以及私营企业为组建重点，最大限度地把包括农民工在内的广大职工组织到工会中来。五是省总各部门以及直属单位按照各自的责任全力以赴做好工会的各项工作，把维护企业和社会稳定作为当前工会的第一任务。

【省总工会在扶贫挂钩点丰顺县黄礤村举行水电站奠基仪式和“金秋助学”等活动】 6月23日上午，省总工会在扶贫挂钩点梅州市丰顺县黄礤村举行了黄礤村宝香园水电站奠基仪式暨“金秋助学”等活动。省总工会副主席王丽华，党组成员、纪检组长廖汝捷等领导出席，王丽华代表省总工会作了发言。奠基仪式上，分别举行了学费发放仪式、向黄礤小学捐赠慰问金及赠送学习用品、向黄礤村“农村书屋”赠送书籍等活动，省第二工人医院的4名医护人员现场为村民送医送药。奠基仪式后，王丽华、廖汝捷在丰顺县委副书记、县长李明权等的陪同下，一同看望慰问了该村两户贫困老党员，并送上慰问金。省委、省政府作出“规划到户，责任到人”扶贫开发工作部署以来，省总高度重视，省人大常委会副主任、省总工会主席邓维龙亲自部署，提出要把“双到”扶贫开发工作作为当前一项重要政治任务来抓。在充分调研的基础上，省总工会确定了黄礤村扶贫开发工作的总体思路：以建设社会主义新农村为目标，以发展集体经济为重点，以办实事为突破口，把输血和造血有机结合起来。在此基础上，省总确立了对黄礤村的八大帮扶项目：出资兴建宝香园水电站；扶持贫困户发展种养业；把该村贫困学生全部纳入年度工会系统“金秋助学”活动范围，全额解决贫困户子女就读高中、大学费用；对贫困户有意愿外出务工的劳动力进行技能培训；兴建农村书屋；对该村村容村貌进行重新规划和改造；完善农网改造，解决该村村民生活用电难问题；修复中共东江特委党代会旧址和兴建革命烈士纪念碑等。

【广东成立工会法律服务律师团为职工提供法律服务】 7月2日，广东省成立工会法律服务律师团，为各地工会组织和职工提供公益法律服务，维护职工合法权益。广东省工会法律服务律师团由广东省总工会、广东省司法厅、广东省律师协会共同组建，由社会执业律师、法律援助律师、高校法学专家学者共119人组成。律师团主要职责是为各地工会组织和职工提供公益法律服务，包括协助广东省总工会参与劳动法律法规及政策的制定和修改，为困难职工提供法律援助，调处重大劳动纠纷，指导和帮助职工开展工资集体协商，协助工会开展普法宣传教育，为工会组织、工会工作者和职工提供法律咨询和帮助。为保障律师团作用的发挥，广东省总工会、广东省司法厅、广东省律师协会设立了广东省工会法律服务律师团领导小组，主要负责律师团日常管理工作，受理、审查职工向广东省总工会申请法律援助的案件，并做出是否提供免费法律援助的决定，指派律师团成员办理法律援助案件，组织律师团成员参与调处重大劳动纠纷等业务。广东各地级以上市总工会在2010年8月成立工会法律服务律师团，为发生劳资纠纷的职工提供必要的法律支持，并组织工会法律服务律师团进企业、进工地、进社区，通过举办法律知识讲座、法律咨询、发放法律宣传资料等，扩大工会法律服务在职工中的影响力。

【启动“金秋助学”活动】 8月6日，由省总工会主办，云浮市总工会承办的广东职工人文关怀系列活动暨2010年“金秋助学”启动仪式在云浮市文化馆举行，450名困难职工子女共获得100万元助学金。省总工会常务副主席陈宗文出席启动仪式并为部分困难职工子女送上助学金。陈宗文在启动仪式上希望接受资助的同学能珍惜来之不易的学习机会，将关爱化为奋发的动力，积极进取，将来帮助家庭走出困境，同时回报和服务社会。启动仪式上，省总工会还向云浮市500名农民工赠送价值10万元的健康体检卡，向3000名职工赠送保费为10万元、保额达1600万元的职工医疗互助保障计划。"金秋助学"活动是广东省职工人文关怀系列活动之一，是解决困难职工子女、农民工子女上学难的重要措施。据了解，近五年来，全省工会已累计筹集助学资金1亿多元，帮助10万多名困难职工子女、农民工子女圆了上学梦。

【百名外来农民工受汪洋邀请观看电影《所有梦想都开花》】 8月7日，100位在广东省工作的外来务工人员受中共中央政治局委员、广东省委书记汪洋的邀请，在广东省委小礼堂与省领导一起观看反映珠三角外来工生活的电影《所有梦想都开花》，并进行了轻松热烈的交流互动。《所有梦想都开花》讲述了几位外来工在广东艰辛创业的故事，她们勇敢战胜了事业挫折、情感困扰和疾病威胁，执著追求并实现了人生梦想。90分钟里，大家心生共鸣，时而掌声热烈，时而哄堂大笑，时而陷入沉思。电影结束后，汪洋笑称"客串"主持人，拿起麦克风请大家谈感受。部分农民工谈了感受。佛山新明珠建陶工业园业务员胡小燕是电影女主角原型之一，就像影片中的女主角林芳一样，她在现实生活中收养了一个孩子，并通过努力和奋斗在城市里扎根，成为全国人大代表中第一个农民工代表。汪洋希望外来工兄弟姐妹们都能自尊、自立、自信、自强，拥有梦想，积极奋斗。祝愿农民工们梦想都能开花!

【朱明国到省总工会调研并看望机关干部】 8月30日下午，省委副书记、省纪委书记朱明国到省总工会进行调研，省委副秘书长刘日知等陪同调研。省人大常委会副主任、省总工会主席邓维龙代表省总工会汇报了广东工会总体情况以及今年的工作部署，朱明国对此表示充分肯定。朱明国表示，希望省总工会在接下来的工作中重点做好以下七个方面：一是坚决围绕中心服务大局，当好全国工会组织和中国工人阶级贯彻落实科学发展观的排头兵。二是充分发挥工会组织在联系、团结、组织、带领工人阶级为建设现代化强国中发挥重大作用。三是研究新情况、探索新活动模式，设计新载体，特别是在城市工人和农民工如何融为一体的问题上进行探索。四是全心全意为工会会员服务，为工人群众服务，为农民工服务，树立维护工人阶级切身利益的服务意识。五是加强自身建设，按照全覆盖的要求，在农民工集中的地方，在新的经济组织形态中，都要建立工会。六是有计划地加大工会干部培训力度，提高干部素质。七是加强和港澳工人阶级以及工人群众的联谊、联系，加深相互了解。

【国际劳工组织副总干事阿桑·迪奥普访问广东省总工会】 9月4日至5日，国际劳工组织副总干事阿桑·迪奥普来粤访问。4日晚，省总工会副主席郭泽宇受省人大常委会副主任、省总工会主席邓维龙和省总工会常务副主席陈宗文的委托，会见并宴请了客人。郭泽宇着重向客人介绍了我省工会在大力加强工会组织建设、依法维权、困难职工帮扶中心的规范化建设等方面的情况。迪奥普先生对我省政治经济的迅速发展表示赞赏，对省总工会在推动工会干部职业化、社会化方面的工作表示赞同。他认为正是由于省总工会努力满足工人的合法需求，才促使工会组建率不断上升。阿桑·迪奥普先生此行是今年第二次来粤访问。他曾于今年初应全总邀请出席在京举办的2010年"经济全球化与工会国际论坛"时访问我省。

【举办首届工资集体协商师资培训班】 9月17日，为期两天的广东省首届工资集体协商师资培训班开班仪式在省总工会干校举行。来自全省各地级市（县、区）工会、省级产业工会和省总工会机关干部共110多人参加，省总工会副主席张振飚出席开班仪式并作了讲话。培训班分别邀请了全国总工会集体合同部部长张建国主讲《当前劳动关系态势及“两个普遍”》、《集体合同与工资协商》课程，省总干校校长易江主讲《职工维权三型思路》课程，省总干校副校长李晓明主讲《怎样开展工资集体协商》课程。张振飚在讲话中强调，要把推进工资集体协商工作作为发展和谐劳动的重要举措来抓，精细组织，落到实处：一是要采取有效措施，不断扩大工资集体协商的覆盖面。二是完善工作制度，全面落实工资集体协商权利。要以省人大即将出台的《企业民主管理条例》为契机，依照法规规定保障职工工资集体协商的权利。三是加强分类指导，推动工资集体协商工作深入发展。四是加强组织领导，努力构建工资集体协商的社会化工作格局。五是加强队伍建设，培养一批工资集体协商的专家，培养一大批搞工资集体协商的工会干部，切实推进工资集体协商工作。

【广东省总工会连续三年到汶川“金秋助学”】 10月26日，广东省总工会“金秋助学”捐赠仪式在四川省阿坝州汶川县总工会举行。广东省总工会常务副主席陈宗文，四川省总工会副主席慕竹平，汶川县委常委、县总工会主席郭素梅等领导出席捐赠仪式。阿坝州委常委、州总工会主席张万平出席捐赠仪式并代表州总工会向广东省总工会赠送锦旗。慕竹平、郭素梅分别在捐赠仪式上作了讲话。捐赠仪式上，广东省总工会送来了2010年捐资助学和困难职工帮扶款100万元，并为受助学生家庭代表发放了助学款。自2008年以来，广东省总工会在连续三年的“金秋助学”活动中共为汶川困难职工捐赠助学帮扶资金224.9万元，帮扶大学生和困难学生1000余人。在捐助仪式后，陈宗文一行还来到水磨、映秀、汶川县城等地考察了汶川县灾后重建成果。

【邓维龙会见世界工联代表团】 12月9日，省人大常委会副主任、省总工会主席邓维龙在广州会见了以副总书记阿迪布·米罗为团长的世界工联主席团理事会代表团一行。邓维龙代表省总工会对代表团的到访表示欢迎，并向客人简单介绍了广东经济社会和工会发展情况。邓维龙指出，省总工会将结合广东实际创新工作思路，在全面推动广东经济社会发展中更好地发挥工会组织的作用，为促进广东经济结构调整和发展方式转变作出新贡献。阿迪布·米罗高度评价广州举办的亚运会，赞叹广州的巨大变化，表示愿意进一步加强与中国工会的友好交流与合作，共同推动国际工会运动的健康发展，为维护各国劳动者的权益作出贡献。世界工联是当前三大国际工会组织之一，成立于1945年10月3日，目前约有6800万名会员，绝大多数来自发展中国家。世界工联与中国工会有着传统的友谊，双方在国际场合，特别是在国际劳工组织中，一直相互支持与合作。

【抓好帮扶，努力为职工办实事、好事】 2010年，广东省总工会积极推行职工健康护航计划，稳步推进职工互助保障事业，职工医疗互助保障参保人数持续增加。全省参保职工16万多人次，理赔给付金额751万多元。全省参保职工累计达253万多人次，累计理赔人数5799人，累计给付金额1亿多元。当年向2万名困难职工、农民工每人赠送一份职工医疗互助保障，同时组织部分农民工进行免费体检。加大对困难职工和农民工的帮扶救助力度。2010年1月下旬到2月上旬，在全省范围内深入开展以“心系职工情，温暖进万家”为主题的送温暖活动。

省委、省政府组成19个“省送温暖”慰问团，由省委常委、副省长以上的省领导带队，分赴21个地级以上市，走访慰问特困老党员、困难劳模、困难职工（含下岗失业人员、农民工）、贫困农户、困难退伍复员军人和伤残人士，困难企业和农民工集中的企业，以及贫困村等困难群体，指导解决他们的生产生活问题。“两节”期间的送温暖活动，全省共筹集慰问款物11027.66万元，其中政府拨款3923.95万元、工会拨款1871.14万元、社会筹集5232.57万元，慰问困难企业6746家，困难职工（含农民工）201748户，困难劳模3795户，慰问农民工59146人。

【广泛深入开展形式多样的劳动竞赛】 2010年，广泛深入开展形式多样的劳动竞赛。一是围绕广东省新十项工程建设，深入开展以“优质、高效、快速、安全、创新、廉洁”为目标、以“六比六赛”为内容的重点工程劳动竞赛。大力抓好省十项工程劳动竞赛的拓展和延伸。精心组织、稳步实施，确保各赛区重点工程项目建设顺利进行。深入抓好经验总结，完善工作机制，充分发挥重点工程劳动竞赛的引领示范作用。二是围绕提高职工的劳动技能和综合素质，大规模开展职工职业技能竞赛活动。全省各级工会围绕中心、服务大局，深入发动和广泛组织职工参与两项大赛。掀起了新一轮声势浩大的“在干中学、在学中练、在练中比、在比中创”热潮。此外，按照转变经济发展方式的要求，大力开展各具特色的技术技能比赛，更好地为广东“三促进一保持”（即促进提高自主创新能力、促进传统产业转型升级、促进建设现代产业体系，保持经济平稳较快发展）服务。三是围绕促进企业自主创新和节能减排，广泛开展群众性经济技术创新活动。群众性的合理化建议、技术创新、技术攻关是劳动竞赛的重要内容，是广大一线职工立足本职建功立业的最简捷、最便利的有效载体。2010年，全省各地、各行业通过政策驱动、典型选树、经验推广、舆论宣传等形式，大力推动群众性经济技术创新活动在企业开花结果，为广大职工投身广东经济社会又好又快建设搭建平台、凝聚力量。四是大力加强班组建设，将“工人先锋号”创建活动推向深入。2010年，全省突出围绕“一流素质、一流工作、一流服务、一流业绩、和谐团队”的目标，继续擦亮“工人先锋号”这一品牌，共命名了201个“省工人先锋号”，推选出一大批在优化经营、加强管理、改善服务、技术创新、节能降耗、提高效益等方面作出突出贡献的班组、车间、工段典型。

【尊重劳模、关爱劳模，将劳动模范的各项待遇落到实处】 广东省总工会结合元旦、春节送温暖活动，开展慰问劳动模范的活动。活动由省总工会领导带队，慰问在广州地区以及周边地区较有影响的劳动模范，特别是一线劳动模范。2010年元旦、春节期间共慰问各条战线劳动模范108人次，向每位劳动模范发放慰问金1000元。为了落实中共中央政治局委员、省委书记汪洋的批示精神，广东省总工会组织开展了省部级劳模社会保障和生活状况调研，并形成了调查报告。在提高劳模待遇方面主要采取措施有：一是夯实长效机制，提高劳模荣誉津贴计发标准。二是加强劳模帮困力度，建立劳模“三金”制度。三是加强人文关怀，建立劳模定期体检和疗休养制度。四是建立在职劳模最低工资保障制度。五是妥善解决省部级劳模住房困难问题。六是落实农民劳模的社保政策，共享发展成果。七是扩大宣传影响，加强劳模活动平台的建设。

【推动基层工会组建整体发展，全省基层工会组建和发展会员工作继续保持在全国前列】 在组建工作重点方面，2010 年基层组织建设重点主要在三个方面：第一，从区域层面来说，组建重点放在珠三角地区和产业转移工业园区。第二，从行业层面来说，组建重点放在第三产业尤其是服务业。第三，从企业层面来说，组建重点放在非公有制企业尤其是私营企业。2010 年，将私营企业尤其是多年未建会的大中型私营企业作为组建重点，力争取得新突破。在组建形式和手段方面：进一步加快建会方式的转变，创新组织形式，深入推进“双措并举、二次覆盖”，进一步推进建立区域性、行业性工会联合会，进一步健全“小三级”工会网络，充分发挥镇（街道）、村（社区）、工业园区（高新区、产业转移园区）工会在推动建会中的重要作用。截至 2010 年 9 月底，全省工会基层组织（即基层工会涵盖单位数）达 57.59 万个，基层工会委员会达 20.01 万个，全省发展会员 2060.03 万人，全省发展农民工会员 1050.29 万人，分别比去年同期净增长 2.78 万个、1.23 万个、142.51 万人、143.77 万人，分别比去年同期净增长 5.07%、6.58%、7.43%、15.86%。全省“三项指标”（即全省基层工会涵盖单位数、基层工会委员会数、工会会员数）总数目前均名列全国第一。这是自 2000 年以来，全省工会组建和发展会员工作连续十年保持在全国前列，受到全总的表彰。

【深入开展创先争优活动】 广东省总工会直属机关党委根据中央部署，决定在基层党组织和党员中深入开展“创建先进基层党组织、争当优秀共产党员”的创先争优活动，并下发了《中共广东省总工会直属机关委员会关于在基层党组织和党员中深入开展创先争优活动的实施意见》（以下简称《意见》），明确活动内容是创建“五个好”先进基层党组织、争当“五个模范”优秀共产党员。“五个好”即领导班子好、党员队伍好、工作机制好、工作业绩好、职工群众反映好。“五个模范”即自觉学习的模范、执行政策的模范、服务职工群众的模范、爱岗敬业的模范、遵纪守法的模范。《意见》要求加强创先争优活动的分类指导，所有基层党组织和党员都要积极投身创先争优活动，实现组织和党员全覆盖；要求各级党组织根据本部门本单位的实际情况和党员的岗位特点，明确活动的目标任务，确定具体活动主题，精心设计特色鲜明、务实管用的活动载体，找准开展活动的着力点。（陈慧玲）

大事记

1月

7 日，广东省财贸工会工作会议在广州召开。省总工会副主席王丽华出席会议并作讲话。

12 日，广东省工会信访工作会议在江门市召开。省总工会常务副主席陈宗文出席会议并作重要讲话。

14 日，省厂务公开民主管理联席会议第一召集人、省人大常委会副主任、省总工会主席邓维龙在广州远洋宾馆主持召开 2010 年第一次会议。省总工会党组成员、巡视员孔祥鸿在会上作了讲话。

15 日，在 2010 年虎年新春佳节即将到来之际，省人大常委会副主任、省总工会主席邓维龙代表广东省总工会，在中工网（www.workercn.cn）上向全省职工拜年。

15 日，省总工会召开直属机关党政工领导联席会议。省总工会常务副主席、直属机关党委书记陈宗文出席会议并讲话。

15日，广东省财贸工会召开全省金融系统工会工作会议。省总工会党组成员、纪检组长廖汝捷出席会议并讲话。

16日，广东省工会经济工作部长会议在珠海召开。省总工会常务副主席陈宗文出席会议并讲话。

19—21日，应澳门工会联合会的邀请，以省总工会副主席王丽华为团长的广东省总工会代表团一行6人前往澳门，出席澳门工会联合会成立六十周年庆祝活动。

24—25日，由省委常委、省委政法委书记、省公安厅厅长梁伟发率领的省委、省政府"送温暖"慰问团在省总工会党组成员、经审委主任杨敏的陪同下，赴阳江、江门慰问。

25日，由省委常委、省军区司令员辛荣国率领的省委、省政府"送温暖"慰问团在省总工会副主席林锡明的陪同下前往云浮进行春节慰问。

26日，省人大常委会副主任、省总工会主席邓维龙在省总常务副主席陈宗文等陪同下，率扶贫工作组到省总工会挂钩帮扶贫困村革命老区——丰顺县留隍镇黄礤村，实地调研对口帮扶工作。

27日，省总工会副主席郭泽宇、王丽华会见港澳劳工界政协常委和委员。

27日，由副省长林木声率领的省委、省政府"送温暖"慰问团在省总工会党组成员、经审委主任杨敏的陪同下，赴汕尾开展送温暖慰问活动。

2月

3日，省总工会召开机关离退休老同志迎春团拜会，省人大常委会副主任、省总工会主席邓维龙出席并作了讲话，省总工会常务副主席陈宗文主持团拜会。

3日，由省委常委、秘书长、办公厅主任徐少华率领的省委、省政府"送温暖"慰问团在省总工会党组副书记、副主席郭泽宇陪同下前往肇庆进行春节慰问。

3日，由省委常委、省纪委书记朱明国率领的省委、省政府"送温暖"慰问团在省总工会党组成员、纪检组长廖汝捷的陪同下，到佛山市进行"送温暖"慰问活动。

4日，由省委常委、副省长肖志恒率领的省委、省政府"送温暖"慰问团在省总工会党组副书记、常务副主席陈宗文的陪同下，赴中山、珠海慰问在一线辛勤工作的外来工。

4日，由省委常委、省委宣传部部长林雄率领的省委、省政府"送温暖"慰问团在省总工会党组成员、巡视员孔祥鸿陪同下到汕头慰问部分困难劳模、困难党员、困难职工和困难企业。

4日，省总工会党组成员、巡视员孔祥鸿到省总工会对口帮扶单位——汕头市潮阳区关埠镇新红村慰问村中困难户，并上门为老党员林潮水和困难农户林丙青老人送上慰问金。

5日，由副省长李容根率领的省委、省政府"送温暖"慰问团在省总工会副主席王丽华陪同下到惠州市惠阳区开展送温暖活动。

5日，由副省长雷于蓝率领的省委、省政府"送温暖"慰问团在省总工会副主席张振飚陪同下赴韶关送温暖。

6日，由省委常委、组织部部长胡泽君率领的省委、省政府"送温暖"慰问团在省总工会党组副书记、副主席郭泽宇的陪同下，赴湛江开展慰问活动。

6日，由省委常委、省政协主席、常务副省长黄龙云率领的省委、省政府"送温暖"慰问团在省总工会党组成员、纪检组长廖汝捷的陪同下，赴茂名慰问困难企业、困难劳模、贫困老党员、困难农户。

8日，省总工会召开2009年度领导班

子考核暨直属机关总结表彰大会，省人大常委会副主任、省总工会主席邓维龙出席并讲话。省总工会常务副主席陈宗文主持大会，省总工会领导郭泽宇、王丽华、张国兴、林锡明、张振飚、廖汝捷、杨敏出席。会议还对省总工会机关及直属单位2009年度优秀、先进工作者及优秀调研成果进行了表彰。

8日，由副省长宋海率领的省委、省政府慰问团在省总工会副主席王丽华的陪同下，赴东莞开展送温暖活动。

9日，省总工会常务副主席陈宗文陪同由省委副书记、省长黄华华率领的省委、省政府“送温暖”慰问团到河源市访贫问暖。

9日，由副省长万庆良率领的省委、省政府“送温暖”慰问团在省总工会副主席张国兴的陪同下，到梅州开展慰问活动。

26日，省总工会召开全体机关干部职工大会，省总工会常务副主席陈宗文就学习贯彻全总十五届三次执委会精神作了传达。

2月27日—3月1日，国际劳工组织副总干事阿桑·迪奥普夫妇一行到广东访问。省人大常委会副主任、省总工会主席邓维龙，省总工会副主席郭泽宇、张振飚会见并宴请了代表团。

3月

1日，省总工会女职工委员会在广州召开“广东省直单位女职工庆‘三八’迎亚运健美操比赛暨广东省‘五一巾帼奖’表彰大会”。省人大常委会副主任、省总工会主席邓维龙到会祝贺，省总工会常务副主席陈宗文，省总工会副主席、省总工会女职委主任王丽华出席了活动。

10日，省工业工会在惠州召开工作会议。省总工会常务副主席陈宗文出席会议并讲话。

10日，惠州平海发电厂有限公司举行一期工程2×1000 MW机组劳动竞赛启动仪式，省总工会常务副主席陈宗文出席仪式并致辞。

16日，省总工会召开机关干部及直属单位领导班子大会，全国人大代表、省人大常委会副主任、省总工会主席邓维龙传达了十一届全国人大三次会议的基本情况和主要精神。省总工会常务副主席陈宗文主持大会。省总工会领导郭泽宇、王丽华、张国兴、林锡明、张振飚、廖汝捷、孔祥鸿出席了会议。

18日，省总工会副主席王丽华会见了以香港工会联合会陈婉娴副会长为名誉团长的香港会计业总会和香港财务策划人员总工会参访团。

19日，省总工会巡视员孔祥鸿会见了以香港工联会会长郑耀棠为团长的香港保险业总工会广州参访团。

28日，肇庆市举行“为千亿工程立新功、为‘双转移’作贡献”劳动竞赛总结推进大会。省总工会党组成员、纪检组长廖汝捷出席大会并讲话。

29日，省总工会副主席张振飚会见了台湾电力工会理事长胡国康先生。

3月31日—4月1日，广东省总工会第十二届委员会第二次全体（扩大）会议在深圳召开。省人大常委会副主任、省总工会主席邓维龙代表省总工会十二届委员会作工作报告。省总工会领导陈宗文、张国兴、林锡明、张振飚、廖汝捷、杨敏、孔祥鸿等出席会议。会议对2009年度广东省工会重点工作考核情况进行了表彰，还就近年全省工会工作进行了经验交流。

4月

11日，省林业工会在广州举办2010年“中国特色社会主义工会发展道路”培训班。省总工会常务副主席陈宗文应邀出席培训并为学员作辅导报告。

13日，广东省第四届职工运动会开幕式在广州体育馆举行，省人大常委会副主任、省总工会主席邓维龙出席，并宣布广东省第四届职工运动会开幕。省总工会党组副书记、常务副主席陈宗文致辞。

15日，省总工会党组向青海省总工会发出慰问信，并向青海省总工会捐款50万元。同时，下发《关于动员广大职工做好支援青海抗震救灾工作的紧急通知》，号召全省各级工会和职工迅速开展献爱心活动。

20日，省总工会举行“情系玉树，大爱无疆——广东省总工会抗震救灾募捐活动”。省人大常委会副主任、省总工会主席邓维龙率领在家的领导班子成员带头捐款，省总机关各党支部及直属单位党组织的党员干部和职工纷纷慷慨解囊，共捐款18万元。

23日，广东省十项工程珠三角城际轨道交通工程建设赛区劳动竞赛启动仪式在广州番禺隆重举行。省人大常委会副主任、省总工会主席邓维龙向省铁投集团授旗并剪彩正式启动劳动竞赛。省总工会常务副主席陈宗文出席仪式并致辞。

23日，广东省总十二届经审会第二次会议召开。广东省总工会副主席张国兴、张振飚，省总工会党组成员、经审办主任杨敏出席了会议。

25日，省总工会在白云机场举行仪式，欢送广东2010年全国劳动模范和先进工作者进京参加全国劳模表彰大会。省人大常委会副主任、省总工会主席邓维龙主持欢送仪式。

28日上午，广东省庆祝“五一”国际劳动节暨劳动模范表彰大会在广州举行。大会由省人大常委会副主任、省总工会主席邓维龙主持。

5月

7日，省人大常委会副主任、省总工会主席邓维龙与省总工会副主席郭泽宇会见了中央人民政府驻澳门特别行政区联络办公室副主任陈启明率领的澳门中联办参访团一行。

7日，省人大常委会副主任、省总工会主席邓维龙，省总工会党组成员、纪检组长廖汝捷等一行到广州海运（集团）公司检查指导工作。

27日，广东省第四届职工运动会在广州隆重闭幕。省人大常委会副主任，省总工会主席邓维龙出席并宣布广东省第四届职工运动会闭幕。闭幕式由省总工会巡视员孔祥鸿主持，省总工会副主席王丽华、张国兴，经审委主任杨敏等出席。

27日，广东省职工文体协会2010年年会在广州召开。省总工会党组成员、巡视员、省职工文体协会名誉会长孔祥鸿出席会议，省总工会党组成员、经审委主任、省职工文体协会会长杨敏作工作报告。

27日，全省工会宣教工作会议在广州召开。省总工会党组成员、巡视员孔祥鸿出席会议并讲话。

28日，四川省汶川县委常委、县总工会主席郭素梅一行9人专程造访广东省总工会，对省总工会给予汶川县总工会的援助表示感谢并送上锦旗。省总工会常务副主席陈宗文，副主席王丽华、张国兴等出席了座谈会。

6月

2日，省直关工委主任曾利德等一行4人到省总工会调研指导关工委工作。省总工会副主席、关工委名誉主任郭泽宇会见了调研指导组一行。省总工会纪检组长廖汝捷参加了调研汇报座谈会。

3日，省人大常委会副主任、省总工会主席邓维龙率调研组到广州市进行专题调研。省总工会经审委主任杨敏陪同参加。

11日，省总工会副主席王丽华到翁源调研。

13—14日，全国总工会研究室主任李滨生、全国总工会办公厅副主任王大军等一行在省总工会常务副主席陈宗文等的陪同下，到茂名市调研工会工作。

17日，省总工会召开机关全体干部大会，传达省委、省政府加快转变经济发展方式电视电话会议精神。省总工会常务副主席陈宗文作传达，省人大常委会副主任、省总工会主席邓维龙出席大会并作重要讲话。

19日，省总工会与广州市总工会联合在广州市白云区太和镇文化广场举行了广东职工人文关怀系列活动启动仪式。仪式由省总工会常务副主席陈宗文主持，省人大常委会副主任、省总工会主席邓维龙出席并为白云区职工心理健康咨询中心揭牌。省总工会副主席王丽华参加了启动仪式。

22日，全省工会主席会议在广州召开。省人大常委会副主任、省总工会主席邓维龙出席会议并讲话。省总工会常务副主席陈宗文主持会议，省总工会副主席郭泽宇、王丽华、张振飚出席了会议。

22日，省总工会党组成员、纪检组长廖汝捷一行到汕头“南澳1号”的打捞现场，慰问在恶劣环境下坚持打捞工作的交通部广州打捞局的职工。

23日，省总工会在扶贫挂钩点——梅州市丰顺县黄礤村举行了宝香园水电站奠基仪式暨“金秋助学”等活动，省总工会副主席王丽华，省总工会党组成员、纪检组长廖汝捷等领导出席活动并看望慰问了该村两户贫困老党员。

28日，省人大常委会副主任、省总工会主席邓维龙，省总工会副主席王丽华等到广州市困难职工家中慰问，给他们送去慰问金和慰问品。

29日，省总工会党组理论中心组举办《深入推进学习型党组织建设》专题讲座。省总工会常务副主席陈宗文主持了讲座。

30日，广东省十项工程劳动竞赛暨职工技能大赛总结推进大会在广州召开。会议由省总工会常务副主席陈宗文主持，省人大常委会副主任、省总工会主席邓维龙出席会议并讲话。

7月

1日，省总工会直属机关党委召开直属机关基层党组织和党员代表“七一”座谈会。座谈会由省总工会党组成员、纪检组长廖汝捷主持，省总工会党组副书记、常务副主席、直属机关党委书记陈宗文在会上作讲话。

2日，广东省工会法律服务律师团成立大会在广州举行，省人大常委会副主任、省总工会主席邓维龙出席并讲话，向律师团的律师代表颁发聘书。省总工会常务副主席陈宗文主持大会，省总工会副主席林锡明宣读了《关于成立广东省工会法律服务律师团的决定》，省总工会副主席王丽华参加了会议。

6日，省总工会召开部分产业工会主席会议。省总工会副主席郭泽宇在会上要求各级工会要对当前企业群体事件及面临的挑战和考验有一个清醒的认识，并有意识地增强工会工作活力。

6日，省“安康杯”竞赛工作会议在珠海举行。省总工会副主席张国兴出席会议并讲话。

7日，广州市环卫行业工会联合会在广州成立。省总工会党组成员、巡视员孔祥鸿出席了成立仪式。

8日，省财贸工会召开省财贸系统工会主席和女职委主任座谈会。省总工会副主席林锡明出席座谈会并讲话。

9日，省总工会召开直属机关工会主席会议，传达学习全省工会主席会议精神和省人大常委会副主任、省总工会主席邓维龙的讲话精神。省总工会党组成员、纪检组长廖汝捷出席会议并讲话。

9日，省总工会副主席张国兴到广东建工集团广交会琶洲展馆配套设施项目（酒店）工程施工现场，向工人送清凉。

9日，省工业工会在中石化广州分公司召开年中工作会议。省总工会副主席张振飚出席会议并讲话。

15日，省人大常委会副主任、省总工会主席邓维龙，省总工会常务副主席陈宗文，省总工会党组成员、纪检组长廖汝捷等一行8人到中交广州航道局有限公司调研。

21日，省海员工会召开海员系统工会主席会议，省总工会党组成员、纪检组长廖汝捷出席并讲话。

23日，全省工会维稳工作会议在广州举行。省总工会副主席林锡明出席会议并讲话，省总工会副巡视员、秘书长薛湘衡主持会议。

26日，以香港工会联合会副理事长、妇女事务委员会主任梁颂恩为团长的香港工会联合会妇女事务委员会代表团一行16人到省总工会进行友好交流访问。省总工会副主席王丽华会见并出席了粤港工会女职工事务交流座谈会。

30日，省总工会召开机关干部大会，省人大常委会副主任、省总工会主席邓维龙主持会议，省总工会常务副主席陈宗文传达全总十五届四次执委会和省委十届七次全会精神。省总工会领导班子成员参加会议。

8月

2日，由省总工会副主席郭泽宇率领的调研组一行6人，对粤东地区非公企业的工会组建情况进行了调研。

6日，由省总工会主办，云浮市总工会承办的广东职工人文关怀系列活动暨2010年“金秋助学”启动仪式在云浮市举行。省总工会常务副主席陈宗文出席启动仪式并为部分困难职工子女送上助学金。省总工会还向云浮市500名农民工赠送价值10万元的健康体检卡，向3000名职工赠送保费为10万元、保额达1600万元的职工医疗互助保障计划。

9—11日，省直机关工会主席培训班在阳江市举行。省总工会常务副主席陈宗文以《中国特色社会主义工会发展道路与广东工会创新实践的思考》为题为学员授课。

9日，由省环保厅、省人力资源和社会保障厅、省总工会联合举办的广东省广州亚运会环境质量保障监测技术比武暨全国环境监测技术人员大比武选拔赛在南海落下帷幕。省总工会副主席张振飚出席并为获奖选手颁奖。

10—11日，广东省总工会第十二届委员会第三次全体（扩大）会议在广州召开。省人大常委会副主任、省总工会主席邓维龙作工作报告，省总工会常务副主席陈宗文传达全总十五届六次主席团会议和十五届四次执委会议的精神。省总工会领导郭泽宇、王丽华、张国兴、张振飚、廖汝捷、杨敏、孔祥鸿等出席会议。

12日，省总工会副主席林锡明到广州开发区、萝岗区调研近期企业劳动关系情况。

25日，广东省第四届“银联杯”商业服务业收银员银行卡知识技能竞赛在广州落下帷幕。省总工会副主席林锡明出席闭幕式并作讲话。

30日，省委副书记、省纪委书记朱明国到省总工会调研并看望省总机关部分干部。在座谈会上，省人大常委会副主任、省总工会主席邓维龙介绍了省总工会近年来工作的创新思路和所取得的成绩以及当前工会工作重点。省总工会领导陈宗文、郭泽宇、王丽华、张国兴、林锡明、廖汝捷、杨敏、孔祥鸿等参加了座谈会。

30日，广东省教育工会第六届委员会第一次全体委员会议在广州召开，省人大常委会副主任、省总工会主席邓维龙出席会议并讲话。会议由省总工会常务副主席陈宗文主持，省总领导郭泽宇、张国兴、张振飚、廖汝捷、杨敏出席会议。

31日，省总工会召开审计意见整改情况汇报会。省总工会常务副主席陈宗文，副主席张国兴、张振飚，省总党组成员、纪检组长廖汝捷出席并分别作了讲话。省总工会党组成员、经审会主任杨敏主持汇报会。

31日，广东省工业系统职工人文关怀演讲竞赛在广州从化市举行。省总工会副主席林锡明出席并为获奖代表颁奖。

9月

4日，广东省金融系统2010年首届金融知识竞赛决赛在广州举行。省总工会常务副主席陈宗文、副主席林锡明出席并为获奖选手颁奖。

4日，受省人大常委会副主任、省总工会主席邓维龙和省总工会常务副主席陈宗文的委托，省总工会副主席郭泽宇会见了来粤访问的国际劳工组织副总干事阿桑·迪奥普。

7日，省总工会常务副主席陈宗文率省总工会、省教育工会有关人员，前往南方医科大学慰问劳模教师代表金大地、丁彦青、陈武凡、俞守义，并为他们送上慰问金。

8日下午，省总工会常务副主席陈宗文一行前往南华工商学院（省总干校）慰问广大一线教职员工。

14日，全省工会党工共建创先争优视频会议在广州召开。省总工会党组副书记、常务副主席陈宗文作讲话，会议由省总工会党组成员、巡视员孔祥鸿主持。

14日，2010年全省职工互助保障工作总结表彰会在清远召开。省总工会副主席张振飚出席会议并讲话。

15日，全省工会女职工工作会议在广州召开。省总工会副主席、女职委主任王丽华出席会议并讲话。

17—18日，广东省工会信息工作会议在肇庆召开。省总工会常务副主席陈宗文出席会议并讲话。

17日，省总工会党组副书记、副主席郭泽宇率领省总工会、省政协外侨委和中山大学联合调研组，到江门市开展非公企业工会组建专题调研。

17日，广东省首届工资集体协商师资培训班开班仪式在省总干校举行。省总工会副主席张振飚出席并作讲话。

20日，由广东省保监局、省财贸工会和省保险行业协会联合举办的广东人身保险业客户回访岗位业务技能竞赛决赛在广州举行。省总工会常务副主席陈宗文出席并为获奖单位和选手颁奖。

27—28日，以省总工会党组副书记、副主席郭泽宇为组长的省总工会、省政协外事侨务委员会和中山大学工会联合调研组对广州非公企业的工会组建情况进行了实地调研。

27—29日，省职工职业技能大赛之中国电信广东公司10000号客服代表及VIP客户经理服务技能竞赛决赛在广州举行。省总工会副主席王丽华出席并为获奖单位和个人颁奖。

29日，全省工会宣传工作座谈会在广州召开。省总工会常务副主席陈宗文传达了省人大常委会副主任、省总工会主席邓维龙对会议的重要指示，省总工会领导张振飚、孔祥鸿出席会议并讲话。

10月

15日，受省人大常委会副主任、省总工会主席邓维龙和省总工会常务副主席陈宗文委托，省总工会党组副书记、副主席郭泽宇会见了前来进行友好访问的香港工联会副会长林淑仪一行。

16日，省总工会副主席张振飚到湛江调研。

24—25日，广东省总工会、省教育厅

在广州联合举办广东省幼儿园教师德育专业能力大赛。省总工会副主席、女职工委员会主任王丽华亲临比赛现场指导并出席总结颁奖大会。

25日，省总工会党组成员、纪检组长廖汝捷一行到广州港集团公司调研。

26日，广东省总工会“金秋助学”捐赠仪式在四川省阿坝州汶川县总工会举行。省总工会常务副主席陈宗文代表省总工会送去2010年捐资助学和困难职工帮扶款100万元，并为受助学生家庭代表发放了助学款。

31日，“祝福亚运，祝福中国”广东高校教工合唱交流表演会在华南师范大学大学城校区音乐厅举行。省总工会副主席王丽华出席。

11月

6—8日，应广东省总工会的邀请，美国加州阿罕布拉市市长沈时康访问汕头。省总工会党组副书记、副主席郭泽宇等陪同。

9日晚，省人大常委会副主任、省总工会主席邓维龙在广州会见了美国阿罕布拉市市长沈时康一行。省总工会常务副主席陈宗文、省总工会副主席郭泽宇等领导出席会见。

11日，省总工会副主席王丽华一行就女职工健康状况问题到东莞市进行调研。

11日，2010年全国海上劳动关系三方协调机制工作会议暨省级海上劳动关系三方协调机制推进会召开，省总工会党组成员、纪检组长廖汝捷出席会议并讲话。

16日，省总工会副主席王丽华一行到佛山市南海区调研女职工健康状况问题。

18日，全省工会保障工作会议在云浮市召开。省总工会常务副主席陈宗文、省总工会副主席王丽华分别在会上作了讲话。

18日，省总工会副主席王丽华一行到云浮市郁南县调研基层工会工作。

19日，2010年广东省重大决策咨询研究社会公开招标课题结果公布，省总工会联合华南农业大学中标《广东经济社会转型期的劳资关系研究》课题。这是省总工会首次中标广东省重大决策咨询课题。

11月30日—12月1日，省总工会副主席林锡明一行先后到招商银行广州分行、中国信达广东分公司调研。

12月

2日，省总工会党组成员、纪检组长廖汝捷到广州军区医院慰问因抗击海盗受伤正在住院治疗的中远航运股份有限公司属下“乐从”轮的船员林洪强。

9日，省人大常委会副主任、省总工会主席邓维龙在广州会见了以副总书记阿迪布·米罗为团长的世界工联主席团理事会代表团一行。省总工会副主席郭泽宇、经审会主任杨敏陪同会见。

14日，省总工会党组成员、纪检组长廖汝捷一行到广州南沙龙穴黄埔船厂和沙仔岛汽车码头慰问奋战在一线的远洋船员和船舶监造人员。

15日，优秀基层工会主席王远文先进事迹报告会在广州举行。报告会前，省人大常委会副主任、省总工会主席邓维龙接见了报告团一行。省总工会常务副主席陈宗文在报告会上作了讲话，省总工会领导王丽华、林锡明、廖汝捷、杨敏、孔祥鸿、薛湘衡等出席报告会。

16日，广东省法学会劳动关系研究会2010年学术研讨会在广州召开。省总工会副主席、省法学会劳动关系研究会会长林锡明出席并讲话。

21日，省总工会召开机关和直属单位党建工作会议。省总工会常务副主席、党组副书记陈宗文，省总工会党组成员、纪检组长廖汝捷出席会议并讲话。

22日，受省人大常委会副主任、省总

工会主席邓维龙委托，省总工会常务副主席陈宗文在广州会见了以艾哈迈德·马哈茂德主席为团长的苏丹联合代表团一行。

23—24日，全省工会宣教工作会议在佛山召开。省总工会常务副主席陈宗文，省总工会党组成员、巡视员孔祥鸿出席会议并讲话。

27—31日，省总工会机关干部职工疗休养活动在中山举行。省人大常委会副主任、省总工会主席邓维龙，省总工会领导陈宗文、王丽华、张国兴、林锡明、廖汝捷、孔祥鸿等参加。

27日，全省工会对口援疆工作会议在广州召开。省总工会常务副主席陈宗文对援疆工作提出具体意见。全省工会拟筹集对口援疆资金1000万元，其中，省总工会筹集500万元，各地级市、顺德区及省级产业工会共筹集500万元。

综合篇

广东省总工会第十二届委员会主席、副主席、常务委员会委员名单

主　席：邓维龙

副主席：陈宗文（常务）、郭泽宇、王丽华（女）、张国兴、林锡明、张振飚

常务委员会委员（以姓氏笔画为序）：

孔祥鸿　丘仲宜　许德森（　　免）　杨　敏
陈伟光　程莉莉（女）　廖汝捷　薛湘衡

广东省总工会第十二届经费审查委员会主任、副主任名单

主任：杨　敏

副主任：田紫光　钟　诚

广东省总工会纪检组领导成员名单

纪检组组长：廖汝捷

广东省总工会机关各部门领导成员名单

办公室

主　任：薛湘衡（2010年3月离任）
　　　　张东升（2010年3月任职）
副主任：谢岩梅（女，2010年7月离任）
　　　　蓝智毅

组织部

部　长：廖汝捷（2010年5月离任）
　　　　宋　杰（2010年5月任职）
副部长：黄珣（女、2010年9月任职）

宣传教育部

部　长：杨　敏（2010年3月离任）
　　　　宋善斌（2010年3月任职）
副部长：周四根

工运研究室

主 任：冯建华
副主任：张　曼（女）
省港罢工纪念馆副馆长：江 涛（女）

基层组织建设部（省民营企业工会联合会）

部　长（主席）：周王森
副部长（副主席）：康盛忠（2010年4月离任）
　　　　黎巧梅（女，2010年9月任职）

保障工作部

部　长：张振飚（2010年3月离任）
　　　　刘国斌（2010年3月任职）
副部长：李天荣（2010年4月离任）
　　　　陈新娴（女，2010年9月任职）

劳动保护部

部　长：宋善斌（2010 年 3 月离任）
　　　　彭　放（2010 年 4 月任职）
副部长：黄海生

经济工作部

部　长：张东升（2010 年 3 月离任）
　　　　李京生（2010 年 3 月任职）
副部长：李　键

法律顾问室（维权领导小组办公室）

主　任：刘国斌（（2010 年 3 月离任）
　　　　许平坚（2010 年 4 月任职）
副主任：许平坚（2010 年 4 月离任）
　　　　张嘉琪
　　　　沈寒英

女职工部

部　长：冯　玲（女，2010 年 6 月离任）
　　　　郭开农（女，2010 年 7 月任职）

财务部

部　长：李京生（2010 年 3 月离任）
　　　　田紫光（2010 年 3 月任职）
副部长：王喆（女，2010 年 5 月离任）
　　　　李东跃（女，2010 年 9 月任职）

国际部（广东职工对外交流中心）

部　长（主任）：许国胜
副部长（副主任）：刘 伟

经审办（审计室）

主　任：田紫光（2010 年 3 月离任）
　　　　杨谷清（2010 年 4 月任职）
副主任：杨谷清（2010 年 4 月离任）

机关党办（纪检监察室）

主　任：康盛忠（2010 年 4—7 月任职）
　　　　谢岩梅（女，2010 年 7 月任职）
机关党委副书记：张国兴
机关工会副主席：谢岩梅（女）

实业发展中心（资产管理委员会办公室）

主　任：吴兆全
副主任：陈小翠（女）
　　　　陈文新
　　　　陈　双（女）

技协办

主　任：张卫平（2010 年 12 月离任）
　　　　孔　玫（女，2010 年 9 月任职）

老干部工作处

处　长：宋　杰（2010 年 4 月离任）
　　　　宋建华（2010 年 4 月任职）
副处长：宋建华（2010 年 4 月离任）
　　　　唐妙云（女，2010 年 9 月任职）

机关服务中心

主　任：冯杰山（2010 年 4 月离任）
　　　　李天荣（2010 年 4 月任职）

2010 年全省工会工作综述

2010 年，面对来自国内外经济形势的严峻挑战和复杂多变的劳动关系矛盾，在省委和全国总工会的正确领导下，省总工会坚决贯彻落实党中央和省委、全国总工会关于工人阶级和工会工作的一系列重要指示精神，深入实施《珠江三角洲地区改革发展规划纲要》，以加快转变经济发展方式为主线，以推进“三促进一保持”为着力点，团结动员广大职工为有效巩固和扩大应对国际金融危机冲击成果、推动经济平稳较快发展建功立业，积极协调劳动关系、大力推进“两个普遍”，切实维护职工合法权益、促进职工队伍和社会稳定，在广东经济社会发展中发挥了重要作用。为此，王兆国、汪洋分别在省总上报的材料上作出重要批示，对省总工会的工作给予了充分肯定。

一、以维权维稳为抓手构建和谐劳动关系

切实维护职工队伍和社会稳定。按照省委的统一部署，积极参与处置深圳富士康、南海本田等企业出现的劳动关系不和谐事件。加强源头参与，推动省人大常委会启动《广东省企业民主管理条例》三审工作，参与制定省政府《关于加强人文关怀改善用工环境的意见》。落实领导责任制，建立了省总工会领导班子成员与珠三角九市联系制度。全面加强排查，及时掌握劳动关系动态。完善工作机制，下发了《工会应对职工群体性事件协调处置工作规范》。畅通信息渠道，建立了职工群体性事件每日报告制度。加强调查研究，对职工停工事件进行了专题调研，得到了王兆国主席的充分肯定。强化网上舆情分析，建立了《互联网信息快报》。与党政有关部门密切配合，有效防范和遏制了境内外所谓“维权”组织插手职工队伍和工会事务，维护了职工队伍和社会稳定。

致力于构建和谐劳动关系。根据汪洋书记关于加强农民工法律服务的指示精神，全省21个地级市都建立了工会法律服务律师团，共有1000名律师为职工提供法律服务。探索建立劳动争议调解员制度，推动企业全面设立劳动争议调解委员会。深入开展创建劳动关系和谐企业活动，在全省评比表彰100家劳动关系和谐企业。进一步完善协调劳动关系三方机制，推动该机制向产业系统以及县、镇、村发展。全面推进小企业劳动合同制度实施专项行动，深入推动《劳动合同法》的贯彻实施。大力推动落实职工代表大会各项职权，探索非公有制企业员工民主参与的有效途径。积极推进厂务公开民主管理工作。组织1.4万家企业和416万名职工参加全国“安康杯”竞赛活动，开展形式多样的劳动安全卫生宣传教育培训活动；联合省安监、卫生等部门督促推动了粉尘和高毒物品专项治理行动的有效开展，排查整治了一大批安全隐患，提高了广大职工的安全健康意识和素质。

二、群众性建功立业活动深入发展

广泛开展劳动竞赛和群众性经济技术创新活动。发布了《关于在工会组织和广大职工中深入开展创先争优活动的意见》，全力以赴推进“八个结合”，落实好十项承诺，推动全省工会系统创先争优活动的深入开展。精心组织“迎亚运、促发展、立新功”等劳动竞赛，推进亚运会精品工程项目和珠三角城际轨道交通等新十项工程建设，在打造一流工程、确保亚运会圆满成功中充分展现了工人阶级的主力军风采。深入发动广大职工参与全省30个工种的职业技能大赛和工业设计大赛，精心组织27个行业34个工种的省级职工职业技能大赛，掀起了新一轮大规模的岗位练兵、技术比武热潮。围绕促进企业自主创新和节能减排，广泛开展群众性经济技术创新活动。大力加强班组建设，共命名了201个“省工人先锋号”，推选出一大批表现突出的班组、车间、工段典型。

大力弘扬劳模精神和提高职工队伍素质。2010年全省共评选推荐全国劳模146名，评选表彰省五一劳动奖章获得者180名。深入开展广东省劳动模范（先进工作者）生活状况调查研究，汪洋书记、黄华华省长在调研报告上作出重要批示。落实好劳模待遇，全年共发放劳模荣誉津贴1756.915万元。全面提高职工队伍整体素质，继续推进全省“创先争优”活动、职工职业道德建设活动的深入开展，已建职工书屋3446家，完成全省职工书屋三年建设目标，推动全省职工读书活动形成热潮。成功举办广东省第四届职工运动会，来自全省各市、各条战线、各个行业的47个代表团，3000多名运动员集中展示了广东职工体育运动的水平。

三、“两个普遍”重点工作扎实推进

全力推动企业依法普遍建立工会。以“党建带工建，工建服务党建”机制为抓手，总结推广深圳市工会全覆盖工作经验，积极开展“广普查、深组建、全覆盖”集中行动，下发了《省总工会关于进一步加强企业工会工作充分发挥企业工会作用的决定》，组建工会工作力度进一步加大。通过推进“双措并举，二次覆盖”，建立区域性、行业性工会联合会，规范基层工会联合会的建设，工会组织的覆盖面不断扩大。以农民工、劳务派遣工为主要对象，着力增强职工依法组织和加入工会的自觉性和主动性，最大限度把职工组织到工会中来。进一步健全完善基层工会委员会民主选举程序，在条件成熟的企业尝试民主选举工会主席。截至2010年9月，全省工会基层组织达57.59万个，基层工会委员会达20.01万个，全省工会会员达2065.06万人，其中农民工会员1052.62万人，分别比去年同期净增长5.07％、6.58％、7.69％、16.11％，各项指标均列全国第一。

全力依法推进普遍开展工资集体协商。省协调劳动关系三方下发了《关于进一步推进企业工资集体协商工作的指导意见》，启动深入推进集体合同制度实施的“彩虹计划”。适应我省园区经济、集群经济发展的特点和中小企业开展工资集体协商难的实际，开展行业性、区域性工资集体协商。着力加强工资集体协商指导员的培训，培养一批能组织、会协商、善谈判的工会干部。截至2010年9月，全省签订集体合同总数7.96万份，覆盖企业19.6万家，覆盖员工1241.54万人，其中，签订工资集体合同5.43万份，覆盖企业14.38万家，覆盖职工1041.11万人。

四、开展人文关怀和帮扶工作有新进展

扎实开展困难帮扶工作。按照省委部署，扎实做好丰顺县留隍镇黄礤村的“双到”扶贫开发工作，已投入302万元大力推进“八大”项目建设。认真组织送温暖活动，2010年元旦、春节期间全省共筹集慰问款物11027.66万元，慰问困难企业6746家，困难职工（含农民工）201748户，困难劳模3795户，慰问农民工59146人。积极实施广东工会“百万农民工援助行动”，对农民工进行就业指导、职业介绍、政策咨询等就业服务。积极协助各级党委、政府解决城镇困难职工和农民工子女上学难问题，共发放助学款3126.37万元，资助困难职工和困难农民工子女35608人。努力帮助困难职工家庭高校毕业生实现就业，向12113名困难职工家庭高校毕业生提供就业服务。向汶川灾区捐助100万元，帮扶624位学生完成学业，积极为青海玉树地震灾区献爱心。启动家政服务工程，全年培训家政服务员5363人。

全面开展人文关怀系列活动。省总工会与广州市总工会联合在广州市白云区举行了广东职工人文关怀系列活动启动仪式。组织100多名外来工与省委书记汪洋一起观看电影《所有梦想都开花》。继续开展广东工会“情系职工”电影放映活动，为农民工免费放映电影1000多场。投入120万元组织专家深入企业开展现场心理咨询和心理辅导讲座，有针对性地加强对新生代农民工的心理疏导。投入300万元广泛开展“送法进企业”和法律法规咨询活动，联合有关部门组织开展系列专项执法检查。积极推广职工医疗互助保障计划，全省参保职工人数累计

561万人次。组织农民工进行免费体检，开展高温送清凉活动，组织人员到厂矿、工地、高温作业场所慰问一线职工。

五、对外交流及内部改革等工作取得新成绩

举办了粤港澳台四地暨珠三角九市工会新春团拜会，不断加强与国外工会组织及港澳台地区工会之间的友好交流与合作，进一步开拓工会外事工作新领域。联合华南农业大学共同中标2010年广东省重大决策咨询研究社会公开招标课题。继续推进女职工权益保护专项集体合同工作，积极开展关注女职工健康活动，为20万名女农民工提供免费健康普查。积极推进委托税务代收工会经费试点工作，努力提高工会经费收缴率和覆盖面；认真配合省审计厅审计组完成对省总工会收支情况的审计，成立了省总工会本级会计核算中心，财务会计规范化建设进一步加强。加强工会资产产权管理，初步理顺工会资产监管体制，对省总工会本级直属企事业单位实行归口管理。加强和改进新形势下产业工会工作，加强调查研究，着力解决维护产业职工权益、保持职工队伍稳定等方面的突出问题。工会信息、统计、信访、督查等工作也取得了新的成效。

组织工作

【加大工会干部教育培训力度】 一是继续加大工会干部教育培训力度。发挥工会干部学校的主阵地作用，大规模培训工会干部，2010年共举办校内班33期，培训2211人，校外培训3万多人。茂名市总工会继续在省总干校实施“千名干部培训计划”。二是严格按要求完成调训任务。配合全总劳动关系学院和省委党校，做好干部调训工作。本年度参加省委党校主体班次培训的机关干部5人，参加相关高校培训的有10人，同时选派30名工会干部参加全国总工会劳动关系学院的培训，完成了相关调训任务。三是“走出去”到北京大学举办高级班。11月1—9日省总工会继续在北京大学举办广东省工会加快转变经济发展方式高级研修班，充分利用高校资源培训各级工会领导干部。四是试行调训制度。9月17－18日，在省总工会干部学校举办了全省工资集体协商骨干师资培训班，首次采用调训的形式，将各市、县工会以及产业厅局工会从事工资集体协商工作的工会干部集中起来进行培训，全国总工会集体合同部部长张建国做专题授课，取得了良好的效果。五是加强机关干部培训。请专家举办专题讲座，给机关干部讲授广东现代产业以及加快转变经济发展方式相关知识；给机关干部订购了广东省加快转变经济发展方式干部培训系列读本；开展信息能力培训，组织机关所有50岁以下的处级以上干部（2名厅级干部、32名处级干部）到省信息中心学习，利用网络平台组织32名科级干部学习相关知识。

【进一步加强干部协管工作】 省工会十二大召开后，省总工会加强了各级工会领导班子建设和工会干部协管工作。2010年共有8个地级以上市总工会进行换届。组织部积极与有关党委（党组）沟通协商，做好地级以上市总工会和省总工会直属工委会领导班子调整的协管工作，指导和帮助下级工会完成好选举程序和报批手续，继续着力加强工会干部队伍建设。

【认真做好人事相关工作】 一是全力以赴做好事业单位分类改革相关工作。根据省事业单位分类改革工作总体部署，开展省总工会所属事业单位分类改革工作。在对14家事业单位情况调查摸底的基础上，与省编办充分沟通协调，研究制定了分类改革方案，报省编办审批。二是部署机关和事业单位人员实名制工作。按照省编办关于开展实名制工作部署，结合省总工会实际情况，完成机关参与管理实名制工作，并开展事业单位干部职工实名制工作。三是做好机关干部轮岗提拔工作。开展机关干部轮岗交流，对同一岗位任正处级5年、任副处级10年的干部进行轮岗，同时对部分干部进行了岗位调整，全年共有15名干部调整岗位。提拔9名正处级干部、8名副处级干部、8名科级干部，严格按照规定和程序做好相关工作。配合省委组织部推荐提拔1名厅级干部。实行新提任干部任前谈话制度。四是做好机关干部录用调动工作。做好公开招录3名公务员的报名、审核、考试、体检、考察、报批等工作。调入机关3名干部，接受1名军转干部，安置1名随军家属。五是做好选人用人情况自查。按照省委组织部要求，开展近三年来省总工会选人用人工作情况自查，并上报自查情况。六是做好工资福利增发工作。严格按照有关规定，做好机关及直属事业单位在职人员工资和离退休人员离退休费以及相关补贴的增发工作。七是进一步完善机关劳动关系。向相关部门报送了省总各类劳动情况，包括人事工资统计、管理人才、专业技术人才资源统计等，指导各直属单位做好专业技术人员的职称审核，为进一步依法完善各类劳动关系打下了坚实的基础。

【认真做好相关调研工作】 参与完成全国总工会委托课题《关于工会组织体制、运行机制的调研报告》，深入探讨如何建立一个与中国特色社会主义市场经济体制相适应的工会组织体制。围绕县级工会面临的新情况，对全省县级工会的基本状况和开展工作中存在的主要问题及原因、解决问题的对策和经验等进行调研，形成《广东省县级工会组织工作规范化建设调研报告》。围绕贯彻落实“十一五”规划情况、主要做法、创新经验、突出问题，各级工会加强工会干部院校建设的情况等进行了调研，形成《广东省工会干部教育培训情况总结调研报告》。

宣传教育工作

【做好2010年工会新闻宣传工作】 2010年，以全国劳模表彰和重大事件为契机，新闻宣传报道和舆情引导有新进展。在“五一”期间，集中宣传了郝振山、陈华瑞、李楚源、金大地、马坚等一批全国劳模和深圳艾美特公司、惠州LG电子公司等劳资关系和谐企业的先进事迹。快速处置了《南方都市报》郑小琼报道事件，持续报道了全省工会开展职工人文关怀系列活动，妥善化解深圳富士康员工连续跳楼事件和佛山南海本田工人集体停工事件对工会的舆论压力。

【举办2010年度广东省“五一新闻奖”评选活动】 2010年度广东省“五一新闻奖”评选活动共收到参评作品110件，其中报刊类66件、广播电视类44件。经评审委员会认真评审，评出报刊类一等奖5件、二等奖10件、三等奖17件；广播电视类一等奖4件、二等奖4件、三等奖12件。

【广东省三篇作品荣获全国工会征文活动奖项】 全国总工会宣教部依托“职工书屋”开展的“读书——助我素质提升”主题读书征文活动圆满结束，此次活动共有80篇作品入选，评出一等奖10名，二等奖20名，三等奖50名。广东省推报的作品中有3篇获奖，其中，惠州惠阳南旋毛织厂赵子红的

《宽容，是一朵盛开的花》荣获一等奖，乐百氏（广东）食品饮料有限公司卢绣屏的《不断探索的生命》荣获二等奖，清新县广硕公司卢鹃的《我的精神领地——写给“职工书屋”》荣获三等奖。

【评选2010年职工书屋示范点】 2010年广东省总工会向全国总工会推荐18家优秀职工书屋示范点、140家优秀职工书屋建设点、31个优秀职工书屋建设者、2家全国工会职工书屋建设先进单位。在全省职工中开展社会主义核心价值体系教育，重点做好中国工人阶级伟大品格宣传教育，继续推进全省“创先争优”活动的深入开展，完成落实职工书屋第三年建设目标，推动全省职工读书活动形成热潮。

【举办广东省第四届职工运动会】 广东省第四届职工运动会开幕式于2010年4月13日在广州体育馆隆重举行，省人大常委会副主任、省总工会主席邓维龙宣布广东省第四届职工运动会开幕。全国总工会、省直有关单位和各市总工会、体育局的领导，运动员、裁判员代表参加了开幕式，与近万名职工群众一起欣赏了大型文体表演《主力军颂》。5月27日，广东省第四届职工运动会在广州隆重闭幕。省总工会、省体育局领导班子成员和相关部门负责人，各市总工会、体育局，省级各产业工会、行业体协的领导，以及省职工文体协会成员单位代表等300多人出席了闭幕式。闭幕式上，分别为广东省第四届职工运动会总分榜、金牌榜、奖牌榜的前八名和优秀组织奖、体育道德风尚奖、特别贡献奖、优秀赛区隆重颁奖。本届职工运动会由广东省总工会、广东省体育局共同主办，是广州亚运会前广东举办的一次综合性职工体育盛会。运动会历时大半年，来自全省各市、各条战线、各个行业的47个代表团，3000多名运动员，分别在全省各地参加篮球、乒乓球、羽毛球、网球、中国象棋、健美操、扑克拖拉机、拔河、田径、大众体育等10个大项66个小项的比赛。此次运动会项目设置新颖活泼，既有竞技项目，又有趣味运动，突出了竞技体育与大众体育的结合，既是全省职工队伍竞技体育的一次集中展示，更是全省职工贯彻《全民健身条例》的一次检阅。本届运动会呈现出三大特点：一是各个项目竞技水平非常高；二是群众性特色明显，拥有大众喜闻乐见、普及较广的扑克拖拉机、大众体育等项目；三是参赛选手作风顽强，赛风赛纪良好，在体育道德风尚方面涌现了多个表现突出的运动队和运动员。

【举办“弘扬中国工人阶级伟大品格”楹联、书法大赛活动】 由广东省总工会、广东楹联学会联合主办的以“弘扬中国工人阶级伟大品格”为主题的楹联大赛日前结束，“扫街每伴三更月，处世难容半点埃”等236幅作品获奖。大赛组委会在《人民日报》、《工人日报》、《南方日报》、《南方工报》等报刊面向全国登出征联启事后，至8月20日止，共收到来自全国28个省、市、自治区发来的应征稿件共计9800多份。参加人数和收稿数量之多为近年来全国性征联大赛所罕见。征联截稿后，大赛组委会组织的评审小组从题意、对联技巧等各方面对应征作品反复酝酿评比，最终确定特等奖1名、一等奖5名、二等奖10名、三等奖20名和入选奖200名。以“弘扬中国工人阶级伟大品格”为主题的书法征集评选活动共收到602份合格作品，经专家评审，评出一等奖5名、二等奖14名、三等奖28名、优秀奖48名和入选奖93名。

【开展职工精神文化关怀活动】 根据全国

总工会推广健全排舞项目的总体要求，联合广东省体育局和国家排舞协会，分别于9月和12月组织了2期广东省排舞师资班推广培训，全省共有500多名学员参与了培训，受到了各级领导及职工群众的广泛好评；中山、江门、佛山、韶关、暨南大学、花都区分别办了基层培训，引导职工健康工作、快乐生活，并为我省排舞的推广及比赛做好相关准备，继续开展广东工会“情系职工”电影放映活动，组织文化活动进厂区，为农民工免费放映电影，支持帮助企业开展文化活动，满足职工日益增长的精神文化需求。

【召开2010年广东省职工文化体育协会年会】 2010年广东省职工文化体育协会年会总结通报了省职工文体协会一年来工作情况，部署2010年省职工文体工作；选举产生协会新一届会长、副会长，并完成了协会部分常务理事、理事成员的变更手续，宋善斌当选为新一届省职工文化体育协会会长。

（赵婕）

经济技术工作

【大规模开展职工职业技能竞赛】 2010年，中共广东省委、省政府部署开展了全省职业技能大赛和第五届“省长杯”工业设计大赛，全省各级工会组织积极响应，深入发动和广泛组织职工参与两项赛事，掀起了新一轮声势浩大的“干中学、学中练、练中比、比中创”的高潮。同时，按照转变经济发展方式的要求，大力开展其他形式多样、各具特色的技术技能比赛，努力推动广东“三促进一保持”（即促进提高自主创新能力、促进传统产业转型升级、促进建设现代产业体系，保持经济平稳较快发展）的深化和发展。省直各单位全年共有27个行业（系统）34个工种（项目）开展省职工职业技能大赛。其中，南方航空飞机维修等13个工种首次进入省级大赛范围。各地级以上市共举办50多项、157个工种的技术技能大赛，吸引近700万人次的职工开展岗位练兵、技术比武活动。中山市举办了叉车、汽车维修工、邮递员等工种的“超级工人”系列大赛，较好地实现了大赛的普及性、竞技性、趣味性。省总工会、省人社厅、省经信委、省科技厅对2009年度全省职工技能大赛进行了表彰，授予彭业等130名选手广东省职工经济技术创新能手称号。

【深入开展重点工程劳动竞赛】 全省上下都将亚运场馆和重点工程建设作为劳动竞赛整体发展的龙头，充分发挥其示范引领作用。一是动员组织广大职工围绕亚运场馆等重点工程建设和公安保卫、交通运输、供水供电、综合服务等后勤保障项目，深入开展以“迎亚运、促发展、立新功”为主题的劳动竞赛活动，力促各项目依时、高效、优质移交使用，为广州亚运会、亚残运会的成功举办和顺利闭幕作出了重要贡献。二是大力抓好省十项工程劳动竞赛的拓展和延伸。2010年4月，省十项工程劳动竞赛在原有11个赛区的基础上，新增加了珠三角城际轨道交通工程建设赛区。该工程项目规划到2020年建设交通网里程1478公里，2010年已开工的穗莞深、莞惠、佛肇等三条城际轨道交通项目合计建设线路总长241.967公里，总投资631.38亿元。广州、珠海等市也相继启动新一轮重点工程劳动竞赛，充分发挥工人阶级在打造一流工程和廉洁工程中的主力军作用。三是精心组织、稳步实施，确保各赛区重点工程项目建设顺利进行。如广州轨道交通工程赛区，2010年同时有11条线路在建，建设规模和难度创广州地铁建设历史之最。全体工程建设者迎难而上，大力开展“保亚运、保开通”劳动竞赛，推动各线建设顺利进行。四是深入抓好重点工程劳动竞赛的经验总结和推广，不断完善工作机制，充分发挥重点工程建设劳动竞赛的引领示范作用。6 月 30 日，省十项工程劳动竞赛领导小组在广州召开了总结推进大会，表彰奖励了 2009 年度省十项工程劳动竞赛 27 个先进集体和 43 名优秀个人，总结推广了 8 个先进单位的做法和经验。

【广泛开展群众性经济技术创新活动】 2010 年全省各级工会组织积极实施省委、省政府提出的自主创新和人才强省战略，紧紧围绕加快建设创新型广东的部署，深入组织职工开展群众性的合理化建议、技术改进、技术攻关等群众性经济技术创新活动，动员广大一线职工立足本职建功立业。通过政策驱动、典型选树、经验推广、舆论宣传等形式，大力推动劳动竞赛在各行各业开花结果，为广大职工投身广东经济发展、促进社会和谐搭建平台、凝聚力量。如中美合资企业珠海醋酸纤维有限公司始终把建设创新型企业放在突出位置，探索走出了“六个一”的创新之路，即建立一个全方位的创新激励机制，引入一个创新工具，创立一个创新平台，形成一个追求卓越体系，建设一支学习型队伍，营造一种创新文化。群众性技术创新活动的深入开展，助推了企业的科学发展、和谐发展。

【努力推动“工人先锋号”创建活动向纵深发展】 2010 年，全省突出围绕“一流素质、一流工作、一流服务、一流业绩、和谐团队”的目标，继续擦亮“工人先锋号”这一品牌，共命名了 201 个省“工人先锋号”，推选出一大批在优化经营、加强管理、改善服务、技术创新、节能降耗、提高效益等方面作出突出贡献的班组、车间、工段典型。此外，广东美的制冷家电集团美芝制冷设备有限公司卷线车间浸漆班等四个班组荣获全国总工会、工信部、国资委、工商联授予的全国劳动竞赛先进班组称号。

【选树劳模、宣传劳模，推动时代进步和发展】 2010 年是五年一届的全国劳模评选推荐及省五一劳动奖章评选表彰年，全省共评选推荐全国劳模 146 名（其中全国劳动模范 105 名、全国先进工作者 41 名）；评选表彰省五一劳动奖章获得者 180 名。省委、省政府高度重视劳动模范的评选表彰工作，4 月 28 日上午在广州隆重召开了广东省庆祝五一国际劳动节暨劳模表彰大会，中共中央政治局委员、省委书记汪洋出席会议并与劳模合影留念，省委副书记、省长黄华华代表省委、省政府在大会上了作重要讲话。在劳模的评选和宣传过程中，全省各地抓住典型进行重点宣传，努力营造选树劳模、学习劳模、赶超劳模的氛围，在社会上取得了良好的成效。

【关爱劳模、落实劳模各项政策待遇】 2010 年，省级慰问活动由省总工会领导带队，共慰问各条战线劳动模范 108 人次，向每位劳动模范送去慰问信和慰问金 1000 元，努力做好省部级以上劳模荣誉津贴的发放工作，召开了第九次劳模荣誉津贴发放工作协调会，研究和落实建立劳模“三金（春节慰问金、低收入困难补助金和特殊困难帮扶金）”和疗休养等制度。截至 2010 年 5 月 31 日，享受省部级以上劳模津贴的共有 9438 人，全年共发放劳模荣誉津贴 1756.915 万元。

【深入开展省部级劳模生活状况调查研究】 为了解省部级劳模群体的社会保障和生活状况及面临的主要问题，省总工会对省属

17个地级以上市和省直单位近7000名省部级劳模（先进工作者）的社会保障和生活状况进行调查。调查采用面上调查和点上研究相结合的方式，深入了解省部级劳模群体的生产生活状况，详细了解和分析广东贯彻落实劳模政策情况和存在的主要问题，提出了进一步推动全省劳模工作创新和发展的具有指导性、政策性和可操作性的意见和建议。调查报告提出了提高劳模荣誉津贴发放标准（将2001年前表彰的省部级以上劳模荣誉津贴标准分别提高50元和100元，即省劳模200元/月・人，全国劳模300元/月・人；2001年以后的劳模一次性奖励金额提高5000元，即省劳模和全国劳模15000元/次・人），建立劳模“三金”制度（按目前健在的省部级劳模9807人核拨劳模“三金”）和加强人文关怀，建立劳模定期体检和疗休养制度（省财政按省部级劳模500元/年・人的标准列入健康体检和疗休养专项预算），建立在职劳模最低工资保障制度（在职劳模工资收入不低于当地在职职工平均工资的120%，不足部分由当地财政补足），妥善解决省部级劳模住房困难问题（符合规定条件的省部级劳模，可以向当地政府申请廉租住房、经济适用住房，同等条件下，省部级以上劳模可享有优先保障权），落实农民劳模的社保政策（由财政调剂专项资金，按略高于当地低保标准发放农民劳模补助金和医疗保障金），加强劳模活动平台建设（进一步加强劳模协会的建设，把广大劳模组织起来，建立劳模创新工作室，充分调动他们的积极性，发挥他们的创造性，彰显他们的先进性）等七项建议，中共中央政治局委员、省委书记汪洋、省委副书记、省长黄华华等省委、省政府主要领导在报告上作了重要批示，省财政厅按照领导的批示提高了劳模荣誉津贴和奖金发放标准，建立了劳模“三金”和定期健康检查、疗休养制度，并列入了2011年财政预算，把工作落到了实处。

劳动保护工作

【继续深入开展全国“安康杯”竞赛活动】

4月12日，广东省总工会、广东省安全生产监督管理局下发了《关于2010年度开展全国“安康杯”竞赛活动的通知》，要求围绕“加强班组安全建设、强化一线教育管理”竞赛主题，力争在上年的基础上，2010年参加“安康杯”竞赛活动的企业和职工人数分别增长10%，参赛企业班组100%参赛，参赛企业无伤亡、无重伤、无重大职业危害事件发生。一年来，全省地级以上市和省级产业工会共组织14640家企业和4167871名职工、170900个班组报名参加全国“安康杯”竞赛活动。6月7日，广东省总工会和广东省安全生产监督管理局表彰通报了2009年度获得全国和省“安康杯”竞赛先进集体和优秀个人。中华全国总工会和国家安全生产监督管理总局决定授予我省66家企事业单位为全国“安康杯”竞赛活动优胜企业、授予36个班组为全国“安康杯”竞赛活动优胜班组、授予7个单位为全国“安康杯”竞赛活动优秀组织单位、授予11名个人全国“安康杯”竞赛活动优秀组织者称号，授予广东电网公司中山供电局和广东长安集团公司全国“安康杯”竞赛活动示范企业称号，授予广州铁路（集团）公司副董事长郭竹学、广东省机场管理集团公司总裁刘子静、广东电网公司深圳供电局局长金基民“安康企业家”称号。6月4日，下发《广东省总工会关于向全国“安康杯”竞赛优胜企业颁发广东省五一劳动奖状的决定》，授予连续三年以上取得突出成绩、获得全国“安康杯”竞赛优胜企业荣誉称号的中国南方航空股份有限公司、广东省水利水电第三工程局广东省五一劳动奖状。6 月 29 日，省总工会与省安全生产监督管理局在珠海市召开全省“安康杯”竞赛工作会议，120 多名代表参加了会议。省总工会副主席张国兴和省安监局副局长黄晗在会上作了讲话，对 2009 年以来的工作作了总结，并部署了今后的工作。部分代表在会上作了经验介绍。会议还对 2009 年度“安康杯”竞赛活动优胜单位进行表彰并举行广东省“班组安全建设和管理成果展示”比赛。

【举办班组安全建设和管理成果展示比赛】 根据全国和省“安康杯”竞赛组委会《关于举办班组安全建设与管理成果展示活动的通知》精神，全省各地积极开展班组安全建设与管理成果展示活动。通过层层选拔，共推荐 21 个班组参加 6 月 29 日在珠海举行的全省班组安全建设和管理成果展示比赛，评选出一等奖 3 个、二等奖 3 个、优秀奖 15 个。在省选拔的基础上推荐 5 个班组参加全国比赛，其中：中国南方航空股份有限公司广州飞机维修工程有限公司飞机结构修理班组获得特等奖，被授予全国“工人先锋号”称号；广州白云国际机场股份有限公司航空运输服务分公司国际值机部“快乐行”班组、广东电网公司中山供电局变电二部二次二班获得一等奖，被授予“全国‘安康杯’竞赛优胜班组”称号；中国石油化工股份有限公司广州分公司聚乙烯丁班、广东省建筑工程机械施工有限公司沥青砼摊铺班获得二等奖；广东省“安康杯”竞赛组委会被评为优秀组织单位。

【做好夏季防暑降温工作】 为贯彻落实中共中央政治局委员、省委书记汪洋关于“要高度重视和关心冒酷暑坚守生产一线工人的身体健康，鼓励各企业各单位坚持以人为本，切实改善劳动环境，各地各有关部门加强劳动监察工作，保护工人身体健康，维护劳动者合法权益”重要批示的精神，7 月 9 日省总工会办公室下发了《关于做好夏季防暑降温工作的通知》，要求对从事高温、露天工作的行业要按照行业规定向职工提供劳动保护用品；要根据生产特点和具体条件，合理安排职工工作和休息，严格控制加班加点，如因生产需要加班，应与工会和职工协商；要严格按照《关于公布广东省高温津贴标准的通知》的规定发放高温津贴；要加强女职工和未成年工保护；各级工会组织要依法对用人单位的高温季节劳动保护措施实行监督，要充分发挥群众性劳动保护监督检查网络的作用，切实维护好职工身体健康和生命安全的合法权益。

【开展形式多样的劳动安全卫生宣传教育培训活动】 一是与国家安全生产监督管理总局培训中心联合举办一期“本质安全性企业创建、安全生产事故应急体系建立与安全生产隐患排查、评估与治理培训班”和一期“职业安全健康与生产安全事故应急培训演练技术培训班”，共有 100 多人参加。二是组织职工参加全国职工安全卫生知识竞赛，获全国工会组织奖。三是下发《转发关于举办全国〈安全生产督导师/员〉职业培训班的通知》，组织企业职工 50 多人参加培训。四是与广东省安全生产监督管理局联合下发《转发关于开展全国安全生产应急知识竞赛活动的通知》，组织职工参加全国安全生产应急管理知识竞赛。五是与省卫生厅围绕《职业病防治法》宣传周的主题，采取各种形式进行宣传，促进《职业病防治法》的深入贯彻。4 月 29 日，省总工会与省卫生厅等有关部门在广州市白云区太和镇文化广场开展宣传和咨询，免费为务工人员进行健康体检。六是开展“安全生产月”活动。5 月 25 日，省总工会联合七部门下发《转发中共中央宣传部等七部门关于开展2010年全国“安全生产月”活动的通知》，要求各地工会围绕“安全发展，预防为主”主题，坚持创新，扎实有效地开展“安全生产月”各项活动。

【加强工会劳动保护干部队伍建设】 进一步加大对工会劳动保护监督检查员的劳动安全卫生知识培训力度、提高监督检查员的事故隐患报告率、查处率和有效监督整改率。采取多种形式为各地在工会劳动保护监督检查员管理和开展工作等方面提供信息交流平台。加强对工会劳动保护监督检查员开展工作情况的调查研究，总结经验，发现问题，提出加强工会劳动保护监督检查员队伍建设和切实发挥其作用的对策建议。开展培训教育，6月，在省总工会干校举办创建企（事）业劳动保护合格（示范）工会讲座，有100多人参加；7月，组织40多名工会干部到江苏省学习创建企（事）业劳动保护合格（示范）工会经验。

【开展职业危害隐患排查和安全生产专项治理活动】 发动各级工会和广大职工继续深入开展“安全生产年”活动，着力深化安全生产“三项行动”和“三项建设”，进行事故和职业危害隐患排查和监督整改，推动重大隐患整改责任、资金和监控措施落实到位。加强对农民工相对集中的建筑、交通、化工等高危行业的劳动安全卫生工作监督检查。积极参加春节前安全生产专项检查；根据国家安全监管总局、卫生部、人力资源社会保障部、全国总工会《关于开展粉尘与高毒物品危害治理专项行动的通知》的精神，参加对粉尘与高毒物品危害治理专项行动；参加省安委会安全生产督查组，5月下旬对广州、湛江、茂名等3市开展安全生产大检查并对安全生产执法情况等进行了督查，10月上旬对韶关、清远、广州等3市开展宣传贯彻落实《国务院关于进一步加强企业安全生产工作的通知》和打击非法生产经营建设行为专项行动的情况进行督查，对广州市确保“平安亚运”，安全生产工作进行了重点督查。

【参加重特大事故调查处理】 参加揭阳市普宁“2·26”重大非法燃放烟花爆炸事故查处，该事故造成20人死亡、49人受伤；参加惠州市“3·13”重大道路交通事故查处，该事故造成15人死亡、10人重伤；参加汕头市“4·6”重大道路交通事故查处，该事故造成10人死亡、28人受伤；参加肇庆市“8·1”重大道路交通事故查处，该事故造成11人死亡、2人受伤；参加茂名市信宜紫金矿业尾矿溃坝事故查处。

（黄海生）

保障工作

【加大对困难县工会帮扶力度】 2010年省总工会调整工会经费支出结构，加大对困难县工会的帮扶力度，拨出困难职工、困难劳模帮扶专款1000万元，对粤东、粤西、粤北所属县（市）总工会和省确定的部分珠三角山区县（市）总工会，每个县补助10万元；对粤东、粤西、粤北所属区总工会，每个区补助5万元。

【突出重点实施元旦、春节送温暖活动】 2010年元旦、春节期间，全省共筹集慰问款物11027.66万元，其中政府拨款3923.95万元、工会拨款1871.14万元，社会筹集5232.57万元，慰问困难企业6746家，困难职工（含农民工）201748户，困难劳模3795户，慰问农民工59146人，把党和政府的关怀和温暖送到他们的心坎上。省委、省政府组成19个省送温暖慰问团，由省委常委、副省长以上的省领导带队，分赴21个地级市走访慰问特困老党员、困难劳模、困难职工（含下岗失业人员、农民工）、贫困农户、困难退伍复员军人和伤残人士，困难企业和农民工集中的企业，以及贫困村等困难群体。

【结合实际开展重点帮扶服务】 7月中旬至9月初，按照全国总工会部署，全省各级工会组织上下联动，广泛开展“金秋助学”活动，积极协助各级党委、政府解决城镇困难职工和农民工子女上学难问题，努力帮助困难职工家庭高校毕业生实现就业，在促进教育公平、维护社会和谐稳定中充分发挥工会组织的作用。据不完全统计，助学活动共发放助学款3126.37万元，其中小学和初中阶段397.21万元，高中和中等职业教育阶段1127.33万元，大专以上1601.83万元。助学活动中共资助困难职工和困难农民工子女35608人，其中小学和初中阶段10029人，高中和中等职业教育阶段12507人，大专以上13072人；其中困难农民工子女11269人，发放助学款1246.32万元。向12113名困难职工家庭高校毕业生提供就业服务。佛山、珠海、广州等市工会开展工伤探视帮扶工作试点，探视慰问工伤和患职业病职工，帮助落实工伤政策待遇，取得明显成效。积极推广职工医疗互助保障计划，全省参保职工累计达406万人次，保障费收入累计3.6亿元，赔付互助保障金1.7亿元，共有2.99万名职工获得赔付，有效缓解了职工患大病医疗负担重的问题。

【推动县级帮扶中心的规范化建设】 根据广东省总工会《关于加强县级困难职工帮扶中心建设的实施意见》，从场地、资金、人员、制度、服务等方面，推动县级帮扶中心规范化建设。经过两年的努力，县级帮扶中心规范化建设初见成效。到2010年，各级共建立帮扶中心（帮扶站、点）710个，初步形成多级帮扶工作网络，积极为困难职工、农民工办实事好事。其中县（区）级帮扶中心增至127个，争取到事业单位编制的县级（区）帮扶中心15个。仅2010年上半年，各县（区）级帮扶中心就筹集资金2138万元。

【加大帮扶资金筹集力度】 近几年来，中央财政持续加大对帮扶中心的资金支持力度，逐年增加拨付各地的帮扶专项资金。以此为契机，各级工会积极争取同级财政支持。2010年，省总工会抓住金融危机后全省经济复苏、财政收入增加，政府加大民生投入的契机，积极与省财政厅沟通联系，将省财政设立的帮扶专项资金从500万元追加到1000万元，并纳入每年财政预算。2010年全省共有15个市、92个县区及其他帮扶中心得到政府拨款资助，其中7个市、42个县区配套资金达到与上级拨款额同比例配套要求，并纳入了财政预算。仅2010年上半年，各地帮扶中心就争取财政拨款4174万元，筹集社会捐赠款物价值887万元。

【就业、再就业工作成绩喜人】 根据全国总工会的部署，省总工会把推动家政服务业产业化发展作为工会的一件大事来抓，积极与经信、财政等部门联系沟通，开展家政市场调查，制定培训补贴标准，认定培训机构资质，加快启动家政服务工程。2010年全省22家获得确认资格的家政培训机构中，有17家是工会家政培训机构。全国总工会对广东省实施家政服务工程中的做法和经验给予充分肯定，8月，在全国总工会和国际劳工组织联合举办的“性别平等与家庭工人体面劳动”研讨会上，省总工会保障部专门作了经验介绍。各地实施广东工会“百万农民工援助行动”，帮扶中心对农民工进行就业指导、职业介绍、政策咨询等就业服务，介绍农民工实现就业。5月，省总工会与人力资源和社会保障厅、教育厅、工商联等单位联合举办民营企业招聘周活动，全省参与企业1.3万家，提供岗位30.8万个，有5.1万名农民工达成用工意向。

【开展职工人文关怀活动】 针对富士康员工坠楼、南海本田员工停工事件等一系列劳动关系群体性事件，省总工会高度重视，在全省范围内全面启动了广东职工人文关怀系列活动，组织各级工会切实维护职工合法权益，改善生产生活条件，拓展职工发展空间，使广大职工共建共享改革发展成果。深圳市总工会在全市开展职工心理健康教育，培训5000名心理咨询员，深入企业开展员工心理辅导。珠海市总工会成立市总工会职工心理健康疏导讲师团，加强对新生代农民工的人文关怀，帮助职工掌握科学的职场减压和排压方法。广州市总工会与白云区心理医院建立长期合作关系，为广大职工提供免费心理咨询服务。惠州市总工会开通职工人文关怀热线电话24小时接受员工心理咨询。湛江市总工会在原有职工心理健康咨询服务站点的基础上成立湛江市职工心理健康咨询服务专家志愿团，有效解决了站点覆盖面不够广的问题。

【参与有关法规政策的制定修改】 积极参与与职工权益密切相关的法规政策的制定修改，代表职工提出工会的主张。在2010年最低工资标准调整问题上，省总工会代表职工据理力争，促成提高最低工资标准方案顺利出台。2010年新调整的各地最低工资标准平均增长21.1%，是广东省自1994年建立最低工资保障制度以来，调整幅度最大的一次。广州市将最低工资标准提高至1100元，高于一类水平6.8%；珠海市提高至960元，高于二类水平4.3%；深圳市将全市最低工资标准统一调整为1100元，首次消除了特区内外差异。围绕职工医疗保障权益问题，建议将关闭破产国有企业和困难企业退休人员纳入医保范围，将职工医疗互助保障纳入补充医疗保险范围等。这些意见和建议在省委省政府《关于深化医药卫生体制改革的意见》和省政府《关于深化医药卫生体制改革的实施意见》得到充分体现。省总工会先后对《中华人民共和国社会救助法》、《广东省社会救助条例（草案征求意见稿）》、《广东省慈善事业条例（草案征求意见稿）》、《广东省企业民主管理条例》、《关于加强人文关怀改善用工环境的指导意见》等重要文件提出修改意见，部分意见被采纳。

【开展工资支付专项检查活动】 按照人力资源和社会保障部、全国总工会等4部门和单位《关于开展农民工工资支付情况专项检查的通知》的要求，广东省于2009年11月至2010年1月底，在全省范围内开展用人单位工资支付情况专项检查行动。各级工会与人力资源劳动保障等有关部门密切配合，规范农民工工资支付等用工行为，切实维护农民工合法权益，确保2010年元旦、春节期间农民工按时足额拿到工资，高高兴兴返乡过年，促进劳动关系和谐，维护社会稳定。专项行动期间，广州市检查用人单位12133家，涉及农民工50.96万人，其中存在拖欠工资的用人单位172户，涉及农民工1.63万人，通过专项检查行动责令企业支付工资及赔偿金共计3865万元。深圳市共检查用人单位7747家，涉及劳动者118.27万人，依法查处拖欠、克扣工资的用人单位150家，责令支付员工工资及赔偿金

1474.92万元。东莞市共排查8553家企业，涉及劳动者125.6万余人；欠薪企业367家，涉及劳动者5.29万人，涉及欠薪金额8385.21万元；未依法调整最低工资标准企业163家，涉及劳动者人数达1.72万；未依法与劳动者签订劳动合同企业538家，涉及劳动者2.59万余人。

基层组织建设工作

【开展“广普查、深组建、全覆盖”集中行动】 6月，开展企业工会组织建设及发挥作用状况调研，采用座谈会和调查问卷的方式，掌握了全省基层工会工作第一手资料。9月初，召开全省工会组建工作汇报会，向各地级以上市总工会负责基层组织建设的部门负责人传达了全国总工会开展“广普查、深组建、全覆盖”集中行动的总体部署，听取了各市总2010年来组建工作情况汇报，布置了下一阶段的工作。同月下发《广东省开展“广普查、深组建、全覆盖”集中行动工作方案》。10月13日在东莞召开全省工会基层组织建设工作会议，省总工会常务副主席陈宗文、巡视员孔祥鸿，以及全省21个地级以上市总工会分管领导和负责基层组织建设的部门负责人等共80人参加了会议。会议对全省开展“广普查、深组建、全覆盖”集中行动进行了具体部署，要求各级工会充分认识加大工会组建力度、充分发挥工会组织作用的重要性和紧迫性，着眼“广”字，落实“深”字，做到“全”字，采取有效措施完成好这次集中建会行动。截止到2010年9月底，全省工会基层组织（即基层工会涵盖单位数）达57.59万个，基层工会委员会达20.01万个，全省发展会员2060.03万人，全省发展农民工会员1050.29万人，分别比去年同期净增长2.78万个、1.23万个、142.51万人、143.77万人，分别比去年同期净增长5.07%、6.58%、7.43%、15.86%。全省“三项指标”（即全省基层工会涵盖单位数、基层工会委员会数、工会会员数）总数目前均名列全国第一。自2000年以来，广东工会组建和发展会员工作连续十年保持在全国前列，受到全国总工会的表彰。

【起草下发《广东省总工会关于进一步加强企业工会工作充分发挥企业工会作用的决定》】 在全省经济结构转型和发展方式转变的关键时期，企业工会工作面临着许多新情况和新挑战。为应对新的形势和职工队伍的变化，起草下发了《广东省总工会关于进一步加强企业工会工作充分发挥企业工会作用的决定》，经省总工会第十二届委员会第三次全体（扩大）会议审议通过。决定从加强企业工会组织建设、加强企业工会维权机制建设、加强企业职工思想文化建设、加强企业劳动争议调解工作、加强企业工会干部队伍建设等五个方面，提出了25条意见，对新形势下如何加强工会工作具有指导意义。

【开展全国非公企业法人数据库核查、填报工作】 下发了《关于做好全国非公企业法人数据库核查、填报工作的通知》，对全省各级工会做好全国非公企业法人数据库的核查、填报工作做出安排并提出具体要求。全省各级工会通过按照企业名录实地核查、组织职业化工会工作者深入企业排查等多种措施，推动建会工作取得巨大进展。截止到2010年12月底，广东省职工人数10人以上的非公企业法人数据库中，预置企业总数为22.24万家，全部进行逐一审核，正常营业企业16.67万家，组建工会企业9.42万家；职工总数1314.66万人，发展会员

796.82 万人。

【搞好基层工会规范化建设，创新建设职工之家机制】 一是开展企业工会组建“回头看”活动试点，规范基层工会主席产生、规范工会组织机构、规范工会工作制度、规范工会开展活动。进一步依法选好配强基层工会主席，改进基层工会主席候选人提名方式，完善选举办法，规范选举程序和投票方式。在试点基础上在全省推广。6 月举办了一期 100 余人参加的基层工会规范化建设培训班。二是推动全省基层工会开展会员评家工作。按照全国总工会《关于开展会员评议职工之家活动的意见》和《关于进一步加强建设职工之家工作，充分发挥基层工会作用的意见》，广泛开展会员评家活动，把建家的评判权真正交给会员职工。三是做好推荐上报一批全国模范职工之家、全国模范职工小家。根据全总分配的名额，2010 年广东申报全国模范职工之家、全国模范职工小家各 95 个，均得到全国总工会表彰。全国模范职工之家中，非公有制企业工会有 25 家，占企业总数量的 36%。通过有效推动建家工作，进一步促进基层工会工作规范化建设。

【指导南海本田公司工会完善组织网络】 南海本田员工集体停工事件发生后，省总工会组织成立省市区镇四级工会联合工作组到南海本田公司，着力创先争优党工共建，指导完善党工团组织网络，推动企业党工团规范化建设。采取一人一票民主直选的方式，选举产生了 63 名工会小组长；在 7 个车间各成立一个分会，分别选出包括 1 名分会主席在内的 3 名分会委员，完善了公司工会组织网络。在此基础上，召开年度会员代表大会，增选 6 名公司工会委员和 2 名工会副主席，健全了工会经费审查、女职工、劳动法律监督、劳动保护和劳动争议调解五个委员会，配备了 3 名专职的工会干事。在工会骨干队伍中物色一批党员团员骨干，筹备建立起党团组织，构建起与企业生产经营管理相适应的党工团组织网络，形成党工团组织共建、资源共享、工作互动、优势互补的党群工作一体化局面，为团结引导职工、构建和谐劳动关系打下了坚实的组织基础。

【依托广东省协调劳动关系三方会议，联合开展各项活动】 2010 年 4 月，以广东省协调劳动关系三方名义联合下发了《关于进一步推进企业工资集体协商工作的指导意见》。6 月，以省协调劳动关系三方名义启动了深入推进集体合同制度实施的“彩虹计划”，从 2010 年到 2012 年，力争用三年时间基本在已建工会的企业实行集体合同制度，其中 2010 年集体合同制度覆盖率达到 60%以上；启动了全面推进小企业劳动合同制度实施专项行动计划，用三年时间基本实现小企业与劳动者普遍依法签订劳动合同。8 月，参与组织“广东省加强人文关怀、构建和谐劳动关系先进企业巡回宣讲活动”，并代表省总工会带领第二组（共 6 位先进企业代表）在粤东 7 市开展了为期 10 天的宣讲活动。8 月，以三方名义联合下发了《关于全面推进创建和谐劳动关系示范区工程的意见》。

【厂务公开领导体制和运行机制得到进一步加强】 2010 年 5 月份，省纪委、省总工会联合下发了《关于切实加强厂务公开民主管理工作组织领导的通知》，要求全省各地各单位，进一步建立健全厂务公开协调（领导）机构，必须保证机构人员完整，地位名副其实，为深入开展厂务公开民主管理工作提供了组织领导的保证，全省 21 个地级市按省的要求，进一步地调整、充实和加强了厂务公开民主管理的领导机构。

【树立典型，完善制度，厂务公开工作进一步加强】 2010年省厂务公开民主管理联席会议将开展创建省级厂务公开示范点活动列入年度工作要点，要求每市建立5～10个示范点，省级产业工会各建立3～5个示范点，中央驻穗单位工会根据实际情况各建立1～2个示范点，形成学有典型、比有方向、赶有目标的工作局面。省纪委、省总工会联合下发了《关于切实加强厂务公开民主管理工作组织领导的通知》，要求全省各地各单位，进一步建立健全厂务公开协调（领导）机构，必须保证机构人员完整，地位名副其实，为深入开展厂务公开民主管理工作提供了组织领导的保证。全省21个地级市按省的要求，进一步调整、充实和加强了厂务公开民主管理的领导机构。以全国厂务公开协调小组召开的全国厂务公开民主管理工作经验交流暨先进单位表彰电视电话会议作为推动厂务公开民主管理工作向前发展的重要契机，全省各地各单位在推进厂务公开民主管理工作中，与推动实现"两个普遍"相结合，与推动区域、行业职代会制度建设相结合，与推动职工董事、职工监事制度建设相结合，与开展厂务公开民主管理先进示范点工作相结合，推动全省厂务公开民主管理制度建设再上新台阶。省纪委、省委组织部、省总工会联合通报了省厂务公开民主管理工作先进单位，授予99家单位广东省推动厂务公开民主管理先进单位；授予400家单位广东省厂务公开民主管理先进单位。

【拓展厂务公开民主管理工作领域，形成常态化、制度化，实现"双赢"】 各地厂务公开民主管理联席会议或厂务公开协调（领导）小组把工作重心转向非公经济领域，加强非公企业厂务公开制度建设，通过厂务公开民主管理"阳光操作"，建立公开、公平、公正机制，落实广大职工的知情权、参与权、表达权、监督权。各基层单位实施厂务公开民主管理工作已经形成常态化。各类企事业单位通过职工代表大会、闭路电视、内部报刊、月度工作会、经济活动分析会及公开栏、电子屏、局域网、班前会等渠道进行公开。基层企事业单位切实落实职代会的各项职权，组织开展职工代表巡视、质询、提案等活动，做好厂务公开工作，逐步形成了以制度推动工作的局面，实现职工与企业"双赢"。

法律工作

【从源头加强立法参与】 省总工会积极参与了《广东省实施〈中华人民共和国律师法〉办法》、《广东省全民健身条例》、《志愿服务条例》、《关于加强人文关怀改善用工环境的意见》等涉及职工权益的法律法规政策的制定和修改，代表和反映职工群众的意见。2010年广东职工群体性事件频发，省总工会针对建立工资集体协商制度等问题，在原《广东省民主管理条例（草案稿）》的基础上，起草《广东省企业工资集体协商条例》，并推动省人大列入2011年立法计划。《广东省企业工资集体协商条例》的制定，目的在于引导和规范企业与职工双方进行工资集体协商，从而建立正常的工资调整机制，对全省工资集体协商制度的建立完善将起到极大的推动作用。

【积极稳妥处置停工事件】 2010年广东省非公企业职工群体性事件较为突出，成为影响广东职工队伍和社会稳定的重要因素。全省工会按照省委的统一部署，积极参与处置深圳富士康、南海本田等企业出现的劳动关系不和谐事件。落实领导责任制，建立了省总工会领导班子成员与珠三角九市联系制度。完善工作机制，下发了《工会应对职工群体性事件协调处置工作规范》，按三阶段情况进行处置：经济诉求阶段，要依法协商；停工诉求阶段，要依法谈判；矛盾激化阶段，要依法教育和惩处，避免事态恶化。畅通信息渠道，建立了职工群体性事件每日报告制度。加强调查研究，对职工停工事件进行了专题的调研，得到了中共中央政治局委员、全国人大常委会副委员长、中华全国总工会主席王兆国的充分肯定。强化网上舆情分析，建立了《互联网信息快报》。密切与党政有关部门的配合，维护了职工队伍和社会稳定。

【建立健全劳动争议调解机制】 全省各地工会按照“防调结合，以防为主”的工作原则，根据各地实际情况，因地制宜，各施其策，力求将争议化解、消除在萌芽状态。截至2010年9月，全省劳动争议调解组织共计59344个，组建了约20万人员的劳动争议调解队伍。省总工会与省司法厅共同印发了《关于进一步建立健全企业内部调解机制促进企业和谐发展的指导意见》，共同配合完善企业内部的调解机制，预防和化解矛盾。省总工会大力推动建立劳动争议调解员和工资集体协商指导员制度，在省、市、县（区）、镇（街道）四级总工会分别成立由工会干部、工会法律服务律师团成员、退休工会干部组成的劳资矛盾协调组和工资协商指导组，对于发生集体劳动争议或发现有集体劳动争议苗头的企业，地方工会及时向企业派出争议调解员或协商指导员，代表和维护职工利益，及时化解矛盾。

【总结验收“五五”普法工作】 2010年是“五五”普法最后一年，全省工会进一步深入宣传贯彻《劳动法》、《劳动合同法》、《劳动争议调解仲裁法》、《社会保险法》、《工伤保险条例》、《广东省工资支付条例》等与职工工作生活息息相关的法律法规。省总工会组织全省地方工会分片区交叉检查“五五”普法工作，交流学习普法工作经验，总结提高普法工作水平。省总工会接受全国总工会“五五”普法检查验收组的检查，并被评为全国工会系统“五五”普法先进单位。省总工会推荐的100个普法工作先进集体和78个先进个人受到全国总工会表彰。

【持续做好信访和热线电话工作】 全省各级工会信访部门畅通信访渠道，规范信访秩序，反映社情民意，切实解决职工群众合理诉求，全年共受理职工信访事项24561件次，比去年增加了1.97%，职工群众来信2014件，同比增加了6.4%；来电10664件次，同比下降了0.2%；来访11883人次，同比增加了3.3%。调查显示，欠薪、社会保险、超时加班、劳动合同履行和企业改制职工安置等问题仍是职工信访反映的热点、难点问题。

【不断深入劳动关系理论研究】 广东省法学会劳动关系研究会2010年学术研讨会于12月16日在广州召开。会议分析了当前我省劳动关系面临的主要问题及工会在其中所做的工作，交流当前劳动法研究的热点问题，部署研究会明年的工作。省法学会副秘书长林碧青、省总工会副主席林锡明，以及劳动关系研究会理事、青年学者、部分特邀专家和实务工作者等近40人参加了会议。与会人员围绕工资集体谈判（协商）与社会法基础理论、职工参与民主管理的法律机制、社会保险法与社会安全的关系、当前劳动关系热点问题等主题进行了学术研讨，提出了许多宝贵的意见和建议。（许琳婷）

调研工作

【中标省政府重大决策课题】 2010年，我省劳资关系愈加复杂，停工事件频繁发生。为了深入调研摸清我省劳资问题的状况，准确把握我省经济社会转型期劳资关系问题的表现形式、发生原因、发展趋势，增强工会研究和解决新情况、新问题的能力，为领导决策提供现实依据，研究室联合华南农业大学成功申请省政府重大决策课题《广东经济社会转型期的劳资关系研究》。该课题的完成，对于我省构建和谐劳资关系，加快转型升级、建设幸福广东具有十分重大的现实意义。同时，研究室通过不断创新工作思路，探索和大学科研机构合作研究现实问题的新路子，希冀在共同研究课题的过程中培养形成一支广东工运研究的骨干队伍，为解决现实问题和工会事业发展提供人才资源和智力支持。

【开展新生代农民工调研】 2010年以来，全省职工群体性劳资纠纷和集体停工事件频发，其中一个重要原因就是新生代农民工的利益诉求和维权意识的高涨。为了深入了解新生代农民工的工作生活和思想状况，7月至11月广东省总工会开展了新生代农民工课题调研。根据经济发展程度的不同，调研组在广州、深圳、佛山、中山和肇庆五市开展了调研，主要运用文献法、问卷调查法、访谈法、参与观察法等研究方法，对新生代农民工的生活状况、工作权益状况、社会态度和心理以及对工会的认识等问题进行了研究。本次调研共在企业当场发放、回收问卷1200份，其中有效问卷1051份，并在佛山、中山、惠州和深圳召开了企业管理者座谈会、企业工会主席座谈会及新生代农民工座谈会，最终按时保质完成了《珠三角地区新生代农民工调查报告》。该报告对于新生代农民工的工作、生活状况进行了非常深入的研究，为领导决策提供了现实依据，被收入全总研究室编辑的农民工研究专辑。

【加强对职工群体性事件的调研】 为贯彻落实中央、省委及全国总工会关于做好职工队伍和社会稳定的决策部署，在加快经济发展方式转变中切实维护职工合法权益，促进职工队伍和社会稳定，研究室加强对广东省职工群体性事件的调研，深入到职工群体性事件多发地，了解情况，反映问题，形成《关于我省职工群体性事件的调研报告》上报省委和全国总工会。报告得到中共中央政治局委员、全国人大常委会副主任、全国总工会主席王兆国和中共中央政治局委员、广东省委书记汪洋的重要批示，为省委、省政府快速应对职工群体性事件，促进职工队伍和社会稳定提供了可靠依据和决策参考。

【组织全省优秀工运论文评选】 2010年度广东工运理论政策研究优秀论文评选共收到参评文章76篇。这些文章既有对工会基本理论的研究，又有对工会工作创新实践经验的总结与提炼，还有对当前重点、难点工作的思考，更有对今后工作趋势性的探索。经学会组织评委评选，共评出一等奖10篇、二等奖15篇、三等奖20篇、优秀奖31篇。省工运学会通过开展调研、组织论文评选和理论成果发布、召开研讨会、组织征文等多种形式，吸引和团结了越来越多的工会干部、理论工作者和专家参加到工会理论研究中来，产生了一大批优秀调研成果。

【完成《工会志》撰写】 在省总工会领导的重视和支持下，研究室大量搜集资料、遍访专家学者，按照省政府对编修《工会志》的指导思想和原则，在第一期《工会志》的基础上，圆满完成了省政府交办的第二期《工会志》（1979—2000年）的修撰任务。第二期《工会志》全面记述了改革开放二十年来广东工人阶级及工会运动发展的状况，内容丰富，史料翔实，为今后研究广东工人运动和工会工作历史提供了不可或缺的原始资料。

资产和企事业工作

【召开全省工会资产监督管理工作会议】 12月9日，实业发展中心召开了全省工会资产监督管理工作会议暨工会资产统计软件操作培训班，全省各地级市总工会主管工会资产的领导或主管部门负责人和统计人员共50多人参加了会议和培训。会上印发了《广东省工会资产处置暂行规定》。实业中心主任吴兆全就两年来全省工会资产的监督运营总体情况作了全面系统分析与总结，针对性地提出今后做好工会资产监督管理工作任务和工作重点。省总工会副主席张振飚在讲话中要求全省工会继续推进资产监督管理机构建设，构建科学的监管体制，切实加强资产监督管理；加强宏观指导，明确工会资产监督管理基本原则；实施产权管理，切实维护工会资产安全完整，防止工会资产流失；夯实资产管理基础，做好每年的资产统计工作。

【理顺省总工会本级资产监督管理体制，推行资产经营目标责任制】 2010年上半年，省总工会决定本级直属企事业单位统一归口监管，改变了省总工会直属企事业单位多年来多头管理的局面，从真正意义上解决了本级工会资产“谁来管，管什么”的问题，逐步建立起对本级企事业单位“人、才、物”的监管机制，有效落实了工会资产监管职责。按照省总工会主席办公会议精神，实业发展中心代表省总工会以出资人身份与各直属企事业单位负责人签订了2010年《省总直属企事业单位年度经营责任书》，不断完善对省总工会有经济运营的本级企事业单位的监督管理机制。

【加强工会资产产权管理，确保工会资产保值增值】 实业发展中心继续抓好各级工会资产产权的登记办证工作。到2010年止，全省县级以上工会企事业资产土地使用证办证率为51.71%，房产证办证率为81.81%，行政性资产土地两证办证率为80%，全总核发的《中华全国总工会资产产权登记证》发证率为100%。实业发展中心把加强资产处置，防止资产流失作为部门重中之重的工作来抓，坚持审慎、有偿的原则，严格履行审批手续，彻底杜绝资产流失，全省初步形成良好的资产处置报告审批态势。2010年，实业发展中心先后审批了广州、江门、湛江、河源、梅州、吴川、遂溪、怀集、和平等市、县总工会报送上来的资产处置事项，协调处理了汕头市总工会东山湖疗养院产权问题，从而确保了工会资产的保值增值。

（实业发展中心）

技术协作工作

【抓好职工优秀技术创新成果评选工作】 2010年6月，中华全国总工会、科学技术部、工业和信息化部、人力资源和社会保障部举办了第三届全国职工优秀技术创新成果评选表彰活动，省总工会领导高度重视，由省总工会牵头，成立由常务副主席陈宗文为组长，省科技厅、省经信委、省人力资源和社会保障厅等单位领导为副组长的领导小组，通过各级工会、职工技协广泛发动，广大企业和职工积极参与，全省共收到85项优秀技术创新成果，经过严格的筛选和评审，推荐了5项成果参加评选。其中，以佛山市南海区广东吉熙安电缆附件有限公司职工吕玉春为首研发的“64/110kV交联聚乙烯绝缘电力电缆干式Y型直通分支接头”项目荣获三等奖，项目完成人于11月在北京人民大会堂受到党和国家领导人的接见，并得到表彰和奖励。

【组织引导企业和职工积极参与节能减排工作】 举办节能减排知识竞赛。为了落实全省节能宣传周活动方案的实际行动，充分发挥工会在广大企业和职工中开展节能减排工作的积极作用，8月，省总工会在东莞虎门举办了广东职工节能减排知识竞赛，全省共有12个市和产业工会参加，参赛选手近80人，比赛对营造良好的节能减排社会氛围，将节约资源、保护环境的意识落实到每一个企业、每一个职工的工作和实际生活中都起到很好的推动作用。举办职工节能减排义务监督员培训班。经过连续两年举办的培训班，已有200多名监督员持证上岗，在各地、各企业发挥了重要的宣传、监督和推动作用，受到广大企业和职工的欢迎。2010年12月8—10日，省总工会继续与省经信委、省环保厅、省发展改革委在广州举办第三期广东省职工节能减排义务监督员培训班，有来自水泥、陶瓷、化工、电力等高污染高排放行业的70名学员参加培训，培训结束后，主办单位对考核合格的学员颁发了监督员聘书，壮大了节能减排义务监督员队伍。

【结合全国总工会要求深入基层开展技协工作情况调研】 为迎接中国职工技协六届一次会议和广东省职工技协六届一次会议的召开，进一步了解和掌握全省各市职工技协工作开展的情况和面临的问题，省总工会技协办从7月起，有选择地对全省部分市和广州地区省直产业工会进行了技协工作情况调研。7月在清远召开有省直技协和广州地区基层技协参与的技协工作情况调研会，10月到11月间分别到了深圳、韶关、肇庆、茂名等市总工会技协开展调研，了解全省技协组织状况、工作情况和面临的问题，为今后全省继续抓好、做好技协工作提供了依据。

【进一步加强技协干部外出交流学习】 应台湾电力工会邀请，9月初省总工会技协办组织了一批技协干部，由省总工会副主席张振飚率领代表团一行11人赴台湾交流学习。在台湾期间，代表团受到台电工会理事长胡国康等的热烈欢迎和盛情接待，还参观了台湾电力公司名潭发电厂等企业，与台电工会第63分会进行了交谈，两地工会就各自工作架构、职工权益保障等方面进行了深入探讨，并就进一步加强交流协作、加深友谊建立往来关系达成良好愿望。7月，省职工技协会长廖文正带领基层技协干部21人赴上海职工技协参观交流，对其规范管理、有偿服务、技术交流与协作、活动品牌等方面进行深入了解与学习，并为两地技协今后的交流、合作提出积极建议。

【认真做好“工人先锋号”和优秀QC小组推荐评选】 认真开展创建“工人先锋号”工作，向省总工会推荐省粤电集团沙角C电厂电气二次班等3个班组参加“广东省工人先锋号”评选并得到命名表彰。积极推荐评选全国、省优秀QC小组，推荐了韶关移动的乐昌销售中心工会QC小组和广州花都供电局的路灯所QC小组参加“全国优秀

QC小组”评选，推荐了广州供电局试验研究所新起点QC小组等2个QC小组参加广东省优秀QC小组评选，也得到了命名表彰。

女职工工作

【抓竞赛提升女职工素质】 省总工会女职委紧紧围绕加快经济发展方式转变、推动广东经济发展的大局，继续广泛深入实施“女职工素质提升建功立业工程”。一是提出“三个百万”工作目标（即每年组织一百万女职工参加各种类型的劳动竞赛，推进女职工技能上等级；组织一百万女职工为企业节能减排、攻坚克难、创新发展、提合理化建议活动，发挥女职工的聪明才智；组织一百万女职工参加各类培训，提升职业技能和综合素质，为广东经济社会新一轮发展建功立业）。二是开展具有女职工特色的业务技能大赛。2010年10月，省总工会女职委联合省教育厅、教育工会、南方电视台少儿频道举办了全省幼儿园教师德育专业能力大赛，来自全省20个地级以上市和省直单位的62所幼儿园的65名幼师参加了总决赛，来自佛山市的周玉坚、余娜，中山市的伍春虹，江门市的程柯，深圳市的查利五位选手获得大赛一等奖，被授予“广东省经济技术创新能手”称号。排名第一的周玉坚同时被省总工会授予了广东省五一劳动奖章。三是建立工会女职工干部培训基地，进一步规范工会女职工工作专兼职干部的培训工作。省总工会女职委把省总工会干部学校定为工会女职工教育培训基地，全总女职委也把省总工会干部学校定为全国女职工培训示范学校。

【抓维权促进女职工和谐】 一是下发了《关于继续推进女职工权益保护专项集体合同工作的通知》，明确了继续推进女职工权益保护专项集体合同工作的工作目标：从2010年开始至2012年，用三年时间，在建立工会女职工组织并已签订集体合同的企业基本实现女职工权益保护专项集体合同的全覆盖。二是启动了以“关注女职工健康”为主题的女职工健康普查活动。计划从2010年开始，用五年时间，以省、市、县三级工会联动的方式，为全省100万名育龄女职工，重点是为珠三角地区企业女性农民工提供免费的妇科、乳腺普查。2010年全省已为20多万名女职工提供免费普查。

【树立典型，表彰先进】 “三八”国际妇女节期间，省总工会表彰了广东省北江航道局龙船厂船闸管理站等5个广东省五一巾帼奖先进集体和陈月娟等5名广东省五一巾帼奖先进个人。 （黄小玲）

财务工作

【工会经费收缴再创新高】 2010年，全省各级工会认真研究和分析影响本地区、本行业、本单位经费收缴覆盖面和收缴率等方面的具体原因，在实际工作中切实把依法收缴的政策措施规范好、推进好、落实好。广州市总工会、汕头市总工会、省直机关工委会、省交通集团工会、省机场管理局工会和省海员工会等领导亲自抓经费收缴，分类定策。省工业工会、财贸工会也积极配合财务部门，加大对本系统所属基层工会经费的催收力度。省总工会财务部主动与省广新外贸集团公司、中石化广州分公司、省广晟资产经营公司、省石油企业集团公司、省监狱局等工会领导沟通协调，挖掘潜力，查漏补欠，逐步克服收缴难题。通过大家的共同努力，全省工会经费收缴取得显著成效，完成了全国总工会下达的经费上缴任务。

【各级政府对工会的资金支持逐步提高】 各级地方工会加强与地方财政的联系沟通，认真做好各项协调服务工作，进一步推进相关法规政策的落实。除争取财政解决工会在编人员的工资待遇和办公经费外，继续要求财政按规定把机关行政事业单位2%的工会经费纳入财政预算，集中划拨给地方工会，并将每年增人增资部分纳入拨缴工会经费范围内，使划拨工会经费纳入财政预算管理的长效机制，逐步达到及时、按比例、足额的要求。2010年，省总工会本级政府补助收入6228.66万元，其中劳模荣誉津贴1776.50万元，困难职工帮扶资金1000万元，送温暖资金500万元，五一表彰大会及劳模奖金496万元。工会经费来源中财政拨款的比重逐年加大，为工会更好地发挥社会职能提供了有力的支持。

【开展工会财务会计规范化建设】 按照全国总工会要求，2010年是工会财务会计规范化建设的第一年。省总工会财务部及时转发了全国总工会办公厅《关于印发〈工会财务会计管理规范〉的通知》，要求各级工会积极开展工会财务会计管理规范化建设活动，切实提高工会财务会计管理水平。省总工会对市级工会财务会计管理规范化建设现状进行了调查，找出存在问题，寻求解决的意见和办法。省总工会本级对照工会财务会计管理规范化标准，切实加强了财务管理：年初成立了会计核算中心，在省总工会财务部领导下对省总工会机关所属事业单位、各类学会、协会、研究会、基金会和内设产业工会的会计业务实施集中管理，分户核算；增加财务部人员数量，配齐配强财务骨干；修订和制定了《广东省总工会机关财务管理暂行规定》、《广东省总工会会计核算中心管理试行办法》等，加强内部控制以及对直属单位的财务监督。

【重视预算管理，优化经费支出结构】 2010年，各级工会执行全国总工会新的《工会预算管理办法》和《基层工会经费收支管理办法》，不断强化预算管理，严格预算约束，把以职工为本作为优化工会经费支出结构的核心要求，确保“推动发展、促进和谐、服务职工、维护权益”等资金需要；把“统筹兼顾，保证重点；量入为出，收支平衡；真实合法，精细高效”作为加强财务科学化管理的基本原则，除部分厅局和中央直属单位外，其他单位结合工会“下管一级”原则，认真完成预决算编报、上报和批复等工作程序，充分发挥预算管理在整个财务管理中的作用。省总工会本级继续按照省委确定的“五个零增长”、“四个减半”的原则和省财政厅《关于印发省直机关事业单位行政经费节约考核办法的通知》要求编报年度预算，在控制行政费支出的同时，增加职工技能培训、工会组建、困难职工帮扶、维权机制建设等重点工作的支出，提高工会经费的使用绩效。

【自查与内审、外审相结合，加强经费审计监督力度】 全省各级工会财务部门不断注重自身的实务审计，在日常工作中加强对照法律法规、文件规定和经费预算进行自查自审。肇庆和云浮市总工会、省直工委和省邮政工会等单位每年都开展定时定点实地检查、分片集中互查等常规性的财务会计工作大检查，对提高财务会计基础工作水平，保证工会经费使用方向，加强工会财务科学管理起到了审中帮、帮中促的作用。2010年，省总本级自觉接受省总工会经审办对工会经费预算执行情况的审计，并积极配合省审计厅审计组对省总工会2008至2009年度财务收支情况进行审计。通过审查审计，找出工作中存在的问题，进一步在制度上、管理上加强财务工作，确保工会的资产安全、干部安全和政治安全。针对审计提出的问题，省总工会财务部认真分析并逐条进行研究，制定整改方案，落实责任，按要求完成了整改工作。

【进一步完善经费收缴工作考核激励机制】 2010年，省总工会财务部专门召开座谈会，研究如何进一步建立和完善有效的经费收缴激励机制，奖励在经费收缴工作中作出贡献的部门和人员。制定出台了《广东省总工会关于市级工会上缴经费考核奖励试行办法》，本着科学、合理、简洁、实用的原则，重新明确了考核内容、评比和奖励办法等，充分考虑经费收缴工作的各种因素，综合评定奖励额度，使考核办法更能适应工会财务工作的新要求，更有利于提高工作质量，更体现立足工作岗位，创先争优。

【加强培训，提高工会财务干部素质】 新《工会会计制度》于2010年1月1日起在全国各级工会组织范围内正式实施。2010年，各级工会以贯彻、实施新颁布的《工会会计制度》以及启用“工会经费收入专用收据”为契机，广泛开展形式多样的财务人员专业培训。省总工会财务部积极派员参加全国总工会组织的全国工会帮扶资金使用管理审计培训班、全国工会财会中青年骨干人才高级培训班、全国工会财务管理软件师资培训班、全国工会经费收入专用收据软件师资培训班；举办了一期有100多人参加的工会经费收入专用收据及软件培训班；支持和帮助各级工会开展对下培训活动，派出财务骨干和邀请新中大软件公司经理进行授课和指导。通过教育培训，认真做好新、旧工会会计科目的衔接、会计软件的应用和新票据的信息化管理等工作，以适应新形势发展的需要，提高财务人员工会财会理论和实务操作水平。 （姚明联）

经费审查工作

【配合省审计厅审计组对省总工会开展审计工作】 2010年3月至5月，省审计厅派出审计组对省总工会2008年至2009年度的财务收支情况和省总工会常务副主席陈宗文履行经济职责的情况进行了审计。省总工会经审办作为联系部门，积极配合审计组工作，及时沟通情况，转达审计组要求，反映省总意见和建议，按照省总工会主席办公会议要求，全力抓好审计意见的整改落实和督促检查工作，负责起草并向省审计厅、监察厅报送了《广东省总工会关于审计意见整改落实情况的报告》，协助审计组顺利完成了对省总的审计及审计意见整改落实工作。审计厅审计结果表明：2008至2009年，省总工会通过开展劳动竞赛、表彰劳动模范、组建基层工会、困难帮扶、协助清理欠薪、调解劳动争议等工作，在保障职工权益、促进社会和谐稳定方面发挥了积极作用。其中，工会组建、困难职工帮扶和劳动竞赛等主要工作走在全国前列。陈宗文任职后，重视财务管理和内部控制制度建设，财务上从严要求自己，审计抽查未发现单独审批款项和干预工程的情况。省总工会在重大经济事项的决策及专项资金的使用方面，能经过领导班子集体讨论研究，未发现经济决策失误的情况。

【做好对省总工会本级财务收支及预算编制与执行方面的审查审计监督】 2010年4月，省总工会经审会召开第二次全体会议，审查通过了省总工会本级2009年度经费收支决算，委员们对省总工会2009年度工会经费收支预算执行情况表示满意。会议认为，省总工会本级2009年度预算执行情况良好，收入保持稳定增长，支出严格执行中办、国办和省委、省政府关于党政机关厉行节约的规定，做到了统筹兼顾、保证重点、厉行节约、注重效果。预算调整履行了追加手续。会议同时审查通过了省总工会本级2010年度经费收支预算。会议认为，省总工会本级2010年度经费预算编制进一步规范，指导思想明确，坚持了统筹兼顾、突出重点、量入为出、收支平衡、略有节余的原则。7月，省总工会经审会召开第二次常委会议，审查通过省总工会本级2010年度上半年经费预算执行情况。会议认为，2010年上半年省总工会经费预算执行情况良好，总收入完成预算65.58%，其中拨缴经费收入完成预算57.83%，支出预算的控制也比较科学、合理。会议提出了调整支出结构，加大维权支出比例，强化监督的建议。11月，省总工会经审会召开第三次常委会议，审议通过了省总工会本级2010年度经费收支预算调整方案。会议肯定了省总工会财务部认真落实省总工会经审会第二次常委会议精神，并根据实际情况对2010年度经费收支预算方案作出调整。

【做好对省总工会直属企事业单位财务收支情况的审计监督】 2010年，省总工会对直属企事业单位实行了归口管理。为进一步加强对省总工会本级工会资产的监督管理，省总工会经审会委托广东华审会计师事务所有限公司对省总工会干部学校、南华工商学院、省第二工人医院等8个单位2009年度的财务收支情况进行了审计。审计结果表明，省总工会资产管理体系已基本理顺，改变了多头管理的不利局面，逐步形成了以财务监管为核心的监督管理体系，有关企事业单位完成了年度经营绩效考核指标，会计基础工作水平进一步提高。

【做好对省总工会直属企事业单位基本建设和维修改造工程的审计监督】 2010年，省总工会经审会委托中介公司对省总工会南华工商学院清远校区基建项目、省第二工人医院空调安装和室内外装修工程、广东黄埔卫生职业技术学校维修及绿化改造工程等3个项目进行了审计，合计送审金额24893.05万元，审减金额2699.12万元，审减率为10.84%。其中：南华工商学院清远校区基建项目一期工程送审金额24105.93万元，审减金额2634.93万元，审减率为10.93%。省总工会经审会还对二期工程进行跟踪审计。根据《广东省工会负责人任期经济责任审计暂行办法》和组织人事部门委托，省总工会经审办还对有关协会负责人进行了任期经济责任审计。

【做好对下一级工会经费收支情况的审计监督】 2010年，省总工会经审会派出审计组对广州、深圳、珠海、佛山、中山、江门、阳江、茂名、清远、云浮10个地级以上市总工会和省交通、邮政、电信等12个省级产业、厅局、公司工会进行了审计。审计结果表明，与以往相比，上述工会制度更加健全，财务管理更加规范。各市级工会能认真执行《工会预算管理办法》，高度重视工会经费收、管、用工作，积极探索和创新工会经费收缴方式，大力推进工会经费委托税务代收工作，工会经费收缴稳步增长，完成或超额完成了省总工会下达的经费上解指标；经费支出控制比较严格，补助下级支出特别是帮扶、送温暖和维权等方面的支出力度不断加大。

【推进经审工作规范化建设】 各级工会经审会按照各层次经审工作规范化建设的要求，积极开展工作，扎实稳步推进，使经审组织建设、规章制度和业务建设进一步规范和完善。地级以上市总工会设立专门的经审办并配备专职经审人员，是全国总工会经审工作规范化建设的要求。2010年，各地级以上市总工会的经审工作机构建设取得了新进展，云浮市总工会、阳江市总工会、中山市总工会相继设立了专门的经审办并配备专职人员。省总工会经审会完成了对全省地级以上市总工会及部分省级产业工会经审工作规范化建设的年度考核和评定工作，广州市总工会经审会等6个单位被评为A级，获特等奖。省总工会经审会也荣获全国工会经审工作规范化建设考核特等奖。

【强化审查审计监督】 一是积极引进社会审计力量和有关专业人才开展审计工作。省总经审会分别委托了华审、广汇两个会计师事务所对省总工会直属的8个企事业单位和广州、深圳等7个市总工会进行了年度财务收支审计，委托了广州金盛建工程项目管理咨询有限公司对省总工会直属事业单位的基建项目进行审计。二是审计工作成效显著。2010年，省总本级共完成审计项目35个，查出漏、欠、未入账工会经费5600多万元，成功追缴入库1700多万元。全省地级以上市总工会共开展各类审计922项。其中，对本级工会及直属企事业单位审计84项，对下一级工会审计462项，接受委托对工会领导干部任期经济责任审计6项，基建及维修改造工程审计5项。基建项目送审金额1893万元，核减116万元。各市还开展了工会经费计拨审计365项，共查出漏欠缴工会经费483.07万元，补解入库328.63万元。三是审计工作重点突出。根据省总工会经审会要求，省总工会和全省各地级以上市总工会重点加强了对中央帮扶资金、送温暖、救灾等专项资金的审计监督。广州、茂名、韶关和清远等市总工会经审会对专项资金的审计监督动作快，措施有力。四是开展了延伸审计，扩大了审计的范围和深度。第一次将对下审计范围延伸到了县、区、镇、基层工会和帮扶中心等单位。审计情况表明，重要事项延伸审计，不仅降低了审计风险，而且有利于提高审计的质量和水平，使监督更加到位。

【提高经审干部队伍素质】 2010年，省总工会经审会和各地级以上市总工会经审会积极组织专兼职经审干部参加全国总工会、省审计厅组织的各类业务培训班，努力提高经审干部的专业素养。全省县以上工会共主办经审干部培训班18期，培训干部1420人次。10月底，省总工会经审会组织了全省地级以上市总经审会、经审办的主任和全体专职审计人员去南京审计学院进行一周的专业培训，开阔了干部的眼界，大大提高了经审干部的业务素质和工作能力。 （孔玫）

国际及港澳台交流工作

【做好外事接待工作】 2010年，省总工会接待外国工会团组8批35人次。主要有：2月28日，广东省人大常委会副主任、省总工会主席邓维龙及省总工会党组副书记、副主席郭泽宇和副主席张振飚会见并宴请应全国总工会邀请出席“2010经济全球化与工会论坛”并抵达广东访问的国际劳工组织副总干事迪奥普夫妇一行2人。3月19日，郭泽宇会见并宴请加拿大加中友谊发展促进协会会长王家明先生。9月4日，郭泽宇受邓维龙和省总工会常务副主席陈宗文委托，会见并宴请应全总邀请访粤的国际劳工组织副总干事阿桑·迪奥普先生。11月8日，邓维龙、陈宗文和郭泽宇会见并宴请美国阿罕布拉市市长沈时康先生。12月9日，邓维龙会见以副总书记阿迪布·米罗为团长的世界工联主席团理事会代表团一行13人。12月22日，陈宗文会见并宴请应全总邀请前来广东省参观访问的以主席艾哈迈德·马哈茂德为团长的苏丹工会联合代表团一行8人。

【完成出国团组工作】　2010年全年共完成出国团组7批31人次的报批、出访工作。其中2009年获批并已经成行的有：5月13日至5月24日，以省总工会原纪检组长、经审会主任肖建葵为团长的广东省工会代表团访问南非、巴西。6月15日至6月26日，以副主席张国兴为团长的广东省工会代表团访问英国、瑞士、德国。8月15日至26日，省总工会党组副书记、常务副主席陈宗文参加了由中华全国总工会组织的、以全国总工会副主席陈荣书为团长的中国工会代表团赴澳大利亚、新西兰和斐济进行友好访问。10月11日至20日，副主席王丽华率领的广东省工会代表团访问澳大利亚、新西兰。10月24日至11月13日，省总工会经审委员会主任杨敏参加由全总组派的中国工会基层组织建设培训团前往美国进行为期21天的工会业务培训。省人大常委会副主任、省总工会主席邓维龙率领的广东省工会访问希腊、埃及、土耳其代表团以及常务副主席陈宗文率领的广东省工会访问波兰、乌克兰、匈牙利代表团已经获批但尚未成行。此外，全力办理2010年度业经省委有关领导同意的出国代表团组的报批手续。主要有：省总工会党组副书记、副主席郭泽宇率领的赴美国、加拿大、墨西哥代表团，省总副主席林锡明率领的赴南非、巴西、阿根廷代表团，省总工会纪检组长廖汝捷率领的赴俄罗斯、芬兰、瑞典代表团和巡视员孔祥鸿率领的赴英国、爱尔兰、土耳其代表团以及部分产业工会、地级市总工会自组的考察团。

【做好港澳台地区接待工作】　2010年全年共接待港澳台地区团组15批309人次。主要有：5月7日，省人大常委会副主任、省总工会主席邓维龙与省总工会党组副书记、副主席郭泽宇会见中央人民政府驻澳门特别行政区联络办公室副主任陈启明率领的澳门中联办参访团一行5人。副主席王丽华、林锡明、张振飚、经审会主任杨敏等省总领导分别会见并接待台湾电力工会、香港工联会、香港会计业和财务策划人员工会、香港工联会职业训练委员会、台湾台中市总工会、台中市皮革制造业工会、香港华员会、澳门公务员工会以及澳门本地工人权益会、台湾中华航空公司产业工会等代表团、参访团。精心安排、接待澳门中联办组织的澳门本地工人权益会参访团3批共104人次。

【做好出境团组工作】　2010年全年组派出境团组共14批134人次，其中赴台湾交流团组8批95人次。主要有：省总工会副主席王丽华率领的代表团一行6人赴澳门参加“澳门工会联合总会成立60周年庆典”；省总副主席张国兴率领的3人代表团赴澳门出席“新时期工会工作的实践与前瞻”研讨会；省总工会副主席林锡明率领的代表团一行6人赴台湾出席“2010海峡两岸工会论坛”；省总工会副主席张振飚率领的省总工会技术协会考察团11人赴台湾交流；省总工会纪检组长廖汝捷等2人前往香港出席香港公务员总工会2010至2012年度执委就职典礼；省总工会党组成员、经费审查委员会主任杨敏率领广东省工会代表团一行17人（其中阳江市总工会6人）赴台湾交流。协助广州市总工会办理100人赴台湾交流的报批、立项。另外，韶关市总工会1批9人以及广东省地质工会2批35人应台中市总工会邀请也分别赴台湾交流。

【扩大粤港澳台工会合作】 贯彻落实省委副书记、省纪委书记朱明国关于“进一步扩大与港澳台地区工会之间友好交流”的外事工作指示精神，扩大与港澳台地区工会之间的合作。2010年台湾台中市、佛山、惠州、中山、江门、肇庆等6市总工会参加新春团拜会，这是第一次正式以“粤港澳台四地暨珠三角九市工会新春团拜会”名义举办，显示粤港澳台地区工会之间的交流与合作不断扩大。此次新春团拜会有近百人参加，四地工会负责人欢聚一堂，共庆新春佳节，围绕“加强沟通、共建和谐”这一主题，交流工会工作经验，探讨新形势下开展工会工作的新思路、新方法。省委常委、组织部部长胡泽君，省人大常委会副主任、省总工会主席邓维龙出席团拜会并讲话，香港中联办社工部部长张铁夫、澳门中联办社工部部长叶志华等也参加了团拜活动。

省级产业工会、集团公司工会

中国海员工会广东省委员会

【领导班子】

主　席：康盛忠

副主席：陈小翠（女）

【综述】 2010年，省海员系统各级工会在中国海员建设工会、省总工会党组和各级党委正确领导下，全面贯彻落实科学发展观，围绕中心，服务大局，履行职责，构建和谐，发挥工会“组织职工、引导职工、服务职工和维护职工合法权益”的作用，为带领广大职工走出金融危机的阴影，满怀信心总结“十一五”、开创“十二五”大好局面做了大量富有成效的工作，为省海员系统企事业改革创新、发展稳定作出了积极的贡献。

【重点工程劳动竞赛港口赛区竞赛稳步推进】 中国海员工会广东省委员会坚持多年开展省重点工程劳动竞赛港口赛区竞赛活动，并取得了良好效果。2010年，参赛单位在认真总结以往经验的基础上，结合本单位的实际，不断调整、拓宽竞赛的内容和形式，取得了新的成绩。四航局2010年参加劳动竞赛职工超过5000多人次，取得职工创新成果54项，实现经济价值3500万元。航道局将劳动竞赛延伸到所属各单位、分包船舶，实现了劳动竞赛全覆盖。2010年，在普赛的基础上选拔出16艘船舶、62名机工对决，22名选手进入总决赛，参加个人总决赛的优秀选手都被单位委以重任。四航院把劳动竞赛渗透到公司重点建设项目，其中《湛江港霞山港区散货码头工程可行性研究报告》项目荣获交通运输部“2010年度水运工程优秀咨询成果奖”一等奖，《广州港口发展战略研究》项目荣获交通运输部“2010年度水运工程优秀咨询成果奖”二等奖。广东船务在广大职工中掀起比学赶帮超的竞赛热潮，举办技术培训，在参加中远船务集团举办的以造船生产周期、钢板利用率、涂料消耗率、焊接合格率、船舶通用物资采购成本为主要内容的劳动竞赛中，获得团体第一。2010年，在广东省重点工程劳动竞赛中，港口赛区收获丰硕：四航局研究院荣获模范单位，航道局荣获先进单位和优秀组织单位；四航局竞赛领导小组成员、工会主席肖干生，航道局总经理林洁敏，四航院总工程师卢永昌荣获劳动竞赛先进个人称号，并被授予省五一劳动奖章。

【各工种的技能比武如火如荼】 2010年，各单位有计划、分步骤开展劳动竞赛，制订规划方案，建立竞赛激励机制，把技术比武与职工岗位技能等级评定、晋升结合起来，大大调动了职工参与的热情。以提高生产效率和服务质量为目的各类工种的劳动技能大比武形式多样，有单位之间横向结对、结片的竞赛活动，有技术发展和工艺创新的示范性比武，有效地提高了劳动效率。广东海事局针对担负第16届亚洲运动会水上安全及指挥工作，组织开展“迎亚运、保安全、作贡献”主题竞赛活动；广州打捞局组织举办了“救捞特殊技能技术比武”竞赛活动，开展了水手、捞工、潜水技能以及水面救人、气割电焊技能等项目的技能比武；南海求助局工会发挥“大学校”作用，积极打造岗位练兵、技能比武平台。2010年5月，在广东省首届省直单位干部职工应急技能竞赛中，获得团体第一和11个单项冠军；广州港共组织各类技术练兵比武250项次、结对劳动竞赛13项，直接参赛员工达4000人次，涉及相关岗位（工种）的员工7000人；湛江港组织员工开展了“压停时、提效率、保安全、降成本、增效益”主题劳动竞赛，在卸载“平乐”轮精粉矿作业中，以每天46202吨/船的效率打破多项历史纪录。

【群众性“金点子”、“好建议”层出不穷】 广州海运工会开展合理化建议征集、奖励活动，征集合理化建议99条，内容涉及企业经营管理的方方面面，对于破解影响和制约企业科学发展的突出问题，起到了积极的作用，也极大地提高了职工参与企业管理的积极性、主动性和创造性，加大成本控制力度，挖掘内部潜力，增强企业的成本竞争优势作用明显；南海救助局开展了安全生产“双基”建设合理化建议竞赛活动，全局共有17条船舶、47个班组参加，参与率达100%，效果明显；广东船务工会举办以“小创新、小发明、小改造、小设计、小建议”为主要内容的“五小”竞赛活动，征集“五小”成果82份，大大提高了劳动效率。

【坚持法律赋予工会的各种维权机制】 长期以来，海员各级工会大力推进厂务公开等民主管理制度，在反映广大职工的意愿和诉求、涉及职工切身利益的规定或方案出台前，及时组织职工讨论，切实保障职工的知情权、表决权。2010年，广远工会组织召开了两次专题职工代表大会，审议通过了广远职工养老金统一执行北京市基本养老保险政策事宜和广远改制工作的重大事项；南海救助局召开二届三次工代会，把“巩固自身，强根基；建设班组，聚力量；切磋技能，树标兵；弘扬文化，增情操；温暖人心，保稳定；广开言路，纳良策”作为今后一个时期工会工作的重点；广东船务大力推进厂务公开，使企业经营管理工作做到民主化、透明化，激发了职工参与管理、投身经营的积极性。2010年，公司建立和完善的693条劳动规章制度，都是在职工充分酝酿的基础上，依法按程序制定的。

【推进劳动关系协调机制，保护职工切身利益】 海员系统各工会结合单位实际，不同程度推进劳动关系协商机制：四航局召开了第三轮集体协商会议，新标准比原标准提高了14.68%，保护了职工的切身利益，对增强企业凝聚力、发展和谐劳动关系起到至关重要的作用。穗航实业和深圳航运公司充分发挥工会作用，做好体制改革时期各项重要工作；工会负责人作为董事成员之一列席董事会、经营班子会、党委会和生产经营例会，把握企业运营、决策的大局，代表员工利益及时发表民主及监督意见，参与了与经营者平等协商、签订劳动合同、制定薪酬制度的工作；汕头港集团第四届职代会审议通过了《汕头港务集团公司员工手册》，对加强企业民主管理，完善制度建设，规范行为具有积极的促进作用。为从源头上使广东省劳动关系形成规范的协商机制，省海员工会与广东海事局、广东省船东协会一道，在全国海上劳动关系协调机制的大框架下，结合广东实际，经过半年的筹备，成立了广东省海上劳动关系三方机制。广东省协调劳动关系三方机制共同协商形成合力、共同推进公约履行、共同落实《中国船员集体协议》、共同开展法规研究、共同深化机制建设、共同研究破解涉及船员劳动关系、船员管理等方面的难题，在构建和谐海上劳动关系、保护各方合法权益、保障和促进航运经济持续健康发展方面，做好先行者，种好试验田，争当排头兵。

【狠抓安全生产，保证企业、职工、职工家庭的平安和谐】 2010年，中国海员工会广东省委员会以“安康杯”活动为主线，把安全生产渗透到各个工作岗位。广海、广远、中兴海陆等绝大多数单位实现了零因工死亡事故、零火灾事故和零责任性较大财产损失事故的“三零”目标。广州远洋工会围绕2010年经营任务和公司所面临的经营环境，开展“安全生产月”活动；广州港以建设“平安港口”，实现“平安亚运”为工作目标，将安保工作与安全生产有机结合。在2010年的“安康杯”竞赛活动中，中交广州航道局荣获优胜企业称号，中海发展广州油轮分公司“平川”轮荣获优胜班组称号。

【关心一线、边远和艰苦环境中职工的健康】 广海工会在高温季节，深入工厂、车间、码头、船舶一线检查防暑降温和劳动保护措施落实情况，慰问职工1500多人，发放清凉饮料1000多箱。在国际护士节、儿童节以及教师节期间，公司也开展了慰问工作，送上慰问金，发放节日费，表达企业对职工及其子弟的关怀。据2010年前三个季度的不完全统计，海员系统各单位2010年用于节假日、高温、寒冷天为一线和艰苦环境里工作的职工送清凉、送温暖费用已经超过600万元，保证了一线职工的健康、安全。

【心系困难职工，坚持为职工办实事、做好事、解难事】 近年来，海员各工会结合自身实际，出台了不少对困难职工的帮扶办法。广远、打捞局、航道局、广州港、湛江港等单位成立了救助基金会，提高了为困难职工办实事的能力。据2010年前三个季度的不完全统计，海员系统各单位用于注入帮扶基金和发放各类补贴、慰问金额已超过1000万元。各单位工会都注意做好职工来信、来访工作，把接访作为注重倾听员工意见和诉求、了解职工疾苦和呼声，因势利导地做好员工思想疏导工作的平台。2010年，海员系统各单位接待来信、来访330多人次，其中部分合理要求很快得到解决，广远工会、广州打捞局工会、航道局工会、湛江港工会都能及时研究解决职工提出的问题，受到职工称赞。

【以劳模精神感召、引领比学赶超的风尚】 2010年，省海员工会制定了《省海员系统劳模培养、选树、管理办法》，建立了劳模培树人员档案，利用下基层慰问、送温暖、调研的机会，发现和培养各类先进典型，有计划、有重点、分层次、分阶段地培养、选树。同时加大对现有劳模、岗位尖兵、技术能手的先进事迹的宣传力度，大力弘扬他们勇于拼搏、无私奉献、艰苦创业的精神，充分发挥劳模的骨干、带头和示范作用，营造了学先进、赶先进、比贡献的良好氛围。中交四航局党委书记、董事长梁卓仁带领四航局顶着金融危机的压力，敢于改革创新，产值逐年增长，去年突破百亿，2010年前三个季度完成产值已达105.6亿元，实现利润7个亿，职工收入平均增长14.68%，在建的46个项目获得中交集团和国家科技奖项13项，为此被评为“全国劳动模范”。四航院工会主席韩方仁、四航局二公司安哥拉LNG项目部经理谢忠东、航道局海外事业部副经理杨洪周立足本职、爱岗敬业、无私奉献、开拓创新，荣获中国海员建设工会第十二届“金锚奖”。广东中远船务工程有限公司工程师李荣、交通部广州打捞局第一船队“德利”轮船长王栋、中海国际广州分公司轮机长钟潮海在自己的岗位上勇于拼搏、自强自立、奋发努力，荣获广东省五一劳动奖章。在省重点工程劳动竞赛中，海员系统港口赛区不断拓宽思路，成效显著，航道局总经理林洁敏、四航局工会主席肖干生、四航院总工程师卢永昌被授予广东省五一劳动奖章。在民主管理、厂务公开方面，中国海员工会广东省委员会发扬国企的优良传统，进一步解放思想，大胆创新，调动广大员工的积极性，共同构建和谐企业，收效明显。2010年，广州海运（集团）有限公司、广州远洋运输公司被评为广东省厂务公开民主管理工作先进单位；中交第四航务工程勘察设计院有限公司被评为广东省和谐劳动关系先进企业。在班组建设上，各单位都非常重视，软硬件齐上，涌现了一大批先进班组。2010年，佛山海事局顺德海事处、中交四航局一公司哈大铁路项目部、深圳海事局宝安中心海事处、中交广州航道局“恒龙”轮、中远南方“木兰湾”轮、南海救助局汕头基地“华英392艇”荣获广东省“工人先锋号”；广海“安国山”轮、省联全电子收费公司粤通卡客户服务中心广州营业部等27个海员系统单位班组荣获全国交通系统“工人先锋号”。

【以企业文化建设推进和谐企业建设】 2010年，适逢第16届亚洲运动会在广州召开，海员系统各单位工会除在各大节日开展各类文体活动外，还结合企业文化建设，开展了一系列“迎亚运”庆祝活动，大大激发了工作热情，增强了和谐氛围。广海、湛江港、深圳海事局、珠航局、广州船级社、广东船务、中兴海陆等工会都结合自身实际，开展了丰富多彩的文化体育活动，激发职工活力，调动职工积极性、创造性；中交驻穗几家单位举办了中交广州赛区羽毛球赛和足球赛；四航局举办羽毛球、桌球、拖拉机、踢毽子、跳绳等系列比赛，增进了项目部间的友谊，增强了职工体质，提升了士气，为推进经营生产发挥了积极促进作用。

【注重工会基础建设】 2010年，海员系统各单位工会一是抓建会工作。海员各单位的正式职工入会已基本达到100%，这几年，随着企业的发展和体制改革的深入，企业使用的外来工、外包工数量越来越多。广东船务、广州港、湛江港等工会都对吸收外来工、外包工入会进行了认真探索。广东船务组织覆盖8000名外来工的65家外包单位，成立了外包工会联合工会，通过工会工作，规范外包工的劳动关系。二是稳步推进班组建设工作。湛江港以“安康杯”和“工人先锋号”建设班组创优活动为载体，不断推进班组“6S”标准化管理，规范了各类作业现场、办公现场、候工室的管理和员工的行为，有效地提高了班组综合管理水平。三是广泛提升职工素质。发挥各级工会组织作用，引导职工加强学习，掌握理论、法律、科学、业务等知识，以“创建学习型组织、争做知识型职工”活动为抓手，激励职工创新创效和技术革新，为企业发展提供智力支持。广远工会以“红树林”工程为主线，加大职工素质工程建设力度，通过各类培训增强职工学习意识和学习能力，促进职工技能的提升。四是全面推进“书屋”和“建家”工作。2010年，海员各工会重视职工书屋建设，引导职工多读书、读好书，不断完成综合素质的提升。广州海运、广东海事局等多家工会引导职工读好书。省联合电子收费工会开展以“同读书、共进步”为主题的读书活动，向员工派发《辉煌60年共和国纪事》、《细节决定成败》、《大国软实力》、《卓有成效的管理者》等优秀书籍，并鼓动员工自觉撰写学习心得体会，编辑制作《粤通卡画报读书心得》专刊。许多单位组织人员对工运理论研究进行了全方位的有益探索，开展理论研讨，总结了许多新鲜经验，为工运理论研究与创新提供了新的成果。省海员系统各工会结合实际、因地制宜，创建了许多具有不同“海味”特色的“职工之家”，涌现了一大批深受职工喜爱的全国、省优秀“职工之家”。南海救助局工会、中交四航院工会荣获“全国模范职工之家”称号。广东海事局坚持“严格标准，规范操作”，“成熟一家，验收一家”的原则，扎实“建家”不走过场。

广东省教科文卫工会

【领导班子】

主　席：陈昭庆

副主席：吴思思

【综述】 2010年，在省总工会的领导下，在全国教科文卫体工会的指导下，在省教育行政部门的大力支持下，按照为教工服务、为党政分忧、为教育加油、为校园和谐的工作指导方针，不断增强责任意识、服务意识和创新意识，努力建设学习型、关怀型、维权型、民主型、文化型和发展型的教育工会，围绕省委、省政府的中心工作，服务广大教职工，努力做到在关键时刻都可以见到工会干部的身影，在群众最需要的时候都能想到工会。

【积极开展人文关怀活动，切实关心广大教职工的工作生活环境，让教职工体面地工作、有尊严地生活】 2010年，因深圳富士康集团连续发生员工跳楼事件，引起社会对职工生存环境的关注，对人文关怀缺失导致员工情绪不稳以至影响社会稳定有更深刻的认识。加强人文关怀，关爱员工心灵，成为了本年工会工作的着力点。6月19日，由省总工会主办的“广东省职工人文关怀系列活动”启动仪式在广州举行，省人大常委会副主任、省总工会主席邓维龙出席并致辞，省教科文卫工会参与了该活动的筹备工作，并按要求组织了中山大学、华南师范大学的心理学专家、博士到现场咨询，深受欢迎。教师节来临之际，省总工会党组副书记、常务副主席陈宗文带领省教科文卫工会同志到南方医科大学、广东实验中学慰问“全国劳动模范”金大地、省五一劳动奖章获得者郑炽欣等优秀教师，并通过他们向广大教师致以节日的问候。在省总工会党组副书记、副主席郭泽宇的带领下，省教科文卫工会、中山大学工会负责人与该调研组的有关人员一道，先后到粤东、粤西、粤北和珠江三角洲地区15个市的非公有制企业进行调研，发放15000份问卷，完成了全部问卷的统计分析工作，撰写了调研报告。该调研报告得到汪洋书记、黄华华省长和邓维龙主席的批示，并获评为省总工会年度重点课题一等奖。受省总工会委托，省教科文卫工会完成《关于国民心理健康的现状、存在问题及对策研究——以教师为例》的调研报告，代表省总工会参加省维稳办召开的座谈会并发言。

【认真组织广大教职工投身迎亚运、爱祖国活动，广泛开展有利于女教职工的健康高尚的活动】 举办“祝福亚运、祝福中国——广东高校教工合唱交流表演晚会”。10月31日晚，由省教科文卫工会主办、华南师范大学、暨南大学、广东技术师范学院和广东商学院四所高校工会承办的“祝福亚运、祝福中国——广东高校教工合唱交流表演晚会”在广州大学城举行。各高校教职工以动情的歌声向亚运、向祖国传递深深祝福，精彩的表演赢得了观众一浪高过一浪的掌声。组织志愿者服务亚运会。各级教育工会认真配合有关部门组织亚运会志愿者，在赛场服务、后勤保障、社会稳定等方面都作出了积极贡献，赢得了荣誉。顺利举办“低碳·环保·女性”论坛。6月3日，省教科文卫工会在华南师范大学举办“低碳·环保·女性”论坛活动，各高校负责女工工作的副主席、女教职委主任共80人参加；省教科文卫工会、华南师范大学工会负责人出席论坛并讲话。成功承办广东省幼儿教师基本功技能大赛。4月至10月，省教科文卫工会与省总工会女工部等单位一道成功承办了由省总工会、省教育厅主办的2010年广东省幼儿教师基本功技能大赛。经过初赛、总决赛，最后评出五位优胜者获得“创新能手”称号，其中一名将被授予省五一劳动奖章。积极组织广大教职工参加省总工会主办的全省职工排舞培训班，共有70多名教育工会干部参加排舞培训班，占报名参加人员总数的三分之一，列各单位之首。

【真切关注教育系统弱势群体，扎实为有需要的教职工解决困难】 配合完成全国教科文卫体工会在广东有关困难教工的调研。6月6—9日，全国政协委员、中国教科文卫体工会主席王晓龙，中国教科文卫体工会调研处处长、《中国教工》主编万珍丽二人，来广东进行“困难教师群体帮扶情况、代课教师问题及工会在事业单位改革中如何发挥作用”的工作调研。省总工会常务副主席陈宗文接待了王晓龙主席一行；省总工会副主席郭泽宇陪同王晓龙主席到暨南大学调研；省教科文卫工会负责人陪同调研组到茂名市电白县及暨南大学调研。王晓龙一行对广东教科文卫工会的工作给予了热情的关怀和深入的指导。由此形成的调研报告，得到了全国总工会主席王兆国、国务委员刘延东等领导的高度评价。及时慰问被殴打的教师。4月23日，陆丰县甲子镇第一中学语文教师范炳被学生与家属殴打，省委书记汪洋等作出重要批示。4月30日，省教科文卫工会负责人到省荣军医院看望范老师。及时处理阳西县方正中学教职工来信反映的问题。5月初，阳江市阳西县方正中学10名教职工向省总来信，反映他们遭受同工不同酬的待遇问题。省总领导对来信高度重视，迅速批示部署，指派省教科文卫工会及有关部门人员组成调查组赶赴阳江。调查组与当地市、县教育局、教育工会、方正中学及信访职工进行了座谈，深入了解职工问题并耐心进行安抚。省总工会还向阳江市政府发函，提出解决意见，最后该事件得到了初步解决。及时拨款援助灾区的教职工。6月至10月，广东地区经历了“灿都”、“凡亚比”等强热带风暴的袭击，造成了粤西、粤东部分地区学校严重损毁，有的教工家庭损失严重。在经费十分紧张的情况下，由省总工会拨一点、省教科文卫工会出一点，共为灾区教工拨付21万元慰问金，解决了部分受灾教工的燃眉之急。

【高度重视工会组织建设和干部培训工作，不断提高工会干部综合素质和业务水平】 顺利完成教育工会六届委员会的换届工作。8月30日，省教育工会第六届委员会第一次全体委员会议在广州召开，省人大常委会副主任、省总工会主席邓维龙出席会议并讲话。中国教科文卫体工会调研处处长万珍丽代表中国教科文卫体工会主席王晓龙致贺词，省委教育工委副书记、省教育厅党组副书记谭泽中致辞。会议由省总工会常务副主席陈宗文主持，省总工会领导郭泽宇、张国兴、张振飚、廖汝捷、杨敏出席了会议。省教育工会负责人陈昭庆代表省教育工会第五届常委会作了题为《适应转变，焕发活力，科学发展，努力谱写广东教育工会工作新篇章》的工作报告，提出努力建设学习型、维权型、关怀型、文化型、民主型和发展型工会。会议表彰了教育工会工作突出贡献奖获得者，通过了《广东省教育工会六届一次委员会关于工作报告的决议》，选举了广东省教育工会第六届委员会常委、主席、副主席。陈昭庆当选省教育工会主席。指导和配合做好直属单位及地方教育工会的换届工作，办理新学校入会、转会手续。本年度，先后指导和配合仲恺农业工程学院、广东轻工职业技术学院、私立华联学院、广州中医药大学、广东工业大学、深圳市教科文卫体工会等单位换届；先后办理了3所学校的入会、转会手续。

【积极参加全国教科文卫体工会新任工会主席培训班学习】 2010年4月12—18日，全国教科文卫体工会在北京举办新任工会主席培训班，省教科文卫工会积极参加并组织南方医科大学工会负责人等6名新任主席参加该培训班学习，先后聆听了全国总工会副主席倪健民、全国教科文卫体工会主席王晓龙等的辅导报告，对做好教育工会工作明确了方向，增强了信心。

【认真开好直属基层工会主席工作会议】 6月29—30日，在惠州市龙门县召开2010年广东省教科文卫工会直属基层工会主席工作会议，所属40多所学校的工会主席参加，会后参观考察了华南农业大学。会议传达学习了省总工会主席邓维龙在全省工会主席会议上的讲话精神以及全国教科文卫体工会主席王晓龙在全国教科文卫体工会常委扩大会议上的讲话精神，提出了在当前形势下各级教育工会要增强政治敏锐意识、全局大局意识、危机忧患意识和责任担当意识，认真做好工会工作；省教科文卫工会负责人总结了上半年的工作，提出了做好今后工作的基本思路以及下半年的具体工作安排，与会代表也作了经验介绍和工作交流。

【积极组织和参与基层单位工会干部的培训工作】 省教科文卫工会于9月和11月先后组织了直属基层单位工会干部到汕尾疗养培训及财务人员到广西考察培训；南方医科大学、暨南大学等举办基层工会主席培训班，省教科文卫工会负责人应邀作辅导报告。顺利举办2011年广东省教科文卫工会迎春茶话会，省总工会副主席郭泽宇出席会议并讲话，省教科文卫工会主席陈昭庆介绍了过去一年来的工作亮点，提出了新的一年的工作思路，中山大学生命科学学院、华南农业大学、暨南大学、华南师范大学、南方医科大学等工会负责人分别作经验交流，部分代表表演了文艺节目，200多名工会干部参加活动。结合全总下发的《关于进一步加强县级教育工会建设的意见》精神，省教科文卫工会有关同志先后到肇庆、清远、茂名等地调研，召开教师及工会干部座谈会，了解情况，征求意见，以便制定广东省的贯彻措施。

【不断加强横向联系与合作，努力扩大影响、树立形象，逐步提高工会工作的认同感和幸福感】 与省教育厅联合发文评选全国劳模。3月，为落实省评先办的文件精神，省教育工会与省教育厅联合发文，共同评选南方医科大学附属第三医院院长金大地等2名全国劳动模范；评选广东实验中学校长郑炽欣等3名省五一劳动奖章获得者。这是省教育工会与省教育厅第一次联合发文。随同全委交流团首访台湾结下情谊。12月4日至10日，应台湾中华两岸劳工关系发展协会的邀请，以中国教科文卫体工会主席王晓龙为团长的大陆教育职工交流团一行37人，先后访问了台湾省台北市、台中县、台南县和高雄市，会见了台湾“立法院”副院长、国民党副主席曾永权，国民党中常委姚江临、刘大贝和李德维，台中县副县长张壮熙和立法会议员颜清标，与台北复兴中小学、亚洲大学、台湾电力公司职工训练所、中华两岸劳动关系发展协会及台湾产业总工会的负责人、员工代表进行了交流。本次大陆教育职工交流团成员分别来自全国教科文卫体工会、北京市等14个省级教育工会以及对外经济贸易大学等11所高校工会，省教科文卫工会主席陈昭庆作为地方工会负责人获邀参访。本次访问台湾，是大陆教育职工第一次组团赴台湾。善待媒体传播信息树立形象。省总机关报《南方工报》密切关注省教科文卫工会及属下基层单位的工作动态，对有关活动发布信息；就省教科文卫工会的重大事件共同策划宣传方案，组织专题报道，如配合省教育工会换届工作，于9月13日编辑出版了《产业工会·教育》专版。一年来，该报在封面人物中先后刊登了南方医大附属医院院长金大地、华南农大教授曾玲、广东实验中学校长郑炽欣、汕尾市龙山中学校长林惠生等的先进事迹，长篇报道了华南师大、广东技术师院等学校工会的工作经验，有助于人们对教科文卫工会及基层单位工作的了解。其他媒体如南方电视台、《中国教工》、《广东工运》等，也有相关的报道。 （陈姝）

广东省工业工会

【领导班子】

主　席：罗鹏雄

副主席：孙高山

【综述】　2010年，省工业工会紧紧围绕中国工会十五大和省工会十二大确定的目标任务，紧密结合工业企业的实际，广泛深入开展新十项重点工程劳动竞赛，取得了显著成效；在扎实推进劳动关系和谐建设，维护职工队伍稳定，开展“职工有困难找工会”活动、积极为职工群众办好事办实事等方面做了大量的工作，取得了可喜的成绩。

【开展新十项重点工程劳动竞赛，实现了促进重点工程建设和开展劳动竞赛的双丰收】

2010年省工业系统劳动竞赛着重在新十项重点工程中展开，制定了关于组织广大职工在建设新十项重点工程中创先争优活动的意见。坚持把劳动竞赛与工程实际相结合，通过劳动竞赛推动工程建设的思路，围绕“抓竞赛、保质量、增效益、创一流工程”的工作思路，大力探索实践，逐步走出了一条促进重点工程建设和开展劳动竞赛双丰收的路子。有效地推动工程建设各项工作，并被全国总工会授予“全国劳动竞赛优秀组织单位”荣誉称号。2010年组织开展的新十项重点工程劳动竞赛有：南方电网调峰调频公司在清远抽水蓄能电站工程中，开展了以“规范、优质、安全、高效、廉洁”为目标，以“建设和谐工地，打造精品工程”为主题的劳动竞赛；省水电集团在广州轨道交通工程的施工中，以“争创广州轨道交通工程领头羊”为目标的劳动竞赛；中铁二十五局在重点工程建设中开展“七比四创”劳动竞赛；省水利厅工会在乐昌峡水利枢纽工程建设中，坚持把劳动竞赛贯穿于单位管理的全过程，2010年在重点建设中共有16个先进班组荣获省“工人先锋号”称号，有10名职工被评为广东省十项工程劳动竞赛先进个人，6名科技人员获竞赛模范科技工作者称号，6人获颁广东省五一劳动奖章。

【扎实推进劳动关系和谐建设，维护职工队伍稳定】　2010年省工业工会坚持劳动关系和谐建设这条主线，坚持把深入开展“职工有困难找工会”活动，与进一步做好维护职工队伍稳定和社会稳定结合起来，通过进一步提高工会服务职工、服务企业的科学性，加大工会工作创先争优、促进企业发展的力度，强化对困难职工帮扶机制，提高工会服务职工、服务企业的能力，确保工业系统工会工作有序、有效开展，把“职工有困难找工会”活动的重点从帮扶困难职工向扶持解决农民工解决实际问题上来，形成为职工办实事、做好事、解难事的长效机制，为企业和谐发展创造了有利条件。特别是在深圳富士康事件和南海本田停工事件发生以后，及时在广石化召开年中工作会议，认真学习传达中央、省委和全总的一系列重要指示精神，切实做好工会维权、维稳工作；组织调查组深入基层相关企业调查企业劳资情况，派出工作人员参加省政府带队的省检查组到企业了解企业劳资关系情况，全面掌握企业工会组织建设及发挥作用状况，写出调查报告，分析企业出现劳资纠纷的现状问题及原因，提出开展人文关怀活动等对策，并组织开展了人文关怀为核心的演讲大赛，取得很好效果。其中，广州石化总厂工会、广东省输电工程公司工会、广东省源天工程公司工会三个单位在开展“职工有困难找工会”活动中成绩突出，被广东省总工会授予广东省五一劳动奖状。

广东省财贸工会

【领导班子】

主　席：卢晓露

副主席：余德武

【积极开展创先争优活动】　2010年，省财贸金融系统深入开展行业特色劳动竞赛、职工技能大赛和企业群众性经济技术创新活动，深入开展以“当好主力军、建功‘十一五’、和谐奔小康”为主题的竞赛活动和“我为企业发展建言献策”活动等。启动了省重点工程珠三角城际轨道交通建设劳动竞赛活动，组织动员珠三角城际轨道交通各参建单位开展以“七比七赛”为主题内容的劳动竞赛。成功举办了全省商业服务业收银员、十佳优秀店长、烹饪、金融知识、保险业人寿保险客户服务、车辆定损理赔等6大项全省性行业职工职业技能大赛，共有5名职工通过竞赛荣获省五一劳动奖章，34名职工荣获“省职工经济技术创新能手”称号。各级财贸系统各单位开展各类竞赛项目90多项，参加职工2万人次。组织发动职工为企业发展建言献策，省直财贸系统共收到合理化建议982条。

【努力提升职工队伍素质】　在全系统开展全国劳动模范、全国职工之家和省五一劳动奖章评选活动，深入开展创先争优创建“工人先锋号”活动。2010年省直财贸金融系统共产生2名全国劳动模范，有12位同志荣获广东省五一劳动奖章，34位同志被授予“广东省职工经济技术创新能手”称号；共有3家单位被评为全国模范职工之家，3家单位被评为全国模范职工小家，共有11个单位荣获广东省“工人先锋号”称号。深入开展关爱劳模活动，一年来，发放全国劳动模范“三金”慰问款33500元，组织安排劳模外出疗休养5人次，发放劳模慰问金22000元。加强职工教育培训工作，充分发挥工会“大学校”作用。2010年，财贸系统工会开展职工职业技能培训2万多人次。结合建家工作，深入推进职工书屋示范点建设，并对职工书屋示范点给予鼓励性补助。

【认真落实职工人文关怀】　省财贸金融系统工会结合构建和谐劳动关系、落实职工民主权利、困难职工帮扶工程和提高职工素质工程等工作，采取灵活多样的措施，落实人文关怀，改善劳动用工环境，确实有效维护了职工队伍的稳定。结合普遍开展工会“五五”普法检查验收工作，深入贯彻落实《劳动法》等劳动法律法规，推动企业规范用工，很好地保护了职工的劳动生产权益。贯彻执行《广东省工资支付条例》，推进工资集体协商机制建设，促进职工共享企业发展成果，2010年省直财贸系统新签集体合同企业12家，覆盖职工人数3500多人。加强企业民主管理，落实职工民主权利。广泛开展职工文体活动，推动全民健身活动的深入开展，全省财贸系统各级工会共开展各类职工文体活动300多场次，参加职工26000多人次。引导职工感恩回报社会，发扬中国工人阶级互帮互助的奉献精神，2010年省财贸金融系统各级工会发动职工先后为青海玉树地震灾区、甘肃舟曲灾区和广东首届扶贫济困日活动捐助善款近200万元。

【继续深化工会帮扶工作】 继续深化送温暖帮扶工程，推进困难职工帮扶中心建设，着力构建上下联动、较为完善、有效运作的财贸系统困难职工帮扶网，进一步促进了工会送温暖工作的常态化、规范化。2010年“两节”期间，省财贸工会共拨出送温暖慰问款29.4万元，慰问了十几家企业和困难职工；省直财贸系统共筹集送温暖慰问资金616.01万元，走访了50多家企业，慰问了困难职工2880多人次；深圳、汕头、湛江、肇庆等市财贸工会系统共筹集送温暖资金335.56万元，走访困难企业213家，慰问困难职工4860多人次。广泛开展“金秋助学”活动。各级工会积极筹集助学金15.13万元，帮助147名困难职工子女继续学业；省财贸工会继续资助102名困难职工子女完成学业，发放助学金10.8万元。大力推进基层工会帮扶中心和网点建设，新成立省粤旅集团困难职工帮扶中心一家。

【女职委工作取得新发展】 2010年，省财贸金融工会女职委和各级工会女职委继续坚持以促进经济发展、提升女职工素质为目标，深入开展“女职工建功立业能手”和“南粤建功立业女能手”活动，针对女职工特点，积极开展职业技能培训、劳动竞赛，有效地提高了女职工素质；积极推进开展女职工特殊权益保障工作，推进女职工专项集体合同的签订，有效推动了女职工工作的发展。结合庆祝“三八”妇女节活动，开展系列活动，举办系统女职委主任保健知识培训，选拔推进系统女职工健美操队参加全省女职工健美操比赛，组织女职工文艺骨干参加全省健排舞培训等，有效地增强了女职工工作的活力，推进和谐企业建设。继续推进女职工专项帮扶工作和女职工安康互助保障计划的实施。据统计，2010年省直财贸系统女职工新增参保或续保人数1523人，新增保数3109份，参保率继续保持在95%以上，继续保持高参保率、高覆盖率的态势，受到了省工会女职工委员会的高度肯定。

【不断完善工会自身建设】 工会组织建设不断提升，全年新建基层工会20多家，协助基层工会换届36家。白天鹅宾馆改制成为集团公司后，集团工会及时召开会员代表大会选出工会领导机构；省食品药品监管局工会和深圳市财贸金融工会等顺利完成了换届，选出新一届工会领导机构。加大工会干部培训力度，进一步提高工会干部素质。选派组织工会干部参加各类工会干部培训班，全年组织选派工会干部参加培训15人次。举办工会信息员信息与通讯写作培训班，培训信息员45人次，进一步畅通了信息渠道。调查研究和工运理论研究取得了新成绩。2010年，省财贸工会先后在金融系统和联合省工业工会在工业财贸系统开展劳务派遣工状况调查，调研成果分别荣获省总工会年度调研成果一、二等奖；向全国财贸轻纺工会推荐基层6篇工运理论研究文章和调查报告，其中1篇获得二等奖、3篇获得优秀奖。省财贸工会被评为全国财贸轻纺烟草工会信息工作优秀单位。

广东省林业工会委员会

【领导班子】

主　席：肖伟昌

副主席：黄映辉（专职）、彭尚德、孙现忠、罗俊芳（女）

【机构设置】

办公室、组织宣教部、生活保障部、女职工委员会、经费审查委员会

【开展建设学习型工会活动，为促进工会工作和建设广东现代林业强省提供支撑】 一是集中培训骨干，发挥引领作用。4月份举办了中国特色社会主义工会道路培训班，邀请全国政协委员、中国农林水利工会主席盛明富和广东省总工会常务副主席陈宗文作辅导报告，地级以上市林业系统100名工会骨干参加了培训班。二是发挥劳动模范带头示范作用。在“五一”劳动节组织劳动模范和先进工作者第二次到北京观光。三是发挥工会小组作用，组织职工学习。四是全面开展学习践行社会主义核心价值体系活动。于4—10月期间在全省林业系统职工中开展社会主义核心价值体系学习教育活动。省总工会对广东省林业工会建设学习型工会的做法给予了高度评价，7月26日《南方工报》第五版以“建设学习型工会　当职工贴心人”为题，报道了省林业工会的工作，肯定了省林业工会近年来各方面工作所取得的成果。

【精心安排，协助召开全国林业系统工会工作典型经验交流会议】 2010年9月13—16日，中国农林水利工会、国家林业局宣传办公室在广州市召开全国林业系统工会工作典型经验交流会议。全国政协委员、中国农林水利工会主席盛明富，副主席江南，国家林业局宣传办副主任柳维河，省总工会党组副书记、副主席郭泽宇，省林业局党组书记、局长张育文，省纪委派驻省林业局纪检组长、党组成员、省林业工会主席肖伟昌等领导出席了会议；来自全国各省的46位代表和我省的34名列席代表参加了会议，11位代表作了典型经验交流。肖伟昌代表广东省林业工会作题为《建设学习型工会组织，造就高素质职工队伍》的发言。省林业工会代表广东林业向会议代表赠送了《广东林业文化荟萃》、《林业职工之歌》、《广东林业生态公报》、《广东省林业系统2001年1月至2010年6月光荣榜》等影视和宣传资料，并组织会议代表考察了广州市森林城市建设和东莞市现代林业建设，向全国林业工会同行展示和宣传近年来广东林业取得的成绩。

【深入推进厂务公开、“金秋助学”、送温暖工程，为职工做实事、办好事】 一是及时指导直属单位搞好厂务公开，使公开工作常态化、正规化、科学化、本年度被评为“全国推动厂务公开先进单位”。二是配合林业行政部门，积极推进广东省林场棚户区改造工程，形成了有关调研报告，全省共改造棚户8527户，涉及群众近4万人。三是组建“广东省林业局困难职工帮扶中心”，省林业局党组书记、局长张育文亲自为帮扶中心揭牌，进一步整合了帮扶资源，扩大了帮扶覆盖面。局直属单位工会已组织1832人次的职工参加了省总工会的职工互助保障帮扶活动。四是深入开展送温暖工程。省林业工会积极争取到上级工会帮扶资金18万元，在春节期间慰问补助省局直属单位170户困难职工和12位劳动模范。此外，还组织局机关干部职工、女职工体检，关心职工身体健康。五是积极支持职工自营经济拓展活动，帮助困难职工家庭发展种养业等，提高家庭

经济收入水平。六是继续开展“金秋助学”活动，共争取到3.4万元助学金发放给局直属各单位困难职工子女。七是积极配合举办“广东扶贫济困日”捐款活动，局机关300多人参加捐款，共筹集捐款628575元。八是关心农民工，营造良好用工环境。

【积极开展争先创优活动，团结动员广大职工为调整林业经济结构，转变林业发展方式，建设广东现代林业建功立业】 一是围绕林业中心工作，组织开展森林防火、造林绿化、集体林权制度改革、安全生产等方面的劳动竞赛；开展合理化建议等建言献策活动。二是号召职工立足本职，在不同的岗位上争先创优，创造一流业绩。三是广泛开展创建“工人先锋号”活动，涌现出一批先进单位和先进个人。省九连山林场工会、省乐昌林场工会获“全国模范职工之家”光荣称号；省乳阳林业局白马坑电站工会小组、省西江林业局通门林场金珠作业区工会小组获“全国模范职工小家”光荣称号；省林业科学研究院森林防火与林化研究团队获广东省“工人先锋号”光荣称号；省林业调查规划院肖智慧获广东省五一劳动奖章；省林业职业技术学校、森林公安局安监科获全国“安康杯”竞赛优胜单位和全国“安康杯”竞赛优胜班组光荣称号，省沙头角场场长李耀光获省“安康杯”竞赛活动优秀组织者称号。四是唱响“工人伟大，劳动光荣”主旋律。在局直属单位开展2001年以来获省政府各部门以上表彰的单位和个人情况调查，将初步调查结果汇编成册为《广东省林业系统2001年1月至2010年6月光荣榜》。

【努力夯实工会工作基础，加强工会自身建设】 一是加强本级工会自身建设，健全工作会议制度。2010年共召开8次工会主席（扩大）会议。二是及时充实和调整直属单位工会领导班子，强化组织建设。2010年新增4个单位设专职工会主席，逐步使过去工会主席多由党政领导兼任的状况得到改变。三是重视对基层单位职代会的指导工作。广东省林业工会负责同志多次出席基层单位职代会，听取职工的意见建议，促进了基层工会工作的落实。四是办好《广东林业工会信息》。《广东林业工会信息》2010年出版发行11期，累计已发行40期。（代欣）

广东省地质工会委员会

【领导班子】

主　席：王其钦

【综述】 2010年，在省地质局党委和省总工会的正确领导下，全面贯彻中国工会十五大、省工会十二大和省地质工作会议精神，以邓小平理论和“三个代表”重要思想为指导，深入贯彻落实科学发展观；坚决执行省局党委提出的“富民强局”的总体要求和工作思路，坚持为职工服务、为党政分忧、为企业和谐、为经济加油，积极推进固本强基、依法维权、帮扶困难、建功立业和素质提高；进一步做好维权维稳工作，促进劳动关系和谐，弘扬劳模精神，加强地质文化建设，扎实推进各项工作，为发展地质事业、壮大地勘经济、构建和谐队伍作出了应有的贡献。

【切实履行工会职责，依法维护职工合法权益】 维护职工的政治民主权益，发挥职代会的监督管理作用。各基层单位职工代表大会的审议权、通过权、决定权得到全面落实；党委统一领导、党政共同负责、有关部门齐抓共管、职工群众广泛参与的厂务公开民主管理工作领导体制和工作机制已经形成，党委是第一责任人，行政是第一报告人，纪监、工会是第一监督人，职工是第一评价人的责任机制和考核机制已经建立。维护职工的经济权益，不断改善职工的物质生活。省地质局党委把职工收入列入地勘单位业绩考核的主要内容之一，明确规定每年职工收入增长率必须在9%以上，保证职工收入有较大幅度的提高，不断改善职工的物质生活。基层工会积极与人事、劳资部门沟通，把工资按时全额发放给职工，维护了职工的经济权益，促进了地勘队伍的和谐稳定。维护职工的精神文化权益，不断丰富职工的文化需求。一是举办全局职工体育运动会，参赛人员多、职工参赛热情高，组织工作协调，总体效果好。二是组织职工健康休养，全年安排3批共145名普通职工、技术骨干、队处级领导干部到上海、云南、陕西等地休养。各基层工会积极组织职工健康休养和参观考察。三是开展积极参与“创建学习型组织、争当知识型职工”的活动，各基层工会普遍建立了职工书屋，组织职工开展读书活动，不断提高职工的文化科学水平。四是下拨了78万元专款帮助基层单位建设职工活动场所和文化体育设施。

【坚持为职工服务，尽力为职工办实事、办好事】　困难职工家庭基本生活得到保障。从经费中拨出36万元节日慰问专款，各基层单位安排慰问金80多万元，共慰问1350多名困难职工，同时，对因病致困的职工给予适当的帮助，最大限度地帮助困难职工解决基本生活问题。特困职工家庭子女读书学费得到补助。特困职工家庭其子女考上大学的，给予一次性补助。全年拨出专款9.9万元，帮助86名困难职工子女解决入学的费用，做到不让一个职工子女因家庭困难而上不了学。参加危重险急工作的职工得到关怀。“五一”期间组织工会干部深入到云南省江城县各个乡镇，慰问了在抗旱找水工地的100多名职工，使抗旱找水的一线人员深受鼓舞，圆满地完成了支援云南找水抗旱任务。炎热酷暑工地一线职工得到关心。积极开展“送清凉”活动，先后到雷州半岛抗旱找水工地，云浮、南雄地质找矿矿区，杭州、长沙勘察施工现场等八个工地慰问生产一线的技术人员和工人，各基层工会也积极深入矿区、工地、车间开展“送清凉”活动。

【深入开展建功立业活动，推动地勘经济平稳较快发展】　建功立业活动不断深入，技能比赛稳步推进，基层工会积极开展“同舟共济保增长，建功立业促发展”劳动竞赛活动，激发职工的创新能力和创造活力。七〇三队、物测中心、地调院等八个单位组织了职工技能比赛，有力地推动了全局职工技能比赛和劳动竞赛活动的深入开展。评先树模工作坚持不懈，创先争优风气逐步形成。积极开展创先争优和评先树模活动，涌现了一批先进集体和个人，佛山地质局地质调查所副所长张宗胜荣获省五一劳动奖章；水文地质一大队地质调查所被评为省“工人先锋号”。地质工会安排了12万元，组织全局21名劳动模范出国参观。

【加强工会自身建设，提升整体工作水平】

工会建家活动常抓常新，建家活动成效明显。积极开展建家活动并取得可喜成绩，地质物探工程勘察院工会被评为“全国模范职工之家”；集团公司物探分会被评为“全国模范职工小家”。按照上级的要求，开展了会员评议职工之家和工会主席活动。

【加强干部培训，组织开展文化交流，提高整体素质】　安排4名工会主席到北京中国劳动关系学院参加培训，1名工会主席参加省总组织的北京大学培训班，27 名工会主席到台湾开展工会工作交流活动。女职工工作稳步推进，工作成效提高较快。深入实施女职工建功立业工程和女职工素质提升工程，进一步发挥女职工组织在推动经济发展，建设和谐队伍的作用。李承湘获“全国五一巾帼标兵”称号，陈平等 5 位女职工获广东省总工会“粤、港、澳女职工书法摄影比赛”优秀奖，地质工会女工委获“粤、港、澳女职工书法摄影比赛”优秀组织奖。

（庄才斌）

广东省农垦工会委员会

【领导班子】

主　席：　姜伟军

副主席：　洪艳（女）

【机构设置】

办公室、财务部、女工部

【综述】　2010 年，广东省农垦工会在广东省农垦总局党组和上级工会的正确领导下，紧紧围绕垦区“推进农业现代化，打造跨国大集团，建设美好新垦区”的工作中心，把为经济加油、为党政分忧、为职工服务、为企业和谐作为工会工作的结合点和着力点，精心组织、积极参与、彰显特色，努力推动广东农垦工会工作新局面。

【围绕垦区科学发展和转变经济发展方式，努力促进工会工作在农垦经济快速发展中的新作为】　一是结合垦区转变经济发展方式、加快产业发展的工作方略，积极做好职工思想教育和行动引导，广泛开展了“争当农垦发展先锋”的争先创优活动。垦区各级工会组织围绕企业发展，组织动员职工立足本职争创一流，为垦区经济持续快速发展作出了积极贡献，垦区实施职工提出的合理化建议 508 项，创造效益 1300 万元。垦区 1 人被评为全国劳动模范，3 人被授予广东省五一劳动奖章。二是结合垦区支柱产业发展，坚持抓好职工劳动竞赛活动，开展了橡胶“六龄苗工程”、“优秀割胶岗位”和甘蔗生产“百分赛”的竞赛活动，通过劳动竞赛提高了职工增产增效的积极性，省农垦工会与科技生产处组织了抽查评选活动，表彰了 7 个先进单位和 20 名先进个人。三是结合企业增效职工增收，认真做好职工自营经济发展工作。2010 年省农垦工会把促进职工自营经济发展作为一项主要工作，组织了一次专题调研，共下基层考察职工自营经济发展项目 3 次，走访 16 个农场近 20 个职工自营经济项目。

【扎实推进垦区困难职工帮扶工作格局，帮扶成效显著】　广东省农垦工会从四个方面做好困难职工帮扶工作。一是不断完善困难职工帮扶工作机制。2010 年在上级工会的支持下，通过各级工会组织的扎实工作，共筹措帮扶资金 276 万元，帮助困难职工群众 4529 人，垦区共建立困难职工帮扶中心 1 个，帮扶站 4 个，形成了三级帮扶工作体系，帮扶工作得到上级工会领导的好评。二是坚持开展“金秋助学”活动，发放助学资金 31.67 万元，共资助了 559 名困难职工家庭大学生。三是坚持开展送温暖活动，2010 年慰问困难职工 6748 人次，其中农民工 6582 人次、困难劳模 166 人次，筹集慰问金 604.9 万元。四是积极推广职工医疗互助保障计划和女职工安康互助保障计划，全垦区实施职工医疗互助保障计划的职工有 27523 人，安排女职工进行健康检查 22927 人次。

【广泛开展“安康杯”竞赛活动】 广东省农垦工会加强和加大对开展“安康杯”竞赛活动的领导和督促检查的力度，5月份与科技生产处组织了垦区“安康杯”竞赛活动检查。2010年，垦区开展“安康杯”竞赛活动的单位57个，覆盖面达92%，火星农场被评为全国“安康杯”竞赛优胜企业，燕塘乳业公司、红五月农场被评为省“安康杯”竞赛优胜企业。

【深入开展和谐企业劳动关系活动，积极维护职工合法权益】 广东省农垦工会坚持源头参与，履行职责，主动维护的原则，集中精力做好五项工作：一是建立劳资纠纷的预警和应急处理的工作机制，召开了直属单位工会主席会议，认真做好工作部署，传达和转发了广东省总工会《关于印发〈工会应对职工群体性事件协调处置工作规范〉的通知》。二是依法维护职工合法权益。重点抓好劳动争议的调解，充分发挥基层工会组织在劳动争议处理中“第一道防线”作用，预防和减少职工劳动争议案件的发生，2010年垦区工会组织共受理违法违规案件21起，工会自行处理18起，受理劳动争议案件45起，同比减少31.8%。三是完善维权工作机制，积极在企业推行劳动合同制度、集体合同制度、职工董事和监事制度等各项工作机制，努力搭建维权工作平台，垦区建立劳动合同制度的单位73家，覆盖率96%，实行集体合同制度的企业43家，职工代表进入企业董事会、监事会的分别为93人和46人。四是努力扩大职工签订劳动合同的覆盖面，特别是提高农民工签订劳动合同的比例，垦区签订劳动合同的职工数为47726人，占职工总数的77.4%，其中农民工签订劳动合同6626人，同比增加35.6%。五是认真抓好退管工作。广东省农垦工会把做好退管工作的重点放在建立健全退管工作机制和热情为退休职工办好事、解难事上，开展有益于身心健康的各种活动，使他们能安心生活、发挥余热。

【全力推进厂务公开民主管理工作】 为保持垦区厂务公开工作的活力，省农垦工会倾力打造好两个工作平台，认真做好厂务公开民主管理贯标认证工作。一是打造职工代表大会规范化的平台，进一步增强职工代表对企业经营方案等重大事项决策的参与权、对企业领导干部的评议权，保证职工提案得到满意答复，提高职代会的民主决策力度。垦区企事业单位全面实行了职代会制度。二是打造厂务公开民主管理工作实效平台，首先抓好厂务公开的制度化建设，完善公开的责任机制和监督机制；其次是抓好公开工作的双向延伸，重点是抓好企业重大事项和基层生产队职工每天生产情况的公开。三是抓好厂务公开民主管理工作的贯标认证，2010年有19个单位通过了贯标。为全面促进垦区厂务公开工作的发展，省农垦工会与纪检监察室对垦区厂务公开工作进行了检查，共检查了13个基层企事业单位。2010年湛江农垦集团公司等4个单位被评为“广东省厂务公开民主管理工作先进单位”，华海糖业公司等5个单位被评为“广东省厂务公开民主管理工作示范点”。

【围绕垦区新农场建设，努力促进职工之家的创新发展】 一是结合垦区职工旧房改造与农场环境建设，抓好职工文化活动阵地建设。省农垦工会积极配合好垦区职工旧房改造，用心抓好职工文化活动场所的建设，推广了南华、华海、红峰、火星、胜利等单位职工文化宫建设经验，2010年火炬等4个农场基层工会被授予“全国模范职工之家”称号。二是积极组织开展职工文化体育活动。2010年垦区各级工会组织积极发挥自身组织优势，广泛开展各项职工文化体育活动，丰富了企业的职工文化生活。组织职工参加广东省第四届职工运动会乒乓球、羽毛球和健美操三个项目的比赛，其中健美操获团体第四名，三人进入单项比赛的前五名，获得二项体育道德风尚奖。三是加大工会工作的宣传力度。充分利用广东农垦信息网、《南方工报》、《广东农垦》、《粤垦信息》等宣传媒体，广泛宣传工会组织开展的各项活动，工会工作宣传报道的数量比往年大幅提高，同时改版《粤垦工会情况》，由原小报改版为彩报，大幅增加了信息内容，全年出刊三期。四是继续抓好“争创学习型组织、争做知识型职工”活动，认真做好职工书屋的建设。2010 年省农垦工会共为基层农场送书近 1000 册，垦区共有职工图书馆 14 个，建立职工书屋 21 个，胜利、火星农场职工书屋被命名为全国职工书屋示范点，南华农场工会被全国总工会授予全国“五五”普法先进单位称号，广东省农工商职业技术学校被全国总工会命名为全国“职工教育示范点”。

【围绕工会固本强基，努力促进垦区基层组织建设】 2010 年，全力抓好垦区各级工会组织的基础建设。一是认真抓好工会干部队伍的建设。举办了基层工会主席培训班和垦区女职工委员会主任培训班，同时还选送了 20 名工会专职干部参加中国劳动关系学院和省总干校的培训。二是抓好工会组织建设。2010 年新组建基层工会 2 个，同时为 26 个基层工会更换了社会团体法人资格证，垦区具有法人资格的工会组织 76 个，工会会员 5.1 万人。三是认真做好直属单位工会组织的换届选举工作。2010 年共有 7 个基层工会进行了换届选举，广东省农垦工会为换届选举的单位做好会前审查、会中监督、会后审批的各项工作，确保代表大会程序完备合法。

（何志刚）

广东省直属机关工会工作委员会

【领导班子】

主　席：程莉莉（女）

【机构设置】

办公室、财务部、帮扶中心、文体俱乐部办公室

【综述】 2010 年，在省直机关工委和省总工会的领导下，广东省直属机关工会工作委员会坚持以邓小平理论和“三个代表”重要思想为指导，深入贯彻落实科学发展观，努力学习党的十七届五中全会精神、省委十届六次全会精神，积极投入“抓落实促发展”主题实践活动，进一步转变作风，提高执行力，围绕“五个着力”（即着力为党政分忧、着力为机关和谐、着力为职工服务、着力为经济发展加油、着力加强工会自身建设），扎实开展创先争优活动，努力争当学习实践科学发展观的排头兵。

【着力为职工服务，切实解决职工的突出问题】 坚持服务型工会理念，自觉地增强服务意识、转变服务观念，把为基层、职工、大局服务作为工作的出发点和落脚点，想职工之所想，急职工之所急，真抓实干，努力负责，把主动服务贯穿于推动各项工作的全过程。一是做好困难职工的帮扶工作。进一步加强广东省直属机关工会工作委员会帮扶中心建设，提高帮扶工作的标准化、规范化和网络化程度，继续对省直机关困难职工开展重点帮扶活动，日常帮扶 100 名特困职

工，发放帮扶金 34.1 万元，叫响做实“职工有困难找工会”。二是积极推进职工医疗互助保障。广东省直属机关工会工作委员会高度重视职工互助保障工作，把它作为工会帮扶工作的一个重要组成部分广泛开展，2010 年共计为 4173 名职工办理购买了职工医疗互助保险 78.6 万元，为 2584 名女职工办理购买了女职工安康保险 26.43 万元。三是开展省直机关“金秋助学”活动。先后向 4 个单位 12 名学生发放助学金达 3.8 万元，进一步帮助解决省直机关困难家庭解决子女就学问题。

【着力为党政分忧，扎实推进基层工会活力的增强】 一方面坚持“党建带动工建、工建服务党建”，做好省直机关工会组建工作，另一方面以职工之家建设为抓手，通过创新建家工作、开展会员评议职工之家等活动，加强基层工会工作，把抓组建与抓规范结合起来，把发展会员与发挥作用结合起来，努力做到哪里有职工群众哪里就有工会组织，哪里有工会组织哪里就有健全的工会活动。2010 年，省直机关有广东省机构编制委员会办公室、国家土地督察广州局、广东正域投资集团有限公司三个单位新成立工会，中钢集团广东有限公司工会、中国国电集团公司南方分公司工会、国药控股广州有限公司工会将工会关系迁移至省直机关工会管理。2010 年省直机关基层工会数为 384 个，比 2009 年增长 5.8%；会员增加 801 人，比 2009 年增长 1.2%。

【继续加强工会联系片的管理工作】 2010 年广东省直属机关工会工作委员会召开了两次片长会议，及时给 7 个联系片下拨 38.2 万元活动经费，推动联系片继续在片区活动、评先考核、工作联系和经费收缴等方面发挥指导、协调、沟通作用。

【免费为基层订阅工会工作报刊】 免费为省五套班子领导、劳模订阅《工人日报》、《南方工报》，免费为省直各单位工会订阅《工人日报》、《南方工报》、《中国工运》、《广东工运》等报刊，为各级工会干部自学工会工作知识，了解工会工作最新的发展情况提供了条件，并获得全省《南方工报》征订工作二等奖。继续加强职工书屋建设，广东省直属机关工会工作委员会被评为广东省职工书屋建设先进单位。

【着力为机关和谐，发展和谐劳动关系】 为贯彻好省委和省直工委的有关指示精神，扎实开展“创先争优迎亚运”系列活动，有针对性地结合省直机关的特点，精心策划组织，通过省直机关工会工委、省直机关工会联系片、省直机关文体俱乐部三个平台，开展了一系列富有成效的文化体育活动，展示了省直机关朝气蓬勃、奋勇争先的良好精神风貌，营造了“创先争优、服务亚运、当好先锋”的浓厚氛围，有力地推动了和谐机关的建设。《南方工报》刊登了省直机关工会迎亚运活动专版。第一，举办的活动。一是承办广东省、广州市直属机关“服务·奉献·争先创优迎亚运”登山活动，组织了省直单位 2000 多名干部职工参加。二是与团工委、妇工委联合举办了省直机关创先争优迎亚运健身操表演，省委组织部副部长、省直机关工委书记罗东凯宣布表演开始，省委办公厅等 16 个省直机关组队参加了表演，省直机关 1500 名干部职工观看了演出。三是 2009 年 11 月—2010 年 4 月期间，广东省直属机关工会工作委员会分别组织了网球、乒乓球、象棋、健美操、大众体育、羽毛球等六支精英队伍参加全省职工迎亚运运动会。四是做好亚运会和亚残运会国内贵宾的对口接待工作。以工会工委为主体完成了接待四批贵宾的工作，其中省部级领导 5

名。还圆满完成了工委交办的省直单位亚残运会文明观众的组织工作，共组织了15000多名干部职工观看了16场比赛。上述两项工作都受到亚组委的多次表扬并介绍做法。第二，各联系片举办的活动。一是由一片片长单位工会牵头，组织省直机关工会第一联系片18个单位和其他联系片4个单位，举行省直机关“创先争优迎亚运和谐杯”篮球比赛，省委办公厅、团省委、省纪委获前三名。一片还举办了单身联谊会，省直机关近200人参加了活动。二是由四片片长单位工会牵头，组织省直机关工会第四联系片等15个单位，举行省直机关“创先争优迎亚运”第四联系片羽毛球联谊比赛。三是由三片片长单位工会牵头，组织了三片所属单位迎亚运扑克牌比赛。四是七片举办首届省直机关企业工会工作论坛。第三，各文体俱乐部举办的活动。一是由省作协、广东画院等部分专业画家牵头，组织部分省直美术家赴韶关市始兴县进行迎亚运采风活动，于10月份在广东文联艺术馆举办“创先争优迎亚运”专题画展，部分采风作品在省直工会工作网站上进行发表。二是由电子七所工会牵头，组织省直机关“创先争优迎亚运”第六届职工保龄球团体赛，共有10个单位100多人报名参加比赛。三是由广东电视台工会牵头，组织省直部分舞蹈爱好者参加省总工会举办的“迎亚运”全健排舞师资培训班，派出优秀队伍参加全省工会系统“庆‘三八’、迎亚运”健美操比赛。四是由省体育局工会牵头，组织以“你我同行迎亚运，创造健康新生活”为主题的省直机关“创先争优迎亚运”年度足球比赛。五是由珠江水产研究所工会牵头，组织省直各会员单位进行省直机关“创先争优迎亚运”垂钓比赛，并组队参加全省垂钓比赛。六是由广州合成材料研究院工会牵头，在省直工委《跨越》杂志上刊登省直机关职工“创先争优迎亚运”诗词楹联。省直诗社参加省总工会举办的楹联比赛，有2人获奖。七是由省工商局、省质监局工会牵头，在华泰宾馆台球馆举行“创先争优迎亚运”台球比赛，来自省直21个单位100多位台球爱好者参加比赛。

【着力为经济发展加油，团结动员广大干部职工为推动科学发展建功立业】 一是做好劳模的评选推荐和宣传工作。按照全总和省总的要求，结合省直机关“抓落实促发展”工作目标，选树一批具有时代特点、有影响、感召力强的先进人物。其中中国电器科学研究院院长马坚、省纪委第一监察室副主任李在寅、广州海关禅城缉私局科长饶纪勇、黄埔海关缉私局海上缉私处科长王锐全等6名同志被评为全国先进工作者，广东省社会科学院院长梁桂全等8名同志获得广东省五一劳动奖章，广东省农业机械研究所等3个单位获得省“工人先锋号”荣誉称号。二是做好劳模“三金”申报发放工作。按照本人申请、基层工会把关、省直工会审核的原则，在对省直各单位全国劳模进行了调查的基础上，广东省直属机关工会工作委员会向省总工会申报并发放全国劳模春节慰问金、特殊困难帮扶金和生活困难补助金共13.75万元。三是做好劳模的日常服务工作。累计为1名省劳模申请劳模荣誉津贴，为9名省劳模停发劳模津贴。9月份，广东省直属机关工会工作委员会组织省直劳模赴华东考察学习。

【着力加强自身建设，全面提升工会工作整体水平】 第一，加强工会干部培训工作。一是在8月份举办省直机关工会主席培训班。省总工会党组副书记、常务副主席陈宗文给培训班作了题为“中国特色社会主义工会发展道路与广东工会创新实践的思考”首场报告，省直机关工会近150名工会主席参加了培训班的学习。二是举办工会财务干部培训班，全国总工会财务部张西昶副部长就财务人员最关心的热点、难点问题，讲解了新《工会会计制度》、工会经费预算管理和收支管理等法规，各单位财务人员和部分工会主席共100多人参加了培训。第二，加强财务工作。一是做好日常的经费收支工作。积极组织工会经费的收缴，严格按照相关规定和审批程序支出，全年共处理收支近720笔业务约1.09亿元。二是按照工会财务有关规定，收好、管好、用好工会经费。全年共上缴省总工会经费1964万元。获得全总财务工作一等奖，省总工会财务工作特等奖。三是2009年度预决算工作按照省总工会的要求采用预决算汇总软件，组织120多个单位工会财务人员集中录入和汇总，极大提高了工作效率，节约了资源。第三，加强女职工工作。一是协办了省总工会女工委主办的“三八”表彰大会暨健美操比赛，南方报业传媒集团代表省直组队参赛，获第二名的好成绩。二是召开省直工会女职工委员会换届选举会议。三是按照省总工会女工委的要求，对省直女职工组织建设工作进行了自检自查。四是组织省直女职委委员约16人参加了省总工会组织的全健排舞的培训。五是选派1名省直女职委委员参加了省总工会女工部在上海举办的培训班。第四，做好网站宣传工作。继续保持在全国省级工会网站中的信息质量排头兵态势，全年信息更新频率达到150次以上，其中更新《要闻纵览》新闻栏目768条，全总、省级工会活动和举措的《工会动态》768条，广东省直属机关工会工作委员会以及省直机关各单位工会活动和会议简讯50条，《图片新闻》31条，《公告》6条，《全总/省总会议发文件专题》12条，本年度网站信息更新总量共计1635条。第五，加大对外交流力度。广东省直属机关工会工作委员会先后接待浙江、甘肃省直机关工会访粤团，一片组织所属21个单位工会到湖北、湖南省直工会交流。

广东省劳教（戒毒）局工会

【领导班子】

主　席：万晓城

副主席：蔡德云

【综述】　2010年局工会在各级党组织和上级工会的关心和支持下，在维护民警职工的合法权益、改善民警职工的福利待遇、活跃民警职工的文化生活、为民警职工排忧解难等方面都起到了工会组织应有的作用。

【围绕中心开展工作】　第一，2010年，广东省劳教（戒毒）局工会通过走下去、打电话、发调查表等形式摸清了全省劳教单位工会组织的基本情况，针对场所工会组织的状态，在局党委的重视和支持下，召开了省直单位工会主席会议，提出了《关于进一步加强基层工会工作的意见》，并以局党委文件下发各单位，有力地促进了基层单位工会工作的开展。第二，指导增城劳教所工会换届选举了第二届工会班子，指导省女所增补工会领导人，局工会也按照民主程序完成了替补工会领导的工作，使基层工会组织得到了加强。第三，抓了省直单位职工书屋的建设，省劳教干部学校的职工书屋得到了省总工会宣传部领导亲自到场授牌，省总工会还给广东省劳教（戒毒）局工会赠书700多册。省直劳教单位大部分还与当地图书馆建立了联系，使本单位成为了他们的流动图书点。2010年省直单位已建立了9个职工书屋，共藏书6万多册，既满足了干部职工读书的需求，同时也为场所的文化建设、学习型单位的创建作出了贡献。第四，为了配合办公自动化的要求，广东省劳教（戒毒）局工会督导了各场所的工会网页的建立，开始网上传递、交流文件。

【组织各类文体活动，活跃单位文化生活】 2010年，广东省劳教（戒毒）局工会先后组织了省直单位参加省总工会以及省总女职工委员会的书法楹联比赛，其中何海如获得书法比赛三等奖。组织了机关人员参加省司法厅举办的乒乓球、羽毛球比赛，获得乒乓球团体比赛三等奖。省直劳教单位已经把场所的文体活动常态化，省女所设立了“警察体育节”，南丰所设立了“南丰杯”运动会，省二戒所设立了“和谐杯”，增城所设立了“振兴杯”体育运动会，定期举办活动，活跃了场所气氛。积极组织省直劳教单位参加省总工会组织的“全民健身月”活动，获得省总的优秀组织奖。组织局机关和省直单位女先进工作者进京参加纪念“三八”妇女节一百周年参观活动。组织参加了一期女职工干部培训班，学习了工会基本知识。组织参加了省总组织的两期健身排舞师资班的培训，为各劳教场所的排舞健身活动的开展打下了基础。机关工会组织局机关人员到深圳东部华侨城参观学习，组织登山骑车活动。组织指导了省直单位与局机关的春节联欢活动。办起了工会园地，对各单位开展的丰富多彩的活动进行了宣传，起到了良好的作用。

【力所能及为干警职工做好服务，竭尽全力为干警职工排忧解难】 局机关工会做到了在干警生日到来之际，为其送上一份薄礼。省直劳教单位如南丰所坚持推行职工生日“三个一”，即：为民警职工送一盒生日蛋糕，发一条祝贺短信和送一张生日贺卡。局机关工会还坚持每年为机关同志办理登山的优惠门票。为了缓解基层单位的经费压力，根据工会有关规定，给省直单位返拨了工会经费，省直单位反映良好。（万晓城）

广州铁路（集团）公司工会

【领导班子】

主　席：孙　洁（女）

副主席：汪一飞、李玉文

【机构设置】

综合（财务）部、组织部、生产和文体部、保障和女工工作部

【综述】 2010年，广铁集团公司工会在广东省总工会、中华全国铁路总工会和广铁集团公司党委的正确领导下，坚持以科学发展观为指导，紧紧围绕集团公司安全、经营、稳定和铁路建设等重点工作，不断创新工作思路，提升工作水平，拓展工作内涵，充分发挥了“融入中心、服务大局”的作用，有效调动和激发了广大职工的工作积极性和主动性，各项工作取得了新的成绩。

【深入开展党工共建创先争优活动】 根据中央和全国总工会关于在工会组织和广大职工中深入开展创先争优活动的意见，结合铁道部党组、中华全国铁路总工会要求，集团工会突出铁路企业工会特色，明确了以创建“四型”工会组织，培养“三优”工会干部，引导职工“三争当”的活动目标，提出了以彻底解决沿线职工吃水难、看电视难、洗澡难以及远离医疗机构的小站、工区职工看病难问题；每年对基层单位召开职代会情况进行绩效评价考核，实现职代会达标率不低于

95%，集体合同签订率不低于100%，履约兑现率不低于95%，厂务公开考核达标率不低于90%；到2011年年底，实现全集团困难职工总人数减少10%的“四个彻底、四个不低于和一个减少”的承诺。精心设计活动方案，围绕各个时期重点工作引领广大干部职工创先争优。

【坚持服务企业改革发展中心】　围绕春运、世博、亚运安保等重点，广泛开展“安康杯”、“百千万”、“迎亚运、保安全、创优质、作奉献”等劳动竞赛活动。集团公司连续5年被评为全国“安康杯”竞赛优胜企业，集团公司总经理郭竹学被授予全国“安康企业家”荣誉称号。积极做好防洪防汛后勤保障工作，为防洪重点单位及时配送抢险后勤保障物资，帮助受灾职工灾后重建。开展“夏送清凉”活动，暑期慰问生产一线岗位26000多个，职工16万余人次。开展安全生产“十百千万先进职工”宣传教育活动，历时半年，组织100余批次，共26600名标准化职工、先进班组长、标兵和各类劳模先进及家属度假，进一步激发了广大干部职工落实标准化的热情。深化家属保安全活动，分6批组织1000余名一线干部职工家属开展“感受高铁、奉献铁路”活动，通过召开座谈会、发放慰问信、签订责任书，牢固构筑安全生产第二道防线。广泛开展合建和技术攻关活动，全年征集合理化建议26398条，采纳5562条，实施2795条，取得了良好的社会效益和经济效益。

【积极发挥维权保障职能】　深入落实铁道部党组提出的“不让一名职工家庭生活在贫困线以下、不让一名职工子女上不起学、不让一名职工看不起病”“三不让”承诺，全年共助困28905户/次，助学1871名，助医3366人。加强“病前防治”，开展健康职工评选、送医送药下沿线、职工疗休养等活动。开展“金秋助学”活动，组织资助优秀学生开展“感受高铁、报效祖国”夏令营活动。坚持节日关怀，在春节、中秋、国庆等重要节假日期间，走访慰问坚守在工作岗位的一线职工及各类困难职工、劳模。完善维权机制，进一步建好管好工会维权帮扶热线，协调解决职工群众反映的热点、难点和焦点问题，全年共接来电2305个，处理、答复或解决1890个，维护集团公司队伍稳定。维护女工权益，加强女职工“四期”特殊劳动保护，组织开展庆祝“三八”妇女节100周年系列活动。

【努力改善职工生产生活环境】　重点针对武广高铁、广珠城际、海南东环等新建铁路线以及偏远地区职工生产生活上的需求，为一线车间、班组增配了一批现场急需的设施设备和生活备品。投入资金，着重帮助铁路沿线站区职工解决“喝水难”等民生问题。努力改善职工群众文化体育活动环境，积极为职工配送文化用品，整修建设体育活动场地设施100余处，为一线每一个班组都配备了便携小药箱和大量药品，较大地改善了职工生产生活环境。

【扎实推进民主管理建设】　进一步完善了职工代表大会制度，逐步建立健全“三级职代会、四级民主管理”体制，根据集团公司生产力布局改革的变化，及时对新建和重组单位工会组建工作进行指导，做到建工会、建职代会、平等协商签订集体合同、依法拨缴工会经费“四同时”。坚持职代会联席会议制度，及时审议涉及职工切身利益的文件。进一步完善厂务公开机制，推动基层厂务公开建制、建栏、建队伍。截至年末，集团公司和所属各公司、直管站段，建制、建栏率均达100%，车间、班组建栏率达80%

以上。集团公司被评为全国“厂务公开先进单位”。

【丰富繁荣企业文化】 上海世博会期间，组织两批300多名先进模范，参加了全国铁路“感受世博、奉献铁路”主题教育活动，有效强化了职工爱国、爱路、爱岗意识。积极开展文艺宣传活动，成功举办铁路落实“三不让”承诺报告会在广铁的演出，《南方都市报》、《南方工报》等媒体进行报道，收到良好的社会反响。广州亚运会期间，集团工会也开展了丰富多彩的全民健身活动，承办全国铁路职工代表亚运观摩团工作，举办了书画、摄影作品展，进一步繁荣了和谐广铁企业文化建设。集团公司被全国总工会、国家体育总局授予“全国群众体育先进单位”荣誉称号。 （刘海龙、周合林）

中国南方航空集团公司工会委员会

【领导班子】

主　席：杨丽华（女）

常　委：杨丽华（女）、陈振友、陈立宏、何西斋、李秀金、吴春明、王长江、艾海提、李敏杰（女）

【机构设置】

工会办公室、女职工委员会

【综述】 2010年，中国南方航空集团公司工会在集团党组和上级工会的领导下，全面落实科学发展观，紧紧围绕公司改革发展稳定大局，落实“九个一”工作任务，积极履行工会各项职能，充分发挥桥梁纽带作用，为实现南航又好又快发展、促进和谐南航建设做出了新贡献。

【积极推进南航班组长培训“百千万工程”】

积极推进南航班组长培训“百千万工程”，在清华大学举办了三期共440多人参加的南航优秀班组长培训班，有力地提高了基层班组长的思想素养、管理技能与技巧，为公司建立一支具有良好职业素养和管理素质的基层工作核心队伍发挥了积极作用。

【实施走出去战略，促进工会发展】 组织召开了中航、东航、南航三大航空集团公司工会峰会，推动三大航空集团公司工会的合作交流和工会工作的创新发展；组织参加国际职工体育比赛，取得了“男子街头篮球”比赛第四名并荣获“公平竞争奖”；组织参加“中国建材杯”中央企业职工乒乓球赛和第二届民航职工乒乓球赛，获得了民航职工乒乓球赛男子团体冠军、女子团体季军的历史最好成绩。

【抓好工会组织建设】 2010年是集团公司工会系统组织建设承前启后的重要一年，集团公司工会先后召开了二届一次全委会和女职委会，集团公司党组成员、副总经理杨丽华当选为新一届工会主席；集团工会还帮助和指导了6家单位完成了工会的换届选举工作。

【探索创新厂务公开民主管理机制】 探索厂务公开民主管理贯标工作，完成了集团公司厂务公开民主管理标准体系文件的编写，举办了厂务公开民主管理标准体系知识讲座；做好职代会提案处理工作，落实职代会职权。集团公司一届二次职代会提案落实工作在“立案、落实、答复”阶段进行了“三个创新”，体现了“提案质量高、落实率高、促进南航科学发展成效好”的“三个特点”，

41条立案提案件件有回复，其中33条得到较好落实，落实率为80.5%。

【建设劳动关系和谐企业】 各级工会按照“促进企业发展、维护职工权益”的工作原则，积极开展建设劳动关系和谐企业活动，抓好协调劳动关系机制建设，落实“八个环节”、“六必到、六必访”等制度，为职工办实事、好事，推动公司建立和谐稳定的劳动关系。经集团工会推荐，有1个单位被评为全国模范劳动关系和谐企业，3个单位被评为全国民航先进劳动关系和谐企业。

【做好劳模评比表彰工作】 推荐产生了4名全国劳模，数量位居民航系统第一，实现了历史性突破；推荐产生了一批民航和全国五一劳动奖章、奖状获得者、“工人先锋号”；评选了20名集团劳模、9个集团先进集体、15个“工人先锋号”，并于4月29日隆重召开表彰大会进行了表彰；组织了两批共33名劳模参加的赴日本疗养活动；首次在清华大学举办了88名劳模、技术能手、杰出青年参加的南航劳模素质提升研修班；做好劳模事迹的宣传，弘扬劳模精神，利用《中国民航报》、《南方航空报》、《南航视窗》及板报、画册，对劳模的事迹进行宣传报道，使劳模的事迹深入人心。

【做好工会其他各项工作】 进一步做好女职工工作，在“三八”国际妇女节百年大庆来临之际，召开了纪念大会并启动了“南航职业女性名家讲坛”仪式。推行新工会财务制度，着重加强预算管理工作，推动工会财务预算“两上两下”的管理机制。推进企业文化建设，2010年，各单位以“迎亚运”为契机开展了系列文体活动，全公司举办文体赛事1200多次，超过10万人次投身文体活动。10月份，举办了“迎亚运”运动会，春节前，举办了2011年南航迎春文艺晚会。

广东省机场管理集团公司工会

【领导班子】

副主席：李　明

【机构设置】

办公室、女职工委员会

【综述】 2010年，在集团公司党委和上级工会领导下，集团公司工会深入贯彻科学发展观，紧紧围绕亚运保障、体制改革、机场迁建扩建、企业效益等中心任务开展工作，着力为员工服务、为党政分忧、为企业和谐、为经济加油，致力攻重点、寻亮点、抓热点、破难点，积极配合集团公司党委做好员工队伍稳定工作，组织引领广大员工圆满完成了亚运会、亚残运会的安全服务保障任务，配合实现了白云机场年旅客吞吐量突破4000万人次及世界服务十佳机场目标，充分体现和发挥了工人阶级主力军作用。

【攻重点，集聚改革发展新动力】 集团公司工会紧紧围绕企业工作总体目标，积极动员、引导广大员工为企业的安全、服务、效益和改革事业建功立业。一是继续深入开展“安康杯”竞赛活动。进一步细化了竞赛活动方案，确保了竞赛专项经费专款专用，组织工会干部参加专题培训，组织上万名员工参加了全国职工职业安全卫生知识竞赛活动，举办了集团公司“安康杯”演讲比赛，通过主题活动增强广大职工劳动保护安康意识，营造良好的安全文化氛围。二是加强班组建设。结合开展创建“工人先锋号”活动，按照“内部试点—外部取经—全面推开—树立典范”的思路，在各二级单位全面推开班组建设活动。选派优秀班组参加广东省班组安全建设和管理成果展示比赛，荣获一等奖。围绕亚运保障任务、十佳机场建设目标等，一线班组深入开展了形式多样、效果突出的主题性活动，为企业改革发展增添了新动力。三是重点工程劳动竞赛有新拓展。在白云机场扩建、潮汕机场建设工程中，继续推动以“优质、高效、快速、创新、安全、廉洁”为主要内容的劳动竞赛深入发展，有效提升了各施工单位和人员的工作积极性，确保了工程质量和进度。

【寻亮点，打造工会工作新品牌】 一是深入开展技能竞赛。结合广州第16届亚运盛会契机，各级工会全力抓好职工职业技能竞赛活动，提升服务水平。全年共计开展安检、客舱清洁员等各类技能竞赛及岗位练兵612次，参加者达41200人次。选派员工参加第一届民航机场候机楼服务技能大赛取得较好成绩，展示了广东机场的服务形象与风采。二是广泛开展合理化建议活动，围绕企业生产经营、技术创新、成本控制等任务，各级工会开展了“质量创优、服务创新”迎亚运，“我为节能减排作贡献”等合理化建议活动，全年共收集合理化建议4990条，其中采纳2928条，增收节支420.8万元。三是充分发挥劳模示范作用。集团公司全年共有4人次分别荣获全国劳动模范称号、省五一劳动奖章、全国民航五一劳动奖章，3个集体分别荣获省“工人先锋号”、全国民航五一劳动奖状、全国民航“工人先锋号”等荣誉称号。集团公司工会专门在行业、地方媒体上对劳模先进代表进行了专题报道，充分展示了集团公司员工队伍良好的整体素质和职业道德风貌。

【抓热点，诠释人文关怀新内涵】 一是坚持职工代表大会和厂务公开制度，保障员工合法权益。7月，集团公司召开职代会，对新制定的《调整部分低层级岗位员工工资标准方案》、《关于住房补贴问题的议案》等进行了认真审议，通过多次征求意见及反馈修改，充分代表和反映了大部分低层级员工的心声，较好地维护了他们的经济权益。二是开展员工队伍思想状况调研，致力于维护队伍稳定。富士康、本田事件发生后，为做好维权维稳工作，发展和谐劳动关系，集团公司工会深入各单位深入进行调研，全面掌握员工队伍最新思想状况、动态，积极做好解释、疏导工作，并协同有关职能部门，致力于解决员工反映的焦点、难点问题。三是关注员工健康，切实维护员工安全权益。各级工会坚持“冬送温暖，夏送清凉”的良好传统，陪同集团公司领导深入慰问一线员工。还专门配送清凉饮料、保暖姜茶等到一线。全年共支出各类慰问金63万余元，慰问各类特殊群体7000人次，为多名罹患各种重疾的员工申办大病互助基金。四是关注员工心理，切实维护员工精神权益。各级工会开展了精神文化关怀系列活动，力争做到员工业余文化活动“有组织、有计划、有阵地、有经费”。2010年，集团公司举办了迎亚运乒乓球赛、组队参加了广东省第四届职工运动会、全国民航职工第二届乒乓球赛，均取得了较好的成绩。各单位新成立各类文体协会20多个，新建成多个活动场地。

【解难点，推动工会自身建设新进展】 一是加大培训力度，致力于解决工会干部队伍业务水平偏低的难点。2010年，集团公司工会举办了工会干部素质提升大讲堂，5月在北京大学举办工会干部前沿形势与管理创新培训班，为工会干部更好地开展工作奠定了理论基础。还组织工会干部前往上海机场学习考察，学习借鉴上海机场工会的工作经验。二是进一步加强工会组织建设，致力于解决工会组织较为薄弱的难点。重点从加强工会工作宣传、发展会员、及时调整补充工委会成员和做好工会财务工作入手，确保工会工作正常开展。（曾志兵）

广东省邮政工会

【领导班子】

主　席：詹伟昌

副主席：朱新时

【机构设置】

办公室、基层工作部、权益维护部

【坚持组织开展员工建功立业活动，保增长促转型】 广东省邮政工会贯彻落实全国总工会关于在全国职工中广泛开展“同舟共济保增长，建功立业促发展”竞赛活动决议的精神，配合行政有关部门开展了“营销创百优”，“质量争优、管理创星”，邮政储蓄系统安全运行、网路运行“创优争先”，“数据为翼、商函腾飞”等5项劳动竞赛活动。围绕深入推进发展方式转型、体制机制转型、五大结构调整、管理方式转型等企业转型的发展思路，开展了“我为提升五大效能献一策”合理化建议活动，把涉及面较广的瓶颈问题作为攻关项目，积极组织动员广大邮政员工献计献策，共收到基层审核后上报的合理化建议134条，内容涉及了生产、经营、管理、建设、技术创新、安全、网络运行、企业文化、职工生活等方面。经有关主管部门研究、评审后，认为可采纳或可推广的合理化建议数达110条，占总数的82%。开展了学习先进典型事迹活动，组织5个先进集体和7位劳模先进代表分赴广东21个地市巡回演讲，并把先进典型事迹制作成光碟下发全省邮政基层单位，用先进典型的先进事迹启发员工，以身边人、身边事鼓舞员工，发动广大员工“学先进、赶先进、争当先进”。

【坚持开展员工素质工程，提素质助成长】

面对邮政改革发展带来的新情况、新问题和新挑战，省邮政工会指导各级工会广泛开展以“抓住新机遇、迎接新挑战、转型新发展、创造新业绩”为主题的形势任务教育活动，积极宣传省公司党组的重要部署，结合企业实际大力宣传企业发展战略规划、愿景，引导广大员工正确理解邮政企业转型的发展思路，正确理解企业的发展重点和目标要求，正确理解三大板块业务联动发展、利益共享的密切关系。以创建学习型班组、加强团队建设为重点，积极指导各级工会重点把学习型班组建设好。会同行政举办了2010年度广东省职工职业技能大赛邮政业务营销员工种竞赛，全省共有21个代表队，63名业务营销员选手参加。

【坚持服务员工构建和谐企业，办实事解难事】 省邮政工会把解决困难员工最关心、最直接、最现实的利益问题作为工会帮扶工作的出发点和落脚点，不断拓展范围、完善方式、提高水平，努力把帮扶中心建设成为充满爱心、充满阳光的困难员工之家，全年补助156名患重病员工共65万元，下拨114万元困难员工帮扶专项资金，并对受自然灾害影响的惠州、湛江、茂名等局的邮政局所、员工进行了慰问、补助，下拨慰问、补助金23.6万元。组织全省邮政员工为受自然灾害影响的玉树邮政员工捐款共403.9万元。元旦、春节期间，全省邮政各级行政和工会共筹措送温暖慰问金达 613 万元。酷暑期间，省邮政公司、省邮政工会统一购买了 126 万元的清凉饮料和防暑降温产品，对全省邮政 28438 名一线外勤及重体力劳动员工进行了送清凉慰问。推动开展“每天锻炼半小时，快乐工作每一天，健康生活一辈子”全民健身活动，组织举办了广东省邮政系统“迎亚运、强邮政、展风采”太极拳比赛，全省共有 18 支代表队 162 名选手参加比赛。继续抓好落实省—市—县三级职代会的职权，总结适应公司化体制需要的企业民主管理工作经验和做法，继续完善适应公司化运营体制的企业民主管理制度、员工权益保障机制。省邮政公司被评为全国厂务公开民主管理工作先进单位。

【坚持深化自身建设，强基础建好家】 一是专题研究探索了三大板块分业经营体制改革后的工会组织关系。二是关注机构改革后工会组织机构和人员配置的问题，坚持设置专（兼）职工会管理岗。三是认真抓好劳务工的入会及管理工作，研究解决劳务工会员工会经费和活动经费的来源问题，组织和引导劳务工参与企业工会的活动，切实增强工会组织的吸引力和凝聚力，2010 年劳务工入会率达到 85%。四是开展新一轮的三年建家提升活动，全年共投入 472.35 万元，建设、提升职工之家 74 个，职工小家 767 个，提升小家建设水平，培育家的氛围，进一步改善员工生产生活中的热点难点问题。五是开展了市县级五年轮训计划的第二轮培训，落实新任市、县区工会主席和专兼职工会干部的上岗培训和工会小组长的分片分批培训。六是持续开展理论研究及调研活动，省邮政工会共收到 24 个基层工会推荐上报的 119 篇论文，在全国邮政工会理论研究论文和调查报告评选活动中，共有 3 篇论文获一等奖。 （蔡　欣）

中国电信集团工会广东省委员会

【领导班子】

主　席：梁　锋

副主席：辛钢平

【机构设置】

办公室、权益保障部、经济工作部、组织宣传部

【综述】 2010 年，中国电信广东省工会在广东公司党组和上级工会的正确领导下，认真贯彻党的十七大和十七届四中、五中全会精神，深入学习实践科学发展观，紧紧围绕全业务规模效益发展的中心工作，积极开展“天翼腾飞”劳动竞赛活动，关爱员工，全力推进创建家园式营销服务中心工作，深化完善企业民主管理工作，进一步加强工会自身建设，各项工作取得了显著成效。

【深化完善，企业民主管理工作成绩突出】 组织召开一届六次职代会，表决通过了《中国电信广东公司有偿协商解除劳动合同管理办法》、《中国电信广东公司职工代表大会质量评估办法》，进一步规范有偿协商解除劳动合同制度的执行及提高职代会运行质量和规范化水平。全年各级单位积极落实职代会各项职权，共召开职代会 36 次，审议涉及员工切身利益的制度办法 54 项，组织职工代表巡视 31 次。在总结贯标试点工作经验的基础上，向各二级单位全面推进企务公开贯标认证工作，使企务公开民主管理工作从传统的粗放式公开向规范化方向发展。2010 年，21 个市级公司贯标认证率实现 100%，省实业公司二级单位 100%“A 级

无缺陷”贯标，远超过省厂开办要求的45%，列省内行业工会之首。广东公司企务公开民主管理工作获得上级单位的肯定和表彰奖励，广州、深圳分公司获得“全国厂务公开民主管理工作先进单位”称号，佛山、东莞、汕头、中山、惠州、江门、珠海、湛江、肇庆、清远等10个市分公司及10个县（区）分公司获得“广东省企务公开民主管理工作先进单位”称号。基层班组民主管理工作取得新突破，深圳分公司作为试点单位，在基层单位的新增和空缺岗位推行班组长直选工作。为进一步健全和完善员工的诉求表达机制，省公司、省电信工会整合提升现有制度，将“企务直通车”延伸到全省，覆盖整个公司，每季度按不同主题举行一次管理层与员工的网上沟通活动。在2010年三、四季度各举办一次“和谐之声——企务直通车”活动，进一步促进了企业的和谐发展。各二级单位继续执行和完善“企务直通车”制度，做到开展一次活动、确定一个主题，每次活动都有成果，全年共组织网上沟通对话活动57次，“企务直通车”活动品牌深入人心。

【融入中心，群众性竞赛活动有力助推全业务发展取得新的突破】 积极开展转型新阶段群众性竞赛活动，授予彭志玮等1390名个人“转型新阶段群众性竞赛标兵”称号，授予韩冬“岗位练兵状元”称号，授予黄镁玲等24名个人“岗位练兵能手”称号，授予广州分公司公众客户部中山二路营业厅等198个集体“转型新阶段群众性竞赛先锋号”称号，表彰“以DHCP方式接入构建东莞平安社区宽带接入网络”等8个“金点子”合理化建议，表彰“‘走出去’营销实战操作法”等3个优秀操作法。会同业务部门，承接集团公司“天翼腾飞”竞赛部署，突出广东特色，结合业务特点和营销模式开展省级以上大赛12次，组织员工参加集团公司、集团工会举办的竞赛活动8次，全力助推广东公司实现全业务规模效益发展目标。全年各级单位开展的劳动技能竞赛有424项，总结推广先进操作30项，推广员工岗位创新成果316项，收集合理化建议2997件，已采纳的合理化建议1036件，有8个单位获得省级以上单位授予的“安康杯”劳动安全保护竞赛先进单位称号，有3名员工获得省级以上单位授予的“安康杯”劳动安全保护竞赛先进个人称号，对促进完成全年经营生产任务发挥了积极作用。积极选树先进，广东公司8名先进个人受到国务院和广东省表彰，其中2名员工获得国务院授予的全国劳动模范光荣称号，6名员工获得广东省总工会授予的广东省五一劳动奖章。关心劳模先进员工，组织58名劳模先进参加学习交流活动。

【齐心协力，合力推进创建家园式营销服务中心工作】 认真贯彻落实集团公司、集团工会和省公司对创建家园式营销服务中心工作的总体要求，协调职能部门，合力推进创建工作，顺利完成全省第一期542个营销服务中心的“四小”改造工作目标，随即启动了第二期168个营销服务中心的“四小”改造工作，为2011年顺利实现全省700个营销服务中心“四小”改造的工作目标打下坚实的基础。

【关爱员工，促进企业和谐发展】 继续坚持开展新春送温暖活动，赴基层慰问困难员工和劳模先进，分别向900名困难员工和175名劳模先进送上困难员工慰问金90万元和劳模慰问金8.25万元。继续开展鼓劲送温暖和受灾员工慰问工作，全年共下拨30万元夏季送清凉专项费用和6.45万元受灾员工困难补助款。各级工会全年慰问困难员工3447人，发放困难慰问金256.5万元，慰问受灾员工365人，发放救灾慰问金29.4万元。全面推进“有困难找工会”活动，已有24个二级单位建立相关流程制度，通过“有困难找工会”活动直接为员工解决困难的件数达874件。向青海省玉树电信工会发出慰问信并捐赠救灾资金20万元，帮助受灾电信员工战胜灾害、重建家园。积极发挥互助会对困难员工的帮扶作用，全年互助会共向1707名会员发放资助金462.8万元，受惠员工人数比去年增加27.8%，筑牢了企业员工抵御困难的坚实防线。省公司、省电信工会制订下发了《中国电信广东公司贯彻〈全民健身条例〉实施办法》，指导基层单位开展全员健身活动。组队参加广东省第四届职工运动会获总分排名第八、产业工会排名第一的好成绩，组队参加全国通信职工游泳比赛、羽毛球精英赛，组队参加集团工会举办的员工健美操比赛，组队参加广东省行业体协举办的“粤电杯”羽毛球比赛，举办首届台球邀请赛、第三届羽毛球比赛、第十二届钓鱼邀请赛、广东省一级社会体育指导员培训班。在活跃群众文体生活方面广东公司取得了显著的成绩，受到了广东省和国家体育总局的表彰，2个基层单位获广东省第十届“体育节”优秀组织奖，同时获得国家体育总局授予的“2009年全民健身活动先进单位”奖，3个基层单位获广东省第十届“体育节”先进单位称号。省电信文联组织员工参加集团公司举办的“天翼景象”摄影比赛，组织第四届“企业风采录”摄影采风交流活动，举办企业主持人培训班、声乐培训班，组织文联书画爱好者参加广东省书法比赛，20名员工被广东省总工会授予“广东省职工艺术家”称号。

【集思广益，深入推进创建学习型班组活动】 召开创建学习型班组经验交流暨研讨会，提出了今后几年深入推进创建活动的工作思路和具体措施，5个基层单位分别介绍了他们开展创建活动的情况、经验和体会、存在的问题以及对今后工作的思考。各单位在开展创建活动中，涌现出一批学习活动开展较好的先进班组和优秀个人，有2个基层单位荣获国资委表彰的“中央企业学习型红旗班组”称号，3名员工荣获国资委表彰的“中央企业先进职工”称号。认真落实集团工会提出的建家工作要求，结合创建学习型班组和家园式营销中心建设，不断提高建家工作质量。有10个基层工会分别被中华全国总工会授予“全国模范职工之家”和“全国模范职工小家”称号。（肖爱平）

中国移动广东公司工会

【领导班子】

主　席：郑　川

副主席：黄春怀

【概述】 2010年，工会工作围绕打造活力工会“四个三”工程的目标，通过“三融”（深度融入企业经营管理、深度融合员工智慧力量、深度融洽企业和谐氛围）、“三关”（利益关怀、情感关怀、心理关怀）的工作方式，达到创建“三型”（服务型、创新型、学习型）工会组织、提升员工“三感”（安全感、幸福感、归属感）的目的，助力企业改革发展，促进员工健康成长，为保持公司区域优势，促进公司科学发展作出积极贡献。

【荣誉争创工作取得新丰收】 实现了全省各项荣誉的争创工作再创新丰收，为广大员工的发展树立正向激励目标。总经理徐龙荣获全国劳动模范荣誉称号，东莞公司副总经理谢惠仪也被评为全国劳动模范（全集团共有13位员工获此殊荣）。另外，在省市的共同努力下，省公司徐革、茂名公司林治国、原肇庆分公司陈广宇、广州公司胥海鹏和谢永安等荣获广东省五一劳动奖章；深圳公司获得广东省五一劳动奖状，云浮云城区分公司河滨服营厅被评为全国“三八”红旗集体，6个单位被评为广东省模范职工之家，14个单位被评为广东省模范职工小家，9个单位获得集团公司“工人先锋号”的称号，10个单位获得广东省“工人先锋号”的称号等等共有110多个集体和个人获得省部级以上荣誉。

【召开2010年劳模暨先进表彰大会】 4月29日，通过电视电话会议隆重表彰2009年下半年以来获得省部级以上各类荣誉称号的先进集体和个人。省人大常委会副主任、省总工会党组书记、主席邓维龙，省总工会党组副书记、常务副主席陈宗文亲自到会祝贺；公司总经理徐龙、副总经理洪小勤、王征宇、禄杰等公司领导出席会议并为获奖单位颁奖，大会由主席郑川主持。

【开展劳动竞赛为服务大局贡献力量】 结合生产运营需要，组织开展了各类劳动竞赛、技术创新、合理化建议等活动。据统计，2010年共举办3场省级劳动竞赛，组织参加5场集团级竞赛活动，共发动约1万人次员工参与到各类技能竞赛中，把广大员工的聪明才智和工作热情充分凝聚到企业发展上来，双向促进企业与员工共同成长。配合网络部门，落实集团公司“TD网络质量提升大会战”；配合业务支撑中心，做好集团公司开展“落实客户为根、服务为本，确保计费无差错，提升客户感知”活动，为集团公司各项重点项目的业务竞赛活动开展提供创新平台和有效支撑。配合集团公司拉开增值业务产品质量提升大会战，动员广大员工开展了全省“增值业务产品质量提升大会战”劳动竞赛，促使增值业务产品质量明显提升，被集团公司授予大会战先进集体突出贡献奖二等奖。

【开展广东省职工职业技能大赛】 在省总工会、省人力资源和社会保障厅的大力支持下，把网络竞赛和财务技能大赛纳入2010年度广东省职工职业技能大赛范畴，被选为广东省级竞赛项目。9月7日，举行“网优先锋，谁与争锋”——2010年广东省职业技能大赛通信网络管理员竞赛决赛和隆重的表彰仪式，广东省总工会副主席王丽华、省人力资源和社会保障厅处长陈斯毅等领导以及中国移动广东公司副总经理高志兴等亲临现场观看决赛全程并为获奖单位和选手颁奖。东莞分公司技压群雄，勇获技能竞赛团体一等奖；中山、汕头分公司获得团体二等奖；佛山分公司、省网优、深圳分公司获得团体三等奖。东莞分公司王斌和温庆华、中山分公司陈丽、东莞周星、中山分公司孔令兴、佛山分公司夏龙根、省网优周玮、汕头分公司李志勇胜出。其中，东莞分公司王斌由于表现突出，个人获得技能竞赛个人优胜奖第一名，并按程序申报广东省五一劳动奖章。其他优胜者被大赛组委会授予“广东省技术能手”、“广东省经济技术创新能手”称号。12月8日，在新全球通大厦举行第三届“财智杯”财务技能大赛决赛暨颁奖仪式。广州分公司代表队获得大赛冠军，省公司及东莞分公司代表队获得大赛亚军，珠海、佛山、深圳分公司代表队获得大赛季军。同时，姚睿等5名选手获本次大赛“财务精英奖”，并被授予“广东省经济技术创新能手”、“广东省技术能手”荣誉称号，其中大赛第一名广州分公司姚睿将按程序申报广东省五一劳动奖章；戴冰等20名选手获“财务技能奖”；邬大安等10名选手获“财务新秀奖”。

【做好亚运服务支撑工作】 2010 年 11 月，工会配合人力资源部举行“谁是亚运英雄”英语竞赛决赛，纪检组组长、工会主席郑川出席并观摩了此次比赛。广州分公司夺得了亚运英语竞赛团体冠军奖，广州队卜娟获得最有价值选手奖。省网维和江门分公司分别获得团队亚军奖，省客服、深圳分公司、汕尾分公司获得团队季军奖。组织开展集团公司及兄弟省公司各级工会干部现场体验亚运盛事，圆满完成开闭幕式及各项赛事的服务工作，总计服务人数 60 人。积极组织全省各级工会组织加强对援亚人员的关怀和送温暖工作，为援亚人员发放亚运纪念杯，组织亚运赛事内部员工门票发放工作和中国移动亚运体验馆参观工作。同时，积极向全国总工会及上级有关部门推荐在亚运保障中作出突出贡献的先进集体和个人申报全国五一劳动奖状、全国五一劳动奖章及全国“工人先锋号”称号。

【成立南方基地工委会】 针对南方基地人员增长迅速和员工群体呈年轻化、知识化的特点，为确保基层工会组织机构更加规范合理，及时有效地开展各项工会活动，维护员工队伍的合法权益，提供一个更好的发展平台展现员工的才能，提高员工队伍的活力和凝聚力，经过筹备和策划，省公司工会及时指导南方基地及时成立中国移动通信集团工会广东移动南方基地委员会，作为中国移动通信集团工会广东省委员会的派出基层工会，行使基层工会的各项职能。

【推进班组建设】 2010 年，按照《中国移动班组建设指导意见》的相关要求，依据“党组领导、行政实施、工会推进、员工参与”的工作原则，紧密结合工作实际和地域特点深入推进班组建设，立体推进“赢在移动”班组建设，全面提升基层组织的活力，夯实班组建设基础、提升班组建设水平、彰显广东移动特色，实现全省班组建设的整体推进，为提升员工活力发挥了积极作用。承担集团班组建设示范基地的建设作用，认真完成集团公司班组建设南方片区研讨工作、集团公司专题调研总结会议、集团公司班组建设支撑平台培训会的承办工作；热情地接待各省兄弟公司的学习交流活动，全年共迎接 10 批次。其中，东莞分公司作为集团班组建设示范单位受到集团的表彰，全省有 5 个班组被评为卓越班组，55 名员工被评为优秀班组长。

【拓宽员工关怀领域】 深入推进“赢在移动，幸福员工”关怀体系建设，实施员工“幸福传递，喜悦 100”十大关怀计划，通过开展各种各样员工可以“看得见、感受到、暖心窝”的关怀活动，力求实现关怀覆盖达到 100%，致力于创造让员工幸福、有尊严地劳动的工作环境、生活环境、文化环境，有效营造企业内部温暖和活力的氛围，达到融洽氛围、提振士气、助力发展的目的。针对全体员工，开展了“赢在移动，温暖进万家”新春慰问活动和“生日祝福”活动，在新春佳节来临之际，寄送总经理徐龙亲笔书写的贺信，给全省每一位员工和家属传送了公司的关心和祝福，掀起了一个“送关怀、送温暖”的高潮。针对离退休员工、劳模、困难员工，开展“赢在移动·幸福传送”工程，组织两批劳模赴上海参观世博会；集中人力物力，做好走访慰问活动，做到全覆盖、无遗漏；真情倾听员工的心声，真心关切员工的疾苦，协助解决困难，使每个困难员工、劳模都切身感受到公司及工会组织的关怀和温暖。针对女员工的关怀，组织“赢在移动，美丽人生”三批女员工团队拓展活动，在全省广泛开展推进女职工权益保护专项工作。针对员工子女入学，积极与学校开展共建，组织员工子女报名入读幼儿园、小学、中学，创造条件为更多有需要的员工解决后顾之忧。

【全省推进开展兴趣小组活动】　2010年，省公司工会围绕“赢在移动”的主题，结合亚运会的契机，充分发挥文体活动培育企业文化的载体作用，开展丰富多彩、寓教于乐的文体活动。大力开展员工兴趣小组活动，掀起了一个全员健身、焕发激情的氛围。促使全省兴趣小组工作全面开花，开展多样化积分活动，得到广大员工的积极响应和热情参与，有效地缓解员工工作压力。至年底，全省已设立了排球、篮球、乒乓球、足球、读书、益智、声乐等18大类兴趣小组，并在全省范围内相应成立380多个兴趣小组，进一步丰富员工业余生活乐趣，培育员工健康锻炼的生活方式，锻炼一支有激情、有活力、有健康的员工队伍，全面提振员工士气。

【圆满举行第四届全省员工运动会】　成功举办全省“亚运激情　赢在移动”第四届员工运动会，自6月份启动后，得到了省市各级领导的高度重视和大力支持，员工广泛参与、通力合作、热情奉献，是历届运动会参与人数最多、规模最大、项目最多的一届，设置了羽毛球、排球、篮球、新天龙八部操、健美操和田径、运动员进场评比等7大项目，共有近5000人次参加。广州公司、深圳公司、佛山公司、省客户服务部、东莞公司、肇庆公司、省公司机关、阳江公司名列第四届运动会团体总分前八名。（李雪亮）

广州打捞局工会委员会

【领导班子】

主　席：朱论发

副主席：羊　磊

【机构设置】

工会办公室

【综述】　2010年，广州打捞局工会在局党组和上级工会组织的正确领导下，以邓小平理论和“三个代表”重要思想为指导，认真贯彻落实科学发展观，紧紧围绕局的中心工作，依靠广大职工会员，积极开展劳动竞赛活动、“学树创”活动、扶贫济困活动以及职工文体活动，致力于提高职工素质、稳定职工队伍。叫响做实“有困难找工会”口号，为职工排忧解难，为单位的生产建设及和谐打捞建设发挥了积极作用。

【发挥阵地作用，服务中心工作，促进打捞事业发展】　一是开展技术比武，强化职工劳动技能。广州打捞局工会2010年举办的局职工技能比赛，设有水手技能、捞工技能、潜水技能等5个项目，共有48名选手参加角逐，比赛项目及参加人数均突破往年规模。比赛选拔出20名职工代表参加救捞系统首届职工技能比赛的16个项目的比赛。二是抓先进典型培养，发挥模范作用。认真做好先进模范的推荐、评选、表彰和宣传工作，注重在一线职工中培养和选树知识型、技能型、创新型典型。2010年，广州打捞局王栋荣获广东省五一劳动奖章，朱论发、纪学军荣获第十二届金锚奖，救工处第三工程队、第一船队“德进”轮、隧道处沉管隧道建设项目部、建工处工程部等集体荣获全国交通建设系统“工人先锋号”称号。三是开展读书活动，致力提高职工队伍综合素质。2010年开展“读一本好书”活动，向职工推荐了于丹的《〈论语〉感悟》，并举办了职工素质讲座，组织职工观看由北京师范大学于丹教授主讲的《论语》心得录像。四是开展职工喜闻乐见的文体活动。局工会结合广州亚运会的召开，先后组织举办了拔河比赛、羽毛球比赛、登山活动、职工摄影比赛，开展摄影知识讲座、诗书影画探讨会等活动，举办了吉他培训班等，组队参加各级文体活动，其中参加广州“市长杯”乒乓球赛获得海珠区分赛区公务员组第一名。

【履行职责，发挥作用，认真做好“双维护”工作】 广州打捞局工会牢固树立、认真落实“以职工为本、主动依法科学维权”的工会维权观，努力维护职工的劳动安全卫生、收入分配以及健康等方面的权益，认真做好“双维护”工作。一是做好安全生产和劳动保护工作，维护职工的劳动安全权。二是坚持集体协商签订集体合同制度，维护职工整体权益。三是做好职工来信、来访工作，维护职工的申诉权，2010年共接待职工（含退休人员）来信、来访39人次，事事有回复，其中有3名来访退休人员的待遇经核实得到调整，另外还化解了两户职工家属之间的纠纷。四是贯彻《妇女权益保护法》，维护女职工合法权益，组织开展《妇女权益保护法》及集体合同贯彻情况巡查，组织健康妇检，参加女职工安康保险，参保率100％。

【关注困难职工，千方百计为他们排忧解难】 一是想方设法为职工办实事、解难事。2010年组织发动职工为身患突发性疾病职工家属捐款1次，筹得善款6000元；为身患绝症的职工发放救济借款5000元；协助3名家庭遭受突发性困难的职工办理公积金支取手续；发动职工为青海玉树地震灾区灾民捐款139548.4元，为广州打捞局扶贫点紫金县龙窝镇彭坊村危房户捐款35596.5元。二是继续开展“金秋助学”活动。全年向26名困难职工发放助学补贴25400元；向17名困难职工发放免息助学贷款96000元；为2位一线职工子女申请广州市小升初优质学位；协助3名职工办理子女入学手续，践行了“绝不让一名职工子女因家庭贫困而失学、辍学”的承诺。三是不断完善局职工互助医疗基金管理办法，加大帮扶力度。2010年广州打捞局互助医疗基金共发放医疗补贴581990元，职工住院自负比例由31.59％下降到20.48％。四是认真开展好送温暖活动。年内慰问困难职工、生产骨干、离休老干部、退休人员和船员家属共209户，送上慰问金117450元；慰问1名家遭火灾的退休职工，送上慰问金2000元；到医院看望住院职工及退休人员70人次；慰问在外执行任务的船舶18艘、工地6个，共发放慰问金13270元。全年发放日常困难补助34100元。年内做到职工住院必访，家有重大事故必访，重大节假日深入困难职工、高龄老人以及生产骨干家中慰问。

【固本强基，夯实基础，不断加强工会自身建设】 一是完善工会组织，为基层工会工作提供保障。在健全各级工会组织的同时，积极动员农民工加入工会组织。2010年广州打捞局53名农民工加入工会组织，享受与固定工同等的互助医疗等会员待遇。二是开展业务培训，提高基层工会干部素质。组织举办的工会干部培训班共80多名工会干部参加学习，选送7名工会干部参加脱产培训，开展“互帮互学”活动，组织工会干部到兄弟单位取经学习。三是开展年度先进工会组织和先进工会工作者评选表彰活动。2010年共评选表彰了3个“工会工作优秀单位”，7个“工会工作先进单位”，19名“优秀职工之友”，27名“工会积极分子”。四是加强财务管理，重视发挥工会财务“服务基层、服务工会事业”的作用。（麦亚民）

中国海员工会广州远洋运输有限公司委员会

【领导班子】

主　席：马宗梅

副主席：符　雄

【机构设置】

办公室

【综述】　2010年，广远公司工会坚持以科学发展观统领工会工作全局，以改革创新精神加强和改进工会自身建设，紧紧围绕广远公司“改革、调整”主基调和中心工作任务，充分发挥工会桥梁纽带作用，坚持融入中心、服务中心，充分调动广大职工参与企业经营管理的积极性和创造性，为广远科学发展、协调发展和可持续发展作出了应有的贡献。2010年，广远先后荣获“广东省厂务公开民主管理先进单位”、“中央企业职工技能竞赛先进单位”荣誉称号；“康盛口”轮获“全国模范职工小家”荣誉称号；“木兰湾”轮获广东省“工人先锋号”荣誉称号；中远远达安技部获全国“安康杯”竞赛优胜班组荣誉称号；“乐锦”轮等多艘船舶被评为全国水运系统安全优秀船舶。船长陈建军荣获“金锚奖”；马朝辉、何鹏辉、黄红亮等3人被授予“全国技术能手”和“全国青年岗位能手”称号；陈赞金、梁仕慧等2人被授予“中央企业技术能手”称号。

【夯实安全工作群众基础，保障企业安全发展】　广远工会坚持“安全是广远压倒一切的工作”的指导思想，以广远“平安之旅”活动为平台，积极开展富有远洋特色的群众性安全活动，全力配合企业行政抓好安全管理。一年来，工会深入开展“安全在我身边，降本增效从我做起”，船舶班组安全知识竞赛等群众性安全活动和合理化意见征集活动，以及开展安全技能培训，以全员参与来推动安全文化建设。督促指导船舶、船员家属开展好“亲情祝安全”活动，总结经验，健全机制，丰富内容，创新形式，充分发挥亲情在安全管理中的作用，共筑安全防线。积极开展安全生产“双基”（基础、基层）建设合理化建议活动，动员广大职工为企业安全生产献计献策，顺利完成了“我为节能减排做一件实事”成果征集表彰工作，取得了良好的效果。督促基层、船舶工会加强工会劳动保护检查员队伍建设，强化劳动保护业务知识教育培训，严格劳保检查员考核、津贴奖励制度。引导工会劳保检查员明确自己的职责和定位，将劳保检查员培养成本单位的安全宣传员、监督员和职工人身安全的保护员，大大激发了其工作积极性和履行职责的责任心，为减少劳动安全事故作贡献，充分发挥工会劳动保护工作在保障安全方面的作用，最大限度地遏制劳动安全事故的发生，有力地促进了企业的安全生产。

【广泛开展职工素质提升活动，为企业发展提供智力支持】　广远工会按公司“红树林”工程要求，以“创建学习型组织、争做知识型职工”活动为抓手，加大职工素质工程建设力度，广泛开展职工书屋建设活动，以增强职工学习意识和学习能力为重点，以适应企业发展要求为目标，发挥各级工会组织作用，引导职工加强学习，掌握理论、法律、科学、业务等知识。广泛开展岗位练兵、技术比武、技能竞赛活动，激励职工创新创效和技术革新、技术改造，营造浓厚的“比、学、赶、超”学习氛围，促进职工技能的提升。组织职工读书实践活动，下发了《关于开展职工读书实践活动的通知》，下发了《把责任落实到位》等书籍近2000册，将征集评选优秀读书作品，并且举办职工读书论坛，促进职工书屋建设工作深入开展。物业公司被评为全国工会职工书屋建设示范单位。远洋大厦、远洋宾馆等基层工会广泛开展职工读书活动，也取得良好成绩。

【探索创新民主管理模式，维护职工民主权益】 1月14日，由广东省总工会主办、广远公司工会承办的广东省厂务公开民主管理联席会第一次会议暨广州远洋运输公司企务公开民主管理工作汇报会在广远召开，省人大常委会副主任、省总工会主席邓维龙等省厂务公开民主管理联席会议成员单位分管领导等30多人出席了会议，广远公司党委书记刘书田汇报了广远公司企务公开民主管理工作，得到会议的较高评价。广远工会以这次会议召开为契机，积极探索、创新公司民主管理工作，根据企业改革发展的形势，探索专题职代会的召开模式，在常规职代会的基础上简化议程，强化代表讨论环节，使会议主题更集中、更突出。6月份，分别成功组织召开了2次专题职代会，会议分别审议通过了广远职工养老金统一执行北京市基本养老保险政策事宜和广远改制工作的重大事项。

【发挥文体协会的作用，维护职工精神文化权益】 广远工会本着因地制宜、形式多样、丰富多彩的指导思想，积极开展有益职工身心健康的文体活动，指导和支持基层、船舶工会开展寓教于乐、丰富多彩的文体活动，陶冶职工情操，丰富职工业余文化生活，满足职工精神需求，推进企业文化建设。利用广远公司成立49周年庆典的机会，举办了足球、羽毛球、乒乓球、篮球、棋牌等一系列比赛活动，出版了第16期《海洋文学》专刊。11个文体协会分会坚持开展经常性的寓教于乐活动，丰富职工群众业余文化生活。供应公司、物业公司、金桥学院等单位分别举办了“职工文化月”活动，增进人文关怀，增强企业凝聚力。在立足群众性的同时，工会也非常注重发挥文体协会的骨干作用，着力文艺骨干的培养，促进文艺竞技水平的提高。9月份，广远代表队参与中远集团职工文化月活动，所选送的2个文艺节目均获得了“文化月”的最高奖项：最佳创作奖和最佳表演奖，受到了中远集团领导和兄弟公司的好评。

【关爱职工，做好困难职工帮扶工作】 发挥帮扶中心的积极作用，健全公司、基层、船舶帮扶工作体系，完善上下联动、横向配合、齐抓共管的帮扶工作机制，在依靠自有资源的基础上，充分利用政府、中远集团的政策优势，拓宽帮扶的渠道，提高帮扶工作能力和实力。充分发挥公司三项基金作用，做好慰问送温暖和帮困扶贫工作，组织开展了广远系统的送温暖活动，共发放慰问金近百万元，慰问困难、病号职工1200多人，慰问到港船舶21艘。做好劳模的管理和关心工作，给20多名在职劳模发放了2010年度劳模荣誉津贴，组织一批劳模、优秀船舶领导到海南博鳌疗休养。

【关爱社会，做好扶贫“双到”工作】 在做好内部职工帮扶的同时，广远工会和行政也非常注重企业的社会责任，响应广东省委的号召，认真做好扶贫“双到”工作，组织开展好对口扶贫村——梅州市兴宁泥坡镇东兴村的帮扶工作，成立了广远扶贫济困专项基金，建立了一系列扶贫资金管理制度，派驻了专职的驻村扶贫干部，到2010年年底已筹集扶贫资金120多万元，投入使用80多万元，实施了一批贫困户社保、医保、危房改造、教育资助、种养帮扶等扶贫项目和农田灌溉水利工程、村容村貌改善、村党建、文化建设等公益工程。经过一年多努力，东兴村扶贫工作总体顺利，宣传深入人心，工作取得较好成效。贫困户的经济收入有明显改善，2010年59户贫困户的人均收入同比上年平均涨幅为36.26%，高于全体村民人均5.2%的增幅，同时有10户人均收入超过2500元，提前脱贫；村容村貌有较大的改善，村公益事业和设施维护有一定的好转；村两委战斗力得到锻炼，村干部威信提高了，干群关系也得到改善。

【党建带动工建，工建服务党建】 11月27日，公司党工部、工会联合召开广远公司2010年党建政研会暨工运理论研讨会。会议传达学习了党的十七届五中全会精神和中远集团六届五次政研会精神，结合后金融危机时期企业发展、党建思想政治工作、工会工作面临的新情况，积极探讨新形势下党建带动工建、工建服务党建的新思路、新途径。会上有6家单位交流了党建、工建工作先进经验，表彰了一批优秀党建政研理论和工运理论优秀研讨成果。广远党群部室、各全资和控股企业党组织主要负责人，基层单位工会主席，广远公司政研会、工运理论研究会理事，部分优秀论文作者，共40多人参加了会议。

【加强工会自身建设，提升工会工作能力和水平】 组织开展了工会组织建设调研、职工之家建设和职工队伍建设调研活动，摸查工会组织建设、职工队伍建设的状况。机关工会组织广远本部各部门工会主席进行了座谈，了解本部职工的思想动态，并组织机关工会干部开展了国防教育活动，接受国防知识教育。在调研的基础上，不断完善工会各项规章制度，严格工会工作目标考核，积极研究探索新体制下工会工作的开展，在坚持发扬原有优势、发挥品牌优势的基础上，实现工会工作的创新发展、科学发展。与此同时，坚持开展“职工之家（小家）”建设，夯实工会工作载体。制订下发了《深化职工之家（小家）建设，充分发挥工会组织应有作用实施意见》，进一步推进“建家”活动，将“建家”与建企业、建制度、建队伍紧密结合起来，把工会组织建设成为党政领导放心和职工群众信赖的“职工之家”，为促进人文关怀、实现和谐稳定发挥了应有作用。

中国海员工会中交第四航务工程局有限公司委员会

【领导班子】

主　席：肖干生

副主席：陈明星

【机构设置】

办公室、女职工委员会、经费审查委员会

【坚持集体协商制度，发展和谐劳动关系】 7月，四航局就正常工作时间工资标准召开了第三轮集体协商会议，以公司董事总会计师吴方红为代表的企业方与以主席肖干生为代表的职工方就正常工作时间工资标准的调整进行了集体协商并达成一致。此次集体协商得到了上级工会的高度评价和认可。随后，公司召开了九届五次职代会联席会议，表决通过了正常工作时间工资标准的调整，新标准比原标准提高了14.68%以上，充分体现了四航局以人为本关爱职工的经营管理理念，对充分调动员工的生产工作积极性，增强企业凝聚力、发展和谐劳动关系发挥了积极作用。

【坚持为职工服务，积极推进扶贫帮困工作】 在公司党政领导的大力支持下，各级工会组织深入实施送温暖工程，进一步加强“困难职工帮扶中心（帮扶小组）”建设，发挥困难职工帮扶中心的主导作用。各级工会根据实际情况，深入开展“心系职工活动月”、扶贫帮困等活动，积极落实对低收入职工家庭和因病致贫职工进行救助的工作，叫响做实“海外职工家属有困难找工会”活动，完善海外职工档案，进一步建立健全职工家属联系制度、上门慰问制度和求助服务制度，努力解决海外项目部职工的后顾之忧，积极为职工办实事、做好事、解难事。各级工会认真为有关职工办好各项保险的理赔手续，让职工确实享受到企业给职工的实惠，一年来，共为职工办理理赔 97 人次，理赔金额 28 万元。

【扎实推进劳动竞赛，围绕中心建功立业】 为进一步凝聚职工力量，激励广大职工改革创新，确保重点工程项目施工的顺利完成，公司深入开展了重点工程劳动竞赛活动。一公司太中银项目部开展了“大干 100 天，展四航铁军风采”等主题竞赛活动。项目部克服了施工图纸确认晚、任务重、时间紧等困难，战胜了柳林境内 80 年一遇的洪水灾害，顺利完成了施工任务，受到太中银铁路公司通报表扬及中交太中银铁路指挥部的嘉奖。为确保产值的完成，二公司举行了以“全面深入推进劳动竞赛，确保实现年度产值 60 个亿”为主题的劳动竞赛誓师动员大会，省总工会和省海员工会等领导为大会作了动员讲话并为参赛代表项目进行授旗，极大地鼓舞了职工们开展劳动竞赛的热情和干劲。三公司钦州项目部在开展劳动竞赛活动中，将三项工程四个点分列成 11 个劳动竞赛小组开展，其中圆筒出运安装组通过合理调度、科学利用船机，提前 2 个月完成任务，节省船机费用近 200 万元，并实现了零事故、零伤亡的安全目标。研究院以开展劳动竞赛活动为契机，通过修改完善科研管理制度、落实科研考核指标等一系列措施，确保科技项目正常运行，规范可控。一年来研究院共获得省部级科技进步奖 6 项，中交集团科技进步奖 1 项，青岛市科技进步奖 1 项，公司科技进步奖 3 项；主编规范 2 本，参编 2 本；发明专利技术 3 项；公开发表论文 60 篇，其中 3 篇获国际三大检索机构收录，为项目施工生产提供了关键性技术支持。

【组织技术比武活动，努力提高职工素质】 四航局工会坚持实施职工素质工程，发动各级工会组织结合项目施工生产的实际情况，组织职工开展岗位练兵、技术比武活动，推动创建学习型组织活动的深入开展。9 月 8—9 日，公司工会选派选手参加了中交股份 2010 年职工（试验工）技能比赛。经过激烈的角逐，研究院姚灵获得个人第三名并被授予“中交股份技术标兵”称号；二公司李祖权和一公司黄昌华分别获得个人第四、第五名，并被授予“中交股份技术能手”称号；四航局荣获“中交股份人才贡献奖（团体奖）”第一名。

【提高经济效益，合理化建议显成效】 各级工会组织紧紧围绕生产经营，广泛开展合理化建议、双增双节等活动，把内容定位在为企业经营生产的全过程服务上，渗透到提高质量、降低成本、节能减排、安全生产、市场开拓、实现效益等各个领域和环节，并不断赋予新的主题，注入新的生机。一年来，公司各级工会组织职工提出合理化建议、双增双节成果 48 项，其经济成效达 3176 万元。

【以创建学习型组织为契机，不断深入开展思想教育活动】 公司本部及研究院女工委联合举办了女职工“读书·思考·进步”专题读书交流会。女职工代表以女性特有的睿智、细腻和丰富的情感，深刻剖析多本著作的主要思想和从中受到的启迪，把在工作和生活中总结的经验与大家共同分享，激发了广大女职工的读书热情，得到了与会领导和女职工的认可与好评。

【组织职工开展以“迎亚运”为主题的文化体育活动】 2010年，广州举办了第16届亚运会，为使广大职工以良好精神面貌迎接亚运会召开，各级工会组织因地制宜，在规范和配置好文体活动设施和安排好施工生产的情况下，利用工余时间精心组织员工开展形式多样、强身健体的各种文化体育比赛活动，既丰富了员工的业余生活，又达到了缓解压力、陶冶情操、寓教于乐的目的。10月，中交股份羽毛球比赛决赛在武汉江汉大学体育馆举行，中交第四航务工程局有限公司选手凭着顽强的拼搏精神，力挫群雄，夺得亚军，为四航局赢得了荣誉。（汪琳）

广东省海洋与渔业局工会委员会

【领导班子】

主　席：张健生

副主席：王沙滨

【机构设置】

工会委员会、局女职工委员会、局工会经费审查委员会、下属六个基层工会

【综述】 2010年，局工会按照局党组和上级工会的工作部署和要求，围绕局的工作中心，抓住服务大局的重点、找准建设和谐机关的切入点、把握开展“迎亚运体育年”活动的着力点，扎实有序地完成本年度各项工作，做到“五个服务，五个做好”，增强了团队的凝聚力，扩大部门的社会影响力，激发了广大干部职工的活力，受到了广大工会会员的欢迎和上级领导的肯定。

【服从服务工作大局，做好参与者】 一是积极参与“抓落实、促发展”主题实践活动。主动把工建工作与党建工作同研究、同部署、同落实，把“抓落实”与帮扶困难促和谐、喜迎亚运促健康、加强自身建设促提高等工作结合起来，形成党工共建的有利环境，共同推动海洋渔业事业的发展。二是积极参与局内部事务管理。主动介入局职工食堂质量管理、局办公楼装修、大院围墙改造工程、安全生产等关系到大多数职工切身利益的内部管理事务，提出合理化建议，起到了协商和监督作用。三是积极参与局的公益宣传。把握广东省被列为国家海洋经济发展试点地区的优势，结合“全国亿万职工健身活动月”和“广州亚运会倒计时一百天系列庆典活动”之机，在珠江畔成功举办了以“迎亚运体育年”活动兴趣小组启动暨太极拳班开班仪式、亚运火炬传递仪式为载体的大型公益宣传活动，广受公众和媒体关注，既向社会大众展现了海洋渔业人“全民齐健身、积极迎亚运”的风采，也带动社会公众以亚运会东道主的身份积极参与营造人文亚运氛围，同时引导了更多人关注和了解我们的行业，增强了大众的海洋经济意识和海洋环境保护意识，收到了“三位一体”的宣传效果。

【服务建设和谐机关，做好落实者】 积极开展工会帮扶。深入贯彻“生活困难有关怀，上学困难有助学，伤病困难有慰问”的

宗旨。春节前夕，上门慰问 40 多名特困职工、5 名困难遗属、3 名军烈属以及 3 名退休劳模，共发放慰问金 3.68 万元及慰问品一批。9 月开学前，通过向上级工会申请和局帮扶中心帮扶两个渠道，为局系统 23 名困难职工子女发放助学金 2.2 万元，已资助 5 名困难职工子女顺利完成了从高中直至大学毕业的学业。及时探望慰问患病住院职工，为因治疗重病造成经济负担的 10 多名职工发放了伤病帮扶金共 2 万元。积极开展工会维权。一是成功解决船员退休年龄不公问题。局下属企业建港公司 40 多名船员一直受到同类工种却因行业不同而未能享受同一退休年龄标准的不公待遇。为此局工会多次与省社保厅、省总工会等部门协商，以信件、上访、报告跟踪等方式争取，终于在年初使问题得以解决，既为职工谋得合法合规权益，也为企业减轻了一定的经济负担。二是成功解决临时工工资不达标问题。7 月，局属某单位多名临时工反映工资未达 5 月 1 日起正式实施的广州市最低工资标准。局工会迅速向相关部门了解情况，寻求解决办法。一方面向职工做好解释工作，稳定职工情绪，另一方面敦促有关部门尽快调整工资，按规定足额发放，使该问题得到妥善解决。积极参加社会活动。一是积极参与扶贫“双到”工作。局工会牵头联合局关工委、局直属机关团委在六一节当天赴局对口扶贫村新坪村小学开展“迎‘六一’关爱牵手”活动。向学校赠送了新购置的多功能传真打印机一台、学生课桌 60 套，及局属各单位捐赠的学习用具和科普书籍一批，改善了该校落后的办学条件。二是支持玉树灾区重建工作。青海玉树地震发生后，局工会受局党组委托，迅速展开“情牵玉树、奉献爱心”抗震救灾募捐活动，广大干部职工纷纷响应，短短几天共收到三批捐款合计 95131 元，分批及时送达省慈善总会。

【服务职工健康大局，做好引领者】 一是全面发动宣传，增强职工健身意识。通过会议、短信、报刊、板报以及体育兴趣小组名册等形式发动宣传，营造全方位的全民健身舆论氛围，使体育健身理念扎根于广大职工，增强参与健身活动的自觉性。并通过大型的公益宣传活动，以点带面引领社会大众增强健身意识。二是大力开展活动，激发职工健身兴趣。投入大量精力和资金，陆续启动 20 多个项目兴趣小组的活动，成功举办了局系统趣味运动会，乒乓球、游泳、羽毛球、篮球四大季度赛，秋季登山暨“迎亚运体育年”总结表彰活动等。参与的职工近 2000 人次，覆盖面达 95%，体现了活动多、影响大、主题突出、全民参与的特点，真正做到“贴近职工、服务职工、职工受益”，大大激发了广大职工的健身兴趣。三是建立长效机制，推动职工健身持续开展。广东省海洋与渔业局成立了体育兴趣小组协调委员会，局领导担任顾问、各单位（处室）一把手担任委员；委员会下设办公室，各级工会主席担任成员；每个兴趣小组分别设置领队、队长、联络员、组长、组员，明确各自职责，做到有部署、有计划、有活动、有总结。领导小组成员深入到职工当中，了解和分析职工对活动开展的认识和看法，采纳职工群众建议，通过各种双向互动方式，达到良好的创建效果，使兴趣小组能深入、持久、健康地开展活动。

【服务女职工工作大局，做好谋划者】 一是精心组织本系统“三八”节活动。为庆祝“三八”国际劳动妇女节 100 周年，局工会组织 100 多名女同志到汕尾、海丰举办“缅怀烈士、体验渔风·庆‘三八’”活动，并与汕尾市海洋与渔业局职工联合举办了一场具有浓厚渔家风采的联欢晚会。二是积极谋划农村妇女增收致富支持行动。按照 3 月省政协副主席、省妇联主席温兰子一行到广东省海洋与渔业局座谈的指示精神和局的统一部署，局工会联合局有关业务处室在深入基层充分调研的基础上，与省妇联共同确立了6个渔业“巾帼创业示范基地”，制定了《关于扶持广东省巾帼创业示范基地初步计划》。6月25日，第一期妇女水生生物病害防治员培训班暨巾帼鱼病诊所揭牌仪式为扶持行动拉开了序幕，其后逐项落实扶持计划。此举使妇女工作在务虚与务实、政工与业务上找到了良好结合点，也在“抓落实”、“提高执行力”上有了新的尝试。

【服务工会自身发展大局，做好建设者】 一是加强工会干部培训。定期派出工会干部参加上级工会的政治理论学习、岗位和业务培训；加强与省总有关部门和兄弟单位的交流和学习，不断提高工会干部的学习能力、维权能力、帮扶困难能力、廉洁自律能力。二是指导组建基层工会。局工会从政策上、操作上主动给予指导和支持，帮助省渔业服务中心和省渔政总队两单位顺利成立基层工会，进一步加强了工会组织的力量和保障能力。 （张莉莉）

中交广州航道局有限公司工会委员会

【领导班子】

主　席：范　强

副主席：林朝钦

【概述】 2010年，在广东省总工会、广东省海员工会和公司党委的正确领导下，中交广州航道局有限公司工会认真贯彻党的十七大、中国工会十五大、广东省工会十二大精神和公司党委的各项部署，以邓小平理论和“三个代表”思想为指导，深入贯彻落实科学发展观，围绕公司中心工作，服务改革发展大局，突出工会维护职能，强化职工民主管理，创新劳动竞赛内容，深化各类岗位练兵，充分调动广大职工的积极性、主动性和创造性，为公司的科学发展发挥积极的作用。

【加强工会自身建设，提升工会整体素质】 一是建立健全工会组织。2010年，新建基层工会5个，新建基层女职工组织2个，新建基层工会经费审查委员会2个，完全做到“哪里有党组织，哪里就有工会组织”的全覆盖；并完成12个基层工会组织的换届改选、机构调整、委员增补工作；吸纳新会员98人，入会率达98%以上。二是创建职工之家。2010年，工会建家活动得到各级工会组织、广大职工的大力支持，成为“人人参与，齐齐创建”的中心工作。全年完成3个基层工会建家验收工作。三是拓宽业务知识。2010年，举办《工会会计制度》培训班，特邀广东省总工会财务专家为专兼职工会财会和经费审查委员会人员授课；并选送工会干部参加全国“安全生产督导师”、“人际相处艺术”、“工资集体协商”等培训，提高工会专兼干部综合素质。

【建功立业出成效，合力推进企业发展】 一是劳动竞赛得到创新。2010年，劳动竞赛延伸到公司所属二级单位、分包船舶，使劳动竞赛实现全覆盖，形成了真正的“全员参与，共创价值”的良好局面；以创建“工人先锋号”活动为载体，把争创“四个一流”的主要内容不断量化劳动竞赛标准，把劳动竞赛推向一个更高台阶。二是技能比武取得成效。组织开展公司2009—2010年度岗位（机工）技能比武活动。共有16艘船舶、62名机工参加团体赛，22名选手进入个人总决赛，这些选手获得公司高度重视和关注，为优秀选手今后获得更高、更有分量的荣誉奠定了良好基础。

【提升知名度，增强影响力】 一是加大创争力度。2010 年，公司涌现出一批优秀集体和个人，树立了良好品牌形象。其中，“万顷沙”轮荣获全国“职工小家”和“中央企业红旗班组”称号；公司和“远龙”轮分别荣获全国“安康杯”竞赛广东省优胜企业和优胜班组称号；公司工会和“万顷沙”轮分别荣获广东省十项重点工程劳动竞赛“优秀组织单位”和“优胜单位”称号；公司总经理林少敏荣获广东省十项重点工程劳动竞赛“模范企业家”称号，同时被授予广东省五一劳动奖章；沙特项目经理杨洪周和“万顷沙”轮船长谢冬阳同时荣获全国第十二届“金锚奖”。二是提升知名度。2010 年，公司工会不断加强与广东省、上海市、天津市、汕头市、江苏连云港市、广西防城港市等地方总工会的沟通和交流，为公司营造良好的外部环境。广东省人大常委会副主任、省总工会主席邓维龙，中国海员建设工会主席李铁桥等上级工会领导先后莅临中交航道局有限公司进行调研指导，分别对中交航道局有限公司在促进中国沿海地区经济建设，尤其是广东省经济发展中所作的突出贡献给予了充分的肯定和高度的赞赏。

【完善维权机制，促进公司和谐发展】 第一，落实职代会制度。2010 年初，组织召开公司八届二次职代会暨十届二次工代会，审议并通过了《总经理工作报告》、《公司工会工作报告》、《公司绩效管理办法》、《关于提高公司应急救难互助互济基金会的资金筹集标准方案》等一系列报告和文件，有效保证职工的知情权、参与权和监督权。第二，完善集体合同制度。公司工会及时与行政签订《变更集体合同协议书》，确保《集体劳动合同》、《变更集体合同协议书》的合法性、合规性。第三，充实代表巡视内容。围绕生产经营、安全管理、劳动保护、环境卫生、福利待遇、服务态度等内容，组织公司部分职代会代表深入各二级单位、工地、船舶进行交流，倾听职工的心声和建议，及时回答或反馈。第四，履行劳动保护职责。一是开展以“危险就在身边”为主题的危险源辨识竞赛活动；二是将防暑降温活动与“安全生产月”活动紧密结合；三是参与工伤事故调查和工伤职工的探视，完善工伤职工探访制度；四是开展“安康杯”暨船舶、班组安全竞赛活动；五是开展“全国职工职业安全卫生知识普及教育”竞赛活动。

【加大关爱力度，增强凝聚力】 一是关爱生产一线职工。公司工会不断加大关心生产施工一线职工的工作、生活的力度，结合“送清凉”、“送温暖”活动展开关爱活动，并加强与海外施工人员的交流和沟通，掌握员工思想动态，做好职工队伍的稳定工作。二是关注职工家属。2010 年，公司工会认真落实“出境船员服务小组实施意见”，不断拓宽服务内容，积极开展境外职工家属服务工作，极力解除家属的后顾之忧。利用春节、中秋等佳节组织境外职工家属举办茶话会，并为每位境外员工家属发送、邮寄新春贺礼、贺卡和中秋月饼。三是关心困难群体。公司职代会通过了《关于提高公司应急救难互助互济基金会筹集标准的方案》，使帮扶资金得到提高，帮扶范围得到拓宽。公司工会严把帮扶关，对困难帮扶情况进行摸底、排查，定期或不定期召开公司福利委员会商议帮扶对象和帮扶金额，并在公司网站进行公示，接受全体职工的监督，增强帮扶基金使用的透明度。

【丰富活动载体，构建和谐职工之家】 公司工会根据工程项目和施工船舶较多、施工地点较分散的实际情况，在各重大节日，为各项目部、各船舶下拨活动经费并指导其开展文体活动，组织公司女员工、本部员工开展丰富的娱乐活动，以分散组织、灵活开展为原则不断丰富职工业余生活，并且在经费上支持二级单位和职工自发组织的羽毛球、篮球、乒乓球群体活动，创造健康和谐氛围。公司工会还根据不同的场地和职工的需要，及时为新建船舶、新成立工地项目部配备DVD机、音响、乒乓球台、健身器材、羽毛球拍、乒乓球拍、篮球等大量的娱乐用品，并为已有设备的船舶、项目部进行更新、补充，划拨部分文体用品费用由各基层工会自行购买文体用品，进一步改善工程项目部、船舶工作环境，受到了全体职工的高度评价。（林芳）

广东电网公司工会委员会

【领导班子】

主　席：顾广平

副主席：郑观来、武立娟（女）

【机构设置】

办公室、业务部、女工与计生部、离退休管理中心

【综述】　2010年，广东电网公司工会在省总工会、南方电网公司、广东电网公司的正确领导下，认真贯彻落实南网方略、省总工会十二届二次全委（扩大）会议精神和广东电网公司2010年工作会议精神，紧紧围绕广东电网公司亚运保供电、保证电网安全运行、创建先进省级电网、主动承担社会责任等目标，牢牢把握“为职工服务、为党政分忧、为经济加油、为企业和谐”的工会工作指导思想，以党建带工建、促企业发展，深入开展有自身特色的群众性文化娱乐活动，激发员工工作热情，提升员工工作水平，在弘扬企业文化、提升员工素质、创建和谐企业等方面充分发挥了组织、引导和服务的作用，为广东电网公司全面完成2010年的各项工作任务和目标作出了应有的贡献。

【以维权维稳为重点，保障企业和谐】　严格按照“党委领导、行政支持、群众参与”的工作格局，规范职代会运作。召开了公司一届四次职代会，对全部9件职工代表提案进行了答复和处理，提案落实率100%；召开了公司一届四次职代会联席会议，审议通过《广东电网公司安全生产问责管理规定》；建立基层职代会制度，各基层单位坚持每年召开1～2次职代会，落实职工民主权力；组织职工代表参加培训班，提高了职工代表参政议政的能力。直属各单位工会依法维护职工权益，推进了企业民主管理。佛山、韶关等供电局工会开展职工代表巡视活动，认真落实职工提案。电力设计院工会利用企业门户网站，将职代会提案的答复或办理情况首次在网上公布。汕尾供电局工会通过开展职工合理化建议活动，为职工创造了一个“有想法随时说，有创意随时提”的平台。东莞、中山、河源、惠州、汕头、潮州、汕尾、阳江、湛江、茂名、清远、揭阳11个供电局及20个县级子公司荣获“广东省厂务公开先进单位”称号。

【以技能竞赛为抓手，提升职工素质】　为全面提升职工素质，改变了以往组织精英参加比赛、重荣誉轻参与的模式，采取深入发动、广泛参与的方式，把各个层次、各个地区的职工都吸引到竞赛中，切实通过竞赛提

高了职工技能水平。组织开展了广东省职业技能大赛能源电力类高压线路架设和继电保护技能竞赛、农网配电营业技能竞赛、公司通信站运行管理竞赛，承办了南方电网配电线路技能竞赛。其中，农网配电营业技能竞赛，各基层单位认真组织初赛和选拔赛，参加员工达到了5700多人，从上到下形成了全员练兵、全员竞技的火热场面。省委书记汪洋、省长黄华华亲临现场观摩农网配电营业技能竞赛总决赛，并给予了高度评价。组织了广州地区10个直属单位16116名职工、877个班组开展以“加强班组安全建设、强化一线教育管理”为主题的全国“安康杯”竞赛，获得多项全国及省级荣誉奖项。在南网配电线路技能竞赛中包揽个人前九名与团队一、二等奖；在南网地调继保整定技能竞赛中获得第二至第六名的好成绩；在第七届全国电力行业职业技能竞赛中获得了团体第十名的好成绩。通过竞赛活动，共有6个基层单位获评广东省“工人先锋号”，3名员工荣获广东省五一劳动奖章，24名员工获评广东省“技术能手”，40多名员工提升了专业技术资格。直属各单位工会以创建“工人先锋号”为载体，广泛开展建功立业活动，为提升员工素质不遗余力。省输变电公司举办了第五届输变电技术技能竞赛；深圳供电局举行了车载发电机技能竞赛；肇庆供电局举办了“倒闸操作、现场作业安全之星评比活动”；中山供电局工会联合市总工会完成了“中山市优质服务迎亚运”供电服务技能竞赛活动。

【以文化活动为载体，营造快乐氛围】 成功举办了“服务好、管理好、形象好”文艺巡演和“同心结南网，携手迎亚运”公司第二届职工运动会等大型活动。其中，文艺巡演历时3个月，跨越粤西、粤东、粤北地区50个县级供电企业演出近50场，累计观众达4万多人次，员工反响强烈；公司职工运动会历时8个月，基层广大职工积极参与了12项赛事的角逐，全公司上下一片快乐欢腾。认真落实南方电网“同心结南网，携手迎亚运”系列活动安排，承办并组队参加南方电网桥牌比赛；组队参加广东省第四届职工运动会羽毛球比赛，以优异的成绩和精诚合作的团队精神，赢得了好评。直属各单位工会将开展文体活动作为宣传企业文化的有效载体。广州供电局工会举办了“合家欢乐迎亚运”趣味运动会和“我心中的供电人”职工子弟征文、绘画展览等活动；佛山供电局工会举办了以“我爱我家·快乐佛电”为主题的水上趣味活动；江门供电局工会开展文艺精品创作活动，举办了“唱企业歌曲，促创先步伐”歌咏比赛、“纪念抗冰救灾胜利两周年书法、摄影、征文比赛作品展览开幕式暨作品集首发式”；肇庆供电局工会牵头举办了“亚运保电争先锋，创先争优乐其中”的企业文化创先主题系列活动。通过开展一系列具有特色的主题文化活动，增强了职工的身心健康，诠释了南网方略和创先文化的内涵，公司上下呈现出一种不单纯是热热闹闹的气氛，更是使职工能享受到工作的快乐，并将这种快乐转化为饱满的工作热情的良好景象。

【以关爱帮扶为切入点，开展送爱心活动】

从稳定队伍、关心职工出发，开展冬送温暖、夏送清凉活动。公司拨出108万元专款，对4个单位以及11户低保户、103户特困户进行慰问。坚持走访慰问制度，共计走访慰问老工人、老党员、患病职工、英烈家属、劳动模范等260余人，发放慰问金额32.67万元。组织开展亚运保供电慰问活动，先后慰问保供电人员、武警官兵近3000人；工会女职委专门慰问保供电一线女员工。关心交流干部及其家属的生活情况，建立工会副主席24小时服务热线，为交流干部创造了良好的工作生活环境。积极组织职工参与社会公益救助活动，发动公司系统广大干部职工捐款共计1228万元。

【以人为本，强化女职工和计生工作】 坚持女职工工作从“管理型”向“服务型”转变的工作思路，以“两项工程”为主线开展争创“女职工建功立业示范岗”和争做“女职工建功立业标兵”活动。做好公司系统女职工状况调查和“两项工程”调研，了解基层单位“两项工程”的开展情况。举办纪念“三八”国际妇女节100周年，女职工联谊晚会、心理健康专题讲座、女职工征文等系列活动。举办广州地区直属单位女职工“绽放美丽迎亚运”插花比赛，展示了女员工热爱生活、健康向上的精神风貌。开展广州地区直属单位员工“心相悦”联谊活动，为广大员工提供了轻松愉快的交流平台。评选并表彰了公司“先进女职工组织”、“优秀女职工工作者”、“先进女职工”和“巾帼文明岗”。始终坚持计划生育“三为主”的工作方针，抓制度、抓宣传、抓服务，公司计生工作已连续21年达标。

【以落实“两项待遇”为重点，提升离退休管理水平】 坚持“政治上多关心，思想上多关注，生活上多照顾，精神上多关怀”的工作思路，落实“两项待遇”，丰富老年人生活，提高服务质量，维护了离退休职工队伍的稳定。坚持阅读文件、情况通报、听报告、参加重要会议和重大活动、就近就地参观学习、走访慰问离退休干部等制度。做好公司系统内249名离休干部待遇拉平工作。召开系统离退休管理工作座谈会，交流经验，分析形势，确保了直属单位持续做好新形势下离退休管理工作。前往广州、肇庆供电局、电力一局等单位实地调研督查贯彻落实《关于进一步加强新形势下离退休干部工作的意见》的情况。

【以深化创先为切入点，选树先进典型】 紧抓创先契机，强调工会干部要树立有激情、有活力、有热心的主动服务意识，培养融入中心工作的能力和水平。组织召开了公司工会一届二次全委会和工会工作会议，总结、研究部署工会工作。按照创先的要求，完善指标、做好工会各项制度的流程细化。推进学习型、创新型工会建设，圆满完成《建立职工温馨家庭工作站》的工会软课题研究，并启动了温馨家庭工作站，做到意识创先、服务创先。组织公司系统工会干部参加各类业务培训200多人次。2010年，公司涌现出一大批先进典型，公司评选出先进工作者48名，技术能手45名，“工人先锋号”38个，“安全在岗位”先进班组98个；获得省部级及以上集体荣誉41项、个人荣誉29项；6名员工荣获“南方电网劳动模范”称号，15名员工荣获“南方电网技术能手”称号，9个集体荣获“南方电网工人先锋号”称号。 （刘宁、杨建中）

中国南方电网有限责任公司超高压输电公司工会委员会

【领导班子】

主　席：黄立新

副主席：雷明忠

【机构设置】

办公室、员工权益部和女工文体部

【综述】 2010年，超高压输电公司（以下简称“公司”）工会在公司党委和上级工会的领导下，深入学习实践科学发展观，强化"一二三"的工作措施（即"一个中心，两个一致，三个服务"。"一个中心"，就是以公司安全生产为中心；"两个一致"，就是公司工会工作思路与公司党委工作精神保持高度一致，公司工会工作目的与职工利益相一致；"三个服务"，就是服务于公司一体化大局，服务于公司的经营管理，服务于广大职工的工作、学习和生活)，发挥桥梁和纽带作用，团结动员全体职工在推动超高压公司打造"国内最强、国际领先的大区域输电运营商"的战略目标中发挥主力军作用。

【民主管理制度化】 组织召开了公司二届三次职代会和会员代表大会，审议了《安全问责制规定》、《企业补充医疗制度》等涉及职工切身利益的文件。2010 年，征集职工提案 29 条，已办理的提案有 25 项，占总提案数的 86%，对暂时不具备条件的都提出了处理意见。各级工会积极配合党政班子以职代会为基本形式开展厂务公开工作，形成了党委统一领导，党、政、工齐抓共管，职能部门各负其责，工会、职代会组织实施，广大职工积极参与的厂务公开工作机制。基层工会根据自身情况，认真完善了厂务公开的相关规定。广州局制定了《局务公开管理办法及实施细则》，规定厂务公开工作的内容，不断加大厂务公开力度。公司工会前后六次赴贵阳局、梧州局、柳州局、南宁局、百色局等基层单位督促检查，召开职工代表座谈会。各级工会干部深入生产现场进行了解和慰问，对劳动保护工作进行监督，积极履行《劳动合同法》赋予工会的职能。

【劳动竞赛激发活力】 按照南方电网对公司提出的云广特高压工程"建得起、接得下、管得好"的总体要求，公司工会开展了"一个主题"、"三个创新"、"五个结合"、"七个确保"的"一三五七"劳动竞赛活动。"一个主题"是：掌握核心技术，占领特高压直流技术新高地；"三个创新"是：创新竞赛内容、创新考评机制、创新推进方法；"五个结合"是：结合科技创新，结合企业文化建设，结合"安康杯"竞赛，结合"工人先锋号"创建活动，结合"绿色工程"创建活动；"七个确保"是：确保工程质量，确保工程进度，确保安全生产，确保工程标准化，确保掌握核心技术，确保工程信息化，确保工程总结到位。特别是在世界第一条±800 kV 直流输电工程——云南至广东±800 kV 直流输电工程中，公司工会开展了富有特色的劳动竞赛，取得了良好的成绩。

【技术比武提高技能】 公司工会 2010 年重点在通信技术比武方面下工夫，联合信通中心，举办了第二届通信技术比武，取得了较好的效果，表彰了技术比武前十名人员，朱一峰被评为公司的技术能手，获前六名的人员当选为公司的技术能手。贵阳局开展了"安全在心中，技术在手中"系列技术比武活动，检修中心开展英语演讲比赛，其他各基层局工会也分别开展了变电运行、变电检修、输电线路、通信技术、汽车驾驶等技术比武。公司内全年共开展技术比武 45 期，参加人数 1400 多人次，有效地提升了广大会员的专业技能，为一线生产员工提供更加广阔的展示平台。

【给力亚运保电】 在亚运保电期间，公司工会积极承担上级工会及公司下达的亚运保电相关工作。工会干部坚守岗位值好班，下基层了解保电情况，及时慰问亚运保电人员。在亚运前及时掌握维稳信息，排查不稳定因素，会员情绪高涨，责任心强，队伍稳定，为取得亚运会保电安全作出了贡献。为此，公司工会表彰奖励亚运保电优秀员工399人。

【叫响“有困难找工会”品牌】　公司工会坚持开展“五必访”活动，结合春节、“五一”等节日，对劳动模范、离退休老干部、困难职工、生病职工进行慰问，公司系统全年慰问员工352人次。针对职工子女入学逐年增多的情况，各单位工会积极主动联系学校，千方百计帮助职工解决子女入学、转学等问题。关注青年员工婚恋问题，安宁局为青年员工举办了集体婚礼，让新人们感受到企业对员工的亲切关怀。在广东扶贫济困项目、西南旱区、甘肃舟曲泥石流灾区捐款，购买爱心枣，关爱农民工健康等活动中，组织会员共捐款近69万元，主动承担了更多的社会责任。坚持落实好疗休养制度，并在选择疗养地点和方法上进行了创新，2010年公司工会先后组织劳模、先进工作者、老员工进行了三期疗养，共安排职工及家属参加疗休养130人。

【文体活动丰富多彩】　公司工会举办了“迎亚运、促健康”长跑活动，“迎春杯”三方网球联谊赛，“迎新杯”四方联谊赛，开展了“同心结南网、携手迎亚运”经典歌曲大家唱、迎春团拜会、摄影基础知识讲座、采风活动和职工读书活动等。柳州局工会举办了“同心杯”广西片区羽毛球赛，南宁局与南宁供电局和广西电网公司物资分公司共同举办“和谐杯”户外拓展竞技友谊赛。增强职工凝聚力和向心力，促进公司精神文明建设。2010年，公司工会在“安康杯”劳动竞赛、“工人先锋号”等方面的先进评比中获得的荣誉多达499项。其中全国性集体荣誉9项，省部（含南方电网）级集体荣誉34项，全国性个人荣誉6项，省部（含南网）级个人荣誉72项，获得省一级五一劳动奖状、劳动奖章4项。　（向忠平）

广东省建筑工程集团有限公司工会

【领导班子】

主　席：程石岭

副主席：唐志强、李雪美（女）

【综述】　2010年，广东建工集团取得了令人振奋的好成绩，创造了承接工程任务和营业收入双双超200亿元的历史新纪录。工会工作在党政的高度重视和支持下，贯彻落实全国工会十五大和省工会十二大精神，学习实践科学发展观，坚持“积极组织起来、主动切实维权、创新工作载体、完善长效机制”的“二十四字”工作思路，结合建筑施工企业的特点，以开展“职工有困难找工会”、“农民工有困难、要维权找工会”活动为突破口，以参加全国“安康杯”竞赛为主要载体，积极主动维护职工生活权、生命权、生存权、学习权、民主权和发展权等“六项基本权益”，切实加强对企业职工的人文关怀，促进企业劳动关系和谐，努力让职工的工作和生活“安全、卫生、健康、快乐”，向“工会要让职工没有困难”的最终目标奋进，为构建和谐“广建”做出了卓有成效的努力，并获得了12项国家级荣誉，15项省级荣誉，13项地市级荣誉。

【以人为本，帮困扶贫，“职工有困难找工会”、“农民工有困难、要维权找工会”活动成效显著】　集团及所属12个单位都建立了帮扶中心，充分发挥帮扶基金的作用，降低帮扶门槛，帮困扶助工作取得明显成效。困难职工建档标准从家庭人均月收入低于500元调整到650元（广州地区，不含社会保险个人负担部分），扩大了困难职工的帮扶面，部分困难职工子女在集团的帮扶下顺利完成了学业，并成功就业，使家庭从根本上摆脱了困境。在集团和各基层单位的共同努力下，集团建档的困难职工中有 39 人已经脱离了困境（其中特困职工 11 名、困难职工 28 名）。集团以“加强人文关怀，改善用工环境，努力推进‘职工有困难找工会’活动向纵深发展”为题，对近年的“职工有困难找工会”、“农民工有困难、要维权找工会”工作进行了总结和交流。省工业工会高度肯定了集团各级工会在开展“职工（农民工）有困难找工会”活动中所取得的成绩，认为“突出了重点、抓住了要点、体现了亮点、突出了人文”。集团工会还积极配合集团党委落实对大埔县“规划到户，责任到人”的扶贫工作，多次赴大埔进行调研，制订了切实可行的帮扶方案，集团为此划拨了 217 万元，用以发展村集体经济和实施村民困难帮扶。经过帮困扶助，和村村集体及贫困户的面貌有了一定程度的改变，有 50 户贫困户实现脱贫。集团所属各单位也积极开展“送温暖”活动，想方设法为职工办好事、办实事、解难事。如广东华隧公司为解决广州地铁九号线五标看病就医难的实际困难，在项目部设立了职工健康医疗服务站，聘请专业医生每星期到工地免费为职工坐诊看病，受到项目部员工的普遍欢迎。

【夯实基础，规范管理，办好农民工业余学校，构建文明和谐安全工地，为广州亚运的成功举办贡献力量】 集团各级工会紧密配合企业行政创建农民工业余学校，担当起重要角色，主动承担了各项基础工作，在确保工程施工高质量的同时，也实实在在地维护了农民工的切身利益，提高了农民工的安全、健康和自我保护能力，达到了建设和谐企业劳动关系的目的。2010 年 8 月，中央文明办副巡视员王朝彬，广州市委副秘书长、市委宣传部副部长、市文明办主任冯建标，市建委宣教处处长李佑军等领导，视察了由集团所属省四建公司总承包的广东奥林匹克体育中心工地农民工业余学校，充分肯定奥体中心农民工业余学校办学方法和途径，认为农民工业余学校真正做到以农民工为本，小到日常生活、大到工作环境，都体现了关注农民工，体贴农民工，确保农民工安全、按时、按质完成项目施工，为广州亚运会的成功举办贡献力量。经过几年的发展，集团农民工业余学校初具规模，大型在建项目全部按标准要求建起了农民工业余学校，建校率达 100%，并编写了《农民工业余学校工作指引》，举办了一期农民工业余师资培训暨办学经验交流会。2010 年，集团有 5 个单位和 5 名员工被广州市城乡建设委员会评为“第三届广州市建筑工地优秀农民工业余学校和有关先进单位、先进个人”，并受到通报表彰。

【喜迎亚运，全员健身，举办“和谐杯”篮球赛及系列活动】 2010 年，广州喜迎亚运会，集团举办了大型“迎亚运·和谐杯”篮球比赛，得到了上级和集团党政工领导的高度重视。省总工会党组成员、巡视员孔祥鸿两次莅临比赛现场，对大赛提出祝贺和希望，对集团历年开展职工文体活动给予了高度评价。省工业工会主席罗鹏雄、科长傅培德应邀出席了开幕式。集团党委书记、董事长丘小广亲自为首场比赛开球。集团所属 17 个单位共计 270 余名运动员，组成了 15 支男子队和 3 支女子队。集团以举办篮球赛、保健康、促和谐的方式，用实际行动迎接亚运会的到来，充分表明了集团上下高度重视、踊跃参加的良好氛围。此外，集团还组织参加了广州市安全生产委员会举办的“广佛同城迎亚运、保安全、促发展暨广州市第二届安全生产书法美术摄影展览”活动和省住建厅主办的“关注绿道·印象广东”“华隧杯”摄影大赛，共收集作品逾百幅。集团所属各级工会组织还因地制宜组织职工、农民工开展各种丰富多彩的文体活动，如登山比赛、棋类比赛、趣味运动会等。多个单位组织员工参加了“亚运惠民，真诚感谢，万名建筑工人白云山览胜”活动。

【加强宣传，开辟“工会之窗”专栏，打造学习、交流、展示的平台】 2010年初，在广东建工外网上开辟“工会之窗”专栏，组建了工会信息宣传网络，完善了集团工会内外信息报送制度，并成功举办了一期信息宣传员培训班，邀请经验丰富的省总工会宣传教育部副部长周四根授课，所属工会信息宣传员共30余人参加了培训。另外，集团工会派人参加了全国总工会组织的舆情信息培训学习，省二建公司工会派人参加了汕头市总工会举办的工会信息员培训班。经过大家的努力，在集团外网上挂工会信息84条，向省工业工会网站报送信息33条，有力加强了工会宣传工作，展示了工会工作品牌。

【严格管理，收支平衡，工会财务管理获国家级表彰】 集团工会认真执行《工会财务会计管理规范》和新的《基层工会经费收支管理办法》，做好工会财务预算，积极收缴经费和帮困扶助基金，坚持“取之于基层、用之于基层”的原则，使工会经费为基层、为职工做好事、办实事、解难事，为企业和谐发展服务。集团各级工会经费审查委员会认真履行职责，做好工会经费审查、监督工作，确保工会经费正常运作。为适应财政部新颁发的《工会会计制度》，举办了《工会财务会计管理规范》和新的《基层工会经费收支管理办法》培训学习班，并特别邀请省总工会财务部部长田紫光亲自授课，共34人参加，切实提高了工会财务人员的业务水平。2010年，荣获2009年度“全国总工会市级工会财务先进工作单位”称号。

【立足一线，突出亮点，召开“安康杯”竞赛活动经验交流会】 2010年，召开了广东建工集团全国“安康杯”竞赛经验交流会。省总工会副主席张国兴，省总工会劳动保护部部长彭放、副部长黄海生，省工业工会副主席孙高山、调研员谭木光应邀出席大会。张国兴作了重要讲话。会上播放了集团、省机施公司沥青摊铺班和省安装公司第五分公司开展“安康杯”活动的多媒体（PPT）资料；省水电三局工会主席李学新、省基础公司工会副主席杨彬和省一建公司工会主席黎玉光先后在大会进行经验交流发言，省总工会、省工业工会有关领导为广东省建筑工程集团有限公司和所属单位荣获2008、2009年度全国和省级“安康杯”的竞赛优胜企业和省五一劳动奖状获得单位进行了颁奖。会后，与会人员参观了集团所属省水电三局台山核电厂一期工程淡水水源工程项目部施工现场。省工业工会主席罗鹏雄，集团党委副书记、纪委书记、工会主席程石岭为该工地一线职工派送了230箱“椰树牌”菊花茶。 （刘冬）

广东省食品药品监督管理局工会委员会

【领导班子】

主　席：陈鲁峰

副主席：魏保业

【机构设置】

工会委员会、局女职工委员会、经费审查委员会，下属六个基层工会

【综述】 2010年，广东省食品药品监督管理局工会在上级工会和局党组的领导下，紧紧围绕食品药品监管工作的五个“扎实推进”，大力实践科学监管，以“改革、发展、稳定”为主线，以确保食品药品安全和干部队伍安全为目标，充分发挥工会组织的作用，在关心职工身心健康，维护职工的合法权益，不断丰富职工文体生活，努力为职工办实事好事上做了大量的工作，为建设和谐机关发挥了积极作用。

【健全组织机构，加强自身建设】 2010年，召开了省食品药品监管局工会第二届会员代表大会，总结了局工会5年来的工作，明确了未来5年的工作思路，选举产生了局第二届工会委员会、经费审查委员会，同时选举产生了局第二届女职工委员会。为了提高工会干部从事工会工作的能力，局工会组织委员们认真学习《工会法》、《中国工会章程》（修正案）和中国工会十五大、省总工会十二大以及上级工会领导的重要讲话精神，以及2010年1月1日起施行的新《工会会计制度》，使委员们进一步明确了自己的职责。举办了基层工会财会人员学习班，通过学习新《工会会计制度》，进一步明确聚财、理财、用财工作要求。举办了基层工会干部学习班，通过学习《基层工会调查表》，确保《基层工会调查表》的填报工作准确、及时。

【开展群众性文体活动，丰富职工文体生活】 各级基层工会组织围绕食品药品监管中心工作，积极开展适合机关特点的文体活动，努力达到舒缓干部职工的工作压力，调节工作情绪，培养健康心态的目标。一是以迎亚运为契机，局工会举办了省食品药品监督管理局运动会，来自局机关及直属单位的运动员，本着“团结和谐、拼搏进取”精神参加了比赛，取得了圆满成功。这次运动会具有参与率高、项目多样化以及分段实施、不影响工作的特点，局机关及直属单位约有1300多名干部职工，参加各项比赛的人数达600多人次，参赛率达46%；比赛项目不仅有传统的、竞技型的赛跑、羽毛球、乒乓球、网球、游泳比赛，还有群众性的、活跃型的踢毽子、跳绳、五人六足、跳大绳等13个项目的比赛；将比赛时间较短、人员较少的项目分段实施，保证了各项日常工作的正常运转。二是坚持开展经常性“全民健身”活动。积极响应“全民健身”活动，提出了“每天锻炼半小时，健康工作每一天，幸福生活一辈子”的口号，结合实际开展形式多样的健身活动。如省局机关坚持周一至周五每天上午10时和下午3时半利用消防音响播放音乐，让机关干部在自己的办公室或走廊过道上作轻松的保健操、广播操等健身活动。省药检所坚持每年举办两次运动会，并将健身活动作为传承广东药检文化展现广东药检风采的经常性活动。省医疗器械检验所根据职工的兴趣爱好，成立了羽毛球、乒乓球、足球、篮球、游泳等活动小组，开展了丰富多彩的文体活动，初步实现了“全民健身”活动常态化。三是丰富职工业余文化生活。各基层工会组织结合中心工作，组织职工观看《潘作良（情暖万家）》、《暖川》等教育影片，组织参观“广东对口援建汶川灾区图片展”，以此弘扬抗震救灾与对口援建人员临危不惧、迎难而上、不怕牺牲的奉献精神，彰显广东人民敢为人先、勇担重任、大爱无疆的宽广胸怀，激发广大干部职工的爱国热情，树立了奉献意识，营造“人人当先锋，处处做模范”的好氛围。

【关心职工生活，营造和谐氛围】 一是组织好干部职工体检工作，在行政领导的大力支持下，各基层工会组织主动与医疗机构联系，认真细致地组织好干部职工的体检工作，使干部职工通过体检及时了解自己的身体状况，做到有病早治疗、早康复，以健康的身体、饱满的精神投入到食品药品监督工作中。二是帮助干部职工解决实际困难，热情帮助和慰问有困难的干部职工，特别是及时主动对重大疾病和困难职工给予重点帮助，力解燃眉之急。如遇职工有病、丧、产假，工会组织都派人去慰问，把单位领导的关心送到每位职工的心坎上；积极帮助干部解决子女入托问题，使他们体验到党组织和工会组织的温暖。三是关心退休职工生活，各基层工会组织进一步加强了对退休职工生活的关心，制定了退休职工活动制度并认真落实，从而及时掌握他们的思想动态，了解他们的困难并帮助他们解决。如省医疗器械所每季度召开退休职工茶话会，每年至少组织退休职工到省外观光旅游一次。省药检所为全体离退休人员订阅了《秋光》杂志，给离休干部订了《广州日报》、《老人报》，丰富离退休人员晚年文化生活，使他们深刻体会到工会这个“家”的温暖。四是做好关爱女职工工作，各单位女职工委员会注意调动女职工的积极性，在她们的孕期和生产期都给予关注和慰问，及时帮助她们解决问题，同时依法维护好女职工的权益，保护她们的权益不受侵害。

【做好扶贫帮困工作】 各级工会组织积极响应省委、省政府、省总工会的号召，认真做好帮扶解困工作。2010年青海省玉树发生地震后，广东省食品药品监督管理局工会组织广大干部职工为玉树抗震救灾开展捐款活动，共捐得善款203416.60元。在省委、省政府举办的“扶贫济困日”活动中，又筹得善款118271.50元。各单位还结合实际开展了形式多样的帮扶活动，如省药品检验所结合母亲节及计生协会日，开展了以“喜迎亚运、爱心奉献、关爱母亲、共创和谐”为主题的救助贫困母亲的筹资和宣传系列活动，共募捐善款880元。这些活动不仅帮助了困难群众，同时也促使广大干部职工在思想上树立起“扶贫济困”的高尚情操。

【协助行政部门认真落实人口和计划生育工作】 各级工会组织积极协助行政部门严格按照人口和计划生育工作要求，结合本单位实际，健全和完善宣传教育、科学管理、优质服务三位一体的工作机制。2010年省局领导与局机关内设机构及直属各单位签订了人口和计划生育工作责任书，进一步明确了在人口和计划生育工作的职责，促进了人口和计划生育工作的落实。各单位各部门认真履行人口和计划生育工作的程序和职责，扎实开展各项工作，确保无早婚、早育、违反《婚姻法》等违规现象，实现了男职工计划生育信息反馈率和准确率100%，女职工避孕有效率100%，育龄妇女妇科病查治率100%，孕情跟踪服务率100%，计划生育率100%；晚婚晚育率100%，独生子女领证率100%，按时按质完成计划生育报表，统计上报准确率100%，圆满完成了各项人口和计划生育工作任务。（魏保业）

中国建设银行广东省分行工会委员会

【领导班子】

主　席：王志雄

副主席：钱用道

【机构设置】

办公室、财务管理岗、医疗管理岗

【综述】 2010年，建设银行广东省分行工会在建总行工会和省分行党委领导下，始终围绕省分行的工作大局，通过开展“抓六力，促发展”系列活动、建功立业竞赛和比学赶帮超竞赛活动，以在推动业务发展过程中实现好、维护好、发展好广大职工群众的根本利益为己任，从细微处体现“心为职工所系、情为职工所牵、利为职工所谋”，有效地提高了工会工作服从、服务于省分行的中心工作的能力和水平，较好地发挥了工会组织的桥梁和纽带作用。

【开展“两赛”活动，促进业务健康发展，提高了工会服务力】 一是开展“两赛”活动，促进业务发展。省分行工会工作始终以促进各项业务健康发展为主题，2010年年初，根据总行工会部署，结合省分行实际情况，省分行工会在全行范围内开展了“创新金融服务，支持经济发展”建功立业竞赛和“比学赶帮超”竞赛活动，旨在以竞赛来调动全行员工的工作积极性和主观能动性，促进业务健康发展，从而推动全分行各业务条线工作再上新台阶。为了避免以往竞赛活动“开头发通知，员工不知晓；中间无人问，竞赛很冷清；事后做总结，凑数报典型”等现象出现，省分行工会通过召开专题会议、编发《情况通报》等形式，鼓励先进，鞭策后进。充分调动了广大职工群众的积极性和创造性，有效地促进了各项业务的健康发展。二是提升员工能力，为建设银行争得荣誉。省分行工会以广东省首届金融知识竞赛活动的举办为契机，在全行工会系统中掀起了学业务、懂法规的高潮；各二级分支行工会根据本单位的实际情况认真开展了金融系统金融知识（技能）竞赛和柜台业务知识及业务技能竞赛活动，使员工熟练掌握业务知识，提高综合能力，推动分行各项业务又好又快发展。在此基础上，举办了首届金融知识竞赛省分行选手选拔赛，由佛山、珠海、惠州、汕头、海珠等二级分支行选送的选手组成的省分行代表队在广东省首届金融知识竞赛中，表现突出，以优异的成绩获得团体总分第一名，为建设银行争得了荣誉。

【创新工作方法，提高工会活力】 按照省分行党委“关爱员工，和谐奋进”活动方案的总体要求，省分行工会结合工会工作的实际，在省分行工会系统开展了以“抓六力，促发展”为主题的系列活动，通过抓好民主管理、标杆管理、学习管理、情绪管理、文体管理和帮扶管理，切实维护员工权力、增强员工动力、提升员工能力、缓解员工压力、激发员工活力和凝聚员工合力，系列活动立足长远，注重实效，突出上下联动，内容涵盖了工会工作的方方面面，这是广东省分行工会在新形势下对工作的一次创新，省分行工会采取了一系列有效的措施确保活动能真正发挥作用。一是认识到位，集中精力抓落实。在制定活动计划之初，省分行工会先后召开了3次专题座谈会，认真听取二级分支行工会主席和工会干部的意见和建议，不断完善活动的内容，使活动符合广东省分行工会工作的实际，得到了广大工会干部的认同；在活动开展的过程中，省分行工会召开了二级分支行工会副主席座谈会，认真听取了二级分支行活动开展的情况，及时总结经验，并通过《月度工作提示》、信息宣传、经验介绍等形式集中精力抓落实，保证了活动的顺利开展。二是责任到位，明确任务分工。系列活动是省分行党委“关爱员工，和谐奋进”活动的重要组成部分，为了充分调动广大员工的积极性，使二级分支行和省分行上下互动、一起来探索、共同推进，省分行工会选树了17个二级分支行作为示范带动行，围绕着“六力”开展的方方面面，边实践、边总结、边提高。三是措施到位，效果显现。活动制定了分步实施的工作规划和具体措施，做到分工明确、任务到人，工会的职能得到了充分体现，职工参与工会活动的面宽了，一些涉及职工切身利益的问题得到了解决，工会对职工在精神和心灵层面的关怀得到进一步的体现。

【建立考评机制，强化品牌效应】 为了有效推动“抓六力，促发展”系列活动持续开展，加强对二级分支行工会工作的指导，使工会工作更加制度化和规范化，省分行工会在工会系统中开展了二级分支行工会年度工作检查考评工作，通过制定《工会工作检查考评办法》、《工作检查考评表》以及《“职工之家”经费申报指引》，把工会日常工作与考评工作有机地结合起来，以考评促进工会工作质量和效率的提高。

【民主管理向网点延伸，提高职工提案的质量和数量】 各级工会把进一步完善职工代表大会制度作为切实维护职工合法权益的重要手段和载体，动员、支持和组织全体职工积极参与所在行的经营管理，切实提高职代会提案的数量和质量，使涉及到职工切身利益的重大问题都能以职工提案的形式，提交职代会讨论通过。把职工民主管理工作延伸到基层营业网点，凡是涉及网点员工切身利益的事项要提交网点职工代表大会讨论通过，并做好会议纪要。2010 年省分行召开了两次职代会联席会议，按规定对已调离所在选区的总行职代会、省分行职代会代表进行了调整补选。省分行本部召开了第二届第一次职工代表大会，对职代会进行了换届改选，产生了新一届职工代表大会。

【坚持民主选举，工会组织建设有保证】 省分行工会认真贯彻落实《工会法》，加强工会组织建设，把思想政治素质好、年富力强、密切联系群众、有专业和法律知识、有开拓精神的中青年干部选拔推荐到工会领导岗位上来，按照民主集中制原则，对工会主席进行民主选举。省分行本部工会、东莞、佛山、惠州、河源、梅州、汕头、汕尾市分行以及海珠、天河、南沙、白云、番禺、铁路支行等 14 个二级分支机构工会进行了换届改选；佛山顺德支行新设了工会组织，产生了第一届工会委员会。

【加强“建家”，为基层排忧解难】 省分行工会坚持把深化职工之家建设与创建和谐劳动关系活动有机结合起来，为了进一步推进建设职工之家活动的健康发展，2010 年以来省分行在全分行工会系统中开展了会员评家工作，进一步推动了职工之家建设的新发展，努力把工会建设成为职工群众满意的“职工之家”，全面提升了省分行工会工作的整体水平。

【加大培训力度，提高整体素质】 多层面开展业务培训：一是派员参加上级工会举办的业务培训班学习，先后派出 15 人次参加全国金融系统工会高级管理人员培训班，总行二级分行工会主席培训班，提案管理系统培训班，省总工会财务、统计人员培训班和省财贸工会信息员培训班；二是举办二级分支行工会主席座谈会，以会代培，对工会主席进行业务培训；三是举办二级分支行工会副主席业务培训班暨户外拓展训练；四是举办职工文艺创作培训班，对工会干部、工会积极分子进行培训。

【开展关爱活动，促进员工身心健康，缓解员工压力】 一是提高帮扶针对性，把温暖送到职工心坎上。各级工会干部争当困难员工的第一知情人、第一报告人和第一帮助人，及时把组织温暖和关怀送到职工心坎上，对不同层次的困难员工进行摸查，登记造册，做到心中有数。并根据不同的困难职工群体确定不同的走访形式和慰问标准，落实走访人员、走访对象和帮扶措施，提高帮扶的针对性。在对困难员工进行经济补助和救济的同时，更要注重对一些员工的情绪调节、心灵安慰和精神鼓励，帮助他们缓解压力，树立信心。2010年全分行共发放困难补助和互助基金270余万元，救助帮扶困难员工1700余人。二是编发《健康身心》，为员工提供精神食粮。省分行工会注重从精神的层面关爱员工，精心编发了16期《健康身心》，并直接发到基层员工，受到广泛欢迎。省分行工会还成功举办了“关爱女性健康专题讲座”，省分行本部和广州地区约有400名女员工聆听了讲座。省分行工会还在省分行本部建立起员工健康档案，对患病员工定时进行健康提示，从细节上关爱员工。三是进一步管好、用好工会经费，对工会固定资产进行全面摸查。针对2009年总行审计分部、省分行工会经费审查委员会对工会财务管理中的审计发现，省分行工会加大了对工会经费管理的力度，使有限的经费用在刀刃上发挥作用，制定了省分行工会财务报账工作指引，确保省分行安全年工会业务条线不出现违规违法现象。各级工会组织对本级工会的固定资产进行了清查工作，全面摸清了本行工会固定资产的现状。

【开展文体活动，促进职工文化繁荣，提高工会凝聚力】 第一，承办总行比赛，展现广东风采。2010年5月，省分行工会和东莞市分行成功承办了总行第二届羽毛球广东赛区的比赛，期间编发了5期《赛场风采》，及时反映比赛的最新战况和球员风采，受到各代表队一致好评；省分行工会还组队参加了分赛区比赛和决赛，取得一金两银一铜的好成绩。第二，举办分行比赛，提供展现舞台。省分行工会成功举办了首届职工游泳比赛和第二届职工乒乓球比赛，600多名体育爱好者参加了比赛；广州个人金融部与省分行本部工会共同举办了广州地区“喜迎亚运创佳绩”登山比赛；会计部与省分行工会联合举办了“迎亚运、保支付、和谐奋进”宣传作品征集活动，组织广大员工积极参加中国金融工会举办的有奖知识竞赛活动和摄影作品网络展，均取得了很好的成绩，为分行赢得荣誉。全分行各级工会组织各种文体活动近200项，约有12万人次参加了活动。第三，加强职工书屋建设，倡导终身学习的理念。省分行工会把维护员工学习权利作为工作的重点，通过建好省分行本级职工书屋，带好二级分支行职工书屋，动员、组织广大职工群众读好书、用好书，从职工书屋中吸取营养，从而转换为提高自身综合素质、为建设银行的发展与稳定贡献力量的强大动力，把职工书屋建成职工成才的摇篮和沃土。一是建好省分行本级职工书屋，坚持每周两次向员工开放，吸引了不少职工群众前来借书、查书，被评为“全国职工书屋示范点”，并在广东省工会宣教工作会议上作经验介绍。二是带好二级分支行职工书屋，2010年省分行系统共有职工书屋21个，藏书量达10万册。省分行工会把推动职工书屋建设的重点放在基层，通过“两个坚持”带好二级分支行职工书屋，做到：坚持每年为二级分支行职工书屋统一订阅《工人日报》、《南方工报》、《中国金融工运》、《中国工会财会》等报刊；坚持每年下拨专项经费扶持二级分支行职工书屋；坚持加强业务指导，通过团队学习、全员学习、全程学习的有效形式，形成了工作学习化、学习工作化，以学习推动工作，以工作促进学习的局面，在广大员工中倡导和普及了终身学习的理念，2010年共向12个二级分支行的职工书屋下拨经费10.8万元用于购买图书，有

效地推动了职工书屋的建设。（蒙启宙）

中国工商银行广东省分行工委会

【领导班子】

主　任：邢志盈

办公室主任：刘锦华

【机构设置】

工会工作委员会办公室

【综述】 2010年，中国工商银行广东省分行工委会在省行党委的正确领导下，在总行工会、省总工会的指导下，认真学习贯彻全省分支行行长会议精神和省行一届三次职代会精神，以进一步深化“四大标杆”内涵为工作着重点，把握“围绕中心，服务大局”这一主题开展各项工作，重点抓好民主管理、劳动竞赛和业务技能比赛；加强企业文化建设，努力构建“共创共健共享”的和谐家园文化；开展特困员工救助，加强对离退休人员的管理和节日慰问；加强工会自身建设，努力提高工会组织整体工作水平，为促进全行各项业务建设作出了贡献。

【召开全省工会工作会议】 3月24日，省行召开2010年工会工作会议。省行营业部、各分行工会工作委员会主任、工委会办公室主任共40多人参加了会议。会议学习贯彻了全省分支行行长会议精神，省行党委副书记、副行长邢志盈出席会议并作了题为《深化“四大标杆”内涵，发展和谐劳动关系，动员全行员工为当好推动科学发展排头兵建功立业》讲话。会议明确了2010年工会要做好的六个方面的工作：一是深入开展形式多样的劳动竞赛和技能练兵活动，切实发挥员工推进改革发展的主力军作用；二是全面推进和谐银行建设，切实稳定劳动关系，繁荣“共创共健共享”家园文化；三是健全职代会制度，完善行务公开机制，切实调动员工参与民主管理的积极性；四是不断提升员工素质，切实发挥工会“大学校”的重要作用；五是努力抓好工会组织的自身建设，为做好各项工作提供组织保障；六是努力做好老干工作。

【健全职代会制度，切实调动员工参与民主管理的积极性】 一是胜利召开了省行第一届职工代表大会第三次会议。省行第一届职工代表大会第三次会议于10月25日在东莞隆重举行。会议由大会执行主席、省行党委副书记、副行长邢志盈主持，省行党委书记、行长施刚代表省行向大会作题为《决战亚运，全力冲刺，确保高标准完成全年各项经营目标》的工作报告，省行财务会计部作了《财务工作报告》，副行长邢志盈作《广东省分行一届二次职工代表大会提案办理情况和一届三次职工代表大会提案征集情况的报告》。二是认真做好职工代表提案的办理工作。对省行第一届职工代表大会第二次会议上代表提交的36件提案，已组织各有关部门进行办理，工会办已将办理结果全部向提案人进行了答复。

【抓好劳动竞赛和技能练兵活动，切实发挥员工推进改革发展的主力军作用】 一是紧密结合中国工商银行广东省分行业务发展实际，在全行深入推进“创新金融服务，支持经济发展”建功立业竞赛活动，促进全行各项业务的健康快速发展。二是中国工商银行广东省分行组织5名业务尖子参加由广东省财贸工会、人民银行广州分行主办的广东省金融系统2010年金融知识竞赛，中国工商银行广东省分行代表队一举夺得团体奖。配合信贷管理部组队参加全国银行业协会主办的“三个办法一个指引”业务知识竞赛，荣获华南区第一名和全国第六名的好成绩。三是分别与人力资源部、公司业务部共同举办全省中年员工岗位技能大赛和公司客户经理营销业务技能比赛。中年员工的岗位技能比赛内容包括个人业务、对公业务、银行卡业务、电子银行业务、主要操作风险与防控措施、个人金融营销与服务等。全省客户经理营销技能竞赛分为个人业务知识比赛和团体综合金融服务方案设计比赛两个环节，省行组队参加总行比赛，分别荣获团体和个人一等奖。

【组织开展“优秀职工之家”和“三八”节系列活动的评选】 省行工会授予天河支行工会委员会等37个单位“先进职工之家”荣誉称号，授予东风中路支行工会小组等22个单位“先进职工小家”荣誉称号，授予流花支行工会委员会等41个单位“合格职工之家”荣誉称号，促进了“共创共健共享家园文化”的深入开展。举办庆祝“三八”国际劳动妇女节100周年有奖征文活动，共收到征文122篇。开展女员工权益保护法制宣传周活动。开展评选表彰“巾帼文明示范岗”、“巾帼岗位标兵”活动，全行共评选出“巾帼文明示范岗”21个，“巾帼岗位标兵”22名。

【开展丰富多彩的企业文化活动】 一是省行于2月2日晚上在广州军区珠江宾馆会议中心礼堂举办“共创共健共享，建设和谐家园”全省员工文艺汇报演出活动。省行领导、出席全省分支行行长会议的代表、省行本部和各分行员工代表共900多人观看了演出。节目有歌舞、独唱、情景剧、情景诗歌舞、诗朗诵、合唱、音乐快板、歌舞剧等，主要围绕银行的中心工作、工行成立25周年所取得的巨大成就，反映了工行员工团结拼搏、努力开拓、奋发向上的精神风貌。组织开展“六五”普法规划理论与实践研究征文活动，共收到征文60多篇。二是与党委宣传部联合编印庆祝建国60周年员工文学征文活动获奖作品集《祖国，我对您说……》下发全行各营业网点供广大员工学习。该书共收入这次征文活动中评出的获奖作品100篇，反映了员工与祖国、与工行的真挚感情，热情讴歌共和国成立60年来和工商银行成立25年来取得的巨大成就。三是举办“树立三种意识、强化案防责任暨自觉拒赌，远离赌博”专题教育员工演讲比赛活动。四是组织举办省行本部“迎亚运”员工趣味运动会。

【做好工会财务工作和特困员工救助工作】 一是省行工会于3月24日召开工委会经费审查委员会会议。与会全体委员认真审议并一致通过了2009年度省分行工委会工会经费收支决算、2010年度省分行工委会工会经费收支预算和2010年各分行拨缴省行工会经费核定指标。中国工商银行广东省分行被评为全国工会财务工作先进单位。二是完成2009年总行、省行特困员工和困难员工救助金的发送、签领、呈报、档案归集工作。全省两节慰问困难员工、老同志1000多人，发送救助金、慰问金130多万元。

【履行社会责任，积极做好公益事业】 一是组织员工向玉树地震灾区捐款工作。全行共有24963名员工自愿参加了募捐，捐款总金额达344.2万元。二是响应广东省委、省政府《关于在全省开展“广东扶贫济困日”活动的通知》。并于6月30日举行了捐款仪式，省行领导带头捐款，各部室员工人人参与捐款，各分行也参加了所在地组织的捐款活动。

【慰问离退休老干部、劳动模范和特困员工】　一是深入贯彻《关于对〈关于进一步加强新形势下离退休干部工作的意见〉贯彻落实情况进行督促检查的通知》，对全行离退休管理人员基本信息进行了收集汇总。举办省行本部离退休人员春节团拜聚餐活动，省行领导节前对行级离退休干部上门进行慰问。组织省行本部全休离退休人员进行年度身体检查。二是春节前夕，由省分行工委会牵头组成3个慰问小组，分别深入全省19个分行和省行本部，向部分离退休老干部、劳动模范和特困员工、军属进行节日慰问，开展"送温暖"活动，先后慰问了150多人，赠送慰问品一批。三是依照省行党委部署，8至9月先后组织三批共58名劳模、先进员工和先进单位代表赴上海考察学习。组织43名优秀工会干部考察学习外省兄弟分行的企业文化建设先进经验。（罗宏宇）

广东省供销合作联社工会委员会

【领导班子】

主　席：牛宝俊

副主席：沈　娟（女）

【综述】　2010年，在省财贸工会和省供销合作联社党组的正确领导下，省社工会以邓小平理论和"三个代表"重要思想为指导，深入贯彻落实科学发展观，紧紧围绕省社中心工作，积极履行工会职能，努力维护职工权益，不断加强自身建设，开展丰富多彩的活动，为省社机关和直属单位圆满完成各项工作任务作出了应有贡献。

【高度重视自身建设，注重提高工会工作能力水平】　2010年年初，省社工会组织选举了工会主席，增补了工会委员，指导改选了4个企业工会负责人，配备数量充足、德才兼备的工会干部队伍。及时组织指导直属单位按照《工会法》、《工会章程》建立规范完善、行之有效的工作机制，保证每个基层工会组织都做到有机构、有人员、有牌子、有活动经费。在强化民主管理过程中，省社工会及时发现典型，宣传典型，树立典型，激发干部职工建功立业的干劲。先后组织了3次工会委员培训、座谈活动，选送了8名工会干部参加省总工会组织的各种学习培训交流活动。各直属单位工会也不断加大员工培训力度，组织职工外出参观学习，组织企业生产安全知识、消防安全"三畅一会"知识、消防器材使用演练等多项知识技能的培训，组织工会干部参与有关劳动工资方面的培训学习，组织新入职工培训，使新入职工能尽快适应岗位工作等。

【开展丰富多彩的文体活动，活跃职工文化生活】　省社工会举行每月1次登山（参观博物馆和广州塔等）活动，将登山健身活动常态化、制度化，得到了省社领导、机关全体干部职工的大力支持和热烈响应，也得到省财贸工会和兄弟单位工会的充分肯定和普遍认同。11月5日，省社工会协助组织举办了"迎亚运'天禾杯'职工趣味运动会"，来自省社机关、直属单位的10支代表队近600人参加了运动会，分别参加了10个趣味项目的角逐，推动了省社职工"全民健身运动"的蓬勃开展，激发了广大干部职工服务亚运、奉献亚运的积极性和主动性。省社新入年轻人比较多，工会请教练专门培训指导练习，解决部分器材经费，发动工会委员组织球类比赛，也组织形式多样的与外单位进行联谊等，推动了省社文化体育活动的更好开展。

【开展“送温暖”活动，扎实做好帮扶工作】

省社“困难职工帮扶中心”共帮扶困难职工86人次，发放帮扶资金16.78万元。在得知汕尾市海丰县供销合作社下岗职工吕炳群22岁的大女儿患上尿毒症和贫血病，家庭经济困难后，省社党组书记、理事会主任李朝明和省社党组成员、理事会副主任、省社工会主席牛宝俊分别作出批示要尽快给予扶持帮助。9月初，省社工会向其发放了“困难职工帮扶资金”1万元。在全国开展创先争优活动、全省以“服务亚运当先锋”为主题开展创先争优活动中，省社领导和省社工会特事特办、急事急办，及时为职工排忧解难，密切了党和群众的血肉联系，使职工群众深切感受到省社系统大家庭的温暖。在“金秋助学”和关爱职工子女活动中，省社工会重点帮扶非义务教育阶段的困难职工家庭子女完成学业，按照帮扶对象的范围和要求，通过对资助对象的调查摸底，结合实际情况，共助学11人次，发放助学金11000元，惠及省社机关和省社直属单位困难职工的子女。在“六一”儿童节期间，省社机关工会给省社干部职工27名十四岁以下子女每人赠送100元购书券，受到干部职工和家属孩子们的热烈欢迎。省社工会对省社机关和直属单位职工的困难、生病患病、家庭变故和离退休人员等全面掌握，主动靠近，真心帮助。省社领导、省社工会、直属单位领导三级联动，把党的温暖、组织的关爱、供销社的温暖及时传送到每个职工的心中。工会把每一个人的生日都刻上印记，自己动手制作一张精美贺卡，由省社工会主席亲自撰写一段祝福话语，送给每一位职工一份深情厚谊，让干部职工留下美好的回忆。这一做法受到上级工会和兄弟单位工会的赞扬。

【丰富“送健康”活动形式，举办中医养生专题讲座】 10月20日，省社工会举办了中医养生——胃肠肝健康知识专题讲座，机关、直属单位干部职工共120人参加了讲座。在讲座会上，工会向干部职工赠送了《关爱男性——男性健康读本》一书，这是省社工会“送健康、做好事”活动的延伸，也以有效的形式向大家宣传了10月28日是世界卫生组织确定的“男性健康日”的理念。

【关爱女工，切实做好女职工工作】 为了庆祝妇女节100周年，3月8日，省社组织全体女干部职工到大学城科学中心观看IMAX 3 D版的《阿凡达》，看完电影后组织聚会，大家交流分享身心健康和如何建立和谐家庭的心得体会，使大家过了一个充实愉快的节日。组织开展妇科、乳腺身心健康普查活动。

市总工会

广州市总工会

【领导班子】

主　席：陈伟光

副主席：刘小钢（常务）、郑奕耀、钟诚、易利华（女）

纪检组长：李德球

【机构设置】

办公室、组织部、机关党委、财务部、宣传教育部、经济工作与劳动保护部、生活保障部、基层工作部、法律工作部、女职工部、国际联络部、事业发展部、审计室、离退休干部管理处、工运史研究委员会办公室

【综述】 2010年，广州市工会在市委和上级工会的领导下，以“迎亚运、保稳定、促发展”为目标，正确处理维权与维稳、服务职工与服务大局的辩证关系，积极服务亚运和创文等重要工作，妥善参与调处群体性停工事件，广泛开展职工人文关怀活动，结合开展创先争优活动，化危为机，有力地推进了维权机制建设，开创了自身改革与建设的新局面，为有效落实“两个普遍”打下了坚实基础，在服务职工群众、协调劳动关系、保障社会稳定、建设国家中心城市方面发挥了不可或缺的重要作用，工会的影响力显著提高。

【市委重视发挥工会组织作用】 2010年，中共广州市委下发了《关于进一步加强工会工作发挥工会组织作用的意见》，并召开了贯彻落实工作会议，首次提出要“注重改善对工会的领导方式”，并明确了确保工会在党组织领导下能够真正起到职工“代言人”的作用，帮助和督促工会领导干部自觉接受职工群众监督以及支持和帮助工会依照工会章程、按照民主集中制的原则选举工会主要负责人的具体要求，被广大工会干部评价为一份“有亮点、有新意、有针对性、有可操性”的重要文件，为各级工会进一步争取党政支持、拓展工会发展空间、解决重点和难点问题，从政策方面给予了更大支持和保障。针对政府机构改革中对工会组织设置不明朗的问题，市总工会与市编办联合下发了《关于加强设在政府有关部门的产业（系统）工会组织建设若干问题的通知》，有效地促进有关部门党委按照相关规定，使工会组织在政府机构改革中保持稳定和健全。同时，市总工会起草了《广州市企业工会主席产生办法》、《关于委派工会监察员督导基层工会主席选举的暂行办法》，进一步完善基层工会主席民主推荐和选举制度。对在《广州市实施〈工会法〉办法》实施后仍选配单位及其部门经营管理负责人兼任主席的工会，市总工会对其暂缓或不予办理法人资格登记，促进了各级工会切实解决工会主席角色冲突问题。

【源头参与力度不断加大】 在年初召开的广东省政协和广州市人大会议上，广州市工会界的省政协委员、市人大代表都积极建言，要求完善工资正常增长机制、提高最低工资标准、每年调整一次最低工资标准、建立劳资协商工资的机制、关心外来工等意见，受到省、市领导和有关部门以及传媒的关注。根据近年来劳资争议发展趋势，市总工会制定了《关于进一步加强我市工会参与劳动争议处理工作的意见》，切实推进了《广州市劳动关系集体协商条例》的立法进程，并就《关于加强人文关怀改善用工环境的指导意见》、《广州市国有企业职工持股工作指引》等地方性法规和政策提出了修改意见和建议。市总工会坚持通过平等协商、签

订集体合同化解劳资矛盾，总结推广工资集体协商试点工作经验，大规模组织专题培训，各区（县级市）总工会积极配合市总工会，强力推进“要约行动”，不断提高工会干部协商能力，促进了全市工资集体协商工作的深入开展，2010 年“春季要约行动”以来，在 53 家企业工资集体协商试点工作的基础上，全市新签订各类集体协议 7000 多份。同时成立了广州市工会劳工法律服务队，聘请法律专家、学者和广州地区高校法律专业学生共 74 人为服务队成员，充分运用社会专业资源，为职工群众提供法律宣传、法律咨询、法律调查以及其他法律援助服务。

【妥善参与调处群体停工事件】 2010 年是广州市劳动关系发挥三方机制作用影响最大的一年。为清晰表明工会代表职工利益的定位和立场，市总工会在年初抓住时机向社会发表了应该提高最低工资标准的观点；在调处集中爆发的劳资矛盾的过程中，市总工会审时度势，表明工会在调处过程中必须摆正位置、代表职工利益、推动工资集体协商、理性解决集体劳资纠纷的立场，这些都得到了媒体舆论的正面评价，在社会上引起强烈反响。是年春夏之交，珠三角地区发生一系列群体停工事件，广州市也受到较大程度的影响，汽车配件、机电等行业出现群体停工事件过百宗。面对外部环境变化对经济社会发展和职工队伍稳定的影响，市总工会认真分析劳资纠纷和群体性停工事件的特点和原因，及时传达省委、省政府和市委、市政府有关文件精神，要求各级工会贯彻“以职工为本、主动依法科学维权”的方针，明确工会在处理劳资纠纷过程中的立场定位，坚持运用劳资协商、政府调解的新机制化解劳资矛盾，为各级工会成功参与调处劳资纠纷提供了政策支持。在市总工会的统一部署和具体指导下，各级工会把维权作为维稳的前提和基础，上下联动，主动介入，思路清晰，定位准确，措施有效，应对自如，抓住时机突显了工会处理重大劳资纠纷的能力和智慧，为工会争了气增了光。南沙区总工会成功化解了电装等 8 家企业的停工事件，萝岗区、花都区总工会妥善处理重大劳资纠纷案件 70 多宗，广汽集团工会不但采取有效措施化解了本企业、本行业内的劳资矛盾，而且在南海本田等事件的处理中发挥了积极作用，体现了广州市工会“打造作为工会”的勇气与魄力。其他各区（县级市）总工会以及轻工、纺织等产业（集团）工会积极开展劳资矛盾排查活动，依法履行职责，化解潜在矛盾，为保障职工队伍稳定做出了重要贡献。为更好地指导各级工会参与调处群体性停工事件，市总工会召开了全委扩大会议，先后起草下发了《广州市工会组织协调处置企业职工停工事件的指导意见》及《广州市总工会关于贯彻省工会维稳工作会议精神的意见》等文件，指导各级工会举一反三，正确分析形势，认真查找问题，采取有力措施，切实化解矛盾，加强职工人文关怀，促进用工环境改善，得到了全国总工会领导的肯定。

【动员职工群众围绕亚运作奉献】 2010 年是广州亚运年，广州市各级工会以高度的责任感和紧迫感，积极投入各项工作。一是为推进亚运会工程项目建设，大力弘扬劳模精神，广泛开展“迎亚运、促发展、立新功”劳动竞赛，在亚运场馆和配套工程建设时间紧、任务重、要求高的形势下，发动职工保进度、保质量，把亚运工程建设成为精品工程、安全工程。二是为提升亚运服务水平，精心组织窗口服务行业立功竞赛，着力提升职工的服务技能，向海内外宾客展示优质服务和优良形象。三是为营造喜迎亚运的良好氛围，深入推进"'争做好市民、当好东道主'百万职工迎亚运"、"迎亚运、讲文明、树新风"、"看羊城美景，迎亚运新风"系列活动，举办广州市职工迎亚运文明礼仪形象大赛以及百万职工学英语、学礼仪活动。四是为维护亚运期间职工队伍和社会形势稳定，积极做好职工信访工作，参与排查隐患，将可能引发不稳定的因素及时解决在基层、解决在萌芽状态。五是亚运会、亚残运会期间，保质保量地完成了全市企事业单位的文明观众观赛组织工作，各级工会以强烈的政治责任感，克服重重困难，组建50支亚运会、亚残运会志愿助威团分赴各赛场，其中亚残运会比赛期间组织文明观众近9.36万人次，以最饱满的精神、最热情的掌声、最真诚的喝彩、最文明的素质，展示了广州开放包容、热情好客的良好形象。六是将评先评优工作与亚运工作相结合，评选了"广州市技术创新能手"、市"工人先锋号"、"服务明星"，推荐评选了全国、广东省五一劳动奖章和"工人先锋号"，开展了首届广州市"五一巾帼奖"表彰活动，职工群众学习先进、创先争优的热情进一步提高。七是承办了广东省第四届职工运动会开幕式，组团参加省第四届职工运动会，并取得全省总分第一、奖牌数第一、金牌数第一的好成绩。

【扎实推进职工素质工程】 广州市职工教育网正式开通，开创全省大型职工教育网站建设之先河，已建立了100个学习中心和1个服务中心，开设了4个层次159个专业的学历教育、39项技能工种等级培训和专业技术人员公共必修课培训，设计开发了班组长素质提升计划和职工心理健康关爱计划，为企业提供自主培训平台，开通不到半年网站门户点击达32万多人次。同时，农民工培训工作取得新成果，市总工会安排和争取农民工培训资金共330多万元，依托羊城职工职业培训学院，并整合美容美发化妆行业工会联合会等资源，免费培训农民工1800多人，联合有关部门和协会组织积极推进家政培训工程，免费培训农民工7981人，已推荐就业6410人。

【工会帮扶能力不断增强】 一年来，市总工会领导下的各帮扶机构、帮扶项目向困难职工及其家庭以及工伤职工等发出慰问金、药品及物品等共计价值295.69万元，捐助玉树灾区100万元，免费提供就业岗位1.99万个，并拨出100多万元专款组织开展了万名环卫工人免费体检活动。三个医疗互助保障计划共有在保职工68.59万人次，全年发出补助金额1419.54万元，补助患病职工5576人次。全市各有关单位和工会也针对职工困难提供形式多样的帮扶和人文关怀服务，把温暖送到困难职工群众心头，仅春节"送温暖"活动就向特困职工、劳动模范、离退休人员发出慰问金共计5060.43万元。在市职工济难基金会第六次筹款活动中，市总工会创新形式，举办了大型义卖募捐活动，得到了轻工、岭南、医药等集团和企业的大力支持，当日即筹得善款14.7万元。整个筹款活动取得圆满成功，广大企业、社会各界、各级工会和职工群众踊跃参与，共捐款955.4万元，工会帮扶工作实力进一步增强。

【工会组建工作上新台阶】 2010年，广州市工会已建基层组织3.48万个，基层工会覆盖单位13.05万个，拥有工会会员260.30万人，分别比上年同期增长5.2%、5.7%和5%。同时，全市区域性、行业性工会联合会建设取得较好进展，市、区两级建筑工地工会联合会、环卫行业工会联合会均已建立，荔湾、萝岗等区成立了餐饮行业

工会联合会，海珠区成立了教育行业工会，天河区成立了百货零售业行业工会，从化市成立了旅游业工会联合会。（林小元）

深圳市总工会

【领导班子】

主　席：许德森（2010年7月离任）、陈　彪（2010年7月任职）

副主席：李少梅（女）、王同信、张素芬（女）

【机构设置】

办公室、组织部、财务审计部、宣传教育部、法律工作部、生产保护部、生活女工部，市工交工会、财贸金融工会、建设工会、科教文卫体工会、直属机关工会

【谋大事抓要事，在全市工作大局中体现了工会组织的新作为】 一是进一步完善党委领导下的工会工作大格局。坚持“党建带动工建，工建服务党建”，认真贯彻落实市委关于工人阶级和工会工作的重要指示精神；积极推动健全工会与政府联席（联系）会议制度和劳动关系三方协商机制。二是进一步明确了工会工作的总体思路。2010年8月，市总工会召开了五届四次全会，提出了“四个进一步”的工作思路，即“进一步发挥工会在推动深圳经济社会发展中的作用，进一步夯实工会的组织基础，进一步推动企业的集体协商，进一步改革工会的工作机制”，务实地推进工会工作的创新发展，努力当好“四个第一人”，即“第一知情人、第一报告人、第一协调人、第一帮扶人”。三是依法妥善处置“富士康事件”。及时派出工会调查组深入企业一线开展调查研究，指导企业工会开展善后工作，并召开媒体见面会，主动向新闻媒体公布调查情况，及时平息各种媒体、网络对事件的炒作。根据市委的指示，成立了市总工会关爱富士康员工“千人工作组”进驻富士康，对超过17.8万名员工开展思想教育和心理疏导工作，进一步加强企业工会基层组织建设，督促企业改善企业管理和劳动用工环境的措施。

【大力提升职工素质，团结动员广大职工为加快转变经济发展方式作出新贡献】 深圳市总工会投入5000万元工会经费，各区按1∶1比例配套专项资金，加大对广大职工的培训力度，着力提高职工群众科学文化、技术素质和创新能力。编写出版“深圳工会大学校职工素质教育系列读本”，开展第四届“深圳十大书香企业”、“深圳十大读书成才职工”评选活动和举办第五届“知识改变命运、深圳让我成才”读书成才职工事迹巡回报告会。共培训职工超过100万人次，班组长1万人次；培育了5家全国示范“职工书屋”和50家“职工教育培训示范基地”，推进了企业文化和职工文化建设；通过创建“工人先锋号”和岗位练兵、技术比武等职工经济技术创新活动，引导广大职工立足本职岗位，争创一流佳绩；把开展职工劳动竞赛与“百万职工同庆深圳经济特区建立30周年”系列活动、评选表彰特区30年杰出劳动模范、十大最有影响力事件和2010年全国劳动模范等工作结合起来，2010年参加各类劳动竞赛的职工达22.9万多人次，职工技术革新1661项，发明创造4.25万项。

【全面推进工会组织建设，进一步夯实工会工作的基层基础】 一是组建难点重点取得了重大突破。在富士康科技集团组建了“集体工会联合会、13个事业群工会、83个事

业处工会分会和11132个工会小组”的四级工会组织网络。二是工会组织网络进一步健全。全市所有的社区都建立了社区工会联合会，构建起“市总工会—区总工会—街道总工会—社区工会联合会—基层工会委员会”五级工会组织体系。在拖车行业成功建立了行业工会联合会。三是工会组织和会员数量创历史新高。截至2010年年底，全市工会组织覆盖企事业单位123035家，其中基层工会委员会27751家，覆盖企事业单位95284家；工会组建率、职工覆盖率分别达90.4%、90.1%。

【着力推动和谐劳动关系建设，促进社会和谐稳定】 一是加强源头参与。积极推动《深圳经济特区集体协商条例》立法，2010年已通过人大二审；协助举办市委构建和谐劳动关系座谈会，并就《深圳市集体协商条例》（征求意见稿）提出意见和建议；在全市抽样5000名员工开展“新生代农民工”状况调查，专门在富士康抽样500名员工进行了“人际关系和满意度”调查，向市委作了《关于维护我市职工合法权益和队伍稳定的报告》，为发展和谐劳动关系提供决策参考。二是全面启动职工人文关怀系列活动。通过深入开展“企业爱员工、员工爱企业”活动，积极推进新生代农民工心理健康培训，支持帮助企业开展各项文化体育活动，不断推动改善深圳市劳动用工环境。三是着力建立健全“第一知情人、第一报告人、第一协调人、第一帮扶人”机制，组织开展各类劳资纠纷大排查，及时发现、及时报告、及时处理可能引发群体性事件的劳动争议事件，协助妥善处置职工群体性事件，坚决防止敌对势力策动建立“独立工会”、插手群体性事件的图谋，切实维护职工队伍和社会稳定。

【主动依法科学维权，推动职工群众工作开创新局面】 一是加强以工资增长为核心的集体协商机制化建设，在盐田国际、沃尔玛、富士康等重点企业普遍开展工资集体协商并形成了常态化机制。全市已有39254家用人单位建立集体协商制度，覆盖员工3985214人；其中15745家用人单位通过集体协商签订工资协议，惠及职工1689548人。二是深化社会化维权工作机制。制定出台了《深圳市总工会法律援助工作管理规定》，积极参与劳动争议仲裁和劳资纠纷调解，2010年代理职工维权案件925宗，涉及职工1758人，涉案金额6700多万元。三是切实关心职工生产生活。深入开展“送温暖”、“金秋助学”活动；实施第三届“圆梦计划”，资助354名农民工圆了“大学梦”，并免费为1135多人提供中专和技能培训学位。四是多方筹集近254万元，认真贯彻落实扶贫开发“双到”工作，在2010年全省“双到”工作考核评比中，市总工会以97分被评为优秀。

【全面推进工会自身建设，为深圳工会创新发展提供有力保障】 一是市总工会召开了第五届第四次全体委员会议，选举陈彪为市总工会主席，进一步加强了市总工会领导班子。二是制定出台了《深圳市基层工会干部岗位津贴制度》，对工会组织机构健全、工会经费缴交规范、积极履行依法维权职责的基层工会干部给予岗位津贴，加强了对基层工会组织的规范化管理，同时也调动了基层工会干部的积极性。三是工会干部队伍建设大大加强。2010年对各级工会干部开展上岗培训、干部轮训、调训人数达4270人次。同时，在龙岗区开展社区工会主席（副主席）职业化试点工作取得成效，派驻了50名职业化工会干部到部分社区担任专职工会主席或副主席。四是进一步完善工会经费委托税务代收工作机制。在市委、市政府的重视支持下，通过实现税费统征统管，2010年全市工会经费收缴取得了同比增长26.48%的好成绩。

珠海市总工会

【领导班子】

副主席：吴康模（常务）、温宝琼（女）

【机构设置】

办公室、组织部、宣传教育部、维护权益部、劳动保护部、财务部

【综述】 在市委和省总工会的领导下，全市工会认真学习贯彻党的十七届四中、五中全会和市委六届八次全会精神，全面落实科学发展观，紧紧围绕全市工作大局，以农民工工作为重点，着力加强人文关怀，改善用工环境；以构建和谐劳动关系为首要任务，着力维护职工合法权益；以真诚服务职工为出发点，着力帮扶困难职工。在此基础上，突出抓好固本强基、创先争优、服务职工等方面的工作，开拓创新，扎实工作，有力推动了全市工会工作全面进步。帮扶中心规范化建设和法院委托工会组织调解劳动争议案件模式荣获省总工会工作创新奖，并被评为广东省工会工作先进单位。珠海市总工会还荣获珠海市农民工工作先进集体称号。

【加强基层组织建设】 采取分解任务、考评奖励、上下联动、重点突破的办法，全力破解组建难题，取得了显著成效。目前组建率78.2%，入会率85.2%，全市23个镇（街道）和72家世界500强在珠企业全部建立了工会组织。工会组建数和发展会员数连续五年实现净增长。区域性、行业性工会联合会组建工作取得新进展，目前全市已建立各种区域性、行业性工会联合会15个，与上年相比有了大幅增长。以“典型培育”工程为平台，积极开展“会员评家”和建设职工之家活动。进一步推进典型培育工程，已有64家单位申报规范化建设考核验收，经验收符合标准的列入市级典型培育试点单位。

【进一步加大维权力度】 针对劳动关系出现的新情况、新问题，市总工会进一步加大调处劳资纠纷的工作力度。通过不断完善职工利益诉求表达机制，引导职工以理性合法方式表达诉求。全年共处理来信、来访1708件，涉及职工18136人，涉及金额6064.2万元。处理重大劳资纠纷17起，涉及职工11726人，涉及金额5595.5万元。进一步充实维权力量，扩大工会法律工作顾问团成员人数，为广大职工提供免费法律服务。如免费为职工代写法律文书、代理劳动争议仲裁和诉讼等，深受职工好评。工会法律顾问团自成立以来，共接待职工来访765例，涉及职工1362人，承办法律援助案件107件，为职工追诉经济利益达267万元。

【加强对职工人文关怀】 面对劳动关系方面出现的新情况，市总工会高度重视人文关怀工作，采取切实可行的措施，大力开展职工人文关怀系列活动。一是召开专题会议并下发文件，要求各级工会密切关注企业职工的思想状况。同时，成立专题调研组，就珠海市劳动关系现状、职工的思想动态及其当前存在的问题进行专题调研。二是加强职工心理健康疏导，成立了由心理咨询师等专业人士和专家学者组成的职工心理健康疏导讲师团，全年举办心理辅导专题讲座100多场，听课人数1万多人次。举办3期工会干

部心理健康疏导员培训班，培训工会干部180人。三是组织举办了庆祝珠海经济特区成立30周年职工文艺汇演，有16个代表队参加了汇演决赛。举办了慰问市十大重点工程职工文艺晚会。针对珠海市企业职工中大龄青年多、交友渠道少的特点，组织举办了“美满人生，牵手珠海”青年职工联谊活动，先后在香洲、斗门、金湾、保税区、高新区等地举办青年职工联谊活动10场，参加活动的单身职工1000多人。举办珠海妇女“低碳生活我行动”登山活动，全市机关企事业单位54支队伍，近1500人参加了活动。四是推进职工文化建设，召开了全市“职工书屋”现场经验交流会。目前全市有全国“职工书屋”6家，省级“职工书屋”10家，市级“职工书屋”29家。组织开展了以“知识提升智慧，阅读丰富人生”为主题的全市职工读书征文比赛活动，收到职工来稿206件，为广大爱读书的职工朋友提供了一个交流学习的平台。五是坚持送文化下基层，今年以来，市总工会艺术团开展慰问演出30余场，电影队免费放映电影100余场，受到广大职工特别是农民工的欢迎。

【努力为职工办实事、好事】 一是联合有关单位举办专场招聘会，采取市、区两级工会上下联动的方式，帮助失业职工解决就业问题。仅“五一”、“十一”专场招聘会就帮助2400多人实现了就业和再就业。继续利用社会资源大力开展职工技能培训，投入专项资金35.6万元，与大专院校和社会培训机构合作，全年培训960人。“家政培训”取得新进展，从2009年开办以来，已培训家政服务人员580多人，并帮助他们走上就业之路。二是进一步加强区、镇（街道）帮扶中心规范化建设，推动帮扶工作“窗口”前移。市总工会下拨支持基层帮扶中心的经费已达100多万元。三是大力开展“送温暖”、“送清凉”活动，切实为困难职工排忧解难。全市各级工会共筹集送温暖专项资金430多万元，走访慰问了35家困难企业、2000多名困难职工和32名劳动模范，以各种形式慰问农民工5万余人。深入珠海市十大重点工程项目建设工地开展慰问活动，为他们送清凉、送法律、送保障和送演出。向4000名优秀农民工每人赠送了一份广东省职工互助保障（女职工安康互助保障或职工医疗互助保障），向职工赠送《劳动合同法百题问答》、《法律法规汇编》等法律书籍1万余册，并向参加春节座谈会的部分农民工代表赠送亲情电话卡。四是大力开展“金秋助学”活动，对困难职工子女上学给予帮扶，今年共资助困难职工家庭子女78名，发放工会助学金6万元。五是在各区、功能区开展女职工健康普查活动，为25家企事业单位的1000多名一线育龄女职工进行免费健康体检。六是大力开展大病医疗、临时生活困难、工伤探视等方面的救助，努力为困难职工排忧解难，仅市困难职工帮扶中心就救助了37人，金额28.97万元。七是积极做好扶贫开发“双到”工作，对普宁市船埔镇新联村实施帮扶项目7个，投入帮扶资金达70多万元，完成了学校修缮、危房重建、种养殖帮扶、村道扩建、增加村集体经济收入等项目，取得了阶段性进展，得到了省、市扶贫开发工作组的肯定和赞扬。此外，市总工会加大对井岸镇计生站的投入，给他们添置了B超机等设备，帮助他们做好计生工作。

【开展群众性经济技术创新】 以创建“工人先锋号”为载体，印发了大力开展劳动竞赛的实施意见，组织开展了十大重点工程劳动竞赛。5月28日，市总工会在机场高速眼浪山隧道工地举行了十大重点工程劳动竞赛启动仪式。竞赛活动以“保安全、保质量、保工期、讲文明、讲廉洁”为内容，每个重点工程建设项目为一个赛区，广泛开展对口赛、班组赛、攻坚赛、夺冠赛。通过竞赛活动，让广大职工形成“干中学、学中练、练中比、比中创”的工作氛围，促进重点工程项目又好又快建设，为珠海经济社会发展作出积极贡献。

【宣教工作取得显著成效】 进一步加大宣传力度，先后策划了“珠海劳模风采”、“职工书屋”、“法律援助解民忧”、“医疗救助抚民心”、“工伤探视暖民心”等专题报道，让社会更好地了解工会，了解工会工作。全年累计报道珠海市工会工作的新闻稿件、图片等近400件；继续开展珠海市“五一新闻奖”评选活动，并选送作品参加广东省“五一新闻奖”评选，所送作品分别获得一、二、三等奖，是全省最好成绩；组织书法爱好者参加全省楹联书法大赛，收到作品60多件，其中20多件作品分别获得一、二、三等奖，为全省获奖之最；加强粤港澳三地职工文体交流。市总工会艺术团两次赴澳门参加文艺交流演出，构筑了粤港澳全方位、多层次的文化交流模式。 （黄集区）

汕头市总工会

【领导班子】

主　席：刘远珍（女）

副主席：高耿浩、王述宗、陈　菲（女）、周　波

纪检组长：江玩趸

【机构设置】 办公室、组织部、纪检监察室、宣传教育部、经济技术部、保障工作部、财务部、市文教卫工会工作委员会、市直属机关工会工作委员会、市经贸工会工作委员会、市外资与私营企业工会工作委员会、法律工作部、国际联络部（设在国际海员俱乐部）

【综述】 2010年，全市各级工会组织在市委和省总工会的正确领导下，坚决贯彻落实上级有关工人阶级和工会工作的一系列指示精神，坚定不移地走中国特色社会主义工会发展道路，团结动员广大职工为推动汕头经济平稳较快发展建功立业，大力推进“两个普遍”，积极协调劳动关系，切实维护职工合法权益，促进职工队伍和社会稳定，不断提升职工群众的幸福感，在汕头市经济社会发展中发挥了重要作用。

【开展元旦、春节送温暖活动】 1月20日上午，市总工会联合6家企业单位举行“心系职工群众，情暖千家万户”春节“送温暖”活动仪式。市委常委、宣传部部长陈茸宣布活动发车令。市人大常委会副主任、市总工会主席刘远珍出席仪式并讲话。此次“送温暖”活动，由中国移动汕头分公司、汕头供电局、汕头航空有限公司、华能汕头电厂和宜华集团及市总工会共同出资70万元，购买了一大批大米、食用油、棉被、过节物资及小电器等生活用品，驻汕部队派出军车分18路运送物资到企业和街道，直接分发到6400多名困难职工、农民工手中。随后刘远珍带队前往东部城市经济带施工现场慰问奋战在一线的800多名农民工，为他们送上节日的美好祝福，并送上5万元的慰问金和一批棉被。

【召开劳模座谈会为经济社会建设鼓劲加油】 1月19日，市总工会召开全国劳模“三金”发放暨劳模代表迎春座谈会。市人大常委会副主任、市总工会主席刘远珍，市总工

会在家的领导，与 30 多名来自各行各业的劳模代表欢聚一堂，共迎新春佳节。刘远珍在会上作了讲话，市航运总公司的谢铭英和汕头港务集团有限公司的李炳林在会上做了鼓舞人心的发言。会上，市总领导向全国劳模发放了生活困难补助金、特殊困难帮扶金和慰问金共 33.94 万元。

【召开十六届二次全委（扩大）会议】　4 月 16 日上午，汕头市总工会召开十六届二次全委（扩大）会议。本届全体委员和经审委员、各区县总工会主席、市直各局、（集团）公司、各产业工会及部分基层工会的主席、市总工会机关全体同志和市总工会直属企事业单位主要负责人参加了会议。副市长林梃出席会议并作讲话。会议由市总工会党组书记、副主席高耿浩主持。市人大常委会副主任、市总工会主席刘远珍作了题为《解放思想务实创新团结动员全市职工为推动汕头五年大变化而努力奋斗》的工作报告，总结回顾过去一年工会工作，并对 2010 年工作进行部署。会议表彰了近年来汕头市“建家”活动中表现突出的一批全国、省、市级的先进集体和个人。副市长林梃在会上作讲话。

【欢送全国劳模赴京受表彰】　4 月 23 日，市委、市政府在市委迎宾厅举行欢送会，欢送即将启程赴京受表彰的荣获全国劳模和先进工作者的 6 名先进个人。市长蔡宗泽参加会议并作讲话。市人大常委会副主任、市总工会主席刘远珍主持了欢送会。会前，市委、市政府的领导与全国劳模合影留念。此次赴京受表彰的 6 位全国劳模和先进工作者分别是：市达濠市政建设有限公司项目经理、高级工程师王首标，汕头航空有限公司飞行部主任、三级飞行员陈亮，中国民生银行股份有限公司汕头分行客户经理、金融经济师郑一帆，广东电网公司汕头供电局局长、高级工程师林小平，市繁盛养殖有限公司理事余汉藩，市中心医院心血管内科主任陈平。

【举办职工歌舞小品大赛】　为进一步加强汕头职工精神文化建设，丰富和活跃职工业余文化生活，促进职工素质全面健康发展，充分展现汕头市职工奋发向上的精神风貌和积极投身区域中心城市建设的热情，市总工会于“五一”前夕举办汕头市“电力杯”职工庆“五一”歌舞、小品大赛。大赛得到各级工会组织的支持重视和积极参赛。全市经过初赛选拔，共有 124 个节目进入决赛，分声乐、舞蹈、小品三大类共 8 个项目，其中合唱 7 队、表演唱 18 队、重唱 10 队、独唱 43 人；群舞 19 队，双人舞、三人舞 7 队，独舞 6 人；小品 14 个。经过精彩激烈的比赛，三大类 8 个项目分别决出一、二、三等奖以及优秀创作奖和优秀组织奖。

【百名建筑民工免费“充电”学技能】　4 月 15—18 日，市总工会、市建设局联合在市建设局举行建筑业职工（农民工）技术培训班，百名建筑工人进学堂免费充电，学技能，提素质。市总工会党组书记、副主席高耿浩，市建设局副局长颜廷启等出席开班典礼并讲话。此次培训主要针对施工升降机司机、物料提升机司机、建筑电工等三个特种作业工种，培训主要内容是建筑施工特种作业安全生产知识及相关法律法规，建筑施工起重机械、施工升降机、物料提升机、施工现场用电基本知识，施工现场急救知识，施工升降机司机实操技能培训，物料提升机司机实操技能培训，建筑电工实操技能培训。建设局表示，学员经培训考核合格后，即可取得由省建设厅颁发的《建筑施工特种作业操作资格证书》。

【举行庆祝“五一”国际劳动节晚会】 4月29日，在汕头电视台演播大厅举行庆祝“五一”国际劳动节暨职工歌舞、小品大赛颁奖晚会。市五套班子主要领导及海关、驻汕部队领导出席大会。大会由市人大常委会副主任、市总工会主席刘远珍主持。会议首先通报汕头受国务院、省总工会表彰的优秀个人名单，并由市委市政府主要领导向受表彰的个人颁奖。市委副书记邓大荣代表市委、市政府在会上讲话，他充分肯定了汕头广大职工、劳动模范和各级工会为推进汕头经济社会科学、全面、协调、和谐发展所作的突出贡献。同时，对广大职工、劳动模范和各级工会组织寄予了厚望。随后，举行职工歌舞、小品大赛颁奖晚会。市总工会领导向参加汕头市“电力杯”职工庆“五一”歌舞、小品大赛的获奖单位和个人颁奖。部分获奖节目在晚会上为观众献上精彩的演出。

【举行企业班组安全建设成果展示比赛】 5月28日，市总工会和市安监局在汕头供电局联合举行企业班组安全建设成果展示比赛。汕头供电局龙湖供电配电运行一班、华能汕头电厂检修部电试班、南航汕头公司飞机维修厂航线车间、中国移动汕头分公司网络维修中心传送网络维护室、省二建公司第三工程处、汕头港务集团集装箱服务分公司维修电焊班、南澳县振能风电有限公司国产风机运行管理部、汕头超声印制板公司（一厂）厂房组、汉高黏合剂有限公司万能胶车间等9支企业班组代表队参加了比赛。经评审，汕头供电局龙湖供电配电运行一班和龙湖区的汉高黏合剂有限公司万能胶车间分别获得一等奖和二等奖，其余7个班组为优秀奖。

【召开十六届三次全委（扩大）会议】 8月27日上午，市总工会召开十六届三次全委（扩大）会议。本届全体委员，市总工会机关各部门、各产业工委以及市总工会直属企事业单位主要负责人参加了会议。会议由市人大常委会副主任、市总工会主席刘远珍主持。会议首先由市总工会党组书记、副主席高耿浩传达省总工会十二届三次全委（扩大）会议精神。随后，刘远珍作了题为《进一步维权帮扶、夯实基础为推进建设和谐汕头而努力奋斗》的工作报告，总结回顾上半年工会工作，并对下半年工作进行部署。

【“工会组建工作集中活动月”取得预期成效】 5至7月，市总工会在全市开展为期90天的“组建工作集中行动月”活动。在开展“组建工作集中活动月”过程中，市总工会以提高私营企业、第三产业企业工会组建率为工作重点；以推进“双措并举、二次覆盖”，建立区域性、行业性工会联合会为工作原则；以每月一次通报全市组建工会和发展会员情况，表扬先进、鞭策后进为工作方法，在各级党政的有力支持和配合下，通过各级工会组织和广大工会干部的辛勤劳动，全市工会组建和发展会员工作取得预期效果。2010年，汕头市工会基层组织达38517个，基层工会委员会达9221个，全市工会会员达754832人，其中农民工会员378183人，分别比去年同期净增长8.27%、6.97%、5.82%、34.86%。

【成立市工会法律服务律师团】 市总工会、市司法局和市律师协会于8月18日联合成立了汕头市工会法律服务律师团。市人大常委会副主任、市总工会主席刘远珍出席成立大会并讲话。律师团由社会执业律师、法律援助律师、高校法学专家学者等60人组成。律师团主要职责是为汕头市基层工会组织和职工提供公益法律服务，协助市总工会参与劳动法律法规及政策的制定和修改，为困难职工提供法律援助，调处重大劳动纠纷，指导和帮助职工开展工资集体协商，协助工会开展普法宣传教育，为工会组织、工会工作者和职工提供法律咨询和帮助，疏导劳资纠纷。

【深入开展工会助学活动】　8月20日上午，市总工会举行2010年“金秋助学”活动座谈会暨助学金发放仪式，参加会议的有受助学生代表、学生家长代表以及基层工会干部代表共90多人，市总工会副主席周波、副调研员吴爱华出席会议并为受助学生代表颁发助学金。2010年“金秋助学”活动中，市各级工会不断拓宽资金筹集渠道，增强工会帮扶力量，切实做好职工生产生活关怀工作。至9月初，全市工会组织筹集助学资金77.1万元，帮扶困难职工和困难农民工子女623名。

【省巡回宣讲组莅汕传经送宝】　8月30日上午，全省企业加强人文关怀、构建和谐劳动关系先进经验巡回宣讲组莅临汕头进行宣讲。为进一步贯彻省政府《关于加强人文关怀 改善用工环境的指导意见》，营造良好的人文关怀社会氛围，省协调劳动关系三方办公室从各市推荐的企业中，确定18家先进企业，组成三个宣讲组，到全省21个地级以上市开展巡回宣讲活动。宣讲会上，广东三和化工科技有限公司、东莞华强三洋马达有限公司等企业分别介绍了其加强人文关怀、构建和谐劳动关系的先进经验。副市长余健明及各方人士近800人参加了宣讲会。

【召开市工会党工共建创先争优工作会议】

9月29日下午，市总召开市工会党工共建创先争优工作会议。市总工会党组书记、副主席高耿浩传达贯彻全国党群共建创先争优视频会议和广东工会党工共建创先争优视频会议精神，部署全市工会开展党工共建创先争优工作。会议由市总工会副主席陈菲主持，市总工会领导，各区县总工会主席，市总机关各部室、各产业工委主要负责人以及市总直属单位的主要负责人参加了会议。

【美国加州阿罕布拉市市长沈时康莅汕访问】

应广东省总工会的邀请，美国加州阿罕布拉市市长沈时康（Stephen K. Sham）于11月6—8日访问汕头。省总工会党组副书记、副主席郭泽宇及省总工会国际部部长许国胜也莅汕陪同。市人大常委会副主任、市总工会主席刘远珍，副市长郭大钦会见了沈时康先生，宾主双方介绍了各自城市的情况并表达了双方城市结好的意愿。见面结束后，市政府设宴款待了沈时康先生。沈时康先生系潮汕人后代，于1976年到美国定居，2006年，当选阿罕布拉市议员，并成为该市百多年来历史上第一位亚裔市长，并于近期再次连任市长。在任期间，除着重发展经济外，还特别注重提高市民生活质量，如改善居住环境、兴办娱乐设施、建立老人中心及孩童游乐操场等，大力提高居民服务质量。

【举办中小学班主任专业能力大赛】　市总工会、市教育局于10月11—12日在汕头市实验学校礼堂联合举办市中小学班主任专业能力大赛暨幼儿园教师德育专业能力大赛。经过全市各级各类学校、各区县教育局层层选拔，共有48名选手参加市的比赛。比赛分幼儿园、小学、初中、高中、中职五个组别进行，获得幼儿园组前三名以及中小学、中职各组第一名的选手将推荐参加省的决赛。参赛选手同场竞技，娓娓讲述动人的教育故事，尽情展示充满教育智慧的集体活动设计，灵活应对检验实力的情景答辩，充分展示了老师们的拳拳爱心和专业实力。省、市、区县名班主任培养对象和骨干班主任、幼儿园教师观摩了各场比赛。市教育局局长黄晖阳、市总工会纪检组长江玩趸、市教育

局副局长林健、市教育工会主席林子贤、市文教卫工委主席沈忆韩等领导出席了颁奖仪式并为获奖选手和单位颁奖。（陈宇）

佛山市总工会

【领导班子】

主　席：黄建丰（女）

副主席：宋会勇、薛立伟、刘光辉

【机构设置】

办公室、组织部、权益保障部、经济工作部、宣传教育部、财务事业部、教育工会

【综述】 2010年，是“十一五”规划的收官之年。一年来，在市委和省总工会的正确领导下，全市各级工会组织坚持服务大局与服务职工相结合，维护职工合法权益与维护社会稳定相结合，工会各项重点工作都取得了良好进展。

【突出技术创新，促进经济社会加快发展有新成效】 以“四化融合、智慧佛山”为主题，深入开展职工技能劳动竞赛。在聘请专家到各区开展“四化融合、智慧佛山”主题宣讲的基础上，开展了以“提升技能促四化融合，建功立业筑智慧佛山”为主题的“2010年佛山市信息化与工业化融合职工技能劳动竞赛——高级办公软件运用竞赛”和“纺织品创意设计大赛”，积极开展了“省长杯”工业设计大赛和省职业技能大赛佛山赛区选拔赛。2010年，全市各级工会共开展各类竞赛项目176个，直接参赛职工14.2万人次，带动岗位练兵技术比武39万多人，提出合理化建议6.6万条，取得职工创新成果963项。以“十二五”规划合理化建议活动为载体，广泛发动职工群众积极建言献策。为鼓励广大干部职工积极参与到佛山市“十二五”规划的编制，提高规划编制的民主化、科学化水平，使规划编制成为汇集民智、凝聚民心的过程，市总工会联合市发展和改革局印发了《关于组织全市干部职工围绕“十二五”规划开展合理化建议活动的方案》，召开了全市动员大会，广泛组织动员机关干部和企事业单位职工群众紧紧围绕佛山市“十二五”规划的编制工作，积极建言献策，贡献智慧和力量。全市5000多名干部职工参加了“十二五”规划合理化建议活动，在300多条建议中评选表彰了100条一、二、三等奖及优秀奖。以评选表彰先进为抓手，大力弘扬新时期劳模精神。2010年，全市各级工会积极做好全国劳动模范和省五一劳动奖章等的发动、推荐和评选工作。全市推荐表彰了全国劳动模范和先进工作者9名，广东省五一劳动奖章获得者9名，省“工人先锋号”获得者9家。举行了市“工人先锋号”授牌仪式，授予100个先进基层班组集体市“工人先锋号”荣誉称号。举办了庆祝“五一”国际劳动节暨劳动模范座谈会，市几套班子领导接见了载誉归来的全国劳模。

【突出维权帮扶，构建和谐劳动关系有新举措】 扎实开展“2010工会维权实效年”活动，有效维护职工合法权益。努力促进形成劳动关系持续改进、动态发展、全面和谐的局面，共有100家企业被评为市劳动关系和谐模范企业，全市有5100多家企业参加了劳动关系和谐模范企业创建活动。进一步建立健全工会法律服务机制，制定下发了《佛山市工会法律服务暂行办法》等相关文件，开启了工会维权工作新局面。进一步开展工资集体协商工作，在100家企业进行工资集体协商试点，帮助和指导基层工会依法

进行集体协商。进一步加强工会维权队伍力量，组建了工资协商指导员和工会特约律师两支专业化队伍，目前，市、区两级工会有特约律师180多名，工资集体协商指导员队伍108人。进一步加强与相关部门的联动维权，与市住房公积金管理中心联合下发了《关于加大力度依法解决住房公积金欠缴问题的通知》，与市中级法院签署了《关于人民法院支持和委托工会组织调解劳动争议案件的若干规定》。2010年，市、区总工会受理、审批并委派特约律师办理了职工法律服务案件213宗，其中诉讼调解类案件130宗。积极应对群体性突发事件，有效促进职工队伍稳定。在南海本田等15家企业发生停工事件后，市、区、镇三级工会始终站在事件处理的最前列，协助党委、政府及有关部门做好矛盾调处工作。市总工会牵头召开了四次全市维稳工作会议，通报本田事件情况，加强职工维权工作。及时传达市委、市政府亚运维稳工作会议精神，要求各级工会高度重视，决不能给党委政府添乱。注重发挥全市1万多名工会劳动关系信息员的作用，对辖区内各类型企业进行走访调研，排查情况，努力做好化解工作，确保了职工队伍的稳定。继续加大困难职工帮扶工作力度，有效改善职工民生问题。积极组织开展送温暖、金秋助学、工伤探视等工会品牌帮扶工作，开展了“春满佛山·情暖职工”、“佛山暖心·新年圆梦”等主题系列活动，共慰问困难职工、困难劳模、困难外来员工近3万人，共发放慰问金983万元，其中探视帮扶工伤职工2767人，发放工伤探视慰问金83万元。积极配合市委、市政府大力推进“双转移”工作，市工会职业学校2010年共为541名来自东西两翼及粤北山区的学生提供了免费中等教育。发动购买职工医疗互助保障计划和女职工安康互助保障计划合计16.3万份，共向233名患重大疾病的职工理赔589.8万元。

【突出人文关怀，服务职工服务基层有新作为】 从思想引导入手，开展工会宣传教育。注重发挥工会“大学校”作用，以普及法律知识提高维权意识为重点，广泛进行宣传教育，培养适应新时期要求的现代职工队伍。2010年是“五五”普法的最后一年，也是攻坚巩固的一年。全市工会深入开展职工普法活动，共举办法律咨询、法律知识竞赛等普法活动868场次，参与职工100多万人次，发放普法宣传资料200多万份。市总被省总推荐为“全国工会系统‘五五’普法先进单位”。从精神需求入手，丰富职工文化生活。积极推进职工书屋建设。目前，全市基层工会职工书屋创建达395家，经市、区总工会验收达标的职工书屋282家。2010年市总被省总评为“职工书屋建设标兵单位”。以“职工快乐阅读·构建智慧佛山”为主题，开展“五个一”读书活动。截至2010年年底，共收到职工读书心得来稿200多篇。广泛开展各类文体活动。全市工会举办了“五一”职工万人长跑、职工乒乓球比赛、职工全健排舞比赛等各类文体活动1500多场，参与职工达160多万人次；免费放映电影352场，观影职工人数达20多万人次。从素质提升入手，实施职业技能培训。继续深入开展职工职业技能培训“阳光行动”，督促企业按规定足额提取职工教育经费，大力引导职工有针对性地参加培训。会同经贸、财政等部门实施了家政服务工程，为困难职工及农民工提供就业培训服务。各级工会开展各类培训班培训有职业证书员工7910人，岗位技能培训员工10多万人次，使用培训经费共169.4万元。

【突出固本强基，工会自身建设水平有新提升】 工会组织覆盖率不断提高。市、区、镇三级总工会积极探索创新工会组织形式和组建方式，以中小型非公企业为重点，加大在专业镇（街）、工业园区的区域性、行业性工联会的组建力度，有力地推进了工会组建和会员发展工作。目前，全市共有基层工会36112家，涵盖法人单位46535个，工会会员174万名。其中，2010年新建基层工会1366家，新建工会涵盖法人单位2371个，新发展会员近10万人。基层组织建设水平不断提升。制定了《关于在全市工会系统中深入开展“党工共建创先争优”活动的实施意见》，与团市委联合下发《关于企业工会与共青团组织联建实施意见》，深入开展党工共建、工团联建、创先争优等活动。开展品牌企业创建品牌工会活动，进一步建立健全品牌企业的工会工作制度、组织制度、民主制度，充分发挥品牌企业的示范引领作用。2010年全市达到创品牌企业工会标准的企业共50家。加强对镇（街道）总工会换届工作的指导，推动镇（街道）总工会领导班子和干部队伍优化组合，进一步健全组织机构，发挥镇（街道）总工会的领导、服务、带动和替代作用，全市镇（街道）总工会基本完成了换届工作。工会其他各项工作不断加强。进一步抓好对工会干部培训工作，市总制定下发了《2010－2015年全市工会干部教育培训规划》，以“工会大讲堂”为平台，启动了“万名工会干部培训”活动，通过举办培训班、专题研讨会、知识讲座、交流学习和以会代训等办法，全市三级总工会共开展培训讲座172场，培训工会干部1.5万人次。进一步加强工会理论研究，成立了“佛山市工会发展研究中心”，完成了《佛山市外来新生代员工状况的调查、思考和建议》和《新形势下企业民主管理研究》两篇高质量的调研报告，为推进工会工作创新提供理论支持。工会财务工作更加规范，经费收缴力度加大，镇（街道）总工会财务管理工作逐步加强。工会经审工作注重规范化建设，离任审计、基层工会审计和工会企事业单位审计力度加大。各级工会女职工组织认真履行职责，进一步加大维护女职工特殊权益的工作力度。退休职工管理、下属事业单位工作等都取得了新成效。（蓝星）

韶关市总工会

【领导班子】

主　席：杨小明

副主席：张　莉（女）、谢广明、林贵贱

纪检组长：傅　勇

【机构设置】

办公室、组织部、宣传教育部、保障工作部、生产保护部、女职工部、财务部、审计室

【综述】 2010年，全市各级工会紧紧围绕韶关市委提出的打好转变经济发展方式、提升“双转移”质量、推进扶贫开发“双到”工作三场硬仗，团结动员广大职工为有效巩固和扩大应对国际金融危机冲击成果、推动经济平稳较快发展建功立业，积极协调劳动关系、大力推进“两个普遍”，切实维护职工权益、促进职工队伍和社会稳定，在韶关经济社会发展中发挥了重要作用，工会工作在原有的基础上又迈上了一个新台阶。

【大力开展建功立业工程】 一是广泛开展建功立业竞赛活动。围绕市委十届七次全会提出的打好“三场硬仗”这个中心任务，深入开展劳动竞赛和群众性经济技术创新活动。韶钢集团公司工会组织开展“奋战12

月份实现年产钢500万吨”劳动竞赛，中金岭南丹霞冶炼厂开展“10万吨锌氧压浸出新工艺综合回收镓锗技术改造工程”劳动竞赛等，促进了企业创新发展。年内，全市参与劳动竞赛和群众性经济技术创新活动的企事业单位336家，参与活动的职工约18.6万人，提出合理化建议近9600条，取得经济技术成果786项，创经济效益约3.8亿元。二是大力推进职工素质提升工程。市总工会组织职工参与全省32个工种的职业技能大赛和工业设计大赛，掀起了新一轮的技术比武热潮。6月，举办了第三届职工烹饪技能大赛暨2010年省职业技能大赛韶关选拔赛中式烹调师和中式面点师竞赛，评选出一批粤北名菜和粤北名点。11月，市总工会、市旅游局与湖南省郴州市总工会、江西省赣州市总工会等单位联合举办了“红三角”旅游行业“创业杯”职工技能大赛，韶关市在4个比赛项目中，均获得了一等奖的佳绩。全面完成了职工书屋三年建设规划，共创建职工书屋81家。全市职工体育健儿积极参加省第四届职工运动会，并取得了较好成绩。市总工会职工艺术团、市工会会员活动中心举办了多场大型职工文体活动，丰富了广大职工的精神文化生活。三是充分发挥劳模的引领示范作用。2010年，全市推荐评选表彰了全国劳动模范（先进工作者）8人、省五一劳动奖章6人，省“工人先锋号”7个，市劳动模范（先进工作者）60人。市总工会不断加强对劳模的管理服务工作，组织人力建立健全了各类先进模范档案。加大对困难劳模的帮扶力度，2010年，筹集600多万元用于各级劳模的荣誉津贴发放、生活困难补助、节日慰问及体检。

【困难职工、农民工帮扶工作取得新成绩】一是进一步深化困难职工帮扶中心建设。市、县两级总工会不断完善困难职工帮扶中心就业帮扶、生活帮扶、医疗帮扶、法律援助、互助保障等“五位一体”的一站式窗口服务体系。积极推动县级困难职工帮扶中心规范化建设，南雄、乐昌、仁化和乳源等4个县（市）通过了困难职工帮扶中心规范化建设标准检查验收。二是进一步深化工会帮扶工作品牌。各级工会在春节“送温暖”活动中，共筹集资金600多万元，慰问困难职工4478人。为使“送温暖”活动经常化，市、县两级总工会连续四年在每年8月开展“百万帮扶暖千家”助困活动，年内筹集帮扶资金200多万元，帮扶困难职工2700人。在“金秋助学”活动中，各级工会共筹集资金400多万元，帮扶非义务教育阶段的困难职工、农民工子女3600多人次。市总工会干部职工共捐资11万元为青海玉树灾区献爱心。市总工会及时下拨帮扶资金12万元，帮助翁源、乳源、始兴等县受洪涝灾害影响的职工抗灾复产，重建家园。在扶贫开发“双到”工作中，市总工会为扶贫点乐昌市梅花镇大塘边村落实帮扶资金50多万元，其中市总工会投入资金20多万元。在“夏送清凉”活动中，市总工会到丹霞冶炼厂、市环卫所和市交警高速公路大队等单位为职工送去清凉饮料1000箱，电影10场，法律书籍1000多本，体检500人次。职工医疗互助保障计划得到进一步推广，2010年参加职工医疗互助保险新保6405人，续保13695人，累计参保续保19.5万人次，慰问赔付51人，赔付金55.5万元，累计赔付488.1万元。三是进一步加大职工再就业培训推荐力度。2010年，市帮扶中心提供就业岗位1900个，推荐就业260余人次，培训职工（农民工）2600余人次。同时通过与劳动保障等部门协同配合，积极开展职业介绍服务，举办了3次大型职业招聘会，提供就业岗位2万余个，帮助1万余人实现就业。市总工会还积极发挥工会培训基地和家政培训基地的作用，为1000多人次提供创业、护理、月嫂、育婴等方面的免费培训。

【依法维权、创建和谐劳动关系工作有新进展】 一是加强人文关怀，改善用工环境。6月，市总工会深入24家非公有制企业，开展员工工作和生活状况调研，形成了《在协调劳动关系、加强人文关怀中充分发挥工会组织作用的建议》。市委书记徐建华对该建议高度重视，并作出批示。9月，市委办、市政府办联合转发该建议，并以市委、市政府名义召开了全市工会工作会议，就加强人文关怀改善用工环境，构建和发展和谐劳动关系作出部署。12月，针对非公有制企业中层管理人员缺乏人性化用工管理的实际，市总工会首次举办了“加强人文关怀，改善用工环境”培训班，来自全市各行业的300余名非公企业一线管理人员参加了培训。培训班产生了强烈反响，得到企业的热烈欢迎。二是致力构建和谐劳动关系。充分发挥政府与工会联席会议和劳动关系三方协商机制的作用。2010年，市总工会参与了3部法律法规及5项涉及职工权益的政策制定，在最低工资标准、职工医保费和高温津贴等方面提出工会主张，切实维护职工权益。深入开展劳动关系和谐企业创建活动，推荐评选了“全国劳动关系和谐企业”1家，“省劳动关系和谐企业”4家。积极推进厂务公开民主管理工作，推荐评选了“广东省推动厂务公开民主管理工作先进单位”4家，“广东省厂务公开民主管理工作先进单位”15家。“安康杯”竞赛活动深入开展。市政府将“安康杯”竞赛活动纳入对各县(市、区)安全生产责任制考核内容之中，进一步推动了“安康杯”活动的深入开展。2010年，全市共有383家企业，16.8万名职工参赛。市总工会认真履行市安委会成员单位职责，积极配合市安监局等相关部门调查处理了18宗安全生产事故。三是努力维护职工队伍和社会稳定。坚持职工信访信息定期报送、工会主席接访以及群体性上访重大事件信息快报制度，并与公安、劳动保障等部门建立信息共享机制，及时掌握企业职工思想动态，主动参与矛盾调处，促进了职工队伍和社会的稳定。2010年，市总工会接待群众来访50批次、100人次；受理热线电话30件，反馈率100%，办结率95%；受理来信15件，做到件件有回复、事事有着落。10月21日凌晨，韶关冶炼厂因排放含铊超标的污水被省政府依法责令停止生产，市总工会迅速组成工作组于当天进驻韶冶，及时了解情况，做好职工思想教育工作，并专门拔出停产期间困难职工帮扶资金8万元，全力维护职工队伍的团结稳定。市总工会调整充实了市职工维权法律服务团，聘请了40位专职律师为各地工会组织和职工提供公益法律服务。2010年，市总工会荣获“全国工会系统‘五五’普法先进单位”荣誉称号。

【“两个普遍”重点工作有新亮点】 一是全力推动企业依法普遍建立工会。充分发挥“党建带工建、工建服务党建”工作机制的作用，突出重点，主攻难点，争创亮点，全面加强工会组织建设。乳源县总工会通过15年坚持不懈的努力，终于在日资企业三协电子公司成功组建了企业工会，取得了新突破。截至2010年9月底，全市基层工会累计6290家，基层工会涵盖单位29628家，工会会员576263人，农民工会员108303人。其中，2010年全市新建基层工会418家，基层工会涵盖单位2510家；新发展会员29011人，其中农民工会员22182人，圆满完成省总工会下达的组建任务。通过开展“职工之家”和“职工满意企业”等创建活动，以组建工作夯实工会基础，以增强工会活力巩固组建成果。年内，市总工会通报表彰了“韶关市先进职工之家”42个、“韶关市先进职工小家”18个。12月，市总工会分别举办了全市工会干部和经审干部培训班，共300多人参加了培训，帮助工会干部优化知识结构，提高理论政策水平和工作能力。二是全力依法推进普遍开展工资集体协商。按照省协调劳动关系三方委员会《关于进一步推进企业工资集体协商工作的指导意见》，全市启动深入推进集体合同制度的“彩虹计划”。2010年，全市签订集体合同1212份，覆盖企业2410家，覆盖职工39万人；签订工资专项合同68份，覆盖企业190家，覆盖职工10.5万人；签订女职工专项合同1090份，覆盖单位1950家，覆盖职工14.9万人。

河源市总工会

【领导班子】

主　席：李为民

副主席：邱巧莲（女，常务）、廖洪滨、徐志强

【机构设置】

办公室、组宣部、维权部、经济工作部、财务部

【综述】 2010年，在市委、市政府和省总工会的领导下，全市各级工会深入贯彻落实科学发展观，坚定不移地走中国特色社会主义工会发展道路，坚定不移地投入“保增长、保民生、保稳定”的实践，践行“三反”理念、推进“四新”产业战略，着力为职工服务、为党政分忧、为企业和谐、为经济加油、为工会发展，团结动员广大职工为推动河源市经济社会又好又快发展，努力建设中国特色社会主义工会，争当全省山区工会实践科学发展观的排头兵发挥了积极的作用。

【扎实推进固本强基工作】 一是工会组建工作力度明显加大。2010年8月，市委转发了市委组织部、市总工会《关于进一步加强“党建带工建、工建服务党建”工作的意见》，确定10—12月为全市组建月，并出台组建工作激励机制。各级工会认真贯彻该意见精神，通过党建带工建，重点抓改制企业、非公有制企业的工会组建工作，特别是在农民工比较集中的行业，创新工会组织形式和组建方式。至年底，全市基层工会组织2802个，工会会员271420人，全市新组建基层工会委员会220家，增长幅度为8.5%，新增会员16000人，增长6.2%，其中，外商企业48家，增长幅度为8.3%，私营企业为92家，增长8.4%，超额完成省总工会下达的任务指标，在省总工会年度考核中获得组建工作一等奖。二是职工之家建设不断增强。各级工会在职工之家建设工作方式上继续探索和创新路子。市供电局建立了“河源供电局职工温馨家庭工作站”，全方位地关注职工的心理健康，帮助职工化解家庭矛盾，解除职工的后顾之忧。龙川县总工会率先落实了对非公有制企业工会主席通讯费补贴待遇，有力地促进了非公有制企业工会的组建工作，2010年，河源市有合格职工之家1839家，全国模范职工之家7家，全国模范职工小家8家，省级模范职工之家15家，先进职工之家19家，省级模范职工小家15家，市级先进职工之家123家，先进职工小家69家。河源市地方税务局工会委员会、广东大顶矿业股份有限公司工会委员会2个单位被全国总工会授予“模范职工之家”称号；河源职业技术学院继续教育学院、河源市卫生学校护理专业2个工会小

组被全国总工会授予“模范职工小家”称号。三是工会经费收缴稳中有升。全市各级工会抓重点、突难点，千方百计做好工会经费收缴工作，非公有制企业工会经费收缴有新增长。为推进工会经费地税代收工作。市总工会、市地税局联合组成调研组，深入河源市 150 个企业进行调研，为市委、市政府决策提供依据，为加快实现工会经费地税代收工作打下了良好的基础。

【大力促进职工文化建设】 一是市职工文化活动中心如期竣工。河源市委、市政府把市职工文化活动中心建设纳入 2008 年“十件实事”之一。该中心经过 17 个月的建设，于 2010 年 5 月落成，河源市从此告别无职工文化活动阵地的历史。计划投资 960 万元的和平县职工文化活动中心建设也已完成项目立项报建手续，大楼基建工程稳步推进。二是文化活动丰富多彩。市总工会联合市人力资源和社会保障局联合举办了送电影下基层活动；源城区总工会联合团区委、区工业园管委会在龙岭工业园举行了大型文艺晚会等活动；和平县总工会举办“五一”大型文艺晚会，“康平杯”男子篮球赛；连平县总工会与县团委联合举办了“青年歌手”大赛。一系列活动丰富了职工的文体生活，激发了职工的敬业精神和创新热情。

【注重加强对职工人文关怀】 一年来，全市各级困难职工帮扶中心坚持“为党政分忧、为职工解难、为企业和谐”的宗旨，真心实意为困难职工、农民工做好事、办实事。一是扎实开展送温暖工作。元旦、春节期间，各级工会在市委的统一部署下，深入开展送温暖活动，共筹集慰问款 258.6 万元，慰问困难企业 78 个，困难职工、困难劳模、困难外来工（农民工）等 2997 户。其中，市总工会为市直 387 户困难职工家庭送上了慰问金和慰问品，共发放慰问款及物品约 37.01 万元。二是扎实开展困难职工帮扶工作。大力推进县级帮扶中心规范化建设，进一步完善了帮扶工作网络，创新帮扶形式。一年来，全市各级工会共帮扶 6357 人次，发放帮扶金 426.15 万元。其中，市、县（区）两级困难职工帮扶中心共帮扶 4331 人次，帮扶金额 236.50 万元，包括医疗救助 678 人次，发放帮扶金 44.86 万元；生活救助 1973 人次，发放帮扶金 92.71 万元；助学帮扶 946 人次，发放帮扶金 82.25 万元。河源市困难职工帮扶中心被评为市“文明示范窗口”。三是扎实开展关爱援助农民工。充分发挥工会组织的网络优势，积极主动为企业牵线搭桥，组织人员赴四川等地开展招工活动，帮助企业缓解招工难问题。大力开展农民工就业培训、岗位援助、创业指导、维权服务、生活帮扶等措施，促进企业构建和谐、健康的人文环境。四是扎实开展工会助学活动。8 月，河源市、县区总工会举行加强人文关怀暨工会助学帮扶金现场发放仪式，广东省总工会副主席王丽华，市委副书记龚佐林，市人大常委会副主任、市总工会主席李为民出席了发放仪式，并为受助对象发放了帮扶金。各级工会以此活动为契机，广泛开展“金秋助学”活动，形成了全市工会上下联动、横向互动、关爱职工的良好氛围，全市各级工会共帮扶困难职工 2523 人次，发放帮扶金 152.31 万元；其中，为 701 名考上大学的困难职工子女发放助学帮扶金共 61.3 万元，资助困难农民工子女 245 人，发放助学帮扶金 20.95 万元。

【积极开展关爱劳模活动】 依照公平、公开、公正的原则，民主推荐产生了河源市 2010 年全国劳模和广东省五一劳动奖章获得者。河源市欧阳仕文等 3 位同志获得了“全国劳动模范”荣誉称号；陈志忠等 4 位同志荣获广东省五一劳动奖章；广东烟草有限公司物流配送中心等5个单位获得广东省“工人先锋号”荣誉称号。在“五一”期间，利用《河源日报》、河源广播电视台等新闻媒体认真做好劳模的宣传报道工作，大力弘扬了新时代劳模精神，营造了“尊重劳动、尊重知识、尊重创新”的社会风尚。市、县区总工会通过召开劳模代表座谈会、新春慰问劳模座谈会等多种形式慰问劳模，颁发奖章、证书，并对困难劳模发放了劳模“三金”（生活困难补助金、特殊困难帮扶金、春节慰问金）。据统计，市总工会共对全市16名全国劳模发放了27.3万元慰问金。

【切实维护职工合法权益】　以和谐企业创建工作统领工会经济技术创新、依法维权、固本强基、帮扶困难、提高素质五项重点工程，积极开展劳动关系和谐企业创建活动，劳动关系日臻和谐，全市共有118家企事业单位被评为“市和谐企业”。一是推进平等协商集体合同工作。一年来，全市各级工会加大工作力度，落实各项有效措施，大力推进平等协商、签订劳动合同、工资专项集体合同和女职工权益保护集体协议工作，从源头上有效维护了职工的合法权益，促进各类企业尤其是非公有制企业劳动关系的融洽和协调。至2010年12月，全市共有1900家企业建立了集体合同制度，覆盖企业2153个；占应建企业82%，覆盖职工达187654人。同时，各级工会还大力推进以非公有制企业为重点的工资协商制度，全市有工会组织的381家企业已签订了工资专项集体合同。二是不断加强工会女职工组织和女职工队伍建设。最大限度地把女职工组织到工会中来，工会女职工组织建设得到进一步发展。据统计，全市共有女职工组织1453家，女会员119663人，分别占应建、应发展会员的80%和85%。组织开展了全市性的“品牌服务”百分赛活动，基层工会女职工组织建设进一步规范。积极开展女职工保健知识培训、仪表仪容讲座等活动。邀请专家、教授深入基层免费为女职工讲授女性保健知识。据不完全统计，全市各级工会女职工组织免费为女职工组织讲座近60场，受益人数达3000多人次。

【抓安全生产宣传教育，实施“关爱生命”行动，开展“安康杯”活动】　依法发挥监督职能，深入开展“危险源头”监护行动，一年来，参赛企业1232家，参赛车间（班子）5224个，覆盖职工112983人。一是加强全市的厂务公开民主管理工作。以构建和谐劳动关系为主线，以提高厂务公开和职代会建制率为重点，进一步加强组织领导，规范运行机制，创新工作载体，不断提升厂务公开民主管理工作水平。二是开展创建省级厂务公开民主管理示范点活动。下发了《关于开展创建省级厂务公开民主管理示范点活动的通知》，审核上报厂务公开工作开展较为扎实的广东粤电新丰江发电有限责任公司等7个单位为省级厂务公开民主管理示范点单位。三是继续抓厂务公开民主管理借鉴ISO9000贯标认证工作。市厂开办对河源市一些条件成熟的大型国有企业进行全面贯标，力争各县区均有已贯标认证企业。如8至12月，市厂开办就分别对广东粤电枫树坝发电有限责任公司、中国电信股份有限公司河源分公司、广东电网河源供电局、广东电网河源东源供电局等4个企业进行了贯标认证。受评企业均达到贯标（A级），并颁发证书。

【认真开展法律援助和劳动争议调解仲裁工作】　一是做好职工来信、来访调处工作。市县两级工会针对来信、来访反映的重大问题，主动扎实开展调查了解，做好处置回复工作，做到有信必回，有访必答。一年来共受理职工群众来信、来访、来电共177件次、756人次，其中集体信访9宗，涉及职工544人次。处理率达100%，群众满意率为90%。特别是对信访反映有关在企业改制改革过程中职工的劳动权益、民主管理和工伤保险等方面的问题，通过市、县区总工会与有关方面的积极协调与努力，得到有效解决。进一步健全了河源市法律援助处工会职工权益部，出台了法律援助暂行办法，认真开展困难职工法律援助工作。二是参与查处拖欠职工工资行为。把清理拖欠农民工工资问题作为维护劳动者合法权益和社会稳定的重要工作来抓，参与市清理拖欠农民工工资专项检查领导小组工作，定期开展检查清理，特别是加强对建筑施工等劳动密集型企业、非公有制企业的检查督促，促进清欠工作的落实。三是成立河源市工会法律服务律师团，帮助和指导职工维护自身的合法权益。法律服务律师团由25名律师组成，在企业工会与企业开展工资集体协商时，律师团派出法律顾问指导或代表职工开展集体协商。律师团为各地工会组织和职工提供公益法律服务，为发生劳资纠纷的职工提供必要的法律支持，维护职工合法权益。

【全力服务市委中心工作】 充分发挥牵头单位的作用，联合市民政局、广东省农信社河源办事处等单位扎实开展“双到”工作，解决了对口扶贫村存在的几大问题，包括集体经济收入3万元问题，下雨天路难走的问题，中崋小学的学生课桌、安全防护设施问题，村委会、学校饮水问题，贫困户子女读书难问题，以及贫困户住房难问题，引导村民种植优质农作物，加快脱贫致富，促使农民增收。市总工会的扶贫“双到”工作得到了市委、市政府的高度重视，2010年被评为市扶贫“双到”工作先进单位。世客会期间，根据市委、市政府的部署要求，河源市总与市行政服务中心、市委政策研究室共同挂钩国际龙城国际酒店，负责接待5个团的100多位嘉宾。河源市总工会高度重视，周密部署，在世客会期间，从领导到普通员工全体出动到酒店搞好服务工作，令入住河源市总挂钩酒店的嘉宾十分满意，得到了市委、市政府的高度肯定。（罗铭春）

梅州市总工会

【领导班子】

主　席：刘广新（2010年3月任职）

副主席：吴寿康（常务）、姚若亮、钟立强、侯炜勤

纪检组长：曾小勇

【机构设置】

办公室、组宣部、经济工作部、保障工作部、女工部、财务部、教育工会、非公有制企业工会、职工文化宫、事业发展中心

【综述】 2010年，梅州市总工会按照市委的工作部署和省总工会提出的目标任务，落实“组织起来，切实维权”的工作方针，按照“扩大覆盖面、增强凝聚力”的基本要求，加快完善工会维权机制，注重激发基层工会活力，深化帮扶品牌创建工作，推动构建和谐劳动关系，工会各项工作稳步推进。

【依法维护职工权益】 向全市企业工会发出《关于妥善处理职工群体性事件维护职工合法权益的通知》，制定快速应对职工群体性事件预案，成立处理企业停工事件专责小组和由30名资深律师组成的法律服务律师团。协助市委、市政府调解金雁集团职工停工上访事件，引导职工依法依规提出正当利

益诉求维护自身权益，协助企业尽快恢复正常生产和安全稳定。参与市金雁实业集团公司、梅工齿轮有限公司、市磁性材料厂和市管道煤气有限公司等四家企业的转制协调工作。抓好《劳动合同法》等相关法律、法规的贯彻落实，印制1万多份宣传资料下发到各县（市、区）。组织100家企业、40055名职工、2093个班组参加“安康杯”竞赛活动。选取27个单位确定为全市厂务公开民主管理示范点，验收37个厂务公开民主管理贯标认证单位。

【开展劳动竞赛】　组织市金雁集团、市供电局、市石油公司、市邮政局、市卷烟厂和各县（市、区）总工会开展劳动竞赛活动，激发职工学技术、练技能的热情，不断提高职工技术技能。做好全国劳模、省五一劳动奖章的评选推荐工作，筹备召开庆祝“五一”节暨劳模座谈会并进行系列宣传报道，落实全国劳模“三金”（春节慰问金、生活困难补助金、特困帮扶金）和因病致困劳模帮扶金发放制度。向在第十三届省运会上取得优异成绩的运动员何光、全市幼儿教师德育能力大赛一等奖获得者刘倩雯和全市职业技能大赛10名优胜者颁发梅州市五一劳动奖章。

【实施帮扶救助】　2010年元旦、春节期间，各级工会组织筹集送温暖资金648万元，走访慰问困难企业920多个，慰问困难职工、困难劳模和农民工14000多户。在“三八”节、“六一”节和教师节前夕组织各类慰问活动。抓好“金秋助学”活动，筹集25.3万元对市直194名困难职工家庭学生进行帮扶资助。对市直59名患病困难职工和77名生活困难职工分别提供医疗救助和生活救助，发放帮扶资金18.55万元。参与其他形式的扶贫济困活动，在“广东扶贫济困日”活动中单位和个人累计捐款2.9万元，倡议全市各级工会组织开展“一瓶爱心水、真情润西南”活动，为广西灾区捐款48万多元。召开加强人文关怀改善用工环境专题会议，向全市基层工会下发通知要求开展职工人文关怀系列活动。职工互助医疗保障和女职工安康保险赔付对象19人，赔付金额28万元。筹措160多万帮扶资金，做好五华县潭下镇龙田村扶贫开发“双到”工作，市总工会被评为全市扶贫开发“双到”工作先进单位。

【促进素质提升】　发挥工会“大学校”作用，开展“共铸理想信念、共促科学发展”主题教育活动。继续推进全市工会系统创先争优活动和职工职业道德建设活动深入开展，提高职工队伍整体素质。抓好“职工书屋”建设，下拨专项补助经费，推动全市职工读书活动形成热潮。组织举办梅州城区青年教师基本功比赛和全市幼儿园教师德育专业能力大赛。组队参加全省第四届职工运动会羽毛球比赛获得较好名次。举办市直（省属）职工庆“五一”羽毛球比赛、全市工会系统干部职工“庆国庆·迎亚运”乒乓球比赛和迎新年“天翼3G杯”领导干部乒乓球友谊赛。

【加强组织建设】　分别召开以党建带工建联席会议成员单位工作座谈会和全市工会组建工作会议，对企业工会建设情况进行专题调研，明确组建目标。新成立广东梅州蕉华工业园区和畲江广州（梅州）产业转移工业园区工委会。全年新组建工会组织193个，新入会职工16510人。与市委组织部联合下发《关于加强乡镇（街道）工会工作委员会建设的意见》，全力推进乡镇工委会建设，全市110个乡镇（街道）均建立了工委会，主任由乡镇党政副职担任。至2010年年底，

全市基层工会组织达3225个，工会会员24.3万人。（黄康威）

惠州市总工会

【领导班子】

主　席：朱挺青

副主席：林国斌（常务）、杨志康、钟莲招（女）、张宏君

【机构设置】

办公室、组织建设部、维护工作部、宣传教育部、财务部

【综述】 2010年是“十一五”规划的收官之年，也是惠州市深入贯彻党的十七届四中、五中全会和省委十届六次、七次全会精神，在更高标准上建设科学发展惠民之州的重要一年。一年来，在惠州市委和广东省总工会的正确领导下，惠州市各级工会以邓小平理论和“三个代表”重要思想为指导，按照科学发展观的要求，以贯彻实施《珠江三角洲地区改革发展规划纲要》为主线，全面履行各项职能，团结动员广大职工围绕“保增长、保民生、保稳定”和“三促进一保持”的中心任务，以实际行动谱写了惠州工会工作新篇章。

【下大力气抓工会组建工作】 2010年7月22日，惠州市委下发了《关于进一步加大工作力度，全面推进企业工会组织建设的实施方案》，并于8月10日召开全面推进企业工会组织建设动员大会，明确了全市企业工会组建目标任务。惠州市总工会及时召开全市企业工会组建工作会议，制订出详细组建方案，将目标任务分解到各县（区）总工会，明确了目标和责任，要求各级工会以外资企业为重点，以组建区域性、行业性工联会为难点、突破点，创新组建途径，狠抓区域性、行业性工会工联会的组建；各县（区）总工会也分别制订组建方案，把目标任务分解到乡镇（街道），确保任务落实、人员落实、责任落实。各级工会加大基层工会组建宣传发动力度，通过向企业发放《工会法》、《工会章程》、《企业工会工作条例》等宣传资料，悬挂宣传标语，开设法律法规宣传讲座，提高企业依法建会的主动性和积极性。惠州市委常委、大亚湾区委书记许光亲自作动员报告，亲自协调市台商协会领导支持建会，亲自过问工作进展情况，并且要求在高新区招商引资过程中，要入资企业在谈判签约的同时将依法成立工会组织的条款列入企业合同，在筹建企业的同时筹建工会组织，在企业正式开业的同时建立工会组织，从源头上解决了企业建会难问题。至2010年年底，惠州全市共组建企业工会组织7037家（其中，独立基层工会706家、工联会26家、工联会覆盖经济单位6305家），组建率为95.20%，发展会员140900人，建会企业入会率为95.23%。截至2010年年底，全市共有独立基层工会7963家，工联会197家，工联会覆盖经济单位8284家，会员922320人。

【深入开展人文关怀活动】 2010年6月起，惠州市委连续四次召开常委会议，专门研究惠州企业工会组建工作和“开展人文关怀、改善用工环境”问题。市总工会根据省总工会和市委、市政府下发的《中共惠州市委、惠州市人民政府关于加强人文关怀化解劳资矛盾构建和谐企业的工作意见》指示要求，制订了《关于开展企业员工心理健康疏导活动实施方案》，成立企业员工心理健康疏导活动领导小组，指导各级工会结合实际

情况开展内容丰富、职工喜闻乐见的各项活动。一是开展外资、合资企业农民工思想状况调查。通过发放问卷、召开座谈会、随机走访等形式，发出调查问卷1089份，收回有效问卷989份；召开座谈会11次；随机走访300多人次。二是开展职工心理健康关怀活动。惠州市总工会开通人文关怀热线电话，24小时专人接听员工心理咨询，组织专家深入企业开展心理辅导讲座。至去年年底，共有近300家企业开展430场心理辅导活动，有27000多名职工参加了此项活动。三是开展职工精神文化关怀活动。以送文化、送电影进企业活动，积极推动职工书屋等文化设施建设，组织各级工会举办各种文艺演出、体育竞赛、放映电影等文化活动。

【加大维权工作力度】　9月初，惠州市总工会与惠州市司法局联合成立了惠州市工会系统的法律律师团，进一步加大为困难职工提供法律援助力度。开通人文关怀热线电话，加大职工维权热线处理力度，全年共解答投诉、咨询问题计400多宗，接听热线电话500多个，接待职工上访30多人次，处理应急和群体性事件4起；通过举办培训班、召开现场推进会等方式，深入企业指导协商工作，在全市151家大中型企业中推行工资集体协商机制，共有129家签订工作专项集体合同，各工业园区职工月均工资已从开展集体协商前的1100元增加到现在的1360元，包括加班费可达2000元左右；借鉴ISO9000国际标准，建立厂务公开民主管理质量管理体系，去年完成60家企业贯标认证工作，惠州市总工会被评为全国推动厂务公开民主管理先进单位。

【开展扶贫济困活动】　惠州市总工会创新帮扶形式，拓展帮扶领域，加大帮扶力度，为改善民生、推动共建共享发挥了积极作用。2010年初，共筹集送温暖资金313.6万元，专项帮扶资金106万元，深入开展送温暖活动，慰问困难职工5147户。9月，惠州市总工会深入开展“金秋助学”活动，发放助学金31.96万元。全市各级工会组织深入推进百万农民工援助行动，全年共培训家政服务人员170多人，组织2万多人参加了安全生产知识培训。

【开展特色劳动竞赛活动】　在全市开展职工小发明小创造的劳动竞赛活动，共有40多项小发明小创造获评为一、二、三等奖；举办了旅游饭店服务技能大赛、“万饰成杯”首届惠州旅游大使风采展示暨名导游大赛、旅游饭店服务技能大赛、邮政业务营销员工种技能比赛等等，取得了很好的效果。去年春运期间，与惠州市汽运集团总公司联合举行“春运农民工平安返乡”的安全优质服务竞赛活动，为春运期间的“安全万里行”活动的顺利实施提供有力保障；认真抓好职工教育培训工作，加大职工书屋投入力度，至2010年底共有全国“职工书屋”示范点10个、省市“职工书屋”示范点135个、其他“职工书屋”示范点53个，惠州市总工会向全市各家省、市“职工书屋”示范点赠送近万册图书；2010年共有4人获评“全国劳动模范”、1人获评“全国先进工作者”，5人获得2010年广东省五一劳动奖章，48人获得“惠州市劳动模范”称号，11人获得“惠州市先进工作者”称号，21个单位获得“惠州市先进集体”称号。

【职工文体活动形式多样】　积极开展了以“迎省运、庆‘五一’”、“迎春”为主题的职工文体活动，自2010年7月以来，共有3900多家企业开展各类活动5300多场，参加活动职工近30万人。开展以“感恩从爱心开始”为主题的感恩教育系列活动，广泛动员广大职工积极参加“感恩教育”演讲比赛。开展“2010年亿万职工健康活动月”等一系列活动，不断赋予职工素质建设的内涵，扩大工会的社会影响力。组团参加广东省第四届职工运动会，并获总分第二、金牌第五、奖牌第三的可喜成绩，同时被大会组委会授予“优秀组织奖”、“优秀赛区”奖项。

【工会其他工作全面发展】 不断深化“素质提升”和“女职工建功立业”活动，积极引导和鼓励女职工立足本职，努力学文化、学科学、学技术，促使女职工的素质得到进一步提高；建立集体协商制度、签订女职工权益专项集体合同等，维护和保障了女职工的合法权益和特殊利益。新《工会会计制度》得到深入贯彻落实，工会经费实现稳步增长，工会财务制度进一步完善。工会经费审计监督力度得到加强，各级工会财务工作得到进一步规范。教育工会针对校园特点积极开展工作，规范以教代会，促进校务公开，积极维护教职工合法权益，顺利完成全市教育工会全委会委员增补工作。 （刘楚周、沈莹）

汕尾市总工会

【领导班子】

主 席：彭石沛

副主席：高木水(常务)、李惠文(女)、林传兴

【机构设置】

办公室、组织宣传教育部、经济保障部、财务部

【综述】 2010年，全市各级工会认真贯彻落实省委、市委和省总工会关于工会工作的重要指示精神，坚持“组织起来、切实维权”的工作方针，树立和落实“以职工为本，主动依法科学维权”的工会维权观，紧紧围绕改革发展稳定这一大局，始终坚持全面建设小康社会这一主题，牢牢抓住发展和谐劳动关系这一主线，时刻不忘维护职工权益这一宗旨，深入实施建功立业、固本强基、依法维权、帮扶困难、素质提升五项工程，有力地推动全市工会事业的全面发展，为建设“活力、人文、和谐、清新”汕尾作出了积极贡献，工会工作呈现出蓬勃发展的生动局面。

【召开汕尾市工会第四次代表大会】 12月22日，汕尾市总工会第四次代表大会在汕尾隆重召开，参会正式代表230名，特邀代表和嘉宾48名，市四套领导班子戎铁文、郑雁雄、莫英群、卓志强、杨青、陈少菲、周海侦、马伟灵、吴维保及各县区分管工会工作的党委副书记应邀出席了开幕式。市委常委、宣传部部长杨青代表市委在大会上作了讲话，省总工会党组成员、纪检组长廖汝捷代表省总工会致辞，市妇女联合会主席刘雪珍代表群众团体在大会上致贺词。大会审议通过了彭石沛作的工作工报，高木水作的财务工作报告，李惠文作的经审工作报告；选举产生了市总工会新一届领导班子，彭石沛当选为市总工会主席，高木水为常务副主席，李惠文、林传兴为副主席。李惠文当选为第四届经费审查委员会主任，黄展达为副主任。

【召开汕尾市第四次劳动模范表彰大会】 4月30日，汕尾市委、市政府隆重集会，热烈庆祝“五一”国际劳动节，表彰五年来汕尾市各行各业涌现出来的劳动模范和先进集体。市四套班子领导戎铁文、莫英群、卓志强、林义君、卢文辉、周海侦、彭石

沛等出席大会。市委副书记、市长郑雁雄作讲话。市委常委、宣传部部长杨青主持会议。会上，市委副书记卓志强宣读市委、市政府及广东省总工会的表彰决定。市委、市政府授予刘春生等34名同志汕尾市劳动模范称号，授予王少兰等34名同志汕尾市先进工作者称号，授予中共汕尾市委办公室等23个单位汕尾市先进集体称号。汕尾市国家税务局局长曹益镇、陆丰市总工会主席黄金生、海丰县海城镇第四小学教师伍德华、汕尾陆河供电局局长黄鸿成获广东省五一劳动奖章。汕尾城区香洲街道中心小学副校长王少兰代表全体劳模宣读倡议书。参加会议的有各县（市、区）党委、政府及市直各单位负责人，市劳模评选表彰领导小组成员，历届各级劳模和先进工作者代表等近300人。“五一”期间，市总工会和汕尾逸挥基金医院联合举办“献礼劳动节、关爱劳模”健康体检活动，为全市300多名历届全国、省、市劳动模范和全国、省五一劳动奖章获得者进行免费健康体检。先后举办了汕尾市职工乒乓球健身联谊赛、羽毛球邀请赛等活动，受到普遍好评和赞赏，增加了节日的浓烈气氛。

【深入开展经济技术创新工程】 2010年，汕尾市各级工会坚持围绕中心，服务大局，把实施经济技术创新工程，开展劳动竞赛作为贯彻党的十七大、省委十届五次、六次全会和市委五届六次、七次全会精神，深入落实科学发展观的重要举措，团结和组织广大职工在经济建设和社会发展中多作贡献，广泛开展“当好主力军、建功‘十一五’”创先争优劳动竞赛，深入开展经济技术创新工程和提合理化建议活动，推动企业技术进步，促进企业发展。一年来，全市共有4.5万多名职工参加岗位练兵技术比武活动，开展技术技能比赛项目13个，有8.6万多名职工参加各项技能培训教育活动，有8万多名职工参加劳动竞赛和合理化建议活动，有1000多件合理化建议投入实施，有50多项职工技术攻关成果在全市经济建设中发挥了积极作用，实现直接经济效益1亿多元。

【“安康杯”竞赛活动成绩斐然】 在开展安全生产和职工劳动保护工作中，以“安康杯”竞赛活动为重点，不断加强“安康杯”竞赛的力度，进一步加强了企业安全生产基础管理和工会劳动保护监督，提高了企业职工安全生产知识水平和自我保护意识，落实安全生产责任制，建立健全各项安全规章制度，促进了全市的安全生产工作，取得了较大成绩，收到了明显成效，有效控制和减少伤亡事故的发生。2010年，全市参加“安康杯”竞赛企业80家，企业职工20010人，参赛班组929个。

【非公有制企业工会组建取得突破性进展】

按照年初的工作部署，继续把组建工会作为重中之重的工作来抓，加大非公有制企业工会组建力度。6月28日，召开了全市组建工作会议，贯彻落实省总会议精神，听取各县（市、区）总工会组建工作进展情况的汇报交流，对开展工会组建工作进行研究部署。把组建工作重点放在镇、开发区管辖的非公有制企业，突出重点，抓典型、抓亮点，加强工会工作宣传力度，采取建立镇、行业工会联合会的形式，把广大企业员工组织到工会中来，扩大覆盖面，提高工会组织的凝聚力和影响力。2010年，非公有制企业工会组建取得突破性进展，组建非公有制企业工会16家，发展会员5530人。2010年度，省总工会重点工作考核中，市总工会固本强基工作荣获一等奖。

【加强培训工作，提高工会干部综合素质】 从4月份开始，市厂务公开协调小组办公室到各县（市、区）及市直企事业单位作辅导培训，全市有180多个单位分管厂务公开的领导及工会主席共近400人参加了培训，有力推动厂务公开民主管理贯标认证工作。8月份与东莞、深圳联合开展了厂务公开民主管理工作互查。8月24日，举办全市工会干部培训班，特邀省总工会干校教授前来汕尾市授课，400多名工会干部参加培训，提高全市工会干部素质，适应新时期工会工作需要。市总财务培训工作荣获省总创新先进奖。

【认真开展创建和谐企业、和谐劳动关系调研活动】 针对富士康公司职工连续跳楼的事件，按照市维稳领导小组和省总工会关于密切关注企业劳动关系，做好维护职工合法权益的通知要求，组成调研组到市直和各县（市、区）规模较大、职工人数较多的企业开展调查研究，了解企业劳动关系情况和职工思想动态，形成调研材料及时向市维稳办报告。同时在调研中做好正面宣传，通过汕尾电视台和报社正面宣传劳动关系和谐企业的典型事例。

【加强人文关怀，积极打造“工会帮扶”品牌】 8月24日，汕尾市总工会在海丰仁荣中学举行“关爱职工、构建和谐”人文关怀系列活动启动仪式暨2010年工会“金秋助学”发放仪式。省总工会副主席王丽华，市人大常委会副主任、总工会主席彭石沛出席仪式。在活动启动仪式上，有61位学生代表上台领取助学金，分别获得2500～3000元的资助。办理职工医疗互动保障2000份，保额1000万元。2010年，全市各级工会筹集帮扶资金500多万元，在全市组织开展“关爱职工、构建和谐”人文关怀系列活动，开展帮助职工解决生产生活、职工文化需求、职业技能培训、子女上学、医疗、法律、工伤等方面遇到的困难和问题。在国庆与中秋来临之际，市人大常委会副主任、市总工会主席彭石沛带领市总有关领导一行到各县（市、区）对全国劳模进行了走访慰问，并送上慰问金和慰问品。

【职工书屋建设成效显著】 根据全国总工会和省总工会职工书屋建设工作的统一部署，按照省总工会下发的文件精神进行了专题研究，考察选点和图书、电脑配送，不断探索和拓宽企业一线职工群众读书学习的良好氛围工作的新途径，保障职工终身教育体制的完善，对发挥工会组织在推进企业改革、发展、稳定中的作用做了大量富有成效的工作，确保工会职工书屋建设规范化，做到了职工书屋有标识、有场地、有基础设施、有借阅制度、有专人负责，藏书量达到了3000册以上，报刊20种以上，可上网电脑2台以上，能够基本满足职工群众的学习需要。目前，建成了6个全国工会职工书屋示范点，5个省职工书屋示范点。2010年，市总工会被省总工会评为广东省职工书屋建设先进单位。

【开展“服务亚运当先锋”主题实践活动】 根据市委省总工会的有关精神和部署，从9月份开始，在创先争优活动中开展“服务亚运当先锋”主题实践活动，把配合迎办亚运的工作作为创先争优活动的崭新载体，把服务亚运的过程作为创先争优的生动写照，在工会党组织和全体党员干部范围内深入开展创先争优活动，组织和号召广大职工群众在积极参与亚运、主动配合亚运、自觉服务亚运、全力保障亚运中，比贡献、作表率，展风貌、树形象，不断完善城市功能，提升城市形象，促进旅游业发展，打造良好投资环境，为开创汕尾市经济社会跨越发展新局面贡献力量。

东莞市总工会

【领导班子】

主　席：张顺光

副主席：马凤彪（常务）、黎卓荣、李红昌（女）、何志雄

【机构设置】

办公室、组织宣教部、权益保障部、劳动保护部、财务部、经审办

【综述】 2010年，是东莞克服金融危机影响、保持平稳增长的一年，也是工会工作更好地服务大局，协调劳动关系、促进职工队伍和社会稳定，工会工作不断向前推进的一年。在东莞市委和省总工会的领导下，全市各级工会组织坚持以职工为本，立足工会实际，找准工作定位，扎实推进固本强基、依法维权、帮扶困难、建功立业和素质提升等各项工作。特别是在加强对职工人文关怀，改善用工环境，发展和谐劳动关系，促进企业转型升级中，各级工会组织做了大量富有成效的工作，发挥了积极作用。

【深入开展争先创优建功立业活动】 以行业性劳动竞赛和创建“工人先锋号”为载体，开展形式多样的技能竞赛、合理化建议、技术革新、节能减排活动，引导广大职工为提高企业自主创新能力、促进产业转型升级作贡献。如塘厦镇总工会举办职业技能大赛和工业设计大赛，组织了先进制造业、现代服务业等7大类28个工种的2万多名职工积极参与；虎门镇总工会举办服装技能比武，激励服装从业人员学习技能、钻研业务、提高技艺；中国移动东莞分公司、市邮政局、沙角A电厂、沙角C电厂等工会结合自身行业特点，举办了形式多样的职业技能竞赛活动，取得良好成效。一年来全市职工取得技术创新成果2151项，开展技术攻关343项、推广新技术168项。光润家具股份有限公司包装工段等7个班组被省总工会授予“工人先锋号”光荣称号。

【深入推进职工文化建设】 充分发挥工会“大学校”作用，利用虎门、石龙职工技能培训中心，积极开展财务会计、电脑、英语、服装、电工、叉车、家政等实用技术培训。深化“创建学习型组织、争做知识型职工”活动，全市80%已建工会企业开展了“创争”活动，有效加强职工思想道德素养和科学文化素质。推进职工书屋建设三年计划，企业新建职工书屋111家，东莞市被评为省职工书屋建设标兵单位。加快市工人文化宫建设，筹建过程中克服许多困难，并被确认为2010年全市重点建设项目。举办了职工书画摄影比赛、读书节活动、趣味运动会等职工喜闻乐见的文娱活动，丰富了广大职工的业余文化生活。

【大力弘扬劳模精神】 “五一”前夕，召开了东莞市第七届劳模表彰大会，表彰了77名劳动模范、23名先进工作者和100个先进集体；评选出全国劳动模范3名，全国先进工作者2名，省五一劳动奖章6名。完成市劳模协会第三届理事会换届选举工作，健全培养、选树、表彰、关心劳模的长效机制。利用《东莞日报》、东莞电视台、阳光网、工会公众网等媒体加大对劳模的宣传力度，营造“工人伟大、劳动光荣”的浓厚社会氛围。

【加大源头维权参与力度】 利用工会“12351”职工维权热线，对职工反映较集中的问题，及时向市、镇街人力资源、社会保障等相关部门反馈，并跟进落实。市总工会机关坚持职工信访周报制度，全年受理职工投诉咨询2304宗，来访357批412人次，信访办结率达100%。加强与市人力资源局、企业家协会的联系沟通，选取了10家企业作为工资集体协商试点单位，以点带面推进工资集体协商工作。成立了市、镇街两级工会维护稳定工作领导小组，制定应急调处预案，一旦出现群体性劳资纠纷，工会迅速介入，维护职工合法权益。建立职工群体性事件日报制度，坚持向省总工会每日必报。全年参与处置30人以上职工群体性事件共71宗，涉及职工9130人，较好地维护了职工权益和社会稳定。

【建立健全工会维权服务体系】 坚持劳动用工检查制度，协助有关部门开展工资支付执法专项检查，对违反劳动用工法律法规的企业，及时提出工会的意见，并督促整改。健全职工法律援助制度，实行特聘律师每月30日到市总工会信访室坐班，免费为职工提供法律咨询和援助。成立市工会法律服务律师团，扩大工会法律援助队伍，拓展工会法律援助服务对象。抓好劳动保护培训，对3000多名工会劳动保护监督员进行轮训，提高职工劳动保护意识；开展“安康杯”竞赛活动，增强职工安全生产自觉性，全市“安康杯”参赛企业1955家，参赛职工达73万人，长安集团等6个单位被评为全国“安康杯”竞赛优胜企业。

【积极拓宽维权工作载体】 打造好“员工满意企业”具有东莞特色的工会维权品牌。全市开展的企业有10168家，评为满意企业并挂牌的有6852家。樟木头、万江、横沥、虎门、沙田、厚街等镇街评选活动声势大，成效好。签订集体合同，从区域性、行业性集体合同向单个企业集体合同转变，全市签订集体合同企业21938家，覆盖313万名职工，引导劳资双方友好合作，共建和谐。以纯集团有限公司等8个企业被评为广东省和谐劳动关系先进企业。厂务公开民主管理工作卓有成效，建立市厂务公开民主管理联席会议制度，召开了全市厂务公开经验交流会，向全市推广桥头技研新阳公司工会开展厂务公开民主管理、加强职工人文关怀的成功经验。全市实行厂务公开的企业有15683家，公开率达85%。推动国有、集体企事业单位民主管理贯标工作，电信东莞分公司成为东莞市首家通过贯标认证单位，为接下来的推广工作积累了经验。

【规范工会帮扶中心运作】 各级工会积极争取党委政府对工会帮扶工作的支持，2010年市财政拨给市困难职工帮扶中心专项资金140万元，32个镇（街）财政也逐步设立专项帮扶资金，为帮扶困难提供了有力保障。为了更加规范工会帮扶中心的动作，市、镇街两级工会对困难职工电子档案实行了动态管理，全面掌握困难职工状况。开展帮扶资源需求统计，合理发放帮扶资金。严格执行帮扶专用资金使用规定，确保专款专用、每一笔资金都落到困难职工手上。

【积极开展品牌帮扶活动】 落实好省、市元旦和春节“送温暖”系列慰问活动。召开形式多样的座谈会和落户慰问活动，为企业送上一批体育器材和各种慰问品。举办“送清凉”、“共享和谐·与法同行”活动，送去防暑降温用品和法律宣传资料。开展“金秋助学”活动，为241名困难职工子女提供助学资助。开展工伤探视活动，探视工伤职工

871人，发放慰问金26.2万元，使216名职工的工伤待遇得到落实。开展“心手相连、爱在东莞”女职工健康援助行动，免费为10231名女职工提供健康体检。积极发动职工参加医疗互助保险，全市参与职工医疗互助保障计划2162人，参加女工安康保险6910人。

【坚持抓好工会组建】 2010年，省总工会在东莞市召开了全省工会基层组织建设工作会议，提出开展“广普查、深组建、全覆盖”集中行动。一年来，全市新发展工会组织2157家，新发展会员28万多人，全市已建工会组织25446家，工会会员303.8万人；其中世界500强在莞经营机构104家，已建立工会组织98家。市总工会以组建行业工会和专业市场工会为突破口，探索适应新形势的工会组建方式和入会模式。中堂镇造纸行业、虎门镇服装行业、厚街镇广告行业、长安镇五金行业、大朗镇社区卫生服务中心等组建工会联合会，并形成规模和亮点。

【坚持抓好工会组织发挥作用】 按照“边组建，边巩固提高，边发挥作用”的原则，加强各级工会的规范化建设。顺利完成了局（总公司）从工会到工联会建制工作。配合市委、市政府简政强镇改革，对石龙、塘厦两个试点镇、11个中心镇以及3个市属园区下放工会法人资格登记审批。推进合格职工之家创建工作，新验收合格职工之家1248家，5个基层工会荣获“全国模范职工之家”称号，4个基层工会荣获“全国模范职工小家”称号。全市被评为合格职工之家10747家，较好地激发了基层工会的活力。

【坚持抓好工会干部队伍建设】 开展镇街、村社区工会干部配备与待遇情况调研，会同镇街党委加强工会班子建设，为工会工作创新发展提供组织保障。加强对全市工会系统广大干部的培训工作，在市委党校举办了不同层次的工会干部培训班，400多名工会干部接受业务培训学习。镇街和市直局工会举办工会培训班38期，培训工会干部6300人次，全市工会干部整体素质有了明显提高。

【工会各项事业进一步发展】 坚持统筹兼顾，促进工会其他各项事业取得了新进展。加强工会调研工作，就职工思想状况、厂务公开民主管理、新生代农民工问题、“员工满意企业”活动、工资集体协商工作等开展专项调研活动，为开展工作提供了依据。选举产生新一届市女职工委员会，加强对女职工工作的领导。调试运行工会组织建设、职工帮扶、劳模管理、信息统计等多个工会业务管理系统，提高了工会信息化办公水平。加强工会信息工作，《东莞工会信息》和工会公众网及时报道每个时期工会工作的亮点，为社会各界了解工会、各级工会交流工作提供了平台。做好工会经费收缴工作，健全工会审计审查制度，使工会经费收得及时，用得合理。组队参加了第四届全省职工运动会，取得了优异成绩。举办了“我们是光荣的劳动者”庆“五一”文艺晚会、庆“五一”职工书画摄影活动，职工文体活动异彩纷呈。积极配合香港工联东莞咨询服务中心开展工作，为在莞工作和生活的香港同胞提供各种帮助和服务。经过一年的努力，在2010年度全市工会工作考评中，虎门镇总工会等100个单位被评为全市工会工作先进单位，塘厦镇总工会等12个单位被评为全市工会组建工作先进单位，叶隐笑等107名同志被评为工会工作先进个人。

（郭富春）

中山市总工会

【领导班子】

主　席：区碧群（女）

副主席：杜绮玲（女，常务）、刘伯良、黄哲明

【机构设置】

办公室、组织部、经济工作部、保障工作部、宣传教育部、财经事业部

【综述】　2010年，中山市各级工会以科学发展观为统领，围绕全市工作大局，切实履行工会各项社会职能，以维护稳定、促进和谐为重点，以团结动员广大职工推动经济发展为首要任务，积极开展工会组织建设、职工教育培训、劳动竞赛、困难职工帮扶等工作，在服务大局、服务职工中发挥了重要作用，有力地推动了全市工会工作的创新发展。

【探索多种工会组建新模式】　中山市各镇区工委会充分利用“一镇一品”产业集群优势，依托行业协会，通过典型引路，重点突破，探索出“单独建、联合建、依托行业建”等多种组建工会模式。中山市建筑业行业工联会和雅居乐中山区域工联会的成立，使行业性、区域性工会组建工作又有新的突破。同时，各级工会全面开展企业工会的调查摸底工作，摸清了未建工会企业数量和所处区位，明确建会方向，为实现“两个普遍”奠定了良好基础。全年新建基层工会组织650家，涵盖经济组织780个，新发展会员71580人。目前全市已建立工会组织9893家，涵盖经济组织13983个，发展工会会员111万多人。市总工会还坚持开展“职工之家”创建活动，促进基层工会组织发挥作用，2010年有510家基层工会达到“合格职工之家”标准。

【广泛开展劳动竞赛】　中山市总工会组织开展了中山市第六届职工技术运动会，在旅游、邮政、电信、供电、卫生、建筑、公路、美容美发等系统和行业开展了30项职工技术技能竞赛，参与职工达28万多人次。同时，该会进一步拓展“超级工人”品牌竞赛活动，举办了“超级汽车维修工”、“超级投递员”电视职业技能竞技活动。开展了“职工技术创新成果”评选活动，评出的18项市级成果中，有2项获评为“广东省职工技术创新成果”。“两房竞赛”活动坚持多年，常赛常新，成效显著，全年共节电6230多万千瓦时，节约标煤21300多吨，重油4800多吨，柴油4200多吨。广泛深入开展“安康杯”竞赛活动和职工安全生产知识电视培训活动，培训职工5万多人。组织了全市班组文化亮点展示活动，中山市总工会坚持以劳动竞赛为抓手，促进企业班组建设的经验和做法获得全总和省总的充分肯定，并在全国企业班组建设工作会议上作了经验介绍。

【积极推进工资集体协商】　3月24日，中山市总工会召开研讨会，研究探索新形势下开展工资集体协商与集体合同工作的新方法和新举措。并与劳动保障部门联合组建由5名专职人员组成的工资集体协商指导员队伍，还对工委会干部进行工资集体协商业务培训。中山市总工会强化工资集体协商的规范化、制度化建设，对开展协商工作的单位进行信息化管理，重点提高协议的送审率和履约率，并将工资协商作为“集体合同检查月”活动的重点检查内容，进一步促进了工资集体协商工作的开展。2010年新签工资

协议375份，全市已建立工资集体协商制度的企业达5832家，占已建立工会组织的41%。

【做好劳动争议调解】 受南海本田事件影响，中山市发生了职工停工事件，中山市总工会对此高度重视，立即启动应急预案，先后印发了《工会应对职工群体性事件协调处置工作规范》和《中山市工会快速应对职工群体性事件预案》，并与有关部门密切合作，第一时间安排人员赶赴现场，了解职工意愿，教育和引导职工通过合法途径反映诉求，指导基层工会与企业进行谈判，积极做好劳资双方的沟通工作，使事态得到及时的控制。村级劳动争议调解委员会也积极发挥作用，全年共处理劳动争议4649宗，成功调解3986宗，成功率达85%。

【积极实施帮扶救助】 中山市总工会落实好扶危济困工作，制定了《中山市困难职工帮扶工作指南》，扩大帮扶范围，加大困难职工帮扶力度。扎实开展"送温暖"活动。春节期间，市委、市政府共拨款88.1万元，对全市807户困难职工进行了慰问。积极开展"职工解困互助月"活动，共筹得善款144万多元。注重加强困难职工帮扶中心建设，完善了特困职工、困难职工档案，规范帮扶救助程序，着力构建工会帮扶救助工作的长效机制。开展金秋助学和中秋慰问活动，共发放救助资金25.7万元，对139名特困职工和207名特困职工就读中小学、大学的子女进行了慰问。对165名困难职工进行了临时救助，发放救助金29.8万元。在全力推进本地区扶贫工作的同时，积极支持"广东扶贫日"筹款活动，发动职工群众捐款27万多元，并拨款25万元开展援疆行动。同时，中山市总工会关心好职工生产生活。开展夏季送清凉活动，中山市总工会拨款35万元，各镇区、系统工会也积极争取党政支持，多方筹集资金75.98万元，慰问高温作业生产一线职工100945人。积极做好"家政服务工程"培训验收工作，与经信局、财政局一起组织开展家政服务人员技术技能培训和就业安置工作，缓解就业压力。与市有关部门共同开展了"民营企业招聘周"活动。期间共有625家企业参加了活动，为高校毕业生提供就业岗位4280个，签订就业意向1225人，为2550人提供了法律咨询，发放劳动法律宣传资料3500份。积极做好职工医疗互助保障计划的推广和理赔工作。2010年有2404名职工参加了职工医疗保障计划，5193名女职工参加了安康保障计划；为36名职工办理了理赔手续，共赔付现金63万元。启动关爱女职工"健康行"系列活动，举办妇女健康知识讲座，拨款14万元对1000名困难女职工进行了免费"两癌"筛查，充分体现工会组织对困难女职工的关爱。

【注重提高职工素质】 中山市总工会以开展"创建学习型组织、争做知识型职工"活动为抓手，认真规划好职工的培训任务与目标，不断完善"创争"活动工作体系，扎实有效地推进"创争"活动深入开展。以学知识、学技术为主要内容，举办公民道德教育与新时期中山人精神、安全生产知识、法律知识等专题培训，并刻录成光碟派发到各镇区组织学习，取得了较好的培训效果。全市共培训外来务工人员50多万人次；与市建设局联合开展建筑行业外来务工人员职业技能培训，开展了砌筑工、抹灰工、桩机工等9个工种的培训，培训外来务工人员502人，全部学员获得了相应的职业资格证书，使该市建筑施工企业外来务工人员的技术技能水平得到了进一步提高；在西北片区举办初级模具工培训班，培训员工44人，为推动模具生产及其产业结构优化升级储备人才；切实加强职工思想工作，坚持定期召开职工思想分析座谈会，举办中山市道德模范基层巡讲工会系统专场报告会，引导广大职工自觉学习践行社会主义核心价值体系，坚定理想信念，继承和发扬艰苦创业、拼搏奉献的光荣传统。

【开展丰富多彩的文体活动】 中山市总工会坚持开展“四送下乡”活动。以工人文化宫为主要阵地，积极开展丰富多彩的文体活动，举办了书法现场挥毫比赛、粤曲联谊文艺晚会、游园活动及送戏、送书下乡等活动，职工群众参与热情高涨。全年共送戏下乡213场，参与职工137000多人次；举办专场文艺晚会53场，参与职工3.5万多人次；送书下乡1.3万册，大大丰富了广大职工群众的文化生活，扩大了工会的社会影响。各级工会也积极响应，广泛开展各种类型的业余文化活动，使广大职工特别是外来务工人员体会到工会大家庭的关爱。全面完成省总“职工书屋”三年创建任务，已建成全国“职工书屋”示范点9个、省级“职工书屋”示范点5个和省市级“职工书屋”130个。向2010年新建的48家“职工书屋”赠送总值近10万元的书籍，进一步充实了“职工书屋”的藏书量；组织职工参加广东省第四届职工运动会，中山代表团不负众望，载誉而归，奖牌总数名列全省第二、金牌总数名列全省第四；举办全健排舞培训师和社会体育指导员培训班，为推动职工文体活动的蓬勃开展奠定了良好的师资基础。

【开展劳动模范、五一劳动奖章获得者的评选与表彰】 中山市总工会认真做好2010年全国劳动模范和广东省五一劳动奖章获得者的推荐评选工作，李健生、贺优琳、陈炎连被评为全国劳动模范、先进工作者，黄劲、余元龙、苏小红、蔡毓、刘盛华获颁广东省五一劳动奖章。4月30日晚，中山市总工会举办了庆祝“五一”国际劳动节暨全国劳动模范、广东省五一劳动奖章颁奖晚会。

【成立法律服务律师团对职工实施法律援助】 8月27日下午，中山市总工会成立广东省工会法律服务律师团中山分团成立大会，聘请了社会执业律师、法律援助律师共30人，为该市各级工会组织和职工提供公益法律服务。并将每月15日定为律师接待日，安排2名律师为职工免费提供法律咨询、法律援助。各级工会全年共处理职工来信、来电、来访1289宗。

【开展“百佳雇主”评选活动】 由中山市人保局联合中山市总工会、工商联、《南方日报》珠三角新闻中心联合举办的“百佳雇主”评选，在中山尚属首次。此次活动历时10个月，共有538家用人单位雇主申报参选，211家企业雇主入围。16265名网民在网站上参与了投票评选，78815名员工参与了投票评选，评选投票参与人达99227人次。9月13日下午，中山市2010年度“百佳雇主”颁奖典礼暨“同是中山建设者”百佳流动务工人员评选活动启动仪式在市文化艺术中心隆重举行，百名获奖雇主与来自全市各行各业数百余名行业精英欢聚一堂共襄盛典。100名“百佳雇主”分布在全市24个镇区，雇主必须在员工中有良好形象，坚持以人为本，保障职工权益，企业劳动合同签订率达100%，企业已组建工会。

【举办“超级工人”职业技能竞赛】 中山市总工会充分发挥电视媒体的优势，不断深化劳动竞赛品牌建设，在成功举办“超级工人”之“超级叉车工”的基础上，不断拓展比赛领域和行业，先后开展了“超级工人”之超级汽车维修工、超级投递员、超级导游、超级建筑工和超级美容美发师等系列电视竞技活动，积极为中山市各行业、各工种职业工人展示技能搭建舞台。“超级工人”之超级汽车维修工节目播出后，收视率逼近一些电视剧节目的收视率，一时传为佳话。比赛还建立健全了职工技能竞赛与职业技能鉴定、职称晋升相结合的制度，使比赛的优胜者不但可以获得丰厚的精神物质奖励，还可获得晋升技术等级的资格，譬如各项比赛的冠军除了获得丰厚的奖金和证书、奖杯外，还可被推荐为2010年“中山市十杰职工技术能手”，并可列入中山市优秀技能人才推荐名单，同时本市户籍以外的获奖选手可享受市政府入户等优惠政策。从而激发参赛者的学习动力和参赛的积极性，引导职工踊跃参加技术革新、技术协作、合理化建议等活动，培养出一批蓝领精英。

江门市总工会

【领导班子】

主　席：赵翠玲（女）

副主席：王　雄、罗荣华、薛丽瑶（女）

【机构设置】

办公室、基层建设部（外商投资企业工会联合会、私营企业工会联合会）、人事工作部（经费审查委员会办公室）、保障工作部、宣传教育部、经济工作部、财务部，事业单位：文化宫、困难职工帮扶中心、广东省职工保障互助会江门代办处

【综述】　2010年，江门市各级工会组织在市委和广东省总工会的正确领导下，坚决贯彻市委和上级工会的决策和部署，以适应加快转变经济发展方式、构建和谐劳动关系为主线，积极履行职责，各项工作取得新进展。

【加强组织建设】　2010年，江门市总工会通过层层分解目标、年中检查，以及党群统筹共建、重点企业挂点督促等措施，推动组建工会工作发展。规模以上企业工会组建率达80%，已成立党组织的规模以上企业工会组建率达85%，同时村、社区、行业工联会覆盖面进一步扩大。在各级工会组织的共同努力下，全市共有独立基层工会委员会3830个，涵盖法人单位16503家，工会会员总数达564825人，其中农民工会员总数为214940人，与2009年相比分别净增长了5.83%、5.99%、7.24%、8.16%，全面完成了省总工会下达的要分别净增长5%的目标任务。

【维护职工合法权益】　为畅通职工利益诉求表达渠道和健全快速反应机制，江门市总工会制定实施了《江门市工会应对职工群体性事件协调处置工作规范》，建立健全劳资矛盾排查汇报制度和职工群体性事件情况每日上报制度，加强与劳动保障部门的信息共享和工作联动机制；在原职工法律援助中心的基础上，聘请了31名律师，成立了工会法律服务律师团，为职工和基层工会提供法律服务；新会区和江海区总工会也先后成立江门市首批县区级工会法律服务律师团。2010年，全市各级工会共处理职工来信、来访、来电267宗，涉及职工1425人次；其中集体信访18宗，涉及职工810人次。

【推进工资集体协商工作】　江门市总工会和各市、区总工会共建立集体协商指导小组12个、集体协商指导员89人，密切与市劳

动关系三方合作联动，深入基层，分类指导。到2010年年底，全市共签定各类集体合同2776份，覆盖企业5370家、职工443065人，其中，全市建立工资集体协商机制的企业共1602家，建制率达87%，超额完成省劳动关系三方提出的到2010年年底工资协商建制率为60%的目标。

【推动企业改善用工环境】 全市各级工会根据上级工会的部署，配合党政，推动企业加强人文关怀改善用工环境，努力构建和谐劳动关系。一是开展政治关怀推动全市经营正常的876家国有集体及其控股企事业厂务公开和职代会制度建制率达100%；已建基层工会的2406家非公企业中，实行厂务公开的1968家，达81.2%，建立职代会的1916家，达80%。二是开展文化关怀。向农民工较多的企业送图书、送电影、送演出，开展职工喜闻乐见的文体活动。市总工会出资并协调有关部门，为江海区滘头滘北工业园区部分企业安装电视公共天线，解决了30家企业近5000多名职工收看电视的问题，并捐赠和帮助企业建立健全职工书屋及文体设施。三是开展劳动关怀。全市参加以提高企业安全生产水平、职工安全意识为宗旨的“安康杯”竞赛活动单位1314家；参赛班组14172个，参赛职工320382人，先后建立了劳动保护合格示范工会试点14家。

【开展劳动竞赛活动】 配合政府及有关部门在先进制造业类、现代服务业类、公共安全类、文化创意类、交通运输类、传统工艺类、能源电力类等7个大类25个工种开展职业技能大赛，竞赛项目达56项，全市参加赛前培训及岗位练兵人数近10万人，参加各县级市区初赛选手10972人，参加地市选拔赛选手1662人。江门市总工会牵头在全市卫生和教育两个系统分别开展第二届卫生系统急救技能大赛和幼儿教育技能大赛，两系统参赛职工达2000多人。在珠三角规划重点建设、省产业和劳动力“双转移”重点项目中，大力开展了“优质、高效、快速、安全、创新、廉洁”为目标的“六比六赛”劳动竞赛。全市全年共实现职工技术革新、技术攻关1843项，创效10490万元；提出合理化建议10069件，采纳6184件，实施5030件，创效9173.97万元。

【开展全市性职工读书活动】 配合江门市创建全国文明城市和全民读书活动，各级工会开展了以“读书强素质，建功在江门”为主题的职工读书“八个一”系列活动，一是建立健全并验收一批企业职工书屋，向农民工较多的企业赠送书籍、文体用品；二是开展一次非公企业小报评比活动；三是组织一次全市外来工读书演讲比赛；四是邀请专家教授进行一堂读书讲座；五是举办一次读书心得征文比赛；六是发出一份职工读书活动倡议书；七是发动职工提一条合理化建议；八是倡议职工读一本好书。受市全民读书活动领导小组委托，在全市范围内组织开展十大书香企业评选活动；2010年，全市新建“职工书屋”100个；至2010年年底，全市共有6个全国示范“职工书屋”，13个省级示范“职工书屋”，106个达省级标准，67个达市级标准。

【为职工做好事、办实事】 在春节“送温暖”活动中，各级工会筹集290万多元，慰问企业132家，困难职工、困难劳模6978人次。在日常生活帮扶活动中，对3096名困难职工、困难劳模发放帮扶物品、慰问金共127万多元，对273名患大病特殊困难职工发放医疗救助金25.74万元。开展“金秋助学”活动，共资助困难职工子弟1683人，发放助学金共162万多元。支持协助艺华旅游职业学院对2500多名农民工进行家政服务培训，促进农民工就业。去年，帮扶农民工、下岗失业职工提高职业技能6179人次，培训资金达71万多元。继续推广职工医疗互助保障计划和女工安康保障计划，全年共有3.04万人次参加互助保障，参保金额达304.6万元，有138名患大病职工得到保障，给付保障金172.5万元。

【首次评选江门市五一劳动奖章、五一劳动奖状】 2010年4月，江门市总工会开展了首次江门市五一劳动奖章奖状评选表彰工作，并于4月29日召开的江门市庆祝“五一”国际劳动节暨表彰大会上进行了颁奖。陈彩虹等15名个人被授予江门市五一劳动奖章，广东耀南建筑工程有限公司汶川一中项目部等15个先进集体被授予江门市五一劳动奖状。设置江门市五一劳动奖章、奖状，目的是要通过表彰在推动科学发展、构建和谐社会中做出突出贡献的先进集体、先进个人，进一步激发全市职工群众在促进经济社会又好又快发展中发挥主力军作用。

（江工办）

阳江市总工会

【领导班子】

主　席：詹先凤（女）

副主席：谭　健、冯世新、张进生、何伟帼（女）

【机构设置】

办公室、组织宣传教育部、生活女工部、经济工作部、劳动保护监督部、财务事业管理部

【综述】 2010年，阳江市各级工会以邓小平理论和“三个代表”重要思想为指导，深入贯彻落实科学发展观，按照省工会十二大和市工会五大提出的目标任务，围绕抓好重点、突破难点、创造亮点的工作要求，深入抓好固本强基、依法维权、困难帮扶、建功立业和素质提升五项重点工程，开创阳江工会工作新局面。

【加强工会组织建设】 顺利完成市总工会换届工作。指导、协助组建了高新区总工会，组建基层工会155个，其中私营、外投企业工会136个；发展会员15651名，其中农民工12449名。指导71个基层工会完成换届或补选健全工会工作。成功推荐“全国模范职工之家”2个、“全国模范职工小家”2个；验收、表彰“市先进职工之家”26个，“先进职工小家”18个，优秀工会工作者16名，优秀工会积极分子15名，优秀职工之友8名。开展城乡基层工会组织互帮互助活动，评选表彰先进单位10个，达标单位20个，优秀工会干部10名。组织开展非公有制企业组建工会工作调研和“广普查、深组建、全覆盖”集中行动活动，以及组建和发展“会员活动月”，在全市形成了普查和组建高潮。认真做好工会服务窗口的优质服务，得到了市委、市政府和基层工会的好评。

【加大困难帮扶力度】 一是积极实施“送温暖”工程。元旦、春节期间，全市共筹集慰问金223.95万元，发放慰问金212.9万元，慰问困难企业151个、困难职工5782户、困难劳模93人、农民工1915人，及时把党和政府对工人群众的关怀送到千家万户。认真做好劳模服务工作，为全国劳模发放各类困难补助金、春节慰问金19.56万元；为省部级劳模发放特殊困难帮扶金1.65万元。

二是在“春季助学”和“金秋助学”活动中，全市各级困难职工帮扶中心共筹集资金186.44万元，向2782名困难职工子女和303名困难农民工（外来工）子女发放了助学金。积极开展生活救助、工伤探视、医疗救助等活动，共救助困难职工91人，发放救助金5.24万元。9月下旬，阳江普降大到暴雨，阳春市受灾情况严重，市总工会立即向省总工会汇报并得到救灾补助款10万元，缓解了职工群众抗灾复产的经济压力。三是积极做好职工医疗保障工作，办理广东省职工医疗互助保障计划855份、广东省女职工安康互助保障计划1882份；为200名困难农民工赠送了“职工医疗互助保障计划”；为8名参保职工办理了理赔手续，赔付金达7万元，缓解了患病职工医疗费用的压力。四是积极参与市委、市政府开展的“规划到户、责任到人”活动。将帮扶阳西县程村镇中北村14户困难农户的任务落实到市总工会副处级以上干部，全年向贫困农户发放慰问金、生产扶助金和4户泥砖房改造建设资金13万元。

【强化职工人文关怀工作】 一是认真贯彻执行省总工会《关于开展职工人文关怀系列活动的通知》精神，分析研究阳江职工人文关怀工作形势，部署全市工会强化职工人文关怀工作的具体措施，努力改善企业劳动用工环境，使职工队伍呈现稳定的局面。二是为推进职工人文关怀改善用工环境多办实事，加强对企业工会工作的常规检查，协助有关部门把矛盾化解在萌芽状态，与劳动部门接受群众举报、投诉劳动违法事件223宗，为875名劳动者追回被拖欠的工资525万元。配合劳动部门进行规范劳动用工环境的专项检查，共查处违法案件108宗。三是继续开展“安康杯”竞赛活动。一批单位和个人被评为全国、省“安康杯”竞赛优胜企业和优秀个人。多数参赛企业紧密结合实际，制订出符合各自特点的竞赛方案，保证了整个竞赛活动始终健康有序地进行。四是认真开展厂务公开工作，配合市委、市政府构建“政务、厂务、党务、村务四公开”的网上公开平台，确定了72个单位为首批实行厂务信息网上公开单位。举办了有108个单位负责人参加的网上厂务公开工作培训班。阳江市厂务公开协调小组被评为“广东省推动厂务公开工作先进单位”，阳江供电局等15个单位被评为“广东省厂务公开先进单位”，阳江电信分公司等10个单位被推荐为“广东省厂务公开示范单位”。五是对正常生产的960多家工矿企业劳动卫生状况进行摸底，对主要职业病危害因素进行分析，提出改进方案供政府有关部门在制定改善职工工作环境计划时研究处置。

【发挥工会组织的作用】 一是继续广泛深入开展“当好主力军，建功‘十一五’，和谐奔小康”竞赛活动，调动和发挥职工的积极性和主动性，扎实开展行业性的技能竞赛。继续抓好市自来水公司等20个全市劳动竞赛工作示范点，通过总结点上的经验，逐步推广，全面铺开。二是做好劳模、先进人物的推荐评选工作。成功推荐林深、江春燕、陈永雄等3位同志为全国劳动模范；成功推荐姚小翠等4位同志为广东省五一劳动奖章获得者；成功推荐阳春市邮政储蓄中心营业处等5个单位荣获广东省“工人先锋号”称号。三是积极推进“职工书屋”建设。推选上报全国职工书屋优秀示范点1个，优秀建设点6个，先进建设者1个。验收自建职工书屋20个。四是大力弘扬劳模精神。配合《南方工报》和本地新闻媒体开展劳模先进人物的宣传工作，使他们的事迹家喻户晓。与市电台合作办好《阳江工会之声》广播节目，展示阳江工人阶级的时代风貌和工会组织的良好形象。

【提高职工素质】 一是采取以会代培等多种方式，培训工会干部2000多人次。组织工会干部参加省总工会职工之家建设培训班的学习和“创建企业劳动保护示范工会”的讲座。二是开展丰富多彩的职工文体活动，营造良好的人文关怀氛围。积极组织职工参与省第四届职工运动会，共夺得金牌3枚、银牌3枚、铜牌3枚，体育道德风尚队3个，总成绩在全省排名第6位。“五一”期间，举办阳江市职工书画展，评选展出优秀作品60多件。积极配合有关部门开展亚运火炬传递活动，大力弘扬“人人参与、一起来更精彩”的亚运主题。三是认真做好普法工作，组织职工参加“12.4”普法活动日普法知识竞赛。组织工会干部参加学法培训和集中考试，做好省总工会和市“五五”普法的有关检查工作。推荐全国工会系统“五五”普法先进单位2个，先进个人2名，市“五五”普法先进单位1个。四是开展“女职工建功立业工程”和“女职工素质提升工程”活动，成功评选推荐了市检察院冯玲为广东省“五一巾帼奖”和广东省五一奖章获得者。10月，与市教育工会联合举办了全市幼儿园教师德育专业能力大赛，冯爱兰获个人二等奖，市总工会女职工委员会获优秀组织奖。 （陈敏）

湛江市总工会

【领导班子】

主 席：李连

副主席：李彩英（女，常务）、陈全（女）、肖光瑞

党组成员、副调研员：蔡德才、董辉

【机构设置】

办公室、组织部、宣传教育部、经济工作部、保障工作部、产业工会工作部、财务部

【综述】 2010年，全市各级工会在市委和省总的正确领导下，坚持以科学发展观统揽全局，认真贯彻落实党中央、市委和省总工会关于新时期加强和改进工会工作的一系列重要指示精神，自觉围绕中心、主动服务大局，全面履行职责，各项工作有声有色、亮点纷呈，成效显著，在推动湛江科学发展、促进社会和谐中发挥了重要作用。

【广泛开展群众性建功立业活动】 一是广泛开展形式多样的劳动竞赛活动。如：协助市政府组织开展了全市职工技能大赛船舶甲板设备操作工竞赛，组织湛江航运集团公司、海事局参加全省竞赛获团体第五名；与市妇联、湛江银行电子缴费结算中心联合举办第四届“银联杯”湛江市商业服务业收银员职业技能大赛，组织优秀选手参加省赛获团体二等奖。组织湛江电力有限公司参加“广东省职工节能减排知识竞赛”获三等奖，等。一年来，先后有300多个企业20多万职工参加活动，掀起了新一轮岗位练兵、技术比武热潮。二是扎实做好各类先进典型的推荐评选工作。推荐全市7人分别荣获全国劳动模范称号和省五一劳动奖章，7个班组获省“工人先锋号”称号；评选市五一劳动奖章、奖状和“工人先锋号”获得者117名，市委、市政府隆重召开“五一”庆祝表彰大会；组织开展第二届湛江市“创建学习型组织、争做知识型职工”活动先进集体和个人评选表彰活动，推出各类先进典型112个。在女职工建功立业工程中，推荐两个班组获全国五一巾帼标兵岗称号，推荐评选10名优秀女职工为湛江市五一劳动奖章和市五一巾帼奖获得者。

【维护职工合法权益，积极服务企业，服务职工】 一是全力维护职工队伍和社会稳定。市总工会领导亲自带队，开展企业职工工作生活状况和工会作用发挥情况专题调研，帮助企业及时排查不稳定因素；成立市职工维权律师志愿团法律服务队和职工心理健康咨询服务专家志愿团，积极服务企业，服务职工。与市有关部门联合下发《关于做好荣立个人二等功的转业复员退伍军人参照享受市级劳动模范荣誉津贴发放工作的通知》，有效解决这类人员的待遇问题。认真抓好职工来信、来访工作，全年接待来访职工350人次，接收来电268人次，处理来信60多件次，职工律师志愿团办理法律援助案件14起，为李学、黄秀明等农民工追回赔偿金近30万元。二是全力发展和谐劳动关系。成立集体合同制度实施“彩虹”计划工作领导小组及其办公室，切实加强对推行集体合同制度工作的组织领导，推进创建和谐劳动关系企业、示范区工程暨集体合同制度实施“彩虹”计划工作。全市签订集体合同企业1750家，订立工资专项集体合同企业790家。市总工会女职工委员会被评为全国推进女职工权益保护专项集体合同工作先进单位。命名2009年度劳动关系和谐企业57个，授予和谐企业五一劳动奖章10个。市邮政局荣获全国劳动关系和谐企业称号，湛江建设发展有限公司等4个企业荣获省劳动关系和谐企业先进单位称号。三是全力维护职工合法权益。积极推进厂务公开民主管理，推进落实职工代表大会各项职权。牵头组织湛江、茂名、阳江三市厂务公开民主管理调研检查。坚持以“安康杯”竞赛为载体，全面推进职工劳动安全保护。组织发动石化、交通等行业12000多名职工参加“全国职工职业安全卫生知识普及教育及竞赛活动”，举办全市班组安全建设成果展示比赛，湛江港石化码头队参加省决赛获第二名。组织开展县（市、区）总工会“五五”普法调研检查，与有关部门联合对524家企业开展专项执法检查，积极为维护职工合法权益创造良好法治环境。

【工会帮扶工作成绩斐然】 组织开展县（市、区）困难职工帮扶中心交叉检查，促进帮扶中心规范化建设；完成180家企业1.9万多户困难职工电子档案审核录入工作，有效确保慰问救助“全覆盖、不遗留”。一年来，全市各级工会筹集资金589.62万元，走访慰问困难企业284家、困难职工16651户；代全国总工会向湛江市全国劳模和劳模遗属发放“三金”56.42万元，向86名困难省、市级劳模发放帮扶金共7万元。坚持以“真情关怀、共建和谐”为主题，扎实开展职工人文关怀系列活动，各级工会筹集578万元，对4388名困难职工及其子女和大病工伤职工进行扶助。市总工会对104名助学对象发放“金秋助学”金13.05万元，向223名患大病和工伤职工发放救助金22万元；“爱心超市”向557名困难职工发放“爱心卡”和生活用品。对晨鸣林浆纸一体化等重点项目和市政园林、环卫等一线职工开展高温“送清凉”活动；慰问东海岛跨海大桥等重点项目工地农民工500多名；在护士节对3416名护士开展慰问活动；为42家企业5300多名女职工举办健康知识讲座，为100多名困难企业女职工开展免费诊疗活动。积极推广女职工安康和职工医疗互助保障计划，累计投保11万多人，为49名患者送出赔付金63万多元。为职工和农民工送法律书籍10000册。市职工业余学校、赤坎工人文化宫免费为1000多名下岗失业女职工、女农民工提供“家政服务”、“月嫂”培训并推荐就业。

【积极开展“广普查、深组建、全覆盖”集中建会行动，工会组建工作有新成绩】 一是积极开展“广普查、深组建、全覆盖”集中建会行动，全面推进基层工会组建工作。今年全市基层工会5218家，会员517880人，其中农民工会员146098人，外商投资企业工会99家，私营企业工会2934家。二是全面推进工会组织规范化建设。开展新建企业工会“回头看”活动，推动企业工会全面落实《企业工会工作条例》，推进规范化建设。开展会员评议职工之家和工会主席活动，全市60%的基层工会开展评家活动。评选表彰湛江市先进职工之家、先进职工小家、优秀工会工作者、优秀工会积极分子和优秀工会之友195名。其中5个单位荣获“全国模范职工之家”、6个单位荣获“全国模范职工小家”称号。三是全面加强工会干部队伍建设。认真抓好各级工会换届选举工作，7个县（市、区）总工会和赤坎区总工会女职工委员会完成换届。举办市工会主席、工会组织、工会通讯员、工会财务软件操作、厂务公开等培训班，选送工会干部到全总、省总学习，精心组织各级劳模、工会干部参观上海世博会，全年培训1300多人次，有效促进工会干部队伍能力建设。为此，市总工会荣获省总工会固本强基工作特等奖。

【注重职工文化建设，满足了广大职工的精神文化需求】 加强与媒体沟通联系，抓好工会通讯员队伍建设，办好、订好、用好工会报刊，大力宣传工人阶级和工会工作，工会社会影响进一步加大。开展“读书——助我素质提升”主题读书征文活动，并推广“阳光书籍漂流活动”，47个单位选送征文360篇，其中100篇征文获奖。举办第七届湛江市读书月“移动杯”职工读书演讲比赛，有46名选手参加演讲，推动了职工读书形成热潮。与市图书馆合作，在16个职工书屋建立数字图书馆职工服务站；新建各类“职工书屋”40多家，向40个职工书屋赠送10000多册、价值23万多元的图书。组队参加省第四届职工运动会羽毛球、篮球比赛，湛江市参加省职运会5个项目比赛，总分第13名。与湛江港（集团）股份有限公司联合举办“五一”大型专题文艺演出《奋进·湛江港》，展现当代湛江工人阶级的时代风采。与市电视台联合摄制播放《劳模风采》电视新闻系列片，大力弘扬工人阶级的伟大品格，积极营造工人伟大、劳动光荣的浓厚氛围。组织举行“喜迎国庆、共建和谐”茶话会，各界职工代表共庆新中国成立61周年。组织职工参加主题为“弘扬中国工人阶级伟大品格”的全省楹联书法大赛，17人获楹联作品奖，31人获书法作品奖。开展女职工读书征文和书画摄影活动。组织文化进厂区，为农民工免费放映专场电影80多场，满足了广大职工的精神文化需求。

【其他方面工作成效显著】 工会自身建设瓶颈有所突破。争取市政府大力支持工会工作，帮助工会解决“职工之家”建设场地问题，并积极筹建“职工之家”，大力推进霞山、赤坎工人文化宫“三旧改造”。市总工会每月轮流到各县（市、区）召开工会主席座谈会，为各级工会争取党政支持、解决重点难点问题、加强沟通交流创造有利条件。市教育工会工作有亮点。心理健康咨询中心接听热线咨询80多人次；接诊咨询208人次，为3000多名教职工举办健康知识讲座。财务经审工作进一步规范。严格贯彻实施《工会会计制度》，积极推动财务改革和工作创新，工会经费收入稳步增长。开展工会经审干部队伍状况、县级以上工会资产审查审计监督情况调研，核查工会固定资产，工会资产管理进一步规范。市总工会机关公文处

理、会议安排、政务活动组织等基础工作进一步强化，服务效能进一步提高。工会扶贫“双到”等工作取得明显成效。（胡菁）

茂名市总工会

【领导班子】

主　席：卢方圆

副主席：黄家进（常务）、丘仲宜（兼）、刘文海、罗绍娟（女）

党组成员、副调研员：朱培斌

【机构设置】

办公室、组织部、宣教文体部、经济工作部、权益保障工作部、经审纪检人事室、法律援助工作部、财务部

【综述】 2010年，茂名市各级工会在茂名市委和省总工会的正确领导下，组织动员广大职工深入贯彻科学发展观，落实“粤西两会”精神，克服千年一遇的“9·21”特大暴雨灾难带来的压力，围绕中心、服务大局，在实现茂名“三年大变化，十年大跨越”中发挥作用、体现作为。

【加强人文关怀给力职工】 为了防范发生类似富士康、南海本田等企业出现劳动关系不和谐事件，开展职工人文关怀十大行动。包括走进100家非公有制企业、工会法律援助服务、工会组建、高温“送清凉”、“金秋助学”、送文化送欢乐到基层、万名农民工普法教育、农民工援助计划、推动建立集体合同制度和创建劳动关系和谐企业等十个方面。走访100名工会主席和1000名职工，发放问卷调查企业工会工作情况及职工思想状况；聘请20名律师成立工会法律服务律师团，为基层和职工提供援助；深入重点项目工地“送清凉”；争取江可伯慈善基金扩大助学规模；组织文工团、电影队深入10家非公企业开展送文艺、送图书、送电影、送法律活动；为10000名农民工送去有关劳动权益法规读本，为1000名特困职工购买医疗互助保险，为1000名农民工接种乙肝疫苗，为3000名下岗职工举办家政培训班等。举办庆“三八”艺术插花、读书征文比赛以及农民工中秋赏月联欢晚会，组织职工参与亚运火炬（茂名站）传递等。加强人文关怀真正给力职工，推动企业改善用工环境，促进实现职工体面劳动和有尊严地生活。

【推动建功立业依靠职工】 贯彻落实党的全心全意依靠工人阶级方针，团结动员职工组织开展科技创新、职工技术技能比赛、质量创优服务创新、重点建设项目劳动竞赛及“安康杯”竞赛。在全市49个重点项目开展“六比六赛”。在炼化装置大修及原油商储基地开展“建功立业促发展”和“比学赶帮超”竞赛，开展“9·21”抗灾复产劳动竞赛。组织石化、交通、电信、文卫、商旅、电力、农垦7个行业28个职业（工种）开展“三比三赛”活动，参加“省长杯”工业设计大赛、全省幼儿园教师德育专业能力大赛。有1325个企事业单位30万名职工参加各种竞赛活动，提出合理化建议14325条，实现经济效益2.3亿元。召开庆祝“五一”国际劳动节大会，总结和部署劳动竞赛工作，表彰20个市劳动竞赛先进集体、30名先进个人和20个市“工人先锋号”获得者。组织一批劳模到东北疗养考察，上门探访省、市劳模，为全国劳模发放“三金一费”。有500多个企业9万多名职工参加全国“安康杯”竞赛活动。全市建设职工书屋512家，推进企业文化和职工文化建设。

【依法维权维稳服务职工】 部署开展创建劳动关系和谐企业活动，涌现出市自来水公司等省级先进企业。参与厂务公开民主管理工作检查，抓好源头维护，推动完善劳动关系三方协商机制、集体合同制度。参与涉及职工权益的法律法规修改和改制困难企业劳资纠纷调解，开展工会“五五”普法检查验收。受理职工来信23封、来电562人次、来访276批635人次，办结率达90%以上。参与农民工工资支付情况专项检查，加强新生代农民工问题研究，帮助20名农民工追讨欠薪3万多元，为困难职工提供法律援助14宗（件）20人次、追讨赔偿损失6万多元。成立化解职工群体事件应急工作领导小组，密切关注企业职工要求加薪可能引发的停工事件，关注职工集中上访和诉求较多的问题，改制企业信访维稳工作，防止敌对势力对我渗透，维护职工队伍和社会稳定。

【加强困难帮扶惠及职工】 深入开展“主题探访、主动帮扶”活动，投入14万元探访困难职工653人次，发现职工困难397宗、帮助解决352宗，全市3452家基层工会探访困难职工8.6万人次，帮助解决实际困难1.3万宗。建立1.13万户困难职工档案，办理600户特困职工优待证年审。争取财政拨款和单位支持，筹集“送温暖”资金1556.3万元，慰问困难企业386家、困难职工和农民工39676户、困难劳模1384户。工会“爱心超市”为特困职工供应价值40多万元大米、花生油等。举办13期家政服务员培训班，培训1860名下岗职工及农民工，推荐就业率达95%以上。发展1.5万名会员参加职工互助保障计划，为32名遭受意外伤害、重大疾病职工赔付38.55万元。及时向上级报告“9・21”灾情，争取省总拨付救灾资金，发动职工为高州信宜“9・21”灾区捐款。市总工会及文化宫干部职工在参与青海玉树地震、市送温暖献爱心、扶贫济困捐款活动中捐款10多万元。

【加强自身建设凝聚职工】 成功召开市工会十一大，选举产生市工会十一届委员会委员、经审委委员和工会新一届领导班子，表彰一批先进集体和个人。开展“广普查、深组建、全覆盖”集中行动。全市有基层工会3977家，覆盖基层法人单位13320家、会员412432人，分别增长6.6%、6%和6.2%。新发展农民工会员11731人，农民工会员达117130人，增长11.1%。有序推进“千名工会干部培训计划”，委托省总开办女工、宣教、经审财务及工资集体协商培训班，培训374人。开展非公有制企业、困难职工家庭状况、困难劳模生活状况调研。开展创建先进党组织，争当优秀共产党员；创建“工人先锋号”，争当优秀劳动者；创建学习型组织，争当知识型职工；创建劳动关系和谐企业，争当优秀员工；创建先进职工之家，争当优秀工会干部的“五创五争”活动。每季举办一次读书沙龙。抓好电白县罗坑镇窝仔村扶贫开发“双到”工作。组织职工业余文工团下基层演出20场、慰问职工10万多人次，让职工在享受丰富的“文化大餐”中凝聚力量。（柯周梅）

肇庆市总工会

【领导班子】

主　席：方建生

副主席：蓝达青（常务）、郭继光、陈广俊、陈锡友、陈婷（女）

党组成员、副调研员：岳汉广

【机构设置】

办公室、组织部、宣教部、民主管理和经济技术工作部、保障工作部、财务部、经审室、财贸工会、教科文卫工会

【综述】 2010年，市总工会和全市各级工会深入贯彻落实科学发展观，牢牢把握“发展、和谐”两大主题，以开展党工共建创先争优活动为契机，围绕中心，服务大局，建功立业，促进发展，着力深化有为、法治、活力、和谐、创新工会建设，进一步为职工服务、为党政分忧、为企业和谐、为经济加油，为促进肇庆经济社会又好又快发展作出了积极贡献。市总工会先后荣获全国工会系统“‘五五’普法先进集体”、全国“全民健身先进单位”、全国市级工会财务工作先进单位、全国职工教育培训示范点、全国女职工权益保护专项集体合同先进单位、广东省推动厂务公开民主管理工作先进单位及省、市“体育节”先进单位等一大批荣誉称号，并连续七年被市委、市政府评为“肇庆市文明单位”。2010年，全市涵盖独立法人单位2.4万家（含个体工商户），工会会员28万人（含农民工7.92万人）。建立职代会制度的企事业单位1305个；有女职工组织、劳动争议调解委员会、经费审查组织的单位分别有1293个、436个和880个。

【着力为经济加油，进一步发挥工人阶级主力军作用】 广泛开展劳动竞赛活动。2010年，各级工会广泛开展“为千亿工程立新功、为‘双转移’作贡献”的劳动竞赛活动，3月28日召开了全市劳动竞赛总结推进大会。肇庆市还分别在省总十二届二次、三次全委会上，作了关于开展“千亿工程”劳动竞赛的经验发言，得到了充分肯定。积极协办省职业技能大赛和省第五届“省长杯”工业设计大赛肇庆赛区选拔赛，共有3.2万多人参加了26个项目的初赛，886人参加市选拔赛，182人参加了全省决赛，带动了15.8万人岗位大练兵活动。肇庆市劳动竞赛委员会荣获“广东省十项工程劳动竞赛优秀组织单位”称号，是全省首个获此殊荣的地方劳动竞赛委员会。全市共有7个集体被授予广东省“工人先锋号”称号，20个集体被授予市“工人先锋号”称号。

【大力弘扬新时代劳模精神】 认真做好全国劳模和广东省五一劳动奖章获得者的评选推荐和肇庆市劳模的评选表彰工作。推荐全国劳模（先进工作者）5名，省五一劳动奖章获得者6名；评选市劳模（先进工作者）83名，市先进集体35个。4月30日，市委、市政府隆重召开了庆祝“五一”国际劳动节暨劳动模范、先进集体表彰大会，表彰先进。在肇庆理工中等职业学校建立了全省第一家“劳模科教（技）创业示范基地”。12月3日，成功召开了肇庆市劳模协会第二次会员代表大会，选举产生了新一届市劳模协会理事会。全年为5名荣立个人一等功、158名荣立个人二等功的转业复退军人落实了荣誉津贴，发放市直部级劳模、市级劳模荣誉津贴18.72万元；争取市委、市政府的支持，将享受医疗补助金的困难劳模标准由家庭人均月收入低于500元提高到650元，发放困难劳模各项医疗补助金、生活困难补助金等共27.72万元。

【着力维权维稳，进一步促进企业和谐劳动关系建设深入开展】 进一步加大源头参与力度。2010年，积极应对富士康、南海本田事件影响，全市职工队伍和社会基本稳定。先后参与了《肇庆市妥善处置部分企业员工要求加薪停工事件实施方案》、《2009年肇庆市妇女儿童发展规划统计监测报告》、《关于中国妇女发展纲要（2011－2020

年)》、《肇庆市医药卫生体制改革实施意见》、《肇庆市法治城市、法治县市区创建活动任务分解表》、《关于深入开展“向梁承华学习推动全民创业”学习活动的方案》、《肇庆市社会工作人才队伍建设联席会议制度》、《广东省企业民主管理条例》等8项涉及职工、农民工切身利益的有关政策法规的制订和修改。市、县两级工会积极参与市人大对《劳动合同法》和《工会法》执法检查工作，充分发挥协调劳动关系三方机制作用，配合有关部门为职工、农民工追讨欠薪39起，涉及663人，追回拖欠工资253万元。成功调解肇庆市动力配件有限公司200多名员工因高温补助和加班工资问题引发的集体停工事件；积极指导宋城酒店改制和德州牛仔等企业关闭工作。进一步完善以职代会为基本形式的厂务公开民主管理制度，贯标工作拓展到非公企业。95%已建工会的各类企业实行了厂务公开民主管理；基层职代会建制率88%，国有及其控股企业职工董事、监事建制率65%。肇庆市在全国、全省厂务公开民主管理交叉检查中受好评。市纪委监察局荣获“全国推动厂务公开民主管理先进单位”称号，市总等6个单位荣获“广东省推动厂务公开民主管理工作先进单位”称号，还有16个单位被评为“广东省厂务公开民主管理工作先进单位”。

【积极开展工资集体协商工作】　全市建立平等协商集体合同制度企业1999家，其中非公企业1922家，占建会企业的96%，续签率达98%；签订专项集体合同1027家、3175份。推进工会劳动法律监督工作，加强工会信访和劳动争议调处工作。市、县两级工会接待和处理职工来信、来访、来电941件（次），涉及1606人，其中集体性8件（次），涉及414人；调处职工劳动争议案件164件，调处率93%，切实维护了职工队伍和社会稳定。

【推进劳动关系和谐企业、和谐工业园示范点建设】　结合开展加强人文关怀、改善用工环境建设活动，将高新区作为全市开展创建劳动关系和谐工业园工作示范点，把创建活动覆盖到更多的非公企业。新增肇庆市劳动关系和谐企业达标企业18家，推荐3家企业参加评选广东省劳动关系和谐企业，推荐高新区为全国劳动关系和谐工业园区。

【着力加强组织建设，进一步激发工会活力】

大力加强工会组建工作。坚持深化党建带工建、党工共建、党群工作一体化工作，全面超额完成省总工会下达的2010年工会组织发展指标增5%的任务。全市新发展工会组织253家，累计3411个，净增8%；新发展涵盖单位1357个，累计23965个，净增6%；新发展会员2.69万人，累计达28万人，净增10.6%；新发展农民工会员1.19万人，累计7.92万人，净增17.7%，工会组织和工会会员队伍进一步发展壮大。深化工会组织规范化建设。2010年，市委、市政府以“两办”名义转发了《肇庆市总工会关于进一步加强新形势下镇（街道）工会规范化建设的意见》，召开了全市推进乡镇（街道）工会规范化建设高要现场会，进一步推进和加强了工会基层组织规范化建设。全市106个镇（街道）中，56个镇（街道）建立了总工会，占52.8%，其中28个中心镇（街道）全部按规范化标准建立了总工会，夯实了工会工作的基础。端州区总工会在街道总工会实行代表大会常任制，推进了工会群众化、民主化建设。2010年，肇庆市深入开展“职工之家”、“会员评家”、“双爱双评”等活动。全市建设合格职工之家2803家，合格率达88.7%；开展会员评家1711家，覆盖率54.1%，涌现了一批全国模范职工之家和全国模范职工小家。

【着力为职工服务，进一步擦亮帮扶工作品牌】 深化困难职工帮扶中心规范化和信息化建设。坚持以职工为本，用心为职工服务，在全社会叫响做实“职工、农民工有困难找工会”。各县（市、区）帮扶中心服务平台基本实现了规范化建设标准，为职工提供服务更加快捷、方便。肇庆市在全省工会保障工作会议上作了经验介绍，得到省总工会的充分肯定。坚持为职工、农民工办好“十送”实事。一送温暖，积极做好春节慰问老劳模、特困职工等送温暖活动。二送培训，共协助党政开展职业培训6653人，职业介绍25829人，帮助4027名下岗失业人员实现再就业。三送探视，探视工伤职工、农民工96人。四送爱心，开展了第四届“希望在明天，工会助您行”助学圆梦活动，发放助学金238万元，为1652名困难职工、农民工子女解决了“读书难”问题。广宁县总工会与清新县总工会联合开展爱心帮扶活动，为全省跨区域帮扶工作的首创。五送保障，组织了1.6万人参加职工医疗互助保障计划。六送清凉，在全市开展了“炎炎夏日送清凉、人文关怀促和谐”活动，为高温作业职工送清凉饮料、慰问金20多万元。七送安康，深入开展“为职工送安康知识”活动，累计举办讲座23场，6000多名职工受训。组织发动110家企业5.8万名职工参加“安康杯”竞赛，一批集体和个人获全国和省表彰。八送法律，成立了肇庆市工会法律服务律师团，全年帮助代理与指导职工维权案件32宗。举行了声势浩大的“加强人文关怀、改善用工环境法律咨询活动”。九送救助，坚持工会干部结对帮扶“一帮一”制度，全年帮扶解困108户。十送文化，组织举办了全市职工庆“五一”文艺演出和摄影比赛、庆国庆电影歌曲演唱大赛等大型示范性文体活动。开展“情系职工”免费送电影活动，全年为职工、农民工放电影1300多场。

【着力提升素质，进一步加强自身建设】 深入开展党工共建创先争优活动。2010年，各级工会在活动中坚持“八个结合”、承诺“四贴近”、办好十件实事，成效显著。市总工会在全市创先争优活动大会上作了经验介绍，市委创先办组织全市新闻媒体集中采访宣传了市总工会的做法和经验。肇庆市高新区总工会把开展非公企业“示范岗”活动作为开展创先争优活动的重要载体，设立了一批工会干部、劳动模范和优秀员工示范岗，充分发挥了模范表率作用。加强工会干部队伍建设。全市各级工会广泛开展“读好十本书”和深化作风建设、提高执行力“四个一”活动。继续实施全市工会干部“千人培训计划”。全年市、县两级工会举办各类培训班31期，培训工会干部2695人次，培训率达41.8%。市总工会围绕职工队伍状况、工会维权、工会帮扶等专题，深入开展调查研究，《肇庆市企业加强人文关怀和改善用工环境的调研报告》等优秀论文在全省获奖。2010年，继续深化开展“创建学习型组织、争做知识型职工”活动，全面完成全国总工会、省总工会和市总工会三年建设150家“职工书屋”示范点任务，一批职工书屋被命名为全国、省优秀“职工书屋”示范点、建设点和建设者。市总工会被评为广东省职工书屋建设先进单位。

【成立肇庆市工会法律服务律师团，加强人文关怀，改善用工环境】 根据市委要求，2010年8月12日，市总工会、市司法局、市律师协会联合成立肇庆市工会法律服务律师团。该律师团由社会执业律师、公职律师、法律援助律师共46人组成，由邓广坚担任团长，由陈汉英、姚小飞、谢志贤担任副团长。市总工会、市司法局、市律师协会设立肇庆市工会法律服务律师团领导小组，由市总工会党组书记、常务副主席蓝达青担任组长，由市总工会副主席陈婷、市司法局副局长林金汉担任副组长。成员包括市总工会保障工作部桂娇、市司法局公律科贾世波、市法援处姚小飞。领导小组下设办公室，办公室设在市总工会保障工作部，负责律师团日常管理工作。律师团主要职责是为各级工会组织和职工提供公益法律服务，包括：协助肇庆市总工会参与劳动关系相关政策规定的制定和修改，为困难职工提供法律援助，调处重大劳动纠纷，指导和帮助职工开展工资集体协商，协助工会开展普法宣传教育，为工会组织、工会工作者和职工提供法律咨询和帮助。（刘晓霞）

清远市总工会

【领导班子】

主　席：杨秋光

副主席：朱　平（常务）、梁国强、麦燕滇（女）

【机构设置】

办公室、财务部、组宣部、维权部、帮扶中心

【综述】 2010年，清远市总工会紧紧以“组建年、提升年、稳定年”为抓手，以工会组建为重点，全面加大工作力度，工会各项工作取得显著成绩，特别是工会组织建设得到了前所未有的快速发展。

【围绕中心调思路，加快组建促发展】 2010年，清远市总工会根据形势调整了思路，提出了“组建年、提升年、稳定年”的新目标，要求以工会组建为重点，全面推进工会工作，最大限度地把广大职工群众吸收到工会组织中来，逐步实现工会组织建设与全市经济发展步伐同步的发展目标。2010年，全市新建工会组织491家，比上年增长26.9%；发展新会员7.9万人，增长35.4%。

【服务大局强责任，发挥作用立新功】 紧紧围绕市委、市政府总体发展战略，服务经济社会发展大局，开展了一系列职工建功立业活动。继续在全市企业深入开展了“同舟共济保增长、建功立业促发展”、创建“工人先锋号”和围绕市委、市政府的中心工作开展的“保增长、扩内需、调结构、促和谐，为十个一批作贡献”的劳动竞赛活动，鼓励职工为加快全市经济建设加油发力。

【科学维权重关怀，维护稳定构和谐】 进一步完善了维权机制，加强了《劳动合同法》等“三法一例”的贯彻落实；举办了一期全市性的劳动争议调解员培训班，建立健全劳动调解网络；成立了工会法律律师服务团，开展每月两次的定期集中接访。开展了一系列职工人文关怀活动。开展了“冬送温暖、夏送清凉”活动、“安康杯”竞赛活动；开展了排忧解难大排查大化解活动，及时介入处理了清新县万邦鞋厂员工自缢、广硕鞋厂员工坠楼和欧雅陶瓷员工跳楼事件，使厂方作出了合理补偿；协商解决了佛冈县14起欠薪事件中的7起，为400多名职工追回被拖欠工资300多万元。致力于和谐企业建设，全市创建和谐企业30家。其中，万邦（清新）鞋业有限公司获“全国创建和谐企业先进单位”称号，英德白石窑水电厂、佛冈县国珠塑胶有限公司、清远爱机汽车配件有限公司等被评为广东省创建和谐企业先进单位。

【以人为本抓帮扶，扶贫济困树品牌】 进一步完善了帮扶网络，建立健全了市、县两级困难职工帮扶中心，全市8个县级帮扶中心全面建立，5个县（市、区）解决了人员编制。以元旦、春节“送温暖”、“金秋助学”、困难帮扶、大病救治等活动为契机，进一步加大了对困难职工的帮扶力度，树立“职工有困难找工会”的帮扶品牌。2010年，全市帮扶困难职工7858人次，发放帮扶资金490多万元。其中，市总工会帮扶市直单位困难职工583人，发放帮扶金62.6万元；实施大病救助119人，发放医疗救助金42.8万元；实施生活困难救助402人，发放救助金20.2万元；实施助学帮扶103人，发放救助金12.8万元。

【创先争优做表率，转变作风强素质】 加强了班子建设。以“创先争优”活动为契机，按照政治坚定、业务扎实、作风过硬、廉洁自律的要求，加强了对班子领导的培训，组织全市工会主席参加了市委组织部在西南大学举办的工、青、妇领导干部培训班。加强了干部队伍建设。在干部职工中广泛开展了“争先创优”活动，进一步增强服务意识，转变工作作风，着力建设学习型机关、创新型机关、服务型机关、廉洁型机关和节约型机关，有效促进了干部作风和办事效率的明显好转。 （黄伟义）

潮州市总工会

【领导班子】

主　席：王拥和

副主席：李群玲（常务）、黄奇思、蔡景璇（女）

【机构设置】

办公室（财务部）、组宣部、权益部、生活女工部

【综述】 2010年，在市委和省总工会的正确领导下，全市各级工会坚持以邓小平理论和“三个代表”重要思想为指导，深入贯彻落实科学发展观，坚定不移地走中国特色社会主义工会发展道路，按照中国工会十五大和广东工会十二大提出的任务要求，紧紧围绕市委、市政府的工作中心，坚持“组织起来、切实维权”的工作方针，以保持经济平稳较快发展，构建和谐劳动关系为首要任务，坚定信心，奋力而为，彰显特色，工会各项工作得到不断创新发展，充分发挥了工会组织的积极作用，为推动潮州经济社会又好又快发展作出了应有的贡献。

【充分发挥广大职工的主力军作用】 切实抓好特色产业和大项目、重点工程劳动竞赛；同时，广泛开展群众性经济技术创新活动。全市有352家企业47048名职工开展了各种形式的劳动竞赛，规模以上企业开展劳动竞赛覆盖面达80%以上。广东电网公司潮州供电局荣获广东省十项工程劳动竞赛模范集体称号，同时被授予广东省五一劳动奖状；市创佳集团净化车间装片组荣获全国“社会主义劳动竞赛先进班组”称号。召开市职工技协第二届会员代表大会，推动职工技协工作。全市各级职工技协提出合理化建议70件，实施53件；技术革新项目14项，推广先进操作法6项，创造经济效益1491万元。大力弘扬工人阶级的伟大品格和劳模精神，“五一”前夕，市委、市政府隆重召开潮州市庆祝“五一”国际劳动节暨劳动模范表彰大会。会上，《劳动者之歌》大型文艺演出讴歌工人阶级伟大品格，唱响“劳动光荣、创造伟大”的时代强音。

【着力提升职工队伍的整体素质】　充分发挥工会“大学校”作用，全面提升职工综合素质。市总工会召开组织宣教工作会议，全面推动工会宣传教育工作；同时，着力构建文化载体，办好《潮州工运》内刊和市总工会网站，继续抓好职工书屋等工会文化阵地建设。广泛开展读书征文活动，历时半年，收到优秀征文近百篇，在全市广大职工中形成“多读书、读好书”的良好氛围。市工人文化宫充分发挥工会文体阵地的龙头作用，组织文化活动进厂区、社区，举办灯谜会猜、棋艺交流等活动，指导帮助企业开展文化活动，满足职工日益增长的精神文化需求。成功举办市庆“五一”鹏羽亚狮龙第二届业余羽毛球赛；组织代表团参加省第四届职工运动会羽毛球项目比赛获得好成绩，推动职工文体工作上新台阶。

【切实加强维权机制建设】　坚持“促进企业发展、维护职工权益”的原则，着力加强职工民主管理工作，特别是依法规范职代会制度，全市3967个单位开展了民主管理工作，其中2390个单位实行厂务公开制度。坚持以非公有制企业为重点，切实推进工资集体协商、女职工权益保护、劳动安全卫生等制度建设，签订劳动安全卫生专项合同520多份，完成职工安全知识培训8500多人次；全市2645家企业建立了平等协商、集体合同制度；256家企业签订了工资协议；签订女职工权益保护专项集体合同1464份；劳动争议调解组织组建率达86%。加强职工法律服务工作，做好省总工会“五五”普法工作的总结检查验收，成立潮州市工会法律服务律师团并制定了工作办法。大力开展劳动保护、安全生产的宣传教育活动，积极组织职工参加全国“安康杯”竞赛活动并取得好成绩，中国移动广东有限公司潮州分公司荣获全国“安康杯”竞赛优胜企业称号。

【大力加强职工人文关怀工作】　积极应对富士康和南海本田事件的波及影响，在全市各类企业和广大职工中广泛开展了职工特别是农民工的法律服务、职工劳动权益、职工思想政治、职工健康心理、职工精神文化、困难职工帮扶等六项人文关怀系列活动。在活动中，突出工作重点，针对当前职工普遍关心的热点问题，积极开展落实职工劳动权益关怀活动，各级工会通过抓排查、抓调研、抓检查、抓处置等措施，敦促企业重视劳动安全卫生条件，切实改善用工环境，特别是切实处理好包括拖欠工资、超时加班和最低工资标准执行等涉及职工劳动权益和影响劳动关系和谐的问题。同时，进一步加强源头参与，深化“共同约定行动”，要求企业勇于承担社会责任，提高职工的收入，让广大职工共享企业发展成果，全市200多家企业参加“共同约定行动”。通过加强职工人文关怀工作，较好地促进了企业生产经营和发展，保持了职工队伍的稳定。

【扎实做好困难职工帮扶工作】　打好节日送温暖品牌，元旦、春节期间，通过集中发放、上门入户等形式慰问困难企业470家，困难劳模、困难职工40089户，共发放慰问金608万元、慰问品一批。开展“金秋助学”活动，共资助困难学子1300人，发放资助款130万元。继续做好职工医疗互助保障工作，全市职工投保2064人，全年理赔付款10.5万元。进一步发挥帮扶网络作用，全市三级困难职工帮扶中心（站）日常接待帮扶对象961人，帮扶困难农民工583人，发放帮扶款126.5万元。各级工会全年开展对农民工政策宣传、创业指导、职业介绍等服务5213人次，技能培训2613人次，维权服务等帮扶1369人次。

【全面加强工会组织建设工作】 坚持党建带工建、工建服务党建，党工共建创先争优，不断增强工会组织的凝聚力、吸引力和战斗力。重点做好健全市直工委会工作，对原市直20个工委会进行了调整；同时，加强基层工会组织工作，通过换届、改选、补选等程序，健全工会组织，发挥企业工会作用。做好全国模范职工之家、模范职工小家的申报，潮州电信分公司工会、湘桥区城基中学生化教研组工会小组分别被授予“全国模范职工之家”、“全国模范职工小家”称号。按照“扩大覆盖面、增强凝聚力”的要求，加强基层工会组建和会员发展工作。10月份，市总工会召开全市工会基层组织建设工作会议，传达贯彻全省工会基层组织建设工作会议精神，安排部署全市“广普查、深组建、全覆盖”集中行动。2010年，新增工会委员会214个（涵盖单位数308个），新发展会员9962人（其中农民工8284人）。

【开展县区工会工作观摩交流活动】 为切实加强县区工会工作，着力推动全市工会工作的创新发展，市总工会于9月份组织县区总工会主席前往各县区现场观摩学习交流。两天时间中，4个县、区总工会交流了工作，并考察了4家企业，还有4个基层工会作了书面交流。在交流中，各县区总工会根据自身情况，就一个或者若干个侧面认真总结成功经验，展示特色亮点；同时，各县区总工会还在基层工会中按不同类别（公有、非公有企业）选择两个典型，加强培养、指导，总结先进经验。这次活动既交流工作，又现场参观，改变了从会议到会议“坐而论道”的习惯做法，进一步开阔视野，明晰工作思路；活动结束后，各县区总工会重新审视自己的工作，把在活动中的成效体现到今后的工作中，推动各地的工作再上台阶，再上水平。 （许奕飞）

揭阳市总工会

【领导班子】

主　席：孙锐卿（女）

副主席：杨丽华（女、常务）、罗秋鹏、杨莉婵（女）

【机构设置】

办公室（加挂经费审查办公室、法律顾问室牌子）、组织部、财务部、生产保护部、宣传教育部、生活女工部（加挂市退休职工管理委员会牌子）

【综述】 2010年，揭阳市总工会认真贯彻落实中国工会十五大、省总工会十二大和市委四届七次全会精神，坚持以邓小平理论和“三个代表”重要思想为指导，深入学习实践科学发展观，紧紧围绕市委市政府“一三二”发展思路，坚持做到忠诚履职、感恩奉献、创先争优，团结动员广大职工为揭阳市经济社会的跨越发展而努力奋斗。通过一年的努力拼搏，揭阳市工会在固本强基、依法维权、帮扶困难、开展职工经济技术创新活动、加强队伍自身建设、服务揭阳经济发展等方面取得了良好的工作成效和突出的工作业绩。

【大力加强工会组建和会员发展工作】 深入开展“广普查、深组建、全覆盖”集中行动，认真抓好在非公有制企业组建工会，特别是积极推进外商投资企业建立工会，最大限度地把职工特别是农民工组织到工会中来。2010年，全市新组建工会719家，吸纳会员17245人，其中发展农民工会员11836人。通过组建工会，进一步扩大了党的群众基础，巩固了党的执政地位，使工会作为党联系职工群众的桥梁纽带作用得到充分发挥。

【开展劳模先进评选表彰工作】 2010年，市推荐评选出全国劳动模范5名、广东省五一劳动奖章获得者4名。在“五一”节前夕，成功组织召开了“揭阳市庆‘五一’暨劳动模范先进集体颁奖大会”。国庆节前夕，揭阳市总又成功召开了“揭阳市第六次劳动模范和先进集体表彰大会”，对新评选出来的58名揭阳市劳动模范、27名揭阳市先进工作者、40个揭阳市先进集体进行表彰。在这次评选表彰中，揭阳市总工会荣获“揭阳市先进集体”的称号。通过以上活动，进一步在揭阳市上下营造学习劳模、争当劳模、弘扬劳模精神的良好氛围。

【大力开展劳动竞赛】 认真组织潮汕机场建设工程，惠来电厂3、4号机组建设工程，揭阳供电局220千伏兰花变电站工程，国道324线普宁池尾至惠来葵潭段改造工程等四大赛区开展重点工程劳动竞赛活动，推进工程的进度、质量、安全和廉政建设。与此同时，认真组织开展“安康杯”竞赛活动，组织全市239家企业，2068个班组，48264名职工参赛。通过开展“安康杯”竞赛活动，提高企业和广大职工的安全生产和劳动保护意识。去年揭阳市总工会还联合建行揭阳市分行等单位组织开展了女职工业务能手劳动技能竞赛活动。

【做好“模范职工之家”评选工作】 积极开展创建各级“模范职工之家”活动，在单位改革和发展过程中全面落实工会重点工作，切实履行工会各项社会职能，突出维护职能，富有特色地开展建家活动，充分发挥工会组织作用，并得到职工群众认可的基层工会、工会分会和工会小组推荐为模范职工之家、模范职工小家。经过自下而上的评选，共评出揭阳市先进职工之家45个，优秀工会工作者45名，优秀职工之友25名。

【开展提高职工队伍素质活动】 充分发挥工会“大学校”作用，广泛开展了“创建学习型组织、争做知识型职工”活动，一是努力抓好职工书屋示范点，推进了企业文化建设和职工文化建设，推动全市职工读书活动的深入扎实开展。由于在职工书屋建设组织工作中表现突出，我会被评为2008—2010年广东省职工之家建设先进单位。二是积极创造条件，在揭阳工会大厦成立了揭阳市总工会职业培训学校，着手开展职工职业技能培训工作，切实提高揭阳市职工队伍的素质。三是推进实施女职工素质提升建功立业工程，去年7月，揭阳市总工会联合市教育局举办了全市教育系统幼儿园教师德育专业能力大赛，提升幼儿教师的综合素质。四是积极抓好市总工会职业培训学校“家政服务工程”培训基地建设，通过省专家组的考评验收，此基地将被省批准确定为中央财政资金扶持的“家政服务”教育培训基地。五是积极组织参加广东省第四届职工运动会，揭阳市代表团荣获省体育道德风尚奖。

【加强人文关怀系列活动】 2010年，市总工会在全市启动职工人文关怀系列活动，组织各级工会切实维护职工合法权益，改善生产生活条件，拓展职工发展空间，使广大职工共建共享改革发展成果。活动内容主要有八方面：一是加强企业工会组织建设。二是开展职工健康心理关怀活动。三是举行企业工会干部培训班。四是督促企业切实改善工人生活待遇。五是举行“人文关怀宣传月”活动。六是市总工会联合市司法局成立了广东省工会法律服务律师团揭阳分团，为广大农民工提供各种法律服务、法律关怀。工会律师团自成立以来，共为职工提供法律援助5宗，为揭阳市广大职工提供了实效、免费的法律服务。七是启动高温送清凉活动，关心一线工人健康。去年8月24日，市总工会领导班子和有关职能部室负责人到潮汕机场为在烈日下施工的员工送清凉、送慰问金，使建设工地的员工深受感动、倍感亲切。在市总工会的带动下，全市各级工会组织积极开展此项活动，使职工的身体健康权益得到较好的维护。八是健全矛盾纠纷排查调处信息网络，坚持职工群体事件日报制度，有效地促进了揭阳市劳动关系的和谐稳定。

【积极推进劳动关系和谐企业建设】 市总工会把构建和谐企业作为发展和谐劳动关系的重要载体，依托劳动关系三方机制，协同市人力资源与社会保障局、市工商业联合会在全市推进构建和谐企业活动。一是精心推荐表彰吉荣空调等一批全国、省劳动关系和谐的先进企业，推广先进典型经验，引导劳资关系向和谐稳定发展。二是协同市人力资源与社会保障局做好市人文关怀活动宣讲团的组织工作，深入基层和生产第一线，为广大职工开展人文关怀宣讲教育。三是加强协调劳动关系机制建设，以市协调劳动关系三方名义启动实施深入推进集体合同制度“彩虹计划”，力争用三年时间基本在已建工会的企业实行集体合同制度。去年揭阳市集体合同制度覆盖率达到60%以上。四是出台《加强工会参与职业病防治工作的意见》，积极参与尘肺病等职业危害防治和重特大安全生产事故的调查处理，提高了广大职工的安全健康意识和素质。

【做好厂务公开民主管理工作】 2010年初，揭阳市总工会进一步建立健全厂务公开民主管理机构，成立了揭阳市厂务公开民主管理联席会议制度，制订了《揭阳市2010年度厂务公开民主管理工作实施方案》，有效地推动全市厂务公开民主管理工作的深入开展，取得明显成效。去年惠来县总工会等4个单位获“广东省推动厂务公开民主管理先进单位”荣誉称号，普宁市人民医院等15个单位获“广东省厂务公开民主管理先进单位”荣誉称号；去年，中国电信揭阳分公司经市厂务公开办公室检查验收，成为揭阳市首家达到ISO9000贯标认证企业，为揭阳市进一步推行厂务公开民主管理制度，提高企业管理水平起到了良好的示范作用。

【构筑帮扶工作新平台】 市总工会着力抓好揭阳工会大厦和市职工维权服务中心的各项配套建设，于去年11月25日成功举办了揭阳工会大厦落成庆典活动。该中心的投入使用，为揭阳市职工维权帮扶教育工作的开展创造了良好的工作环境和服务平台，成为党和政府关心职工特别是困难职工的重要窗口。

【深入开展帮扶困难系列活动】 认真开展2010年元旦、春节送温暖活动，2010年元旦、春节期间，全市工会组织共筹集200万元，慰问困难职工3810户，其中市总工会筹集资金60万元，慰问困难职工935户；同时认真开展日常帮扶工作，2010年市总工会领导班子共召开困难职工帮扶工作研究会议5次，下拨帮扶资金3.77万元，资助帮扶困难职工农民工39人次；争取上级下拨全国劳模生活困难补助金、特殊困难帮扶金23.83万元，及时把这些资金发放到全国困难劳模手中。抓好市总工会挂钩扶贫村——普宁市船埔镇青潭村的帮扶工作，2010年，市总工会共筹资14万元帮助青潭村发展经济和扶持贫困户。

【积极做好“金秋助学”工作】 在2010年“金秋助学”活动中，全市共筹集资金58.256万元，资助就读高中以上的困难职工、农民工子女829人，其中市总工会筹集40万元，资助困难职工、农民工子女428名，比上年度增加助学金5万元，增加帮扶对象48名。

【加强对外宣传和普法工作】 认真做好揭阳工会信息的编撰，及时向省总工会和《南方工报》上报揭阳市工会活动的情况；依托新闻媒体在《揭阳日报》、揭阳电视台开设了“劳动者之歌”栏目，积极做好2010年度揭阳市的全国劳动模范、广东省五一劳动奖章获得者、揭阳市劳动模范和先进集体的事迹的宣传报导工作；2010年，市总工会还在互联网上建立并开通了揭阳市总工会网站，加强对揭阳市工会工作的宣传。与此同时，市总工会注重普法宣传教育工作，“五五”普法期间，通过开设讲座、巡回演讲、咨询活动和文艺演出活动等形式，积极开展对《工会法》、《劳动法》、《劳动合同法》等涉及职工权益的法律法规的普法宣传教育工作，由于成绩突出，去年底被中华全国总工会授予全国工会系统“五五”普法先进集体称号。

【开展丰富多彩的职工文化活动】 2010年春节期间，市总工会分别在宝德数码广场和市区青年文化广场举行慰问农民工的大型文艺演出活动；节假日期间，在农民工集中的地方开展放电影和灯谜会猜等活动。去年年底，在市区榕江影剧院举办“和谐之春新年文艺晚会暨怡爱合唱团成立五周年”大型文艺演出。通过开展职工文艺演出活动，既提高了市总工会的知名度，又活跃了职工的文化生活，使市总工会拉近了与职工的距离，真正发挥了党联系职工群众的桥梁和纽带作用。

【加强工会干部培训工作】 为提高工会干部队伍素质，市总工会利用学习会、讲座、培训班等形式组织工会干部认真学习中国工会十五大、省总工会十二大和市委四届各次全会及忠诚教育等会议精神。去年组织了四批工会干部参加了全国总工会、省总工会干部学校工会干部轮训班学习。同时利用揭阳市总工会职业培训学校这一载体，积极抓好对工会干部的培训工作。去年底举办了全市非公有企业工会干部培训班，向他们讲授了如何当好非公有制企业工会干部和怎样处理好企业劳资矛盾，维护好企业职工合法权益等知识。通过以上活动，有效提高了工会干部的整体素质，增强了工会干部贯彻落实科学发展观的自觉性、坚定性和做好新形势下工会工作的紧迫感及责任感，从而推进了全市工会工作的全面、深入、扎实、卓有成效开展和创新发展。

云浮市总工会

【领导班子】

主　席：黄英潮

副主席：邱成生（常务）、钟卓鹏 、张连珍（女）

【机构设置】

办公室、职工权益维护部、组织宣教部（经济技术工作部）、财务事业部、教育工会

【综述】 2010年，市总工会以科学发展观为指导，坚持中国特色社会主义维权观，在市委和省总工会的领导下，紧紧围绕党和政府的工作大局，以党工共建创先争优活动为契机，以机制建设和创新载体为抓手，认真分析新时期工会工作面临的新形势、新情

况，切实履行维护职工合法权益的基本职责，突出抓好“两个普遍”（依法推动企业普遍建立工会组织、普遍开展工资集体协商），抓重点、破难点、出亮点，各项工作取得了比较好的效果。

【抓工作督查，促依法维权落到实处】 针对云浮市正处于经济结构调整和社会转型的关键时期，社会矛盾日益凸显，影响稳定的因素增多的现象，市总工会一方面抓调研和排查，主动化解矛盾，切实维护职工的合法权益；另一方面抓基层工会组织的规范化建设，促进工会作用的发挥，增强工会组织的凝聚力。一是深入调研，掌握实情。2010年上半年，市总工会就企业用工、劳动合同签订、集体合同签订、职工劳动时间、劳动报酬、企业人文关怀等问题进行深入调查研究，通过向企业管理人员、一线职工进行问卷调查，把握了职工的基本情况和企业的生产现状，为各级工会有针对性地开展工作提供了依据。罗定市总工会针对服装厂、针织厂、建筑业等企业普遍存在拖欠职工工资的现象，多次联合政府有关部门深入企业开展督查，共为302名职工追回被拖欠的工资65万多元。二是跟踪督查，规范建设。2010年8月，市总工会派出两个督查组到各县（市、区）总工会和市直部分基层工会对工会规范化建设认真跟踪督查。从跟踪督查的情况看，多数基层工会对规范化建设都比较重视，能按照“四有二健全一完善”（有牌子、有印章、有场地、有人员，工会组织机构健全、工会档案资料健全，完善工作制度）的标准，加强规范化建设。9月27日，市总工会在云城区安塘街召开全市工会工作现场会，总结推广基层工会规范化建设的经验和做法，促进了基层工会发挥作用，提高了维护职工合法权益的能力。

【抓职工人文关怀，促企业和谐发展】 市总工会以帮扶中心为平台，认真抓好职工人文关怀各项措施的落实，规范帮扶专项资金管理使用，叫响做实“职工有困难找工会”、“农民工有困难找工会”活动，积极为职工办好事、实事，使帮扶中心工作不断深化和延伸。一年来，全市各级工会共发放帮扶资金580多万元。一是送职工医疗互助保障、送农民工健康体检，推进“金秋助学”活动。2010年8月，省总工会在云浮市举行职工人文关怀系列活动暨2010年“金秋助学”启动仪式。省总工会向云浮市困难职工子女捐资10万元“金秋助学”金，向职工赠送3000份保费共10万元、保额为1600万元的职工医疗互助保障计划，向500名农民工赠送价值10万元的健康体检；省、市二级工会为云浮市450名符合助学条件的学生发放100万元“金秋助学”金。二是为劳动模范献爱心，为特困职工送体验、发放优诊卡。7月，市总工会根据云浮市劳模及困难职工的实际，联合市人民医院为云浮市160名各级劳动模范免费体检，并向劳动模范赠送“广东省职工医疗互助保障计划”；联合市中医院和云城社区卫生服务中心，为80多名市直特困职工（含下岗职工、农民工）免费健康检查，向特困职工发放优诊卡。三是成立工会法律服务律师团，为职工提供法律援助。8月，云浮市工会法律服务律师团正式成立。律师团由市总工会、市司法局、市律师协会共同组建，共聘请了17名优秀的专职律师，为符合法律援助条件的困难职工提供免费法律援助。

【抓技能比赛，促经济发展方式转变】 市总工会坚持围绕中心、服务大局，广泛开展社会主义劳动竞赛，团结带领广大职工为坚持科学发展、加快转变经济发展方式建功立业。一是广泛开展劳动竞赛活动。全市各级工会组织深入贯彻实施省总工会、省科技厅、省经贸委《关于动员和组织全省职工开展群众性经济技术创新活动的意见》，立足企业实际，广泛开展技术革新、技术攻关、技术协作和合理化建议活动，努力帮助企业解决生产中遇到的技术难题，推进技术进步，提高自身素质，增强企业市场竞争力。1678家企业开展了群众性经济技术创新劳动竞赛活动，90362名职工参与活动，取得经济技术创新成果644项，实现价值9384万元；提合理化建议7327条，采纳实施848条，创造经济价值近亿元。云硫集团公司工会重点开展了创建“工人先锋号”班组建设和争创“基础管理优质单位”劳动竞赛，切实提升了基层班组和二级单位的基础工作管理水平。云浮发电厂C厂在建设过程中扎实开展以“六比六赛”为主要内容的劳动竞赛活动，取得了显著成绩，锅炉专工张晓博荣获“广东省十项工程劳动竞赛模范工人”称号。二是举办职工技术运动会。市劳动竞赛委员会在2010年6至10月举办了云浮市职工技术运动会，300多名选手参加了院前急救止血包扎等14个项目比赛。广泛动员职工立足岗位学技术，练本领、献技艺、创一流，积极参与了广东省职工技能大赛和第五届“省长杯”工业设计大赛，为云浮市经济发展提供高素质的人才队伍，推进云浮市产业结构调整和转型升级。云浮供电局工会举办了2010年广东省职业技能大赛农网配电营业工云浮选拔赛。三是认真组织劳模评选工作。采取民主评议、自下而上、优中选优的方法，评选出全国劳动模范3名、广东省五一劳动奖章获得者4名、广东省“工人先锋号”5个。

【抓职工教育，促主力军作用发挥】 一是举办职工自行车巡游活动。5月，云浮市总工会联合市宜居办、市体育局等部门，在市英东体育馆广场举行“共建共享宜居城市，职工自行车健身行”活动启动仪式。1000多名干部职工冒雨骑自行车体验慢行绿道建设的成果，以实际行动倡导低碳生活方式和节能环保理念，进一步激发全市广大职工参与宜居城市建设的热情。二是举办云浮市职工健美操大赛。7月，市总工会在市人民广场主办了“展示职工风采，创建和谐云浮”2010年云浮市职工健美操大赛，来自云浮市政府机关团体、企事业单位以及上级驻云浮单位的20支健美操队伍同台竞技，一展风采，充分展示新时期职工健康积极向上的精神风貌。三是举办市城区职工体育运动会。7月，市总工会联合市体育局举办了市城区基层工会职工运动会，800名运动员参加了5个大项目共19个项目的比赛，掀起了全民健身的热潮。2010年，云浮市组织参加省第四届职工运动会，奖牌总数在全省47个代表队中排名第15，总分排名第14。

【抓组织建设，促两个普遍工作落实】 市总工会在完善乡镇（街道）工会、村（社区）工会、非公有制企业工会“小三级”工会组织网络的同时，突出抓好区域性、行业性工会联合会组建工作，大力推进已建工会企业依法普遍开展工资集体协商。一是全力推动企业依法普遍建立工会组织。坚持“党建带动工建、工建服务党建”原则，积极开展“广普查、深组建、全覆盖”集中行动，加大工会组建力度，重点在产业转移园区和非公有制企业推进工会组建工作，最大限度地把包括农民工在内的广大职工组织到工会中来。一年来，新建立工会组织108家，覆盖各类经济组织264家，新发展会员10024人，全市工会会员达到15.2万人，职工入会率达95%；工会委员会增长率达 6.1%，覆盖单位增长率达 6.7%，会员增长率超 7%，三大组建指标均超过省总工会增长 5%的要求。二是全力推动企业依法普遍开展工资集体协商。全市签订集体合同的企业 847 家，覆盖职工 60202 人；签订工资专项集体合同 376 家，推动企业职工工资共决机制和正常增长机制的建立；签订女职工权益保护专项集体合同 90 家，保障了女职工的合法权益和特殊利益；建立集体协商指导员 274 人的队伍。工资集体协商突破了工会维权工作的瓶颈，提高了职工的收入水平，充分调动了职工建功立业的积极性、创造性，有力推动了企业加快转变经济发展方式，促进了企业又好又快发展。

【抓扶贫“双到”，促社会和谐稳定发展】 为认真贯彻落实市委、市政府“规划到户、责任到人”（简称“双到”）扶贫工作部署，市总工会领导高度重视、精心组织、周密部署，确保扶贫工作落到实处。该项工作已顺利通过省、市 2010 年度任务考核，评为优秀红旗单位。一是成立小组，加强领导。市总工会积极主动，成立以常务副主席为组长的扶贫工作领导小组，加强对“双到”的组织领导，为共同做好“双到”扶贫工作提供了强有力的组织保障。二是深入调研，核实情况。市总工会帮扶工作小组多次前往挂钩帮扶单位高村谭翁村开展调查研究，通过与县、镇、村三级相关负责人座谈和入户调查，摸清核实所挂钩帮扶贫困村、贫困户的具体情况，完善电脑信息采集录入工作。三是制定方案，提出措施。在深入调研的基础上，制定了《市总工会挂钩高村谭翁村“规划到户、责任到人”帮扶方案》，明确帮扶思路、帮扶内容、提出具体帮扶措施，务求让扶贫开发“规划到户、责任到人”取得实效。四是明确职责，落实责任。签订了《扶贫开发“规划到户责任到人”工作责任协议书》，明确了扶贫对象与帮扶责任人研究确定的发展经济规划项目和受扶与帮扶双方落实脱贫规划责任，保证每一户贫困户都有责任人挂钩联系，保证每一贫困户都有具体的发展规划和脱贫措施，确保圆满完成帮扶目标任务。

【抓作风转变，促工会工作务实创新】 市总工会机关切实改进工作作风，强化密切联系职工群众，为经济建设服务、为基层服务、为职工群众服务的思想作风建设。4 月，市总工会举办了一期“转变工作作风，提高执行力”的培训班，市人大常委会副主任、工会主席黄英潮以及市纪委副书记李金文为市、县两级工会干部和市直基层工会干部授课。干部职工切实增强“两个维护”的工作意识，把维护职工合法权益和维护企业整体利益结合起来做好维权工作，把工作重心前移到职工生产生活的第一线，由被动维权向主动维权转变；各工会组织深入基层开展职工人文关怀系列活动，由被动服务职工向主动为职工服务转变。建立完善了“首问责任制”，每名工会干部要为职工的来信、来访做好服务解答和传达办理。困难职工帮扶中心充分发挥作用，为云浮市困难职工以及广大职工提供更为方便快捷的服务，树立起工会干部作为职工“娘家人”的良好形象。工会重大事项和重点工作事前广泛征求干部职工意见，通过领导班子集体研究或主席办公会议讨论决定，事后通报办理情况，实行集体民主科学决策。一年来，市总工会全体干部职工群策群力，克服人手少、时间紧、任务重的困难，使全市工会各项工作取得了较好的成绩，全市工会系统实现职工“零上访、零投诉、零事故”，是全省唯一一个实现“三个零”目标的地级市工会。

顺德区总工会

【领导班子】

主　席：霍兆忠

副主席：吴　森、陈万铨、叶玉明（女）

【机构设置】

综合管理科（外来务工人员服务科）、基层工会科（直属工委会办公室）、职工权益维护科

【综述】　2010年，顺德各级工会自觉围绕全区工作大局，突出工会维权维稳帮扶济困，突出职工体面劳动快乐生活，突出人文关怀服务基层职工，为党政分忧、为职工解难、为企业添动力、为社会创和谐。

【推动成立困难职工专项帮扶济难资金】　为增强工会帮扶实力，形成长效帮扶机制，顺德区总工会大力推动镇街、村居工会困难职工帮扶中心建立“困难职工帮扶专项资金”，企事业单位工会设立“职工互助济难专项资金”并通过多种形式、渠道筹措专项资金：一是争取党政、企业对帮扶工作的支持，将专项资金列入年度财政、行政预算；二是动员有实力、热心公益事业的企业募捐，或采用企业冠名的方式，吸引爱心企业的参与；三是组织主题鲜明、感召力强的社会公益活动，吸引社会资金；四是组织动员广大职工特别是工会会员通过“每月固定捐款”、“特殊会费”等方式开展募捐活动；五是工会经费划拨。顺德区总工会通过典型带动、下发文件材料、加强考核、深入基层发动，20个村（社区）工联会成立困难职工帮扶资金，筹集152.43万元，近年全区共有85个村（社区）成立了帮扶资金，筹集资金905.08万元；2009年有30家规模企（事）业单位成立了职工济难资金，筹集1041.15万元，近年全区共有69家规模企（事）业单位成立了职工济难资金，筹集资金4486.29万元。这些专项资金规章制度完善，帮扶对象明确，专项资金达到一定数额（村居达10万元，企业达5万元）。

【积极协调劳动关系化解劳资纠纷】　顺德工会敏锐地意识到富士康和本田事件可能形成骨牌效应，举一反三，主动作为。及时通报情况，把全区工会组织迅速调动起来，分析形势，统一思想；建议区委召开专门会议，就如何妥善处理劳资纠纷问题进行研究部署；在全区妥善处理劳资纠纷工作会议上作专题发言，介绍全区职工队伍形势和工会维权维稳思路。发动各级工会和劳动关系信息员在企业、行业和辖区内对集体合同、工资协议、厂纪厂规等法律文本进行检查，督促落实兑现新的最低工资标准，及时纠正企业违法违规行为；组织力量对职工的利益诉求进行梳理，及时与厂方协商谈判，将大量不稳定因素化解在萌芽状态。对于出现的职工停工事件，各级工会迅速启动应急预案，与相关部门共同调处化解。提高工会维权维稳能力。请省总工会和省总干校的专家教授到镇街系统巡回举办专题讲座11场，深入剖析富士康和南海本田事件，总结经验教训，提高工会干部应对劳动关系群体性事件的能力。1800多人次参加讲座。在30家企业推进工会主席直选，规范工会干部民主选举程序，增强企业工会主席的责任感、使命感，提高职工对工会的认同感，提高组织的凝聚力。成立顺德工会特约律师库，在全区38家律师事务所聘请了47名工会

特约律师，强化工会法律服务能力。由于措施得力到位，顺德职工停工事件都能得到快速、妥善的处理，事态没有升级蔓延。

【开展顺德工会十大服务活动】 2010 年 4 月 25 日，在顺德新城区德胜广场启动贯穿全年主题为“体面劳动·快乐生活”的“顺德工会十大服务活动”。一是创办一刊一网，即《顺德工人》和“外来务工人员”网站，搭建学习交流平台。二是举办蓝领成长论坛和 10 场优秀蓝领事迹巡回报告会。三是新建 100 家星级劳动关系和谐企业，推动全区企业劳动关系健康发展。四是新建 100 个企业职工互助济难专项资金，建立健全基层工会长效帮扶机制。五是新建 100 家“职工书屋”，方便职工读书学习。六是组织 100 场讲座、电影进园企，提高职工素质，丰富基层文化生活。七是组织 1000 名优秀外来务工人员“五一红色之旅”欢乐游，鼓励广大外来务工人员努力工作，积极融入顺德。八是新增 5 万份职工医疗互助保障计划，发扬职工互助互爱精神，缓解职工因病致贫问题。九是组建顺德优秀外来务工人员俱乐部，成立顺德外来务工人员书画、摄影协会，建立完善各种职工文体、艺术协会。十是举办职工技艺欢乐大比拼（电视擂台赛），为广大职工展示才艺搭建平台。

【平衡职工心态激励成长成才】 以“体面劳动·健康心态”为主题，在海信科龙公司举办第四届蓝领成长论坛，重点关心新生代农民工成长，尤其是心理健康，呼吁社会关心重视新生代农民工问题。成立顺德优秀蓝领事迹报告团，于 6—9 月间开展 10 场“顺德优秀蓝领成长故事镇街巡回报告会”，有近万名职工参加。活动以优秀蓝领讲述自身成长经历、专家进行点评、老板与职工面对面交流的形式，为职工疏导心理压力，帮助树立健康心态正确认识工作生活中的困难，激励他们以优秀蓝领职工为榜样，通过自我提升成长成才改变命运。

【巩固工会“五送”品牌】 全区工会深入开展送温暖、送欢乐、送知识、送健康、送保障活动。做好临时救助，在元旦、春节、“三八”、“五一”和“老人节”等重大节日深入开展“送温暖”活动，慰问困难职工和关爱外来工。区总工会共慰问帮扶困难职工、孤寡退休职工 2501 人次，金额达 109.74 万元。全区工会筹集发放帮扶资金 1080.5 万元，通过“春风送暖”、“金秋助学”、“冬令救济”、“工伤探视”、“临时救助”和“节日慰问”等形式，帮扶救助各类职工 2.48 万人次。区总工会举行女职工卡拉 OK 大赛和退休职工太极扇大赛，组织退休职工参观亚运场馆和广东博物馆等文体活动，向厂企送电影近 200 场。镇街、系统工会也都在“三八”、“五一”期间举行大型的表彰、晚会、职工运动会等。新建“职工书屋”102 家，利用女职工普法周、安全生产月等，开展法制宣传教育。加强送健康、送保障工作，职工互助保障累计参加人数超过 31 万人次，为 131 名患病职工办理总额为 374 万元的赔付，历年累计有 712 名职工获得总额为 1855 万元的赔付。各级工会还主动牵线搭桥，积极配合政府部门举办招聘会，缓解用工、招工难问题。

【做好常规业务工作】 新组建工会组织 469 家，涵盖单位 860 个，发展会员 3.2 万人。联合对 33 个“巾帼文明岗”进行命名表彰，推荐全国劳动模范 1 人，省五一劳动奖章 3 名，省“工人先锋号”2 个，市“工人先锋号”19 个；受省总工会表彰的厂务公开民主管理先进单位 4 个。“五一”期间组织全区历届各级劳模参观顺德交通建设新成就和顺德工业设计园，区委、区政府对其进行表彰慰问。配合做好广东省工业设计大赛，积极选拔职工参加广东省家电装配、计算机文字录入等劳动技能竞赛。组织发动818家企业、5393个班组的24.5万职工参加全国“安康杯”竞赛。顺德蓝领联队在佛山市职工全健排舞比赛中获金奖。（张昌涛）

县（区）总工会

广州市

【广州市白云区成立职工心理健康咨询中心】 2010年7月15日，广州市“白云区职工心理健康咨询中心”正式挂牌成立，该中心由白云区总工会和广州白云心理医院共建。区总工会将在网页上开通心理咨询专栏，同时提供职工心理健康咨询热线电话，热心服务广大职工。白云心理医院也提供了心理健康咨询中心热线电话，24小时为职工服务，同时承诺，对于生活困难的职工，白云心理医院将进行心理疾病义诊，免费为职工提供心理援助。

【广州市海珠区启动广州市首个企业职工法律服务网络】 2010年，广州市海珠区企业职工法律服务网络正式启动，初步形成了以区企业职工法律服务中心为主导，以街道企业职工法律服务工作站为基础，以300多个分布于社区、工业园区、规模企业中信息员为前沿的三级纵向维权网络。重点解决三方面问题：一是着力创新职工法律服务模式。区一级服务中心开通了宣传网站、职工服务热线，聘请了一批有工作经验、擅长解决法律问题的律师组成顾问团，深入社区、工业园区、厂企、农民工聚居区，定期提供法律宣传、法律咨询服务，并在现场为职工答疑解难。二是完善“企业职工法律服务快速通道”。在全区300多个社区、工业园区、规模企业中建立职工法律服务信息员队伍，打通联系职工的快速服务通道，是工会组织在构建和谐社会、服务职工内容与手段上的新突破。三是加强突发事件信息员快速反应机制建设。信息员队伍的建立，可使分布在社区中、企业内的职工群众只要遇到涉及有关劳动权益和工会事务相关的问题都可以直接通过信息员得到帮助，第一时间享受到工会组织的服务，得到法律专业人士的指导和协助，及时化解企业运行中的矛盾。

【广州市荔湾区建立企业职工权益法律服务中心】 2010年，广州市荔湾区总工会与区司法局、区人力资源和社会保障局加强协作，共同建立企业职工权益法律服务中心。办公地点设在区司法局，在区总工会设分部，各街工会组织与司法所、劳动和社会保障服务中心建立企业职工权益法律服务工作站。中心职责一是宣传国家法律、法规和政策，二是为企业职工提供法律服务，三是对重大劳动争议案件协助调处或调解。当涉及下列法律事项并确需提供法律服务时，区辖内企业职工可以免费获得中心或工作站提供的法律服务：一是因签订或履行、变更、解除劳动合同发生的争议；二是因单位开除、除名、辞退、辞职、自动离职发生的争议；三是因有关工作时间和休息休假、工资、劳动安全、卫生、女职工和未成年工特殊保护、职业培训、社会保险、福利和工伤等发生争议；四是认为可以提供法律援助（服务）的其他法律事务。服务方式一是解答法律咨询、提供法律建议、协助协调或协助调解企业职工与单位之间因工资、劳动合同等发生的纠纷、法律法规规定的其他服务；二是确需提供法律援助的，将相关案件转送法律援助（服务）机构审查处理，符合法律援助条件的，应提供法律援助；三是在服务过程中，发现矛盾纠纷隐患或涉及群体性纠纷，向有关职能部门报送情况，并协助调处、调解。

【广州市黄埔区注重人文关怀强化工会职能】 2010年，广州市黄埔区通过注重人文关怀来强化工会职能：一是依法建立，扩大覆盖。共有基层工会783家，基层工会涵盖法人单位2914家，外商投资企业工会148家，会员15489人。二是完善制度，发挥作用。先后建立职工维权热线联动机制、完善信息报告制度、制定应急处置预案、健全集体协商化解矛盾制度，逐步建立健全工会应急处置机制。三是履行职责，积极作为。一年来，共检查企业770家，责令用人单位与340名劳动者补签劳动合同，为1855名劳动者追还工资、押金共726.23万元。四是人文关怀，共创和谐。积极参与企业文化建设，把企业文化建设与职工之家建设相结合，积极开展职工教育培训和技能竞赛、岗位练兵，拓展职工发展空间，创造企业员工和谐发展良好氛围。

【广州市萝岗区开创“企业创文　工会先行”模式】　在新一轮创建全国文明城市工作中，广州开发区、萝岗区总工会结合区内企业多、职工多、外来务工人员多的实际，充分发挥工会的组织优势，创新工作方式，扎实开展企业党工团“千支服务队，万名志愿者”、企业创文挑应战等活动，广泛发动和组织全区企业、职工参与创文工作，对提高职工对创文工作的知晓率，增强职工对广州、开萝的认同感、归属感发挥了积极作用。同时，“千支服务队，万名志愿者”活动创出了开萝特色。一是建立健全工作机构，为工会创文提供组织保障。成立创文明工作领导小组及领导小组办公室，建筑工地、环卫行业、餐饮行业、员工公寓创文明工作，企业党工团创文明志愿者、工会“流动影院”创文明专项工作小组，全力推进工会和企业创文工作。二是创新活动载体，为开萝创文注入新内容。组建了1067支企业党工团创文明志愿者服务队，招募了12194名创文志愿者及16个创文志愿者家庭，开展清洁公共卫生、环保宣传、协助维持交通秩序等创文志愿服务活动；组织100家企业开展了创文挑应战，在企业创文上比高低、论英雄，掀起了一轮又一轮的企业创文高潮；举行工会主席论坛论创文，群策群力促创文。三是寓教于乐，调动了企业职工参与创文的积极性。先后组织开展了创文工作为主题的问卷调查、文明礼仪与学亚运知识竞赛、国庆中秋游园、“公共文明大家谈”论坛、职工文明交友、文艺汇演、职工书画展等活动，将创文工作与职工教育有机结合，增强了广大职工对创文的认同感，对开萝的归属感，以及参与创文工作的积极性、主动性和创造性，营造了“全民创文”、“我要创文”的良好氛围。

【广州增城市采取有效措施推动工会工作迈上新台阶】　2010年，广州市工会工作会议召开以来，增城市总工会按照会议精神和《中共广州市委关于进一步加强工会工作发挥工会职能作用的意见》的要求，结合工作实际，找准薄弱环节，在认真学习会议和文件精神的同时，采取多项措施贯彻落实有关精神，努力推动工会工作迈上新台阶。一是争取市委支持，出台《中共增城市委关于进一步加强工会工作发挥工会组织作用的意见》（以下简称《意见》），切实解决工会工作中的重点、难点问题，为工会工作的开展提供了强有力的保障。二是根据广州市委、增城市委出台的《意见》精神，全力突破工会经费收缴工作，联合市财政局出台了《关于进一步加强我市行政事业单位计拨工会经费工作的意见》，要求行政事业单位必须依法足额计拨工会经费，为基层工会工作的开展提供必要的经费保障。同时，进一步加大非公企业工会费的征收力度，朱村街工会率先以街道办事处名义发文，依法向辖区企业发出《工会经费征收通知》，明确拨缴工会经费的法律责任和政府依法治企的态度，使工会经费收缴工作取得了新的突破。三是促进企业依法建会。市总工会积极参与优秀企业、诚信单位等各类评选活动，强调广州市委《意见》关于企业必须依法建会的要求，对于未建立工会组织的参评企业，主张取消其参评资格。市委宣传部、工商局、文明办、科经信局等部门均已采纳工会的建议，把“企业建立工会组织”作为参评优秀企业、诚信单位的必备条件之一，对促进企业依法建会起到了较好的推动作用。四是工会在市安委会的组织作用得到进一步发挥。将把“企业工会开展安全监督工作”、“开展‘安康杯’活动”、“企业工会运作情况”等3项内容，列入市安委会对各镇街、市工业园区的考核内容，通过强化基层工会职能，进一步发挥各级工会组织在安全生产监督方面的职能作用；五是联合市人社局、安监等部门，对各镇街、工业园区贯彻落实广州市委、增城市委《意见》精神以及开展工资集体协商情况进行了检查，推动了广州市工会工作会议和《意见》精神的有效贯彻落实。

（林小元）

珠海市

【珠海市香洲区总工会发挥基层工会作用】 以区域性、行业性工会组建为重点，着重抓好5个街道总工会、2个商贸物流中心工会联合会、1个汽车行业性工会联合会和62家社区工会联合会的工会组建工作。2010年全区有基层工会5928家（其中民营企业工会2857家），组建率95.66%，比2009年提高了3.66个百分点；会员242657人，职工入会率达83.6%。大力抓好典型培育工作，通过培育典型，以点带面，推动了全区规范化建设的全面开展，让基层工会真正发挥作用。如吉大街道的光大国贸中心“楼宇工会”开发的心灵瑜伽园、漂流书屋、音乐沙龙等，被大厦职工誉为钢筋森林里温暖的“家”。在抓好组建工作的同时，深入做好维权和服务职工的工作。一是深入企业加强调研，由主席、副主席带队组织了4次较大规模的调查走访活动，对辖区企业劳资关系矛盾进行一次全面排查，共查出存在隐患企业33家。处理劳资纠纷事件43宗，涉及职工14760多人。二是加大推行集体协商力度，全区签订集体合同或合同仍有效的企业3627家，占已建会企业数的61.2%；全区签订工资协议或协议仍有效的企业2943家，占已建会企业的49.6%。三是狠抓创建和谐企业工作，推动企业建立规范有序、公正合理、互利共赢、和谐稳定的劳动关系。全区参加创建企业3672家，占建会企业的61.9%。四是着力抓好职业安全卫生工作，深入工业园区、文化广场、大型企业举办宣传咨询活动41场次，派发宣传资料累计6.3万份，参与职工累计69400多人次；开展“推动改善农民工生产生活条件、防暑平安度夏”活动，尤其是对高温高热作业环境企业进行检查，多次对高温高热作业工人进行慰问，慰问工人1800人。五是组织全区各级工会组织和辖区广大职工向玉树灾区捐款总额达1088349.70元，成为全市工会系统行动最快、发动面最广、捐款数额最多的单位，被市红十字会评为先进单位。

（香洲区总工会 吴新云）

【珠海市金湾区总工会加强人文关怀努力为职工服务】 全年新组建工会21家，新增会员3200人，增长均超过6%。继续推进非公企业厂务公开工作，公开率达89%。稳定职工队伍，协调劳资关系，全年参与处理重大劳资纠纷8宗，接待来电来访60多宗，涉及职工6000多人。帮扶工作取得新进展，全年帮扶困难职工114户，发放慰问金29.05万元，为480多户困难群众发放春节慰问金20多万元，对4名遭遇突发性困难的职工发动社会捐款，募集资金22万多元。加强人文关怀，贴心服务职工，夏日“送清凉”，为奋战在烈日下的10000多名一线工人送上价值4万多元的清凉饮料和解暑药物以及1000多份高温作业防护宣传资料。组织3500名职工分13场参加心理健康疏导讲座和女工家庭理财讲座。举行“五一”促进就业专场招聘会，组织81家企业进场招聘，提供岗位3135个，现场录用22人，达成意向145人。举行丰富多彩的职工文体活动，包括2场职工文艺晚会和职工篮球、羽毛球、乒乓球比赛，9月份举行的职工篮球赛，吸引了40支队伍500多人参加，共进行了104场比赛。投入8.19万元重修区机关篮球场，改善区机关干部职工体育锻炼的环境。投入5万元支持红旗镇贫困村三板村修建篮球场。　（金湾区总工会　黄坚文）

【珠海市斗门区总工会打造“有为、活力、创新、温馨”的工会】　以“五加强五和谐”为主要抓手，继续打造“有为、活力、创新、温馨”的工会。一是坚持扩大覆盖面与增强活力相统一，切实扩大工会工作覆盖面，增强工会组织凝聚力。全区新建工会52家，新增会员5900多人，比2009年增长了6.5%，进一步夯实了工会组织基础。二是加强工会信访维稳，畅通职工诉求渠道。全年受理职工来信、来访36件，涉及职工49人次，结案率达98%，并积极主动配合有关部门参与劳资纠纷调处210多宗。推动企业普遍开展工资集体协商，实现劳动者体面劳动。全区签订集体合同（工资协议）的企业491家，覆盖职工77960人，签订率达80%。三是继续推行以职代会为基本形式的民主管理制度，扎实推进借鉴ISO9000国际标准实行厂务公开民主管理，青岛啤酒、莲洲镇卫生院、区一中被省评为先进单位。四是大力开展送温暖活动，努力为职工排忧解难，全年为427名困难职工送上慰问金及救助金33.06万元。大力开展“工会技能培训促就业行动”，培训职工1100人次。举办“五一”专场招聘会，673人与用工企业达成就业意向，现场录用153人，有效地促进了下岗职工再就业。大力推进职工医疗互助保障计划，共有1309名职工参保，为3名患病职工办理理赔3.3万元。五是大力开展职工文体活动，全年送电影送演出进企业15场，并成功举办了职工“迎春”中国象棋赛、斗门区第三届“菱峯杯”拔河争霸赛和斗门区机关事业单位乒乓球赛等，大大丰富了职工节日文化生活。六是认真抓好工会干部培训，举办宣传工作业务培训和心理健康讲座13期，共培训1000多人次。积极开展人文关怀活动，举办职工心理健康疏导免费讲座12场，受益职工1000多人，切实缓解职工特别是新生代农民工心理压力，提高耐挫能力。大力推动职工书屋建设，为职工学习提供了便利，成为职工增长知识提升品位的良好平台。七是继续以创建珠海市“女职工文明岗”活动为平台，不断丰富和完善创建活动，斗门区参与创建的17家单位荣获珠海市“巾帼文明岗”称号。加强女职工特殊权益保护，签订女职工权益保护专项集体合同的企业468家，覆盖职工73864人，签订率达95%。

（斗门区总工会 吴洁华）

汕头市

【汕头市金平区总工会创新医疗帮扶方式】
金平区总工会在促进解决工业区困难职工

就医难问题上做了有益的探索，实现了由过去坐等上门求助的被动帮扶，向主动深入工业区实施医疗帮扶的转变，通过组织成立医疗服务队，以跃进路帮扶中心、工业区帮扶站和区卫生局下属三家医院的医疗资源为依托，定期定点开展困难职工爱心医疗服务。区总工会得到了卫生局及其下属医院的大力支持，联合成立医疗队，并形成医疗帮扶工作制度，定期定点有计划有组织开展医疗帮扶，齐心协力为工业区困难职工构建一个爱心医疗救助平台。3月份，组织医疗队带上医疗设备深入工业区企业开展为期一周的上门义诊活动，为员工提供常规检查和女工妇科疾病检查500人次，活动吸引了近千名员工参加，发放保健知识、疾病预防等资料5000多份。10月份，组织200多名职工到区妇幼保健院、区中医院，为他们免费提供健康检查。

【汕头市龙湖区总工会召开工业区联络处经验交流会】　6月20日，龙湖区总工会万吉、龙湖工业区工会联络处联合召开“工业区基层工会主席工作经验交流会”，36名基层工会主席参会，会议由龙湖工业区工会联络处主任纪金松主持，市总工会副主席陈菲和区总工会主席黄振杰出席会议并先后作了讲话。会上，各基层工会主席就当前如何让职工实现体面劳动，如何加强对职工人文关怀、如何体现工会作为职工利益诉求的“代表者”和“代言人”等各方面纷纷发言，充分交流。沃尔玛深国投百货有限公司汕头南国分店、汕头永联制衣洗染有限公司、汕头市对外劳务业余学校的工会主席，结合本单位实际，就如何开展工会工作做了经验介绍。随后，市总工会法律工作部副部长王晓南为参会者讲授了“集体合同的履行与作用”等内容。

佛山市

【佛山市南海区总工会率先建立职工法律援助特约律师库】　为了更好地履行工会维权职能，引导、协助职工群众通过合法渠道主张诉求，南海区总工会创新职工法律维权新模式，成立了佛山市的第一家职工法律援助特约律师库，首批由全区18家律师事务所的33名执业律师组成。职工法律援助特约律师库将对符合法律援助条件的职工以及规模以上的企业，提供及时、高效的法律援助服务。协助符合法律援助条件的工会工作者、工会组织、困难职工群众在劳动争议、劳动权益涉及的职工人身权、民主权、财产权受到侵犯，工会工作者因履行职责合法权益受到侵犯等事项的仲裁、诉讼代理工作并开展法律咨询和法律讲座等活动。南海区职工法律援助特约律师库成立以来，会同区总工会举办学法讲座，开展法律咨询活动，指导建立完善企业规章制度、工资集体协商制度等，共举办法律教育及法律咨询活动60多场，派发法律宣传资料10万余份，有效地提升了职工的劳动法律水平，使职工自我保护的意识和水平进一步提高。通过法律援助等手段，着力解决涉及职工群众切身利益的矛盾和问题，使广大职工的合法权益得到更好的实现和保障。区、镇两级工会为农民工提供法律援助7人。（南海区总工会）

【佛山市禅城区总工会为困难职工办理帮扶认定证】　在禅城区物价局组织的调整水价听证会上，佛山水业集团拟将平均水价由1.3元/立方米调整为1.68元/立方米，其中提及到一项优惠措施：拟为持有民政部门颁发的《广东省城乡居（村）民最低生活保障金领取证》的特困家庭给予水价优惠，每月用水 15 立方米及以下的水量执行现行的优惠水价 0.79 元/立方米加上水资源费和相关费用 0.148 元/立方米，共 0.938 元/立方米。区总工会在听证会上建议佛山水业集团考虑弱势群体的实际生活困难，把这个优惠措施也覆盖到困难职工家庭，对月人均收入在低保线以上 20%～40%内的、濒临低保线但是没有专项经费补助的困难职工家庭给予水价优惠。经磋商，佛山水业集团同意对禅城区月人均收入在低保线以上 20%～40%内的困难职工家庭给予如特困家庭的同等的水价优惠措施。今后，禅城区困难职工可凭《禅城区困难职工帮扶认定证》办理水价优惠减免。为此，禅城区总工会印制了《禅城区困难职工帮扶认定证》，严格审查办证资格，向符合条件的困难职工家庭发放认定证，每季复查一次，对不符合条件的收回认定证。区总工会以此为凭据，规范管理困难职工群体，并为今后争取办理困难职工群体的其他优惠减免打下基础。（禅城区总工会）

【佛山市高明区总工会高明区职工书屋建设见实效】 一是统一思想，明确任务。高明区总工会和区文化广电新闻出版局联合发出了《关于开展全区职工书屋建设工作实施意见》，明确了职工书屋建设的指导思想、建设目标、建设任务、建设标准和建设原则等要求。二是加强指导，建立示范。明确将职工书屋作为当地文化信息资源共享工程基层服务点加以建设，确定了把推进 10 家企业建设职工书屋工作作为 2010 年的工作重点和突破口，实行重点培养、重点指导，通过示范，以点带面，带动工作的全面铺开。三是增加投入，扩大影响。高明区总工会发出了《关于进一步推动“职工书屋”建设活动的通知》，明确了区总工会和镇（街）总工会的经费投入，既促进了工作的成效，又提高了工会在职工的形象，扩大了影响。四是上下联动，收效明显。全区工会加大投入的同时，充分发挥工会组织的优势，发动职工通过捐书、捐款等活动，形成了一个上下联动、齐抓共建的工作局面，创建了一条“工会主动、职工参与、上级指导、单位支持”的全区创建职工书屋的新路子，既取得了一定的成效，也取得了一定的工作经验。

（高明区总工会）

【佛山市三水区总工会三水区西南街道 25 个村（居）全部成立了工会联合会】 随着经济形势的不断发展，三水区西南街道所属的基层工会组织越来越庞大。为加强对基层工会组织的管理，帮助承担基层工会难以承担的一些重要工作和活动，更有利于维护企业工会和会员的合法权益，村（居）工联会的成立就显得十分有必要。西南街道村（居）工联会成立后，全部挂牌并刻制了工会公章，工联会主席由村（居）党支部书记或副书记担任，由单位编内人员担任工会委员，并把辖区范围内的企业数、职工数、工会工作联系人全部归档整理，把工会工作列入村（居）年度工作政绩考核范围，做到有任务布置、有检查落实。社区工联会劳动就业信息推介工作创出新特色。街道下辖的 11 个社区工联会中设立了劳动就业推介宣传栏，一方面为广大群众提供广阔的就业信息渠道，另一方面为企业解决招工难的问题，较好地实现了招聘方与求职方“双赢”的目的，使工会帮扶维权的工作能够深入民心，取得了良好的效果。（三水区总工会）

韶关市

【南雄市总工会加大工会组建力度，实现“三突破”】　第一，工会组建和发展会员取得了新突破。采取“三到位”原则，超额完成了上级工会下达的组建目标。一是措施到位，制定了《工会组建实施方案》，明确了任务、时间和目标。二是责任到位，把组建工作纳入干部年终考核内容。对完成或超额完成组建任务的给予奖励，对未完成任务的扣除当月奖金。三是时间到位，7月份为工会组建月，工会分为三个小组突击落实工会组建任务，通过积极努力，全市共新成立工会组织53个，其中行业工会23个，外资企业1个，发展会员5200多人。第二，工业园区工会组建工作有新突破。随着该市招商引资力度不断加大，进驻南雄市精细化工园区企业已有100多家，园区职工人数不断壮大。市总工会积极争取市委、市政府重视支持，不断加大工作力度，成功组建了“南雄市精细化工基地管理处工会联合会”，园区工会涵盖企业100多家，有会员5000多人。第三，行业工会组建工作有新突破。近两年，农村经济组织不断壮大，特别是全省推进“双转移”工作以来，有大量返乡农民工回家乡创业。2010年重点抓了行业工会组建工作，组建了14个专业合作社工会联合会，吸收了大量农民工和还乡农民工。

【乳源县总工会成功组建境内最大的外资企业工会】　三协电子（韶关）有限公司是乳源县重点招商引资项目，也是乳源县境内最大的外资企业，拥有员工3000多名。自1995年三协电子公司入驻乳源以来，乳源县总工会一直把推动该企业工会组建工作作为推进县域经济、共建和谐企业的一项重点工作来抓，专题研究、专人负责、反复宣传、全力推动，终于赢得了企业管理方的支持，取得了突破。2010年，公司加入工会组织的员工有446人，并通过民主选举，产生了第一届工会领导班子。2010年12月8日上午，日本电产三协电子（韶关）有限公司工会正式挂牌成立。

惠州市

【惠城区总工会扎实推进创建劳动关系和谐企业工作】　惠城区总工会为扎实推进创建劳动关系和谐企业工作，开展一系列活动：一是印发了《惠城区创建劳动关系和谐企业活动领导小组工作制度》和《惠城区创建劳动关系和谐企业活动领导小组成员单位工作职责》两份文件，确保了区创建劳动关系和谐企业活动领导小组工作制度化、规范化、常态化，明确了区创建劳动关系和谐企业活动领导小组各成员单位的工作职责，加强了部门间合作。二是制订了《惠城区创建劳动关系和谐企业考核评分细则》，详细规定了创建劳动关系和谐企业的评分标准，为企业开展创建和谐企业活动提供了指引，具有较强的可操作性和指导性。三是印制了5000份宣传海报，下发至各规模企业，营造宣传氛围。宣传海报以“惠民之州，和谐企业”为主题，展示了现代产业工人的鲜明形象，受到了企业、职工的欢迎。四是选择了23家管理规范、工作基础较好的企业作为试点，进行分类指导，及时掌握动态，发现先进典型，总结推广经验。五是组织各镇办、试点企业工会干部共50人到湛江市总工会学习先进经验。六是召开经验交流会，听取了新被全国纺织行业协会评为“全国劳动关系和谐企业”的大进制衣厂等企业的经验发言，为试点企业提供相互交流的平台。七是评定了一批惠城区劳动关系和谐企业。至2010年年底，全区参与创建劳动关系和谐企业活动的企业达规模以上企业总数的70%。（邓小明）

【惠阳区总工会着力开展加强人文关怀构建和谐企业工作】 惠阳区总工会为做好人文关怀，构建和谐企业工作，制订《关于加强人文关怀 化解劳资矛盾 构建和谐企业活动的实施方案》，成立相应领导机构，并召开会议对工作进行具体部署：一是开展员工思想状况调查，在全区500多家企业进行职工尤其是农民工思想动态调查，下发调查问卷1万多份。二是开展企业员工心理健康关怀活动，制订《关于加强人文关怀、开展企业员工心理健康疏导活动的方案》，对全区1000多家企业进行职工心理疏导活动调查，主要通过发放宣传资料、上心理辅导课、召开座谈会、开办女职工健康知识讲座等方式。三是开展职工文化关怀活动，主要有“送法进企业”、法律法规咨询和送电影（送文化、送演出）活动，同时，区总工会向职工书屋示范点新圩镇总工会拨出专款用于购买书籍，向区烟草专卖局赠送有益身心的书刊，满足职工日益增长的精神文化需求。四是稳定职工队伍，成立处理职工群体性事件协调处置专责领导小组，工作中不断执行和完善企业情况月报制度、突发事件实时报告制度、领导接访制度、基层工会调解员制度。此外，区领导多次带领区总工会领导班子前往各挂钩联系点开展加强人文关怀、化解劳资矛盾、构建和谐企业工作调研，主动介入排查存在的矛盾，及时了解职工所需、所盼，将劳资纠纷化解在萌芽状态。

（罗晓婷）

【惠东县总工会大力开展女职工技能竞赛工作】 惠东县总工会围绕改革与发展这个大局，以深化体制改革为动力，以增强女职工积极性、主动性和创造性为目的，结合各行各业实际和特点，积极组织女职工开展“争当女职工建功立业标兵”、“争创女职工建功立业示范岗”以及各类群众性经济技术创新活动和岗位练兵、职业技术比武：一是惠东县人民医院工会开展的“集体护理”和“优秀护士”的评选活动，参加“建功立业工程”活动的基层工会有近800个，其中参加各个不同层次的岗位练兵和职业技能竞赛活动的女职工约3.1万人，为企业发展提出技术创新和合理化建议的女职工有4800多人次，获得各级各个层次劳动竞赛项目奖励的女职工有298人。二是惠东县邮政局工会组织开展的“中秋思乡月营销活动”、“开门红”、“数据为翼，商函腾飞”劳动竞赛活动，与县教育局工会合力开展书信大赛活动，并取得了优异的成绩。三是全县各级女职工组织以深入实施“女职工素质提升工程”为载体，把深入开展“专一门、会二门、学三门”活动不断引向深入，最大限度地调动了广大女职工的积极性和创造性。2010年，全县各级工会女职工组织举办各类型女职工培训班24期，培训女工干部及骨干人数502人，取得了良好的社会效益。

（张重兴）

【博罗县总工会开展“送健康·构和谐”系列活动】 博罗县总工会认真贯彻市委、县委《关于加强人文关怀化解劳资矛盾构建和谐企业工作意见的通知》精神，联合县委宣传部、县卫生局、县劳动和社会保障局、博罗现代医院，在全县开展以“送健康·构和谐”为主题的系列活动：一是开展免费普检。2010年7至12月底，博罗县总工会及现代医院派出的专家和医生，深入全县17

个镇，设立42个心理咨询点，开展免费普检和心理咨询活动，共为42家企业4526名员工进行了免费体检，为112名员工进行了心理辅导。二是开展特困职工救治活动。对一些在普查中确诊需要治疗而又无经济能力支付治疗费用的特困职工，由博罗县总工会出具证明，推荐给现代医院进行免费治疗。同时，联合博罗县林业局、公路局等单位以及现代医院全体员工为因车祸导致瘫痪贫困退伍军人赖观平募集捐款2.5万元，并邀请广东医药大学第一附属医院的两名教授为其免费治疗。三是举办“现代女声”巡回比赛。博罗县总工会于2010年8至10月期间举办首届“现代女声”巡回比赛，历时三个月，并对前三名选手分别给予相应奖励。此外，博罗县总工会在2010年度“万众评公务”活动中取得全县第四名的良好成绩。

（张彬锋）

【龙门县总工会着力打造工会文化品牌】 龙门县总工会遵照中国工会十五大对各级工会提出“用社会主义价值体系教育引导职工，大力推进职工文化、企业文化建设”的指示精神，专门成立了龙门县工会文化工作领导小组，工会一把手亲自抓落实，并设立了工会文化工作办公室，配备了专职工作人员4名，成立一支拥有40人的信息员队伍，创办了《职工园》刊物和工会文化长廊，重点打造了《职工园》刊物和工会文化长廊、职工书屋、职工文化活动中心等一系列工会文化品牌。2010年共出版《职工园》刊物9期，共11000册，工会文化长廊创办5期，共上墙优秀作品953张（幅），得到了各级领导和社会各界的高度评价，县委、县政府和上级工会给予多次好评，在打造文化品牌工作上彰显了工会形象，提高了工会的声誉，展示了工会的新作为。

（龙门县总工会）

【大亚湾经济技术开发区总工会强势推进非公企业工会组织建设工作】 2010年，大亚湾经济技术开发区总工会注重发挥区委的主导作用，以超常规的方法和力度，强势推进企业工会组建工作，全区非公企业建会率达到100%。一是党委重视，书记挂帅。区委主要领导履行第一责任人的职责，不但亲自作动员报告，还亲自邀请建会对象共进早餐，亲自协调市台商协会领导支持建会，亲自过问工作进展情况。二是借势借力，强势推进。充分利用布置任务、人文关怀、“两新”组织负责人培训、百家企业工会集体授牌等时机，进行宣传与沟通，推动了形势；各级领导高调表明区委狠抓企业工会组建工作的坚强决心，强化了态势；工作组深入企业，发动职工群众广泛参与，壮大了声势；将区人社、工贸、工商、税务、财政等部门纳入工作小组，并制定了“三同时”制度，即“在谈判签约的同时，将依法成立工会组织的条款列入企业合同、章程之中，在筹建企业的同时筹建工会组织，在企业正式开业的同时建立工会组织”，为区内企业普遍建会奠定了胜势。三是分类指导，全面推进。选择了20家重点企业分两批参加早餐会，由区委主要领导亲自做工作；在各个责任片区分别选择了一批有影响力的企业，集中各方力量重点抓试点；成立各街道办劳动服务所工联会，覆盖全部小型企业。通过以上措施，迅速实现了普遍建立工会组织的工作目标。

（许新星）

汕尾市

【陆丰市厂务公开民主管理贯标认证工作取得明显成效】 陆丰市切实加强厂务公开民主管理贯标认证审核工作的领导，市厂务公开协调小组多次组织人员深入学校、企事业单位开展厂务公开民主管理贯标认证宣传，通过政策宣传、印发资料、召开会议等形式，加快了厂务公开贯标认证工作的步伐。2010 年，全市有 89 个单位通过了厂务公开民主管理贯标认证审核，累计通过厂务公开民主管理贯标认证验收单位达到 111 家。陆丰市厂务公开民主管理贯标认证审核工作受到上级的好评，广东省厂务公开民主管理工作经验材料汇编刊登了陆丰市《坚持“四个到位”促进厂务公开民主管理深入开展》和陆丰市龙山中学《以校务公开推进制度化建设、以人性化管理落实科学发展》的材料。2010 年，陆丰市龙山中学被全国厂务公开协调小组授予“全国厂务公开民主管理工作先进单位”称号；陆丰市厂务公开协调小组被广东省厂务公开协调小组评为全省推动厂务公开民主管理工作先进单位，汕尾陆丰供电局、陆丰龙山中学、龙潭中学等单位被评为广东省厂务公开工作先进单位。

【陆河县总工会做好“五个结合”，推动“五五”普法工作发挥积极作用】　陆河县总工会按照县委和上级工会组织的部署，健全普法机构，人员、经费落实到位，工作机制完善，做到“五个结合”：一是坚持普法教育与工会日常工作相结合，二是坚持普法教育与推进职工素质工程相结合，三是坚持普法教育与加强工会劳动法律监督相结合，四是坚持普法教育与职工法律援助相结合，五是坚持普法教育与加强工会干部队伍自身建设相结合，不断把普法教育活动引向工会依法维护职工合法权益的各个层面，为建立和谐稳定的劳动关系、促进社会稳定和经济发展发挥了积极作用。2010 年度被评为“全国工会系统‘五五’普法先进工作单位”。

江门市

【蓬江区总工会创建“五好”示范单位卓有成效】　蓬江区总工会采取多项措施，创建“五好”示范单位。一是取得领导重视。创建活动得到区委领导的支持，要求各镇（街）党（工）委要落实领导责任制，并指定一名党委成员分管工、青、妇工作。区委组织部联合各部门及时印发了《关于全面铺开统筹党、工、青、妇基层组织建设工作和创建江门市“五好”示范点活动的通知》，要求在全面总结借鉴 2009 年试点工作经验的基础上，按照班子建设好、队伍建设好、组织建设好、制度建设好、工作业绩好的“五好”目标及区级、镇（街）级示范点在组织建设、阵地建设、制度建设和载体建设等四个方面的标准要求全面铺开统建工作。二是突出重点，扎实开展创建工作。年初，区总工会配合区委组织部和有关部门在充分调研的基础上，全区确定了振恒实业有限公司等 3 个单位工会组织作为 2010 年市级“五好”创建单位。通过建立健全评价考核机制，把工会组织“五好”创建活动纳入基层党建的整体格局，做到同步规划、同步部署、同步实施、同步考核；建立健全经费保障机制，将工会工作经费和专项活动经费列入本级的财政预算，并根据经济发展作适当调整，确保“五好”创建工作顺利开展。三是加强督查和指导。区总工会抽调专人对“五好”单位的创建工作进行实时督查指导，帮助其解决工作中的实际困难和问题。通过“培植典型、突破重点”的方法，发挥“五好”示范单位的带头作用，有效地带动了全区基层工会组织建设和规范化建设。

（卢林）

【江海区总工会抓好工资集体协商示范点工作】 江海区总工会以多快好省机械有限公司、辉隆塑料机械有限公司等单位为示范点，做到以点带面，推进工资集体协商工作的深入开展，该项工作荣获“2010年度江门市工会工作创新奖”。在区总工会的指导下，辉隆塑料机械有限公司从2007年开始实行工资集体协商工作，协商过程实行“三读三审”，协商结果要经“三道程序”，通过开展工资集体协商，取得显著工作实效，员工工资保持每年递增5%～14%。江海区通过典型的示范、辐射作用，全区建立了集体合同和工资协商的企业有200家，覆盖企业1610家，覆盖职工26762人；签订女职工权益保护专项集体合同177份，覆盖企业1463家，覆盖女职工14439人。 （黄信聪）

【新会区总工会创新工会干部培训形式】 针对过去镇级工会干部因兼职多集中学习困难和业务水平参差不齐的问题，2010年，新会区总工会一改以往“填鸭式”的集中培训方式，根据各镇（街、区）的实际，设计不同的培训专题，并自编教材，利用多媒体举办形式多样、生动活泼的分片培训活动，取得了很好的效果。先后编写的专题教材有《怎样做一名新时期的工会主席》、《工会的基本职责和工资集体协商》、《如何维护职工合法权益和做好女职工保护工作》、《“安康杯”活动与安全生产群众监督》。2010年送教上门到各镇（街、区）举办培训班共7期，培训工会干部500多人。

（新会区总工会办公室）

【台山市总工会新办公大楼落成交付使用】

台山市总工会新办公大楼是通过资产置换形式实施的。资产置换方案于2007年10月至2008年3月，先后经台山市委、市政府和江门市总工会、广东省总工会、中华全国总工会审核批复同意，于2009年5月动工兴建，2010年4月竣工通过验收，同年8月交付使用。新办公大楼由八层主楼和附楼两部分组成，新办公场所的土地使用面积为7510.36平方米，比原土地使用面积增加3456.36平方米；新办公大楼建筑面积为7798.92平方米，比原办公大楼增加557.03平方米；原旧房地产总值17078284元，新办公场所房地产评估总值为19178578元，增加资产2100294元。新的工会办公大楼改变了原总工会办公条件落后面貌，实现了盘活工会存量资产、优化工会资产结构，增加工会资产总量、确保工会资产增值的目标。

（关佛基、黄秀燕）

【开平市总工会创新弘扬劳模精神新载体】

为了更好地发挥“劳模效应”，让青少年树立正确的人生观和价值观，2010年5月，开平市总工会、开平市劳模协会结合开展“创先争优”活动，组织开展了劳模先进事迹巡回宣讲会暨“学劳模、谈体会”征文比赛活动。演讲团成员有刚刚载誉归来的全国劳模李代建、省五一劳动奖章获得者徐耀斌等多位劳模。5月下旬，演讲团深入到开平电大、开平市机电学校及开平市吴汉良理工学校等5所学校进行巡回演讲，演讲团成员用自己的成长经历及切身体会做示范。受教育的师生共7000多名。6月份，组织全市中小学生开展以“学劳模、谈体会”为主题的征文比赛，比赛共收到征文5050篇，经过评委小组的认真评审，评选出一等奖15名，二等奖30名，三等奖45名，优秀指导教师22名。 （开平市总工会办公室）

【鹤山市总工会开展职工心理援助活动试点工作】 鹤山市总工会在开展推动企业加

强人文关怀改善用工环境活动中，与雅图仕印刷有限公司工会联合开展职工心理援助活动，对职工进行了心理问卷抽查，了解了职工心理状况的结构及倾向，并结合调查结果制定并实施了相应的心理援助计划。在《利奥风采报》设立了心理互动信箱，用答疑模式，由心理专家解答人群中常见的心理问题，帮助改善职工心理困惑的处理能力，为职工增设了心理疏导的渠道，帮助职工以健康的心态面对职业困惑，引导职工树立信心，积极工作，健康生活，化解可能发生的矛盾。据统计，心理援助活动开展后，已先后接受了500多次心理咨询。（李镔泰）

【恩平市总工会开展职工劳动竞赛活动】 2010年，恩平市总工会广泛开展各类劳动技能竞赛，激发广大职工参与恩平经济建设和社会发展的工作热情。一是与恩平市教育局联合举办全市幼儿园教师德育专业能力大赛，21位幼儿园教师参加比赛并展示了她们的才艺和个性风采，进一步提高了幼儿教师的业务素质和幼儿园德育工作水平；二是积极配合并做好2010年江门市卫生系统医疗急救技能大赛的选拔参赛工作，进一步提高了恩平市医疗机构急救技能和急救水平；三是与恩平市金融办、人行、银监办联合举办恩平市银行系统职工技能比赛，积极推动了恩平市银行系统职工专业技能提升。此外，恩平市各级工会组织还广泛深入地开展合理化建议、技术革新、技术协作、发明创造等群众性经济技术活动。2010年恩平市共组织开展知识竞赛32场，参加活动职工7357人（次）；举办技术比赛11场，参赛职工1130人次；提合理化建议321条（项），被采纳并实施223条，增创经济效益6410万元。（恩平市总工会办公室）

阳江市

【阳春市总工会协助政府做好国企改制工作成效显著】 在关闭产能落后、污染严重的春钢公司并搬迁与湘潭钢铁集团有限公司兼并重组的过程中，阳春市总工会积极协助政府有关部门，指导企业工会组织，借助民主管理的有效机制，维护职工合法权益。落实了职工的知情权、参与权、建议权、选举权和监督权。在选举职工代表时，创新了选举的方式、方法，对外出谋生的在册职工允许他们以邮寄选票或委托亲人投票等方式投上自己神圣的一票。在召开职工代表大会、行使民主管理权力之前，深入、细致地做好职工代表的思想工作，紧握民主协商这把金钥匙，分别召开不同年龄段、不同级别、不同态度的干部、职工座谈会。结果，在职工代表大会上以94%的赞成率高票通过了春钢公司兼并重组方案，使涉及2677名职工权益的阳春老国企改制圆满成功，做到职工、政府、企业三方满意。（余业金）

湛江市

【雷州市总工会依法维权工作有成效】 雷州市总工会以构建和谐劳动关系和维护职工合法权益为主线，积极推动建立规范有序、互利共赢、和谐稳定的社会主义新型劳动关系。工会与政府联席会议制度和劳动关系三方协商机制、职代会制度、平等协商和集体合同制度的不断完善，成为工会源头参与维护职工合法权益的重要渠道。至2010年年底止，全市成立劳动保护监督委员会125个，劳动争议调解委员会207个，2个行业性、1个区域性劳动争议调解指导委员会，工会劳动法律监督小组 65 个，进一步建立完善了劳动保护机制、劳动关系争议调解预警机制和工会劳动法律监督网络。在推行民主管理和集体合同制度的过程中，雷州市总工会采取与新组建基层工会同步建立职代会和签订集体合同的主要做法，稳步提高覆盖率。全市 163 家国有、集体企事业单位已全部建立了职代会，非公企业有 358 家建立了职代会，占建会率的 78%；开展厂务公开民主管理制度工作的国有、集体企事业单位 158 家，非公有制企业有 319 家，公开率分别占建会率的 100%和 82%。2010 年，全市工资协商和签订集体合同 59 份，覆盖企业 59 家，职工人数 8590 人，签订女职工权益保护专项集体合同 70 份，覆盖企业 70 个、女职工 2878 人，有力保护了职工的合法权益。2010 年，广东电网雷州供电局被评为广东省厂务公开工作先进单位。

（雷州市总工会　龙建宇）

【吴川市总工会依法维权真情善待职工】 吴川市总工会以维护社会稳定和经济发展为己任，真心善待职工，依法维权、大胆维权、科学维权、善于维权，取得可喜的工作业绩。一是重视职工来访。设立专门的接访机构，领导亲自接访，热情倾听上访职工的意见、认真记录他们的诉求，研究解决他们的问题，主动追踪落实处理结果。2010 年重庆农民工张天荣等十多人到市总上访，反映他们在茂湛铁路横塘大桥工地打工，被包工头玩失踪拖欠工资，奔波几个月没有结果，都陷于绝望了。吴川市政协副主席、工会主席梁成在接访时了解到这一情况，出面多方调查了解，亲自协调处理，使农民工拿到拖欠工资 11.5 万元。二是发挥法律援助工作站的作用。由从事法律工作多年的干部担任站长，为上访职工提供法律咨询、法律文书代写、出庭等服务业务。2010 年 3 月 15 日，吴川华厦珠宝行两个被解雇女工到吴川市总工会求助。法律援助工作站为她们打赢了官司，得到赔偿。工作站每年受理及提供法律援助 20 多宗。三是充分利用劳动争议仲裁庭法律平台，为职工切身维权。2010 年吴川市劳动争议仲裁办受理劳动争议案件 28 宗，其中开庭审理 4 宗，3 宗由市总工会李部长独自担任仲裁员。四是抓住职工工伤赔偿处理焦点，为职工争权利。利用参加吴川市一般事故调查组工作的机会，为职工谋利益、办实事，2010 年参与处理事故 6 宗，为工伤职工争取赔偿 118 万元。

（吴川市总工会）

【徐闻县总工会努力构建和谐劳动关系，促进职工队伍和社会和谐稳定】 徐闻县总工会深入开展劳动关系“和谐企业”和“和谐校园”创建活动，全县规模以上企、事业单位都分别参加了“和谐企业”、“和谐校园”创建活动。4 月份，经过县劳动关系和谐企业创建活动领导小组和“和谐校园”创建领导小组对申报企事业单位进行认真检查验收，评选出 22 家县级劳动关系“和谐企业”和 10 所“和谐校园”，经县委、县政府命名，挂牌表彰。同时，推荐 9 家企业参加湛江市“和谐企业”评选活动，县汽车总站等 3 家企业被命名为“湛江市 AAA 级劳动关系和谐企业”。通过开展劳动关系“和谐企业”和“和谐校园”的创建活动，把劳动关系的矛盾解决在萌芽阶段，化解了有关劳资矛盾，维护了职工队伍稳定，从而促进了社会稳定。一年来，全县没发生一件职工群体上访和越级上访事件。

（徐闻县总工会　陈旺）

茂名市

【电白县总工会组织建设工作有新突破】 2010 年，按照茂名市总工会实施固本强基工程的要求，电白县总工会在组织建设中抓好如下三方面的工作：一是重新审核登记，健全工会组织档案。县总工会发放各种登记簿册1320多本到基层工会，对停产、倒闭、兼并重组、名存实亡的企业工会进行删除，重新核实、规范、造册，摸清家底。全县现有基层工会718家，工会会员55686人。二是制定方案狠抓落实。首先，抓好对组建工会的单位调查摸底工作，制定组建方案，把组建任务分解到各镇工联会和各系统工委会；同时县总班子成员分组挂点挂线，责任落实到人到组。其次，做好组建工会的经验总结，在组建中树立典型，认真分析研究在组建中遇到的新问题，做到"三时"（及时解决在组建中遇到的新难题，定时汇报掌握进度，适时召开现场会），实施以点带面，典型推动。三是横向联合拓展空间。贵州省有400多名农民工在电白博贺港务工，县总工会主动与贵州都匀市总工会取得联系，依法及时地组建跨省农民工工会，为维护农民工的合法权益、构建和谐社会发挥工会的积极作用。（电白县总工会　戴国雄）

【高州市总工会历史性完成《高州工会志》编纂工作】　高州工人运动起源于20世纪30年代，至今有80多年历史，一直没有系统完整的记载资料，严重制约着高州工运事业承前启后的发展。2007年9月，高州市总工会成立高州工会志编纂工作领导小组，多次召开会议，反复研究方案，抽调精干人员，落实工作责任，把工会志编纂工作作为一件头等大事来抓。负责编写的工作人员通过多方查阅资料，走访热心知情人士，反复较对每一个章节，几易其稿，用了整整三年时间，终于在2010年10月脱稿付印，填补了高州工运事业历史记载的空白，受到全市广大职工、工会工作者的一致好评。

（高州市总工会办公室）

【化州市总工会深入实施"家政服务工程"】

化州市总工会职校紧紧抓住被省经贸委、省财政厅、省总工会确定为"广东省第一批家政服务工程培训承办机构"的契机，积极改善学校的软硬件设施，广泛动员全市下岗失业职工、农民工参加家政服务培训，大力举办"家政服务工程培训班"，收到了良好的社会效果。2010年化州市总工会职校已成功举办了七期家政服务培训班，培训家政人员864人，培训合格率达100%，上岗率达97%以上。"家政服务培训班"的举办，不仅扶持该市下岗失业职工、农民工从事家政服务，满足化州群众日益增长的生活服务需求，缓解当前家政服务员和保姆荒，而且对于全面提高工会工作的社会地位具有十分重要的意义。（化州市总工会办公室）

【茂港区总工会积极抓好行业工会组建工作】

茂港区总工会高度重视抓好行业工会组建工作，把抓好该区电器行业协会工会组建作为突破口，成立了电器行业协会工会联合会，在电器类企业组建工作中做到审批项目与工会组织设置同步提出、筹建企业领导班子与工会主席人选同步考虑、招收企业员工与会员入会同步进行、企业生产经营与工会工作同步开展。2010年该区168家电器类企业全部组建了工会，实现了全覆盖。该区服务、销售、种养等行业也相应成立行业协会工会联合会，此举有力地推动了全区工会组建工作的开展。

（茂名市茂港区总工会 许国强）

【茂南区总工会深入开展主题帮扶活动】

2010年，茂南区总工会充分发挥各级帮扶机构的作用，把困难职工、农民工纳入帮扶范围，积极开展困难救助，互助互济，信访帮扶，法律帮扶，工伤探视，医疗救助，就业帮扶，助学帮扶等八大帮扶活动，推动了送温暖活动的进一步开展。一年来，慰问了困难企业6家，困难职工、外来工、劳模等1200多人，发放慰问金16万多元；落实党政工领导干部与困难职工结对子1635户；组织下岗职工培训和介绍再就业685人次；接待职工来信、来访43人次；实施临时救助106人次，发放救助金32500元；帮助33名特困生就读，发放助学金27000元。同时，开展“主题探访”活动，慰问退伍军人和单亲职工15名；为银华高岭土公司户外高温作业的300多名职工送去毛巾和清凉饮料。　（茂名市茂南区总工会办公室）

【信宜市总工会在“9·21”特大洪灾中做好帮扶和抗灾复产工作】　信宜市总工会在千年一遇的“9·21”特大洪灾中，广泛发动基层工会和职工群众为经受洪灾的钱排镇、平塘镇捐款捐物，切实做好帮扶和抗灾复产工作。一是率先组织全市基层工会会员、职工群众捐献物资支援灾区群众，将筹集到的价值44300多元的食物和46628件衣物等生活必需品第一时间运往钱排、平塘镇重灾区，及时分发给受灾群众。二是积极响应市委、市政府号召，发动干部职工捐款10900多元、集体捐资5000元，支援灾区群众。三是合理安排了上级总工会划拨的16万元资金，用于帮扶慰问钱排、平塘、合水等镇的受灾职工和企业。四是在抗洪救灾中开展劳动竞赛。全市10000多名干部职工以钱排、平塘灾区为主战场与时间赛跑，及时安全转移6400多名涉险群众；32支医疗救护队128名医护人员，第一时间开赴灾区开展医疗救助；公路交通系统组织技术骨干和80台大型抢险设备，成立6个抢险队清理塌方路段，快速抢通道路；供电局68支由1260多人组成的救援队伍，奋力抢修水毁供电设施；电信、移动、联通以及电台900多人，抢修水毁设施，确保通讯恢复畅通和有线电视信号恢复覆盖。市直各单位派出的工作组、服务队达800多人，坚持奋战在受灾一线，消灭灾痕、复产重建并取得阶段性成效。　（信宜市总工会　梁仲奇）

肇庆市

【端州区总工会实行街道工会代表大会代表常任制】　区总工会把《中国工会章程》中关于基层工会实行代表常任制的规定延伸到街道工会，在街道工会中探索并实践代表大会常任制，推进工会的群众化、民主化建设，提升工会工作整体水平方面，取得了初步成效。2009年8月，区总工会在城南街道总工会试行工会代表大会代表常任制度的基础上，制定印发了《端州区总工会关于镇、街道工会代表大会代表实行常任制的指导意见》，从代表常任制、代表的选举、代表的职责、街道工会代表大会和职权以及街道总工会和主席的职权等五个方面建立起街道工会代表大会代表常任制的机制，规范了街道工会代表大会和街道工会的工作程序和职责，保障和促使工会代表在届期内能够履行好代表的职责，发挥其应有的作用。此举受到了职工代表的普遍拥护和欢迎。常任制有利于加强对工会领导人实行民主监督，增强工会主席的责任感；有利于反映工会会员的愿望和呼声，使工会有效地履行维权职能；有利于帮助工会代表形成当家作主的意识，增强代表对工会工作的认同感和参与度，调动和发挥代表的积极性、主动性和创造性，集中代表的智慧，推进工会群众化、民主化建设；有利于发挥工会组织更好地联系会员群众、促进工运事业健康发展。一年多来，各街道工会代表提建议和意见，内容涉及非公有制企业工会组建、规范会员入会、维护外来工权益等热点问题，以及完善工资集体协商制度、建立职工医疗互助保障、关爱女员工、关心下岗失业职工、职工职业培训、加强工会维权中心建设等维权内容。（端州区总工会）

【高要市总工会努力激活非公有制企业工会建设为经济社会发展大局服务】 2010年，高要市总工会全面推进了激活非公有制企业工会工作，切实将非公有制企业工会建设成为有工会社会团体法人资格证、有组织机构代码证、有独立工会银行账户、有独立工会经费的“四有”独立法人。一是大力推进非公有制企业工会“六有”规范化建设，即有建立健全工会组织机构（包括有健全的工会领导班子，有牌子、印章、独立银行账户），有工会政务上墙（包括工会组织架构、目标任务、规章制度、活动剪影等），有开展服务维护帮扶职工活动，有文化体育娱乐设施，有文件资料档案管理，有依法依规拨缴工会经费。二是采取有力措施重点攻破非公有制企业开设工会独立银行账户这个难关，实行向非公有制企业收取工会经费和工会建会筹备金，待企业工会获取独立法人资格，开设工会独立银行账户后，再由市总工会将该企业已拨缴的工会经费总额的50%返拨企业工会账户。三是通过法律手段依法追缴工会经费和工会建会筹备金。向高要市人民法院申请发出了高要市第一张工会经费支付令，依法促使一些拖欠或拒缴工会经费的企业履行法律责任，保证企业工会运作经费。2010年，高要市共有70多家非公有制企业工会开设了独立银行账户，激活非公有制企业工会工作取得了初步实效，成功促使一批非公有制企业工会建起来、转起来、活起来，像工会、是工会，为高要市经济社会发展作出了积极的贡献。（高要市总工会）

【鼎湖区总工会采取多种形式丰富职工文体活动】 鼎湖区总工会于2010年“五一”国际劳动节期间，成功举办第一届“鼎湖山泉杯”职工运动会，活跃职工的业余文化，展现职工风采。这次职工运动会得到区委、区政府的高度重视和大力支持，以区两办名义下发《转发区总工会关于〈鼎湖区第一届职工运动会工作方案〉的通知》到各单位贯彻执行，这是鼎湖区有史以来规模最大、项目最多、历时最长、参与的职工人数最多的一次全区性的大型职工运动会，共设有8个文娱体育项目，包括篮球、乒乓球、象棋、拔河等体育比赛。同时，区内各级工会以这次运动会为契机，积极开展丰富多彩的文娱活动，激发广大职工的工作热情，进一步体现工会的作用，主要有劳动者之歌卡拉OK大赛、劳动法规知识电视大赛、文艺晚会、送电影到企业等文化活动，运动会成了广大职工竞技交流、娱乐身心的平台。通过一系列活动，极大地提升了区工会地位和形象。（鼎湖区总工会）

【四会市镇（街道）工会规范化建设取得新成效】 2010年，四会市镇（街道）工会的规范化建设得到了四会市委、市政府的高度重视，中共四会市委办公室印发了《四会市关于进一步加强镇（街道）工会规范化建设的意见》，为镇（街道）工会规范化建设提出了统一的规范要求。四会市总工会通过召开工作会议、组织人员到兄弟县市学习经验等形式，提高了各镇（街道）对工会的规范化建设的认识和工作的积极性。四会市总工会实行时间集中、人员集中、精力集中“三集中”的工作方式，主要领导亲自带队，分类指导，从抓中心镇（街道）入手，深入到各镇（街道）指导规范化建设工作。至2010年年底，四会市13个镇（街道）和南江工业园完成了工会规范化建设，并通过了肇庆市总工会的考核验收。非公企业基层工会发展到530家，会员4万人。通过镇（街道）工会规范化建设，四会市各镇（街道）工会在以下三方面成效显著：一是镇（街道）党委（党工委）、政府（办事处）更加重视工会工作，在规范化建设中，从人力、物力、财力等方面都给予了大力支持；二是全市13个镇（街道）和南江工业园均成立了总工会，把劳动、公安、司法、维稳、妇女、共青团等力量融入了总工会领导班子，安排了专职工作人员；三是硬件设施更加充实，各镇（街道）总工会都安排了专门办公室、公开资料上了墙、挂上了新牌子、刻制了新公章、开设了银行账户、配置了新电脑等。

（四会市总工会）

【广宁县总工会积极开展爱心帮扶活动】 广宁县总工会利用与清新县总工会缔结为友好工会的有利时机，主动与清新县总工会商讨研究工会帮扶工作，结合两地工会实际工作，制订印发了《广宁、清新工会开展“和谐社会，感谢有您”爱心帮扶活动方案》。两地工会在2010年12月23日联合举行“和谐社会，感谢有您”爱心帮扶活动启动仪式，全面推进爱心帮扶活动的开展。通过活动进一步落实广宁、清新《工会合作框架协议》，加强工作对接交流，有效地发挥各级工会组织的社会职能；进一步发挥困难职工帮扶中心平台的作用，建立一个长效的救助机制；组织和动员社会各方面力量，向全社会发行爱心帮扶贺卡，筹集爱心帮扶资金，努力帮助贫困职工摆脱困境。县总工会还结合山区县的实际，创新募集困难职工帮扶资金的形式和内容，整合社会力量，筹集爱心帮扶资金，以帮助更多的困难职工，进一步擦亮“职工、农民工有困难找工会”的工作品牌。全年两地工会共发放爱心帮扶卡10万张，筹集爱心款13万元。县总工会这种帮扶活动的形式和内容，开创了全省先河。

（广宁县总工会）

【怀集县总工会深入开展群众性经济技术创新活动】 怀集县总工会深入开展群众性经济技术创新活动，围绕肇庆市“为千亿工程立新功、为‘双转移’作贡献”劳动竞赛总结推广大会工作要求，广泛组织职工群众深入开展“为千亿工程立新功、为‘双转移’作贡献”劳动竞赛活动。结合县人民医院新住院大楼建设工程之机，成立了怀集县人民医院“为千亿工程立新功”劳动竞赛活动领导小组，制订了《怀集县人民医院“为千亿工程立新功”劳动竞赛活动实施方案》，努力打造精品工程、样板工程、廉洁工程和提素工程。通过竞赛活动怀集县涌现出一批先进集体和先进个人，怀集县财政局预算股获得广东省“工人先锋号”称号；怀集县长新电力有限公司长调电站获得肇庆市“工人先锋号”称号；肇庆市国有林业总场新岗林场、怀集县劳动和社会保障局、怀集县公路局甘洒养护站等3个单位荣获肇庆市“先进集体”称号；岑金兴、卢远、廖铭芳、欧洪先、陈月清、徐月芳等6人荣获肇庆市“劳动模范”、“先进工作者”称号。进一步加强劳模管理，落实相关待遇，认真开展学习劳模活动，大力宣传劳模先进事迹，发挥劳模典型示范作用，并帮助困难劳模解决生产生活中的困难和问题。一年来，怀集县发放全国劳模“三金”310万元；落实荣立个人二等功的转业复原退伍军人参照享受市级劳动模范荣誉津贴23人，津贴额252万元；协助省级困难劳动模范申请劳模医疗补助金107万元。

（怀集县总工会）

【德庆县总工会加强困难职工帮扶中心规范化建设】 2010年，德庆县总工会进一步加强困难职工帮扶中心规范化建设，整合帮扶项目，理顺组织机构，创新工作制度，形成了党委重视、政府支持、工会运作、各方配合的大帮扶工作格局，困难职工帮扶工作进入了经常化、制度化和社会化轨道。县总工会以困难职工帮扶中心为载体，有针对性地做好生活救助、政策咨询、法律援助、就业服务及助医助学等方面的工作，千方百计为困难职工办好事、办实事，开展“冬季送温暖、春季送健康、夏季送清凉、秋季送学费”活动；制订了《心系职工，情系基层主题活动方案》，每月定期对有困难的群体进行帮扶，实现了帮扶工作经常化；为广大职工提供生活救助、医疗互助、上学资助、就业帮助、法律援助等“一站式”服务。这些得到了各级党组织、政府的认可和广大职工的欢迎。全县各级工会组织共慰问困难企业35个，慰问困难职工2043户，共筹集慰问金75.2万元。县总工会困难职工帮扶中心创建了“工友和谐家园”，丰富了外来务工人员的精神文化生活，实现了工会帮扶工作的多元化，打造出外来务工人员的新型文化家园，“工友和谐家园”参加学习的职工累计有2000多人次，“流动影院”放映电影100多场，观看电影的职工有10000多人次。（德庆县总工会）

【封开县总工会加强镇级工会规范化建设】 封开县总工会按照肇庆市总工会《关于做好镇级工会工作规范化建设》的要求，积极做好各项相关工作：一是认真研究，制定具体实施方案和标准，抓好镇级工会工作规范化建设。结合本县工会工作实际，县总工会制定了《封开县工会工作规范化建设实施方案》，明确了指导思想、目标任务以及规范化建设的标准和要求，明确要求各镇工会要按照“六好”标准抓好规范化建设工作。二是举办镇级工会干部学习培训班，积极推进镇级工会工作规范化建设。7月6日，县总工会召集全县16个镇级工会干部50多人进行学习培训，讲授镇级工会工作规范化建设相关知识和镇级工会换届程序，推进了镇级工会工作规范化建设的开展。三是深入各镇开展分类指导，促进镇级工会工作规范化建设的开展。至12月19日止，江口、南丰、渔涝三个中心镇按要求成立了镇级总工会，其余13个镇级工会实行了统一换届，并做到“工会届数、牌子、委员职数、机构设置”四统一。16个镇级工会主席均按同级副职配备，做到有办公场所、有牌子、有印章、有文件档案、有活动场所，达到“党政支持好、服务大局好、工会组织建设好、服务维护帮扶职工好、开展职工活动好”的要求。（封开县总工会）

【肇庆高新区总工会在全省首推非公企业工会主席津贴制】 为进一步调动非公企业工会干部的工作积极性，激发工会组织的活力，让非公企业工会干部更加努力地投身到工会工作中，促进工会组织更好地发挥作用，打造“活力、有为、和谐、创新”型工会，肇庆高新区总工会成功争取区党委和管委会的支持，从2010年10月起，给全区非公企业工会负责人发放150元/月的岗位津贴，开了全省先河。在该项举措的推动下，高新区基层工会组建工作再上新台阶，2010年新组建基层工会组织39个（其中非公企业工会38个、机关事业单位工会1个），新增会员1万多人，分别完成市总工会下达任务的543%和788%，增幅位居全市第一。（高新区总工会）

清远市

【清城区总工会以考核奖励办法开创组建工作新局面】 清城区总工会经请示区委领导

同意，制定工会组建和会员发展工作考核奖励办法。办法明确规定了考核内容，包括各街镇工会组建数及发展会员数、目标责任管理与保障制度、各项加分内容等，同时还明确规定了年度考核各项常规内容能全部完成的单位，将被评为全区工会组建工作优秀单位，并分别对工会干部给予奖励。

（清城区总工会办公室）

【英德市总工会扎实开展企业安全生产工作】 为使广大职工牢固树立“安全为了生产，生产必须安全”的观念，英德市通过标语、板报、广播、电视、图片展览和发放小册子等形式，对广大职工广泛进行《劳动法》、《劳动合同法》、《安全生产法》等法律法规知识宣传，营造“关爱生命、关注安全”的氛围。6月11、12日，与市安监局等37个职能部门在时代广场门前及海螺龙山水泥公司举行以“安全生产，预防为主”的“安全生产月”大型宣传活动，派发了《安全生产法》、“工会劳动保护监督检查三个条例”400多册。参与了含光“3.5”创美秸秆厂中毒事件、“10.20”台泥事故、“11.23”辉煌广告氢气爆炸事故三起重特大安全生产事故的处理，多次与安委会有关成员单位对全市各镇（街）的安全生产工作进行各项联合检查。

【连州市总工会积极与湖南省宜章县总工会开展农民工维权联动活动】 连州市总工会与湖南省宜章县总工会联合举行了农民工维权联动活动，加强了农民输出地和输入地工会的交流合作，推动建立完善农民工维权联动机制，有效促进两地工会农民工维权联动工作。活动进一步建立了农民工入会和会籍接转协作机制、农民工就业培训指导协作机制、农民工工资支付保障协作机制、农民工社会保险转移促进协作机制、劳动安全卫生监督协作机制、农民工民主政治权利保障协作机制、农民工维权法律援助协作机制、农民工帮扶救助协作机制、农民工维权协调联络机制等，有效地维护了两地农民工的合法权益。 （连州市总工会办公室）

【佛冈县总工会大力推进工会法律援助机制建设】 一是加强领导，健全机构网络。佛冈县总工会始终将建立和完善法律援助领导机构和法律援助服务机构作为一项基础性工作来抓，并与妇联、残联等部门加强联动。二是注重宣传，广造舆论。为扩大法律援助的社会影响，提高法律援助工作的认知度，县工会法律援助机构开展了多种形式的法律援助宣传活动。开展了法律援助专题宣传月活动，组织人员在县城及乡镇集市进行宣传，现场提供法律咨询、受理法律援助案件；与劳动、司法、律师事务所等机构定期开展联合宣传活动，广泛宣传法律援助知识，让更多群众尤其是弱势群体了解法律援助工作。三是完善机制，强化监管。为确保符合援助条件的困难职工都能获得优质高效的法律援助服务，县工会法律援助中心先后制定和完善了咨询接待、案件受理审批、律师援助等制度，明确了困难职工援助工作的职责和范围，规范了援助案件的审查、受理、指派和办理程序，建立了相应的考核确认制度、案件质量监督制度、投诉责任追究制度等，加强了对案件办理工作的监管，提高了援助案件的办案质量。同时，不断加强对法律援助机构工作人员业务培训、职业道德和执业纪律教育，提高了法律援助队伍的综合素质和业务工作水平。

（佛冈县总工会办公室）

【清新县总工会大胆创新筹措困难帮扶资金渠道】 清新县总工会与广西广宁县总工会共同举办“和谐社会，感谢有您”爱心帮扶活动，广泛发动两地广大职工、基层工会、机关企事业单位积极认购“爱心帮扶卡”，全县有100多个基层工会认购爱心帮扶卡56173张，筹得爱心帮扶款56173元，其中认购1000张以上的基层工会共有15个，所筹款项全部划入困难职工帮扶中心专门账户，作为统筹安排全县困难职工的生活救助、医疗求助、子女上学救助等的专项经费。此举开创了社会筹集困难职工帮扶资金的新渠道。 （清新县总工会办公室）

【连山壮族瑶族自治县总工会服务职工体现作为】 连山县总工会从自身实际出发，努力争取党政重视与支持，把服务职工群众作为经常性工作来抓，体现工会的作为。一是为职工解决实际困难，做职工的贴心人。2010年，慰问特困职工152户，送上慰问金4.67万元，培训农民工48人，医疗救助33人，生活困难救助25人，助学31人，为全县劳动模范27人发放节日慰问金。二是开展各种文体活动，增强工会的凝聚力。组织了庆“五一”供电杯“劳动者之歌”歌咏比赛等活动，各基层工会踊跃参与，达到了前所未有的效果。三是维护职工的合法权益，提高工会的服务水平。重视和关注职工反映的热点、难点问题，积极参与劳动纠纷、工伤事故的调解和安全生产的检查工作，协助县劳动行政部门处理劳动纠纷18宗，集体合同纷争5宗，挽回经济损失48万元。 （连山县总工会办公室）

【连南瑶族自治县总工会转变工作作风，变基层来访为下访服务】 为顺应形势发展要求，建立活力工会，连南县总工会切实转变工作作风，下访基层工会开展工作，与基层工会共创“活力工会”。一是完善机制，建立职工活动场所，为职工开展学习活动提供好环境。如设立职工健身房、职工书屋学习活动场所等。二是成立兴趣小组，积极开展职工所盼的文体活动。如成立了健身、钓鱼、跳绳等十几个兴趣小组，每年开展一次职工运动会和春节文娱活动。三是利用节假日开展“关爱职工，关爱老干部”送温暖活动。通过开展这些活动，改善职工精神面貌，调动干部职工工作积极性，全力投入工作，促进和谐发展。

（连南县总工会办公室）

【阳山县总工会全力开展劳动竞赛活动】

各级工会围绕经济发展，深化“创建学习型组织、争做知识型职工”活动，积极开展职工群众性的经济技术创新、技术比武、劳动竞赛等活动，引领广大职工学技能、练本领、创一流业绩，激发调动广大职工的工作积极性和创造力，涌现出一大批技术创新、管理创新、服务创新的先进集体和个人，展示了工人阶级的时代风采，在推动科学发展、促进社会和谐中作出了积极贡献。如阳山县秤架二级水电站有限公司许汉和同志荣获了“全国劳动模范”称号。“五一”前夕，县委、县政府隆重举行全国劳动模范许汉和赴京授奖欢送仪式，营造尊重劳动、尊重知识、尊重人才、尊重创造的良好氛围，动员全县广大劳动者进一步弘扬时代精神，为实现阳山经济社会平稳较快发展而奋斗。

（阳山县总工会办公室）

【广东清远经济开发区总工会扎实推进《劳动合同法》的实施】 一是领导重视，成立相应的领导机构。成立以主管领导为组长，成员由劳动、工商、工会等部门人员组成的领导小组，专责落实《劳动合同法》的实施工作。二是落实政策，把企业职工利益真正落到实处。新的《劳动合同法》的实施对企业的影响较大，因为企业人员流动性大，社保的缴纳、带薪休假制度的落实、无固定期限合同的签订等问题都大大增加了企业用人的难度，也直接加大了企业的成本，影响了企业的经济效益，因而给贯彻落实新的《劳动合同法》带来较大的阻力。针对企业的实际情况，领导小组、劳动部门、工会深入企业做了大量的工作，宣传有关法律法规，解决企业的后顾之忧使该区管辖范围内的所有企业都按新的合同法签订劳动合同，共签订劳动合同6.2万份，占企业员工的95.8%。三是做好监督工作。区相关职能部门对企业的劳动保障执行情况进行跟进和监督，对合同法的条文进行认真审查，统一规范，对违反《劳动法》有关条款的，坚决予以纠正；对职工在实际工作中提出的劳动争议，认真予以解决，积极稳妥地做好劳动争议工作，化解矛盾，维护劳动者的合法权益。

（清远经济开发区总工会办公室）

潮州市

【潮安县总工会切实加强劳模工作】 潮安县总工会把做好劳模的推荐评选、宣传及管理作为重要工作来抓，切实为劳模办好事实事，努力形成学习劳模、尊重劳模、关心劳模的良好社会氛围。经过基层民主评选，推荐了广东顺发五金制品有限公司杨素华为全国劳动模范。“五一”节前夕，在县电视台开辟“劳模风采”专栏，宣传该县劳动模范先进事迹，展现劳模在各自岗位上奋力拼搏、无私奉献，为建设富裕、文化、生态、和谐新潮安中的风采。同时，召开该县的全国、省、市劳模代表座谈会，与会劳模畅谈感想，互相勉励，共庆“五一”国际劳动节。潮安县总还积极开展关爱劳模活动，春节、“五一”节、国庆节等重大节日都上门看望知名的全国劳模、省劳模，送上慰问金。建立健全困难劳模档案，及时掌握困难劳模生活状况，对遇到特殊困难的劳模进行慰问救助，对生病住院的劳模，县总领导登门慰问。为体现工会组织对劳模的关怀，6月份组织部分劳模到广州从化温泉休养。

（沈忆斯）

【枫溪区总工会大力维护职工合法权益】 枫溪区总工会加大参与力度，积极落实监督管理，在和谐社会建设中发挥维权作用。一是宣传、贯彻、落实《劳动合同法》。以学习讲座、宣传栏、知识问答、座谈会等学习宣传形式，广泛深入学习《劳动合同法》，进一步使企业和职工明确职责权利与义务。二是强化劳动法律监督作用。建立和推行劳动关系三方协调联席会议制度。联合有关部门开展监督检查活动，纠正违反劳动法律、法规的行为，特别是对有恶意拖欠工人工资“前科”的单位进行高度关注，跟踪管理，有效地协调和稳定劳资关系。三是完善职工民主管理机制，把职代会作为基层民主管理主要载体，进一步巩固健全职工代表大会制度。对涉及职工利益等重大事项都及时召开职工代表大会进行表决。四是大力推行厂务公开民主管理监督制度。严格按照省、市厂务公开民主管理责任制度要求组织实施，在日常工作中，按照标准要求加强工作指导和开展工作检查，进一步提高管理工作透明度，有力地促进了厂务公开民主管理工作的扎实开展。（枫溪区总工会）

【饶平县总工会努力建设“劳模之家”】 饶平县总工会不断加大劳模宣传力度，扩大劳模在全社会的影响力和辐射力。在县广播电视台开设“劳模风采”栏目，协同县电视台深入到3名劳模所在单位、工作场所进行实地采访，制作专题音像片在电视台进行宣传报道。同时，将县总工会近100平方米的会议厅改装为劳模之家荣誉厅，组织人力，花了3个月时间，对新中国成立以来全县市级以上劳动模范、省级以上五一劳动奖章获得者进行全面、深入的调查，把劳模的基本情况（含家庭住址、联系电话）、先进事迹进行了全面整理归档，并把劳模的基本情况、简要事迹加上个人相片装裱上墙，成为宣传劳模的一个重要窗口。县总工会还积极帮助县劳模协会解决办公场所问题，落实专职工作人员，为劳模协会开展工作提供必要的活动阵地，努力建设好“劳模之家”。“劳模之家”的建设工作荣获了全市2010年工会工作创新奖。（饶平县总工会　陈益泉）

【湘桥区总工会建立健全困难职工帮扶体系】 湘桥区总工会进一步建立和完善困难职工帮扶体系，在全区10个街道、镇工委会已成立困难职工帮扶站的基础上，2010年又在区直系统10个工委会成立困难职工帮扶站，使属下的20个工委会全部成立困难职工帮扶站，形成了以区帮扶中心为龙头，以工委会帮扶站为骨干，以基层工会为帮扶点的帮扶体系。同时，进一步加强帮扶体制建设，完善工作机制，拓宽帮扶渠道，延伸帮扶范围，提高服务质量，加大帮扶力度，切实为困难职工做好事、办实事。全年共筹集帮扶资金58.92万元，春节前夕慰问418名特困职工和1249名困难职工，“金秋助学”活动中资助50名品学兼优贫困生，对120名非公企业职工（农民）实施生活救助，为20名非公企业职工提供免费技能培训，对51名困难职工实施临时生活或医疗救助。由于领导重视，机构健全，制度完善，措施得力，工作扎实，切实帮助困难职工解决最关心、最直接、最现实的利益问题，真心实意为职工群众办好事实事，困难职工帮扶工作在职工维权和维稳中发挥了重要作用。

（湘桥区总工会）

揭阳市

【榕城区总工会编纂《揭阳市榕城区工会志》】 《揭阳市榕城区工会志》客观全面地反映85年来原揭阳县和榕城区各级工会组织的建立、发展、变化和工会主要工作及活动情况，记载了原揭阳县和榕城区工人阶级的光辉历史，反映了广大职工群众的心声，具有较强的思想性、资料性和可读性。

（孙俊雄）

【揭东县在维权中更加注重维稳】 2010年揭东县总工会在参与国有企业金叶大酒店实行全员改制工作中，创新工会工作思路，在维权中更加注重维稳，做到为职工解忧、为党政解难，使改制安置方案在职代会全票通过，325名职工全部解除原劳动合同，没有出现一位职工因改制而上访，改制工作真正做到“职工满意，领导满意”。第一，全面摸清职工思想动态，为做好维稳工作明确思路。为及时掌握职工对改制工作的思想认识，了解职工在想什么，要求什么，有哪些存在问题可能引发不稳定因素，工会建议改制领导小组采用以下办法：一是向每位职工发放征求意见表，让职工提出自己的看法和要求，然后收集归类；二是设立咨询点，指定专人负责接待登记，做到点不离人；三是所有参加改制领导小组成员分工到各班组、个人征求意见，听取职工的心声。经过深入了解，归纳起来主要有三个问题：一是改制后职工养老保险如何待续；二是补偿金能否做到公平合理；三是改制后工作如何安置。调查了解为制订改制安置方案，做好维稳工作打下良好基础。第二，耐心细致做好教育疏导，化解不稳定因素。一是召开解答会。由各班组选派代表共65名参加，会上分别由县劳动与社会保障局、县发展计划局、县总工会、县信访局、金叶酒店等有关部门领导对职工提出的 20 多个问题，涉及经济补偿、社保、医疗、工作安置、工会经费、职工福利、住房公积金等问题进行解答，并当场回答职工提出的其他问题，让职工得到满意的回复。二是开展各种形式的宣传活动，如利用墙报、黑板报等宣传工具，将国家有关国有企业改制的政策、法规向职工宣传，让职工懂法，了解自己的权益，同时公布每位职工的工龄，要求各人认真进行核对。三是根据国家有关政策规定并结合酒店实际，认真制定改制安置方案，在制订方案过程中，听取多方意见，做到既不违反国家有关政策规定，又能从实际出发，具体问题具体处理，使职工对方案容易接受，保证改制工作的顺利开展。第三，依法依规开好职代会，让职工当家作主稳人心。一是依法依规选好代表。按酒店人数 20%的比例选出 65 位代表，代表名额符合法定比例的人数，并要求职工代表具有广泛性、先进性，能代表职工的心声，各班组一律采用无记名投票选举产生。二是精心组织大会的各项议程。在认真宣讲《改制方案》的基础上，让职工代表讨论，逐条领会，加深理解，对职工提出的问题，在大会上面对面进行解答，最后采用无记名投票表决，由于工作做得细致，经计票结果《改制方案》获得全票通过，改制工作顺利完成，事后无一名职工到相关部门上访。

【惠来县总工会班子成员到镇级工会开展工会工作调研活动】 2010 年 4 月，县总工会班子成员在县人大常委会副主任、县总工会主席元达明的带领下，分两组在全县 14 个镇工会开展“学习落实科学发展观，加强镇级工会建设”的调研活动。调研认为，随着我国市场经济不断发展，非公有制企业迅速崛起，作为联系县级工会和非公有制企业这一中间环节的镇级工会，是我国工会组织领导体制中承上启下、面向基层、贴近职工的中间环节和重要层级，是一级工会领导机关，是组织职工、动员职工、依靠职工、服务职工的关键。然而，从惠来县 14 个镇工会的情况和整个工会体系中，部分镇级工会又很难担负起这一使命，镇级工会工作与镇经济发展的形势不很适应，维权职能乏力，没有经费，开展工作难度相当大。葵潭镇、神泉镇等部分镇级工会迎难而上，克服困难，以科学发展观为统领，以贯彻实施《劳动合同法》为契机，紧紧围绕镇委、镇政府的经济发展思路及总的工作要求，勇于探索开拓，卓有成效地开展工作，开创了新的局面，取得较为明显的成效。4 月 13 日，县总工会在葵潭镇召开全县 14 个镇级工会干部座谈会，推广葵潭镇总工会的先进经验和做法，总结调研情况，指出存在问题。

云浮市

【罗定市总工会深入开展创先争优活动】 罗定市总工会把创先争优贯穿到组织、引导、服务职工群众和维护职工利益的全过程，着力强化工会组织、提升职工素质，把工会打造成职工服务之家、成长进步之家、帮扶关爱之家，共同推进全市工会工作建设。一是发展基层工会组织有新思路。认真开展“广普查、深组建、全覆盖”活动，2010 年，新组建工会 33 家（涵盖 68 家），其中非公有制 22 家、国有 10 家、机关 1 家，新发展工会会员 2441 人。二是激发职工活力有新举措。充分发挥工会“大学校”作用，开展形式多样的劳动竞赛和学习交流活动，不断提升职工业务素质。通过劳动竞赛和学习交流进一步激励职工创先进，争优秀的热情。三是关爱帮扶职工上新台阶。2010年，发放生活救助金12多万元，对530名困难职工实施生活救助；发放助学金22多万元，帮助120名困难职工、农民工子女上学；免费为160名农民工开展职业技能培训，为630名困难职工、农民工搭建就业桥梁。此外，积极开展关爱劳模行动，为困难劳模提供帮助。四是保障职工权益有新突破。着力搭建党组织、党员、职工与企业的沟通平台，对不同所有制、生产规模、经营状况的企业加强分类指导，在重点行业扩大区域性、行业性工资集体协商的覆盖面。

（罗定市总工会）

【云城区总工会推进固本强基工程，为增强党的阶级基础服务】 云城区总工会认真组织全区工会干部学习全总《关于进一步加强基层工会工作的决定》、《广东省实施〈工会法〉办法》、“三个代表”重要思想，明确争当排头兵的目标，并制定切实可行的工作方案，把组建任务分解到各基层工委会。为加强对基层工会的指导服务，云城区总工会领导与工会干部一起深入到基层现场办公，分类指导、协助基层工会做好组建工会工作和固本强基工作。全年共组建工会25家，工联会2家（涵盖单位75个），新发展会员3048人。到2010年9月底为止，全区已成立工会组织367家（涵盖单位920个），工会会员24661人。（云城区总工会）

【新兴县总工会开展形式多样的帮扶活动】

2010年，新兴县总工会按省、市总工会的要求，深化困难帮扶工作，切实为职工群众办好事实事。一是深入开展送温暖活动。元旦、春节期间，新兴县总工会筹集到送温暖资金30.63万元，对全县的5家困难企业、133户特困职工和645户困难职工进行重点帮扶。1月25日，新兴县总工会组成慰问团，分赴各企业、社区开展了上门慰问活动，向困难企业、特困职工和困难劳动模范送去党和工会组织的温暖和关爱。二是积极开展扶贫“双到”工作。1月26日，组织干部职工到六祖镇洒落村委开展“规划到户、责任到人”扶贫慰问活动并向贫困户送上节日慰问品和慰问金；2月3日，组织干部职工到洒落村委开展慰问村委干部活动，向5名村委干部发放慰问金共1000元，并向洒落村委送上了帮扶资金1000元；6月30日，新兴县总工会组织党员到洒落村委开展“七一”慰问困难党员活动。三是关心离退休干部。2月2日，举行了慰问离退休干部座谈会，并向16位离退休干部发放了慰问金共24000元。四是开展“金秋助学”活动。8月26日，举行了2010年“金秋助学”启动仪式，现场向92名品学兼优、受资助的困难职工和农民工的子女发放了助学金124800元，帮助他们解决上学难的问题。五是开展“关爱女职工健康”活动。坚持每年组织县城内的机关、工厂、企事业单位18岁以上的妇女参加以防癌为主的妇女病普查普治，切实降低妇女疾病发生率。六是积极推广职工医疗互助保障计划和女职工安康保障计划。2010年，累计推广职工医疗互助保障计划408份，女职工安康保障计划364份，并为两位患病职工做好理赔工作，理赔金额2万元。（新兴县总工会）

【郁南县困难职工帮扶中心树立服务意识，切实帮扶职工群众】 郁南县困难职工帮扶中心成立于2003年。到2010年年底，郁南县困难职工帮扶中心共发放帮扶资金111.0647万元，其中送温暖资金25.1万元，帮扶困难职工855人次；助学救助498人次，发放助学帮扶资金51.2487万元，生活救助困难职工364人次，发放生活救助资金25.616万元；医疗救助困难职工112人次，发放医疗救助资金8.3万元；法律援助7人次，发放法律援助款0.8万元；接待职工群众来访62件，做到事事有跟踪、件件有回音，切实为郁南县困难职工解决了生产、生活上的难事。郁南县总工会主要从以下几方面开展好帮扶工作：一是牢固树立职工群众利益无小事的思想，对帮扶工作的开展高度重视；二是形成了“党委领导、政府支持、工会运作、社会参与”的社会化工作格局，不但争取上级支持，还充分发挥社会各界的力量，帮助县永光集团公司成立永光集团公司困难职工子女助学帮扶中心，筹集帮扶资金80万元，充分发挥社会的力量开展帮扶工作；三是工作做实做细，进一步完善帮扶分类工作，分出哪些是需要暂时帮扶的，哪些是需要长期帮扶的，按类进行帮扶。

（郁南县总工会）

镇、街道、社区工会

加强工会自身建设

【惠州市惠城区桥西街道办事处总工会深入推进基层工会工作开展】　2010年，惠州市惠城区桥西街道办事处总工会全面推进工会组建工作，全年组建工会629家，其中独立工会61家，工会联合会568家，职工入会人数7248人，入会率98%，超额完成了任务。期间定期或不定期组织辖区各企事业单位干部职工开展了以“我运动、我健康、我快乐”为主题的各种文体活动，参与系列活动的人数占职工总数的90%。一是于2010年初和5月份分别举办机关迎春篮球赛和迎省运桥西“凯旋杯”男子篮球邀请赛。二是4月下旬，组织办事处和企业300多名职工参加了惠城区举办的职工“庆‘五一’迎省运”长跑活动。三是6月16日端午节，率女子龙舟队参加惠州市惠城区迎省运第22届“隆生杯”龙舟邀请赛。四是7月中旬，在惠州市数码商业街南广场举办第五届“红牛杯”三人篮球赛。五是8月份举办了首届小区运动会，组织机关和各单位干部职工以及居民进行了拔河、篮球、羽毛球和乒乓球等多个项目的比赛。2010年，惠州市惠城区桥西街道办事处总工会获中华全国总工会授予“全国亿万职工健身活动月先进单位”荣誉称号，被惠州市总工会评为“惠州市企业工会组建工作先进单位”。

【惠州市惠东县白花镇工会着力基层工会规范化建设工作】　为切实加强白花镇工会规范化建设，全面提升工会整体水平，充分发挥工会在协调劳动关系，组织职工、引导职工、服务职工、维护职工合法权益，促进经济发展，构建和谐白花的重要作用，惠州市惠东县白花镇工会规范化建设做到了“十有”，即：有机构、有人员、有制度、有经费、有场地、有工作、有资料、有牌子、有章子、有信息。同时，为成为党政重视支持好、服务职工群众好、围绕中心开展工作好的“三好”工会组织，认真做好了以下工作：一是组织建设做到新建企业在投产开业的同时建立健全工会组织，老企业工会定期换届，不断加强规范化建设，发挥企业工会的作用，在村级建立工会组织。二是加强职工教育培训和职业道德建设；组织职工开展岗位练兵、技术比武、劳动竞赛、合理化建议等活动；开展寓教于乐的文体活动和劳动关系和谐企业创建活动，紧紧围绕经济建设大局和企业中心工作发挥工会作用。三是通过源头参与机制、厂务公开民主管理制度、平等协商集体合同、工资集体协商等制度，发挥了工会维权作用。四是建立健全困难职工档案，采取多种形式开展对困难职工的帮扶救助。五是加强对基层工会的干部配备、培训、学习、考核、评比表彰等工作，提高工会干部素质和工会工作的整体水平。

（张重兴）

【惠州市博罗县长宁镇工委会完善规范化建设工作】　惠州市博罗县长宁镇辖区企业43家，成立基层工会43家，有工会会员7566人，覆盖率达100%。按照惠州市博罗县总工会《博罗县乡镇（办事处）工会规范化建设实施意见》精神，长宁镇工委会积极争取党委政府支持，做到领导重视，人员落实，经费落实，扎实推进镇工会规范化建设工作。一是调整充实了领导小组。工会组建工作协调领导小组由原来张国丽委员担任组长，改为由镇委专职副书记曾志坚担任组长，张国丽委员担任副组长，成员有镇工委会主任曾秀英、经济发展办主任赖运忠、副主任钟伟华、劳动保障管理所所长陈永发、工商所所长张志雄等。二是积极争取党委政府支持，以镇委名义转发博罗县总工会《博罗县乡镇（办事处）工会规范化建设实施意见》，使创建工作有章可循，事半功倍。三是深入宣传指导。镇工委会主任曾秀英经常深入企业和企业主座谈，宣传工会规范化建设的重要性和作用，赢得企业主的信任，完成创建工作，2010年县总工会分配给长宁镇工委会企业工会规范化建设任务数为3家，完成数为3家，完成率100%，长宁镇工委会被博罗县总工会评为2010年度工会工作优秀单位。（张彬锋）

【江门市蓬江区环市街工委会争创全国百家示范乡镇（街道）工会】 环市街工委会采取多项措施，全力争创全国百家示范乡镇（街道）工会。一是争取街党委政府重视支持，营造党政工齐抓共管工作格局。街党政班子把工会工作列入重要议事日程，定期听取工会工作汇报，研究解决工会工作面临的重大问题，通过配齐配强工会领导班子、提供充足的物质条件，协调街工委会与其他部门的关系，支持工会依照法律和章程独立自主地开展工作。二是完善组织网络，提高工会组建率和职工入会率。根据辖区非公企业多、规模不一的特点，把握区委“统筹推进党、工、青、妇基层组织建设”的契机，通过创新机制、完善考核激励措施，积极构建街工委会、社区工联会和企业工会的“小三级”工会网络，建立基层工会、工联会56家，涵盖企业455家，工会会员9802人，工会组织覆盖率、职工入会率分别为95.3%、95%。三是针对工联会、企业工会干部兼职多、“新手”多、素质参差不齐的实际情况，采取举办培训班、经验交流、组织参加上级工会培训班等多种形式，不定期对工会干部进行培训，努力提高工会干部队伍素质和服务水平。四是实行党工组织负责人“一肩挑”模式。所有社区和经济联合社工联会主席由党支部负责人兼任。五是规范和完善工会工作机制。街道工委会参与编印并下发《基层组织建设工作制度选编》手册，积极为基层工会开展工作创造有利环境和条件。（郑达进）

【江门市鹤山市沙坪街道党建带工建、党工共建】 鹤山市沙坪街道党工委加强党对工会工作的领导，在“党建带工建，工建促党建”中形成共识，在思想、组织、作用发挥上带动，切实找准党工二者之间的结合点和突破点。一是注重工会干部的队伍建设，开展以科学发展观和《工会法》、《新劳动法》、《新劳动合同法》为主要内容的培训，要求工会干部在思想上与党保持高度一致，保证工会正确的工作方向；同时重视工会干部的选拔和使用，加强基层工会壮大、选好领导班子。二是协调好工会与企业的关系，切实维护工会干部的合法权益。三是指导建立和健全党工建设有关制度。指导企业工会建立健全职代会、劳动争议调解等制度，做好集体合同的签订，指导企业工会发挥作用。四是依托工商、地税、劳动、安监、商会等部门，采取“单独建，联合建，社区建”等形式，抓好工会组建和发展会员工作。2010年，组建独立基层工会委员会34个，联合工会14个，涵盖企业法人单位485家，共有工会会员21451人。（李淑贞）

【肇庆市鼎湖区广利街道总工会积极推进工会规范化建设】 广利街道总工会按规范化建设标准于2010年10月26日召开职工代表大会，在原街道工委会的基础上成立了街道工会组织。工会成立之后，围绕本街道经济社会发展的新要求，推动“组织起来、切实维权”工作方针的落实，增强全街道工会组织的活力，更好地发挥本街道工会组织在协调劳动关系、维护职工合法权益、促进经济发展中的重要作用。根据《广东省关于加强镇（街道）工会规范化建设的意见》的要求，结合本街道实际，建立总工会并完善工会组织的相关机构，建立了工会经费审查委员会、女职工委员会、劳动争议调解委员会、工会劳动保护监督委员会、工会法律监督委员会等5个机构。工会组织落实必备工作设施，包括有专门办公场所，有必需的办公设施，工会政务上墙，有职工文化教育活动阵地，开设工会经费独立银行账户，有所属的基层工会组织及会员名册，建立档案资料归档制度。按照高起点配备、高标准建设的要求，实现“六有二上墙”的规范化建设。进一步明确街道总工会的基本职责，按照“六好”标准，进一步加强工会的自身建设，加强培训，提高工会干部队伍素质，不断推进工会规范化建设上新水平。

（鼎湖区广利街总工会）

全面发挥工会组织作用

【广州市白云区同和街工会开展争当亚运创先争优志愿先锋活动】 2010年，广州市白云区同和街工会积极发动地区工会青年参与亚运志愿服务，为服务亚运、保障亚运奉献青春力量，展现新时代青年的亮丽形象。为更好地完成广州亚运城市志愿服务简易站志愿者工作，确保简易站日常工作的统一与规范，全面提升简易站志愿者的服务意识、态度以及服务标准，同和街工会与广东省国防科技职业技术学校工会成立“亚运会城市志愿服务简易站协调办公室”，为宣传亚运、服务亚运做坚强的组织保障。同和街工会亚运会城市志愿服务简易站点设在人流车流比较集中的广州大道北。自11月1日起，站点每天分早、中、晚三个班次，每个班次4个小时，每个班次安排8名统一着装的青年作为城市志愿者上岗。志愿者们在帐篷的四周分别挂满了志愿者们手绘的亚运图标以及亚运宣传海报，制作了为亚运助威群众签名板和祝福寄语板，邀请市民齐齐参与为亚运送祝福，制作了亚运奖牌龙虎榜，及时更新当天亚运赛事各国摘取奖牌情况，为亚运健儿加油喝彩。上岗期间，志愿者们以饱满的热情、周到的服务，向外地游客和居民群众提供亚运资讯服务，派发亚运知识读本，宣传广州亚运会。

（林小元）

【广州市海珠区南华西街创建“3A级”工会品牌】 2010年，广州市海珠区南华西街工会组织规范化建设工作达到最高的“AAA级”评定标准，被市总工会授予“广州市模范职工之家”称号。一是创建优质组建服务。向辖内未成立工会组织的非公企业提供帮策划、帮协调、帮组织、帮管理的“四帮”服务，共帮助329家非公企业组建基层工会组织，会员增加至3032人，覆盖率达95%。二是创建优质维权服务。建立职工代表巡视制度、职工协商会议制度等，为非公企业职工拓展维权通道；指导297家企业签订集体合同、61家企业签订工资集体协议，为外来工维权提供法律保障；联合司法部门开展法律维权援助服务，成功调处10多宗劳资纠纷，为130多名外来工追回被拖欠工资120多万元。三是创建优质帮扶服务。建立关爱帮扶长效机制，为189名困难职工、孤寡退休职工、重病职工赠送慰问金及救助金15.98万元；推行“外来工素质帮扶工程”，为海珠创意产业园2500名外来工搭建技能提升服务平台，联合广播电视大学开设本科、大专、中专等远程教育技术文凭班；建立“进城务工教育中心”和职工书屋，为外来工提供15个技术专项培训课程以及免费借阅书籍服务。

（林小元）

【东莞市石排镇评选镇级劳动模范】 石排镇党委、镇政府决定从2010年开始，每两年评选一次镇级劳动模范。评选对象是在镇的社会主义现代化建设事业中作出突出贡献的工人、农民、科教人员、金融、企业单位人员、机关工作人员和其他社会各阶层人员。评选程序：一是单位民主推荐。劳动模范的推荐名单应从基层单位自下而上产生，经逐级审核后以牵头单位名义推荐上报镇总工会办公室。二是部门层层把关。被推荐人选是企业负责人的须经工商、税务（国税、地税）、劳动、安全生产、环境保护、人口计生、社会保障部门签署意见，是国有企业负责人的还要经审计、纪检、监察部门签署意见，并经上级主管部门同意，同时按照干部管理权限，征得有关部门同意；党政机关（含群众团体）和事业单位领导干部须经纪检、监察部门签署意见，并按照干部管理权限，征得有关部门同意。三是逐级上报审批。首先由基层工会和上报单位将推荐名单报镇评模办公室初审；其次推荐名单经石排镇总工会审核通过后，呈分管领导审阅，再报镇党政联席会议审批。2010年，全镇共评选出10名镇劳动模范，为全镇树立了一批先进典型，为以后选树省、市级劳模提供了人选基础。

【湛江市赤坎区民主街道工会工作委员会充分发挥街道工会作用，促进社区和谐】 民主街道工会工作委员会成立于2007年12月，下辖基层工会61个（其中规模以上企业工会9个），共有会员1762人。街道工会工委会全面贯彻落实“三个代表”重要思想和科学发展观，依照《中国工会章程》和相关法律，认真履行各项职责，充分发挥桥梁纽带作用，着力保护、调动广大职工积极性，在服务大局、协调关系、促进发展等方面发挥了积极作用，成为职工群众欢迎的职工之家。一是深化各社区联合工会组织参与机制，与综治信访维稳中心协调联动，做好职工法律咨询、法律援助和群众来信、来访、来电的处理工作。二是组织和推动企业和谐劳动关系创建活动，指导企业建立、完善平等协商、集体合同和基层工会参与建立劳动关系三方协调机制，努力把和谐劳动关系创建工作做到基层第一线，把各类矛盾纠纷化解在基层。截至2010年年底，没有发生过突发事件、职工上访个案和劳动争议事件。三是加强文化阵地建设，繁荣社区文化。按省二级站标准，投入资金40多万元新建文化站一间，内设职工书屋、健身室、曲艺室、游艺室等。依托北桥公园文化广场为主阵地，整合各类群众性文化队伍，组织和引导开展丰富多彩的文体活动。每年举办各类大型文体活动30场次以上，进一步繁荣社区文化，促进社区和谐。街道工会工委会先后被授予“广东省示范镇（街）工会”、“湛江市合格示范镇（街道）工会”、“湛江市‘职工书屋’示范建设单位”等称号。

（赤坎区民主街道工会工作委员会）

【云浮市云城区安塘街工会以创先争优为契机，不断开创工会工作新局面】 安塘街工会在街道党工委和上级工会的关心指导下，以创先争优为契机不断开创工会工作新局面。一是加强关爱性质的学习教育，提高职工群众的综合素质。全年投入30多万元重新装修了职工活动中心，职工活动中心总建筑面积有1140多平方米，其中职工书屋藏书有10000多册，在原有阅览室和藏书室的基础上，增设了职工谈心室，进一步完善了基本设施和服务功能。二是积极开展职工文娱活动，促进干部职工身心健康。街道工会把精神文明建设和工会的创建活动结合起来，积极组织职工开展多种形式的文化体育活动。在4月底举办了庆“五一”职工运动会，开展了拔河、篮球、象棋等比赛，全体干部职工踊跃参加，比赛气氛热情高涨。通过这次的活动，增强了职工身体素质，培养了职工积极向上的作风，增强了职工的凝聚力，职工群众的精神面貌发生了很大的转变，服务质量和工作效率有了明显提高。到2010年底，全街共组建工会组织42个。

（云城区安塘街工会）

【云浮市云城区河口街工会创新工会工作、促进地方经济发展】 2010年，云城区河口街工会工作委员会在区总工会的直接领导下，认真按照上级的要求和部署开展工作。近年来，河口街石材工业发展较快，至2010年全街共有石材企业1500家，其中2010年新增100多家。随着石材企业的日益增加，为使劳资双方劳动关系和谐，河口街创新工会工作，2010年3至8月动员55家石材企业加入“河口街石材行业工会联合会”，工会会员共有1003人。一年来全街成立企业工会5家，工会联合会1家，全街新增工会会员5263人。通过做好工会工作，云城区河口街劳资关系日趋和谐，有力促进了地方经济的发展。经统计，2010年，云城区河口街引进投资7.2亿元，新上企业25家，其中投资1亿元的项目一间，投资5000万元以上企业4家，工商税收达6892万元，比2009年增长了17.87%。

（云城区河口街工会）

促进和谐企业建设

【广州市荔湾区东沙街工会借助服务平台共建和谐劳动关系】 2010年，广州市荔湾区东沙街道总工会立足自身实际，借助服务平台，促进企业、职工共建和谐劳动关系。一是广泛开展劳动竞赛活动，促进企业经济发展。各社区工会每年组织各类劳动竞赛活动，引导职工广泛参与技术革新，年年都有20项以上职工技术创新被企业采纳，并得到企业给予的各种奖励。企业多年的规范运作和工会的不懈努力感动了许多员工，在全球经济危机来袭时，不少员工主动提出以减薪支持企业度过危机，感动了企业老板。二是开展社区工会文体活动，增强职工凝聚力。指导、组织企业工会开展具有企业文化特色的文化体育活动，在全球金融危机爆发时，各社区联合组织了一场“东沙地区共同应对金融危机体育运动会”，街内各企业踊跃参与，通过体育竞赛活动，凝聚人心、鼓励干劲，有利促进企业和员工共同渡过难关。三是培育重点，创建和谐劳动关系。各社区工会强化基础，注重规范化建设，帮助企业有效应对金融危机，通过加强职工之家、和谐家园、职工书屋等建设，树立职工与企业“风雨同舟、共克时艰”的信念，从而带动了其余企业先后组建工会。

（林小元）

【珠海市斗门区斗门镇总工会抓维权构建和谐社会】 镇总工会认真检查落实工资集体协商建制工作，新成立工会组织的企业同时办理工资集体协商建制，到期续签的企业，做到100%及时办理续签手续。到2010年年底，已建工会签约率达90%以上。在企业举办职工心理健康疏导讲座2期，每期100人；组织属下非公企业工会干部7人参加市总工会举办的工会干部心理疏导动员培训班，为今后开展职工心理健康疏导工作打下良好的基础。积极开展送温暖活动，建立困难（临时）职工档案28户，春节期间慰问困难职工28人次，慰问资金1.05万元。加强与各企业的沟通，及时掌握各企业招工信息，不断把农村劳动力推荐给用人单位。

一年来，共转移农村富余劳动力 1420 人。为了能给企业输送合格的人才，与镇劳动服务所联合举办劳动就业培训班 12 期，共培训城乡人员 1501 人次。

【中山市小榄镇积极推进集体合同和工资集体协商工作】 小榄镇工委会把建立和完善集体合同、工资集体协议制度，规范企业用工行为作为一项重要任务，从协调劳动关系的源头抓起，不断提高集体合同和工资集体协议的签订率。2010 年年底，全镇签订集体合同的企业有 1260 家，占已建工会企业的 83.1%。一是广泛宣传，为推行集体合同和工资集体协商制度营造良好氛围。二是强化责任，将集体合同和工资协议的管理纳入工作目标管理，建立长效管理机制。三是形成合力，建立预警预防机制。注重与各有关部门的联系，加强部门协调，发挥工会作用，把影响劳动关系的不利因素化解在基层。四是加强管理，建立监督检查机制。与劳动保障分局坚持日常管理和集中检查、一般指导和重点推动相结合，通过运用集体合同审查、专项执法检查、企业规章制度备案等手段，加大监督检查力度，维护了劳动者合法权益。五是采取措施，抓好各项基础工作。拟定全镇集体合同和工资协议范本，并指导用人单位和劳动者使用。同时坚持突出重点，分类指导，对生产经营正常的企业，重点加强集体合同和工资协议的履行、终止等环节的基础管理，把注重签订率与注重履约率结合起来，保证集体合同和工资协议得到切实履行；对新建企业和非公有制企业重点抓集体合同和工资协议的签订工作，从源头上理顺劳动关系，通过集体合同和工资协议，规范企业和职工双方的权利和义务。

【肇庆市端州区城东街道总工会突出构建和谐劳动关系加强工会工作】 肇庆市端州区城东街道工会认真履行职能，突出重点大力构建和谐劳动关系。城东街道工会以“建立组织，吸纳会员，跟进维权”为主题，抓好非公企业建会工作，不断扩大工会组织覆盖面，2010 年建立工会企业 27 家，吸纳会员 2600 余人，非公企业工会组建率达到 96%。重视从源头上维护劳动者合法权益，全年新签、续签集体合同 18 份，截至 2010 年底，平等协商合同签订率已经达到 86%，覆盖职工 5128 人。深入开展“献手足情，暖职工心”活动，共筹措慰问补助款 20 多万元，对 1000 多名困难职工给予了帮扶，帮助 263 名下岗职工实现了再就业，还发动 832 名职工参加了职工医疗保险、女工安康保险“两个互助计划”。一些基层工会组织也推出系列“温馨服务”，如：沃尔玛百货有限公司，每当有员工生日，都会为其送上写满祝福的贺卡，并为其举办多姿多彩的生日晚会，把温暖和关爱送到员工的心坎上。各工会组织充分利用职工俱乐部、文化室、职工之家等文化活动阵地，开展了征文比赛、文艺演出、歌唱比赛、职工运动会等丰富多彩的文化体育活动，活跃了职工的身心，极大地激发和调动了广大职工的劳动热情。

（端州区城东街道总工会）

【肇庆市四会市城中街道总工会充分发挥工会作用构建和谐劳动关系】 肇庆四会市城中街道总工会辖下基层工会 68 家，会员 8600 多人。近年来，城中街道总工会积极依托三方协商机制，充分发挥工会作用，采取有效措施，在企业中构建和谐劳动关系。一是通过深入企业积极协调，辖下 68 家基层工会均签订了集体合同，调整和规范了劳动关系，调动和发挥了职工积极性，促进企业发展，维护职工合法权益，建立了和谐稳定的劳动关系。二是努力为职工创造良好的安全劳动环境。城中街道总工会坚持每季度会同相关职能部门进行一次安全生产大检查，督促企业落实有效的安全防范措施，营造良好的安全生产环境；定期开展粉尘与高毒危害治理专项行动；夏季加强防暑降温检查，并向一线工人送上清凉饮料。三是大力推动非公企业实行厂务公开民主管理，帮助非公企业建立职代会制度，审议涉及职工切身利益的重大事项和企业的年度计划；督促非公企业对重要决策、重要人事任免、重大项目安排等重大事项进行及时公开。四是积极为职工办好事实事，通过重大节日慰问活动、助学活动、送电影到企业活动等，切实帮助困难职工解决实际困难和问题，使他们感受到党的关怀、组织的温暖和企业的关爱。2010 年，四会市南粤企业投资有限公司作为四会市创建劳动关系和谐企业试点，通过了肇庆市总工会考核验收小组的考核验收。　（四会市城中街道总工会）

为职工办实事好事

【广州市越秀区华乐街工会发动基层为市职工济难基金筹款】　2010 年，为了响应市总工会开展广州市职工济难基金会第六次筹款的活动，越秀区华乐街道总工会将基金会第六次筹款活动的有关宣传资料，通过电子邮件和上门派发的方式送到各企业，动员职工根据这次活动“捐时薪，献爱心”的口号，积极参与送温暖、救急济难献爱心。街属下企业环卫队的职工虽然工资收入低，大多数家庭都有不同程度的困难，但他们在本次筹款活动中踊跃捐款，全队 77 人全部参加了捐款。外资企业本田贸易（中国）有限公司、广州蕉叶饮食服务公司等企业及外资方日本职员，都积极参加了捐款活动。活动共有 12 个基层工会 312 人参加，共筹得款项 10755.3 元。　（林小元）

【广州市荔湾区站前街工会建立“职工民情BRT”】　2010 年，针对多家外资、台资企业相继发生工人争取加薪工潮的实际，广州市荔湾区站前街总工会依托街综治信访维稳中心，建立“职工民情 BRT”快速处理机制。一是民情上达直通车。一方面是继续发挥“职工信息互动平台”和“一信一信息，沟通无极限”的作用，了解职工关心的热点、难点问题，另一方面是通过 QQ 群、电子信箱、热线电话、一封信等形式，公布民情反映的各种渠道，让职工群众的诉求反映更便捷。二是企业预警直通车。大力构建覆盖全街各企事业单位的信息员网络，深入辖内多途径搜集各类矛盾纠纷信息，及时掌握影响企业稳定的各种问题、动态、信息和苗头。三是解决矛盾直通车。对于职工反映的各种问题，协调街综治信访维稳中心、劳动监察等部门，按照有关法律法规，做到“三个一”：一天内联系，即在受理后的一个工作日内，由街工会工作人员和信访干部与反映人联系，了解有关详情，解释有关政策，做出初步的答复；一周内出解决方案，即对于一些简单的问题，通过解释能使职工群众满意的，当场进行解释答复，对于情况复杂、一时无法解决的问题，在一周内由街总工会负责人牵头，协调相关部门进行研究，制订解决方案；一个月内基本解决，即对于是街道职权内能够协调解决的问题，协调相关部门，运用人民调解、行政调解和司法调解等方式，一个月内基本解决问题。

（林小元）

【广州增城市中新镇工会主动协助企业解决用工难问题】　2010 年，针对企业招不到数量充足工人这一情况，增城市中新镇工会协同镇经济发展办、镇劳动所等部门，主动上门开展服务，了解企业用工需求情况，与企业共同寻求解决办法。该镇工会联合镇相关部门分成多个工作组，分头深入镇内企业调研走访，详细了解企业所面临的用工困难。结合企业的用工需求，于“五一”前夕联合举办了企业用工招聘会。招聘会共有34家企业进场，招聘工种数28个，招聘岗位数1032个，进场人数1135人，达成招聘意向人数434人。同时中新镇工会主动为用工单位与就业困难人员提供“一对一”就业指导、就业咨询及就业推荐，使该镇的企业用工趋于稳定，有效解决企业的用工紧缺问题。（林小元）

【东莞市厚街镇总工会创建“职工流动书屋”】 2010年，厚街镇总工会在职工书屋建设活动中，开拓工作思路，积极探索职工书屋建设的新形式，创建了“职工流动书屋”，为广大职工增添了一个互相学习、互相交流的文化平台。镇总工会一方面通过向全镇广大职工发放“我最喜欢、最推崇的图书”调查问卷，广泛征询职工意见，调动职工的参与性。另一方面是通过实地考察、座谈、抽样调查、个别访谈等多种形式，对企业工会开展职工书屋活动情况进行调研，建立了厚街镇首批“职工流动书屋”的设置点共5个，分别在泰科电子（东莞）有限公司、泽冠塑胶电子（东莞）有限公司、东莞朝冠鞋业有限公司、东莞绿洲鞋业有限公司、东莞司贸文教用品有限公司等企业。2010年开始，由镇总工会每年购买一定数量书籍，免费向“职工流动书屋”提供图书，企业工会代为协议管理，使用时间为每年一期。2010年，已投资约10万元购买各类书籍共3000多册。4月30日上午，镇总工会在东莞司贸文教用品有限公司举行了“职工流动书屋”启动仪式，市总工会和镇的领导出席了活动。8月8日，厚街镇电视台播出了《企业文化添新军，流动书屋受青睐》的专题报道，东莞市电视台随后进行了转播。

【惠州市惠阳区新圩镇总工会重视职工文体活动】 惠州市惠阳区新圩镇总工会重视职工文体活动。一是开展“送电影进企业”活动。8月2—29日，新圩镇总工会邀请镇电影放映队先后在尚盟运动用品有限公司、新生港源鞋厂等10家规模企业放映《唐山大地震》、《叶问2》等优秀影片，观看人数近5000人。二是开展中秋赏月活动。举行以“新圩月·汇挚情”为主题的人文关怀外来务工人员中秋赏月活动，全镇各界代表与2万多名外来务工人员参加活动。三是开展“送书进企业”活动。以建设职工书屋为契机，为规模企业送上有关专业技术、法律法规、人文社科、成功励志、文学、教育等10余类优秀书籍共250多册。四是指导企业开展职工文体活动。2010年国庆节期间，新圩镇总工会分别到20多家企业指导开展各项形式丰富的职工文体活动，活动时间持续达2个月。五是举办女职工健康知识讲座。邀请西安医科大学妇科专家教授到新圩镇新生港源鞋厂为60余名女职工举办健康知识讲座，讲座围绕妇科常见病、多发病的发病原因、临床表现、治疗方法与预防措施等内容进行讲解，并现场为女职工进行了身体检查。（张爱群）

【惠州市龙门县龙江镇工会委员会创建“外来工之家”】 惠州市龙门县龙江镇是2006年由原来的龙江镇和路溪镇合并的一个新建镇，人口2.8万人，总面积168平方公里，管辖16个村委会，2个居委会。龙江镇是建材工业镇，有年产16万吨水泥厂3家，大型采石场2个，石灰窑100多座，石灰粉厂8家，从事企业生产的外来工达2000多人。2009年8月，龙江镇成立了“外来工之家”和“外来工管理协会”，由一名副镇长和一名镇工会副主席直接管理，并挑选出各省民工代表组成外来工之家理事会，以外来工管理外来工、以外来工服务外来工。一是对流动人口登记造册。做好基本情况登记，做到底子清、情况明。二是注重外来人口自管组织建设。从外来工中挑选出人员担任治安协管员和治安信息员来管理外来工。三是实施分层次管理。把外来工分为放心对象、不放心对象、重点控制对象三个层次进行管理。自创建“外来工之家”以来，龙江镇刑事治安案件同比下降81%，外来人员刑事治安犯罪同比下降95%；无黄赌毒、无偷抢群殴、无罢工上访现象；外来工维权意识强化、集体观念强化、遵纪守法行为强化、自我管理与担当社会责任能力强化。龙江镇“外来工之家”和“外来工之家工会联合会”的创建，是龙门县工会组织建设和倾注人文关怀的一大亮点和品牌。

【顺德区北滘镇总工会组织外来工子女旅游】 7月28日，由北滘镇总工会牵头，联合团镇委、镇流动人口和出租屋综合管理服务中心，共同举办“魅力小城·缤纷夏日欢乐游”活动，组织130多名外来务工人员子女旅游，镇党委书记徐国元“客串”导游，沿途现场解说，带领外来务工人员子女畅游北滘。这项活动是镇总工会响应上级“加强人文关怀、改善用工环境”而策划开展的系统活动之一，是特意为就读于镇内中小学校的外来务工人员子女准备的暑期节目，旨在通过组织外来务工人员子女免费游览体验小城魅力，增添暑期生活乐趣，为他们近距离了解北滘、增加认同感提供平台。这也是北滘首次举办类似活动。活动从北滘文化广场出发，依次参观游览美的集团、广东工业设计城、碧江金楼、北滘新公园广场。这些外来务工人员子女在参观过程中，从产业基石、工业设计、文化源流、城市新貌等视野纵览北滘的发展变迁。（梁广钊、张昌涛）

【云浮市郁南县连滩镇兴盛社区工会联合会情牵困境儿童】 自开展“和谐云浮·关爱儿童——‘爱心父母’牵手困境儿童志愿行动”以来，连滩镇兴盛社区工会联合会充分发挥工会组织作用，努力搭建奉献爱心平台，大力倡导助人为乐的传统美德，广泛发动社会各界人士献爱心，营造关心儿童的良好环境，帮助困境儿童健康成长，为构建和谐云浮作贡献。连滩镇兴盛社区由于地理位置特殊，居住人口有8700多人。工会主席郑燕文在平时的工作过程中发现社区里面有一个特殊的群体——困境儿童。这些困境儿童奋发进取、品学兼优，但因为家庭贫困、父母死亡或离异、父母长期外出务工等情况，他们的生存和发展面临着不少困难，存在着生活贫困、学业失教、家庭监护不到位等问题。镇总工会积极与社会热心人士、有关单位联系，对困境儿童开展学习生活、物质生活、情感生活的帮扶，帮助有困难的儿童健康成长。多年来，连滩镇兴盛社区工会联合会发动了十多位爱心父母、筹措了3万多元资金帮扶困境儿童。

（郁南县连滩镇工会）

【肇庆市端州区城西街道总工会着力抓好丰富外来工娱乐文化生活工作】 肇庆市端州区城西街道属下外资企业祥洲、祥昱鞋业有限公司外来工多达3000人，为营造良好和谐用工环境，城西街道工会积极配合区总工会、区文化局、区文化馆等有关部门，大力开展送戏、送电影进企业，举办有关健康宣传讲座等活动，通过健康宣传教育让广大外来工了解生命健康对人生的重要意义。街道总工会于各大节日都为祥洲、祥昱鞋业有限公司送电影、组织文艺演出多场。9月18

日的中秋联谊晚会，由专业人士及企业职工表演互动劲舞、独唱、爵士舞、乐器演奏等节目，将晚会气氛一次次推向高潮，现场员工看得津津有味。晚会中还穿插了外来工才艺展示和抽奖互动环节，令全场气氛异常热烈，欢声笑语连成一片。

（端州区城西街道总工会）

【中山市南头镇工委会积极开展职工帮扶救助工作】 中山市南头镇工委会依托“困难职工帮扶中心”，形成了物质帮扶与精神帮扶同步、“输血”帮扶与“造血”帮扶并举、短期帮扶与经常帮扶共济、工会帮扶与社会帮扶相结合的帮扶工作格局，使困难职工得到的实惠越来越多。一是注重实效，形成了包括信访接待、生活救助、医疗救助、助学救助、就业救助等在内的多层次帮扶机制。二是加强协调，营造良好的困难职工帮扶环境。加强帮扶中心工作协调，建立和畅通了劳动、民政、财政、司法、教育、卫生、信访等部门协商解决困难职工问题的渠道，形成党政群企和有关部门协商解决困难职工问题的工作机制。三是积极拓宽帮扶资金渠道，完善资金管理。竭力争取政府拨款、镇工会经费投入、社会捐助等多种形式筹措资金，逐步增大帮扶资金支出。同时，做好动员社会各界开展捐款捐物活动。2010 年“职工解困月”活动共募集到善款 33696.9 元。四是建立完善工作机制，强化帮扶效力。加强对帮扶中心工作的领导，成立工会帮扶工作领导小组，并建立健全了困难职工档案和工作机制，帮扶中心小组定期对遇到的各种实际问题开展调查研究，形成工作合力，切实做到为困难职工群众办实事、做好事、解难事。

【中山市沙溪镇工委会创新开展流动会员工会工作】 沙溪镇工委会在 2009 年建立沙溪镇流动会员工会委员会（以下简称“流动会员工会”）的基础上，创新筹措活动经费、筛选帮扶重点、拓宽会员来源等，进一步夯实和提升了流动会员工会的工作。第一，创新会费的收缴制度。切合流动会员的实际情况，创新会员会费的收缴办法，在建会初期一律免除流动会员会费，并将 2010 年流动会员工会活动费用纳入镇工委会的经费预算，确保流动会员工会的活动经费及时到位。第二，创新会员的关爱内容。一是创建知识吸收平台，打造流动会员职工书屋，搭建流动会员读书平台，为会员提供免费读书服务。二是创新健康关怀方式，通过提供免费体检、举办健康知识讲座、提供保健资料等多种措施提高流动会员的健康水平。三是创造情感交流平台。通过定期召开座谈会、出资举办生日会、建立流动会员 Q 群等多途径搭建情感沟通的平台，加强会员的交流。第三，创新会员的来源渠道。将处置欠薪逃匿案件作为密切联系、帮助困难职工，发展会员的切入口，并注重完善相关职工的基础资料。通过为职工代言、维权，体现工会组织的作用，让职工在受助中加深对工会的了解，自觉、主动向工会靠拢。

维护职工合法权益

【东莞市横沥镇总工会不断完善职诉求表达机制】 横沥镇总工会不断完善职工利益诉求表达机制，已建立健全基层工会调解委员会 236 个，成立劳动监督委员会 416 个。建立并坚持镇总工会定期向镇党委汇报工作制度，以及与同级政府联席会议制度、与镇人大的汇报沟通制度，2010 年，共召开各种联席会议 4 次。免费为职工提供法律咨询服务，共接受困难职工法律咨询 80 多人次。积极参与劳动纠纷的调处工作，全年受理 62 宗劳动争议案件，成功调解 36 宗；协助相关部门依法仲裁 26 宗。配合做好被拖欠职工（农民工）工资的核实和发放工作，帮助 1650 名职工追回欠薪 295 万元。

【珠海市金湾区三灶镇总工会维护职工合法权益】 三灶镇企业众多，劳资纠纷时有发生。每遇纠纷，镇总工会总是第一时间积极介入，巧借外力，化解矛盾，维护了职工合法权益。同时，积极做好帮扶解困工作，把真心实意为职工解决问题作为工作的出发点和落脚点。镇困难职工帮扶中心全年共救助困难职工 68 人次，其中大病救助 34 人次，困难救助 21 人次，助学 13 人次，发放救助资金 12.1 万元。2010 年珠海全市困难职工帮扶中心帮扶工作现场会在三灶镇召开，三灶镇是全市首批困难职工帮扶中心规范化建设中达标的先进单位，受到市总工会的表彰和奖励。（三灶镇总工会　张伟群）

【肇庆市封开县江口镇总工会凝聚合力，切实维权】 肇庆封开县江口镇总工会针对工会工作面大量广而机关人员少的特点，以及基层工会工作中存在的“肠梗阻”现象，在抓好区域性、行业性工会组建工作的基础上，采取重点突破、以点带面、上下联动、深入拓展的方法，着力加强镇总工会的建设，收到了很好的效果。由镇总工会牵头，镇劳务所、工商所、税务所、商会、安监所联合成立了江口镇企业工会组建协调委员会，进一步形成合力推进了工会组建建设。至 2010 年年底，已有 4 家 25 人以上的企业依法组建了独立工会，10 多家 25 人以下的小企业也先后成立了筹备工会小组。镇总工会通过街头宣传散发传单、走访返乡农民工等形式，进一步宣传职工维权知识，了解职工困难，积极维护职工的合法权利。江口镇政府自筹部分员工向镇总工会反映他们的工资较正式职工低，而且没有像正式职工那样购买住房公职金，经过镇总工会与江口镇政府相关负责人沟通协商，最后同意提高自筹部分职工工资待遇，并为他们购买了住房公职金。（封开县江口镇总工会）

积极开展劳动竞赛与技术创新

【顺德区容桂街道总工会评选“工人先锋号”、“先进班组”】 2010 年 1 月，容桂街道总工会开始组织评选企业“工人先锋号”、“先进班组”活动。经过宣传发动、审查评比等环节，顺德海尔电器有限公司钣金喷粉车间等 10 个车间被评为 2010 年容桂“工人先锋号”，前进实业有限公司染整小样工艺组等 10 个班组被评为 2010 年容桂“先进班组”，顺德货柜码头有限公司作业部吸车组等 26 个班组被评为 2010 年容桂“优秀班组”。街道总工会在“五一”前夕召开大会，对以上 46 个车间、正处级予以表彰，颁发奖牌和奖金。在受表彰的车间、班组中，顺德海尔公司的钣金喷粉车间最为突出，所创的“喷粉工艺代替喷漆彩板”技术革新项目，仅用 2 个月时间，就成功用先进、节能、环保的喷粉工艺代替了喷漆和彩板技术，该技术革新项目，在国内同行业中，处于领先水平。这一技术项目在海尔集团六个洗衣机系统事业部成功推广，不但改善了工人劳动卫生条件、降低了劳动强度，而且取得了显著的经济效益，每年可优化制造成本 6679 万元，使事业部产能提高 236%，此外生产过程更环保、更节能，剩余粉末可回收使用，仅此一项每年能节约能源费用 300 多万元。（陈玉莲、张昌涛）

【东莞市石龙镇总工会大力开展技能竞赛活动】 石龙镇总工会以创建“工人先锋号”为载体，动员和组织各类企业广泛开展岗位技能竞赛、技能培训、技术革新、发明创新等活动，同时，发挥职工技协组织的作用，发动广大职工积极参与，勇于实践，大胆创新。2010 年，全镇共开展劳动竞赛 134 项，参加人数 5350 人，提合理化建议 359 件，被采纳 175 件；开展技术革新 113 项，技术改造 52 项；推广新技术、新工艺、新材料 37 项；节电 294 万度，节油 10 吨；技术培训 204 期 6360 人次，技术讲座 42 期 3060 人次；技术表演 184 人次。共创经济效益 1245 万元。

基层工会

基层工会建设

【广东三A不锈钢制品集团有限公司工会作用发挥明显】 云浮市新兴县广东三A不锈钢制品集团有限公司工会充分发挥工会组织的作用，影响力不断扩大，吸引力和凝聚力不断增强。2010年，三A集团公司工会坚持依靠职工、服务职工，切切实实为职工和企业做了大量的具体工作。为了加强公司安全生产的管理水平，提高员工的消防意识和技术，集团公司工会于4月和9月邀请县消防大队官兵与员工开展消防演练。6月组织开展“爱心父母与困难儿童结对扶助”，对3位单亲儿童和3位孤儿落实了结对帮扶。8月17日举办了急救知识培训班，增强职工的应急意识，提高急救技能。8月27日组织发动了公司60多名职工开展无偿献血活动。9月11日组织技术人员参加“新兴县第一届不锈钢加工技术职业技能大赛”，并获得了第二名。10月11—14日，组织780名职工参加健康体检。10月6日，发出“一家有难，百家支持”倡议书，发动职工捐款28480元，帮助本公司女职工解决其患急性白血病儿子的部分医疗费。10月22日，组织举办了篮球比赛。组织舞蹈队参加县委宣传部和县总工会于11月18日联合举办的“新兴县民营企业文艺表演”，并获得了二等奖。12月10日，组织400多名女职工开展乳腺癌检查。12月22—24日，组织举办了职业技能培训班，共300多名职工参加了培训。

（广东三A不锈钢制品集团有限公司工会）

【雅居乐中山区域中心成立工联会】 4月13日，雅居乐地产置业有限公司中山区域中心成立了工联会，成为中山市东区第一家以企业形式成立的工联会。雅居乐地产置业有限公司中山区域是一家拥有几千名员工，品牌知名度享誉全国的房地产企业。该公司在取得良好业绩的同时，更加用心关怀员工生活，定期组织员工外出旅游，扩阔员工视野，经常举办文娱康体活动，丰富员工文化生活，并积极组织各类技能培训，提高员工素质。公司了解到工会组织的职能作用后，认识到工会组织不仅仅是维护职工合法权益的组织，还是企业与员工之间沟通的平台，更能有效协调两者的关系，提升企业凝聚力，使员工有一种归属感，安心为企业服务，创造更大的经济效益，实现双赢局面，因此，在中山市总工会的大力支持和东区工委会的多方努力下，顺利成立了工联会，属下四大项目公司也分别成立了基层工会。

【郁南烟草专卖局工会发挥职能作用，努力为经济加油】 2010年，郁南烟草专卖局工会在郁南县总工会和单位党政的领导下，以科学发展为主题，以推动发展方式转变为主线，以推动“卷烟上水平”为主要任务，深入推进办事公开、民主管理工作，切实保障员工的知情权、参与权、表达权和监督权；积极为员工办好事、实事，增强员工的大局意识、责任意识，增强工会的组织凝聚力；推动女职工专项集体合同签订工作，帮助解决女职工劳动权益的热点、难点问题；以岗位技术培训为重点，深入实施女职工“建功立业工程”和“素质提升工程”，做到有组织、有计划、有典型、有评比，在职女职工中90%以上取得了初、中、高各级资格证书；配合行政开展实际、实用、有效的业务、技能培训，如针对营销员技能培训、写作学习班、电脑操作知识培训、义务消防演练、安全生产教育学习等，为企业持续稳定发展打下良好的基础。一年来，被郁南县总工会评为“推进女职工权益专项集体合同工作先进集体”、被云浮市总工会评为“实施‘两项工程’工作先进集体”；共实现销售收入 18008 万元，同比增长 4.26%；创税 1835 万元，同比增长 23.99%，为经济社会建设作出了贡献。

（云浮市郁南县烟草专卖局工会）

【云硫集团召开第一届职代会暨第一次工会会员代表大会】 2010 年 3 月 12 日，原云浮硫铁矿企业集团公司实施公司制改造，更名为云浮广业硫铁矿集团有限公司（以下简称“云硫集团”）。为理顺工会组织机构，完善公司法人治理结构，云硫集团 6 月 30 日召开职工代表大会民主选举产生了 1 名职工董事和 1 名职工监事；9 月 10 日，召开云浮广业硫铁矿集团有限公司第一届职代会、工代会，以无记名投票方式民主选举产生由付浩等 17 人组成的新一届工会委员会委员和新一届工会经费审查委员会委员。

（云浮硫铁矿企业集团公司工会）

【肇庆广宁县地税局工会规范化建设成果显著】 肇庆广宁县地方税务局是肇庆市典型的欠发达山区县地方税务局，设有办公室等 5 个股室，稽查局、纳税人服务中心，2 个直属单位和下辖城区等 5 个基层税务分局。现有在职干部职工 106 人，工会会员 106 人，干部职工入会率达 100%。该局工会积极发挥职能作用，认真贯彻落实《广东省总工会关于深入开展固本强基建设职工之家活动意见》和县委县政府《关于开展基层工会规范化建设工作的通知》精神，按照实施工会规范化建设的标准，做到了“六好”、“六有”。2009 年 11 月，县总工会在该局召开全县基层工会规范建设现场会，全县推广该局工会在规范化建设工作中取得的成功经验。该局认真抓好规范化建设，积极开展创建“先进、模范职工之家”和文明单位活动，取得了显著成绩。局班子在 2005—2008 年度连续被肇庆市地税局党组评为“团结、廉洁、开拓”好班子；2007 年被县委、县政府评为“先进集体”；2008－2009 年度获得落实科学发展观绩效考核一等奖；2009 年获肇庆市“先进职工之家”和“省模范职工之家”称号，2010 年获全国模范职工之家称号。 （肇庆市广宁县总工会）

和谐企业建设

【广州松下电工公司召开首次劳资座谈会】 2010 年 9 月 2 日下午，松下电工电子材料（广州）有限公司（以下简称“松下电工”）召开了首次劳资座谈会，公司工会委员、员工代表及公司副课长以上的高层领导参加了座谈会，萝岗区总工会副主席夏凤珍应邀出席座谈会并作指导与点评。这是松下电工成立 11 年以来，第一次举行员工和公司各高层面对面的座谈会。会上，公司总经理森弘行向与会人员介绍了公司的生产经营业绩及今后的目标，并表示公司对各员工寄予厚望；设备技术部副经理王伟介绍了公司在安全方面的努力及改善，特别是为了让现场员工有个安全、舒适的工作环境，设备人员想方设法改善作业环境，达到安全生产，舒适工作。员工代表在会上向公司提出了 13 条建议和提案，内容涉及员工福利、生活饮食、技能竞赛，公司各高层一一为员工代表解答。工会主席姜彬对座谈会进行了总结。区总工会副主席夏凤珍对座谈会进行了点评，她希望公司工会及员工代表一定要结合公司和员工的实际情况，努力地做好工会的工作，提高员工满意度；并指出，员工的要求不仅是在福利方面，也要合适地开展技能竞赛，实现员工与公司共同发展、和谐共赢。 （林小元）

【广东长城集团工会切实加强职工人文关怀】

潮州市广东长城集团工会采取措施，切实加强职工人文关怀：一是设立行政信箱，收集员工心声，使公司中高层管理者与一线员工始终保持密切联系，帮助员工预防、应对、缓解各种职业心理健康问题及危急事件，助力员工身心健康。二是组织员工开展以“安全生产”为主题的座谈会，针对公司存有安全隐患的地方进行分析，并落实解决方案；对各生产车间落实安全生产第一责任人，为员工的生产提供安全保障。三是高温酷暑的季节，专门对防暑降温工作进行了专项检查，为职工送上了防暑降温药品和饮料，对从事窑炉高温工作的员工给予高温津贴。四是为员工提供宽敞舒适的宿舍，专门为夫妻员工配备夫妻套房；同时，公司设置了“职工子女文化活动中心”，并配备了图书、棋类、电视，在寒暑假及周末还聘请辅导教师，辅导员工子女学习。五是为员工提供休闲活动室，并配备了桌球、乒乓球等健身器材。还成立了“长城俱乐部”，聘请专业老师为喜欢音乐、舞蹈的员工上课。公司工会还组织了“春节联欢晚会”，晚会节目由员工们自编自演，让留厂员工充分感受到了长城大家庭的温暖。

（潮州市枫溪区总工会）

【广东三和化工科技有限公司加强人文关怀营造和谐用工环境】　广东三和化工科技有限公司坚持以以人为本的理念和建立新型劳动关系为出发点和落脚点，以“加强人文关怀，构建和谐劳动关系”为目标，开创了团结、和谐、稳定、发展的良好局面。一是领导高度重视，树立人文关怀理念。三和公司领导层高度重视加强企业人文关怀，有效地促进了企业劳动关系和谐，实现了企业发展与职工成长的双赢。二是推进民主管理，保障员工民主权利。公司以职代会为载体，以企情发布为手段，以企业劳动争议调解委员会和工会为依托，充分发挥员工的主人翁作用，积极保障员工民主权利，从而实现了劳资双方平等相处、合作共赢。三是维护员工权益，促进劳动关系和谐。为切实维护广大员工的合法权益，公司依据《工会法》等法律法规，先后制定了企业的劳动合同制度、集体合同制度、薪资协商制度和劳动争议调解制度等多项制度，建章立制，使企业职工人文关怀常态化。四是用心服务员工，彰显企业人文关怀。公司始终把关心员工、善待员工放在心上，落实在行动上，切实帮助解决员工实际困难，并不断丰富员工业余生活。五是提高员工素质，重视企业文化建设。三和公司十分注重职工素质的提升，严抓岗位技能培训和企业文化建设，积极发展丰富多彩、昂扬向上的企业文化和职工文化，形成企业文化建设的工作网络，不断满足广大职工日益增长的精神文化需求。

【广东温氏食品集团有限公司工会大力发展和谐劳动关系】　广东温氏食品集团有限公司工会积极履行工会职能，抓住发展和谐劳动关系这条主线，维护职工队伍稳定，促进了企业和谐发展。一是加强基层调研，收集员工心声，化解矛盾。公司工会深入到各分公司开展调研，通过召开员工座谈会、问卷调查、个别员工访谈等方式，了解员工心声，对职工反映的意见进行整理，并及时反馈至集团公司作为参考；妥善处理了6起员工投诉，避免了矛盾的激发。二是开展扶贫帮困工作，切实为职工排忧解难。公司工会组织各工会小组以走访、聚餐、送慰问金等方式，开展向退休干部职工、贫困职工、患重大疾病职工送温暖活动，帮助患重病职工、困难职工27人向温北英基金会申请到困难补助共19.65万元。三是开展形式多样的文体娱乐活动，营造和谐向上的企业氛围。春节期间，组织了外省留守单身员工迎春活动，让留守员工感受到公司大家庭的温暖；成功举办“高管与您面对面”活动，促进了公司管理层与基层职工之间的沟通；在节日期间，与公司妇委、团委联合举办了歌唱比赛、篮球赛、足球赛、户外郊游、篝火晚会等活动，增强职工之间的交流与沟通。四是积极参与社会公益事业，提升企业影响力。组织职工为青海玉树地震灾区进行募捐，共筹捐款60多万元；于节日期间，到县、镇敬老院看望孤寡老人，送上节日礼品、慰问金；组织新兴县内的分公司职工开展无偿献血活动。

（广东温氏食品集团有限公司工会）

【东莞沃尔玛百货有限公司扎实推进工资集体协商】 东莞沃尔玛百货有限公司是美国沃尔玛在东莞创立的一家中外合资企业，现有职工307人。公司于2006年10月13日成立了工会，职工入会率为100%。工会作为公司与职工的桥梁，在丰富员工生活、关怀职工、调节劳资纠纷等方面一直发挥着积极的作用，受到市总工会的肯定和认可，尤其是工资集体协商工作，更是走在全市的前列，树立了良好的典范。东莞沃尔玛百货有限公司的工资集体协商合同是随2007年的集体合同一起签订的，协商机制是每年3月份由工会代表与行政方根据当年企业的盈利状况和市场经济形势友好协商年度平均调薪比例。协商期间，工会一方面收集职工的意见，参考政府公布的工资指导价和物价指数等资料，另一方面结合企业的损益数据，对外争取企业更多地分享营业利润，对内正确引导职工合理的期望值，促进了劳资双方更好地沟通和理解，创建和谐沃尔玛。2007年以来，全体会员的工资都实现了增长，即使在2009年经济危机期间，沃尔玛的工资集体协商更好地体现了职工是企业的主人翁，职工及时地享受了企业创造的价值，满意度提高了，工作效率也提高了，实现了企业和职工的双赢。

【惠州市大亚湾经济技术开发区太东集团有限公司工会积极打造和谐企业】 惠州市太东集团有限公司工会自2010年3月成立以来，积极履行工会职能，加强企业人文关怀，依法维护员工合法权益，促进了公司的和谐发展：一是工会组织机构健全。成立了集团工会内设机构，下属的20多家子公司、控股公司都成立了工会分会。二是相关制度落实。较快落实了公司职代会制度，选举出职工董事、职工监事进入到集团决策机构；落实司务公开制度，协助公司方制定出事关职工切身利益、保护职工合法权益系列管理制度，并将各项制度及相关办事程序统一张贴在公司大堂公示，接受监督；落实劳动争议调解机制，签订了女职工劳动保护集体合同；落实困难职工帮扶机制，健全了困难职工档案，开展了系列送温暖活动和扶贫助学活动。三是重视职工安全生产教育。开展“安康杯”安全知识竞赛活动，增强了企业的安全责任意识和职工的安全生产意识。四是员工的业余文化生活丰富多彩。工会先后组织了文艺晚会、篮球赛、游园等各种文体娱乐活动，丰富了职工的精神文化生活。8月19日，太东集团有限公司董事长苏志团在大亚湾区全面推进企业工会组建工作动员会议上作了经验介绍。年底，太东集团审计中心荣获广东省“工人先锋号”荣誉称号。

企业文化建设与职工文体活动

【潮安县金叶公司工会认真开展创建职工书屋活动】 潮安金叶公司工会严格按照上级

工会的工作要求，认真开展创建职工书屋活动，不断满足广大职工日益增长的精神生活需求，促进职工文化素质的提高。公司工会积极争取公司党政领导的重视和支持，腾出90平方米的场地建设职工书屋，并投入资金8万多元，配备电脑、书架、空调和阅读书桌以及其他配套设施，使职工有一个良好的读书环境。在县总工会赠送了一大批书籍的基础上，公司工会根据各部门所需要的书籍类型，征订了十余种报刊，购置了一批书籍，2010年，书屋共有书籍1000余册，总体上能够满足公司职工的阅读需求。公司工会以职工书屋为载体，积极开展“创建学习型组织、争当知识型职工”活动，倡导“人人学习、终身学习”理念，不断增强职工对读书的重要性的认识；教育职工养成爱读书、读好书的习惯，鼓励职工挤时间每天读书二十分钟学习知识，呼吁全体职工根据个人的兴趣，选择自己所需的书籍，积极参加到读书活动中来。（沈忆斯）

【潮安烟草公司工会大力加强企业文化建设】 潮安烟草公司工会积极开展各类活动，推动企业文化建设。一是开展“书香企业”读书活动。建立企业学习论坛，实施读书交流制度，全年组织读书活动20多场次，400多人次参加；购买各类书籍200多本，发放爱书卡190多张；举行“争当读书标兵”演讲活动，并选送2名同志参加上级举办的演讲比赛，其中一位同志获得了市局比赛第2名和潮州市市直机关演讲比赛的三等奖。二是开展岗位技能培训、竞赛活动。举办多期初、中级营销员和专卖管理员培训班，并组织人员参加市公司技能鉴定培训班的学习。2010年通过初、中、高级营销员及专卖管理员技能鉴定人数已达98人，占全员的67.5%。同时，还举办了驾驶员技能、真假烟鉴别、客户服务技能比赛等，全年共举办技能比赛5场次，130多人次参加了比赛活动。三是开展丰富多彩的文化活动。购置了二胡、琵琶、扬琴、古筝、萨克斯等乐器，聘请民族乐器老师到公司辅导培训；与县检察院联合举办“爱我中华”文艺汇演，组织节目参加市局迎春晚会汇演，获得了一、二等奖的好成绩。工会还举办了灯谜会猜、羽毛球、象棋等比赛活动，与县人民武装部联合，组织职工参加军事演练和爱国主义教育。（沈忆斯）

【潮州市创佳集团有限公司广泛开展创建学习型企业活动】 潮州市创佳集团有限公司工会通过多种形式，开展创建学习型企业活动，全面提升职工整体素质，促进企业持续、稳定、健康地发展。一是开展形式多样的主题教育活动。切实加强职工的职业道德、民主法制等教育，帮助职工树立正确理想信念，培养高尚的道德情操和职业操守。二是创新学习活动载体，构筑员工学习平台。针对不同专业、不同层面员工的特点，充分利用创佳集团的培训中心、职工之家等阵地，为员工学习创造条件，吸引员工群众广泛参加。三是不断丰富活动内容，深入开展读书自学活动。结合企业改革和发展实际，将读书自学与员工素质教育紧密地结合起来，鼓励和引导员工学习并掌握现代科学技术知识。四是大力开展工作创新、岗位练兵和业务技术竞赛活动。强化员工的优质服务意识，提高业务技能、服务质量和工作效率。五是强化员工的岗位资格、履职能力培训。进一步整合不同层次、不同专业和技能的培训，本着“需要什么学什么，缺少什么补什么”的原则，拓宽教育培训的深度和广度，努力满足广大员工日益增长的更新知识、继续学习、不断发展的需求。

（潮州市创佳集团有限公司工会）

【潮州市瓷都中学工会发挥作用，促进学校发展】 潮州市瓷都中学工会积极配合学校有关部门，切实加强制度建设，认真履行监督职能，促进学校发展。一是构建制度，力促规范。学校工会多次组织教工代表讨论、审议、补充有关制度，促进学校建立一整套符合教工实际，操作性强，比较科学化、人性化，初具特色的工作管理制度，有力地加强了学校教育与管理，体现了“关注人本，和谐同生”的办学理念和“严、实、细”的教学管理特色。二是注重实效，不断完善。结合制度实施的情况，学校工会及时向学校行政提出调整和完善有关制度的建议，使学校管理从单一管理模式到分层管理模式再到互动管理模式逐步过渡，全面实施“行政、班主任、非教学人员”综合评价互动管理模式，努力使学校管理置身于全体教职员工的全员参与、全程监督评价之下，不断提高管理民主化和科学化水平。三是发扬民主、加强监督。学校积极推行校务公开制度，做到校务公开与学校管理目标、与规章制度、与深化学校内部管理体制改革相结合；坚持以教代会为校务公开的主要形式，坚持定期召开教代会，审议、讨论学校的重大决策，形成共识，形成合力，推动了学校的教育教学的发展。 （潮州市枫溪区总工会）

【东莞市锦厦、涌头两个社区工联会创新工会宣传载体，创办村（社区）工联会刊物】 为进一步扩大工会的影响，将工会的宣传渠道通过村（社区）延伸到企业工会，长安镇锦厦和涌头两个社区工联会创办了村（社区）一级工会宣传刊物。锦厦社区工会联合会于2010年元月创办了《和谐锦厦报》，由社区工联会负责主编，《和谐锦厦报》是季刊，每期发行总量为2000份，2010年已发行了四期。《涌头工会报》由涌头社区工联会主办，创刊于2009年10月，每季度一刊，每期发行总量为1500份，2010年已发行了五期。这两份刊物均实行免费赠送，报刊经费由社区工联会筹集，发行范围仅限于该社区管辖的企业，内容涵盖有综合信息、员工论谈、文化生活等，主要报道市、镇和村三级工会近期发生的重要事件，转发与企业、员工息息相关的最新政策措施，发表员工的文艺作品等，成为社区工联会与企业工会相互交流的平台，更是吐露员工心声、展示员工才华的重要舞台。

【工行广东省分行营业部开展工会知识竞赛提升工会凝聚力】 2010年，工行广东分行营业部工会加强组织领导、广泛宣传发动，在全行职工中开展了一系列以“工会在我身边”为主题的工会知识学习推广活动，进一步增强和提升工会组织的影响力。分行工会向各基层工会下发“铁人杯”全国职工工会知识竞赛试题、答题卡以及参考答案供各工会小组学习使用，各工会小组利用晨会、集中学习、网络宣传等多种形式对员工进行辅导。活动进一步增强和提升了工会组织的吸引力、凝聚力和感召力，体现了工行“共创、共建、共享”和谐家园的企业文化，并促进各项业务又好又快发展。 （林小元）

【广东红海湾发电有限公司成立文体协会丰富职工文体生活】 汕尾市广东红海湾发电有限公司坚持以人为本，践行科学发展观，把丰富职工业余文化生活作为公司践行科学发展观的一项具体措施来抓。该公司成立了文体协会，并制定了《广东红海湾发电有限公司职工文体协会章程》，成立了包括篮球、足球、羽毛球、乒乓球、排球、自行车、健身、书画摄影、音乐、登山、航模和裁判等12个文体协会，会员300多名。2010年，该公司陆续聘请茶艺师、品酒师、礼仪师等为员工讲课，提高员工的生活品味，建造一个让公司员工老有所益、女有所容、男有所喜、家家和美、人人快乐的职工之家。

【江门市蓬江区教育工会开展评选“十位最受欢迎的老师”活动】　蓬江区教育工会从2008年10月开始开展评选“我最喜爱的老师”活动，通过问卷调查、推荐评选、公示上报等程序，全区共有77名教师被评为“我最喜爱的老师”；2010年通过深入学校调研访谈等形式，从这77名教师中产生出20名优秀代表参加“蓬江区十位最受欢迎的教师”现场答辩会，在此基础上评选出蓬江区十位最受欢迎的教师。此次评选活动切实加强了全区的师德师风教育，构建了良好师生关系，造就了一支爱岗敬业、业务精湛、让人民满意的教师队伍。　（卢燕芳）

【茂名市交运集团公司工会开展“舞动起来，与健康同行”系列活动，加强企业文化建设】　茂名市交通运输集团有限公司工会2010年启动并举办职工“舞动起来，与健康同行”系列活动，促进了企业文化建设。一是开展职工舞蹈培训。组织所属各单位工会积极分子和舞蹈骨干参加市工人文化宫举办的舞蹈培训班，使他们掌握各种交谊舞技巧，并由这些工会积极分子和舞蹈骨干负责辅导、教会本单位职工。公司属下的各单位也定期举办舞蹈学习会，发动基层的职工踊跃参与。二是定期举办舞会。每月两次组织职工到市工人文化宫舞厅举办舞会；所属的各单位每月也举行2～4次舞会，带动职工踊跃参“舞”，达到强身健体的目的。三是带动职工节日文体活动的开展。每逢“三八”、“五一”、国庆、元旦等传统节日，举办职工篮球赛、乒乓球赛、羽毛球赛、大众体育比赛等各种文娱体育活动，促进职工身心健康。　（茂名市交运集团公司工会）

【南海西部油田点燃读书激情，共建书香油田】　一直以来，南海西部油田及各单位都非常重视企业文化建设，2010年，按照建设“全国职工书屋”要求，通过精心安排组织，唱响学习“大庆精神”、“铁人精神”读书活动三部曲：一是编写并印发《大庆精神、铁人精神学习手册》；二是举行“学习大庆精神、铁人精神报告会”；三是举办“我为5000万吨献青春”演讲比赛；四是举行“《奠基颂》弘扬大庆会战精神、建设‘海上大庆’音舞诗展演”活动；五是举行学习“大庆精神”、“铁人精神”读书活动征文比赛；六是举行读书征文比赛颁奖大会暨学习交流会。其中，“《奠基颂》弘扬大庆会战精神、建设‘海上大庆’音舞诗展演”活动得到了全国总工会领导的好评。这些活动让广大干部职工对以全国著名劳动模范、铁人王进喜为代表的老一辈石油人的崇高思想和优秀品德有了更真实的体会，对“爱国、创业、求实、奉献”的大庆精神有了更深刻的理解，加强了职工的思想政治教育，促进了“学习型组织”建设，提高了职工的文化水平和整体素质，许多职工在市各类读书活动中纷纷获奖，增强了员工的责任意识、大局意识、发展意识和奉献精神，共同构建了一个学习氛围浓郁、飘满书香的和谐油田，为南海西部油田完成1200万方油当量生产任务，总公司上产5000万、建设“海上大庆”提供了强大的文化支持和精神支撑。南海西部公司工会因此被评为全国“优秀职工书屋示范点”，工会副主席黄早香被推荐为“优秀职工书屋建设者”。

（中国海洋石油南海西部公司工会）

【饶平县教育工会切实加强师德师风教育】　饶平县教育工会紧紧围绕县教育事业发展大局，广泛开展师德师风建设活动。一是配合庆祝教师节，开展“师德建设月”活动，在全县所有学校开展以“爱与责任”为主题的青年教师师德演讲比赛，各学校工会精心组织，演讲内容真实感人，让全县教师深受教育。县教育工会还组织教师结对学生，帮助学生解决学习、心理障碍和家庭经济等困难。二是评选表彰县师德模范，运用各种媒体宣传优秀教师的先进事迹，发挥示范带动效应，推动师德建设再上新台阶。三是组织广大教师深入学习新修订的《中小学教师职业道德规范》，深刻理解新时期教师职业道德的基本内容和基本要求，严格执行“四教”承诺和“八要十不”自律规定。四是大力弘扬新时期人民教师的高尚师德和奉献精神。广泛宣传省十佳师德模范的先进事迹，组织广大教师以提高教育教学质量为目标，广泛开展岗位练兵、技能比赛、合理化建议等群众性竞赛活动和建功立业活动。

（中国教育工会饶平县委员会）

劳动竞赛与技术创新

【广东千色花化工有限公司开展“安康杯”竞赛活动】 近年来，公司工会积极争取公司行政高层的重视和支持，开展以“强化安全意识技能、促进安全生产”为主题的“安康杯”竞赛活动，确保了多年的安全生产零事故，使企业成为了环保生产企业。一是确定活动目标和工作措施。制定出切实可行的竞赛活动实施方案和考核细则，建立安全工作责任制，落实到人，形成“人人讲安全、事事要安全”的工作氛围。二是加大宣传力度，确保活动顺利发展。利用黑板报、宣传栏、简报等平台，广泛宣传“零重大事故、零伤害、零污染”，并组织职工进行安全知识考试，使活动深入到每位职工的心中。三是围绕竞赛活动主题，开展系列安全生产竞赛活动。围绕“十个一”活动，大力开展安全生产自查自纠。通过查事故隐患、纠违章行为、提合理化建议、查违纪行为、落实整改措施，确保生产安全、财产安全、交通安全。将规范管理融入“安康杯”活动之中，把党员“创优质岗工作”推及全厂，在全厂范围内开展了岗位标准化管理。加强设备检修，保证生产设备运行良好。加强防火工作，落实防火责任。全员行动，大力开展美化、绿化厂区，治理现场环境等活动，为公司创造出了更加安全、优美的生产环境。四是关心职工身体健康。每年请环保、卫生等部门到公司进行监控。高温季节对车间进行喷淋降温，增加换气量，安排厂食堂每周两次送去绿豆水解渴降温等。

（江门市新会区总工会办公室）

【广东省二建公司工会多举措提升职工素质】

广东省第二建筑工程公司工会开展多项活动，促进职工素质提升，助推企业发展。深入开展“安康杯”竞赛活动，提高职工安全生产意识。开展业务培训，为公司长远发展储备人才。公司工会与粤建培训学校合作高起点、高要求、高质量，招收有志于建筑行业而未就业的大、中专（建筑专业）毕业的适龄青年以及部分转岗人员和原公司下岗分流人员（高中学历）参加安全员、质量管理员岗位培训，为公司储备高水准的合格质安后备人才队伍。组织参加知识竞赛，活跃女职工队伍。公司工会推选出4位选手参加广东省建工集团女职委组织举办的“迎亚运·促健康·展风采”知识竞赛活动，最终荣获此次知识竞赛的优胜奖以及最佳组织奖。

【广东新华粤石化股份有限公司开展争当“一模二星三能手”竞赛活动】 为进一步推进“创先争优”活动深入开展，充实“比学赶帮超”活动载体，广东新华粤石化股份有限公司从2010年起开展争当“一模二星三能手”竞赛活动（一模是劳动模范，二星是创业之星、希望之星，三能手是科研能手、经营能手和操作能手），分设6个单项奖，每年评选一次，每个奖项3名共评18名，若评选条件不够申报时允许空缺。竞赛活动采用精神激励和物质奖励相结合，以精神激励为主、物质奖励为辅的办法，在年度综合性大会上进行表彰，并采取内部网站和报纸开辟专栏、举行先进事迹报告会等形式，大张旗鼓地宣传先进典型事迹，努力营造尊重劳模、学习劳模、崇尚劳模、争当劳模的良好氛围。在新华粤第一届职工代表大会第二次会议暨年度工作会议上，对2010年获得“一模二星三能手”的先进人物进行了表彰。

（广东新华粤石化股份有限公司工会　黄玉玲）

【惠州市九惠制药股份有限公司劳动竞赛有声有色】　2010年，惠州市九惠制药股份有限公司工会大力开展“争当九惠明星，争做岗位先锋”等各项劳动竞赛活动，根据不同工种和生产标准确定了“产量明星”、“进步明星”、“技术创新明星”、“创历史新高明星”以及“明星团队”等五项荣誉，给生产一线的员工提供了一个展示自我的平台。通过开展系列的劳动竞赛，不但在企业内部涌现出了个人及集体先进人物，更获得了惠城区、惠州市、广东省乃至国家级的荣誉。其中，公司总经理黄辉球、提取车间主任黄石连获得全国劳动模范称号；副总经理屈喜玲获全国五一劳动奖章；软膏车间组长徐洪涛获广东省优秀外来工、惠州市百佳外来工称号；设备部部长徐福斌获惠州市劳动模范称号；质量部部长黄志刚、设备部部长徐福斌、财务部副部长戴锦胜、电工班员工邓玉良获惠城区劳动模范称号；胶囊车间员工黄运洪获惠州市“十佳”外来工称号；以及其他获惠城区优秀和先进外来工称号的员工共52名。公司工会通过张贴喜报、贴员工相片、上光荣榜、开表彰大会、刊登《九惠报》、九惠网站发布等形式，大力弘扬劳模和先进人物的先进事迹，树立员工学习的标杆，用身边榜样的先进事迹和模范行为影响全体职工，极大地鼓舞了员工的工作热情，激发了员工工作的主动性和创造性，在全公司形成了学习劳模、争当优秀、岗位建功、争创佳绩的良好风尚。

【建行汕头分行举办职工柜面业务技能竞赛】

2010年初，建行汕头市分行工会在全行组织掀起员工柜面业务技能练兵活动。行各网点充分利用班前、班后等业余时间，发动员工苦练基本功。经过2个多月的大练兵，于4月17日至26日举行了全行计算机汉字录入、计算机翻打凭条、多指多张点钞、单指单张点钞等柜面业务技能大赛。这次大赛的最大特点是设置了团体奖项，团体成绩由各网点参赛员工成绩组成，扩大了参赛面，参赛员工多达400多人，改变了以往竞赛仅选配强手参赛，其余员工不练不赛的现象，促进了各网点全体员工苦练基本功，你帮我学、互相促进，切实提高了柜面业务技能。

【潮州市湘桥区人民医院住院部开展创建“工人先锋号”活动】　湘桥区人民医院住院部积极开展以“一流服务，一流团队”为内容的“工人先锋号”创建活动，有效促进了科室业务的发展。一是加强职工政治理论和医疗业务学习。坚持每月两次的政治理论学习，教育和引导全科职工遵守法律法规和职业道德，自觉抵制收红包、拿回扣等丑恶现象；坚持每月的医疗业务讨论，不断提高职工的业务技能。住院部形成了人人学习、自觉学习、终身学习的氛围。二是着力打造爱岗敬业，一流服务的团队。在下半年住院病人明显增多，住院部医护人员严重不足的情况下，全体医护人员任劳任怨，从不计较个人利益，有紧急手术大家随喊随到；坚持优质服务，在四个季度开展的病人满意度调查中，病人满意度均达 98%以上。三是坚持走“科技兴医”之路，积极开展新技术新项目，先后开展了导平康复、神经内科等新技术新项目，获得患者的一致好评。四是积极开展各种文体活动，陶冶情操。住院部医护人员积极参加各种文体活动和社会公益活动，在节假日还经常组织开展形式多样、内容丰富的业余文体活动，丰富职工的业余文化生活。（潮州市湘桥区人民医院工会）

厂务公开与职工民主管理

【广州摩托集团领导与职工代表对话交流】 2010 年 3 月 11 日下午，广州摩托集团公司召开了领导班子成员与职工代表对话会，集团公司党委书记李章群和副总经理梁翠薇、温燕忠，以及人力资源部、企业管理部、工会办公室的负责人与来自集团所属各单位的职工代表共 25 人参加了会议。会议由集团工会主席黄英杰主持，温燕忠首先介绍了集团公司的生产经营形势，随后，集团公司领导和部室负责人认真听取了与会职工代表反映的热点问题，李章群书记、梁翠薇副总经理等集团领导就职工普遍关心的生产经营、改革发展、生活福利、收入等诸多问题与职工代表进行了真诚沟通和解答。会场气氛热烈，对话诚恳，自始至终洋溢着信任、和谐、理解的民主氛围。会后，集团领导还专门组织跟踪、了解有关重要问题的具体情况和落实整改工作。通过党政领导和职工代表一起进行面对面的民主交流对话，作为集团公司厂务公开的一项重要内容，深化了集团公司的民主管理工作，为推动集团公司和谐稳定发挥积极的作用。（林小元）

【广州珠啤集团职工合理化建议项目受职代会表彰】 2010 年，在广州珠啤集团职代会上，由工会牵头组织的职工合理化建议活动作为特别奖励项目受到了表彰。珠啤工会开展了以“立足岗位、献计献策、提升绩效”为主题，以“加强管理、降本增效”为内容的合理化建议活动，发动职工，立足本职岗位，围绕促管理、保增长、节开支，从自我做起，从身边做起，在节约能源、压减管理成本、降低销售费用、推动科技创新等方面提出合理化建议。珠啤工会运用了平衡计分卡管理体系，确定合理化建议工作绩效目标、绩效标准和工作流程，制订并实施合理化建议计分方案，对合理化建议活动的开展情况进行排名管理，调动了各单位和职工立足岗位提合理化建议的积极性和主动性，促进职工合理化建议活动持续开展并取得理想效果。一年来，共收到职工合理化建议 2666 条，实施 1593 条，取得经济效益超过 200 万元。（林小元）

【东莞市桥头技研新阳电器厂厂务公开聚人心，民主管理促发展】 桥头技研新阳电器厂是一家拥有数千名员工的知名日资企业。公司将厂务公开当作一项重要工作来抓，制订一整套厂务公开制度和实施办法，细化厂务公开的内容、形式、程序，坚持把职工最关心、反映最强烈的问题，涉及职工切身利益、需让职工清楚的问题，容易引发矛盾的问题，关系企业改革、发展、稳定、体现职工民主权利、民主决策的问题等“四个方面”的问题，作为厂务公开的重点，通过职工代表大会、公司信息网络平台、宣传栏、《新阳之路》内部刊物等多种形式，进行信息公开，还利用邮政局设置在厂内的柜员机工资网上查询系统供员工查询。公司还利用多种渠道广泛收集职工的意见和建议，提高民主管理和决策水平。一是推进班组文化活动小组建设，鼓励员工大胆说话。二是开展QCC活动，鼓励员工对各项工作和生活情况进行监督和改善。三是设立总经理、职工代表、部长、人事部、“新阳之路”等多种信箱，收集员工意见、建议和投诉。四是经常召开员工工作、生活交流会。五是总经理每年不定期召开接待会，与职工交流。六是工会在各车间都设有女工委员、男工委员、爱心大使、职工代表。此外，公司工会还设有“热线电话”了解职工心声。

【惠州市惠东县公路管理局通过厂务公开民主管理贯标认证】　2010年11月，由惠州市总工会、惠州市纪委、惠东县总工会、惠东县监察局组成的厂务公开民主管理贯标专家组到惠东县公路管理局进行厂务公开民主管理贯标认证验收。专家组严格按照认证要求，采用听、看、查、问、测形式，对县公路管理局贯标情况进行考评验收后，一致同意通过认证。县公路管理局为进一步规范厂务公开民主管理工作，建立厂务公开民主管理标准和规范化体系，构建和谐企业长效机制，促进企业持续健康发展，启动了厂务公开民主管理贯标认证工作。在上级领导的关心和专家组的指导下，经过几个月的试运行，效果良好，于2010年年底向专家组提出申请验收。专家组充分肯定了公路管理局贯标工作中达到“三个到位”和“一个明显”（即认识到位、措施到位、督检到位，成效明显），并希望总结经验，进一步深化和丰富公开内容形式与载体，为实现党群、干群关系，搞好企业党风廉政建设提供保障。

【肇庆端州区端州中学校务公开做法获全国检查组肯定】　2010年8月19日，全国第六次厂务公开民主管理工作调研检查组来到肇庆端州中学进行调研，对端州中学校务公开做法给予肯定。端州中学把学校、家庭、社会教育联合渗透，理念突出，在抓社会热点难点问题，实行公开招聘教师，遏制不良家教等方面下大力气，校务公开成效突出，调动了教师积极性，教师能洁身自好，进而影响了学生，形成了一个良性循环。端州中学在校务公开工作中主要做好以下几方面工作：一是领导重视和机构健全。二是在校务公开工作上做到学校改革和发展的重要规划及实施方案、重大问题的决策公开；教师、干部聘任、晋级晋职、选先评优事项公开；学校事业费预决算、财务收支情况公开；大宗物资采购事项和学校基建招投标情况公开等“八公开”。三是设立校务公开栏，设立“校务公开柜”，利用各种会议通报校务情况，利用信息技术和现代化手段做好校务公开工作等，向师生、群众通报涉及他们的切身利益的事务，让他们参与管理，透彻了解校务。四是健全校务公开监督机制，党政工齐抓共管。五是整合社会、教师、学生三方力量，对不适应现实需要的制度进行修订和完善。（肇庆市端州区总工会）

【肇庆广东四会互感器厂有限公司推行民主管理促企业创新发展】　肇庆四会市广东四会互感器厂有限公司是2000年由国有企业转制的民营企业，现有工会会员483人，占职工总人数的92.9%。近年来，公司大力推行厂务公开民主管理，促进了企业的创新发展。公司对重要决策、重要人事任免、重大项目安排等重大事项进行了及时公开；每年召开职工代表大会，全面审议涉及职工切身利益的重大事项、公司的年度计划和中长期发展规划；工会代表全体职工与公司签订了《工资集体协议》、《劳动保护协议》和《女职工权益保障协议》等协议，以公开的契约形式保证职工在工资福利、妇女权益、职业健康安全等方面的权益受到保护，使每一个职工的责、权、利明确。工会监督公司每月按时、足额发放工资，按《劳动法》发加班工资，为职工缴纳养老、医疗、失业、工伤和生育保险，解除职工的后顾之忧。2010年，公司得到全国第六次厂务公开民主管理工作检查组的高度评价，通过了广东省厂务公开贯标认证考核。在此基础上，公司工会大力开展全员“应知应会”培训，实行“能者为师，严格要求，闭卷考试，达标有奖”的政策，分期分批按工种轮训职工，提高职工素质。组建了“全国机械行业职业技能鉴定互感器肇庆点”，为职工的晋升提供渠道。建点以来，已有3位职工晋升为技师，65位职工晋升为高级工。每年开展车工、铣工、数控车床、钳工、互感器装模、锡焊、互感器绕线、CAD（计算机辅助设计）和计算机打字等9个项目的劳动技能竞赛，提高职工技能水平。近年来，公司职工锐意创新，获国家专利23项（其中2项发明专利）；高原型互感器被用于中国酒泉卫星发射中心，为神舟5号、6号、7号载人飞船实现航天飞行作出了贡献；产品进入北京奥运主会场鸟巢和人民大会堂重点工程，并出口欧盟、美国和俄罗斯等国。

（广东四会互感器厂有限公司工会）

【中山市港航集团制定《员工手册》强化企业内部管理】 为了合理规避用工风险，减少劳资纠纷，中山市港航集团在律师的指导下，制定了《中山市港航企业集团有限公司员工手册》，并发放至每位员工手中。《员工手册》一共有13章，包括人事制度、员工工资、员工福利、行为准则与劳动纪律、考勤与考核、员工培训与发展以及沟通与申诉等，基本上涵盖了员工管理的各个方面。中山市港航集团规定，从2010年起，凡是新招聘的员工，人方资源部与其签订劳动合同时，均要求其签收《员工手册》，将公司对员工的具体要求详细地告诉员工，让其明白在公司工作期间，可享受哪些权利、应履行哪些义务和遵守哪些纪律等等，以便实现用制度管理企业的目的。

【广东五洲药业有限公司拓宽厂务公开渠道，做到“三个满意”】 近年来，广东五洲药业有限公司采取灵活多样的形式，狠抓厂务公开工作不放松，让员工知厂情、议厂事，参与企业的管理，有力地保障员工的合法权益，建立和谐的劳动关系，促进企业大发展，公司因此成为国内最大型的药用酵母生产基地，年生产总值达1.8亿元，年为国家纳税900多万元，真正做到“三满意”：政府满意、企业满意、员工满意，2010年还被授予“广东省优秀劳动关系和谐企业”称号。一是建立三级公开栏。即厂部办公楼一级建立公开栏，公众场所一级建立公开栏，车间班组一级建立公开栏。二是用升旗集会形式公开。每星期一早上上班前公司都举行升国旗仪式集会，公开公司一周内的重要事项，五年多从不间断，累计利用升旗仪式厂务公开220次。三是用交接班会公开。各车间每天上班前都开交接班会，将公司和车间应该公开的事项向员工公开。一年来，利用交接班会公开1670多次。四是中层干部会议形式公开。公司每月召开中层干部会议三次以上，如每月的安全生产例会和质量分析例会，把安全生产和产品质量动态公开。五是利用公司局域网公开。公司将重大事情在网络上公布，让各部门、车间和员工查阅。六是利用公司“企信通”形式公开。每逢节假日或重大事务，公司都通过短信平台，让公司每一位员工都及时了解及体验公司祝福。

（广东五洲药业有限公司）

维护职工合法权益 为职工办实事好事

【广州电信工会建立月度员工思想动态汇编制度】　2010年，中国电信广州市工会对员工帮扶和权益维护工作提出新要求，在继续开展“有困难找工会”活动的基层上，建立月度“员工思想动态汇编”制度，及时将员工关注的热点问题向分公司管理层和党群部门反应，为共同做好员工的思想工作提供有效信息。一是主席、副主席每月应与员工代表至少召开一次思想动态座谈会，收集员工关注的热点问题，掌握员工的主流思想，积极引导员工正确处理改革、发展和稳定的关系；二是对于员工反映的问题和困难，工会应在5个工作日内给予明确答复；三是对本单位绩效评级低的员工进行帮扶并对员工情况及时进行调查，同时邀请他们参加每月召开的员工代表座谈会，听取意见，加强沟通；四是做到“五必访”（员工生病住院必访，员工父母去世必访，员工因公负伤必访，员工思想、工作不稳定、无故缺勤必访，员工家庭发生突发事件必访），此外每季度对1～5名特困员工及家属进行关怀慰问；五是每月必须填写“有困难找工会”月度报表，按规定时间上报上级工会。并将通过每季工作会议对“有困难找工会”活动情况进行分析与讲评，交流经验。为保证制度的有效实施，将把各基层工会开展“有困难找工会”活动的基础管理工作及效果等纳入年度的职工之家建设考核体系。

（林小元）

【广州供电局开通工会热线为职工排忧解难】
2010年，广州供电局工会热线全面开通，一份写有“工会热线——听您倾诉，为您分忧”等宣传文字的彩色文档，通过办公室自动化系统、企业信息平台、《广州电力报》传递到每一个员工手上，全局职工可以在任何时候，通过本单位工会干事或负责人发送到企业信息平台“职工意见箱”或以邮件形式通过OA直接发送给局工会干部或直接拨打工会主席热线电话等多种渠道，向工会倾诉心声，请求工会帮助解决困难。这是广州供电局工会提出的做好服务亚运保供电工作的重要举措之一，并且将延续下去。工会热线的开通，旨在多渠道了解员工的需求和思想动态，及时为员工排忧解难，有效开展心理辅导，让员工以最佳精神状态投入保供电工作中。

（林小元）

【广汽工业集团工会开展EAP（员工帮助计划）】　2010年，为促进人力资本提升和工作绩效改进，提升企业社会责任形象，推动企业健康和谐发展，广汽工业集团工会开始推进EAP。EAP（Employee Assistance Program）即员工帮助计划，是企业为职工提供的一套系统的、长期的帮助与福利项目。其内容包括压力管理、职业心理健康、裁员心理危机、灾难性事件、职业生涯发展、健康生活方式、家庭问题、情感问题、法律纠纷、理财问题等各个方面，全面帮助职工及家庭成员解决个人心理问题。为了让工会干部、企业人力资源部门的管理者了解、掌握部分心理学的初步知识和了解员工帮助计划，广汽工业集团工会3月30日在广州艺术博物院举办了广汽工会讲坛第四讲，主题是“EAP，踏上心灵之旅”。广汽工业集团工会主席刘辉联及集团属下系统企业党政工干部200余人参加了讲坛。课程由北京师范大学心理学院副教授张西超博士主讲，得到了与会干部职工的充分响应和认可，达到了预期的效果和目的。

（林小元）

【中山广星鞋业有限公司切实解决外来务工者看病难问题】 中山广星鞋业有限公司为了解决员工看病难的困境，在企业内部设立医疗室，建立起自己的医疗救助体系，通过企业拨款和每月向员工收取10元的医疗基金，让员工享受包括1元钱看病、产妇生产费用报销、职工及其直系家属发生重大变故救助等的医疗福利。这个医疗救助体系由该企业成立的职工福利委员会和工会共同负责，所筹得的资金全部打进专用账号，一切操作透明化，定期公布所有开支费用。员工看病所用的药品由企业和员工共同出资购买，其中企业出大部分，员工所出部分则在交纳的10元中提取，员工每次在厂内的医疗室看病只需交1元钱挂号费就可以治疗普通小病了。同时，在企业连续工作2年以上的女员工，只要符合国家计划生育政策的，产妇医药费用可报销30%；如果夫妇双方都在公司连续服务2年以上的可报销40%，连续服务3年以上的可报销50%。落到实处的医疗体系为企业员工实实在在地解决了看病难的问题，同时也为企业留住了员工，确保企业有充足的人力资源，真正做到互惠互利。

【惠州隆生企业（集团）有限公司工会履行维护职责发挥纽带作用】 惠州隆生企业（集团）有限公司作为全国较早成立企业党组织和工会的民营企业之一，企业工会履行维护职责发挥纽带作用，为公司的发展和稳定作出了积极贡献：一是在企业工会力促下，隆生企业于2010年初建立了企业内部的“薪酬管理委员会”，听取员工对薪酬的心声，向企业反映员工对薪酬的意见，协调好劳资双方的权益和利益。二是企业工会于2010年相继系统地组织和支持开展了一系列职业技能竞赛、文娱体育活动等，激发员工拼搏意志、丰富员工业余生活；在重要节假日到来之际，对在员工食堂就餐的基层单身员工给予适当的加餐补助，组织员工会餐；在酷暑季节工会出资给生产一线的员工增发凉茶，给食堂送绿豆、白糖，组织员工观看影片等。2010年，企业各公司（单位）做到了各尽其责、部门联动、齐心合力，各公司（单位）全部通过了企业组织的年终考评，全面完成并超额完成了企业年初下达目标责任书的管理指标，企业销售业绩首次突破10亿元大关，全年共向国家缴纳各种税收7005万元。年终企业按目标责任书的管理指标兑现了员工的效益奖金，并整合企业薪酬管理委员会的意见、方案及企业新一年的经营计划和管理目标，调增了2011年员工的工资，平均增幅达到17.60%。

（惠州隆生企业（集团）有限公司工会）

【工商银行博罗县支行工会努力创建模范职工之家】 工商银行博罗县支行工会从加强思想教育、开展行务公开工程、送温暖工程方面努力创建模范职工之家，切实维护职工合法权益，稳定职工队伍，给职工营造家的温暖。一是加强思想教育工作。工商银行博罗县支行工会通过定期召开座谈会、专题讲座等形式，倾听职工心理诉求，掌握职工思想动态，教育职工进一步转变观念，把广大职工的工作热情引导到支持和参与支行业务发展上来，有效地化解不稳定因素，稳定了职工队伍。二是开展行务公开工程。按照博罗县总工会的要求，工商银行博罗县支行努力推进行务公开工作，定期由行长亲自向职工作工作报告，让职工了解经营发展状况、目标任务完成以及经营效益等方面的情况，参与讨论、审议支行重大决策，如《工商银行博罗县支行2010年员工绩效工资考核办法》就是在广泛听取职工意见的基础上制订的，得到了全行职工的一致认同。三是开展送温暖工程。工商银行博罗县支行每个季度召开离退休职工座谈会，关心离退休职工的生活，让离退休职工了解支行发展情况，享受支行的人文关怀；坚持做到对生病住院、生活困难职工上门慰问并发放补助，全年共慰问生病住院、生活困难职工18人次，发放慰问金14782元，工商银行博罗县支行被中国工商银行总行授予2010年度“模范职工之家”称号。（张彬锋）

【广东电网肇庆封开供电局工会发挥职工书屋作用，打造学习型职工队伍】 广东电网肇庆封开供电局工会积极关心职工的业余文化生活，想方设法筹措资金为员工建立职工书屋，购置科技类、文学类、娱乐类、卫生健康类等各类书籍和报刊杂志。封开供电局图书室房屋面积130平方米，藏书量4000册、报刊杂志20多种（类）、音响制品100多种（张）。图书室配有电脑3台，阅览室有座位15个，实行电脑管理，配有专职管理员一名从事职工书屋的日常工作。2009年，封开局荣获了由广东省总工会、肇庆市总工会、封开县总工会联合颁发的职工书屋称号。2010年12月，被广东省总工会评为“广东省职工书屋示范点”。2010年，局工会开展了“捐献一本书，奉献一份爱”图书捐赠活动，向员工推荐好书好歌，丰富了员工的业余文化生活，对推动企业文化建设起到了积极作用。

（广东电网肇庆封开供电局工会）

【茂名建设银行工会着力建设和谐幸福家园】

茂名建设银行工会着力建设和谐幸福家园，于2010年中秋节前举办“月圆人圆·和谐家园”主题文艺晚会，市委、市总工会领导、市区全体员工（含离退休职工、内退员工等）及家属，各县（市）支行领导班子成员等1200人参加。晚会由茂名市职工业余文工团主演，建行员工自编自演了两个节目，其中《真情》舞蹈表达员工对客户、对建行的真挚感情，《越来越好》表达了员工对未来工作生活的美好追求。台下球场安排115张圆桌，每台12人，容纳了所有的员工及家属。市领导与市分行领导在舞台上主持开月饼仪式，台下的职工及家属同时共切月饼，突显了“月圆人圆·和谐家园”主题，营造了“同一月饼，同一家园”的赏月氛围。（茂名建设银行工会 谭成）

【潮州饶平供电局工会关注员工安全和健康】

潮州饶平供电局工会坚持“以人为本，关注员工安全和健康”的宗旨，结合电力系统最易发生触电、高空坠落、野外动物咬伤、车祸、中暑、六氟化硫中毒等意外伤害特点，组织人力，参考大量资料，整理撰写了《自救互救手册》，下发到局属各部门、单位。该手册分为自救互救基本技术和电力系统常见的意外伤害两部分，18个章节，约4万字，从出血判断与止血方法、伤员包扎法、骨折与临时固定方法、伤员搬运法等八个方面，结合制式器材和就便器材讲解自救互救的基本技术以及电力系统最易发生意外伤害的触电、高空坠落、六氟化硫中毒等十个方面的现场急救处理方法，为及时抢救伤员、防止伤情加重、挽救伤员生命发挥了重要保证作用。局工会还组织急救员85人进行集中培训，使参加培训员工基本掌握现场生命自救互救的技能知识；同时，为局属各生产场所及生产车辆配置急救箱、急救包、急救药品等急救物资224套，为员工提供在遇到意外伤害时的生命安全自救互救技能知识和急救物资保障。

（广东电网潮州饶平供电局工会）

【潮州市帘艺总厂有限公司工会关心和善待外来工】 潮州市帘艺总厂有限公司工会切实加强职工人文关怀，从各个方面关心外来工，努力构建和谐劳动关系。一是坚持从政治上关心外来工。经常通过黑板报、有线广播、召开会议等形式，对在生产中表现突出的外来工及时给予宣传、表扬，弘扬先进典型。二是坚持从生活上关心外来工。坚持以人为本，严格执行《劳动合同法》等法律法规，保障外来工的工资福利待遇和休息娱乐等权利。企业工会经常组织节日游园、卡拉OK比赛、歌咏比赛、拔河、接力赛跑等丰富多彩的文体活动，还组织外来工外出旅游，开阔眼界、增长知识、放松心情，增强了公司的凝聚力和向心力。三是坚持从工作上关心外来工。加强对外来工的文化、技术培训，特别是加强对产品的生产工艺流程，关键工序、技术要领的技术培训；鼓励员工多学一门技术，多掌握一项技能，努力成为技术多面手。很多外来工经过技术培训和生产实践，成为技术骨干、生产能手。

（潮州市湘桥区总工会）

【肇庆市高新区宝信金属实业有限公司工会拓宽渠道，切实维护职工的合法权益】 肇庆市宝信金属实业有限公司（台资企业）工会设立“包青天信箱”，畅通职工诉求通道，鼓励员工向信箱投递诉求、意见和建议，为企业发展及工会建设建言献策。所有的投递都会由公司总经理亲自批复，再交由工会执行，并公开发布调查结果和处理意见，真正做到员工有投必复。此外，公司还建立了合理化建议奖励机制，对提出合理建议并被采纳的员工给予一定的物质奖励。“包青天信箱”自2003年设立以来，共收集、整理合理建议4300多条，涉及生产经营、节能减排、安全生产等方面内容，被企业采用2000多条，为企业创造经济效益达26万多元；奖励员工287人次，奖励金额累计达3.5万多元，受到员工的一致好评。2010年，该公司工会在区总工会的指导下打响“职工有困难找工会”工作品牌，在公司内显眼的地方挂上“职工有困难找工会”的横幅和标语。工会认真处理员工反映的问题，员工提出辞职，须经工会调查离职原因，由工会主席签字批准方能离职，保证不让员工受委屈。公司工会通过开展多项创新工作，促进了基层工会与员工之间的沟通，增强了自身凝聚力，提升了工会在员工中的威信、地位，同时维护了职工合法权益，促进了企业劳资关系和谐发展。 （高新区总工会）

【中国电信中山分公司开展建“四小”创“六好”活动】 为解决员工最关心的现实问题，改善其工作和生活条件，使一线员工真正得到实惠，共享企业发展成果，中国电信中山分公司积极开展建“四小”创“六好”活动。“四小”建设是指小卫生间、小食堂、小浴室、小活动室建设，通过开展创建活动，逐步解决一线员工“吃饭难、洗澡难、如厕难、文化体育活动难、交通难”等问题。从2009年年底开始，电信工会就配合公司的相关部门对全市所有镇区分公司及营销中心的生产生活环境做了摸底调查。根据调查的结果，对“四小”建设做了总体规划，投入建设资金近40万元，建成了7个试点单位，并通过验收正式投入使用。此外，该公司还在全市所有镇区分公司及营销服务中心开展创建“六好家园”（业绩好、形象好、管理好、学习好、生活好、氛围好）活动，并制定“六好家园”创建标准，每年开展评选活动，进一步完善“四小”场所的建设，积极发挥其作为企业关爱员工、搭建员工业余休闲娱乐、沟通交流的平台的作用，为基层员工营造温馨和谐的小家氛围。

【中国移动广东公司汕尾分公司开展幸福家访活动，推动企业和谐发展】 中国移动汕尾分公司制定了季度“幸福家访”实施计划，以上门家访、信息家访、集体（座谈）家访等形式与员工及其家属进行充分的交流。“幸福家访”深化了员工关怀内涵，及时了解员工思想动态，架起公司、员工及员工家属沟通的桥梁，传递企业的关怀与温暖；在家访过程中记录并协调解决员工的困惑和困难，尽力为员工排忧解难。“幸福家访”推动了员工激励管理，在精神上激励了工作突出的先进模范员工，充分发挥先进模范的示范和带动作用，推动员工之间的交流与学习。2010年，“幸福家访”活动在汕尾移动公司全面开展，活动开展率达到100％，家访对象覆盖率80％以上，得到广大员工及其家属的一致好评，营造了和谐沟通氛围，从而提升了员工安全感、幸福感、归属感，有效推动了企业与员工和谐发展。

【中山市邮政局积极做好女工工作】　中山市邮政局女工委按照“依靠女工，贴近女工”的基本思路，大力抓好女工工作，为促进企业和谐发展发挥了积极作用，先后获得“全国‘三八’红旗集体”、“广东省女职工工作先进单位”等多项荣誉称号。一是重视抓好女工素质提升工程，促进女工岗位成才。该局工会根据女工的综合素质情况，制定了《中山市邮政局女职工委员会“女职工建功立业工程”和“女职工素质提升工程”实施方案》，并为不同层次的女工拟定素质提升目标。通过创新开展岗位练功比赛、职业技能竞赛、岗位技能培训、职业技能鉴定培训等各种素质提升活动，用心培养女工业务能手，并为女工成才提供更多途径，积极鼓励女工提升素质。二是重视开展丰富多彩的女工活动，为女工搭建才艺展示平台。中山市邮政局把提升女工综合素养、创建文明家庭作为女工委工作的重要内容，并以此作为推动企业文化建设、营造和谐企业的重要形式。通过开展各种全民健身、家庭文化、礼仪展现等多种形式的活动，为女职工培养良好的综合素养提供了学习机会和展示平台，进一步增强了企业的凝聚力，收到了较好的效果。三是重视关注女工身心健康，维护女工的合法权益。通过平等协商签订女职工专项集体合同，从源头上参与维护女工的合法权益，并积极教育女工树立维权意识，关注女工身心健康，开展女职工爱心帮扶工程，切实把女工的具体利益实现好、维护好、发展好。

政策法规和重要文件

国务院重要法规和文件

国务院关于进一步加强企业安全生产工作的通知

国发〔2010〕23号

各省、自治区、直辖市人民政府，国务院各部委、各直属机构：

近年来，全国生产安全事故逐年下降，安全生产状况总体稳定、趋于好转，但形势依然十分严峻，事故总量仍然很大，非法违法生产现象严重，重特大事故多发频发，给人民群众生命财产安全造成重大损失，暴露出一些企业重生产轻安全、安全管理薄弱、主体责任不落实，一些地方和部门安全监管不到位等突出问题。为进一步加强安全生产工作，全面提高企业安全生产水平，现就有关事项通知如下：

一、总体要求

1. 工作要求。深入贯彻落实科学发展观，坚持以人为本，牢固树立安全发展的理念，切实转变经济发展方式，调整产业结构，提高经济发展的质量和效益，把经济发展建立在安全生产有可靠保障的基础上；坚持“安全第一、预防为主、综合治理”的方针，全面加强企业安全管理，健全规章制度，完善安全标准，提高企业技术水平，夯实安全生产基础；坚持依法依规生产经营，切实加强安全监管，强化企业安全生产主体责任落实和责任追究，促进我国安全生产形势实现根本好转。

2. 主要任务。以煤矿、非煤矿山、交通运输、建筑施工、危险化学品、烟花爆竹、民用爆炸物品、冶金等行业（领域）为重点，全面加强企业安全生产工作。要通过更加严格的目标考核和责任追究，采取更加有效的管理手段和政策措施，集中整治非法违法生产行为，坚决遏制重特大事故发生；要尽快建成完善的国家安全生产应急救援体系，在高危行业强制推行一批安全适用的技术装备和防护设施，最大程度减少事故造成的损失；要建立更加完善的技术标准体系，促进企业安全生产技术装备全面达到国家和行业标准，实现我国安全生产技术水平的提高；要进一步调整产业结构，积极推进重点行业的企业重组和矿产资源开发整合，彻底淘汰安全性能低下、危及安全生产的落后产能；以更加有力的政策引导，形成安全生产长效机制。

二、严格企业安全管理

3. 进一步规范企业生产经营行为。企业要健全完善严格的安全生产规章制度，坚持不安全不生产。加强对生产现场监督检查，严格查处违章指挥、违规作业、违反劳动纪律的“三违”行为。凡超能力、超强度、超定员组织生产的，要责令停产停工整顿，并对企业和企业主要负责人依法给予规定上限的经济处罚。对以整合、技改名义违规组织生产，以及规定期限内未实施改造或故意拖延工期的矿井，由地方政府依法予以关闭。要加强对境外中资企业安全生产工作的指导和管理，严格落实境内投资主体和派出企业的安全生产监督责任。

4. 及时排查治理安全隐患。企业要经常性开展安全隐患排查，并切实做到整改措施、责任、资金、时限和预案“五到位”。建立以安全生产专业人员为主导的隐患整改效果评价制度，确保整改到位。对隐患整改不力造成事故的，要依法追究企业和企业相关负责人的责任。对停产整改逾期未完成的不得复产。

5. 强化生产过程管理的领导责任。企业主要负责人和领导班子成员要轮流现场带班。煤矿、非煤矿山要有矿领导带班并与工人同时下井、同时升井，对无企业负责人带班下井或该带班而未带班的，对有关责任人按擅离职守处理，同时给予规定上限的经济处罚。发生事故而没有领导现场带班的，对企业给予规定上限的经济处罚，并依法从重追究企业主要负责人的责任。

6. 强化职工安全培训。企业主要负责人和安全生产管理人员、特殊工种人员一律严格考核，按国家有关规定持职业资格证书上岗；职工必须全部经过培训合格后上岗。企业用工要严格依照劳动合同法与职工签订劳动合同。凡存在不经培训上岗、无证上岗的企业，依法停产整顿。没有对井下作业人员进行安全培训教育，或存在特种作业人员无证上岗的企业，情节严重的要依法予以关闭。

7. 全面开展安全达标。深入开展以岗位达标、专业达标和企业达标为内容的安全生产标准化建设，凡在规定时间内未实现达标的企业要依法暂扣其生产许可证、安全生产许可证，责令停产整顿；对整改逾期未达标的，地方政府要依法予以关闭。

三、建设坚实的技术保障体系

8. 加强企业生产技术管理。强化企业技术管理机构的安全职能，按规定配备安全技术人员，切实落实企业负责人安全生产技术管理负责制，强化企业主要技术负责人技术决策和指挥权。因安全生产技术问题不解决产生重大隐患的，要对企业主要负责人、主要技术负责人和有关人员给予处罚；发生事故的，依法追究责任。

9. 强制推行先进适用的技术装备。煤矿、非煤矿山要制定和实施生产技术装备标准，安装监测监控系统、井下人员定位系统、紧急避险系统、压风自救系统、供水施救系统和通信联络系统等技术装备，并于3年之内完成。逾期未安装的，依法暂扣安全生产许可证、生产许可证。运输危险化学品、烟花爆竹、民用爆炸物品的道路专用车辆，旅游包车和三类以上的班线客车要安装使用具有行驶记录功能的卫星定位装置，于2年之内全部完成；鼓励有条件的渔船安装防撞自动识别系统，在大型尾矿库安装全过程在线监控系统，大型起重机械要安装安全监控管理系统；积极推进信息化建设，努力提高企业安全防护水平。

10. 加快安全生产技术研发。企业在年度财务预算中必须确定必要的安全投入。国家鼓励企业开展安全科技研发，加快安全生产关键技术装备的换代升级。进一步落实《国家中长期科学和技术发展规划纲要(2006—2020年)》等，加大对高危行业安全技术、装备、工艺和产品研发的支持力度，引导高危行业提高机械化、自动化生产水平，合理确定生产一线用工。“十二五”期间要继续组织研发一批提升我国重点行业领域安全生产保障能力的关键技术和装备项目。

四、实施更加有力的监督管理

11. 进一步加大安全监管力度。强化安全生产监管部门对安全生产的综合监管，全面落实公安、交通、国土资源、建设、工商、质检等部门的安全生产监督管理及工业主管部门的安全生产指导职责，形成安全生产综合监管与行业监管指导相结合的工作机制，加强协作，形成合力。在各级政府统一领导下，严厉打击非法违法生产、经营、建设等影响安全生产的行为，安全生产综合监管和行业管理部门要会同司法机关联合执法，以强有力措施查处、取缔非法企业。对重大安全隐患治理实行逐级挂牌督办、公告制度，重大隐患治理由省级安全生产监管部门或行业主管部门挂牌督办，国家相关部门加强督促检查。对拒不执行监管监察指令的企业，要依法依规从重处罚。进一步加强监管力量建设，提高监管人员专业素质和技术装备水平，强化基层站点监管能力，加强对企业安全生产的现场监管和技术指导。

12. 强化企业安全生产属地管理。安全生产监管监察部门、负有安全生产监管职责的有关部门和行业管理部门要按职责分工，对当地企业包括中央、省属企业实行严格的安全生产监督检查和管理，组织对企业安全生产状况进行安全标准化分级考核评价，评价结果向社会公开，并向银行业、证券业、保险业、担保业等主管部门通报，作为企业信用评级的重要参考依据。

13. 加强建设项目安全管理。强化项目安全设施核准审批，加强建设项目的日常安全监管，严格落实审批、监管的责任。企业新建、改建、扩建工程项目的安全设施，要包括安全监控设施和防瓦斯等有害气体、防尘、排水、防火、防爆等设施，并与主体工程同时设计、同时施工、同时投入生产和使用。安全设施与建设项目主体工程未做到同时设计的一律不予审批，未做到同时施工的责令立即停止施工，未同时投入使用的不得颁发安全生产许可证，并视情节追究有关单位负责人的责任。严格落实建设、设计、施工、监理、监管等各方安全责任。对项目建设生产经营单位存在违法分包、转包等行为的，立即依法停工停产整顿，并追究项目业主、承包方等各方责任。

14. 加强社会监督和舆论监督。要充分发挥工会、共青团、妇联组织的作用，依法维护和落实企业职工对安全生产的参与权与监督权，鼓励职工监督举报各类安全隐患，对举报者予以奖励。有关部门和地方要进一步畅通安全生产的社会监督渠道，设立举报箱，公布举报电话，接受人民群众的公开监督。要发挥新闻媒体的舆论监督，对舆论反映的客观问题要深查原因，切实整改。

五、建设更加高效的应急救援体系

15. 加快国家安全生产应急救援基地建设。按行业类型和区域分布，依托大型企业，在中央预算内基建投资支持下，先期抓紧建设7个国家矿山应急救援队，配备性能可靠、机动性强的装备和设备，保障必要的运行维护费用。推进公路交通、铁路运输、水上搜救、船舶溢油、油气田、危险化学品等行业（领域）国家救援基地和队伍建设。鼓励和支持各地区、各部门、各行业依托大型企业和专业救援力量，加强服务周边的区域性应急救援能力建设。

16. 建立完善企业安全生产预警机制。企业要建立完善安全生产动态监控及预警预报体系，每月进行一次安全生产风险分析。发现事故征兆要立即发布预警信息，落实防范和应急处置措施。对重大危险源和重大隐患要报当地安全生产监管监察部门、负有安全生产监管职责的有关部门和行业管理部门备案。涉及国家秘密的，按有关规定执行。

17. 完善企业应急预案。企业应急预案要与当地政府应急预案保持衔接，并定期进行演练。赋予企业生产现场带班人员、班组长和调度人员在遇到险情时第一时间下达停产撤人命令的直接决策权和指挥权。因撤离不及时导致人身伤亡事故的，要从重追究相关人员的法律责任。

六、严格行业安全准入

18. 加快完善安全生产技术标准。各行业管理部门和负有安全生产监管职责的有关部门要根据行业技术进步和产业升级的要求，加快制定修订生产、安全技术标准，制定和实施高危行业从业人员资格标准。对实施许可证管理制度的危险性作业要制定落实专项安全技术作业规程和岗位安全操作规程。

19. 严格安全生产准入前置条件。把符合安全生产标准作为高危行业企业准入的前置条件，实行严格的安全标准核准制度。矿山建设项目和用于生产、储存危险物品的建设项目，应当分别按照国家有关规定进行安全条件论证和安全评价，严把安全生产准入关。凡不符合安全生产条件违规建设的，要立即停止建设，情节严重的由本级人民政府或主管部门实施关闭取缔。降低标准造成隐患的，要追究相关人员和负责人的责任。

20. 发挥安全生产专业服务机构的作用。依托科研院所，结合事业单位改制，推动安全生产评价、技术支持、安全培训、技术改造等服务性机构的规范发展。制定完善安全生产专业服务机构管理办法，保证专业服务机构从业行为的专业性、独立性和客观性。专业服务机构对相关评价、鉴定结论承担法律责任，对违法违规、弄虚作假的，要依法依规从严追究相关人员和机构的法律责任，并降低或取消相关资质。

七、加强政策引导

21. 制定促进安全技术装备发展的产业政策。要鼓励和引导企业研发、采用先进适用的安全技术和产品，鼓励安全生产适用技术和新装备、新工艺、新标准的推广应用。把安全检测监控、安全避险、安全保护、个人防护、灾害监控、特种安全设施及应急救援等安全生产专用设备的研发制造，作为安全产业加以培育，纳入国家振兴装备制造业的政策支持范畴。大力发展安全装备融资租赁业务，促进高危行业企业加快提升安全装备水平。

22. 加大安全专项投入。切实做好尾矿库治理、扶持煤矿安全技改建设、瓦斯防治和小煤矿整顿关闭等各类中央资金的安排使用，落实地方和企业配套资金。加强对高危行业企业安全生产费用提取和使用管理的监督检查，进一步完善高危行业企业安全生产费用财务管理制度，研究提高安全生产费用提取下限标准，适当扩大适用范围。依法加强道路交通事故社会救助基金制度建设，加快建立完善水上搜救奖励与补偿机制。高危行业企业探索实行全员安全风险抵押金制度。完善落实工伤保险制度，积极稳妥推行安全生产责任保险制度。

23. 提高工伤事故死亡职工一次性赔偿标准。从2011年1月1日起，依照《工伤保险条例》的规定，对因生产安全事故造成的职工死亡，其一次性工亡补助金标准调整为按全国上一年度城镇居民人均可支配收入的20倍计算，发放给工亡职工近亲属。同时，依法确保工亡职工一次性丧葬补助金、供养亲属抚恤金的发放。

24. 鼓励扩大专业技术和技能人才培养。进一步落实完善校企合作办学、对口单招、订单式培养等政策，鼓励高等院校、职业学校逐年扩大采矿、机电、地质、通风、安全等相关专业人才的招生培养规模，加快培养高危行业专业人才和生产一线急需技能型人才。

八、更加注重经济发展方式转变

25. 制定落实安全生产规划。各地区、各有关部门要把安全生产纳入经济社会发展的总体布局，在制定国家、地区发展规划时，要同步明确安全生产目标和专项规划。企业要把安全生产工作的各项要求落实在企业发展和日常工作之中，在制定企业发展规划和年度生产经营计划中要突出安全生产，确保安全投入和各项安全措施到位。

26. 强制淘汰落后技术产品。不符合有关安全标准、安全性能低下、职业危害严重、危及安全生产的落后技术、工艺和装备要列入国家产业结构调整指导目录，予以强制性淘汰。各省级人民政府也要制订本地区相应的目录和措施，支持有效消除重大安全隐患的技术改造和搬迁项目，遏制安全水平低、保障能力差的项目建设和延续。对存在落后技术装备、构成重大安全隐患的企业，要予以公布，责令限期整改，逾期未整改的依法予以关闭。

27. 加快产业重组步伐。要充分发挥产业政策导向和市场机制的作用，加大对相关高危行业企业重组力度，进一步整合或淘汰浪费资源、安全保障低的落后产能，提高安全基础保障能力。

九、实行更加严格的考核和责任追究

28. 严格落实安全目标考核。对各地区、各有关部门和企业完成年度生产安全事故控制指标情况进行严格考核，并建立激励约束机制。加大重特大事故的考核权重，发生特别重大生产安全事故的，要根据情节轻重，追究地市级分管领导或主要领导的责任；后果特别严重、影响特别恶劣的，要按规定追究省部级相关领导的责任。加强安全生产基础工作考核，加快推进安全生产长效机制建设，坚决遏制重特大事故的发生。

29. 加大对事故企业负责人的责任追究力度。企业发生重大生产安全责任事故，追究事故企业主要负责人责任；触犯法律的，依法追究事故企业主要负责人或企业实际控制人的法律责任。发生特别重大事故，除追究企业主要负责人和实际控制人责任外，还要追究上级企业主要负责人的责任；触犯法律的，依法追究企业主要负责人、企业实际控制人和上级企业负责人的法律责任。对重大、特别重大生产安全责任事故负有主要责任的企业，其主要负责人终身不得担任本行业企业的矿长（厂长、经理）。对非法违法生产造成人员伤亡的，以及瞒报事故、事故后逃逸等情节特别恶劣的，要依法从重处罚。

30. 加大对事故企业的处罚力度。对于发生重大、特别重大生产安全责任事故或一年内发生 2 次以上较大生产安全责任事故并负主要责任的企业，以及存在重大隐患整改不力的企业，由省级及以上安全监管监察部门会同有关行业主管部门向社会公告，并向投资、国土资源、建设、银行、证券等主管部门通报，一年内严格限制新增的项目核准、用地审批、证券融资等，并作为银行贷款等的重要参考依据。

31. 对打击非法生产不力的地方实行严格的责任追究。在所辖区域对群众举报、上级督办、日常检查发现的非法生产企业（单位）没有采取有效措施予以查处，致使非法生产企业（单位）存在的，对县（市、区）、乡（镇）人民政府主要领导以及相关责任人，根据情节轻重，给予降级、撤职或者开除的行政处分，涉嫌犯罪的，依法追究刑事责任。国家另有规定的，从其规定。

32. 建立事故查处督办制度。依法严格事故查处，对事故查处实行地方各级安全生产委员会层层挂牌督办，重大事故查处实行国务院安全生产委员会挂牌督办。事故查处结案后，要及时予以公告，接受社会监督。

各地区、各部门和各有关单位要做好对加强企业安全生产工作的组织实施，制订部署本地区本行业贯彻落实本通知要求的具体措施，加强监督检查和指导，及时研究、协调解决贯彻实施中出现的突出问题。国务院安全生产委员会办公室和国务院有关部门要加强工作督查，及时掌握各地区、各部门和本行业（领域）工作进展情况，确保各项规定、措施执行落实到位。省级人民政府和国务院有关部门要将加强企业安全生产工作情况及时报送国务院安全生产委员会办公室。

中华人民共和国国务院

二〇一〇年七月十九日

国务院办公厅关于进一步做好农民工培训工作的指导意见

国办发〔2010〕11号

各省、自治区、直辖市人民政府，国务院各部委、各直属机构：

近年来，各地区、各部门认真贯彻落实《国务院关于解决农民工问题的若干意见》（国发〔2006〕5号）和《国务院办公厅转发农业部等部门2003—2010年全国农民工培训规划的通知》（国办发〔2003〕79号），农民工培训工作取得显著成效，政策措施逐步完善，培训力度不断加大，农民工职业技能明显提高。但也应当看到，农民工培训工作仍然存在着培训项目缺乏统筹规划、资金使用效益和培训质量不高、监督制约机制不够完善等问题。为提高农民工技能水平和就业能力，促进农村劳动力向非农产业和城镇转移，推进城乡经济社会发展一体化进程，经国务院同意，现就进一步做好农民工培训工作提出如下指导意见：

一、基本原则和主要目标

（一）基本原则

1. 统筹规划、分工负责。把农民工培训工作纳入国民经济和社会发展规划，按照地方政府分级管理，职能部门各负其责，农民工工作协调机制统筹协调的原则，建立相互配合、有序运行的工作机制。

2. 整合资源、提高效益。根据企业和农民工的实际培训需要，整合培训资源，统筹安排、集中使用农民工培训资金。按照同一地区、同一工种补贴标准统一的原则，科学制定培训补贴基本标准，规范培训项目管理，严格监管培训资金使用。

3. 政府支持、市场运作。加大政府培训投入，增强培训能力，加强规范引导。发挥市场机制在资金筹措、培训机构建设、生源组织、过程监管、效果评价等方面的积极作用，鼓励行业、企业、院校和社会力量加强农民工培训。

4. 突出重点、讲求实效。重点发挥企业和院校产学结合的作用，加强农民工职业技能培训、在岗技能提升培训、创业培训和农村实用技术培训。着力提升培训质量，使经过培训的农民工都能掌握一项实用技能，提高培训后的就业率。

（二）主要目标

按照培养合格技能型劳动者的要求，逐步建立统一的农民工培训项目和资金统筹管理体制，使培训总量、培训结构与经济社会发展和农村劳动力转移就业相适应；到2015年，力争使有培训需求的农民工都得到一次以上的技能培训，掌握一项适应就业需要的实用技能。

二、搞好培训工作统筹规划

（三）制定实施新一轮培训规划，抓好培训项目的组织实施

按照我国经济发展、经济结构调整、产业布局和农业农村经济发展人才需求，科学统筹和把握农村劳动力转移就业的力度和节奏，制定新一轮全国农民工培训规划，纳入国民经济和社会发展中长期规划。各省（区、市）以及相关部门要根据国家农民工培训规划并结合实际，编制本地区、本行业的农民工培训规划和年度计划，明确农民工培训的规模和重点，科学规划培训机构的类型、数量和布局，认真抓好组织实施。

（四）明确培训重点，实施分类培训

根据农民工的不同需求，进一步规范培训的形式和内容，提高培训质量和效果外出就业技能培训主要对拟转移到非农产业务工经商的农村劳动者开展专项技能或初级技能培训。技能提升培训主要对与企业签订一定期限劳动合同的在岗农民工进行提高技能水平的培训。劳动预备制培训主要对农村未能

继续升学并准备进入非农产业就业或进城务工的应届初高中毕业生、农村籍退役士兵进行储备性专业技能培训。创业培训主要对有创业意愿并具备一定创业条件的农村劳动者和返乡农民工进行提升创业能力的培训。农村劳动者就地就近转移培训主要面向县域经济发展，重点围绕县域内农产品加工、中小企业以及农村妇女手工编织业等传统手工艺开展培训。

（五）以市场需求为导向，增强培训针对性

建立培训与就业紧密衔接的机制，适应经济结构调整和企业岗位需求，及时调整培训课程和内容。重点加强建筑业、制造业、服务业等吸纳就业能力强、市场容量大的行业的农民工培训。做好水库移民中的农民工培训工作。以实现就业为目标，根据产业发展和企业用工情况，组织开展灵活多样的订单式培训、定向培训，增强培训的针对性和有效性。根据县域经济发展人才需求，开展实用技能培训，促进农村劳动力就地就近转移就业；结合劳务输出开展专项培训，培育和扶持具有本地特色的劳务品牌，促进有组织的劳务输出。

（六）创新农民工培训机制

国务院农民工工作联席会议要组织协调有关部门建立培训项目管理制度，完善政府购买培训成果的机制，保证承担培训任务的院校、具备条件的企业培训机构及其他各类培训机构平等参与招投标，提高培训质量。鼓励有条件的地区探索推行培训券（卡）等有利于农民工灵活选择培训项目、培训方式和培训地点的办法。充分发挥社会各方面参与培训的积极性，建立促进农民工培训的多元投入机制。落实好中等职业教育国家助学金和免学费政策，力争使符合条件的农村劳动力尤其是未能继续升学的初、高中毕业生都能接受中等职业教育。逐步实施农村新成长劳动力免费劳动预备制培训。

三、建立规范的培训资金管理制度

（七）以省级统筹为重点，集中使用培训资金

各省（区、市）要将农民工培训资金列入财政预算，进一步加大农民工培训资金投入，并按照统筹规划、集中使用、提高效益的要求，将中央和省级财政安排的各项农民工培训资金统筹使用，各部门根据职责和任务，做好相关培训工作，改变资金分散安排、分散下达、效益不高的状况。国家有关部门要依据新一轮全国农民工培训规划和年度计划，统筹安排农民工培训资金，对地方予以适当补助。

（八）制定农民工培训补贴基本标准

各省（区、市）要进一步完善农民工培训补贴政策，按照农民工所学技能的难易程度、时间长短和培训成本，以通用型工种为主，科学合理地确定培训补贴基本标准，并根据实际情况定期予以调整，以使农民工能够掌握一门实用技能。各中心城市或县（市）要按照同一工种补贴标准相同的原则，确定具体的补贴标准。优先对未享受过政府培训补贴的农民工进行职业技能培训，避免多部门重复培训。

（九）对培训资金实行全过程监管

各地要加强对农民工培训资金的管理，明确申领程序，严格补贴对象审核、资金拨付和内外部监管。建立健全财务制度，强化财务管理和审计监督。以完善培训补贴资金审批为重点，进一步加强基础工作。建立享受培训补贴政策人员、单位的基础信息数据库，有效甄别培训补贴申请材料的真实性，防止出现冒领行为。财政扶贫培训资金只能用于贫困家庭劳动力的培训补贴。

（十）按照谁审批谁负责的原则，严肃查处违规违纪行为

要按照政府信息公开的有关规定向社会公开培训资金使用管理情况，接受监察、审计部门和社会的监督。健全培训补贴资金与

培训成本、培训质量、就业效果挂钩的绩效评估机制，严肃查处套取培训资金的行为。对有虚报、套取、私分、截留、挪用培训补贴资金等行为的单位和个人，要根据有关规定严肃查处，并按照谁审批谁负责的原则，追究相关单位和人员的责任。涉嫌犯罪的，要依法移送司法部门处理。

四、充分发挥企业培训促进就业的作用

（十一）加强产学结合的企业培训

完善企业与院校联合开展培训的政府激励机制，各级政府和有关部门要积极支持企业开展农民工培训，鼓励企业特别是劳动密集的大型企业与院校联合举办产学结合的农民工培训基地，鼓励中小企业依托职业学校、职业培训机构培训在岗农民工，鼓励有条件的企业为职业学校和培训机构提供实习场所和设备，鼓励有一定规模的企业举办农民工业余学校。

（十二）强化企业培训责任

企业要把农民工纳入职工教育培训计划，确保农民工享受和其他在岗职工同等的培训待遇，并根据企业发展和用工情况，重点加强农民工岗前培训、在岗技能提升培训和转岗培训。鼓励企业依托所属培训机构或委托所在地定点培训机构，结合岗位要求和工作需要，组织农民工参加技能提升培训。鼓励企业选送农民工参加脱产、半脱产的技能培训和职业教育，推动技术工人特别是高级技工的技能提升培训。鼓励企业组织农民工参加职业技能竞赛。

（十三）发挥行业的指导作用

行业主管部门要对本行业依托企业开展的农民工培训进行协调和指导，充分发挥行业管理优势，在培训标准、培训内容和专业师资队伍建设等方面，加强对农民工培训的监督检查。要结合行业特点和企业用工需求，办好职业学校和培训基地。各级行业组织要积极发挥作用，优化培训资源配置，做好行业人力资源预测，为企业提供培训信息等中介服务，重点抓好校企合作，形成一批具有一定规模、富有特色的农民工培训项目。

（十四）落实企业培训资金

积极探索培训资金直补用人单位的办法。对用人单位吸纳农民工并与其签订6个月以上期限劳动合同，在劳动合同签订之日起6个月内由用人单位组织到职业培训机构进行培训的，按照有关规定对用人单位给予职业培训补贴。企业要按照规定足额提取职工教育经费，在岗农民工教育和培训所需费用从职工教育培训经费中列支。职工教育培训经费要按规定使用，不得挪作他用，使用情况要向职工代表大会或员工大会报告。鼓励行业、企业建立农民工培训奖励基金，扶持农民工参加学习与培训。

五、努力提高培训质量

（十五）加大培训组织工作力度

逐步建立和完善农民工培训的政策法规，通过多种渠道大力宣传有关政策，督促指导行业、企业、基层劳动保障工作站点和培训机构做好各类培训的组织工作，广泛动员农民工参加培训。充分发挥人力资源市场、群团组织以及互联网、新闻媒体的作用，及时发布培训项目、培训机构、教学师资、实训设备等方面的信息，为农民工自主选择培训机构和培训项目提供便利条件。积极引导和规范培训机构组织生源的行为。

（十六）规范培训管理，加强绩效评估

各地区和有关部门要建立农村劳动力培训台账和转移就业台账，对培训对象实行实名制管理。制定农民工培训质量效益评估指标体系，统一培训考核指标、考核程序和考核办法。积极探索第三方监督机制，委托有资质的社会中介组织对培训机构的培训质量及资金使用情况进行评估。规范培训工作管理流程，加强对培训工作全程的监管考评，做到培训信息公开、审核结果公示、培训过程透明、社会参与监管。

（十七）严格培训结业考核和发证制度

对于培训机构承担的财政补贴培训项目，要建立统一规范的结业考核程序，加强对考核过程、考核结果和证书发放的监督检查。农民工参加职业技能培训，按规定程序和要求考核合格后，颁发培训合格证书、职业能力证书或职业资格证书。鼓励农民工参加职业技能鉴定，职业技能鉴定机构要积极支持企业开展培训考核和技能鉴定工作。对经鉴定合格并获得职业资格证书的农民工，要按照规定给予一次性职业技能鉴定补贴。要加强对从事高危行业和特种作业农民工的专门培训，按照有关规定持证上岗。

六、强化培训能力建设

（十八）加强培训基地建设，增强实训能力

要按照农民工培训总体规划和布局，在全国主要劳动力输出和输入地区，依托现有培训资源提升改造农民工培训示范基地。承担培训任务的机构要有符合规定条件的教学设施和实训设备，保证参加培训的农民工得到足够的实训时间，达到上岗实际操作的要求。充分利用和优化配置现有教育培训资源，共建共享共用，提高培训资源利用效率。依托农村党员干部远程教育网、农村中小学远程教育网等资源，推广农民工网络培训、广播电视教育和电化教育。新增农民工培训资源要符合区域发展规划，重点投向欠发达地区和薄弱环节。

（十九）规范农民工培训机构管理

各地方农民工工作协调机制要组织有关部门制定农民工培训机构资质规范，明确培训机构在资金、师资、设备、场地等方面的必备条件。按照公开、公平、公正的原则，根据规定的条件和程序，通过招投标方式，面向全社会选择农民工培训机构，确定其承担的培训项目和工种，并向社会公开发布。建立培训机构动态管理和退出机制，对不合格的农民工培训机构定期进行清理整顿。承担农民工培训任务的院校、具备条件的企业培训机构和其他各类培训机构要发挥优势，起到农民工培训主阵地的作用，其他农民工培训机构要加强基础建设，提高培训能力和办学水平。

（二十）加强培训基础工作

加强农民工培训专兼职师资队伍建设，鼓励高校毕业生和各类优秀人才到基层农民工培训机构服务。根据农民工培训工作的实际需要，抓好培训教材规划编写和审定工作。有关部门要切实做好农民工培训统计工作，准确统计参加培训项目的实际人数。充分利用和整合现有资源，加强公共就业服务信息网络建设，建立培训资源数据库，提供统一高效、互联互通的农民工培训信息，提高农民工培训教学和管理的信息化水平。发挥基层劳动保障工作平台的作用，及时掌握用人单位和农民工的培训需求，为农民工培训管理和服务提供准确、及时的信息。

七、加强组织领导

（二十一）完善统筹协调机制

国务院农民工工作联席会议负责全国农民工培训的统筹规划、综合协调和考核评估，联席会议成员单位按照相关政策规定和各自职责，根据统一规划和年度计划，指导各地具体组织实施农民工培训工作。各地要进一步完善农民工工作协调机制，充分发挥人力资源社会保障、发展改革、教育、科技、财政、住房城乡建设、农业、扶贫等有关部门和工会、共青团、妇联等组织的作用，相互协作，共同做好农民工培训工作。人力资源社会保障部门主要负责向城市非农产业转移的农村劳动者技能培训的政策制定和组织实施；农业部门主要负责就地就近就业培训的政策制定和组织实施；教育部门主要负责农村初、高中毕业生通过接受中等职业教育实现带技能转移的政策制定和组织实施。

（二十二）强化地方政府责任

做好农民工培训工作的主要责任在地方。地方各级政府要把农民工培训工作列入议事日程，按照分级管理的原则，建立领导责任制和目标考核制，对本地区农民工培训进行统一管理和监督检查，要充实必要的工作力量，努力建设一支高素质的农民工培训工作队伍，对在农民工培训工作中做出突出成绩的单位和个人要给予奖励。

（二十三）开展先进经验交流

要探索农民工培训的客观规律，加强对中长期农民工培训发展规划以及政策的分析研究，及时总结推广农民工培训工作的新鲜经验。要注意学习借鉴国外农村劳动力转移就业培训和移民培训的有益经验，开展农民工培训工作领域的国际合作与交流。

各省（区、市）和国务院有关部门要根据本指导意见制定具体实施办法，确保各项政策措施落到实处，及时将贯彻落实本指导意见的办法和实施情况报告国务院农民工工作联席会议办公室。

中华人民共和国国务院办公厅

二〇一〇年一月二十一日

中华全国总工会重要文件

中华全国总工会关于加强和改进新形势下工会自身建设的决定

（2010年2月24日中华全国总工会第十五届执行委员会第三次全体会议通过）

中华全国总工会第十五届执行委员会第三次全体会议，认真学习贯彻党的十七届四中全会精神，紧密联系工会实际，就加强和改进新形势下工会自身建设作出如下决定。

一、充分认识加强和改进新形势下工会自身建设的重要性和紧迫性

中国工会是党领导的职工自愿结合的工人阶级群众组织。长期以来，工会紧紧围绕党在不同历史时期的中心任务，从自身的性质、特点和优势出发，不断加强和改进自身建设，积极应对各种挑战和考验，推动工作创新发展，团结动员广大职工为实现党领导的伟大事业作出了重要贡献。

当今世界正处在大发展大变革大调整时期。经济全球化的深入发展，给我国发展带来新的机遇和挑战。党的十七大描绘了全面建设小康社会、加快社会主义现代化建设的宏伟蓝图，我国经济建设、政治建设、文化建设、社会建设以及生态文明建设和党的建设正在全面推进。深入贯彻落实科学发展观，促进经济社会又好又快发展，应对后国际金融危机时期我国经济发展和职工权益面临的新情况新问题，大力发展和谐劳动关系，促进职工队伍和社会稳定，工会承担的任务和肩负的责任更加繁重。各级工会要适应新形势新任务的要求，团结动员全国各族职工充分发挥工人阶级主力军作用，在推动科学发展、维护职工权益、促进社会稳定中大有可为、大有作为，必须进一步加强和改进自身建设。

当前，工会自身建设的状况总体上同担负的任务是相适应的。同时，也存在不少不适应新形势新任务新要求的问题：一些工会干部忽视理论学习，思想不够解放，履行基本职责意识不强，缺乏用创新理论解决新情况新问题的能力；一些工会组织贯彻民主集中制不力，有的对会员和职工民主权利保障不到位，有的对上级工会决策部署执行不够有力；一些基层工会特别是非公有制企业工会组建难、基础工作不扎实、发挥作用不明显；一些工会组织存在机关化、行政化现象，有些工会干部作风不够深入扎实，服务大局、服务职工的能力和水平还不够高，等等。这些问题不同程度地削弱了工会履行基本职责的能力，削弱了工会的凝聚力，影响了与职工群众的紧密联系，必须引起高度重视，下大气力加以解决。

党的十七届四中全会对加强和改进新形势下党的建设作出战略部署，提出了推进党的建设新的伟大工程的主要任务和奋斗目标，也对新形势下加强和改进工会自身建设提出新的更高的要求。各级工会必须紧紧抓住贯彻党的十七届四中全会精神的有利时机，认真分析和把握工会自身建设面临的新形势新任务，继续以改革创新精神推进工会的思想建设、组织建设、作风建设、制度建设和反腐倡廉建设，不断提高工会自身建设科学化水平，在中国特色社会主义工会发展道路上迈出新步伐。

二、加强和改进新形势下工会自身建设的基本原则和目标要求

面对新的形势和任务，总结和运用多年来工会自身建设正反两方面的经验，加强和改进新形势下工会自身建设，应当遵循以下基本原则：

——坚持自觉接受党的领导。工会必须在党的领导下，从自身性质和特点出发，紧紧围绕和服从服务于党领导的工运事业，有组织、有领导、有计划、有步骤地推进自身建设，始终坚持自身建设的正确方向。

——坚持服务工会工作全局。工会自身建设必须围绕实现工会中心任务和工作重点来展开，为推动工会工作创新和工运事业发展提供保证。

——坚持全面履行工会各项社会职能、突出维护职能。加强和改进工会自身建设必须统筹兼顾、突出重点，有利于主动依法科学维权，切实履行工会维护职工合法权益的基本职责。

——坚持工会组织的团结统一。坚持产业和地方相结合的工会组织领导原则，全国建立统一的中华全国总工会。决不允许出现“第二工会”和所谓的职工“维权”组织。

——坚持解放思想、实事求是、与时俱进。以解放思想为先导、以改革创新为动力，在继承基础上不断推进工会自身建设的理论创新、制度创新、实践创新和工作创新，使工会自身建设始终体现时代性、把握规律性、富于创造性。

当前和今后一个时期，加强和改进新形势下工会自身建设，必须深入贯彻党的十七大和十七届三中、四中全会精神，全面落实中国工会十五大部署的任务，适应世情、国情、会情和职工队伍结构的深刻变化，着眼于切实解决工会思想认识、组织体制、运行机制、工作作风、能力素质等方面与推动科学发展、履行基本职责、促进社会和谐要求不符合不适应的问题，进一步提高工会干部运用科学理论指导工会工作的自觉性和本领；进一步扩大工会工作覆盖面、增强工会组织吸引力和凝聚力；进一步提高工会工作群众化、民主化、法制化、社会化水平，激发各级工会特别是基层工会活力；进一步改进工作作风，密切联系职工群众；进一步增强服务科学发展、服务职工群众的能力，全面提高工会自身建设科学化水平，努力把中国工会建设成为自觉接受党的领导、用中国特色社会主义理论体系武装、坚定不移走中国特色社会主义工会发展道路、能够切实代表和维护职工群众合法权益的学习型、服务型、创新型的工人阶级群众组织。

三、建设学习型工会，提高全会思想政治水平

建设学习型工会，是坚持走中国特色社会主义工会发展道路的迫切要求。必须按照科学理论武装、具有世界眼光、善于把握工会运动发展规律、富有创新精神的要求，把思想政治建设摆在首位，为加强和改进工会自身建设奠定坚实的思想政治基础。

（一）坚持用中国特色社会主义理论体系武装工会干部头脑。组织工会干部深入学习马克思列宁主义、毛泽东思想、邓小平理论、“三个代表”重要思想以及科学发展观等重大战略思想，牢固树立辩证唯物主义和历史唯物主义世界观和方法论，系统掌握中国特色社会主义理论体系，增强工会工作的原则性、系统性、预见性和创造性。党员领导干部要做真学真懂真信真用的表率。坚持开展社会主义核心价值体系学习教育，引导工会干部坚定理想信念，增强政治敏锐性和政治鉴别力，始终保持立场坚定、头脑清醒。加强思想道德建设，自觉践行社会主义荣辱观，培养高尚的道德情操和健康生活情趣，始终保持蓬勃朝气、昂扬锐气、浩然正气。

（二）坚持用中国特色社会主义工会发展道路理论指导和推动工会工作。组织工会干部深入学习领会党中央关于工人阶级和工会工作的一系列重要指示精神，准确把握中国特色社会主义工会发展道路形成的时代背景、实践基础，深刻理解其科学内涵、精神实质和基本要求。同时，运用马克思主义的立场、观点和方法，坚持继承与创新相结合、理论与实践相结合，不断深化对经济关系和劳动关系发展规律、工人阶级队伍发展规律、工人运动和工会工作发展规律的认识，增强走中国特色社会主义工会发展道路的自觉性和坚定性。

（三）坚持理论联系实际。引导工会干部把学习理论同研究解决本地区本产业本单位改革发展稳定的重大问题相结合，同研究解决职工群众最关心最直接最现实的利益问题相结合，同研究解决工会工作和自身建设中的突出问题相结合，把学习成效转化为解决问题的实际能力，努力解决制约工会工作发展的实际问题，推动工会组织体制、工作内容、运行机制和活动方式创新，努力使中国特色社会主义工会发展道路越走越宽广。

（四）努力建设学习型工会。以“创建学习型工会、争做知识型工会干部”活动为载体，努力建设学习型工会。坚持党委（党组）中心组学习制度，定期进行集中学习、理论研讨和工作务虚，工会领导干部要带头学习，成为学习型工会的精心组织者、积极促进者、自觉实践者。建立健全促进学习、保障学习的竞争机制、激励机制、创新机制和考核机制，引导工会干部牢固确立终身学习理念，形成全会重视学习、崇尚学习、坚持学习的浓厚氛围，使各级工会组织成为学习型工会组织、各级工会领导班子成为学习型领导班子。

四、着力夯实组织基础，充分发挥基层工会履行基本职责、促进劳动关系和谐的作用

基层工会直接联系、服务会员和职工群众，是工会全部工作和创造力、维权力、凝聚力的基础。抓好基层、夯实基础，充分发挥基层工会履行基本职责、促进劳动关系和谐的作用，始终是工会工作的重点。

（一）继续扩大基层工会组织覆盖面。坚持党建带动工建、工建服务党建，推动把组建工会纳入党建考核目标。切实转变建会思路，发动、依靠职工建立工会。规范建会程序，提高建会质量，建立工会组建工作长效机制。抓住重点、突破难点，继续推进非公有制企业、社会组织、社区（村）等基层工会组织建设，广泛吸纳包括农民工、劳务派遣工在内的职工加入工会，进一步提高单位建会率与职工入会率。坚持组建工会的同时建立工会女职工组织。创新组织形式，积极推进建立区域性、行业性基层工会联合会（联合基层工会），充分发挥乡镇、街道、工业园区工会在组织建会中的重要作用，推进构建城乡统筹的基层工会建设新格局，进一步健全“小三级”工会组织网络。切实加强县（市、区）以下行业工会建设。加强机关和事业单位工会组织建设。在企业改制重组中，不得撤销工会组织或将工会机构合并到其他部门，已撤销合并的，必须坚决予以纠正。充分利用现代信息化手段，加强会员会籍管理，逐步建立全国工会会员信息库。全面推进基层工会法人资格登记工作，落实基层工会法人地位。进一步推行会员优惠办法，拓宽优惠渠道，增强工会组织的吸引力、凝聚力。

（二）依法选好配强基层工会主席。依照法律和工会章程以及《企业工会主席产生办法（试行）》，改进基层工会主席候选人提名方式，完善选举办法和程序，把政治素质好、履职能力强、能够为会员和职工群众说话办事的人选拔到基层工会主席岗位上来。推荐工人党员担任工会骨干，推荐工会骨干加入党组织。推进聘任职业化工会主席候选人工作。区域性、行业性基层工会联合会（联合基层工会）至少配备一名专职工会主席（副主席）或专职工会工作人员。企业行政负责人、合伙人及其近亲属、人力资源部门负责人不得作为本企业工会委员会成员的人选。对不符合规定的，要结合换届予以纠正。有组织、有计划、有步骤地稳步推进基层工会主席直接选举工作。建立健全上级工会保护基层工会主席合法权益制度，设立工会主席权益保障金，支持基层工会主席依法维权。从思想、工作和生活上关心基层工会干部，有条件的地方可给予基层工会主席一定的岗位补贴。开展区域性、行业性工会联合会主席（副主席）工资由工会分级负担的试点工作。加大对生活困难基层工会干部的帮扶力度。评选表彰优秀工会工作者等，应优先考虑优秀的基层工会主席。

（三）不断推进基层工会工作创新。企业工会要按照促进企业发展、维护职工权益的原则，找准开展活动、发挥作用的着力点，不断增强工会活力。探索中央企业工会工作的领导方式，健全和完善中央企业工会组织领导体制。跨地区企业集团工会对本地区所属单位工会实行直接领导，对跨地区所属单位工会实行企业所在地总工会和集团工会双重领导，以企业所在地总工会领导为主，工会经费上解渠道不变。企业工会、新社会组织工会、机关事业单位工会要突出工作重点，建立维权机制，着力解决会员和职工群众最关心、最直接、最现实的利益问题。深入推进“双措并举、二次覆盖”，充分发挥区域性、行业性基层工会联合会（联合基层工会）破解“维权难”的作用。继续探索解决乡镇（街道）工会经费保障问题。帮助非公有制企业工会落实专职工会干部、解决办公设备、活动场所等实际困难，保证其正常开展工作。加强少数民族地区、边远贫困地区工会工作，维护各民族职工团结，促进社会和谐稳定。

（四）深入开展建设职工之家活动。按照组织健全、维权到位、工作规范、作用明显、职工信赖的要求，深入推进建家活动，丰富建家内容，拓展建家领域，改进建家方式。在基层工会开展创建职工之家活动，从整体上激发基层工会参与创建活动的内在动力，加强区域性、行业性基层工会联合会（联合基层工会）建家工作。按照《关于开展会员评议职工之家活动的意见》，广泛开展会员评家活动，把建家的评判权真正交给会员群众。坚持和完善建家工作激励约束机制。定期评选表彰全国模范职工之家，提高非公有制企业工会在评选表彰中的比例。

五、坚持和完善民主集中制，积极发展工会内部民主

民主集中制是工会的根本组织制度。要建立健全以《工会法》和《中国工会章程》

为根本、以民主集中制为核心的制度体系，增强制度建设的系统性、协调性和科学性，保障工会组织的团结统一。要切实保障会员民主权利，以加强基层工会民主为基础，广泛凝聚全会的意志，增强工会的创造活力。

（一）坚持和完善民主集中制。健全完善各级工会委员会议事规则，明确议事决策范围和程序。完善主席团（常委会）向执委会（全委会）报告工作制度，探索推行市、县两级会员代表列席同级全委会制度。完善工会民主决策机制，发挥委员会对重大问题的决策作用，提高科学决策、民主决策、依法决策水平。健全决策失误纠错机制和责任追究制度。坚持把上级工会的部署要求与发挥下级工会的积极性统一起来，把局部利益与全局利益统一起来，自觉维护工会组织的团结统一。

（二）保障会员主体地位和民主权利。以落实会员知情权、参与权、监督权、选举权为重点，依靠会员开展工会工作，进一步提高会员对工会事务的参与度，充分发挥会员的主体作用。保障会员各项民主权利，建立会员意愿表达机制，通过各种形式，拓宽会员意见表达渠道，营造工会内部民主讨论、民主监督的环境。加强会员教育，增强会员意识，引导会员正确行使民主权利。健全基层工会的各项民主生活制度，充分体现会员群众意愿，保持工会与会员的密切联系。

（三）完善会员（代表）大会制度。坚持和完善工会委员会向会员（代表）大会报告工作制度，凡涉及会员利益的大事和工会重大活动及重要事项，要由会员（代表）大会讨论决定。基层工会会员（代表）大会每年至少召开一次，不得以职代会代替会员（代表）大会。小型企业工会一般召开会员大会。推进建立区域性、行业性工会联合会会员代表大会制度。基层工会会员代表大会代表实行常任制，优化代表结构，提高代表素质，建立会员代表提案制度，组织代表开展活动。探索县（市、区）级工会代表大会代表常任制，保证代表在整个任期内履行职责、发挥作用。要把坚持和完善会员（代表）大会制度作为评估基层工会规范化建设的重要内容。健全基层工会内部情况通报制度，推进会务公开。基层工会要将工会经费收支情况等向全体会员公开，接受会员监督。

六、提高干部队伍素质，加强工会领导班子和干部队伍建设

以提高服务科学发展、服务职工群众能力为目标，采取切实有效措施，努力建设一支政治坚定、业务扎实、作风过硬、廉洁自律的高素质工会干部队伍。

（一）坚持党管干部原则，深化工会干部人事制度改革。坚持民主、公开、竞争、择优方针，把握科学化、民主化、制度化的正确方向，形成充满活力的选人用人机制，促进优秀人才脱颖而出，推进工会干部知识化、年轻化、专业化。坚持德才兼备、以德为先用人标准，不断提高选人用人公信度和职工群众满意度。建立健全主体清晰、程序科学、责任明确的干部选拔任用提名制度，完善公开选拔、竞争上岗等选拔干部方式，推进干部工作信息公开，匡正选人用人风气，形成风清气正的用人环境。建立和完善工会领导班子和领导干部考核评价机制，形成各有侧重、各具特色的考核内容和考核指标体系。健全工会干部管理机制，深化干部分类管理改革。建立工会领导干部问责制度。推进工会干部对外交流及内部轮岗交流。坚持严格要求与关心爱护相结合，关心工会干部成长，为工会干部开展工作创造良好环境和条件。

（二）完善工会干部管理制度，选好配强工会领导班子。积极协助地方党委和组织部门，选好配强工会领导班子，优化工会领导班子整体结构，提高领导班子整体素质。抓住工会干部协管工作的重点环节，建立健全工会干部协管制度和程序，推进工会干部协管工作的规范化、制度化。按照下管一级的原则，积极主动与地方党委组织部门加强沟通、联系，建立和完善联合考察制度，工会领导班子换届、工会主要负责人调整、工会领导班子存在突出问题时必须考察。积极协助各地党委落实好中共中央［1989］12号文件关于经济发达、职工人数多的地方工会党员主要负责人提名为党委常委候选人的规定，选好配强工会主要负责人。大力推进市（地）、县（区）总工会主席按同级党委常委或党政副职配备工作。积极参与工会干部考核工作，向党委和组织部门推荐优秀工会干部。要按照《工会法》、《中国工会章程》等有关规定，做到任期届满按时换届，上级工会要及时对下级工会予以指导。

（三）以提高培训质量和效率为重点，积极推进工会干部教育培训的改革创新。发挥工会大学校作用，全面推进工会干部教育培训理念、内容、方式和体制机制的改革创新。以岗位培训为基础，以专业人才培训为重点，贯彻理论联系实际、学用一致、按需施教的原则，切实增强工会干部推动科学发展、促进社会和谐的能力，组织、宣传、教育、服务职工的能力，协调劳动关系、依法维权的能力，善于运用、引导新兴媒体的能力，应对和处置群体性突发事件的能力，全面提高做好新形势下工会工作的本领。建立自主选学与组织调训相结合的干部参训机制和干部教育培训实效考核评估制度，充分激发干部参加培训的内在动力。新任工会主席要做到当年上岗当年培训。切实加大非公有制企业工会干部培训工作力度，积极开展远程教育。认真总结经验，严格教学管理，加强院校建设和师资队伍建设，不断提高教学质量，充分发挥工会干部院校培养造就高素质工会干部的作用。保证工会干部教育培训经费。

（四）注重党性修养和实践锻炼，扎实抓好年轻干部培养选拔工作和后备干部队伍建设。以轮岗交流和实践锻炼为重要手段，有计划地选送年轻干部到基层锻炼，提高做好工作的本领。积极协助各级党委做好培养选拔优秀年轻干部和后备干部的工作，实现领导班子年龄结构的梯次配备和新老干部的正常交替。

七、进一步改进作风，密切与职工群众的联系

加强新形势下工会干部特别是领导干部作风建设，关系到工会能否担当好党联系职工群众桥梁纽带的重大问题。必须防止和克服工会组织行政化、机关化倾向，切实解决一些工会干部脱离会员和职工群众的问题。

（一）坚持求真务实。大兴求真务实之风，真正做到真抓实干、开拓创新。坚持说实话、办实事、出实招、求实效，反对华而不实、虚报浮夸；坚持知难而进、攻坚克难，多做打基础、利长远的工作，反对作风漂浮、形式主义、作表面文章；坚持从实际出发，创造性地开展工作，反对照搬照抄、敷衍应付；精简会议文件，大力整治会风、文风，提倡开短会、讲短话、写短文，解决繁文缛节、评比达标表彰过滥的问题。要敢于和善于向党政和上级工会及时反映职工权益的真实情况，提出工会的主张和建议，做到不唯书、不唯上，只唯实。

（二）坚持深入基层。工会领导机关要坚持工作重心下移，始终把工作重点放在基层，做到人往基层走、劲往基层使、钱往基层用，以职工是否满意、基层是否有活力作为检验工作的重要标准。创新联系基层、联系会员和职工群众方式，建立下基层调研、建立联系点等制度，深入基层，深入群众，真诚倾听他们的呼声，掌握基层和职工的真实情况，着力解决他们迫切需要解决的问题。下基层要坚持轻车简从，不搞层层陪同，减轻基层负担。

（三）加强调查研究。适应时代发展和社会生活的变化，深入研究工会工作面临的新情况新问题，探索新形势下做好工会工作的新思路新办法。抓住制约和影响工会工作发展的突出问题，摸清症结，寻求突破的途径和办法。尊重基层的首创精神，注重总结和推广基层的新鲜经验，不断推进工会工作的创新发展。

（四）加强党风廉政建设。必须把加强党性修养、反对腐败、勤政廉政建设作为重大政治任务来抓，切实加强反腐倡廉工作。加强廉洁从政教育，强化工会干部党性党风党纪观念，领导干部要带头廉洁自律，严格执行党风廉政建设责任制及其他各项规定，自觉约束个人行为，自觉接受群众监督，有效预防腐败。按照节俭、高效、廉洁的原则，严格公务接待和公务消费，严格经费管理制度，进一步控制办公经费，优化工会经费支出结构，把有限的资金和资源更多地用于为基层、为职工服务。健全监督机制，开展会务公开工作，进一步加强工会经费、工会资产以及工程项目建设的审查审计监督工作，坚决查处工会经费使用、资产管理运作、工会企事业经营活动中的违法违纪案件。加强工会组织内党的建设，充分发挥工会党组的领导核心作用、基层党组织的战斗堡垒作用和党员的先锋模范作用。

八、切实加强领导，确保工会自身建设取得更大成效

加强工会自身建设，事关工会工作全局。各级工会必须高度重视，切实加强领导，落实责任，扎实有效地加以推进。

（一）统一思想认识，加强组织领导。各级工会要站在全局和战略的高度，把加强和改进工会自身建设列入重要议事日程。主要领导切实履行第一责任人的职责。要制定规划、分步实施，扎实推进、务求实效，及时研究解决存在的问题，形成各级工会主要领导亲自抓、各部门齐抓共管、一级抓一级、层层抓落实的工作格局。

（二）明确目标责任，建立长效机制。认真落实工会自身建设工作责任制，明确工作目标，采取有效措施，落实各项任务。建立健全工会自身建设各项工作制度，形成长效机制，确保各项工作落到实处。完善工会自身建设工作考核综合评价体系，加强监督检查，把工会自身建设成效作为考核工会领导班子和领导干部的重要内容。

（三）强化维权基本职责，增强工会吸引力和凝聚力。加强和改进新形势下工会自身建设，最终要落实到工会主动依法科学维护职工合法权益、推动发展和谐劳动关系上来。各级工会维权声音要更响一些，措施更实一些，力度更大一些。要坚持以维护职工合法权益的实际举措，积极回应职工的期待，并以此检验工会加强和改进自身建设取得的实际成效。

（四）加强工作指导，提高工会自身建设科学化水平。各级工会领导机关要及时研究自身建设的新情况、新问题，总结新经验，加强分类指导，不断认识和把握工会自身建设规律，为加强和改进新形势下工会自身建设提供科学指导。工会报刊、网站等宣传媒体要加大宣传力度，为加强和改进工会自身建设创造良好氛围。

各级工会要在以胡锦涛同志为总书记的党中央坚强领导下，高举中国特色社会主义伟大旗帜，坚定不移地走中国特色社会主义工会发展道路，不断推进工会自身建设，努力开创工会工作新局面，团结动员全国各族职工为全面建设小康社会、构建社会主义和谐社会作出更大的贡献！

中华全国总工会关于围绕加快经济发展方式转变深入开展建功立业竞赛的意见

（2010年5月5日）

为深入贯彻落实中央经济工作会议和全总十五届三次执委会议精神，进一步组织动员广大职工围绕加快经济发展方式转变深入开展建功立业竞赛，现提出以下意见。

一、充分认识加快经济发展方式转变的紧迫性和重要性

当前，我国处在经济社会发展的重要战略机遇期，但经济回升的基础还不牢固，经济运行中的新老矛盾和问题相互交织，迫切需要加快转变经济发展方式。加快经济发展方式转变，是适应全球需求结构重大变化、增强我国经济抵御国际市场风险能力的必然要求，是提高可持续发展能力、实现国民收入分配合理化、促进社会和谐稳定的必然要求，是在后金融危机时期国际竞争中抢占制高点、争创新优势的必然要求。它关系到改革开放和社会主义现代化建设全局，关系到工人阶级的长远利益和根本利益。组织动员广大职工围绕加快经济发展方式转变深入开展建功立业竞赛，是工会围绕中心、服务大局的重要举措，是“当好主力军、建功‘十一五’、和谐奔小康”主题竞赛的重要内容，是广大职工义不容辞的责任。各级工会要充分认识围绕加快经济发展方式转变开展建功立业竞赛的重要意义，切实把思想和行动统一到中央对当前形势的分析判断和决策部署上来，进一步增强责任感和主动性，团结动员广大职工在推动经济发展方式加快转变、促进经济平稳较快发展中发挥主力军作用。

二、围绕加快经济发展方式转变广泛开展各种形式的建功立业竞赛活动

围绕加快经济发展方式转变深入开展建功立业竞赛，要以科学发展观为指导，紧紧抓住加快经济结构调整、促进经济平稳较快发展这一主题，以创建“工人先锋号”为载体，大力弘扬中国工人阶级崇高品格和伟大劳模精神，在增强自主创新能力、优化产业结构、扩大消费需求、促进区域经济协调发展、提高职工整体素质等方面作出积极努力，为“十一五”规划目标的全面实现贡献智慧和力量。

一是开展职工技术创新活动，增强自主创新能力。增强自主创新能力、调整优化产业结构，是转变经济发展方式的中心环节，是保持经济平稳较快发展的重要支撑点。要围绕经济发展方式转变，在广大职工中大力开展群众性技术创新活动，广泛开展“创造学”知识培训，增强职工创新意识，开发职工创新潜能，提高职工创新能力，推广职工创新成果，培育职工创新人才；推进实施国家技术创新工程，发展企业创新文化，营造企业创新氛围，增强企业自主创新能力，推动创新型企业建设，为加快实现由“中国制造”到“中国创造”的历史性跨越做贡献。要积极支持企业运用高新技术和先进适用技术，大力提升国家重点产业的技术水平，为企业加快工艺、装备改造和产品升级换代提供技术支撑。

二是开展“质量创优、服务创新”竞赛活动，促进扩大内需战略的实施。扩大内需，增强消费对经济增长的拉动作用，是我国经济发展的立足点，是加快经济发展方式转变的基本要求。要在企业中广泛开展以“开发品种、提升质量、诚实守信”为主要内容的“质量创优、服务创新”竞赛活动，特别要加强对中小企业开展劳动竞赛的指导，积极组织开展以提高产品质量和服务质量、开发适合市场需求产品、扩大国内外市场销路等为主要内容的竞赛活动，为推动消费、扩大消费、引领消费创造有利条件。积极稳妥推进城镇化建设，是扩大内需的重要方面。要结合城镇和乡村规划，在城市化建设和新农村建设工程中广泛开展以规划设计、工程建设、城市管理、园林绿化为重点的竞赛活动，促进城镇发展。

三是继续开展“我为节能减排做贡献”活动，打好节能减排攻坚战。推进节能减排，抑制过剩产能，加快建设资源节约型、环境友好型社会是转变经济发展方式的重要内容。今年是完成“十一五”规划节能减排指标的最后一年。要紧紧围绕落实党中央国务院关于“打好节能减排攻坚战”的决策部署，继续深入开展“我为节能减排做贡献”活动，大力宣传节能减排知识，积极倡导低碳、绿色、环保的消费方式和生活习惯。深入开展重点行业节能减排对标达标竞赛活动。认真搞好节能宣传周活动，广泛开展提一条节能减排合理化建议、掌握一项节能减排窍门、搞一项节能减排发明、实施一项节能减排革新、宣传一项节能减排知识等“五个一”活动。加强职工节能减排义务监督员队伍建设，做到企业有义务监督员队伍，车间有监督小组，班组有监督员，注重义务监督员的培训提高工作。

四是开展重点工程建设和区域经济发展竞赛活动，推动重大项目建设和区域经济发展规划的顺利实施。推动重大项目建设，加强区域经济协调发展，提高区域经济统筹协调能力，是转变经济发展方式的重要内容。要继续抓好上海世博会、金沙江流域水电开发、京沪高速铁路、西气东输二线、河北曹妃甸、汶川和玉树地震灾后重建等重点工程建设示范性劳动竞赛，推动建设优质精品工程和培育高素质职工队伍。继续深入开展“振兴杯”等区域经济发展劳动竞赛，在东北、中部和西部地区的优势产业、潜力产业、现代服务业和重点产业聚集区，广泛开展适合不同产业特点的行业性竞赛活动，为做大做强支柱产业、培育战略型新兴产业、发展现代服务业和建设国内一流现代产业基地做贡献。

五是开展职业技能比赛和培训活动，推动实施人才强国战略。实施人才强国战略，提高职工技能水平，是加快经济发展方式转变的重要智力支持和人才保证。要充分发挥工会“大学校”作用，深入实施职工素质建设工程，广泛开展岗位练兵、技术比赛和技术交流活动，努力提高职工技术创新能力。大力选树“首席技师”、“首席员工”、“金牌工人”，积极推广“技能人才创新工作室”，着力培养高素质的专业技术人才队伍。举办第三届职工优秀技术创新成果评选活动，表彰职工技术创新成果。在全国设立100所职工职业技能实训基地，开展中高级技能人才培训交流和技能展示活动，促进职工队伍技能素质全面提高。

三、不断推进建功立业竞赛活动取得实效

胡锦涛总书记在2010年全国劳动模范和先进工作者表彰大会上的重要讲话、王兆国同志在庆祝“五一”国际劳动节劳动模范座谈会上的重要讲话，都对大力开展社会主义劳动竞赛提出了明确要求，指出我国工人阶级和广大劳动群众要积极开展社会主义劳动竞赛，争当锐意改革创新的先锋，争当推动科学发展的楷模，把自己的创新潜能和创造活力充分发挥出来。因此，组织动员广大职工围绕加快经济发展方式转变深入开展建功立业竞赛，要全面贯彻落实胡锦涛、王兆国等中央领导同志的重要讲话精神。要切实加强组织领导和分类指导，充分发挥各级工会优势，建立健全劳动竞赛的领导体制和工作机制，科学制定方案，精心组织实施，不

断拓宽领域、创新方式、丰富内涵、注重实效，进一步激发创造活力，为推动经济又好又快发展积极贡献力量；要把组织开展劳动竞赛与维护职工合法权益、推动经济发展与维护社会稳定统一起来，努力实现劳动关系稳定，进一步保障劳动者权益，为促进社会和谐奠定坚实基础；要加强监督检查，深入研究创新劳动竞赛的体制机制，深化竞赛理论，解决竞赛问题，及时总结经验，表彰先进典型，充分发挥模范人物的示范引领作用，进一步弘扬劳模精神，为激励全国各族人民团结奋斗凝聚强大精神力量。

中华全国总工会关于进一步加强建设职工之家工作充分发挥基层工会作用的意见

（2010年5月26日）

为深入贯彻党的十七大和十七届四中全会精神，认真落实中华全国总工会《关于加强和改进新形势下工会自身建设的决定》，切实加强基层工会组织建设，增强基层工会活力，不断提高工会工作水平，现就进一步加强建设职工之家（以下简称建家）工作，充分发挥基层工会作用，提出如下意见。

一、统一思想，充分认识进一步加强建设职工之家工作的重要性和紧迫性

开展建设职工之家活动，是发挥基层工会作用的重要平台，是增强基层工会活力的有效手段，是全面提升基层工会工作水平的综合性载体。当前，建家工作面临着新的形势、新的任务，也面临着新的发展机遇。

党中央一系列重要指示对建设职工之家提出新的更高的要求。党的十七大和十七届四中全会提出，以党的基层组织建设带动其他各类基层组织建设，在党的基层组织和党员中深入开展创先争优活动；胡锦涛总书记多次强调，各级工会组织要扩大工作覆盖面，增强组织凝聚力；中央书记处在关于工会工作的重要指示中指出，把各级工会组织进一步建成名副其实的职工之家。党中央一系列重要指示，既是对工会工作提出的更高标准和更高要求，也是对建家工作提出的更高标准和更高要求。必须按照党中央的要求，着眼于抓好基层、打牢基础，坚持把建会、建制、建家紧密结合，切实加强和改进工会自身建设，不断赢得广大职工群众的信赖。

基层工会面临的新情况新问题对建家工作提出了新任务新要求。随着各类基层工会组织的迅速发展，特别是大量非公有制企业工会组建之后，对夯实基础工作、发挥工会作用提出了新的要求；大量农民工成为职工队伍新成员，维护工人阶级团结统一和职工队伍稳定的任务更加艰巨。基层工会组织建设和发挥作用的现状，迫切要求在坚持抓好组建工作的同时，进一步把工作着力点放在发挥基层工会作用上，充分运用建家这一有效载体，推动各个领域、各种类型基层工会全面开展建家活动，做到哪里有职工哪里就要建立工会组织，哪里有工会组织哪里就要开展建家活动，最广泛地把建家活动覆盖到每个基层工会组织，最充分地激发出每个基层工会的活力。

各级工会一定要从党和国家工作大局出发，立足深入贯彻落实科学发展观，紧紧把握全面建设小康社会、坚持和发展中国特色社会主义这个当代中国工人运动的主题，进一步增强大局意识、责任意识，充分认识进一步加强建家工作的重要性和紧迫性，适应加快经济发展方式转变的新要求，团结动员广大职工大力弘扬劳模精神和工人阶级伟大品格，明晰建家新思路，提出建家新举措，实现建家新发展，在推动经济发展、维护职工合法权益、维护职工队伍和社会稳定中大有可为、大有作为。

二、与时俱进，进一步明确建设职工之家的基本要求

进一步加强建家工作，要坚持在继承的基础上不断创新，与时俱进地赋予新内容，努力把基层工会组织建设成为组织健全、维权到位、工作规范、作用明显、职工信赖的名副其实的职工之家。

（一）健全组织体系。基层工会委员会、经费审查委员会、女职工委员会组织健全，按时换届选举，单独设置工会工作机构，依法独立自主开展工作；依法进行工会法人资格或工会法人代表变更登记；工会主席（副主席）的产生、配备符合有关规定，职工二百人以上的单位依法配备专职工会主席；按不低于职工人数千分之三的比例配备专职工会干部；加强工会积极分子队伍建设；加强会员会籍管理，职工（含农民工、劳务派遣工）入会率达到85%以上。

（二）促进科学发展。围绕加快经济发展方式转变，深入开展多种形式的争先创优建功立业活动，持续形成劳动竞赛热潮；深入开展以增强自主创新能力为重点、以合理化建议和“五小”活动为内容的职工技术创新活动和“我为节能减排作贡献”活动，推动经济又好又快发展；加强劳动模范（先进工作者）的培养、评选、表彰、宣传和管理，激励职工立足岗位、勇创佳绩。

（三）履行维权职责。建立和完善以职工（教工）代表大会为基本形式的民主管理制度，推行厂务（院务、校务）公开，公司制企业依照有关规定选举职工代表进入董事会和监事会，参与企业管理；深化“共同约定”行动，建立平等协商和签订集体合同制度，协商解决涉及职工切身利益的重大问题；指导和帮助职工签订劳动合同，依法妥善处理劳动争议纠纷，提供法律援助，构建和谐劳动关系；协助和督促企业落实国家各项涉及职工权益的法律法规，遵守劳动安全卫生等规定，安全生产无事故；维护女职工的特殊权益。

（四）提高职工素质。落实《全国职工素质建设工程五年规划》，发挥工会“大学校”作用，深入开展“共筑理想信念、共促科学发展”主题教育活动，弘扬中国工人阶级伟大品格，用社会主义核心价值体系引领职工群众；开展“创建学习型组织、争做知识型职工”活动，培育“四有”职工队伍；开展群众性精神文明创建和文化体育活动，满足职工群众精神文化需求，推动职工文化和企业文化建设。

（五）服务职工群众。以职工最关心、最直接、最现实的利益为重点，认真倾听职工呼声，积极反映职工意愿，提出政策建议和主张；关心职工生产生活问题，指导帮助职工就业，进一步叫响做实“职工有困难找工会”，努力为职工办实事、做好事、解难事；开展“送温暖”、“金秋助学”等活动，履行帮扶困难职工“第一知情人”、“第一报告人”、“第一协调人”、“第一监督人”的职责。

（六）加强自身建设。坚持民主集中制，密切联系群众，廉洁自律；健全各项组织制度、民主制度、工作制度，基础资料齐全；坚持会员（代表）大会制度，完善会员代表常任制，实行会务公开，接受会员群众民主评议和监督，保障会员民主权利；开展“创建学习型工会、争做知识型工会干部”活动，加强思想、作风、能力建设，提高工会自身建设科学化水平，建设学习型、服务型、创新型工会；建立单独工会财务账号，独立使用工会经费，收好管好用好工会经费，保护好工会资产；工会工作有创新、有特色。

三、健全机制，强化建设职工之家的激励与约束

深入开展建家活动必须调动各方面的积

极性，强化激励与约束机制建设，激发工作的内在动力与活力，保持常建常新、蓬勃发展。

（一）结合召开全国工会代表大会，每五年集中表彰一批全国模范职工之家、全国模范职工小家、全国优秀工会工作者、全国优秀工会积极分子、全国优秀工会之友；届中评选表彰一批全国模范职工之家、全国模范职工小家、全国优秀工会工作者。适当扩大对非公有制企业工会、乡镇（街道）工会、村（社区）工会、各类基层工会联合会的表彰比例。对于作出突出成绩的先进基层工会和优秀工会干部，可由省（部）级工会即时推荐申报，由全总授予荣誉称号。对获得全国模范职工之家称号的企事业单位工会和工会主席，上级工会和本单位可以给予适当物质奖励。全总在表彰全国模范职工之家的同时，对建家工作成绩突出的省级工会，给予通报表扬。

（二）评选表彰模范职工之家、优秀工会工作者与评选五一劳动奖状、奖章有机结合。对已获得各层级模范职工之家称号、经会员民主测评连续三年以上获得满意等次的基层工会和工会主席（副主席），可优先推荐申报本地或上级五一劳动奖状、奖章。全总在表彰全国模范职工之家和全国优秀工会工作者的同时，对其中事迹特别突出的先进单位和先进个人分别授予全国五一劳动奖状和全国五一劳动奖章称号。

（三）各级工会要真正重视、真诚关心、真心爱护在建家工作中作出优异成绩的基层工会干部。全国总工会每年组织部分获得全国模范职工之家称号单位的工会主席参加疗休养活动。

（四）基层单位及其党政负责人拟推荐申报工会系统评选表彰的各层级五一劳动奖状、五一劳动奖章等荣誉称号的，其工会组织必须荣获相应层级的模范职工之家称号。

（五）切实落实会员评家制度，以会员满意度为标准，定期对获得荣誉称号的基层工会进行复查。对会员不满意的应提出限期整改要求，逾期未改或经整改仍达不到要求的，撤销其荣誉称号。对会员测评不满意的工会主席（副主席），所在单位党组织和上级工会应在核实的基础上对其进行诫勉谈话；连续两年会员仍不满意的，应按照《中国工会章程》的有关规定对其进行组织调整。对三年内未达到合格职工之家标准的基层工会，上级工会应采取措施予以整顿。

四、加强领导，切实提高建设职工之家工作水平

各级工会必须把建家工作作为一项长期性、战略性的任务，高度重视，持之以恒地推进。

（一）加强领导、形成合力。各级工会要切实把建家工作摆上重要议事日程，建立领导小组，形成主要领导亲自抓、分管领导具体抓、职能部门共同抓的工作格局。要制定工作规划和具体实施办法，健全完善考核评价机制，务必抓出实效。要积极主动取得同级党组织的领导，争取把建家工作纳入党建工作的重要内容，统一部署、统一检查、统一考核、统一表彰，推动建家工作健康发展。

（二）突出重点、拓展领域。各级工会要把非公有制企业作为建家工作的重点，向各类基层工会拓展，开展区域性、行业性工会联合会建家活动，不断扩大建家工作覆盖面。积极探索非公有制企业工会建家的新形式，正确处理硬件建设、软件建设、自身建设的关系，把工作重点放在维护职工最关心最直接最现实的利益上，认真解决自身建设中存在的突出问题，不断提高建家工作质量和工会工作水平。

（三）分类指导、提高水平。要根据各种类型基层工会的特点，提出不同的建家标准，突出针对性，不搞一个模式。国有、集体企业工会，机关和事业单位工会要认真对照标准，查找差距，把工作重点放在提高建家水平和增强工会活力上；改制企业工会要着力抓好工会组织的整顿和重建工作，发挥职代会作用，切实维护职工合法权益；非公有制企业工会要适应企业特点，打好基础、规范起步，切实提高规范建设水平。

（四）深入调研、不断创新。要加强调查研究，认真总结分析，坚持以理论创新推动工作创新、实践创新，及时抓住制约和影响建家工作的突出问题，研究解决的办法，提出指导性意见，不断探索建家规律，推动建家工作创新发展。

（五）加强宣传、树立典型。要加强舆论宣传，形成建家良好氛围，不断扩大建家影响，引导会员和职工群众积极参与建家活动，增强吸引力和凝聚力。要及时总结推广先进经验，发挥典型示范作用，树立品牌形象，形成学先进、赶先进、超先进的热潮。

中华全国总工会关于进一步加强企业工会工作充分发挥企业工会作用的决定

（2010 年 7 月 26 日 中华全国总工会第十五届执行委员会第四次全体会议通过）

中华全国总工会第十五届执行委员会第四次全体会议，认真学习贯彻党中央最近关于发展和谐劳动关系，加大工会维权力度，特别是加强企业工会工作的重要指示精神，全面分析企业工会工作实际，一致认为，企业工会是我国工会的重要组织基础和工作基础。随着改革开放的深化和社会主义市场经济的发展，我国的经济关系和劳动关系日趋复杂，企业工会面临着许多新情况和新挑战。各级工会必须进一步增强政治意识、大局意识、忧患意识、责任意识，认真贯彻“促进企业发展、维护职工权益”的企业工会工作原则，统一思想，增强信心，真抓实干，努力把企业工会建设成为职工信赖的职工之家。为此，就进一步加强企业工会工作、充分发挥企业工会作用作出如下决定。

一、进一步推动规范企业工会组织建设

1. 加大工会组建工作力度，推动企业普遍建立工会组织。以非公有制企业特别是外资企业、港澳台资企业、中小企业为重点领域，继续加大企业工会组建工作力度。深入推进“双措并举、二次覆盖”，建立区域性、行业性基层工会联合会，规范基层工会联合会建设。国有企业发挥示范带头作用，坚决依法纠正企业在改革改制中撤并工会组织、把工会工作机构合并到党群工作部或其他工作部门的错误做法。

2. 以农民工、劳务派遣工为主要对象，最大限度组织职工加入工会组织。切实提高已建会企业职工入会率，不得以务工时间、用工方式等附加条件限制职工入会。认真贯彻《中华全国总工会关于组织劳务派遣工加入工会的规定》，加强检查督促，务求工作落实。按照持证接转会籍关系的要求，加强会员会籍管理，逐步建立全国工会会员信息库。

3. 进一步规范建会程序，提高建会质量。切实转变建会方式，着力启发职工依法组织和参加工会的自觉性和主动性。规模企业健全工会组织网络，建立工会分会、工会小组和工会积极分子队伍，加强企业工会女职工组织建设。尊重会员主体地位，坚持会员（代表）大会制度和会员代表常任制，推行会务公开，不断提高企业工会的凝聚力。

二、选好配强企业工会主席

4. 企业工会主席产生必须履行民主选举程序。严格按照《企业工会主席产生办法》民主推荐工会主席候选人。制定企业工

会主席民主选举办法，完善选举程序，落实有关工会主席任职条件和回避的规定，确保选出的工会主席能代表职工，能为职工说话办事，维护职工权益。依法推进所属职工在200人以上的企业工会配备专职主席。

5. 由上级工会聘用的乡镇（街道）工会、区域性、行业性基层工会联合会专职工会工作者，其工资由工会发放。加快上级工会分级负担工会工作者工资试点工作，2011年全国乡镇（街道）工会、区域性、行业性基层工会联合会聘任工会工作者的工资由上级工会分级负担。

6. 加强对企业工会主席的培训和激励。各级工会特别是县级工会、乡镇（街道）工会要发挥优势，采取就地、就近、短期、专题等培训方式，不断提高企业工会主席的素质。企业工会主席新上岗半年内必须参加培训。落实会员评议职工之家制度，定期组织会员对企业工会主席进行满意度测评。对优秀工会工作者，依据规定评选先进。进一步建立和完善企业工会主席权益保护机制，依法保护其合法权益，支持他们履职尽责。对不能正确履行职责的工会主席，经企业工会委员会或者三分之一以上工会会员提议，报上级工会批准，可以临时召开会员（代表）大会，履行撤换或罢免企业工会主席程序。

三、全面推进平等协商签订集体合同工作

7. 着眼发展和谐劳动关系，推动所有企业普遍建立集体协商机制和集体合同制度。以非公有制企业、中小企业为重点，以劳动定额、工时工价制定为突破口，科学合理确定工资水平，全面推动建立工资集体协商共决机制、正常增长机制和支付保障机制，确保职工工资特别是生产一线职工工资收入水平随着企业效益增长和经济社会发展不断提高。积极推进签订女职工权益保护专项集体合同。

8. 企业工会要健全协商要约制度，对拒绝或变相拒绝要约等违法行为及时向上级工会报告或提请有关部门依法处理。集体协商应有生产一线职工代表参加，集体合同草案应提交职代会或全体职工讨论通过。企业工会可以邀请上级工会或聘请专家帮助开展集体协商，增强集体协商的实效性。帮助指导职工在平等自愿、协商一致的基础上签订劳动合同。监督集体合同和劳动合同的切实履行。

9. 推动小企业集中的地区开展区域性、行业性集体协商，不断创新集体协商的建制形式。积极推动将工资集体协商纳入地方经济社会发展总体规划，制定和实施职工工资集体协商条例等地方法规或政策规定，为开展工资集体协商提供有力保障。到2012年，基本实现已建工会企业建立集体合同制度。

四、坚持和完善企业职工民主管理制度

10. 推动各类企业特别是非公有制企业建立健全以职工代表大会为基本形式的民主管理制度，企业工会履行职工代表大会工作机构的职责。推行厂务公开，推动依法建立职工董事职工监事制度。

11. 监督推动企业在制定、修改或决定直接涉及职工切身利益的规章制度或重大事项时，依法经职工代表大会或者全体职工讨论，提出方案和意见，与工会或职工代表平等协商确定。企业改革改制方案、职工裁减安置方案等必须提交职工代表大会或全体职工讨论通过。推进在县以下建立区域性、行业性职工代表大会制度。

12. 畅通民主渠道，定期召开职工代表大会，督促企业开展经理接待日、劳资恳谈会、总经理信箱、信息公开、网上论坛等多种形式的民主管理工作，落实职工的知情权、参与权、监督权和选举权。

五、关心职工生产生活和精神文化需求

13. 充分发挥工会大学校的作用，以社

会主义核心价值体系建设为主线，实施职工素质建设工程。大力弘扬劳模精神和工人阶级伟大品格。推动加强企业文化、职工文化建设，组织开展职工喜闻乐见、丰富多彩的业余文化体育活动，不断满足职工日益增长的精神文化需求。

14. 深入开展建设“职工之家”活动，企业工会干部要做职工贴心人。坚持把加强职工政治思想教育与解决职工实际困难结合起来。企业工会主席要与职工有深厚感情，建立工会主席与职工联系制度，密切联系职工群众，主动倾听职工的意愿和诉求，对职工做到知情、知心，做好困难职工帮扶工作，为职工办好事、办实事、解难事。促进企业改善管理，履行社会责任，加强对职工的人文关怀。建立健全劳动保护监督检查委员会，选聘好工会小组劳动保护检查员，深入开展“安康杯”竞赛活动，增强职工劳动安全意识，落实工会劳动保护责任。

15. 注重加强青年职工特别是新生代农民工的心理疏导，开展互帮互助和心理咨询活动，帮助他们搞好自我管理、自我调适，舒缓心理压力，提高耐挫能力，营造良好的人际关系。

六、做好劳动争议调处和纠纷化解工作

16. 建立健全企业劳动争议调解委员会，企业工会主席担任调解委员会主任。公正及时解决劳动争议，把劳动关系矛盾化解在企业。监督企业严格执行劳动法律法规，积极为职工提供法律服务，支持帮助职工进行劳动争议仲裁和诉讼。

17. 及时掌握职工思想动态，关注网络舆情对职工思想的影响，引导职工依法、理性、有序表达利益诉求，防止经济诉求政治化，企业矛盾社会化。

18. 对企业发生的集体劳动争议和群体性事件，企业工会应在第一时间深入职工群众了解情况，旗帜鲜明地代表职工反映诉求，同时向同级党委和上级工会报告。在党委政府统一领导和协调下，通过集体协商等方法，依法维护职工合法权益，防止矛盾激化。

七、加大企业工会经费保障力度

19. 企业工会依法取得法人资格，单独设立工会经费账户。税务代收工会经费实行全额征收，保证企业工会经费足额到位。

20. 小企业工会联合会在所属企业工会自愿的基础上，可以集中管理、分户使用企业工会经费。改制企业所欠的工会经费应列入债务偿还项目。

21. 实行上级工会对乡镇（街道）工会、区域性、行业性基层工会联合会经费留成或经费补贴，保障其必要的工作经费，发挥其重要的作用。

八、切实提高指导和服务企业工会工作水平

22. 各级工会要牢固树立抓基层、打基础的观念，始终把加强企业工会工作摆在重中之重的位置，进一步形成工作合力。坚持把企业工会是否具有活力、是否发挥作用，作为检查考核各级工会工作的重要标准。全总在表彰全国模范职工之家的同时，对企业工会工作成绩突出的省级工会给予奖励。

23. 坚持党建带动工建、工建服务党建。进一步推动把企业工会建设纳入党建工作规划和考核体系。推荐企业工会骨干加入党组织，推荐企业职工党员担任工会负责人。广泛开展创先争优活动，创新企业党工共建互促工作机制和活动载体。加强立法参与和政策制定工作，推动实施劳动合同法等相关法律，为开展工会工作争取更多的资源和手段。

24. 从改进工作作风入手，克服工会机关化、行政化现象，深入企业，贴近职工，加强调查研究，总结推广基层创造的工作经验。正确处理树立典型和整体推进的关系。

坚持分类指导，对不同类型企业工会实施有针对性的指导服务。对一些政策性强、规范要求高、操作难度大的工作，上级工会要搞好典型示范，组织专门培训，加强具体指导。

25. 在企业工会遇到难以履行的维权职责时，上级工会要出面指导帮助解决或代行其维权职责，保护企业工会干部，提高维权工作实效。加强乡镇（街道）、村（社区）、工业园区工会工作。采取多种渠道，为乡镇（街道）工会、区域性、行业性基层工会联合会至少配备一名专职工会干部，充分发挥这一级工会直接指导服务企业工会的重要作用。

广东省重要法规和文件

关于加强人文关怀改善用工环境的指导意见

各地级以上市人民政府，各县（市、区）人民政府，省政府各部门、各直属机构：

当前，我省正处于经济结构转型和发展方式转变的关键时期，经济社会转型步伐加快，传统发展模式的内在矛盾日益突出，劳动关系领域新情况、新问题不断出现。为深入贯彻落实科学发展观，牢固树立以人为本的发展理念，切实加强对企业职工的人文关怀，改善用工环境，提升企业管理水平和可持续发展能力，进一步发展和谐劳动关系，构建和谐广东，提出以下指导意见。

一、深刻认识加强人文关怀改善用工环境的重要意义

（一）加强人文关怀改善用工环境是我省加快转变经济发展方式的必然要求。改革开放以来，广东经济社会发展取得了举世瞩目的成就，经济持续快速增长，许多领域走在全国前列，发挥了排头兵作用。随着社会生产力和生产关系的深刻变化，在劳动关系领域，职工的文化素质、价值观念以及社会需求正发生重大结构性转变，实现体面劳动和有尊严地生活正成为职工特别是新生代农民工的价值取向和集体意识。主动适应这种转变，是对我省的重大考验，也是广东解决矛盾实现科学发展和社会和谐的重要契机。我省要加快转变经济发展方式，必须实现由主要依靠增加物质资源消耗向主要依靠科技进步、劳动者素质提高、管理创新转变。加强人文关怀、改善用工环境，既是促进劳动者全面发展的客观要求，也是调动职工积极性、增强企业凝聚力、提升企业核心竞争力、实现转型升级的必然选择；既是各级政府的职责所在，也是企业应该承担的社会责任。各地、各有关部门和广大企业都必须高度重视，进一步增强责任意识和主动意识，加快构建以人为本、公平正义、和谐稳定的社会主义新型劳动关系。

二、切实保障职工合法权益

（二）全面落实法律法规。企业应依法保障职工的劳动合法权益，全面遵守劳动、安全生产、职业卫生保护、工会组织、妇女权益保护等法律法规，依法与职工签订劳动合同，严格执行工时管理、休息休假、劳动保护、职业病防治、女职工保健和特殊劳动保护等制度。要切实维护职工经济权益，按时足额支付工资，按规定参加社会保险。要全面保护职工人身权益，规范企业内部保安队伍建设管理，杜绝打骂、搜身、性骚扰、限制人身自由等损害人格尊严的行为。要依法建立企业规章制度，规范用工管理。

（三）加强执法检查。各地要加大行政执法力度，加强日常巡查和专项执法检查，综合运用约谈、责令整改、行政处罚等手段，督促企业清理违反法律法规的规章制度，严肃查处恶意欠薪、逃避参加社会保险、不依法足额计算和支付加班工资等侵害职工合法权益的违法行为。加大法律援助化解劳动纠纷的力度，引导职工通过合法途径解决劳动纠纷，降低职工维权成本。各级人力资源社会保障、卫生、安全监管、公安、司法、工会、妇联等单位要各司其职，密切配合，切实履行监管职责。

（四）大力开展普法宣传教育。各地要组织开展“送法进企业活动”，通过法律咨询、法律援助、政策宣讲、专题座谈、流动宣传、印发普法读本等多种形式，对企业和广大职工开展法制教育，不断增强企业和职工的法制意识，形成企业依法管理、职工依法维权的良好氛围。

三、加强和改进企业用工管理

（五）强化以人为本的管理理念。企业要切实转变经营管理观念，把关怀职工、调动人的主观能动性作为生产经营和用工管理的重要内容；要切实履行社会责任，形成企业关爱职工，与职工共同发展的利益共同体。要加强基层管理人员培训，提高管理人员素质，实现人性化管理。要充分发挥工商联以及行业协会、商会等社会组织和中介机构的积极作用，引导企业规范管理，提高用工管理水平。

（六）推行工资集体协商制度。各地要及时调整最低工资标准，定期发布工资指导线和人力资源市场工资指导价位，全面实施“工资集体协商三年行动计划”，积极推行区域性、行业性工资集体协商，建立工资集体协商指导员队伍，指导劳动关系双方依法开展协商工作。企业要把增进职工福利与促进企业发展结合起来，加快建立职工工资集体协商和正常增长机制。

（七）推动职工参与企业民主管理。企业要建立健全以职工代表大会为基本形式的民主管理机制。按规定推行厂务公开、平等协商、职工代表巡视、职工董事和监事制度，召开民主恳谈会、劳资协商会、职工议事会，保障职工对涉及切身利益的事项享有知情、表达、参与、协商和监督的权利。

四、建立健全劳动关系协调处置机制

（八）完善职工诉求表达机制。各地要畅通职工诉求反映渠道，进一步完善12333、12351等电话咨询服务系统，充分发挥互联网、手机短信等电子信息平台的作用，广泛收集职工意见建议，为职工提供咨询解答服务；企业要建立劳资关系协调互动平台，鼓励和方便职工理性表达诉求。

（九）健全企业内部调解机制。支持企业依法设立劳动争议调解委员会，选聘职工担任劳动争议调解员，提高企业自我协调劳动争议的能力。引导企业积极参加行业性、区域性劳动争议调解组织，充分发挥行业、区域调解机构在化解劳动争议方面的作用。进一步建立健全企业人民调解组织网络，健全行业、专业人民调解组织。

（十）建立劳资纠纷排查预防机制。各地要落实就业失业登记备案制度，开发劳动关系协调员和劳动监察协管员公益性岗位，建立重大劳动保障违法行为举报奖励制度，加快推进劳动保障监察网格化、网络化建设，实现对用人单位的动态监管，及时掌握企业用工和劳动关系状况，把矛盾纠纷解决在基层和萌芽状态。

（十一）健全劳动监察和仲裁机制。各地要强化劳动监察体系建设，推动劳动监察执法力量向基层延伸，畅通举报投诉渠道，加大监察执法力度。按照统筹规划、合理布局、适应实际需要的原则，依法设立劳动争议仲裁机构，加快推进多层次、多元化的劳动争议调解体系建设，可采取在乡镇、街道设立巡回办案点和在企业设立集体争议仲裁庭的方式，就地、就近及时调处劳动争议。充实基层劳动监察执法和劳动争议仲裁力量，落实经费，配齐装备，确保各类劳动保障举报投诉案件和争议纠纷得到及时有效处理。

（十二）建立突发性事件介入处置机制。各地要制订应对劳资矛盾突发事件的应急工作预案，完善政府及时介入处置的程序和具体措施，提高应对劳资纠纷突发事件的处置能力。

五、改善职工生产生活条件

（十三）优化生产环境。企业要结合生产特点和保护职工健康需要，配置和完善通风、降温、防尘、防毒、降噪等设施，改善生产环境。新建、扩建、改建生产车间和生产线，要合理设计和布局，符合人性化要求，各项职业卫生和安全设施要与主体工程同时设计、同时施工、同时投入使用。

（十四）改进企业生产流程。引导企业加强生产技术改造，促进相关技术的深度应用，减轻职工工作强度。合理设置生产流程，科学定岗定额，鼓励多岗位轮换，减少重复机械操作，缓解职工生理和心理压力。

（十五）改善职工生活条件。引导企业根据自身条件和规模，通过自建或租用等方式，为职工提供集体宿舍、夫妻房，配置必要的生活设施，改善职工居住条件。对自行安排居住场所的职工，企业可给予适当补助。要加强餐饮管理，定期开展餐饮卫生检查、职工评比饭堂等活动，提高职工饮食质量。

六、充分发挥工会组织的作用

（十六）依法组建工会组织。企业应依法建立工会组织，最大程度地吸纳职工参加工会。完善工会主席和工会委员民主选举制度。建立健全职业化、社会化工会工作者招聘选用和管理服务制度。深入推进企业“职工之家”建设和会员评议活动，保障会员广泛参与和监督基层工会活动。

（十七）认真履行工会组织职责。切实发挥企业工会表达职工意见、维护职工合法权益的“代表者”和“代言人”作用，代表职工与企业协商，代表职工与企业签订集体合同，指导帮助职工与企业签订劳动合同、参与企业民主管理；督促企业纠正违反法律法规规定、侵犯职工合法权益的行为，对企业拒不改正的，由工会按程序提请当地政府依法处理；依法参与劳动争议调解组织和开展劳动争议调解工作，依法及时参与企业突发劳动争议的处理；协助妥善处理职工群体性事件，及时了解职工诉求，做好职工情绪疏导工作，引导职工以理性合法方式表达利益诉求，并及时向上级工会反映情况。上级工会和政府有关部门要切实保护基层工会干部的合法权益，保障基层工会干部依法履行职责。

七、加强企业文化建设

（十八）构建新型和谐团队理念。深化职业道德建设，树立职业道德先进典型，弘扬以爱岗敬业、诚实守信、办事公道、服务群众、奉献社会为主要内容的职业道德风尚，构建诚信、和谐、创新的团队理念，让新型的和谐团队理念成为企业管理人员和职工的共识和自觉行为规范。组织开展以“企业爱职工，职工爱企业”为主题的活动，评选“爱企业优秀职工”和“爱职工优秀厂长（经理）”，推进企业和谐劳动关系建设。以“创建学习型企业，争当知识型职工”为主题推进班组文化建设，鼓励职工立足本职岗位，增强团队协作，推动技术创新。把加强企业班组管理与工会“职工小家”建设结合起来，营造温馨的工作氛围，增强团队协作意识。

（十九）丰富企业文化生活。各地要有计划地在工业园区（厂区）组织开展各类公益性、群众性文艺体育活动，在农民工为主的社区（工业园区）建设社区图书馆，建立流动影院阵地，组织企业参与社区文化建设，丰富职工业余文化生活。鼓励企业根据用工情况，配备必要的文体设施，开展形式多样、健康有益的文体活动，帮助职工调节生活、放松身心。

（二十）倡导有情关爱。鼓励企业建立形式多样的职工交流和互助平台，开展帮扶活动和各类志愿服务，关心帮助困难职工家庭，关爱职工未成年子女成长，弘扬友爱、互助精神，引导职工快乐工作、健康生活。积极开展职工心理健康咨询服务，让职工切实感受社会和企业的关心、关爱。支持基层和企业计划生育协会，在企业大力开展“青春健康教育”项目，在青年职工中广泛普及生殖健康知识。

八、拓展职工发展空间

（二十一）加强职工教育培训。企业应依法足额提取职工教育经费，企业职代会或工会组织要参与确定企业职工教育经费的使用范围和使用方式，切实保障职工培训权利；要组织开展职工入职教育、上岗转岗、技能提升、思想道德等教育培训工作，特别是加强农民工“从农民向工人、从农村向城市”转型的教育培训，鼓励农民工参加各类教育培训。有条件的企业，可与学校等教育培训机构合作，支持和鼓励职工参加学历教育和继续教育，提高文化知识水平和综合素质。

（二十二）完善职工激励机制。企业要建立多渠道的职工晋升机制，帮助职工合理规划职业生涯。通过开展技能竞赛、岗位练兵等，发现和选拔人才。健全企业内部技能人才评价制度，建立完善职工技能水平、工作业绩与福利待遇相挂钩的激励机制。鼓励和支持职工参与企业技术改造、产品研发和质量管理，对有贡献的职工，给予精神、物质奖励或提职晋级。

九、推进配套社会公共服务

（二十三）积极推进农民工积分制入户。各地、各有关部门要按照《关于开展农民工积分制入户城镇工作的指导意见》（粤府办〔2010〕32号）的要求，尽快制定配套政策和实施方案，做好户籍转换、土地流转、社会保险关系转移接续等工作，迅速组织实施农民工积分制入户城镇工作。要加大宣传力度，简化办事程序，督促企业积极配合做好农民工入户相关工作，让农民工分享改革成果，增强农民工的归属感和认同感。

（二十四）促进职工平等享有公共服务。各地要增加公办学校资源，逐步将农民工子女纳入当地义务教育范围，鼓励扶持社会力量举办主要招收农民工子女的民办学校。加大保障性住房建设力度，为符合当地政府规定条件的农民工提供保障性住房。加快完善医疗保障服务和基本公共卫生服务，建立健全社区卫生服务机构，方便职工就地就近就医。为农民工免费提供国家规定的基本项目的计划生育技术服务。将社会治安综合治理、警务网络向厂区延伸，在有条件的大型企业设立警务室或派出所，加强厂区内外的治安综合治理工作。

（二十五）推进社会服务进厂区。有条件的地方，要在规模以上的企业和工业园区建立幼儿园、图书馆（室）、电影院、健身室等文体娱乐设施和场所，建立完善公交、金融、邮政等社会服务网络，为职工提供快捷、便利、优质的服务。

十、切实加强对改善用工环境工作的组织领导

（二十六）加强领导，落实责任。各地要把加强人文关怀，改善用工环境工作列入重要议事日程，落实目标责任制，强化监督检查，细化工作措施，既依法履行社会公共管理职责，督促企业履行法律义务，协调劳动关系，维护职工合法权益，又充分尊重企业自主经营的权利，积极帮助企业提升用工管理水平。各有关部门要各司其职，密切配合，形成工作合力，确保各项工作落实。

（二十七）切实发挥企业党团组织作用。

各级政府要在当地党委的领导下，支持不断扩大企业党团组织覆盖面，创新党团组织工作方式，加强企业党团组织与所在地各级党团组织的对接互动。要发挥企业党团组织作用，切实做好企业管理者和广大职工的思想政治工作，关心职工合法权益，团结、依靠党团员和广大职工，支持和促进企业发展。

（二十八）创建和谐劳动关系示范区。全面推进创建和谐劳动关系示范区工程，开展劳动关系和谐企业评比，对生产文明、关爱职工、尊重劳动表现突出的企业，给予表彰奖励，引导各类企业加强人文关怀、共同构建和谐劳动关系。

（二十九）坚持正面舆论导向。充分发挥各类新闻媒体的宣传引导作用，广泛深入宣传加强人文关怀改善用工环境的重要意义以及先进事迹和典型，形成良好社会氛围。

广东省人民政府

二〇一〇年七月七日

广东省人力资源和社会保障厅关于印发《广东省企业工资集体协商指引》的通知

（2010 年 8 月 5 日）

各地级以上市人力资源和社会保障（劳动保障、人力资源）局、佛山市顺德区人力资源和社会保障局：

为进一步贯彻《劳动合同法》、《广东省工资支付条例》、《集体合同规定》、《工资集体协商试行办法》等法律法规，推进企业建立健全工资分配制度和工资共决机制，落实《关于进一步推进企业工资集体协商工作的指导意见》（粤人社发〔2010〕161 号），强化实际操作指导，我厅制定了《广东省企业工资集体协商指引》（以下简称《指引》）。现印发给你们，并就有关问题通知如下：

一、充分认识工资集体协商的重要性

各级人力资源社会保障部门要充分认识企业分配制度对调节收入分配、加强人文关怀、改善用工环境以及维护劳动关系和谐稳定的重要作用。要加强正面宣传，鼓励和支持企业与工会（职工）开展工资集体协商，建立健全企业内部分配制度和工资正常增长机制。

二、加强工资集体协商的指导和服务

各地要积极主动联合工会和企业代表组织，发挥主导作用，广泛宣传工资集体协商的重要意义，提供法规政策咨询服务，主动送《指引》上门，提高企业、职工和社会各界对企业工资集体协商的认识。要按照《指引》的规定，加强具体操作性的指导，帮助、指导企业和工会（职工）发挥协商主体作用，依法开展协商，维护双方的合法权益。

三、全面开展工资集体协商工作

各地要根据本地区实际情况，明确工作职责，全方位、广覆盖推进协商工作。一方面，要加快推进已组建工会的大中型企业工资集体协商工作的进度，超额完成“企业工资集体协商三年行动计划”目标，同时进一步推进工会组织健全、协商基础比较好的企业，开展工资集体协商；另一方面，要通过排查对工资分配矛盾比较突出的企业，主动出击，及早介入，正确引导双方依法通过集体协商的途径寻求工资分配的共识，避免矛盾升级，确保劳动关系和谐稳定。

贯彻落实《指引》中出现的情况和问题，请径向省厅劳动关系处反映。

附件：

1. 广东省企业工资集体协商指引
2. 工资集体协商要约书（参考样本）
3. 工资集体协商要约回应书（参考样本）
4. 工资集体协商送审表（参考样本）
5. 工资集体合同审查受理回执（参考

样本）

6. 工资集体合同审查意见书（参考样本）

7. 协调处理协议书（参考样本）

8. 工资集体协议（参考样本）

二〇一〇年七月十九日

附件 1
广东省企业工资集体协商指引

为规范企业工资集体协商行为，引导企业与职工依法签订工资集体合同，切实维护企业和职工的合法权益，建立与社会主义市场经济相适应的企业工资分配制度和工资共决机制，依据《中华人民共和国劳动法》、《中华人民共和国劳动合同法》、《中华人民共和国工会法》、《广东省工资支付条例》、原劳动保障部《集体合同规定》、《工资集体协商试行办法》等法律、法规和规章，制定本指引，供各地人力资源和社会保障部门指导企业与工会（职工）规范工资集体协商时使用。

一、协商代表的推选

根据《集体合同规定》第十九条的规定，工资集体协商代表是指按照法定程序产生并有权代表本方利益进行集体协商的人员。工资集体协商双方代表人数应当对等，每方 3 至 10 人，并各确定 1 名首席代表。

（一）已建立工会的企业，职工方协商代表由企业工会选派。未建立工会的企业，职工方协商代表由企业职工民主推荐，并经半数以上职工同意。工会或职工代表应在本企业连续工作满 1 年以上。职工方首席代表由本企业工会主席担任。工会主席可以书面委托本方其他协商代表代理首席代表。工会主席缺席的，首席代表可由工会主要负责人担任。未建立工会的企业，职工方首席代表从协商代表中民主推举产生。

（二）企业方协商代表，由企业法定代表人指派。企业方首席代表由企业法定代表人担任或由其书面委托的本方其他管理人员担任。

（三）协商代表履行职责的期限由被代表方确定。

（四）首席代表可以书面委托本企业以外的专业人员作为本方协商代表。委托人数不得超过本方代表的三分之一。首席代表不得由非本企业人员代理。

（五）更换协商代表，按照《集体合同规定》第三十条的规定执行。

（六）协商代表因更换、辞任或遇有不可抗力等情况造成空缺的，应在空缺之日起 15 日内按规定程序产生新的代表。

二、协商代表的权利和义务

根据《劳动合同法》第三十九条、《广东省工资支付条例》第二十六条、《集体合同规定》第二十五至二十八条的规定，工资集体协商代表享有如下权利，并履行如下义务：

（一）权利

1. 协商代表享有平等的建议权、否决权和陈述权；

2. 协商代表参加工资集体协商活动，应当视其提供了正常劳动，企业应当依法支付其工资及相关的福利待遇；

3. 协商代表在其履行协商代表职责期间劳动合同期满的，劳动合同期限自动延长至完成履行协商代表职责之时，除出现《劳动合同法》第三十九条规定情形之一的，企业不得与其解除劳动合同；

4. 职工一方协商代表履行协商代表职责期间，用人单位无正当理由不得调整其工作岗位。

（二）义务

1. 参加工资集体协商；

2. 接受本方人员质询，及时向本方人员告知协商情况并征求意见；

3. 提供本方与工资集体协商有关的情况和资料；

4. 代表本方参与工资集体争议的处理及监督工资集体合同的履行；

5. 维护企业正常的生产、工作秩序，不得采取威胁、收买、欺骗等行为；

6. 保守在工资集体协商过程中知悉的企业的商业秘密。

三、协商要约的发出与回应

（一）根据《集体合同规定》第三十二条和《工资集体协商试行办法》第十七条的规定，工资集体协商任何一方均可就签订工资集体合同以及相关事宜，以书面形式向对方发出协商要约，明确协商的时间、地点和主要事项等（要约书参考文本见附件2）；

（二）一方发出协商要约的，另一方应在收到协商要约之日起15日内以书面形式给予回应（要约回应书参考文本见附件3），无正当理由不得拒绝进行工资集体协商；

（三）在不违反法律、法规和规章，不涉及企业商业秘密的前提下，协商双方有义务在要约书作出回应后15日内向对方提供本方与工资集体协商有关的情况和资料。

四、协商前的准备工作

协商代表应按照《集体合同规定》第三十三条做好协商前的准备工作。

（一）熟悉与集体协商内容有关的法律、法规、规章和制度；

（二）了解与集体协商内容有关的情况和资料，收集用人单位和职工对协商意向所持的意见；

（三）拟定集体协商议题，集体协商议题可由提出协商一方起草，也可由双方指派代表共同起草；

（四）确定集体协商的时间、地点等事项；

（五）共同确定一名非协商代表担任集体协商记录员。记录员应保持中立、公正，并为集体协商双方保密；

（六）企业方还应当为集体协商提供必要的条件和所需的信息资料。必要条件是指安排集体协商的场所、不占用参加集体协商劳动者的休息时间、保障参加集体协商劳动者的工资待遇不受影响等；信息资料包括工资总额、经营状况、技术改造和设备更新计划、社会保险费用缴纳情况、职工教育经费使用情况等，涉及商业秘密的，参加集体协商的代表应承担保密义务。

五、协商会议的召开

根据《集体合同规定》第三十四条的规定，工资集体协商会议由双方首席代表轮流主持，并按下列程序进行：

（一）宣布协商议程和会议纪律；

（二）一方首席协商代表提出协商的具体内容和要求，另一方首席代表就对方的要求作出回应；

（三）协商双方就协商初步方案发表各自意见，开展充分讨论；

（四）协商双方首席代表归纳协商意见，达成一致的，由双方共同或委托一方起草工资集体合同草案，并由双方首席代表签字。

六、协商的中止

工资集体协商未达成一致意见或出现事先未预料的问题时，经双方协商，可以中止协商。中止期限及下次协商时间、地点、内容由双方商定。

七、工资集体合同草案的提交

根据《劳动合同法》第五十一条、《集体合同规定》第三十六条的规定，经双方协商代表协商一致的工资集体合同草案应提交企业职工代表大会或职工大会讨论，职工代表大会或职工大会应当有三分之二以上职工代表或者职工出席，工资集体合同草案经全体职工代表半数以上或者全体职工半数以上同意的，方获通过。

八、工资集体合同的签订

根据《集体合同规定》第三十七条的规定，工资集体合同草案经职工代表大会或者职工大会通过后，由协商双方首席代表签字。

九、工资集体合同的审查

（一）报送材料

工资集体合同签订后，应当自双方首席代表签字之日起10日内，由企业方将工资集体合同文本一式三份及相关材料，报送人力资源和社会保障行政部门审查，报送的相关材料包括：

1. 双方签名和盖章的工资集体合同书一式三份。

2. 用人单位盖章的《工资集体合同送审表》（送审表参考文本见附件4）一式二份。

3. 集体合同的说明及附件：

（1）集体合同的产生过程材料、盖章确认的职工代表大会或职工大会讨论表决记录材料，包括职工代表大会或职工大会代表的签到表、讨论记录、表决记录（写明应到代表、实到代表人数，表决时赞成、反对、弃权的票数）；

（2）企业资格证明材料（企业法人营业执照副本、工会社团法人执照副本）原件及复印件；

（3）如首席代表人不是企业、工会的法定代表人，需提供法定代表人签署的委托首席代表的授权委托材料（委托人和被委托人任命文件、身份证件、授权委托书原件及复印件）等有关材料。

4. 工资集体协商情况说明。

（二）管辖范围

根据《集体合同规定》第六章的规定，工资集体合同审查，实行属地管辖。企业应按规定将工资集体合同及相关材料，报企业法人营业执照登记注册地县级以上人力资源社会保障行政部门审查。省属驻穗企业、部队驻穗用人单位经主管部门审核后报省人力资源和社会保障厅审查。

中央驻粤企业按国家及省有关规定执行，已经人力资源和社会保障部审查通过的，应将审查文件报送企业所在地县级以上人力资源社会保障行政部门备案。

（三）审查程序

人力资源和社会保障行政部门收到企业工资集体合同后，应按如下程序进行审查：

1. 收到企业工资集体合同及相关材料后，应当办理登记手续，并向企业出具收件回执（收件回执参考文本见附件5）；

2. 按照分工，对工资集体合同进行审查；

3. 在工资集体合同审查过程中遇到较大分歧或其他重大问题时，相关负责人应主持召开工作会议，有关部门参加，对工资集体合同进行研究，共同提出审查意见；

4. 作出工资集体合同审查意见书。经主管领导审批通过后，制作《工资集体合同审查意见书》（审查意见书参考文本见附件6）。

（四）合法性审查

人力资源和社会保障行政部门收到工资集体合同后，应按照《集体合同规定》第四十四条的规定对合同进行合法性审查。

1. 集体协商双方的主体资格是否符合法律、法规和规章规定；

2. 集体协商程序是否违反法律、法规、规章规定；

3. 集体合同或专项集体合同内容是否与国家规定相抵触。

（五）发出《工资集体合同审查意见书》

人力资源和社会保障行政部门应当自收到工资集体合同之日起15日内完成合同审查，并将《工资集体合同审查意见书》送达双方协商代表。意见书应当载明以下内容并加盖人力资源和社会保障行政部门印章：

1. 工资集体合同当事人双方的名称、地址；

2. 人力资源和社会保障行政部门收到工资集体合同的时间；

3. 审查意见；

4. 作出审查意见的时间。

（六）审查未通过的处理

企业工资集体合同经审查未通过的，协商双方应就人力资源和社会保障行政部门提出异议的事项经集体协商重新签订工资集体合同，并由企业根据本指引规定的程序再次将合同报送人力资源和社会保障行政部门审查。

企业工资集体合同审查流程图

修改后 重新提交
审查通过
审查不通过
企业提交材料
人力资源和社会保障部门审查
退回企业
制作并送达《审查意见书》

十、工资集体合同审查的管理

各级人力资源和社会保障行政部门应认真做好工资集体合同的审查工作，建立审查工作责任制，规范工资集体合同审查档案管理制度，按季度做好工资集体合同的统计报送工作。

十一、工资集体合同的生效和公布

（一）工资集体合同自审查通过之日起生效；人力资源和社会保障行政部门自收到工资集体合同之日起15日内未提出异议的，工资集体合同即行生效。

（二）依法订立的工资集体合同，对企业和职工双方具有同等约束力，双方应当全面履行集体合同规定的义务，任何一方不得擅自变更或解除集体合同；工资集体合同有效期内企业变更名称、法定代表人等的，不影响工资集体合同的履行。

（三）企业已订立集体合同的，工资集体合同可作为集体合同的附件，与集体合同具有同等效力；企业与职工个人订立的劳动合同中有关工资报酬等的标准，不得低于工资集体合同的相关标准。

（四）生效的工资集体合同，应当由企业方于5日内以厂务公开形式，向全体职工公布。

十二、工资集体合同的有效期

工资集体合同的有效期一般为1至3年。企业和工会或职工代表均可在工资集体合同期满前3个月内，向对方书面提出重新签订或续签的要求。工资集体合同期满或双方约定的合同终止条件出现，工资集体合同即行终止。

十三、工资集体合同的变更和解除

（一）有下列情形之一的，可以变更或解除工资集体合同：

1. 协商代表双方协商一致；

2. 企业因被兼并、解散、破产等原因致使集体合同无法履行的；

3. 因不可抗力等原因致使集体合同无法履行或部分无法履行的；

4. 集体合同约定的变更或解除条件出现的；

5. 法律、法规、规章规定的其他情形。

（二）变更或解除工资集体合同应按集体协商程序执行。

十四、行业（区域）性工资集体协商

开展行业（区域）性工资集体协商的程序，与企业工资集体协商程序基本一致。

十五、协商的争议处理

（一）集体协商过程中发生争议，双方当事人不能协商解决的，当事人一方或双方可以书面向人力资源社会保障行政部门提出协调处理申请；未提出申请的，人力资源和社会保障行政部门认为必要时也可以进行协调处理。

（二）人力资源和社会保障行政部门应当组织同级工会和企业组织等三方面的人员，共同协调处理协商争议。

（三）协调处理协商争议，应当自受理协调处理申请之日起30日内结束协调处理工作。期满未结束的，可以适当延长协调期限，但延长期限不得超过15日。

（四）协调处理协商争议应当按照以下程序进行：

1. 受理协调处理申请；

2. 调查了解争议的情况；

3. 根据当地的企业工资指导线、劳动力市场工资指导价位等，研究制定协调处理争议的方案；

4. 对争议进行协调处理，引导双方当事人参照当地的企业工资指导线、劳动力市场工资指导价位等，根据企业的经营状况科学合理地确定劳动报酬分配办法，解决争议；

5. 制作《协调处理协议书》（协调处理书见附件 7）。

（五）《协调处理协议书》应当载明协调处理申请、争议的事实和协调结果，双方当事人就某些协商事项不能达成一致的，应将继续协商的有关事项予以载明。《协调处理协议书》由协商争议协调处理人员和争议双方首席代表签字盖章后生效。争议双方均应遵守生效后的《协调处理协议书》。

附件 2
工资集体协商要约书（参考样本）

__________（企业/企业工会）：

为构建和谐劳动关系，维护企业和职工双方合法权益，促进企业持续健康发展，根据《劳动法》、《劳动合同法》、《工会法》、《集体合同规定》、《工资集体协商试行办法》等规定，依据当地经济增长水平、物价水平、平均工资等因素，结合当地企业工资指导线、劳动力市场工资指导价位等信息，我方拟同你方就____年度职工工资等问题进行集体协商。

为使本次协商顺利进行，提出如下建议：

一、本次协商的主要内容

□企业工资分配制度、（职位）工种工资标准和分配关系；

□企业职工工资总额、工资水平、分配形式和调整幅度；

□企业职工工资发放时间和支付办法；

□企业职工奖金、津贴、补贴发放标准和办法；

□加班工资、节假日、年休假、婚假、丧假、产假、看护假等期间工资待遇及参加社会活动等特殊情况下的工资待遇；

□与劳动报酬相关的工作时间、劳动安全卫生、劳动保护和企业奖惩制度等内容；

□变更工资协商内容的条件、程序及责任；

□职工福利以及其他有关事项。

双方需协商的与工资有关的其他问题____________。

二、确定双方协商代表

按照国家和省的有关规定，建议双方各选派____名协商代表。

我方首席代表为____________，其他代表为________________________。

请你方提供协商代表名单，在对本要约作出回应时书面通知我方，以便做好协商前的沟通准备工作。

三、本次协商的时间、地点

1. 时间：建议定于____年____月____日进行首轮协商，并根据协商进展确定下轮协商时间，但最后一轮协商时间不宜超过____年____月____日。

2. 地点：建议此次协商在______进行。

四、本次协商需你方提供的企业上年度材料

□资产负债表；

□利润表；

□现金流量表；

□职工工资总额和平均工资统计表；

□履行工资集体合同情况的报告。

需你方提供的其他材料______________________________。

请你方于20日内书面回应我方要约。

（企业/企业工会）盖章

____年____月____日

附件3

工资集体协商要约回应书（参考样本）

____________（企业/企业工会）：

我方同意开展____年度工资集体协商。

定于____年____月____日在____（地点）进行首轮协商。我方首席协商代表____，其他代表为____________________。

我方建议增加以下协商内容__________________________。

我方将于本要约作出回应后15日内向你方提供如下协商材料__________________。

（或者：我方不同意开展____年度工资集体协商，理由______________________。）

（企业/企业工会）盖章

____年____月____日

附件4

____工资集体合同送审表（参考样本）

送审企业（盖章）： 首次签订/续订/变更

甲方（企业）	乙方（全体职工）
企业性质：	工会或职工代表：
地址：	职工总人数：
法定代表人：	代表产生方式：
协商首席代表：	协商首席代表：
现任职务：	现任职务：
协商代表人数：	协商代表人数：
联系人：	联系人：
联系电话：	联系电话：
送件人签名：	收件人签名：
工作部门：	工作部门：
职务：	收文编号：
联系电话：	联系电话：
送达日期：　年　月　日	收件日期：　年　月　日
工资集体合同有效期：　年　月　日至　年　月　日	

备注：

附件5

工资集体合同审查受理回执（一式三联）（参考样本）

收件单位（盖章）　　　　编号：

申请单位					
单位联系人			联系电话		
单位地址			邮编		
收件人		收件时间		查询电话	
已收材料清单（打“√”项目）					
1. 工资集体合同书一式三份； 2.《工资集体合同送审表》一式二份； 3. 工资集体合同的产生过程、职工代表大会或职工大会讨论表决记录材料，包括职工代表大会或职工大会代表的签到表、讨论记录、表决记录（写明应到代表、实到代表人数，表决时赞成、反对、弃权的票数）； 4. 企业资格证明材料（企业法人营业执照副本、工会社团法人执照副本）复印件。					
办理期限	从受理之日起15日内				
单位签收人			签收时间		

备注：（1）请妥善保管，凭此《回执》领取办理结果；

（2）来领取结果前，请先致电查询确认。

附件 6

______工资集体合同审查意见书（参考样本）

企业名称：

地　　址：

合同类别：□企业　□行业　□区域

□首次签订　□续订

<table>
<tr><td rowspan="3">基本情况</td><td colspan="2">企业方首席代表</td><td></td><td colspan="2">职工方首席代表</td><td></td></tr>
<tr><td>联系人</td><td></td><td>联系电话</td><td></td><td>协商户数</td><td></td></tr>
<tr><td colspan="6">工资集体合同基本情况：</td></tr>
<tr><td>审查意见</td><td colspan="6">□ 同意
工资集体合同编号：
工资集体合同期限：　年　月　日—　年　月　日
□ 不同意
原因：□协商主体资格　□协商程序
□合同内容
□其他原因：

人力资源社会保障行政部门（盖章）
年　月　日</td></tr>
</table>

附件 7

协调处理协议书（参考样本）

甲　　方：______　乙　　方：______

联系电话：______　联系电话：______

地　　址：______　地　　址：______

____

争议的事实：______________________

____

____

____

____

协调结果：________________________

____

____

____

________公司　　________公司工会

首席代表：　　首席代表：

年　月　日　　年　月　日

____________人力资源和社会保障局协调处理员签名：____________

附件 8

工资集体协议（参考样本）

为保障劳动双方合法权益，促进劳动关系和谐稳定，根据《中华人民共和国劳动法》、《广东省企业集体合同条例》、《工资集体协商试行办法》及有关法律法规规定，制订本协议。

第一条　本协议从__年__月__日起至__年__月__日止。

第二条　本协议制定的工资条款对本公司全体员工有效。员工个人与公司签订的劳动合同中有关条款，不得低于本协议制定的最低标准。

第三条　本协议对公司和全体员工具有

同等约束力。双方必须全面履行本协议的规定。任何一方不得擅自变更或解除本协议。

第四条 本协议有效期间，国家、省、市工资方面有新的规定，新规定的最低标准高于本协议标准的，执行新规定标准。

第五条 公司实行＿＿＿＿＿＿工资制度。职工工资由＿＿＿＿＿＿＿＿组成。

第六条 公司员工正常工作时间工资每月不低于＿＿＿元。（本公司所在＿＿＿市最低工资标准是＿＿＿＿元）。

第七条 公司实行每周＿＿＿＿天工作制，每天工作＿＿＿＿小时。

第八条 公司实行工资月度发放制度。以人民币发放职工工资，每月发放一次。工资发放约定日为每月＿＿日。如遇到休息日，工资发放应提前至最近一个工作日支付。公司必须按约定日发放员工工资，超过约定日未发放工资的，定为拖欠工资。员工工资必须足额发放，除法律、法规明确有规定可以扣除外，公司不得克扣或减发工资。

第九条 本企业＿＿＿＿岗位（工种）实行计件工资分配形式，协议期内计件单价为＿＿＿＿，计件定额为＿＿＿＿。实行计件工资的职工加班加点工资计发标准按法律、法规规定的标准执行。

第十条 员工病假、事假工资支付办法

＿＿＿＿＿＿＿＿＿＿＿＿＿＿＿＿＿＿＿＿

＿＿＿＿＿＿＿＿＿＿＿＿＿＿＿＿＿＿＿＿

＿＿＿＿＿＿＿＿＿＿＿＿＿＿＿＿＿＿＿＿

第十一条 奖金、津贴、补贴分配形式

＿＿＿＿＿＿＿＿＿＿＿＿＿＿＿＿＿＿＿＿

＿＿＿＿＿＿＿＿＿＿＿＿＿＿＿＿＿＿＿＿

＿＿＿＿＿＿＿＿＿＿＿＿＿＿＿＿＿＿＿＿

第十二条 根据政府公布的＿＿年工资指导线和上年度本企业员工平均工资水平，及企业生产经营状况，经协商，确定本年度职工平均货币收入同比增（减）＿＿％。

第十三条 公司违反规定或劳动合同的约定造成职工工资损失的，除补足职工的工资损失外，同时还应加发职工工资收入25％的赔偿金。

第十四条 本协议期满自行终止。在协议履行期间发生不可抗力因素，经双方协商可提前终止。

第十五条 本协议一式四份甲乙双方各执一份，人力资源和社会保障行政部门和总工会各存一份。

甲　方	乙　方
＿＿＿＿公司	＿＿＿＿公司工会
首席代表：	首席代表：
年　月　日	年　月　日

广东省总工会重要文件

广东省总工会关于进一步加强企业工会工作充分发挥企业工会作用的决定

当前，我省正处在经济结构转型和发展方式转变的关键时期，经济社会转型步伐加快，产业结构调整力度不断加大，职工队伍特别是新生代职工的文化素质、价值观念以及社会需求正发生重大结构性转变，经济关系和劳动关系进入一个新的发展阶段，劳资矛盾冲突个案不断增多，我省企业工会工作面临着许多新情况和新挑战。面对新的形势和职工队伍的变化，就进一步加强企业工会工作，充分发挥企业工会作用作出如下决定。

一、加强企业工会组织建设

1. 紧紧把握企业工会组建工作的主动

权。要坚持“依法建会，以职工为主”的原则，把主要工作精力放在发动职工、宣传职工、引导职工的各项工作上，依靠广大职工推进工会组建工作的深入发展。组建工作以私营企业、第三产业为重点，不断提高全省企业工会组建率，并在已建立工会组织企业中逐步实现女职工组织的全覆盖。外商投资企业组建工会工作要继续加强，到2012年全省外商投资企业工会组建率达到90%以上；饮食服务业、美容美发业、百货零售业、交通物流业、金融服务业、家政服务业、房屋中介业等服务业，要通过推进“双措并举、二次覆盖”，组建行业性工会联合会，覆盖众多小型非公单位。省属企业、中央驻穗企业要发挥示范带头作用，坚决依法纠正企业在改革改制中撤并工会组织、把工会工作机构合并到党群工作部或其他工作部门的做法。

2. 坚持党建带动工建、工建服务党建。进一步推动把企业工会建设纳入党建工作规划和考核体系。推荐企业工会工作骨干加入党组织，推荐企业职工党员担任工会负责人。广泛开展创先争优活动，创新企业党工共建互促工作机制和活动载体。在非公有制企业，要结合实际，推动党工团工作一体化，落实党工团“组织共建、活动共搞、资源共享”，争取更多的资源和手段推进企业工会工作的开展。

3. 最大限度组织职工加入工会组织。以农民工、劳务派遣工为主要对象，最大限度组织职工加入工会组织。要通过开展送文化、送温暖、送法律、送培训、送健康、送关怀等活动，切实做好服务工作，在服务中教育引导，吸引农民工加入到工会组织中来。切实提高已建会企业职工入会率，不得以务工时间、用工方式等附加条件限制职工入会。按照持证接转会籍关系的要求，加强会员会籍管理，逐步建立完善全省工会会员信息库。

4. 进一步提高建会质量。要规范建会程序，严格上报、审批、选举等关键环节。建立企业工会组织网络，健全工会女职工委员会、工会分会、工会小组和工会积极分子队伍。积极开展各项活动，在活动中团结凝聚职工，不断提高企业工会的向心力。防止“有名无实”、“空壳工会”现象。

5. 把企业工会规范化建设落到实处。建立健全会员（代表）大会制度、工会委员会会议制度及其他工作、活动制度，坚持会员代表常任制，推行会务公开，使企业工会工作走向规范化。要加强分类指导，针对不同类型企业制定切合实际的规范化建设意见。重点是把工会主席和工会委员选举、工会委员会各个工作机构、工作制度的规范落实到位。

6. 牢固树立抓基层、打基础的观念。各级工会要始终把加强企业工会工作摆在重中之重的位置，进一步形成工作合力。坚持把企业工会是否具有活力、是否发挥作用，作为检查考核各级工会工作的重要标准。省总将制定措施，对企业工会工作成绩突出的地级以上市总工会、省级产业工会给予奖励。

二、加强企业工会维权机制建设

7. 全面实施集体协商机制和集体合同制度。着眼发展和谐劳动关系，推动所有企业建立集体协商机制和集体合同制度。大力实施“工资集体协商三年行动计划”，到2012年，要基本实现已建工会企业实行集体合同制度。以大中企业为重点，以劳动定额、工时工资、劳动条件制定为突破口，科学合理确定工资水平，推动企业建立工资集体协商共决机制、正常增长机制和支付保障机制，确保职工工资特别是生产一线职工工资收入水平随着企业效益增长和经济社会发展不断提高。企业工会可以邀请上级工会或地方工会律师团帮助开展集体协商，增强集体协商的实效性。积极推进签订女职工权益保护专项集体合同。

8. 落实集体协商要约。企业工会要密切联系群众，把握职工情绪，了解职工诉求，及时代表职工向企业行政提出集体协商要约。各市、县（区）和产业工会，可以于同一月份发出集体要约，促进企业开展集体协商。要继续探索以市、县（区）总工会向当地有影响的企业发出集体协商要约，推动企业工会与企业进行集体协商的做法。对企业拒绝或变相拒绝要约等行为及时向上级工会报告或提请有关部门依法处理。帮助指导职工在平等自愿、协商一致的基础上签订劳动合同。监督劳动合同的切实履行。

9. 大力推行区域性、行业性职代会与区域性、行业性集体协商相结合的制度。在小企业、同行业企业集中的地区，要大力推动实行区域性、行业性职代会与区域性、行业性集体协商相结合，创新职代会与集体协商的形式。要通过区域性、行业性职代会与集体协商的结合，加强企业劳资双方交流沟通，协调解决矛盾冲突。让职工共建、共享区域及行业发展成果。积极推动制定工资集体协商条例等地方法规或政策规定，为开展工资集体协商提供法律保障。

10. 推进企业民主管理。推动包括非公有制企业在内的各类企业建立健全以职工代表大会为基本形式的民主管理制度，重点在提高国有、集体企业职代会质量的同时，提高非公有制企业职代会建制率，到2012年，力争非公有制企业职代会建制率达到已建工会企业数的80％以上。依法推行厂务公开，按照《公司法》的相关规定落实职工董事职工监事制度。要结合企业实际，开展经理接待日、劳资恳谈会、职工议事会、总经理信箱、网上论坛等多种形式的民主管理工作，保障职工对涉及切身利益的事项享有知情、表达、参与、协商和监督的权利。企业工会要履行好作为职工代表大会工作机构、组织职工参与企业民主管理的职责。

11. 企业规章制度或重大事项须经职代会讨论通过。监督推动企业在制定、修改或决定直接涉及职工切身利益的规章制度或重大事项时，依法经职工代表大会或者全体职工讨论，提出方案和意见，与工会或职工代表平等协商确定。企业集体合同草案、改革改制方案、职工裁减安置方案等必须依法提交职工代表大会或职工大会审议通过。

12. 大力推行“上代下”维权制度。要采取措施加强镇（街）、村（社区）、工业园区（高新区、开发区）、行业性工会的组织建设，使这一层级的工会组织有专职干部、有经费保障、有工作能力，能够替代众多小企业工会履行维护职工权益的职责。要建立劳动关系预警机制，企业工会要及时将本企业劳动关系的有关信息尤其是职工群体性事件的情况上报给上级工会，使上级工会能够及时掌握信息，主动地、更好地指导、替代企业工会为职工维护权益，化解矛盾。

三、加强企业职工思想文化建设

13. 提高企业文化、职工文化建设水平。充分发挥工会“大学校”的作用，以社会主义核心价值体系建设为主线，实施职工素质建设工程。大力弘扬劳模精神和中国工人阶级伟大品格。丰富企业文化生活，组织开展职工喜闻乐见、丰富多彩的业余文化体育活动，不断满足职工日益增长的精神文化需求。

14. 密切联系职工群众。企业工会干部要与职工有深厚感情，做职工贴心人。要建立工会主席与职工联系制度，主动倾听职工的意愿和诉求，对职工做到知情、知心。坚持把加强职工政治思想教育与解决职工实际困难结合起来，做好困难职工帮扶工作，围绕职工最关心、最直接、最现实的问题，确定帮扶主题，主动探访困难职工群体，努力实现对工会困难职工档案中的困难职工全覆盖，切实为职工办好事、办实事、解难事。

15. 深入开展建设“职工之家”活动。深入持久地开展建设“职工之家”活动，结合企业实际，切实做到“建家发展企业、建家维护权益、建家稳定队伍、建家提升素质、建家服务职工”，把企业工会建设成为组织健全、维权到位、工作活跃、作用明显、职工信赖的职工之家。在非公有制企业中要组织开展以“企业爱员工，员工爱企业”为主题的活动，通过评选“爱企业的优秀员工”和“爱职工的优秀经理（厂长）”，推进企业和谐劳动关系建设。以“创建学习型企业、争当知识型职工”为主题推进职工文化建设，鼓励职工立足本职岗位，增强团队协作，推动技术创新。要把加强企业班组管理与工会分会、工会小组“职工小家”建设结合起来，营造温馨的工作氛围，增强团队协作精神。落实会员评议职工之家制度，定期组织会员对企业工会主席进行满意度测评。测评不满意的，上级工会要对工会主席进行诫勉谈话。

16. 加强人文关怀。注重加强青年职工的心理疏导。开展互帮互助和心理健康咨询、培训活动，帮助青年职工特别是新生代农民工搞好自我管理、自我调适，舒缓心理压力，提高耐挫能力，营造良好的人际关系。引导职工理性表达利益诉求。深入掌握职工思想动态，关注网络舆情对职工思想的影响，引导职工依法、理性、有序表达利益诉求，防止经济诉求政治化，企业矛盾社会化。促进企业改善管理，履行社会责任。督促企业优化生产环境，结合生产特点和保护职工健康需要，配置和完善通风、降温、防尘、防毒、降噪等设施，改善生产环境。深入开展“安康杯”竞赛活动，增强职工劳动安全意识，落实工会劳动保护责任。引导企业合理设置生产流程，科学定岗定额，鼓励多岗位轮换，减少重复机械操作，缓解职工生理和心理压力。引导企业通过自建或租用方式，为职工提供集体宿舍、夫妻房、职工饭堂，配置必要的生活设施，改善职工居住条件，提高职工饮食质量。

四、加强企业劳动争议调解工作

17. 建立健全企业劳动争议调解委员会。各地总工会要结合企业工会建设工作，根据《劳动争议调解仲裁法》的要求，大力推进企业劳动争议调解委员会的建设和完善。大型企业集团公司可以根据公司组织结构形式，建立多级劳动争议调解组织；国有和国有控股企业、集体企业已建劳动争议调解委员会的，要巩固和完善现有的劳动争议调解组织，积极化解劳动争议，促进企业劳动关系和谐稳定；已建工会的非公有制企业要依法及时建立劳动争议调解组织；小型非公有制企业和外商投资企业可以成立企业劳动争议调解小组或设企业劳动争议调解员，在区域性、行业性劳动争议调解组织或当地总工会的指导下开展调解工作。到2012年，全省已建工会的企业劳动争议调解委员会组建率要达到80%以上。企业劳动争议调解委员会主任由企业工会成员或劳资双方推举的人员担任。企业劳动争议调解委员会要公正及时解决劳动争议，把劳动关系矛盾化解在企业、化解在萌芽状态。

18. 加强企业劳动争议调解与企业人民调解的协助和配合。各地总工会要与司法行政部门加强联动、相互配合，同步推进企业人民调解组织建设工作。企业人民调解组织要对发生在企业的民事纠纷进行规劝疏导，促使当事人互谅互让，解决纠纷。企业工会对企业人民调解组织的建设应该给予必要的支持和协助。用三年至五年的时间，在全省

500人以上企业80%建立人民调解委员会。规模较小、不具备条件或暂不能成立人民调解组织的企业，应按属地原则，在乡镇（街道）人民调解委员会中成立企业调解小组，专门负责企业人民调解工作。企业工会要充分利用人民调解组织聘请的专业人员，互相配合，共同做好企业劳动争议的预防和化解工作。

19. 建立健全劳动争议预防和预警机制。要坚持“预防为主、基层为主、调解为主”的基本原则，不断完善协调劳动关系的机制，将纠纷苗头及时化解在基层。企业要完善劳动争议信息员制度，发现有可能引发劳动争议事件的隐患，及时排查化解。对矛盾可能激化、引发群体性事件的重大问题，要在第一时间将情况报告上级工会和政府有关部门，避免和减少社会不稳定现象和群体性事件的发生。对企业发生的集体劳动争议和群体性事件，地方工会要在第一时间深入职工群众了解情况，旗帜鲜明地代表职工反映诉求，同时及时向同级党委和上级工会报告。在党委政府统一领导和协调下，通过集体协商等形式，依法维护职工合法权益，防止矛盾激化。

20. 探索建立向企业派出劳动争议调解员和工资集体协商指导员制度。对于发生集体劳动争议或发现有集体劳动争议苗头的企业，地方工会应向企业派出工会调解员或工资协商指导员。到2010年年底前，珠三角各市要在所有镇（街道）、开发区（高新区、工业园区）聘请一至两名调解员或协商指导员。要发挥好工会法律服务律师团的作用，2010年8月底，全省各地级以上市都要成立工会法律服务律师团。律师团要在企业工会与企业开展工资集体协商时，派出律师指导或代表企业职工进行集体协商。律师团要为各地工会组织和职工提供公益法律服务，为发生劳资纠纷的职工提供必要的法律支持，维护职工合法权益。

五、加强企业工会干部队伍建设

21. 企业工会主席产生必须履行民主选举程序。严格按照《企业工会主席产生办法》民主推荐工会主席候选人。制定企业工会主席民主选举办法，逐步稳妥扩大直接选举范围。通过企业工会直接选举，使企业工会主席能够真正做到对会员、对职工负责。尚不具备直接选举条件的企业，应采取间接选举的办法。直接选举工会主席，要依法遵章，抓好候选人审查批复等若干环节，牢牢把握选举主动权及企业工会组织领导权。

22. 防止企业工会主席角色冲突。严格执行企业行政负责人（含副职）、合伙人及其近亲属、人力资源部门负责人、外籍职工不得作为本企业工会主席、副主席、工会委员候选人的规定。企业有关部门负责人，不论其称谓如何，如果其职责与工会主席、副主席职责有可能发生矛盾的，也不得作为本企业工会主席、副主席候选人，防止角色冲突，使工会主席能真正代表和维护职工利益。落实任职期间企业专职工会主席享受同级副职待遇，专职工会副主席享受同级中层正职待遇。依法推进所属职工在200人以上的企业工会配备专职主席。

23. 切实抓好工会干部职业化建设试点工作。我省以深圳、广州和佛山市作为试点，积极探索区域性、行业性企业工会联合会工会主席职业化建设工作，充分发挥这一级工会直接指导服务企业工会的重要作用。

24. 加强对企业工会主席的培训和激励。各级工会特别是县（区）级工会、镇（街道）、开发区（高新区、工业园区）工会要发挥优势，采取就地、就近、短期、专题等培训方式，不断提高企业工会主席的素质。企业工会主席新上岗半年内必须参加培训。对优秀工会工作者，依据规定评选先进。进一步建立和完善企业工会主席权益保护机制，依法保护其合法权益，支持他们履职尽责。对不能正确履行职责的工会主席，经企业工会委员会或者三分之一以上工会会员提议，报上级工会批准，可以临时召开会员（代表）大会，履行撤换或罢免企业工会主席程序。

25. 改进工作作风。从改进工作作风入手，克服工会机关化、行政化现象，深入企业，贴近职工，加强调查研究，总结推广基层创造的工作经验。正确处理树立典型和整体推进的关系。坚持分类指导，对不同类型企业工会实施有针对性的指导服务。对一些政策性强、规范要求高、操作难度大的工作，上级工会要搞好典型示范，组织专门培训，加强具体指导。

（2010 年 8 月 11 日）

关于进一步推进企业工资集体协商工作的指导意见

各地级以上市人力资源和社会保障（劳动保障、人力资源）局、总工会、企业联合会：

今年是全面实施“企业工资集体协商三年行动计划”的最后一年。自 2007 年提出实施这一计划以来，各级人力资源社会保障部门、工会和企业联合会按照省协调劳动关系三方的统一部署，采取有力措施，不断完善工作制度、拓展工作思路，积极推进企业工资集体协商工作，取得了显著的成效。截止 2009 年底，全省已组建工会的大中型企业工资集体协商建制率达到 51. 42%，企业职工工资水平有所提高。但是企业工资分配领域存在的问题依然严峻，主要是职工工资水平偏低、劳动报酬在初次分配中的比重较低、相当部分企业职工工资决定机制和正常增长机制尚未建立起来。为了适应经济形势的变化，应对后金融危机时期企业工资分配中出现的新情况、新问题，现就进一步推进 2010 年企业工资集体协商工作提出如下意见，请认真贯彻落实。

一、进一步提高思想认识，继续大力推进企业工资集体协商工作

近年来，党中央国务院高度重视收入分配工作，将调节收入分配作为改善民生的重要工作来抓。温家宝总理在十一届人大三次会议《政府工作报告》中明确提出要改革收入分配制度，通过合理的收入分配制度把社会财富分配好。合理的收入分配制度是社会公平的重要体现。开展工资集体协商是建立合理的收入分配制度的重要基础，是增加一线职工劳动报酬、实现劳动者体面劳动的制度保障，也是各级协调劳动关系三方的一致责任。各级人力资源社会保障部门、工会和企业联合会要深刻领会党中央国务院有关收入分配工作的精神，进一步提高思想认识，切实把推进企业工资集体协商工作作为深化企业工资分配制度改革和改善民生的一项重要工作来抓，增强工作的责任感和紧迫感，采取有效措施，形成工作合力，积极推进企业工资集体协商工作，引导企业劳动关系双方通过建立顺畅的沟通渠道，协商解决企业工资分配中的问题，建立起企业职工工资共决机制和正常增长机制，逐步提高劳动报酬在初次分配中的比重。

二、抓紧制订工作方案，确保完成协商目标

各级人力资源社会保障部门、工会和企业联合会应当结合地区实际，特别是针对后金融危机时期特点，广泛听取企业和职工的意见、建议，在兼顾企业经济效益和职工收入期望值的前提下，因地制宜，制订完善切实可行的工作方案，确保 2010 年已组建工会的大中型企业工资集体协商建制率达到 60%；努力推动没有组建工会的企业开展行业性、区域性工资集体协商，力争超额完成“企业工资集体协商三年行动计划”目标。同时，各地要及时全面掌握本地区工资集体协商进展情况，按照规定的统计口径继续做好统计工作，并在规定的时间向省协调劳动关系三方报送。

三、明确工作重点，提高协商实效

在进一步扩大工资集体协商覆盖面的同时，各地要明确今年的工作重点，一方面要着力解决普通职工工资偏低、增长缓慢的问题；另一方面要健全协商制度，不断提高工资集体协商的实效。要引导劳动关系双方本着开诚布公、顾全大局、平等协商的原则，开展工资集体协商，逐步建立健全公平合理的收入分配制度、工资共决机制和正常增长机制。要分门别类开展有针对性的指导：对组建工会且已开展工资集体协商的企业，重点是指导其劳动关系双方充实协商内容、规范程序、健全机制、提高实效；对组建工会但尚未开展工资集体协商的企业，重点是指导其工会组织发出协商要约，督促企业方回应要约，先搭建协商平台，再逐步完善协商制度。中小企业或同行业企业相对集中的区域，要大力推进区域性、行业性工资集体协商，将职工工资水平、工作时间以及与此直接相关的劳动定额、计件单价等劳动标准作为协商重点，通过协商签订区域性、行业性工资集体合同，妥善处理各方的利益分配关系，建立健全职工工资正常增长机制。生产经营正常和效益较好的企业，要重点就建立职工工资增长机制等进行协商，合理确定企业经营者同普通职工的分配关系；生产经营比较困难的企业，要重点就职工工资支付保障、生活费发放标准等问题进行协商，建立起职工工资支付保障机制。实行特殊工时工作制、计件工资制的企业，要重点就合理确定职工的劳动定额和计件单价标准等进行协商；实行岗位工资制的企业，要重点就确定和调整岗位工资标准等进协商；采取其他工资分配制度的企业，要通过开展工资集体协商，进一步理顺分配关系，促进分配公平。

四、开展引导宣传，营造协商氛围

各级人力资源社会保障部门、工会和企业联合会应深入实际，调查研究，认真总结近年开展工资集体协商工作的经验，充分利用电视、报纸、网络等媒体，对不同行业、不同性质、不同规模企业开展工资集体协商进行宣传，树立典型，充分发挥典型的示范和引导作用，提高企业经营者、广大职工和社会各界对企业工资集体协商的认知度和认同感，为开展企业工资集体协商工作营造良好的社会氛围。

五、加强沟通协调，形成工作合力

各级协调劳动关系三方要加强沟通协调，对开展企业工资集体协商工作中一些影响较大、疑难复杂的问题进行研究探讨，达成共识，指导当地企业工资集体协商工作深入开展。要联合开展有针对性的指导督促、检查落实工作，对“企业工资集体协商三年行动计划”的情况进行认真总结，为明年全面推进企业工资集体协商工作打基础。省协调劳动关系三方将赴各市开展企业工资集体协商工作情况联合督查，并于明年对全省“企业工资集体协商三年行动计划”工作情况进行总结。对已经实施的工资集体协商政策，要对其执行效果和存在问题进行总结评估，为今后我省制定和修改集体协商法规、政策提供参考。要继续深入开展企业工资集体协商员和协商指导员培训工作，提高他们的政策水平和协商能力，为提高企业工资集体协商的实效奠定基础。

各级人力资源社会保障部门要充分发挥企业工资集体协商工作中的主导作用，加强企业工资集体合同审查工作。各级工会组织要加大区域性、行业性工会的组建力度，组织开展“工资集体协商要约行动”。各级企业联合会组织要进一步建立健全组织机构和工作网络，引导企业方积极响应工资集体协商要约。通过开展工资集体协商，构建和谐劳动关系，实现职工得实惠、企业得效益、经济得发展、社会得稳定的共进局面。

广东省人力资源和社会保障厅
广 东 省 总 工 会
广东省企业联合会
二〇一〇年五月二十一日

记功榜

广东省2010年全国劳动模范事迹简介

韩　星　山东大连人，1958年出生，中专学历，广州纺织品进出口集团有限公司进出口贸易三部经理。她用青春的激情和岁月的痕迹书写着外贸人奋进拼搏的华美篇章。30年来，兢兢业业服务外贸，连续被16年评为先进工作者；2007年实收汇2176万美元，2008年实收汇1836万美元，2009年实收汇2176万美元，为公司的发展作出了重大贡献。她爱岗敬业，勇于创新，虽为女辈，却不让须眉。多年来，她在平凡的岗位上倾注了全部心血，面对工作她总是不知疲倦，不计得失，节假日也常常加班加点一心扑在工作上。她没有厌倦和懈怠，而是默默坚守，刻苦钻研，不断开拓创新。她以认真负责的工作态度，娴熟精湛的管理技巧，从容面对一次次新的挑战，实现自我超越，充分展现了一名优秀外贸人的风采。

唐孟雄　湖南邵阳人，1964年出生，研究生学历，广州市建筑科学研究院有限公司科研小组组长，中共党员。唐孟雄能认真学习邓小平理论、“三个代表”重要思想和科学发展观，在实际工作中身体力行，有较强的政治责任感和事业心。恪守科学道德，学风正派，诚实守信，严谨治学，尊重他人，具有为我国科技事业和经济建设而艰苦创新的奉献精神。5年来，主持省市科技攻关项目10多项，4项成果获省部级科学技术奖，2项成果获市级科学技术奖，获3项实用新型专利和1项发明专利。主编和出版地方标准4部，专著1本。他主持完成了广东省标准《建筑地基处理技术规范》，内容具有很好的地方特色，其中部分研究成果填补了国内空白，全省每年节省地基处理费7.5亿元，获2006年广东省科学技术奖三等奖。作为第二完成人编纂的《建筑地基基础设计规范》亦作为广东省标准推广。

李志坚　广东阳春人，1964年出生，大专学历，广州市电车公司高级驾驶员，中共党员。李志坚是广州市电车公司107路线288车组的高级驾驶员，107路线线长。1986年1月开始担任驾驶员；1992年加入中国共产党。在平凡的公交工作中，他安全服务行车23年，安全里程51.6万公里，是广州市电车公司第一位五星级驾驶员。在23年的公交生涯中，以其良好的职业操守和崇高品格，赢得社会和市民的赞誉，先后四次获广州市新长征突出手称号，2003年被市委、市政府授予广州市劳动模范称号，2004年被省总工会授予广东省五一劳动奖章，2008年担任北京奥运会火炬接力活动广州区火炬手，2009年被省政府授予广东省劳动模范称号。方便钩、小药箱和针线包都是在他的车上率先“发明”的，这些微不足道的人性化设置，极大地方便了乘客的出行。

陈汶祥　广西贺州人，1978年出生，大专学历，招商港务（深圳）有限公司机械二部固机队电气班班长，共中预备党员。陈汶祥主要负责公司集装箱专业设备（岸桥、场桥、轨道吊）的维修保养、修理工作。他带领班组成员，完善公司QC、RTG的维修保养计划，各类安全操作规程、设备备件计划等，并在生产实践中进行传帮带。他的班组作为一支为港口企业设备维护的工人队伍，紧密围绕“让公司放心，让使用部门满意”的宗旨开展工作，把岗位体系建设与精神文明建设作为创建优秀班组的切入点。他把岗位建设作为班组建设的基础，从设备的管理、维护、维修，到队伍的职责、要求，到班组人员考核、管理、培训等多方面建立一个较为完善的体系，始终让积极向上的精神促进班组的发展。

李火生 广东龙门人，1967 年出生，大专学历，广州广船国际股份有限公司总装一部工人，中共党员。李火生是广州广船国际股份有限公司总装一部机装课的高级技师，新进厂大学生见习导师。2009 年，获广东省第二届南粤技术能手称号。他自 1986 年参加工作以来，立足岗位，脚踏实地，埋头苦干，严格要求自己，踏踏实实地从学徒工做起，先后担任过挡长、副班长、班长、副工长、产品主管、副股长、股长等职务。在岗位上，他坚持"以诚信树立品牌，以智慧追求卓越"的工作信念，始终不渝地以身作则，努力工作，默默奉献，全不计较个人得失，他带领的班组获得全国优秀质量管理小组称号。同时他积极主动地做好传帮带。近年来他为公司培养出多名技师、高级工和关键岗位上的管理干部、生产骨干和技术骨干。在学习上，他虚心好学，自强不息，通过自学从初中提高为大专学历。

徐　华 黑龙江绥化人，1962 年出生，大学学历，深圳报业集团深圳特区报社徐华工作室主任，中共党员。徐华作为一名优秀新闻记者，以高度的社会责任感、顽强的拼搏精神和忘我的工作状态，为精神文明建设作出了突出贡献。在不足 4 年的时间里，她先后发现并报道出了"感动中国"的爱心歌手丛飞、苍生大医郭春国和背着婆婆去打工的"当代孝媳"李传梅等多位重大典型人物。她贴近群众、反映群众呼声，无私无畏忠于职守，写出了大量维护社会弱势群体权益的舆论监督报道，对构建和谐社会产生积极的促进作用。她热心社会公益，是一位资深义工，并当选深圳义工联理事会成员。她经常拿出自己的工资资助所报道的一些困难群众，在帮助多位无偿献血和捐献器官的外来打工青年的同时，还帮助多位她所报道的生活比较困难的典型人物。在丛飞身患重病无钱医治时亲自为他联系医院并多次为他支付医疗费。

陈建强 广东清远人，1964 年出生，高中学历，广州供电局输电部班长，中共党员。陈建强自参加工作以来，一直在输电战线从事技术运行工作，现担任广州供电局输电部线路七班班长。他是广州供电局输电战线上的一员尖兵，工作雷厉风行、务实果断、勤恳奉献、追求卓越，在历次抢修复电和保供电工作中身先士卒、一马当前；紧密团结着如兄弟般的工人队伍，为电力事业作出了突出贡献，深受大家爱戴与敬佩。他凭借着长期以来的优异表现，曾获得广东省和广州市劳动模范称号，多次被评为广州供电局优秀共产党员和先进个人，并于 2006 年光荣获得全国五一劳动奖章。其所带领的班组也是成绩斐然、战功卓著，多次获评广东电网公司"安全在岗"先进班组。特别是在 2008 年的抗冰救灾战役中，他夜以继日地奋战在抢险前线，争分夺秒、奋勇拼搏。

傅力普 广东英德人，1975 年出生，中技学历，中国电信珠海分公司营销服务中心客户经理。傅力普是中国电信珠海分公司一名员工，1995 年从邮电技校毕业后分配到外伶仃岛工作。他战胜常人难以体会到的孤独和困难，15 年如一日，无怨无悔地为海岛居民与外界的信息沟通和海岛建设无私奉献了自己宝贵的青春年华。工作生活条件艰苦，他甘于寂寞，独力承担了电信营业、装机、维护和推广新业务等所有工作，负责与岛上党政军单位协调、沟通，默默地为岛上 30

余家单位、近万名居民提供优质的固定电话、无线市话、宽带、手机等通信服务。上岛工作10多年来，他心系海岛、情系客户，认真履行了8小时工作、24小时服务的责任，不管分内分外，他随叫随到。除了为客户做好各项电信服务外，还主动帮助岛民学习新知识，通过热情周到、耐心细致的服务赢得了岛上党政军单位和市民的交口称赞。

王首标 湖北汉川人，1970年出生，大学学历，汕头市达濠市政建设有限公司项目经理。王首标能认真学习实践“三个代表”重要思想，勇于创新，开拓进取，爱岗敬业，无私奉献，出色地完成公司和领导交给的各项工作和施工任务，取得优异的成绩，为汕头市经济社会和公司的发展作出了突出贡献，2003年4月，荣获第四届汕头市“青年科技带头人”优秀奖；2003年7月，被评为汕头市2002年度“优秀外来劳务工”；2003至2009年均获得广东省联泰集团有限公司“优秀奖”；2006年4月被授予广东省五一劳动奖章。自2003年3月担任项目部经理以来，王首标始终以工地为家，一心扑在工作上，任劳任怨，兢兢业业，尽职尽责，先后主持承担南昌市红谷滩新区丰和南大道等十多项工程的施工任务。

罗劲松 1970年出生，本科学历，广东电网公司韶关供电局变电部副主任。罗劲松曾先后获得“韶关供电局技术创新能手”、“韶关供电局技术攻关能手”、“广东电网公司抗冰救灾抢修复电先进个人”、“南方电岗公司爱岗敬业先进个人”等多项称号，并荣获广东省五一劳动奖章。他1990年毕业于广东工学院（现广东工业大学）电力工程系电力系统及其自动化专业。参加工作后，他脚踏实地、刻苦钻研，练就了过硬的专业技术本领；他爱岗敬业、勤于思考，二十年如一日，带领他的团队，精心维护设备，默默耕耘在电网安全生产第一线。多年来，不管刮风下雨，不管是白天还是深夜，只要电网安全稳定运行需要，他总会在接到命令的第一时间赶到单位，或奔赴现场处理，解决了大量电网运行的实际问题和技术难题。

陈　亮 湖北人，1976年出生，本科学历，汕头航空有限公司飞行部主任，中共党员。陈亮1998年9月调入汕航飞行部，1998年11月改装B737－300飞机，共飞行11000小时，保证了飞行安全，完成了航班生产任务，多次被汕航评为优秀共产党员、先进生产（工作）者和飞行安全标兵。他参加飞行工作以来，认真树立“安全第一，预防为主”的思想，做为责任机长，他以保证旅客生命和国家财产安全为己任，首先在思想上重视，在实际工作中严格执行各项规章制度，他刻苦学习航空理论和专业知识，英语达到民航局规定的四级水平，在飞行中努力提高处置特殊情况的能力，掌握了丰富的专业理论知识和熟练的操纵技能，创造了良好的飞行安全记录。担任飞行教员，国际、地区英语报务教员，为人师表，认真施教。在抗击灾害工作中，积极工作，无私奉献。

张　洁 1974年出生，本科学历，广东仁化县锦江电力开发总公司电气专责。张洁是广东仁化锦江电力开发总公司一名工作在生产一线的女技术人员，现任该公司电气专责、仁化县人大代表，多次被评为该公司“十佳员工”，主持研发的科研成果《BW（S）T型步进式可编程微机调速器的研究与应用》获韶关市科技进步二等奖，《JDSW－2005水文自动测报系统的研发与应用》、《广东仁化锦江水利水电枢纽工程电站计算机监控系统》分别获得韶关市科技进步三等奖。1997年，她大学毕业分配到广东仁化县锦江电力开发总公司工作，当时正值该公司开发建设锦江梯级电站瑶山电站。该电站地处仁化县的偏远山区，进站道路坑坑洼洼，工地上生产生活条件非常艰苦，不要说是一名刚毕业的女大学生，许多男同志都不愿意去，她主动向公司领导要求到生产一线工作。

郑一帆 广东汕头人，1968 年出生，大学学历，中国民生银行汕头分行客户经理。无论是在民生银行系统，还是在汕头金融界，每提到郑一帆的名字，人们不禁对他默默奉献的老黄牛精神肃然起敬。他十几年如一日，每天工作 15 个小时以上，几乎每个晚上接近零时才离开单位回家。他有为银企创造最大价值的高尚精神境界，烈日炎炎仍不断走访客户，大雨滂沱不忘联系服务客户，每天不停工作，节假日从未休息，访问了粤东五市数以万计的客户。经他联系的客户累计在民生行开立 1 万多个账户。他每年的创利额在汕头银行业中稳居第一，在民生总行中名列前茅。他曾荣获广东省劳动模范和民生总行“金牌客户经理”、“服务之星”、“增储标兵”等殊荣，多次获评民生总行“抗击非典”、“迎接上市，再创辉煌”先进个人等光荣称号。

龙思学 广东梅州人，1969 年出生，大专学历，蕉岭县油坑企业集团龙腾旋窑水泥有限公司技术主管，中共党员。龙思学十几年如一日，用实干证明自己的能力，取得了显著的成绩。曾获“广东省职工读书自学活动积极分子”、“广东省劳动模范”等荣誉称号。他从 1989 年参加工作至今，一直从事水泥制造，从一名普普通通的分析化验员逐步提升为今天年产水泥 300 万吨的企业集团龙腾旋窑水泥公司技术主管。遵循“科学技术是第一生产力”的科学论断，身先士卒，带领企业干部、职工积极开展一系列的技术创新和技术攻关活动，先后开发高新技术产品 CRM 复合硅酸盐水泥、立窑技术改造、高细磨技术改造、100%无烟煤代替烟煤技术应用等，通过采取一系列的技术革新，进一步提高了企业产品质量，降低了企业生产成本。

王月梅 山东惠民人，1976 年出生，高中学历，乐金电子（惠州）有限公司系长。王月梅 1994 年加入乐金（惠州）有限公司，从一名普通的生产线员工提升为物料员。物料员是一个中间传输环节，它的顺畅和准确性，将直接影响到下一个生产的进度和质量。6 年来，她在技术上刻苦钻研，不断创新，为了防止生产线发生停产及质量不合格等技术问题，她主动与生产负责人沟通，结合自己平日的发料情况，准确地预算生产线的生产能力，及时配料和发料，很快成为生产负责人的左右手、拉线上的智多星。由于业绩突出，只有高中文化的她被公司派驻韩国进修 Pickup 技术管理。2002 年 4 月学成归来，被委以重任，担任 Pickup 部署工作班长，在这期间积极做好员工与上级领导之间的沟通桥梁，平时认真倾听员工的心声并努力帮助员工解决实际问题。

冯普俊 广东台山人，1971 年出生，本科学历，广东电网公司江门台山供电局变电部台山分部主任，中共党员。冯普俊自 1991 年参加工作以来，先后担任局高试班长，检修公司副主任，变电分部副主任、主任。他作风严谨、朴实、工作一丝不苟，特别是 2006 年被评为省劳动模范后，更加严格要求自己，工作认真负责，以高度的责任感，处处起模范带头作用，积极进取，不断提高自身的综合素质。他在繁忙的工作中，千方百计挤出时间参加三峡大学电气工程及其自动化本科函授专业。2005年被评为技师，2009年2月晋升为电工高级技师，2009年12月双晋升为变电检修高级技师，成为供电局少有的“双高”技师，业务水平和能力进一步提高，并善于运用所学知识解决生产中的实际问题。

朱芳雨 广西人，1983年出生，本科学历，广东宏远篮球俱乐部有限公司队长。朱芳雨作为广东宏运篮球队队长，现役国家篮球队主力队员，他具备精湛的球技、出色的身体对抗能力、良好的心理素质、顽强的比赛作风，是一名技术全面、能稳定军心、带领球队不断走向胜利的优秀运动员。2000年至2011年赛季，他代表宏远队出现在CBA赛场，初涉CBA赛场的他就凭借自己颇具爆发力的扣篮和杀伤力十足的盖帽，将自己的形象深深印在大家的脑海里，仅仅打了一赛季就迅速脱颖而出，逐渐成长为队中的绝对主力，也成为CBA赛场上一颗冉冉升起的新星。他1999年入选中国青年男子篮球队，2001年至今连续入选中国国家男子篮球队，代表国家队先后出战亚运会、奥运会、亚洲男子篮球锦标赛、世界男子篮球锦标赛，与队友们共同拼搏。

黄耀明 广东河源人，1971年出生，初中学历，佛山市禅城区邮政局投递分局同华投递班投递员。黄耀明1998年加入邮政投递工作，12年来尽职尽责、用心服务，在工作中起到生产骨干和模范带头作用。12年来，他每天投递三个频次，来回需走40多公里，为用户扑灭死信2000多封，投递出去的邮件多达480多万件，投递路程超过19.4万公里。难能可贵的是，他投了那么多信、走了那么多路，却从未发生过用户有理由投诉和安全事故，深受用户和工友及单位的赞誉。他在投递工作中常遇到一封封“死信”，他并没有急着把它们一退了之，而是记在心里，边投递、边打听，直到投出为止。他说：“退一封信，如同退回一颗心，多么令人失望呀！所以，我一定尽最大的努力，把失望变成希望。”

庄健忠 广东江门人，1972年出生，大专学历，江门市大江集团有限公司总装部班长。庄健忠在多年的摩托车质量控制工作中，努力学习，勤奋工作，团结同志，认真负责，是一位名副其实的“豪爵”摩托车质量卫士。2005年获江门市劳动模范称号，2007年获全国五一劳动奖章，2008年和2009年被部门评为先进生产者。摩托车调试是摩托车质量控制的关键环节，在担任调试班班长期间，庄健忠对调试项目的具体要求进行仔细研究，将调试检测项目规定划分成骑乘前、骑乘中、骑乘后，保证了调试后的整车完全符合标准要求。同时，他还将调试动作规范起来，使得调试作业效率大幅提高。监督检验班负责摩托车的最后检验环节，直接关系到产品出厂质量和用户的切身利益。

陈永雄 1971年出生，大专学历，中国电信股份有限公司阳江公司营销班班长，中共党员。陈永雄自1992年参加工作至今，一直在市场的最前端默默奉献着自己的全部激情。18年来，从电信线路维护服务到业务营销和客户售后等全线服务工作，从一名普通员、班组长到区域经理，他的成长是一步一个脚印。他一直深入一线带领部门员工成长为一个高效率、优服务的团队，个人的无私奉献为企业不断创造了无数佳绩，并深受客户的信赖和好评，是企业市场一线最忠诚的战士和中坚力量。随着中国电信改革的不断深入和企业内部机构的重组要求，作为市场一线的机线员职责由原来单纯的装机及机线维护转变为集装机、维护、营销于一身。

郝振山 山东东营人，1969年出生，大专学历，中海油田服务股份有限公司钻井事业部南海二号平台经理，中共党员。郝振山1989年参加工作后，从当时国内最先进的海上钻井平台——南海六号最低岗位甲板工干起，再到钻工、井架工、副司钻……勤勤恳恳、任劳任怨，一步一个脚印，逐步成长为平台高级队长，再到平台最高岗位：平台经理。2005年，他被调到中海油服务公司最老的半潜式钻井平台——南海二号钻井平台，担任平台经理。他严格管理，精益求精，使这艘具有34年船龄的老钻井平台重新焕发出青春，他足迹遍及中国南海西部、东部、东海和东南亚，蜚声海内外，创造了一个又一个钻井作业奇迹。他精心打造的南海二号团队被誉为中海油服务公司钻井铁军。2008年，他带领南海二号平台再次征战东南亚，横跨马六甲，总航程达2400海里，安全抵达缅甸安达曼海域。

卢伟森 广东清远人，1968年出生，大专学历，广东省英德海螺水泥有限责任公司处长，中共党员。卢伟森1994年7月加入中国共产党，在工作中能够以身作则，自觉执行公司的生产经营指导思想、措施和决议，政策水平高，法制观念强。他严于律己，不谋私利，清正廉洁，在干群中享有较高的声誉。2009年，英德海螺水泥有限责任公司决定新增袋装水泥和码头熟料输送技改工程，为了尽快完成这两项技改工程，他每天到现场检查施工情况。2009年8月，技改工程进入了最后的设备安装冲刺阶段，为了确保项目准时完工，他亲自到现场组织协调，两项技改工程提前27天完工并一次性投入试生产，提前生产出的产品大大地满足了广大客户的需要。

黄玉梅 湖北黄石人，1973年出生，中专学历，高要市金海岸织造厂有限公司制造部经理。黄玉梅2009年被评为“广东省劳动模范”，是广东省肇庆市妇女第九次代表大会和高要市妇女第十一次代表大会代表。她于1998年1月进入高要市金海岸织造厂有限公司工作以来，凭借勤奋踏实的工作作风、精湛的业务技术和出色的管理才能受到公司的赏识。在为公司服务的10多个年头里，她充分发挥个人的聪明才智，致力于为公司不断发展壮大献计出力，连年受到公司的表彰奖励，成了高要市企业职工的杰出代表。她主管公司的人力资源和生产工作，在工作中，充分发挥个人的管理才能，科学分工，悉心指导，严格管理，每天就像个陀螺一样，在公司的整理车间、定型车间、吕检车间转个不停。

杨素华 广东潮州人，1951年出生，初中学历，广东顺发五金制品有限公司研发部经理。杨素华从事不锈钢研发工作17年，凭着一股不怕苦不怕累的拼劲，全力开展不锈钢研发工作，她通过市场调查、研究分析，认为产品只有立足高端，才能在激烈的市场竞争中杀出一条血路。为了提高产品的质量档次，她把目光瞄到了高新的真空技术在不锈钢日用产品中的应用上，于是，建议公司花重金购进国外先进的抽真空机器。经过不断试验，终于成功地利用了真空技术改造传统产品，大大提高了产品的质量和档次，受到广大客户的欢迎，“顺发牌”不锈钢真空保温杯成为2005年“庆祝西藏自治区成立四十周年”、2007年“庆祝内蒙古自治区成立六十周年”、2008年“庆祝宁夏回族自治区成立五十周年”、2008年“庆祝宁夏回族自治区成立五十周年”、2008年“庆祝广西壮族自治区成立五十周年”中央代表团赠品。

许汉和　广东紫金人，1966年出生，大学学历，广东省清远市阳山县秤架二级水电站有限公司车间技术主管，中共党员。许汉和从事水电工作20年，以不懈的追求、超前的智慧和大胆的创新，取得了一个又一个骄人的成绩，完成水电站引水工程和机电工程技术改革创新35宗，成效立竿见影，年递增经济效益2380万元。阳山县秤架二级电站通过实施计算机全程监控自动化改造和增容改造，每年就递增经济效益1630万元。而且从原来80人值班降到6人值守，企业真正实现“无人值班、少人值守”现代化管理。技术革新产生了明显的经济效益和巨大的社会效益。2007年5月，他荣获全国五一劳动奖章；同年10月当选为广东省第十一届人大代表。他为水电站改革创新带来增产增效的同时，也为单位赢得了无数荣誉和奖励，单位10次被评为省级“先进水电企业”。

曾旭钊　广东揭东人，1972年出生，本科学历，广东巨轮模具股份有限公司车间主任。曾旭钊于1997年10月毕业后供职于广州市广州重型机械企业集团公司。1999年，他放弃大都市优越的生活工作条件回到家乡，一心为家乡的经济建设添砖加瓦，当时巨轮股份刚刚搬到开发区新厂房，百废待兴，公司各方面的管理基本空白，技术基础十分薄弱，设备简陋、落后。他到职后刻苦钻研、锐意进取、任劳任怨、无私奉献，科研成果捷报频传，为公司产品的开发和改造以及标准化管理注入全新的动力，为公司的发展、家乡的经济建设、橡胶机械行业的技术进步、国家子午线轮胎活络模具的发展作出了卓越的贡献。多次获得省、市科技进步奖和省专利优秀奖，2006年荣获全国五一劳动奖章。

陆海生　广东郁南人，1961年出生，大专学历，郁南县农村信用合作联社业务拓展部经理，中共党员。陆海生于1986年5月参加信用社工作，该社在2008年、2009年先后获得广东省、全国“工人先锋号”的荣誉称号。曾在连滩信用社、联社业务部做过负责人的他，在联社工作安排下于2007年挑起了郁南县都城农村信用社主任的重担。上任伊始，摆在他面前的是与县城经济不相匹配的几个简单数字——各项村款余额19808万元，贷款余额10545万元。薄弱的资金实力成了束缚信用社发展的“瓶颈”。如何壮大资金实力，不断满足“三农”经济发展需求，把农村信用社办成农民群众自己的银行，成了他首先思考解决的问题。老百姓说贷款难，而信用社说放款难，收贷更难。他上任后，带领全社员工真抓实干，从根本上扭转了上述被动局面。

李汉生　1951年出生，大专学历，广东省西江航道局封开航道分局航标员，中共党员。李汉生所在西江航道是国家水上交通规划项目“两横一纵两网”中的重要“一横”，有“黄金水道”的美誉，也是滇、黔、桂等西南地区东向出海的咽喉要地，每日过往船舶达600至800艘次。该航区属山区航道，浅滩多、石坝多、礁石多、水位落差大，辖区内石坝71条，礁石24处，出浅闻名的“西江四滩”（界首、蟠龙、新滩、都乐）就在这里。枯水期（通常为每年10月到次年3月）沙淤石裸，船舶经此往往会搁浅塞航；洪水期（通常为5至8月）暴涨暴落，锚断标移的情况屡屡发生。一年有大半年的时间要有专人“守滩”和“守标”，维护任务十分繁重。他忠于职守，认真负责，圆满完成了各项航标维护工作，以自己的辛勤汗水和工作业绩，赢得了社会各界的广泛赞誉，先后荣获多项荣誉称号。

周永琴 湖北武穴人，1972年出生，本科学历，广州白云国际机场股份有限公司安检护卫部纪委书记、工会主席，中共党员。周永琴这个在民航业界响当当的名字，背后有一长串带传奇色彩的故事。1993年，在台海关系高度紧张、24小时内曾有3架飞机被劫持到台湾的年份，她也亲身经历一起预谋劫机事件。当时身为刚参加工作仅一年的普通安检员，面对身上捆着5个筒状炸药，脚部还藏有一把长达22.5 cm的水果刀的劫机歹徒，她临危不惧，全然不顾个人安危，紧抱歹徒，成功粉碎了这起预谋劫机事件，避免了国家财产的重大损失，拯救了数以百计无辜旅客的宝贵生命。1995年，全国首届机杨安检岗位技能大比武中，她在不到33秒的时间内准确识别50张真假居民身份证，以绝对的优势获得大赛证件查验项目冠军。

陈锦婷 1964年出生，初中学历，中国石化广东佛山石油分公司古楼加油站站长，中共党员。陈锦婷被安排在加油站做加油员，虽然面对的是看似简单的加油操作，但她一点都没有放松对自己的要求，为了能更快更好地为客户加油服务，她放弃了许多业余时间，孜孜不倦地练习加油操作技术。正是凭着勤学、好问、苦练的韧劲，在进入油站后不久，她就掌握了精确加注油品的技巧，并把经验毫无保留地传授给其他员工。后来，她担任了班长，在班长的岗位上一干就是8年，8年间她兢兢业业，吃苦耐劳，粗活、重活和累活都抢着干，协助站长把加油站管理得井井有条。她始终坚持这样一个信念：不管做什么工作，都应当对自己的工作充满热情，干一行爱一行；工作虽然平凡，但要在平凡的岗位上做出不平凡的事情来。由于工作成绩突出，2001年她被任命为古楼加油站站长。

陈　露 四川自贡人，1983年出生，大专学历，中国南方航空股份有限公司深圳分公司乘务长，共青团员。陈露自2003年5月参加工作以来，凭借坚韧的毅力、执著的追求和务实的作风，从一点一滴的平凡岗位做起，在短短的几年时间里从一个普通乘务员成长为熟知岗位技能和服务技巧的乘务长，在日复一日的飞行生活中用服务工作实践着自己的青春价值。刚到公司时，她发现自己在学校所学的知识与实践工作有一定的差距，很多空乘操作技能和服务技巧都不懂。在师傅的悉心教导下，她暗下决心一定要比别人做得更好。她悄悄买一些心理学、安全观察与沟通、航空服务知识等相关书籍，每晚临睡前翻一翻；飞行工作中还随身带上一个小小的笔记本，详细记录所飞城市的文物古迹、风土人情等旅游知识。这些日积月累的综合知识为日后她在工作中的出色表现发挥了重要的作用。

谭德富 1954年出生，初中学历，广东省国营南华农场十五队工人，中共党员。谭德富积极实践科学发展观，发挥共产党员在生产工作中的先锋模范作用，他和爱人钟春莲在集中精力搞好甘蔗岗位生产的同时，大力发展自营经济，抓好香蕉种植业，不断增加家庭经济收入，成为农场一线职工的百万富翁，走上了勤劳致富的道路，为农场的“三个文明”建设作出了较大贡献。他从2004年开始，实行适度规模经营，科学地搭配主业和副业生产，逐年调整扩大主业承包面积，从承包87亩甘蔗，扩大到2005年102亩，2006年262亩，2007年和2008年、

2009年保持206亩，他在种好甘蔗主业的同时，积极发展自营经济副业产业，每年保持种植香蕉50多亩，由于经营有方获得较好的经济效益。

朱明江 广东台山人，1956年出生，中专学历，广州市天河区剑胆琴心乐器有限公司技术总监。朱明江从事提琴制作30多年，不断攀登提琴技艺的高峰，执著追求提琴制作事业，在几十年的努力和追求下，在国际上取得了辉煌成就：在1986年至2008年美国国际提琴制作共12届比赛中，他参加了11届比赛，共获118个奖项，其中2个金奖。一个制琴者，在最高水平的国际比赛中获一个奖已不易，获十多个奖更是绝无仅有。该国际比赛从1984年至今共举办13届，其中有6届小提琴金奖空缺，在宁缺毋滥的赛事中可见一金难求。而他两次摘得被称为提琴制作皇冠上的明珠的小提琴金奖，在业内被誉为国际提琴制作大师。全球只有两人获得两次小提琴金奖，其中有一个中国人，朱明江，这是中国人的骄傲，他为祖国在国际上争得了荣誉。

李晓光 重庆人，1974年出生，本科学历，富士康科技集团科技研发人员，中共党员。李晓光目前在富士康科技集团从事一线研发工作。如果不是1996年夏天的那场煤气泄漏引发的爆炸，刚从深圳大学软件工程系毕业显得踌躇满志的他，人生可能是另外一种精彩。还来不及对未来作更多详细的规划，厄运悄然降临在他的身上……醒来时，才发现失去的不仅是曾经帅气的面孔，还有至爱的父母双亲。他因为严重烧伤，双手被截肢，右脚也落下残疾。要重新学会没有双手的生活，要学会战胜别人的歧视和偏见——所有的一切都要从头开始。肉体上的他虽已“面目全非”，精神上的强者却挺立起来了。吉人自有天相，在许多一直默默关心他的好心人的鼓励和资助下，他开始发挥自己在软件开发方面的特长，在老家重庆帮人写程序。一份付出一份回报，他一度成为拥有20多位工程师的研发团队领头人。

王 俊 江苏东台人，1976年出生，博士学历，深圳华大基因研究院副院长。王俊现任深圳华大基因研究院副院长、中科院北京基因组研究所暨华大基因研究中心北京中心主管，丹麦奥胡斯大学人类遗传学研究所及南丹麦大学人类遗传学生化及分子生物学系客座教授，北京大学生命科学学院客座教授。他在科学研究上严谨求实、不断开拓创新，率领团队在基因组学领域的研究中取得了为国内外同行所公认的成绩。作为“人类基因组计划”中国部分数据分析处理的主要负责人，他负责数据分析工作，包括数据质控、组装、注释和分析处理等，为该计划的顺利完成作出巨大贡献，并由此正式进入生物信息学研究领域。人类基因组工作框架图于2001年发表在*Nature*上，他作为作者之一，获得由多名人类基因组国际协作组发起人和诺贝尔奖得主签署的荣誉证书。

罗元月 1967年出生，大学学历，广东韶关宏大齿轮有限公司总工程师，九二学社社员。罗元月领导宏大公司技术开发工作以来，参与和组织了公司的一系列技术攻关活动、重要产品的制造工艺设计和新产品的设计开发工作。组织设计开发的新产品有：低地板客车专用变速器、锁止差速器、小接合齿自增力式同步器、SG135客车专用变速器、混合动力车用机械式自动变速器、A180重型变速器（双副速变速器）、美国EATON公司的变速器零件出口项目、美国JOHNDEERE公司的拖拉机齿轮加工项目、A121六档轻卡变速器、广汽日野轻卡变速器 SG99/31－5 T、广汽短后悬变速器总成、广汽自主品牌电动轿车行星减速器项目的开发等。

林盖科 广东潮州人，1972 年出生，大学学历，康佳集团股份有限公司副总裁。林盖科作为康佳彩电产品开发中心的领军人物，带领彩电研发团队刻苦攻关，并取得了众多技术成果，在国内多次推出领先市场的产品，如第一台 38 英寸彩电 T3888 N、国内第一台 32 英寸 16∶9 宽荧幕双视窗彩电 T3289W、逐行电视、背投影电视 BT5090、数字电视、上网电视、液晶电视 LC－FM2008、LC－TM3008、LC－TM2718、LED55 TS98 D 系列网络电视产品和 PDP4218 等离子电视等等。在日益激烈的行业竞争中，为了实现“人无我有，人有我优，人优我特”，他坚持在研发管理中做好创新工作，从工业设计、结构、电路、软件等各个方面全面推行技术革新。2008 年至今，在他的带领下，康佳彩电开发中心已申请并获取了 860 多项专利。

朱炯城 广东海丰人，1964 年出生，大专学历，汕尾精神康复医院医生，中共党员。朱炯城 1981 年入伍，因工作成绩突出，表现好，在部队光荣加入中国共产党。1985 年退伍回乡，先后在镇卫生院、县慢性病站工作，晋升为西医师。1998 年，他专心致志从事精神卫生事业，被评为广东省劳动模范。几年来，他共医治各类精神病人 4000 多人次，门诊病人 50000 多人次，从未出现过任何事故和差错，受到社会各界好评。正如他所讲：“治好一个精神病人，等于救助一家，平安一片。”

李代建 广东新会人，1974 年出生，大学学历，广东开平春晖股份有限公司涤纶二厂设备动力部部长，中共党员。李代建兢兢业业、大胆创新，凭着过硬的技术，2008－2009 年，被评为江门市及省劳动模范。2008 年初，他承担了公司属下的涤纶一厂设备搬迁工作，按时完成 10 台后纺机的搬迁，使设备安装后的状态与新机标准一致，机台锭位间均匀性有了明显提高，同一机型可以生产多个品种，实现生产多样化。他要求在原来维修的基础上进一步缩窄控制范围，如后纺机热箱温度控制由原来的 8 度降至 3 度，机台梁色降等率下降 2%，保证生产的稳定，不但促进了机器正常运行，产品质量亦逐年提高。2009 年，针对锦纶聚合设备老化的状况，他带领技术人员战高温、抢时效，高效率地完成了 175 项检修任务、复产后效果显著。

刘世龙 广东梅州人，1969 年出生，大学学历，广东省佛山水泵厂有限公司产品开发中心主任，中共党员。刘世龙 1992 年 7 月毕业于甘肃工业大学水力机械专业。参加工作后，他长期从事机械产品设计、泵类产品研发、技术管理等技术类工作。多年来，从一名普通的技术人员成长为产品研发队伍的带头人。近几年来，他带领部门员工，主持和策划完成了多个系列新产品，攻克了许多技术难题，先后研发出高效节能的 KPS 系列单级双吸离心泵、KHP 型中开多级泵告示中、高端系列新产品，并积极推动新产品在石化行业、海上石油平台等高端市场应用。在国内外多个重大项目中，与国际知名制泵企业同台竞争顺利胜出。KHP 型中开多级泵打破了中海油海上平台注水和原油输送用泵长期依赖从国外进口 API 610 BB3 结构轴向剖分多级泵的局面。

周淑毅 浙江宁波人，1964 年出生，硕士学历，佛山维尚家具制造有限公司技术总监。周淑毅立足本职，刻苦钻研，奋发进取，开拓创新；团结员工，乐于奉献，为人谦和，品德高尚。2009年被公司授予“维尚之星”称号。多年来，他一直从事家具制造业信息技术的研发工作，在平凡的岗位上锐意进取、大胆创新，为我国家具制造业信息化应用的研发作出了突出的贡献。他先后主持开发了我国首个拥有自主知识产权的装修设计软件，其用户已超过2万家；虚拟现实渲染引擎升级到了第10版，核心技术达到世界先进水平，媲美国际一流渲染引擎3ds Max、Vray等。

江春燕　1963年出生，本科学历，阳江市宝马利汽车空调设备有限公司副经理、技术部部长，中共党员。江春燕是广东省第十届、第十一届人大代表、第十次党代会代表。12年来，她作为一名技术部部长，始终奋斗在科技创新一线，带领科技工作人员，进行了持续而艰苦的创新工作，作出了卓越贡献，使企业成为国家高新技术企业、广东省企业技术中心、广东省汽车空调工程技术研究开发中心依托单位。1998年，公司从北京、武汉、重庆、上海等地高薪聘请了16名高级工程师和4名工程师，建起了第一支技术队伍，她加入到了这支队伍中。虽然在技术上一片空白，她还是拿出了异乎常人的耐性，从其他工程师身上取经、从实践中总结、从书本中学习，一点一滴地累积起了自己的产品开发经验。目前，在她的努力下，这支队伍逐年壮大。

游　斌　湖南长沙人，1972年出生，博士学历，美的集团有限公司研究所所长。游斌十几年来一直从事“空调系统的节能降耗及低噪音化”方面的理论研究与实际工作。他在工作中坚持脚踏实地、大胆创新的原则。他在阅读了国内外近40多年研究文献的基础上，综合应用国际上最新的流体力学、空气动力学研究成果，解决了空调器整机系统设计的技术难题，填补了美的集团空调系统2004年以前不能做到真正意义上的自主设计，只有仿制和抄袭国外机型的技术空白。他主持研究的“空调流体动力系统仿真优化设计与耦合分析”研究项目2006年经顺德区科技局主持，广东省科技厅组织鉴定，鉴定专家一致认为研究成果达到国际先进水平。研究成果缩短家用空调与中央空调新产品开发周期2个月以上。

吴景强　广东吴川人，1962年出生，大学学历，湛江市农产品质量安全监督检测中心主任，中共党员。吴景强1983年毕业于华南农学院作物遗传育种专业，毕业后脚踏实地、埋头苦干，扎根农业基层27年，为“三农”服务作出较大的贡献。他无论是在农科所，还是在农产品检测中心，都把服务“三农”作为自己的理想信念。他是从生产一线成长起来的科技人才，现职称为农学研究员，任实验室技术负责人，2009年荣获广东省劳动模范光荣称号。在他的带动和感染下，中心形成了人人想干事、个个勤干事的良好工作氛围和工作环境。他团结和带领中心全体人员奋力拼搏、开拓创新，克服了新单位建设中遇到的缺场地、经费紧张、技术人员经验不足、计量认证和实验室认可工作时间紧迫等各种困难。

谢清林　广东信宜人，1966年出生，中专学历，广东省茂名市信宜建筑工程公司工程师。谢清林是茂名市第十届人大代表。他爱岗敬业，开拓拼搏，经过20多年的工作实践和刻苦钻研，从一名建筑工人成长为公司技术栋梁，先后任施工技术人员、助理工程师、工程师，负责建筑工程技术、工程质量安全生产等工作。他积极协助公司领导，抓好建筑工程技术、工程质量和安全生产，实施ISO90001：2000建筑工程质量管理体系和现代管理方法；成立建筑技术研发小组，开展技术攻关25项，技术革新12项，采用系统、目标、安全、互保的建筑施工新办法，保证每个项目按时完成，合格率达100%。获得优质工程86项，样板工程23项，事故为零，促进了公司经济效益的提高。公司去年实现产值8.6亿多元，税利4558多万元。

毛新平 湖南常德人，1965年出生，研究生学历，广州珠江钢铁有限责任公司副总经理、总工程师，中共党员。毛新平一直致力于先进钢铁材料制造技术研究。曾主持多项国家、省部科研项目，取得多项有国际领先水平的创新成果，获得多项重要科技奖励，包括2项国家科技进步二等奖、7项省部级科技进步一等奖、1项中国专利优秀奖和1项广东省专利金奖，经济和社会效益非常显著。先后荣获全国五一劳动奖章、全国钢铁工业劳动模范称号、广东省丁颖科技奖和广州市科技进步突出贡献奖，入选新世纪百千万人才国家级人选、国务院政府特殊津贴专家和广州市"121人才梯队工程"两院院士后备人才，2009年曾通过遴选成为中国工程院有效候选人。担任《钢铁》、《钢铁研究学报》和《中国冶金》等重要科技期刊编委，担任中国工程院薄板坯连铸连扎技术协会理事和中国金属学会学科发展研究特聘专家。

贺　婷 1974年出生，大学学历，中国建筑第四工程局有限公司市场部经理，中共党员。贺婷是工作在一线的经济技术专业人员。市场部的主要职责包括市场营销体系建设，营销策划与指导、营销内部流程管理、市场开拓、投标报价、成本控制、企业资质与机构注册、计划统计以及海外业务板块和基础设施业务板块等，是企业对外联络的窗口，企业各项工作的龙头，大家笑称这里是没有硝烟的战场。在任务重、压力大的条件下、始终紧密围绕"营销、服务、管理、协调"的职责，秉承"有容乃大、不事张场、精耕细作、宠辱不惊"的宗旨，做了大量卓有成效的工作。在她的领导下，市场部全体员工以及整个营销团队创造了一个又一个骄人的成绩。2009年是全国经济受金融危机影响最大的一年，但四局的营销工作不仅没有一蹶不振，反而取得了比往年更好的成绩。

竺维彬 浙江宁波人，1962年出生，研究生学历，广州市地下铁道总公司副总经理，中共党员。竺维彬1995年调入广州市地下铁道总公司，2005年12月至今任总公司副总经理兼建设总部总经理，全面负责广州市轨道交通工程初步设计、工程招标、设备采购、土建施工、机电安装、建筑装修和工程验收等一条龙建设管理工作。15年来，他全身投入地铁工程的技术研究建设管理，爱岗敬业、开拓创新，在广州地铁工程建设上创造了辉煌的业绩。2005年至2009年，广州地铁建成开通二、三、四、五号线，使广州轨道线路里程延伸至150公里。目前还有八条线路同时施工，今年将有6条线建成开通，不断创造和刷新着地铁建设的新纪录。几年里，没有发生较大安全责任事故，各项目工作稳步推进。他所分管的建设总部先后荣获全国"工人先锋号"、广东省先进集体等荣誉称号。

周　健 1959年出生，大专学历，广东省韶铸集团有限公司党委副书记、纪委书记、副总经理，中共党员。周健在2009年围绕如何应对全球经济危机，注意发挥基层党支部的作用，教育广大党员、干部树立战胜困难的信心，围绕破难解危的突破口，强化党员干部攻坚作用；围绕党委中心工作，组织调整经营单位的班子，任用有潜力的优秀干部到困难大、环境苦、任务重、挑战性强的单位和项目打开局面，为公司经济形势止跌提速，生产逐步趋向正常，销售收入大幅度增长作出了重大贡献。同时稳定职工队伍，采取积极措施，及时编制出台了对困难职工实施生活补贴的有关规定。

陈　旺　广东河源人，1973 年出生，本科学历，广东粤电枫树坝发电有限责任公司副总经理、高级工程师，中共党员。陈旺主要负责公司的生产、技术、安全、节能环保与信息等工作。身体力行，率先垂范，提出并实施若干重大技术改进措施，解决或者组织解决多项重大技术难题，为促进企业科技进步、确保大坝安全、发电设备稳定运行、发挥水电枢纽的综合效益作出了重大的贡献。相继主持两台水轮发电机组的增容改造，累计投资 8000 万元。在枢纽总体设计功能不忙乱的情况下，通过提高水轮机效率、增大电机容量使得额定装机容量由 2 * 7.5 万千瓦提高到 2 * 10 万千瓦，相当于新增电力装机 5 万千瓦，每年可产生直接经济效益 1000 万元；设备技术和安全性能得到彻底改变，可延长寿命 40 年，社会效益显著。

赵　岩　辽宁葫芦岛人，1964 年出生，研究生学历，中海石油炼化有限责任公司惠州炼油分公司副总经理，中共党员。赵岩以高超的技术水平，高效的项目管理和高度的敬业精神，为推动炼油项目建设，成功实现项目建设质量、进度、费用和 HSE“四大控制”作出了突出贡献。惠州炼油项目系统热力管网大口径放空管线，原设计选材是20R直缝焊管加三通，他根据多年的经验并经反复论证，提出螺旋焊管和现场直开三通的方案，得到了设计单位的充分肯定。方案实施后，投用效果很好。400 万吨/年加氢裂化装置，设计过程中，他通过对设备、仪表合理布局、缩短路由，减少了高压阀门、管线、仪表的使用量，优化了流程，既满足了生产需要，又节约了投资。据估算，仅这两个方案就缩短了工期三个月，节约投资 1400 万元，同时大大降低生产期的维护费用。

冯淡开　广东中山人，1963 年出生，大学学历，广东恒健制药有限公司副总经理、高级工程师，中共党员。冯淡开主管科研开发和工艺技术工作，兼工会主席。他在该企业已经辛勤工作了 20 多年，在企业的药品生产、研发和技术改造等方面做了大量工作。作为工会主席，他关心职工生活，维护职工合法权益，促进残疾人就业，为建立和谐劳动关系作出了较大的贡献。2009 年荣获江门市江海区企业推动经济发展突出贡献奖；2009 年荣获广东省劳动模范称号。他是恒健制药的科研骨干，近年来，他主持研发的新药品种 20 多个，共投入研发费用近 800 万元，开展临床前研究、临床研究、处方工艺研究、药理毒理研究等一系列研究工作。有部分品种已研发成功，获得新药证书或生产批件。新产品的投产，已成为恒健制药的主要经济增长点。

谢惠仪　广东东莞人，1960 年出生，研究生学历，中国移动通信集团广东有限公司东莞分公司副总经理，中共党员。谢惠仪 1986 年加入邮电行业，从 1992 年成立移动分局开始，一直在移动通信行业工作，担任领导职务。他发展了东莞第一台寻呼机，开通了第一部移动电话，在东莞移动公司分管过市场、综合和技术，现在主要分管技术线，在每个岗位上，他都能做到克己奉公，务实求新，开拓进取，在综合管理、网络建设、团队培养、企业文化建设等方面取得了骄人的成绩，得到了各级领导的认可。在一如既往积极投身移动事业、不遗余力地推动东莞移动公司健康快速发展的同时，他还热心社会公益事业，为构建和谐的社会主义社会作出了突出的贡献。2005 年以来，考虑到大幅节约公司管理成本，亲自带头建立了库存闲置物资通报等一系列措施，杜绝了采购计划外的物资储存。

梁镜华 广东顺德人，1959 年出生，研究生学历，中国农业银行股份有限公司南海分行党委书记、行长，中共党员。梁镜华作为一位先后在全国农行系统存款余额排名前两位、创利额排名前三位、其他各项指标也名列前茅的两个规模最大支行任职的基层行长，凭借其兢兢业业的敬业精神、锲而不舍的攻坚意志、大刀阔斧的改革意识、知人善任的管理能力以及廉洁自律的个人品德，先后带领顺德支行、南海支行（分行）两支优秀的队伍，打造出全国农行系统有口皆碑的两大品牌。他在任顺德支行行长十年期间，励精图治，积极进取，敢为人先，带领顺德农行近 2000 名员工奋发图强，使农行顺德支行经营利润连续五年在农行系统县（市）级支行中位居第一，成为当地远近闻名的利税大户，为农行的改革事业和当地经济发展作出了贡献。

施宝新 广东广州人，1967 年出生，大专学历，恩平市莱茵电子新科技有限公司副总经理。施宝新于 1987 年毕业于华南师范大学物理系无线电电子专业，成绩优异。毕业后他进入当时的江门市精艺通讯器材厂任技术员，从事麦克风国际展销会技术顾问。长期以来，他都坚持干中学、学中干的工作态度。每天，他工作不少于 12 小时，休息时间带着任务回家加班加点已经成为他的一个习惯。多年来，除了重大节假日和出差在外，他大部分时间和精力都投入到了学习和工作上，正是因为他这种埋头苦干的精神，2003 年，成功开发了“LWM － 8612”UHF 特高频无线麦克风。虽然多项荣誉在身，但他毫不松懈，依然勤奋而劳，不断学习新技术，精益求精，系统地掌握了电声产品的开发、检测和生产技术。

何　生 广东廉江人，1953 年出生，高中学历，广东烟草湛江市有限公司廉江市分公司局长、经理，中共党员。何生于 1995 年从安铺镇委书记的岗位上调任廉江市烟草专卖局（分公司）局长、经理以来，遵纪守法，廉洁奉公，依法经营，按章纳税，爱岗敬业，努力工作。在各级党委、政府和上级主管部门的领导下，实现了跨越式的发展。2009 年经营总额 4.61 亿元，比 1995 年的 5223 万元增长 8 倍；利润总额 1.3 亿元，比 1995 年的 22 万元增长 590 倍；上缴税收 5808 万元，比 1995 年的 225 万元曾长 25 倍。各项经济指标居粤西地区烟草行业县级公司的首位，政绩卓越，对国家贡献大。近年来公司分别被廉江市、湛江市授予“文明单位标兵”荣誉称号，被廉江市、湛江市评为先进党支部。

肖志权 广东兴宁人，1964 年出生，本科学历，广东肇庆星湖生物科技股份有限公司副厂长，中共党员。肖志权现任公司下属生物发酵厂副厂长，主管生产和技术管理工作。生物发酵厂主导产品苏氨酸，目前产能为全国最大。不论在生化制药厂从事肌苷生产，还是在生物发酵厂从事苏氨酸生产，他既是生产的管理者，又是生产的技术骨干，不愧是一名既懂生产技术又懂管理的带头人。他带领广大员工积极开展技术创新活动，使生产水平连创新高，取得了多项关键技术的重点突破，多项技术达到国际、国内一流水平，为公司争创经济效益和社会效益作出了杰出贡献。2002 年至 2005 年，他调任公司技术中心工作，担任技术攻关组组长，负责肌苷、鸟苷发酵技术攻关，产苷率分别提高 15%、20%，使肌苷和“I+G”两大主导产品发酵水平达到国内领先水平，大幅降低了生产成本。

李楚源　广东潮阳人，1965 年出生，本科学历，广州白云山和记黄埔中药有限公司党委书记、总经理，广州医药集团有限公司董事副总经理兼广东省政协科教卫体委员会副主任，中共党员。他以振兴中医药为己任，在全国率先提出打造“现代中药先锋企业”的战略构想，掀起了一场“普药精制”的革命，长期致力于推进中药“四化”（现代化、科普化、大众化、国际化）建设宏伟目标。他领导白云山和黄从一个濒临倒闭的小厂，连续 11 年保持 30%以上的增长速度，一举发展成为华南地区最大的单体中成药制造企业。其中 2005 年至 2009 年累计实现销售额 39.92 亿元，利润 3.87 亿元，上交税金 3.75 亿元。2009 年 7 月，白云山和黄入选国家创新型试点企业，是广东省唯一获此殊荣的中药企业。

周贵容　广东惠东人，1953 年出生，高中学历，大华中能源有限公司副总经理。周贵容是全国五一劳动奖章获得者、揭阳市三届和四届人大代表、揭阳市劳动模范，揭阳市道德模范。他投身商海，潜心经营、关爱员工、热心公益，为企业发展和家乡事业作出了突出的贡献。高中毕业后，他在村里当拖拉机驾驶员、青年突击队长、镇办煤窑业务员。1979 年，国家实行改革开放，他开始自主从事煤炭经营，到梅州开展煤炭批发业务。1988 年，他回家乡创办了葵潭燃料公司；1998 年，随着业务的拓展，他把葵潭燃料公司扩建成惠来县燃料供销总公司，直到发展到目前的大华中能源公司。

郑卫宁　山东日照人，1955 年出生，大专学历，深圳市残友控股股份有限公司董事长，中共党员。郑卫宁身患先天性重症血友病，轮椅代步，靠定期输血维生。1997 年创建“残友”，为知识经济时代残疾人高端就业积极探索，成功铸就“社会民生与高新产业互助发展的和谐科技事业”。因将残友集团 90%个人控股股份和旗下各分公司 51%的个人控股股份，及“残友”和“郑卫宁”的驰名商标品牌价值等，通过律师公证全部裸捐和社会所有，先后以“中华慈善楷模”、“全国自强模范”，两次被胡锦涛总书记接见并表彰。他十年如一日埋头苦干艰难创业，一路奉献裸捐所有，终将“残友”发展成为拥有千余名残疾高科技人才就业的全国范围平台，包括深圳市郑卫宁慈善基金会、深圳市信息无障碍研究会等 4 家社会组织、15 家高科技福利企业的大型企业集团。

张房有　广东增城人，1956 年出生，研究生学历，广州汽车工业集团有限公司董事长，中共党员。张房有作为广州汽车工业集团有限公司（含广州汽车集团有限公司，下称“广汽工业集团”）首任董事长，参与和见证了广州汽车工业从小到大，从弱到强的成长，他以远见的卓识和过人的魄力，团结和凝聚着一个强有力的领导集体，引领广汽工业集团吐故纳新、继往开来，走出一条适合自己特点、成果卓著的发展之路。从 2000 年成立以来，广汽工业集团产销汽车年平均增长率为 42%，累计实现销售收入 5958 亿元、税利 1272 亿元，年平均增长率分别为48.22%、83.13%。成立之初，集团授权经营的国有资本为179亿元，至2009年年底，资产总额已达到730亿元，历年资产保值率平均值在122.67%以上，资产质量有翻天覆地的变化。

郭　勇　山东莱州人，1954年出生，大专学历，深圳市中金岭南有色金属股份有限公司党委书记，中共党员。郭勇作为企业党委的带头人，与企业行政领导同志协力，坚持以科学发展观统领企业，实现了从专注国内经营公司向走出国门迈向国际化经营的战略变革。近几年，中金岭南公司先后获得全国五一劳动奖状、广东省文明单位等称号，他本人也因其出色的贡献被授予广东省五一劳动奖章、全国五一劳动奖章。金融海啸席卷全球，实体经济遭受重创，公司生产经营面临着严重的困难，他团结广大员工，“稳住”生产经营、“顶住”巨大冲击、“抓住”难得机遇，化“危”为“机”，投资约2亿元人民币，通过增资扩股的方式，收购澳大利亚上市的PEM公司501%股份，成为中国有色金属行业首家绝对控股收购发达国家资源的企业。

王　军　江苏南通人，1963年出生，研究生学历，珠海醋酸纤维有限公司总经理，中共党员。王军自2001年至珠海醋酸纤维有限公司（以下简称“珠纤”）任职以来，以对用户负责、对社会负责、对员工负责、对股东负责的高度使命感和责任感，以卓越的领导才能和求真务实的工作作风，锐意进取，通过加强管理、建设优秀的企业文化，提高了公司的凝聚力、执行力和创造力，全面推动了公司科学发展。自2001年至2008年，公司利税年均增长率超过32%，公司市场占有率由原来的6%提升到14%。在企业高位运行的情况下，2009年公司克服金融危机的影响，全年实现利税近4亿元，利润比2008年增长24%，人均创利82万元，是他任职前的8倍。他全面落实安全、环保、职业卫生法律、法规和方针政策，持续实现了安全稳定运行。

刁东田　山东海阳人，1954年出生，大学学历，广东中烟工业有限责任公司梅州卷烟厂厂长，中共党员。刁东田于1992年起从事烟草行业领导岗位工作已有18年，多年来，他政治坚定、勤政廉洁、敬业爱岗、忠于职守，在每一个岗位都能发挥积极作用，作出积极贡献。2000年以来，他任梅州市烟草公司副经理主管卷烟销售工作，一直从事梅产卷烟的市场开发和品牌培育工作，亲自领导和组织五叶神品牌的市场开发培育工作，把五叶神从1999年产销量不足1000箱发展到2009年产销量29万箱，10年累计产销量136万箱，累计销售收入超过260亿元，创税利200亿元，企业年销售收入从1999年的4.77亿元发展到2009年的54.3亿元，增长了10倍。

林小平　福建永春人，1955年出生，研究生学历，广东电网公司汕头供电局局长、党委书记，中共党员。林小平是一位开拓进取、迎难而上，善于从实际出发、与时俱进的企业领导人，他自2002年调任汕头供电局以来，以强烈的社会责任感和事业心，在急难险重任务面前，以大智大勇、率先垂范的作风凝心聚力；以良好的改革创新意识、卓越的管理才能和前瞻的经营眼光引领企业实现跨越式发展，成为南方电网公司第11个“百亿”电量供电局。特别是在2008年，团结带领全局干部职工积极应对国际金融危机冲击，供购电量同比增长7.47%，实现国有资产保值增值，在推动经济发展方面作出突出贡献。在他的带领下，企业先后荣获广东省先进集体、广东省文明单位称号，他本人荣获广东省劳动模范称号、广东省五一劳动奖章。

韩春剑　广东雷州人，1967年出生，研究生学历，湛江市商业银行股份有限公司党委书记、董事长，中共党员。韩春剑自2005年上任以来，带领全行员工实现湛江商行实现跨越式发展。2006年，以“政府牵头，开行参与，平台运作”的全新模式，成功完成改革重组，各项指标达到银监全的监管标准，实现湛江商行“起死回生”，为全国高风险城商行改革提供了可供借鉴的成功范例。2007年，继续深化改革，以“以改革促发展，以发展促和谐，以和谐促飞跃”的经营理念抢抓机遇，拓展市场份额，2008年成功实现了“两年再造一个湛江商行”的宏伟目标，各项经营指标再创新高，跨入了“百亿行”行列，并创造了湛江市同业五个第一：人均存款第一，人均创利第一，不良贷款率最低，存款增量、增幅第一，贷款增量、增幅第一。

余子权　1955年出生，研究生学历，广东省韶关钢铁集团有限公司董事长、党委书记，中共党员。余子权1982年大学毕业后加入韶钢，结合韶钢的生产经营和增技进步，解决生产中的实际问题，撰写了大量的学术论文，并有多项成果获国家、省级奖，《高压氨水消烟装煤的研究和应用》获1991年国家环保局环境保护科技成果奖、省环保科技进步一等奖，为韶钢的技术进步作出了较大贡献。他在经营、财务、投资发展、融资、企业管理上有着丰富经验，参与了“韶钢松山”的上市工作，实现了快速上市。致力于上市公司的规范运作和再融资滚动发展，使“韶钢松山”成为广东上市公司直接融资品种最多的公司之一。他荣获2004年度中国上市公司“金牌董秘”称号。自2005年任韶钢集团主要领导以来，他以强烈的事业心、高度的责任感、务实的工作作风开展工作，取得了可喜的成绩。

李安喜　山东淄博人，1953年出生，研究生学历，中国石化股份有限公司茂名分公司总经理、党委书记，中共党员。李安喜2004年7月担任茂名石化公司党政主要领导以来，团结带领广大干部职工全面落实科学发展观，使茂名石化发生了巨大的变化，由亏损大户变成了盈利大户，由后进企业变成了先进企业。公司生产经营业绩显著，2005—2009年，实现利税665亿元，是公司前50年利税总和的1.2倍。公司实现利润61.34亿元，成为新中国成立以来首家年创利润超60亿元的炼化企业，当年上交税金177.6亿元，约占2009年来源于广东省财政收入的1/50。

赖佳栋　广东蕉岭人，1964年出生，研究生学历，广东电网公司总经理，中共党员。赖佳栋自任广东电网公司总经理、总委副书记以来，团结和带领广大职工，认真落实科学发展观，主动应对国际金融危机的严峻挑战，化危为机、危中求进，出色地履行了电力企业使命，把全国最大的省级电网公司推向新的辉煌。积极践行“以客户为中心”治企理念，荣获社会公众评价四连冠，向全社会彰显了中央企业良好形象。持续创新优质服务手段，大力推进服务质量标准与国际接轨，努力让全省人民早日享受到发达国家公民才能有的优质供电服务。认真落实国家城乡一体化和建设新农村战略部署，完成涉及4.58万人和168亿元资产的50个代管县供电企业接管工作，充分发挥公司管理优势。

徐　龙　浙江绍兴人，1957年出生，博士学历，中国移动通信集团广东有限公司董事长、总经理，中共党员。徐龙自2005年5月调入中国移动通信集团广东有限公司工作以来，勤勤恳恳，勇于开拓，勤政廉洁，关心员工，为公司的持续快速健康发展和广东经济社会信息化建设作出了突出贡献。2005年以来，他以独到的战略眼光和企业家的魄力，带领公司科学发展。5年来公司收入从410亿元增加到660亿元，客户从500万户增到8000万户，客户、收入、利润分别占全集团1/6、1/6和1/5，始终保持了全国通售行业“排头兵”地位。近几年广东移动先后推出了“信息化八项工程”、“绿色行动计划”、“无线城市建设”等工程，全面推进了“无线政务、数字民生、信息兴业、网络文化”信息化应用，全面加快了广东信息化进程。

李焕辉 广东五华人，1964年出生，研究生学历，广东省粤电集团有限公司茂名热电厂厂长、党委书记，中共党员。李焕辉具有优秀的大局意识和驾驭复杂局面的能力，思想政治素质过硬，工作认真负责，勤政廉洁，在工作实践中能以和谐发展为导向，在带领企业促进增长方式转变，加快和谐稳定发展，抵御金融风暴冲击，实现国有资产保值增值等方面作出了积极贡献。一年来，茂名热电厂克服小机组相继关停、燃料成本不断攀升等不利因素的影响，累计完成发电量35.96亿千瓦时，供电标准煤耗同比下降9.46克/千瓦时，至今实现连续安全生产854天。去年，该厂供电标准煤耗同比下降9.46克/千瓦时，折算标煤30941吨。

何玉华 天津武清人，1953年出生，大学学历，广州铁路（集团）公司董事长、党委书记，中共党员。近年来，在铁道部党组的正确领导和省委、省政府的重视支持下，他与其他班子成员一道，带领全集团以科学发展观为指导，团结一心，迎难而上，开创了集团发展新局面，为促进广铁集团改革发展稳定各项事业，服务地方经济社会又好又快发展作出了积极贡献，取得了显著成绩，先后被授予全国五一劳动奖章、广东省劳动模范称号。他把铁路交通运输安全放在各项工作的首位，坚持“安全第一、预防为主”的工作方针，提出“高标准，严管理，建机制，强基础”的安全工作思路。深入推进“3+2”安全管理体系建设，建立了安全管理长效机制，为确保运输安全持续稳定打下了坚实基础。

梁卓仁 广东新会人，1963年出生，研究生学历，中交第四航务工程局有限公司董事长、党委书记，中共党员。五年来，四航局在他的领导下，创造了辉煌的业绩，实现新签合同额631.02亿元，完成产值450.58亿元，实现利润14.76亿元，向国家缴纳税金19.34亿元，其中向广东省缴纳税金14.86亿元。尤其是在国际金融危机中，化危为机，再创佳绩，2009年取得新签合同额186.42亿元，完成产值130.68亿元，实现利润5.51亿元，在职员工实现人均年收入10.41万元，分别比2008年增长16.07%，16.67%、40.56%和14.95%。同时，四航局荣获全国五一劳动奖状和“全国模范职工之家”等荣誉。他本人荣获“中国优秀企业家”和“广东省劳动模范”等称号。

高　庆 广东汕头人，1962年出生，研究生学历，南方联合产权交易中心有限责任公司董事长，中共党员。高庆在维护省属企业合法权益和促进国有资产保值增值等方面，最大限度地维护了国有资产合法权益。2006年广东省国资委党委选定高庆负责筹备建设广东省省级产权交易机构——南方联合产权产易中心。他以他的智慧和胆略，直面挑战，勇挑重担，在错综复杂和充满挑战的市场环境中，坚持“公开、公平、公正”和“规范、严谨运作”，全力打造产权交易阳光平台，截至2009年12月31日，共完成各类产权交易金额427.27亿元，其中国有企业交易额为192.4亿元，增值约19.5亿元，实现了国有资产零流失，成功完成了省政府加快产权市场建设的各项任务。

林乐文　广东普宁人，1959年出生，研究生学历，广东省普宁市金泓投资有限公司董事长。林乐文19岁到县建筑公司当工人时只有小学文化程度，坚持边工作边学习、边函授进修，成为一名拥有研究生学历、硕士学位、工程师职称的企业家，先后被授予“普宁市劳动模范”、全国五一劳动奖章等称号。近年来，林乐文率领一支拥有80多名专业技术人员和上千名工人的建筑队伍，先后在普宁市、惠州市、深圳市、河源市等地创办房地产开发、投资、实业公司，几年来上缴国家税收超10亿元。他设计并承建的“金泓凯旋城”就是他事业成功的一个缩影。该项目以设计新颖、布局合理、配套齐全、质量可靠、管理设施完善赢得社会认可，荣获中国建筑“金球奖”。

冯秀冰　广东广州人，1955年出生，高中学历，广州市洲星食品有限公司副总经理。冯秀冰，人家都称呼她为冰姐，第一眼看上去，冰姐显得比她的年龄要大，脸上布满沧桑。不过，就是这一位貌似普通的农村妇女，靠种植和加工马蹄创出了不普通的事业，大家都称呼她为“马蹄皇后”。1983年，她与丈夫周镜星创办了广州大田马蹄粉厂，现为广州市洲星食品有限公司。自创办企业以来，亲历亲为，使企业经营规模日益扩大，独占该行业的领先地位。目前，该公司已实现了农工贸一体化、产供销一条龙的农业产业化经营体系。2009年建立了与农户紧密联系的种植基地20000多亩，并提供种苗、种植技术指导、产品收购、销售等一系列的服务，为实现农业增效、农民增收、推动农业产业化发展起到了较好的促进作用。

何铁标　广东增城人，1963年出生，高中学历，增城市新塘镇西南村党支部书记兼村委会主任，中共党员。何铁标在担任村干部的十多年里，带领村“两委”大力发展集体经济，力促西南村的科学发展，1995年的西南村集体经济薄弱，村容村貌破旧，村“两委”干部连工资都不能保证正常发放。正在致富道路上越走越好的何铁标却于这时毅然回村当起“村官”。他走马上任后，多次与“两委”干部研究，最终确定了以工促农、工业反哺农业的工作思路，并先后修订了全村土地利用和建设规划方案。在他的带领下，该村在经济发展、政治民主、村容村貌等各个方面取得了令人瞩目的成就，成为了社会主义新农村建设的典范。自2006年以来，他先后获得增城市劳动模范、广州市劳动模范称号，第九届广东青年五四奖章，广东农村青年生产经营能手等荣誉称号。

李悦强　广东珠海人，1954年出生，高中学历，珠海市斗门区莲洲镇石龙村党支部书记兼村委会主任，中共党员。他发挥共产党员的先进模范作用，积极做好村党支部和村委会工作，得到了村民的拥护。他努力探索，积极进取，针对本村的实际情况，大胆调整产业结构，依靠科学技术，通过自身的探索实践，用辛勤的智慧和汗水，带领群众走上种植花卉苗的致富道路。多年来，他在村里率先带头承包集体土地35亩用于试种植花卉苗本。经过不断的摸索和试验，总结出一套种植花卉的技术和经验。通过几年的实践，使每亩地每年纯利润达到4000万元以上，效益相当可观。该村从原来试种的150亩地发展到现在规模达到1300多亩花卉苗木种植基地，村民人均年收入从2006年的4000元，发展到2009年的7860元。

余汉藩 广东汕头人，1960年出生，高中学历，汕头市繁盛养殖有限公司理事，中共党员。余汉藩是汕头市金平区鮀江街道夏趾社区的一名农民，他与3名乡亲合办汕头市繁盛养殖有限公司，该公司主要经营养猪、养鱼、种菜等农副产业，被汕头市金平区定为农业龙头企业，余汉藩先后当选汕头市金平区第一届人大代表、汕头市第十二届人大代表，2009年分别荣获“广东省劳动模范”称号和汕头市“文明市民”称号。他助人为乐、奉献爱心、积极参加捐资助学、扶贫济困、志愿服务等社会公益活动。他保持着农民的本色，为人低调，生活十分俭朴。他深知一饭一蔬来之不易，身上稍好的几件衣服还是儿子“孝敬”的，但他情系贫困户，十多年来一直与原鮀浦镇及所在村委、石炮台街道建立长期联系，向社区的贫困群众发放棉衣、棉被。

邓素梅 广东乳源人，1964年出生，高中学历，韶关市乳源瑶族自治县必背镇养猪协会会长，中共党员。邓素梅是必背镇桂坑村人。1996年，镇政府引进了茶叶良种及制法，她首先开垦了5亩的茶叶种植带。每年她都参加由镇茶叶公司主办的茶叶制作和茶叶管理奖大赛，都取得了较好的名次。2000年，她投资10多万元易地兴建一个新的养猪场，经过几年的努力，从5头母猪增加到现在十几头母猪，生猪年出栏量达500多头，基本每月可出栏一批肉猪。同时，她积极跑市场，探寻科学营销之路，带动其他农户科学致富。通过她的拉动，目前全镇生猪出栏量以每年1000多头以上的速度递增，户均增加一头。她所在的桂坑村也由原来单一的茶场变成集种茶、养猪为一体的专业村，该村出栏生猪达2000多头，占全镇30%以上，真正成为了“龙头大户”。

陈炎连 1958年出生，初中学历，中山市横栏镇三沙村民委员会农民，中共党员。陈炎连是中山市横栏镇三沙村花木种植专业户。他凭着敏锐的市场触角以及专业技能，每年种植花木收入超过50万元，成为三沙村、甚至横栏镇的花木种植大户。他取得成功后，四面八方求教者络绎不绝，他毫不保留地细心传教。在个人创业致富、发展经济的同时，积极带动本村村民走种植花卉致富的道路，并将花木种植向全镇范围推广，还带动了周边村群众一起致富。他凭着敏锐的市场触角率先在三沙村承包了18亩土地进行花木种植，通过不断的摸索，大胆创新，积极引进新品种、新技术，努力推进花卉种植的机器化和现代化，获得了巨大的经济效益，成为三沙村花木种植的领军人物。他的花木种植由当初的18亩，发展到现在的53亩，种植基地由三沙花木基地扩展到五沙，甚至板芙镇。

郑坤龙 广东潮州人，1961年出生，大专学历，广东省潮州市饶平县黄冈镇汛洲村养猪专业户。从1994年开始，郑坤龙十多年来全身心投入到生猪的饲养、良种引进和改良品种的培育上，带领邻近村民发展养猪业，成为远近闻名的养猪专业户。他积极应用、推广科学饲养和中药保健实用技术，研制的多项技术项目先后荣获饶平县农业技术推广项目奖、潮州市科学技术进步奖，他总结出的“集约化生猪无公害生产流程”，取得了很大效应，产品不但达到国家无公害农产品标准，2004 年还获得国家农业部“无公害农产品认证”。2007 年以来，猪肉价格一路上涨，他怀着强烈责任感和博大胸怀，担负起平抑市场肉价的社会责任，坚持每天以合理的价格向市场提供 100 多头肉猪，稳定本地及周边市场猪肉价格。

刘培胜 广东江门人，1962 年出生，初中学历，广东省江门市新会区大鳌镇百顷村农民，中共党员。刘培胜是水产养殖大户，在 20 世纪 80 年代，乘着改革春风，在家乡务工积累了一定的资本。1993 年，他把目光投向了水产养殖这一行业，并凭着对水产养殖业的执著追求和开拓奋进的精神，经营虾苗培育场和承包鱼塘养殖南美白对虾等。他从事水产养殖 10 多年，依靠党的富民政策，不仅通过科学养殖，艰苦创业，成为当地农民带头致富的典范，而且乐于助人，无私奉献，热心公益，主动扶持帮助当地有困难的农民养虾致富，带动了全镇的养殖业健康发展，其事迹在大鳌镇家喻户晓，被选为新会区第十二、十三届人大代表，大鳌镇水产协会副会长。2006 年荣获新会区劳动模范称号；2008 年被评为江门市劳动模范；2009 年被评为广东省劳动模范。

林 深 广东阳春人，1972 年出生，初中学历，阳春市春湾镇新明村委会农民，中共党员。林深这种粮大王的名字在阳春春湾农村是无人不知无人不晓。1999 年，阳春监狱 600 多亩稻田招标，他听到这个消息后，眼前一亮，这是个大展身手的机会。但正当他想竞标的时候，很多亲朋好友都游说他：耕田没有多大经济收入，风险太大，要是老天爷不买账，你就损失惨重。当时他的思想也非常复杂，如果真的像他们所说的那样，那么这些年的积累也付之东流。但最后他还是坚定地走上了种粮之路。2004 年 2 月，他被广东省农业厅评为“广东省种粮大户”，2004 年 11 月，被农业部评为“全国农村青年创业致富带头人”，2006 年被授予“广东省劳动模范”称号，同时被阳春市评为十大杰出青年，2007 年被广东省委评为“广东省农村青年生产经营标兵”。

林树全 广东吴川人，1952 年出生，大专学历，广东省吴川市黄坡镇林屋村村长，中共党员。林树全担任村长职务以来，大公无私，敢于创新，带领村民走共同致富道路，取得丰硕成果，被各级有关部门授予全国文明村、全国绿化千佳村、中国十大魅力乡村、广东省百强村等光荣称号。他坚持村办企业，走共同致富道路。把一间由村民合资一斤花生米，折款 720 元作原始资本的小五金厂，依靠自力更生，艰苦创业，逐步发展成为国家中型企业。1990 年至 2009 年，完成工业总产值 16.87 亿元，上缴税收 9860 万元，创利润 1.3 亿多元。产品销往全国各地及香港、澳门等地区，还出口越南、泰国、伊朗、埃塞俄比亚、印尼、巴基斯坦等东南亚国家，产品质量优良，售后服务好，名誉扬威国外。林屋村在企业不断发展壮大的同时，坚持共同受益的理念，村民的生活不断提高。

杨 秋 广东电白人，1947 年出生，大专学历，广东电白县恒鑫农业科技开发有限公司总顾问。杨秋是广东省第十届人大代表、广东省工商联副主席、2007 年茂名市十大模范人大代表、2008 年广东省第二届优秀中国特色社会主义事业建设者、2008 年全国五一劳动奖章获得者。他刻苦钻研农业技术，专注“三农”工作，指导的电白恒鑫农业科技公司贡献突出，在电城镇庄垌村委会架场坡兴办高科技农业综合示范基地，分为现代农业综合区、主导产业示范区、精品农业示范园、特色农业示范基地，包括良种水播耕、四季百果园、无公害蔬菜、名贵花卉、水产品精养、人工湖等，项目的建设带动了农村关联产业的发展，促进乡镇社会充分就业，带动周边农民脱贫致富，人均年收入1万元以上，被当地民众誉为功在千秋的项目。

陈志林 广东茂名人，1964年出生，高中学历，茂名市茂港区羊角镇潭桥村委会主任，中共党员。陈志林自2005年任村支书兼主任以来，团结带领村“两委”班子，认真贯彻执行党的各项方针政策，积极带领村民勤劳致富、科学致富，教育引导村民做遵纪守法的好公民，取得了显著的成绩。2006年当选区人大代表，同年被评为茂名市茂港区劳动模范和“三有一好”优秀共产党员，2007年和2009年分别被评为茂名市劳动模范和优秀党支部书记。2010年1月被评为茂名市镇通建制村公路路面硬度化建设先进个人，村党支部连续三年被评为羊角镇优秀党支部，2009年被评为区优秀党支部，连续四年被区评为人口与计划生育工作先进村（居）委会，2008年、2009年村党支部被茂名市委授予茂名市先进基层党组织称号。

李彩金 广东四会人，1963年出生，中专学历，广东四会市江谷镇培崀村委会农民，中共党员。李彩金从农校毕业后，从承包20亩旱地发展种养业开始，到目前，已扩展到85亩，她利用自己的种养技术和生产基地，推广新的种植柑桔技术，较好发挥了示范辐射的带动作用，她的柑桔水稻示范基地，成为四会市、肇庆市“双学双比”的示范基地。她种植的柑桔皮薄肉脆，味道鲜美，连续两年在四会市柑桔节上被评为“品味之最”。她作为江谷镇沙塘桔协会会长，经常深入到各地柑桔种植户基地中，现场分析指导，帮助果农解决柑桔种植技术、销售等难题。2006年通过协会组织销售柑桔达500多吨，成为四会市十大杰出柑桔销售单位，为实现柑桔种植、技术、销售一体化服务创出了新路子。科技兴农，惠及群众，她针对平原地区柑桔老化日益严重的问题，大胆推介在不适宜种柑桔的土地上改种香蕉。

江启昌 广州花都人，1953年出生，中专学历，广州市花都区花山镇小布村党总支部书记，中共党员。江启昌在农村基层工作已有30年，按照村党总支部提出的“团结、拼搏、勤政、为民”的宗旨，带领全体干部、群众大力开展建设社会主义新农村工作，推进农村小康建设，使村级的经济能够持续发展。全村工农业总产值达到8.07亿元，其中工业总产值7.14亿元，人均纯收入9896元；村容村貌焕然一新，村里各项成绩显著，人民安居乐业，全村呈现出欣欣向荣的良好局面。小布村先后被评为全国敬老模范村、创建全国文明村镇工作先进村镇、广东省生态示范村、广东省交通安全村，广东省卫生村、广东省文明村、广州市文明村镇等。

何军祥 广东和平人，1971年出生，高中学历，和平县下车镇云峰村民委员会村党支部书记、村委会主任，中共党员。何军祥任村党支部书记、村主任的十个春秋中，时刻牢记职责，带领全村党员和村民艰苦奋斗，大力发展水果种植，并逐步走向规模化、专业化，已成为远近闻名的水果专业村。1991年高中毕业后，他开始在高峰果场学习种果，在县水果研究所精心指导下，经过三年的精心管理，于1992－1994年三年间试种的“和平5、1、2、3号，武植3号”五个品种先后获得成功，收获了人生的第一笔财富，让他尝到种果的甜头。1996年，县委县政府提出“山上再造新和平”的口号，他积极响应，带领全村青年办小庄园，发展“一村一品”。全村有63户农户披耕打穴，起早摸黑，所种的近百亩猕猴桃和柑桔，长势喜人，陆续挂果。

张观金 广东惠东人，1955年出生，中专学历，惠东县吉隆镇平政村党支部书记，中共党员。张观金是惠州市第七、八、九届人大代表，市九届党代表。一是廉洁奉公、带好队伍。致力抓好村“两委”班子和党员队伍建设，建立了岗位职责、党员评议制度、村支部“六个一”活动制度、财务管理制度等共达13项108条；他以身作则，严格落实责任，奖惩分明，规范运作，充分发挥了党员先锋模范作用。二是发展经济，帮村富民。坚持取智于民，结合实际，按照“兴农致稳、兴工致富、兴商致活”的工作思路，调整农业产业结构，组织农民农技培训，提高农业生产水平，同时依托吉隆鞋业发展优势，引导群众兴办个体企业，大力开展招商引资工作，带领群众奔小康致富。三是维护稳定，构筑和谐。

苏乌有 广东陆丰人，1952年出生，高中学历，陆丰市甲子镇渔业第八管理区党支部书记，中共党员。苏乌有带领渔民群众大力发展渔业生产，为构建社会主义新渔村作出显著贡献。1995年，省、汕尾市和陆丰三级联合在甲子港开展声势浩大的打击“三无”铁壳船走私专项斗争，在甲子渔业生产严重受影响的关键时刻，他率先行动，多次召开渔区干部、渔民代表会议，与渔民群众促膝谈心，发动他们建造渔船，恢复渔业生产。仅一年时间，全区新建、改造渔船32艘，使渔业生产迅速发展，同时带动全镇掀起了发展渔业生产热潮。但由于建造一条渔船需要投入几十万元，而渔民群众的经验比较薄弱，单家独户发展渔业生产缺乏资金，他又大胆提出了“新点子”——发动群众投资入股。

徐有权 广东五华人，1954年出生，高中学历，五华县安流镇红山村民委员会村支部书记，中共党员。徐有权敢为人先作榜样，35年如一日，努力寻求富村、富民的路子，使贫困村面貌得到较大改善。至2009年年底，村集体经济年收入从2001年零收入至2009年的8万元，人均年收入从不足1000元至3600元，有45户贫困户实现脱贫。至目前，他年养殖母猪50头，年养殖肉猪1000头，养鸡10000只，种果120亩，种植油茶700亩，年收入达到20万元。带领全村100多户村民上山发展经济，走“四结合”道路（即种养结合、长短结合、公司+农户结合、村户同发展）。统一按照“七个一”的标准，每户一山头，建起一座小康房，一个沼气池；种植一片林，一园果；饲养一栏牲畜，一口塘鱼。

欧永强 广东佛山人，1970年出生，中专学历，佛山市三水区芦苞镇上塘村民委员会书记、村委主任，中共党员。欧永强自1998年当选上塘村党总支书记、村主任以来，始终爱岗敬业、脚踏实地、廉洁自律、心系群众、想方设法、克服困难，解百姓之忧，排群众之难，坚持党性、公而忘私、身体力行，带领上塘全体党员干部心往一处想，劲往一处使，村党总支的战斗力、凝聚力、创造力明显增强，全村经济和社会发展呈现出前所未有的良好势头。所在党总支部连续6年被芦苞镇党委评为先进党总支部，2006年获佛山市委授予“红旗基层党组织”光荣称号。个人多次被授予先进称号：2005年荣获佛山市三水区十佳青年称号；2006年被评为佛山三水区优秀共产党员、佛山市青年建功立业先进个人。

林建兴 广东清远人，1965年出生，中专学历，广东省清远市清城区石角镇灵洲村党支部书记、村委会主任，中共党员。林建兴自担任现职以来，团结带领全村干部抢抓机遇，锐意创新，以有效的措施实现了全村经济社会的和谐发展。2009年，村委会集体固定收入239万元，农民人均纯收入6838元，分别比2008年增长10%和8%。2006—2009年，灵洲村连续四年荣获石角镇基层工作目标考核一等奖，2006年被评为清城区先进基层党组织，2008年和2009年被广东省妇联分别评为“巾帼示范村”和“星级妇女学校”，2009年灵洲村被评为“广东省卫生村”。新丰村小组被清城区评为“生态文明村”。2009年，灵洲村率先成立了村级工会联合会，开创了全市村级工会先河，几年来，他本人也先后多次被评为清城区优秀党务工作者。

刘植兴 广东云安人，1957年出生，高中学历，广东省云安县六都镇六都村民委员会支部书记、村委会主任，中共党员。刘植兴面对新时期农村出现的新情况、新问题，与时俱进，大胆探索，勇于开拓，充分发挥六都村委地处圩镇、水陆交通便利的优势，利用西江资源，村集体经济得到迅猛发展，集体固定资产由他上任时仅有的40亩鱼塘上升为目前拥有的1000多万元固定资产。2009年，村集体经济年纯收入达30万元，农民年人均纯收入5505元。经济的快速发展有力地促进各项工作的创新，该村先后被广东省委评为“先进基层党组织”、“加强农村基层组织建设‘五个好’先进党支部”，其本人先后当选广东省第八、九、十、十一届人大代表。

黄德智 广东鹤山人，1979年出生，本科学历，广州机床厂有限公司精密数控加工主管，中共党员。黄德智是2001年进入公司的一名外来工。他勤奋学习，爱岗敬业，由普通的打工者成为公司的中坚技术骨干、广州机床厂精密加工的领军人物；由普通的机床操作工成为实践经验丰富、业务技能全面、组织管理能力较强的非科班出身的青年优秀科技人才。在这短短的5年中，他获得了十多种荣誉，他由中级工被破格晋升为公司有史以来最年轻的高级技师，并被授予全国五一劳动奖章。他有一种勤奋好学、不断探索的钻劲，除熟练掌握了各类数控机床的操作，还精于计算机绘图、辅助编程技术和各种零件的加工工艺，先后设计和制造了40余种自制工装及特殊刀具，完成小改小革项目180多项，参与技术改造项目10多个，单是对工装的改进一项就节约了将近50万元的资金。

陈华瑞 福建福清人，1962年出生，大专学历，深圳畅鸿塑胶制品有限公司总经理，中共党员。陈华瑞自1993年以来一直在深圳畅鸿塑胶制品有限公司工作，担任生产主管职务，他爱岗敬业，以厂为家，关心员工。10多年来，他以党性为后盾，以政治责任感为动力，以“党性最强、作风最正、工作出色”为具体要求，从思想上、作风上加强自身建设，出色地完成各项任务。他把关爱员工、服务社会、捐资助学、无偿献血、社区建设等关爱社会弱势群体视为义不容辞的责任，他始终保持一种良好的精神状态，以开拓进取、坚忍不拔、知难而进、勇挑重担的精神风貌投入到公司实际工作中。为提升公司市场竞争力，他带头投入到公司全自动化设备研发和产业升级中，带领公司技术攻关小组先后研制30多台全自动化设备投入到生产中，每年为企业节约成本200

多万元。

许海珍 浙江东阳人，1974年出生，高中学历，佛山市安东尼针织有限公司副总经理，中共党员。许海珍2007年8月经集团办考察批准被任命为佛山市安东尼针织有限公司常务副总经理。1991－1992年在惠州民艺制衣厂任职车位。1993年，因车缝技术较好被调至负责制作样衣。在制作样衣期间，凭其精湛的制作技能获得“民艺杯”制衣工艺运用大赛特等奖。2002年，她在浙江东阳华侨制衣厂任职技术科科长，凭借丰富的制衣工艺制作经验及勇于创新的奋进精神，屡次改进生产工艺流程，提高了公司的生产能力和产品质量。在她任职生产部经理的三年时间里，安东尼公司在人员数量和生产规模上都取得了质的飞跃。凭着她诚实的人品和在丝光棉行业的影响力，通过调整组织结构和技术创新，使安东尼公司在短暂的两年内迅速壮大，成为现在拥有员工100多名的中型企业。

梁雅佳 广东梅州人，1955年出生，高中学历，梅州金三角水泥有限公司总经理，中共党员。梁雅佳是广东省梅州市梅江区三角镇三角村的一位农民，几十年来，他始终热爱祖国，热爱家乡，在改革开放的大潮中，从承包梅州金三角水泥厂到买断其产权实现拥有自己的企业。十多年前，梁雅佳通过自己的辛勤劳动，已过上了安乐富裕的生活，然而他不满现状，放弃了这种悠闲自得的生活，主动承包了梅州三角水泥厂，开始了新的创业。企业创办之初，面对着水泥行业市场疲软，资金周转困难的现状，他没有被吓倒，带领全体员工抓住机遇，艰苦创业，励精图治，勇于探索，采取“三改一加强”战略，坚持“事业留人”、“待遇留人”、“感情留人”，走“强化管理抓落实，资本运营求发展”的企业发展之路。

钟振芳 广东惠州人，1968年出生，惠州市海纳粮油食品有限公司总经理。钟振芳2002年成立海纳粮油食品有限公司，建立自有加工厂和有机种植水稻生产基地。别人丢荒，他开荒租种，成为惠州出名的开荒种粮的开荒“牛”。哪里有荒地他就出现在哪里，使“北大荒”的精神在海纳再次绽放了光彩。同时他还注册了自己的大米商标（水中鲤），成功推出了“水中鲤”有机种植丝苗米和秋杨富硒米的品牌，产品得到了国家绿色食品的认证，销售门店遍布珠江三角洲。2008年年底，“水中鲤”牌丝苗米喜获广东省著名商标。2009年10月，企业通过有机产品转换认证和ISO9001：2008认证。他对种粮，对农民有着深厚的感情，自从事种粮事业以来，真心系着粮食和农民，切切实实发展粮食生产，为农民办好事、办实事。

罗汝安 广东东莞人，1965年出生，初中学历，东莞市安业水族养殖有限公司总经理。罗汝安是石排镇有名的“金鱼养殖大户”，2001年被评为东莞市劳动模范，2003年被评为广东省劳动模范，现任石排镇人大代表、东莞市石排商会副会长、东莞市农业协会理事、石排镇青年企业家协会会员、石排工商个体协会理事。他经营的东莞市安业水族养殖有限公司，先后获得了“现代农业示范基地”、“农业龙头企业”、“东莞市科普教育基地”等荣誉称号。1983年，他利用村里的几亩荒地田野地办起了金鱼场养殖金鱼，经过27年的不懈努力，金鱼养殖场面积由原来的3亩扩至今天的300多亩。他加大科技投入，努力开拓销售市场。该公司主要以“公司加农业”的发展模式为主，在省内博罗、新会、广州、江苏等地有多个供应商。

李　忠　广东湛江人，1968年出生，工商管理硕士，湛江国联水产开发股份有限公司董事长。李忠创办的外向型国联水产公司始建于2001年，他从源头抓起，构建绿色产业链，推进对虾产业化，解决“三农”问题。国联公司从美国进口纯种南美白对虾种苗，投入巨资与中山大学、广东海洋大学等机构共建海洋生物技术实验室，研究培育优质的新虾苗，建立了“国家级南美白对虾遗传育种中心”，保证了产品源头的安全性，确保了对虾原料的质量安全。公司全体员工在他的带动下，仅用9年多的时间就实现了跨越式发展，现公司已发展成为一家以水产品加工出口为主导，以科研开发、种苗繁育、养殖、水产饲料生产为辅助的大型农业龙头企业。据统计，截至2009年公司创汇累计达6亿多美元，出口产值累计达48亿元人民币，实现利税累计达3亿元人民币，每年为社会提供就业人数5000人。

吴克东　广东揭阳人，1975年出生，大专学历，广东宏和集团有限公司董事长。吴克东出生于广东省揭阳市榕城区仙桥街道顶六社区紫服村一个普通农民的家庭。改革开放的浪潮把他从农村推向商海，使他从一个名不见经传的普通农村青年成长为能驾驭市场的农民企业家。经过16年的奋力拼搏，他的企业从开始只做一点点钢材小本生意，发展成为拥有固定资产3.8亿元的一个集商贸物流、房地产开发、市场开发、金融服务于一体，近5年来上缴税收4000多万元的多元化经营集团公司。从2007年开始，他先后荣获广东省五一劳动奖章、广东省劳动模范、揭阳市道德模范、优秀青年企业家等称号，并当选为揭阳市金属材料协会第一届会长、揭阳市第四届政协委员。几年来，他除依法上缴国家几千万元税收之外，还支持家乡建校筑路和各项公益事业。

李来福　广东普宁人，1960年出生，广东省普宁市大南山镇圆山村党支部副书记，中共党员。李来福出生于普宁市大南山镇圆山村，2002年任该村党支部副书记以来，勇于拼搏创新，坚持两副重担一肩挑、两支队伍一起抓、两个效益一起上，既改变了村的落后面貌，又促进自办企业创新发展。本人也因此被评为“建国60周年特殊奉献人物”和“建国60周年创新人物”。1985年，他从小生意做起，1998年他将10多年来经商赚到的钱投资创办普宁市来福实业有限公司，紧接着又创办普宁市联福房地产有限公司。2002年，正当他的企业红红火火的时候，圆山村党员推举他为党支部副书记，负责抓村工业发展和村政建设。他从大局出发，勇敢地挑起村副书记的重担，积极动员有识之士回村办企业，为带动家乡农民致富作出了重大贡献。

广东省2010年全国劳动模范和先进工作者

国务院关于表彰全国劳动模范和先进工作者的决定

各省、自治区、直辖市人民政府，国务院各部委、各直属机构：

2005年全国劳动模范和先进工作者表彰大会以来，各行各业涌现出一大批在全面建设小康社会、加快推进社会主义现代化伟大实践中取得显著业绩的先进模范人物，他们是继续解放思想、锐意改革创新的时代先锋，推动科学发展、促进社会和谐的行动楷模。为表彰他们的突出贡献，弘扬他们的先进思想，进一步激励全国各族人民积极投身建设中国特色社会主义伟大事业，推动经济社会又好又快发展，国务院决定授予 2115 人全国劳动模范荣誉称号，授予 870 人全国先进工作者荣誉称号。

国务院希望获得全国劳动模范和先进工作者荣誉称号的同志，谦虚谨慎，再接再厉，继续发挥模范表率作用，不断作出新的更大贡献。国务院号召全国各族人民，以全国劳动模范和先进工作者为榜样，学习他们信念坚定、胸怀大局的崇高思想，艰苦奋斗、勇于奉献的高尚品质，求真务实、纪律严明的优良作风，开拓创新、自强不息的进取精神，在以胡锦涛同志为总书记的党中央坚强领导下，高举中国特色社会主义伟大旗帜，以邓小平理论和“三个代表”重要思想为指导，深入贯彻落实科学发展观，同心同德、奋发图强，为夺取全面建设小康社会新胜利、谱写人民幸福美好生活的新篇章而不懈奋斗！

二〇一〇年四月二十四日

广东省荣获“全国劳动模范”称号先进个人名单（105 人）

张房有　广州汽车工业集团有限公司董事长
李楚源　广州白云山和记黄埔中药有限公司党委书记、总经理
朱明江　广州市天河区剑胆琴心乐器有限公司技术总监
韩　星（女）　广州纺织品进出口集团有限公司进出口贸易三部经理
唐孟雄　广州市建筑科学研究院有限公司科研小组组长
李志坚　广州市电车公司高级驾驶员
李火生　广州广船国际股份有限公司工人
陈建强　广州供电局输电部班长
毛新平　广州珠江钢铁有限责任公司副总经理、总工程师
竺维彬　广州市地下铁道总公司副总经理
冯秀冰（女）　广州市洲星食品有限公司副总经理
何铁标　增城市新塘镇西南村党支部书记兼村委会主任
江启昌　广州市花都区花山镇小布村党总支书记
黄德智　广州机床厂有限公司精密数控加工主管
陈汶祥　招商港务（深圳）有限公司班长
王　俊　深圳华大基因研究院副院长
林盖科　康佳集团股份有限公司副总裁
徐　华（女）　深圳报业集团深圳特区报社徐华工作室主任
李晓光　富士康科技集团科技研发人员
陈华瑞　深圳畅鸿塑胶制品有限公司总经理
郑卫宁　深圳市残友控股股份有限公司董事长
郭　勇　深圳市中金岭南有色金属股份有限公司党委书记
傅力普　中国电信股份有限公司珠海分公司客户经理
李悦强　珠海市斗门区莲洲镇石龙村党支部书记兼村委会主任
王　军　珠海醋酸纤维有限公司总经理
王首标　汕头市达濠市政建设有限公司项目经理
陈　亮　汕头航空有限公司飞行部主任

郑一帆 中国民生银行汕头分行客户经理
林小平 广东电网公司汕头供电局局长
余汉藩 汕头市繁盛养殖有限公司理事
余子权 韶关钢铁集团有限公司董事长、党委书记
周 健（女） 韶铸集团有限公司党委副书记、纪委书记、副总经理
罗元月 韶关宏大齿轮有限公司总工程师
罗劲松 广东电网公司韶关供电局变电部副主任
张 洁（女） 仁化县锦江电力开发总公司电气专责
邓素梅（女） 乳源县必背镇养猪协会会长
陈 旺 广东粤电枫树坝发电有限责任公司副总经理
何军祥 河源市和平县下车镇云峰村党支部书记村委会主任
刁东田 广东中烟工业有限责任公司梅州卷烟厂厂长
龙思学 梅州市蕉岭县油坑企业龙腾旋窑水泥有限公司技术主管
徐有权 梅州市五华县安流镇红山村党支部书记
梁雅佳 梅州市金三角水泥有限公司总经理
王月梅（女） 广东省乐金电子（惠州）有限公司系长
赵 岩 中海石油炼化有限责任公司惠州炼油分公司副总经理
钟振芳 惠州市海纳粮油食品有限公司总经理
张观金 惠东县吉隆镇平政村党支部书记
苏乌有 汕尾陆丰市甲子镇渔业第八管理区党支部书记
朱炯城 汕尾精神康复医院医生
朱芳雨 广东宏远篮球俱乐部有限公司队长
罗汝安 东莞市安业水族养殖有限公司总经理
谢惠仪 中国移动通信集团广东有限公司东莞分公司副总经理
陈炎连 中山市横栏镇三沙村民委员会农民
施宝新 恩平市莱茵电子新科技有限公司副总经理
庄健忠 江门市大江集团有限公司班长
冯淡开 广东恒健制药有限公司副总经理
冯普俊 广东电网公司江门台山供电局变电部主任
李代建 广东开平春晖股份有限公司设备动力部部长
刘培胜 江门市新会区大鳌镇百顷村农民
梁镜华 中国农业银行股份有限公司南海分行党委书记、行长
黄耀明 佛山市禅城区邮政局投递员
周淑毅 佛山维尚家具制造有限公司技术总监
游 斌 广东美的集团有限公司研究所所长
刘世龙 广东省佛山水泵厂有限公司产品开发中心主任
欧永强 佛山市三水区芦苞镇上塘村党支部书记、村委会主任
许海珍（女） 佛山市安东尼针织有限公司副总经理
江春燕（女） 阳江宝马利汽车空调设备有限公司副经理
林 深 阳春市春湾镇新明村农民
陈永雄 中国电信阳江市电信分公司班长
韩春剑 湛江市商业银行股份有限公

司党委书记、董事长

何　生　广东烟草湛江市有限公司廉江市分公司局长、经理

郝振山　中海油田服务股份有限公司钻井事业部南海二号平台经理

李　忠　湛江国联水产开发股份有限公司董事长

林树全　吴川市黄坡镇林屋村村长

吴景强　湛江市农产品质量安全监督检测中心主任

李安喜　中国石化集团茂名分公司总经理、党委书记

谢清林　茂名市信宜建筑工程公司工程师

杨　秋　茂名电白县恒鑫农业科技开发有限公司总顾问

陈志林　茂名市茂港区羊角镇潭桥村委会主任

肖志权　肇庆星湖生物科技股份有限公司副厂长

黄玉梅（女）　高要市金海岸织造厂有限公司制造部经理

李彩金（女）　肇庆四会市江谷镇培崀村农民

许汉和　阳山县秤架二级水电站有限公司技术主管

林建兴　清远市清城区石角镇灵洲村党支部书记、村委会主任

卢伟森　英德海螺水泥有限责任公司处长

郑坤龙　潮州饶平县黄冈镇汛洲村农民

杨素华（女）　广东顺发五金制品有限公司研发部经理

林乐文　广东省普宁市金泓投资有限公司董事长

周贵容　大华中能源有限公司副总经理

吴克东　广东宏和集团有限公司董事长

李来福　普宁市大南山镇圆山村党支部副书记

曾旭钊　广东巨轮模具股份有限公司车间主任

陆海生　郁南县农村信用合作联社业务拓展部经理

刘植兴　云安县六都镇六都村党支部书记、村委会主任

赖佳栋　广东电网公司总经理

李焕辉　粤电集团茂名热电厂厂长、党委书记

贺　婷（女）　中国建筑第四工程局有限公司市场部经理

周永琴（女）　广州白云国际机场安检护卫部纪委书记、工会主席

陈　露（女）　南方航空股份有限公司深圳分公司客舱部乘务长

梁卓仁　中交第四航务工程局有限公司党委书记、董事长

徐　龙　中国移动通信集团广东有限公司董事长、总经理

何玉华　广州铁路（集团）公司党委书记、董事长

李汉生　广东省西江航道局封开航道分局航标员

高　庆　南方联合产权交易中心有限责任公司董事长

陈锦婷（女）　中国石化广东佛山石油分公司古楼加油站站长

谭德富　广东省国营南华农场十五队工人

广东省荣获“全国先进工作者”称号先进个人名单（41人）

崔德星　广州市越秀区委防范和处理邪教问题办公室副主任

赵广军　广州市海珠区江南中街社区服务中心职员

李　赤　广州市第八十六中学校长

黄达德　广州市第一人民医院院长

林显荣　广州市人力资源市场服务中

心科长
刘　超　广州市公安局刑事警察支队副支队长
房　佩（女）　深圳市翠竹小学校长
郭惠绮（女）　罗湖海关副关长
叶少军　深圳市公安局刑事警察支队网上作战大队副中队长
陈月香（女）　珠海市金湾区第一小学校长
陈　平　汕头市中心医院心血管内科主任
徐　新　韶关市粤北人民医院院长
韩　伟　韶关市第二高级技工学校模具专业部主任
欧阳仕文　河源市技工学校校长
刘兴宏　兴宁市交通局局长
马成辉　惠州市对口支援汶川县三江乡恢复重建工作组副组长
文学荣　汕尾市城区新城中学校长
赵活擎（女）　东莞市东莞中学教师
李健生　中山市公安局火炬开发区分局局长
贺优琳　中山市中山纪念中学校长
张国雄　五邑大学广东侨乡文化研究中心教授
陈润珍（女）　佛山市高明区农业技术推广中心站长
郑俏华（女）　佛山市启聪学校副校长
孟德纯　广东省徐闻民政局局长
周文英（女）　广东高州中学教师
梁承华　肇庆理工中等职业学校校长
郑舜英（女）　潮州市潮剧团演员
胡锡娟（女）　云浮市文化馆馆长
董　铁　东莞市公安局刑事警察支队一大队大队长
陈雪锋　广东省公安厅治安管理局科长
黎祐林　广东省三水劳动教养管理所所政管理科副科长
魏　峻　广东省文物局副局长
林海利　羊城晚报社要闻部主任
曾　玲（女）　华南农业大学教授
金大地　南方医科大学附属医院院长
张名位　广东省农业科学院蚕业与农产品加工/农业生物技术研究所代所长
李定强　广东省生态环境与土壤研究所所长
马　坚　中国电器科学研究院院长
李在寅　中共广东省纪律检查委员会第一纪检监察室副主任
饶纪勇　广州海关禅城缉私分局情报技术科科长
王锐全　黄埔海关缉私局海上缉私处二中队队长

2010年广东省五一奖状、奖章获得者

广东省总工会关于颁发2010年广东省五一劳动奖章的决定

（2010年4月28日）

2009年是新中国成立60周年，也是广东经济社会发展进程中极不平凡的一年。在省委、省政府的正确领导下，全省广大职工在应对国际金融危机冲击、保持经济平稳较快发展中，团结拼搏、开拓创新，充分发挥工人阶级主力军作用，为保增长、保民生、保稳定和促进经济发展方式转变作出了重要贡献，涌现出一批成绩显著的先进模范人物。为表彰先进，树立榜样，进一步动员和激励全省广大职工积极投身广东改革开放和社会主义现代化建设事业的伟大实践，广东

省总工会决定，向陈矛等180名先进个人颁发广东省五一劳动奖章。

希望受到表彰的先进个人珍惜荣誉，再接再厉，在新的起点上不断创造新业绩，作出新贡献。希望全省广大职工向受表彰的先进人物学习，大力弘扬中国工人信念坚定、立场鲜明，艰苦奋斗、勇于奉献，胸怀大局、纪律严明，开拓创新、自强不息的伟大品格，大力弘扬劳模精神，积极参加社会主义劳动竞赛活动，不断提升自身技能和综合素质，在以胡锦涛同志为总书记的党中央领导下，高举中国特色社会主义伟大旗帜，以邓小平理论和“三个代表”重要思想为指导，深入贯彻科学发展观，继续解放思想，坚持改革开放，把智慧和力量凝聚到加快转变经济发展方式上来，充分发挥工人阶级主力军作用，为努力当好推动科学发展、促进社会和谐的排头兵作出新的更大贡献！

附：

2010年广东省五一劳动奖章获得者名单（180人）

陈　矛	广州白云山制药股份有限公司总经理
荀振英	广州百货企业集团有限公司董事长
曹建平（女）	广州市杂技艺术剧院有限责任公司董事长
刘启刚	广州市国研机械设备制造有限公司市场部经理
周意生	广州市白云化工实业有限公司技术员
柴毅忠	广州珠江钢铁有限责任公司技术部部长
李先兰（女）	广州德爱康纺织内饰制品有限公司班长
但家华	广州广船国际股份有限公司总装一部经理
李发均	广州市殡仪馆防腐部部长
皮文军	广州市海珠区建设和市政局局长
何世良	广州市番禺区沙湾世良工艺美术工作室主任
卢如西	广东威创视讯科技股份有限公司总工程师
龙国芬（女）	广州轻工工贸集团有限公司工会主席
何秋萍	广州中船龙穴造船有限公司副总经理
张厚美	广州市盾建地下工程有限公司总工程师
梁巧明（女）	广州市地下铁道总公司副总经理
崔书中	广州医学院附属肿瘤医院副院长
曹　杰	广州市第一人民医院副院长
李辉道（女）	中国电信深圳分公司工程师
王　淳	中国平安财产保险股份有限公司车险核保人
周正新	深圳市南山区人民检察院检察员
吴　淳	北京大学深圳医院心内科主任
赖伴周	深圳市联创科技集团有限公司执行董事
国　涛	深圳市公安局宝安区分局刑警大队副大队长
甘　琳（女）	深圳图书馆副馆长
李宏韬	深圳康佳通信科技有限公司工程师
欧大江	深圳市燃气集团股份有限公司总裁
李云祥	中国南方航空股份有限公司深圳分公司总经理
魏良荣	珠海市人民检察院副检察长
李爱华（女）	珠海金山软件有限公司金山互联网安全子公司测试总监

陈惠贤 珠海特区报社《珠海特区报》政经新闻中心主任
石　理 珠海市人民医院心血管内科主任
王　进 珠海金湾发电有限公司总经理
陈　和 汕头市潮阳区文光街道卫生院
郑坚灿 汕头市潮南区金溪自来水厂厂长助理
许海雄 汕头市中心医院院长
王　东 中国建设银行股份有限公司汕头市分行人力资源部经理
吴永俊 汕头超声显示器有限公司业务单元总经理
徐宗玲（女） 汕头大学商学院院长
钟家淞 广东万和新电气股份有限公司技术总监
谷小建 高木汽车部件（佛山）有限公司品质管理科科长
刘景进 广东康宝电器有限公司助理工程师
陈平天 佛山中油高富石油有限公司工程计划部部长
卢鹏飞 三水华侨中学教师
倪全安 佛山市康荣精细陶瓷有限公司工会主席
贯少谦 海信科龙电器股份有限公司党委副书记
刘育信 佛山禅城供电局局长
唐永丽（女） 中国电信佛山分公司总经理
汤敏韶 韶关自来水公司经理
吴文光 广东电网公司韶关供电局工会主席
邓优胜 韶关市高级技工学校副校长
刘　峰 中国电信韶关分公司高级工程师
王忠连 韶钢集团公司第二轧钢厂作业长
戴诗椿 韶关市南雄公路局湖口养护中心主任
卢和丰 和平县和平温泉之都有限公司经理
陈志忠 河源市邮政局局长
赖建青 河源市生活污水处理厂筹备办公室主任
叶美浓（女） 河源市源城区育智学校教师
戴希璋 中国移动通信集团广东有限公司梅州分公司总经理
徐招柱 梅州市人民医院急诊科主任
何全君 兴宁市鸿源集团有限公司副总经理
张教锋 平远县水务局工程师
梁俊丰 广东超华科技股份有限公司经济师
朱丽香（女） 惠州市社会保险基金管理局关系科科长
罗伟良 惠州市中心人民医院神经内科医生
薛子光 广东祯州集团有限公司董事长
胡斯平 惠州市公用事业管理局局长
钟　期 广东百业投资集团有限公司经济师
曹益镇 汕尾市国家税务局局长
伍德华（女） 海丰县海城镇第四小学教师
黄金生 陆丰市总工会主席
黄鸿成 汕尾陆河供电局局长
祁沛枝 东莞市东江水务有限公司抢修队队长
韩临晓（女） 东莞市石龙人民医院妇科主任
董　术（女） 东莞市儿童福利院院长
袁锦波 东莞市常平镇总工会主席
赵磨胜 东莞市塘厦镇农业技术服务中心副主任
饶苏波 广东省粤电集团公司沙角A电厂厂长
黄　劲 中国电信中山分公司总经理
余元龙 中山市人民医院院长

蔡　毓　中山市高级技工学校教师
苏小红（女）　《中山日报》新闻采访部副主任
刘盛华　中山市丰恒家具有限公司职工
苑保川　江门轻骑华南摩托车有限公司生产线长
徐耀斌　罗赛洛（广东）明胶有限公司设备部主任
任炎平　江门海关综合统计处科长
朱林杨　江门市辉隆塑料机械有限公司工会主席
赵灿辉　江门市汽运集团公司台山汽车总站总站长
李耀南　广东耀南建筑工程有限公司总经理
姚小翠（女）　阳西县人民医院护士长
林永锋　阳江市地税局副局长
岑长勇　阳江市江城区民政局局长
李云满　阳春市中诚铜业董事长兼总经理
邹新敏　湛江港（集团）股份有限公司船舶分公司湛港拖八轮轮机长
陈文清　湛江市第四人民医院主任医师
陈　平　遂溪县农业局局长
揭　曦　广东电网湛江雷州供电局局长
韩启争　广东省徐闻县地方税务局局长
龙观生　吴川市工商联（总商会）会长
林安列　湛江市邮政局局长
谭明隆　广东信宜开源股份有限公司董事长
余伟勇　化州市教育局局长
吴土新　茂名市环宇实业发展有限公司副经理
谢维新　茂名石化公司化工分部橡胶车间主任
葛维才　茂名市委组织部科长
林治国　中国移动广东公司茂名分公司工会主席
黄德仰　广东风华高新科技股份有限公司党委书记
汤小华　广东电网公司肇庆供电局纪委书记
陈友东　广东高要河台金矿副矿长
张红梅（女）　肇庆市公安局刑警支队技术大队科员
王春燕（女）　肇庆爱龙威机电有限公司物料部经理
唐丽萍（女）　连南县疾病预防控制中心副主任
胡忠华　忠华纺织厂董事长
曾剑丛　爱机汽车配件有限公司管理部长
温兴利　广东国珠模具有限公司车间副主任
詹建怀　潮州市建成农业综合开发有限公司董事长
蔡少锐　潮州市泽洲陶瓷有限公司副总经理
邱创滨　潮州市公安局政治处科员
李　冰（女）　广东永金兴集团有限公司技术员
陈少湖　揭阳市人民医院院长
郑松标　揭阳潮汕机场建设领导小组办公室副主任
彭延周　广东电网揭阳普宁供电局副总经济师
林文忠　广东荣华企业集团有限公司水电部主任
庄泽丰　云硫集团公司矿业分公司棒磨车间配电班值班长
李进财　云浮市华中石业有限公司总经理
张日桐　罗定市国土资源局局长
区佐文　中共新兴县新城镇委副书记
梁桂全　广东省社会科学院院长

林应太　黄埔出入境检验检疫局副主任科员

郑希新　广州海关缉私局主任科员任永全广东电视台主持人

孔令瑜　黄埔海关综合统计处科长

吴书林　广东省人民医院心血管病研究所所长

夏群燕（女）　广东省科学院直属机关党委副书记

孙爱群　南方报业传媒集团社委

曹　林　深圳市罗湖区人民法院执行局执行二科科长

陈耀荣　茂名市茂南区人民法院庭长

严迎春（女）　东莞市人民检察院控告科科长

雷　虎　广州市公安局毒品犯罪侦查支队二大队大队长

林伟光　佛山市公安局刑警支队八大队副主任科员

李志坚　广东省司法警察医院政委

易法槐　华南师范大学数学科学学院教师

黄爱国　华南师范大学附属中学组长

郑炽钦　广东实验中学校长

刘伟清　广东省航运集团有限公司董事长

陆亚兴　广东省公路建设有限公司党委副书记

叶翠安　广东交通职业技术学院实训中心副主任

王　栋　交通部广州打捞局船长

李　荣　广东中远船务工程有限公司工程师

钟潮海　中海国际广州分公司轮机长

吴德礼　国家开发银行广东省分行党委书记、行长

吴新军　中国民生银行广州分行行长

胡建平（女）　广东省粤旅集团有限公司总经理

杨淑仪（女）　广东省商业企业集团公司党委副书记

黄红春（女）　广州华厦大酒店华龙锦轩高级经理

张胜亮　中国平安财产保险股份有限公司广东分公司团队主管

徐茂龙　广东证监局副主任科员

陈奕标　广东省商业联合会副会长

冯建平　中国石油化工股份有限公司广州分公司总经理

汤寿泉　广东电网公司工程部主任

方军勇　广东省粤电集团有限公司沙角C电厂班长

胡　真（女）　广州有色金属研究院工程师

蔡坚铮　中国电信股份有限公司广东研究院信息应用开发部技术总监

徐　革　中国移动通信集团广东有限公司网络部总经理

乔建葆　中国联合网络通信有限公司广东省分公司总经理

赵　昆（女）　广东省报刊发行局工程师

韦美菊（女）　广东省南华农场七队辅导员

陈德宝　广东省胜利农场乌石塘队工人

肖智慧　广东省林业调查规划院院长

吕　玲（女）　广东省女子监狱监狱长

张宗胜　广东省佛山市地质环境监测站副站长

邓建荣　广东省建设工程质量安全监督检测总站所长

肖明辉　广东燕岭医院院长助理

梁　霞（女）　广东省机场管理集团公司湛江机场公司地勤部值机室值机员

聂建雄　民航中南地区空中交通管理局终端管制中心主任

于　飞　中国南方航空股份有限公司广州飞行部777机队飞行员

郭澍堃	华南蓝天航空油料有限公司流程信息标准部主任
马忠宝	广深铁路股份公司广州机务段段长
邓建平	广州铁路（集团）公司广州新客站工程建设指挥部党总支书记
	广东省国家安全厅1名

广东省总工会关于授予工业系统开展“职工有困难找工会”活动成绩突出的先进集体广东省五一劳动奖状的决定

（2011年3月10日）

2010年，我省工业工会系统广大基层工会组织大力开展“职工有困难找工会”、“农民工有困难找工会”活动，紧紧围绕职工群众最关心、最直接、最现实的利益，坚持从实际出发，突出特色，主动、依法、科学地做好职工合法权益的维护工作，极大地促进了企业的和谐稳定，充分发挥了基层工会组织的作用，得到省委和全总的高度肯定。“职工有困难找工会”已经成为广东工会闪亮的工作品牌。

为表彰2010年度在“职工有困难找工会”活动中成绩突出的先进集体，省总工会决定，授予广东省建工集团源天工程公司工会、中石化广州分公司工会、广东电网输变电公司工会广东省五一劳动奖状。

希望受到表彰的先进集体发扬成绩，再接再厉，创造更佳业绩。全省各基层工会要以先进模范为榜样，进一步激发活力，发挥作用，认真结合实际，不断开拓创新，叫响做实、全面深化“职工有困难找工会”、“农民工有困难找工会”活动，真心实意为职工服务，真抓实干为职工办事，真正把为困难职工办实事好事的工作推上新的台阶。

广东省总工会关于授予开展“创争”活动成绩突出的先进集体和个人广东省五一劳动奖状、奖章的决定

（2010年1月11日）

在由省总工会、省文明办等9个省直单位联合开展的广东省“创建学习型组织、争做知识型职工”活动中，涌现出一大批刻苦学习，勤奋工作，锐意进取，勇于创新的先进集体和优秀职工。“创争”活动已成为机关企事业单位全面提升学习能力，增强自主创新能力，提高职工队伍整体素质，推进构建社会主义和谐社会的重要载体。

为表彰先进，宣传典型，团结动员广大职工为全面建设小康社会建功立业，根据广东省总工会《关于开展“创建学习型组织，争做知识型职工”活动的实施意见》（粤工办［2004］10号）等有关文件精神，广东省总工会决定，授予广州市海珠区人民检察院等10个标兵单位广东省五一劳动奖状，广州市房地产交易登记中心解决历史遗留问题办证小组等10个标兵班组广东省五一劳动奖状，蒙学琼等10名标兵个人广东省五一劳动奖章（名单见附）。

希望受到表彰的集体和个人，谦虚谨慎，戒骄戒躁，发扬成绩，再创佳绩。全省各单位和广大职工要以他们为榜样，勤奋学习，勇于创新，推动“创建学习型组织、争做知识型职工”活动深入开展，推动全省职工队伍的知识化进程，为我省建设创新型广东、争当实践科学发展观排头兵再立新功！

（发：各地级以上市总工会、省产业工会、中央驻穗及省属集团（公司）工会）

附：

广东省五一劳动奖状、奖章获得单位名单

1. 广州市海珠区人民检察院
2. 中国移动深圳分公司
3. 汕头市中级人民法院
4. 汕尾市陆丰龙山中学
5. 格兰仕（中山）家用电器有限公司
6. 湛江电力有限公司
7. 中国船级社广州分社
8. 建设银行江门市分行
9. 珠海保税区摩天宇航空发动机维修有限公司
10. 广东省高速公路有限公司

（以上为广东省“创争”活动标兵单位）

1. 广州市房地产交易登记中心解决历史遗留问题办证小组
2. 广东省粤电集团有限公司珠海发电厂设备部
3. 佛山市禅城区邮政局投递分局同华投递班
4. 广东电网韶关乳源供电局 110 KV 茶园变电站
5. 中国人民解放军第四八零一工厂虎门军械修理厂加注组
6. 新兴县翔顺花园酒店有限公司客房部
7. 中国电信广州分公司政企客户中心大企业客户室
8. 汕头市公路局汕头公路工程质量监督站
9. 广东省林业科学研究院森林防火与林化研究团队
10. 汕头机场公司安检站二科五分队

（以上为广东省“创争”活动标兵班组）

蒙学琼 清远连山县民族小学（佛山希望小学）英语高级教师
黄文辉 茂名电白供电局电气高级工程师
魏水华 广宁县信息中心主任、工程师
林国斌 惠州市总工会常务副主席
温亿民 潮州市实验学校校长、小学高级教师
孙锐卿 揭阳市人大常委会副主任、副研究员
李瑞洪 江门台山汽车总站助理工程师
彭远明 茂名市广垦名富果业有限公司热作高级工程师
何　放 广东省东莞监狱监狱长
陈广宇 中国移动广东肇庆分公司工程师

（以上为广东省“创争”活动标兵个人）

广东省总工会关于向全国“安康杯”竞赛优胜企业颁发广东省五一劳动奖状的决定

（2010 年 6 月 4 日）

在近年来的全国“安康杯”竞赛活动中，我省各地涌现出一批连续荣获全国“安康杯”竞赛优胜企业称号的安全生产先进单位。为表彰先进，激励全省企业和广大职工在积极投身广东改革开放和社会主义现代化建设事业的伟大实践中不断创造安全生产佳绩，广东省总工会决定，向连续三年以上获得全国“安康杯”竞赛优胜企业称号的中国南方航空股份有限公司、广东省水利水电第三工程局颁发广东省五一劳动奖状。

希望受到表彰的单位珍惜荣誉，再接再厉，在全国“安康杯”竞赛活动中再创佳绩，为广东省安全生产形势的稳定好转作出新的贡献。希望各地、各企事业单位向先进单位学习，以“三个代表”重要思想为指导，深入贯彻落实科学发展观，严格执行国家关于安全生产的法律法规和《国务院关于进一步加强安全生产工作的决定》（国发［2004］2 号），坚持“安全第一、预防为主、综合治理”的方针，积极参加全国“安康杯”竞赛活动，不断加强安全生产管理，组织广大职工努力学习和掌握安全生产知识，遵守安全生产法律、法规，遵守劳动纪

律，为努力当好推动科学发展、促进社会和谐的排头兵作出新的更大的贡献！

广东省总工会关于授予在2009年度劳动竞赛中涌现的先进集体和个人广东省五一劳动奖状、奖章和广东省“工人先锋号”的决定

（2010年6月30日）

2009年是我省跨入新世纪以来最为困难的一年，也是我省积极应对国际金融危机、保持经济社会平稳较快发展、改革开放和现代化建设取得显著成绩的一年。面对各种困难和挑战，全省各地、各行业广大职工在省委、省政府的正确领导下，积极投身“同舟共济保增长、建功立业促发展”竞赛活动，围绕建设一流工程和廉洁工程、促进企业自主创新和节能减排、提升劳动技能和综合素质，深入开展形式多样的“比、学、赶、帮、超”活动，在推动广东化危为机、危中求进，保持经济平稳较快发展中作出了重要的贡献，涌现出一批成绩显著的先进集体和个人。

为表彰先进，进一步动员和激励广大职工积极投身广东改革开放和现代化建设，省总工会决定：

一、授予在2009年度广东省十项工程劳动竞赛中获得模范集体称号的广汽日野汽车有限公司等10个集体广东省五一劳动奖状；授予在2009年度广东省十项工程劳动竞赛中获得模范个人（模范企业家、模范科技工作者和模范工人）称号的广东省高速公路有限公司董事长、党委书记罗应生等43名个人广东省五一劳动奖章（附件1）。

二、授予在2009年度广东省职工职业技能大赛中获得各工种决赛第一名的广东电网公司深圳供电局变电二次管理工程师彭业等26名个人广东省五一劳动奖章；授予在2009年广东电网公司500 KV变电站运行管理技能竞赛中排名第一的广东电网公司佛山供电局变电二部西江巡维中心广东省“工人先锋号”称号（附件2）。

三、授予自2009年以来参加各种建功立业活动，并为广东经济建设和社会发展作出突出贡献的广州珠江啤酒股份有限公司热电厂机械维修班等200个集体广东省“工人先锋号”称号（附件3）。

希望受到表彰的先进集体和个人发扬成绩，再接再厉，不断创造新的业绩。全省各行各业和广大职工要以先进典型为榜样，深入贯彻落实科学发展观，大力弘扬劳模精神和工人阶级的伟大品格，立足岗位，提升技能，勇于创新，甘于奉献，紧紧围绕加快转变经济发展方式，深入开展建功立业劳动竞赛活动，为全面完成我省“十一五”规划各项目标任务，推动经济社会又好又快发展，当好推动科学发展、促进社会和谐的排头兵作出新的更大的贡献！

附件：

1. 广东省五一劳动奖状、广东省五一劳动奖章获得者名单（2009年度广东省十项工程劳动竞赛模范集体和个人）

2. 广东省五一劳动奖章、广东省“工人先锋号”获得者名单（2009年度广东省职工职业技能大赛各工种决赛第一名选手和班组）

3. 广东省“工人先锋号”获得单位名单

附件1

广东省五一劳动奖状、广东省五一劳动奖章获得者名单（2009年度广东省十项工程劳动竞赛模范集体和个人）

一、2009 年度广东省十项工程劳动竞赛模范集体（同时授予广东省五一劳动奖状，共 10 个）

广州深佛高速公路有限公司
广东电网公司广州供电局
广东粤电湛江风力发电有限公司
广汽日野汽车有限公司
广州市地下铁道总公司建设事业总部土建五部
广东火电送变电工程公司
广东省电力设计研究院
中交四航局研究院
中金岭南丹霞冶炼厂 10 万吨锌氧压浸出新工艺综合回收镓锗技改工程项目
广东电网公司潮州供电局

二、2009 年度广东省十项工程劳动竞赛先进个人（同时授予广东省五一劳动奖章，共 43 人）

罗应生	广东省高速公路有限公司董事长、党委书记
余国红	广州深佛高速公路有限公司总经理
邝　锋	广东电网公司珠海供电局局长、党委书记
李　少	广汽日野汽车有限公司执行副总经理
徐明杰	广州地铁设计研究院有限公司院长
韩招文	广东省输变电工程公司党委书记
林少敏	中交广州航道局有限公司总经理
刘亚军	中国南方电网有限责任公司调峰调频发电公司惠州抽水蓄能电站建设管理局局长
钟克辉	华润水泥（封开）有限公司总经理
王槐义	湛江龙腾物流有限公司总经理
舒　翔	广东华路交通科技有限公司董事、副总经理
郭　波	广东省长大公路工程有限公司副总工程师
唐红键	广东省电力设计研究院院长
张正祥	中国南方电网有限责任公司超高压输电公司海南联网工程项目经理
胡文斌	广东省粤电集团有限公司生技安监部技术分部经理
陆岸典	广东水电二局股份有限公司副总工程师
谭　曦	广州汽车集团乘用车有限公司焊接科科长
谭晓梅（女）	广州市地下铁道总公司建设事业总部副总经理
庞绍煌	广州市地下铁道总公司副总工程师
李凡青	广东火电工程总公司惠来工程项目部项目经理
夏焕澄	广东火电工程总公司岭澳核电工程项目部项目副经理
黄炎辉	广东省输变电工程公司机具物资管理中心副经理
卢永昌	中交四航设计院总工程师
曹可佳	中国南方电网有限责任公司调峰调频发电公司清远抽水蓄能电站建设管理局副局长
陈　凯	中建三局建设工程股份有限公司（粤）深圳湾体育中心项目总工程师
谢大元	深圳市中金岭南有色金属股份有限公司丹霞冶炼厂生产部部长
成国雄	广东电网公司潮州供电局副局长
谢镇南	潮汕机场建设工程指挥部项目经理

陈玉辉　广东电网茂名信宜供电局工程师

曾高灼　广东省长大公路工程有限公司第四分公司路面设备班长

梅小卫　中国南方电网有限责任公司超高压输电公司广州局海口分局海缆班副班长

张晓博　广东粤电云浮发电厂有限公司锅炉专工

叶　超　广东省水利水电第三工程局生产队长

吴浩磷　中国石化集团茂名石油化工公司竞赛办副主任

王　燕（女）　广汽丰田汽车有限公司CL代行

阮启宁　广州市地下铁道总公司运营总部通号中心工人

徐志学　广州市地下铁道总公司运营总部维修中心工人

梁　美　广东火电工程总公司岭澳核电工程项目部汽机项目主管

蒋穗玲　广东省输变电工程公司建筑分公司一队队长

肖干生　中交四航局劳动竞赛委员会办公室主任

陈　辉　中国水电十四局有限公司广东分公司清蓄项目部机电队副队长

吴　强　广州市自来水公司管理员

吴志忠　广东省机场管理集团公司工程建设指挥部航站区土建工程部管理人员

附件2

广东省五一劳动奖章、广东省“工人先锋号”获得者名单（2009年度广东省职工职业技能大赛各工种决赛第一名选手和班组）

一、广东省五一劳动奖章获得者名单（26名）

彭　业　广东电网公司深圳供电局变电二次管理工程师（广东电网公司继电保护工技能竞赛第一名）

熊　江　广东发展银行上海分行闵行支行大堂经理（广东发展银行股份有限公司辨假点钞技能大赛第一名）

黄宗彦　广东省潮州供水枢纽管理处机电工程师（广东省水利系统闸门运行工技能大赛第一名）

卢振邦　广州市邮政速递物流公司同城速递中心分发组副组长（广东省邮政公司邮政速递业务工种竞赛第一名）

谢永安　中国移动通信集团广东有限公司广州分公司初级网络运行支撑主管（中国移动通信集团广东有限公司IP网络维护技能大赛第一名）

王国强　广东省粤电集团有限公司珠海发电厂发电主值班员（广东省粤电集团有限公司集控值班员技能大赛第一名）

陈志强　广东省新时代农场6队割胶辅导员（广东省农垦总局橡胶产业割胶工技能大赛第一名）

薛有志　广东省输变电工程公司输电第一分公司送电线路架设工（广东省输变电工程公司送电线路架设工技能大赛第一名）

陆志聪　广东省工业设备安装公司班组长（广东建筑工程集团有

限公司高级电工技能大赛第一名）

周天蓉（女） 中山大学附属第二医院护士长（广东省工会女职工委员会卫生系统静脉输液护理技能大赛第一名）

梁彩琴（女） 利兴强（恩平）纺织有限公司工人（广东省棉纺行业粗纱工职业技能大赛第一名）

姚淑琴（女） 广州白云国际机场股份有限公司安检护卫部一中队二分队副分队长（广东省机场管理集团公司安检技能大赛第一名）

黄章海 广东省北江航道局清远航道分局白庙航道站站长（广东省交通厅交通行业航标工种技能大赛第一名）

沈克强 广钢集团广钢股份公司炼钢总厂炉前工段炉长（广东省钢铁工业协会转炉炼钢工技能大赛第一名）

韩　新 中国联合网络通信有限公司广州市分公司动力工程师（中国联合网络通信有限公司广东省分公司电源动力专业岗位技能大赛第一名）

陈方之 南方电网超高压输电公司南宁局500千伏区域控制中心运行分部运行值长（中国南方电网有限责任公司超高压输电公司500千伏变电运行技能大赛第一名）

刘景委 广东省地质局七二三地质队矿产地质勘查工程师（广东省地质勘查局工程技术人员技能大赛第一名）

梁　静（女） 中国南方航空股份有限公司营销委客户关系部呼叫中心分队长（中国南方航空股份有限公司营销业务技能大赛第一名）

洪妍儿（女） 中国人寿保险股份有限公司广州分公司财务部主管（中国人寿保险股份有限公司广东省分公司会计人员技能大赛第一名）

张　岚 中国铁通广州分公司业务主管（中国铁通集团有限公司广东省分公司光缆接续竞赛第一名）

韩　冬 中国电信股份有限公司广东无线网络运营中心网优一室经理（中国电信集团广东省电信公司天翼运营与网优技能大赛第一名）

陈龙英（女） 广东佛开高速公路有限公司车辆通行费收费员（广东省交通集团收费业务技能竞赛第一名）

梁宇鹏 广东电网公司江门开平供电局继保班组工程师（国家电力监管委员会南方监管局广东省电力应急技能竞赛第一名）

邓　泰 广东省城市建设高级技工学校教师（广东省装饰行业协会广东省“岭南杯”室内装饰设计职业技能大赛第一名）

刘志刚 白天鹅宾馆西点房副大厨（广东省餐饮烘焙业职业技能竞赛第一名）

周志聪 （首届工业设计职业技能大赛专业组第一名）

二、广东省“工人先锋号”获得单位名单
广东电网公司佛山供电局变电二部西江巡维中心（2009 年广东电网公司 500 kV 变电站运行管理技能竞赛第一名）

附件 3
广东省“工人先锋号”获得单位名单（共 200 个）
广州市越秀区民政局社会福利科
广州市荔湾区妇幼保健院妇产科
广州市增城中学化学科组
广州珠江啤酒股份有限公司热电厂机械维修班
广州市市政工程维修处土木工程公司顶管队
广州港集团有限公司拖轮分公司“穗港 22”轮
广州致美斋食品有限公司生产技术部
广州市越秀区国家税务局办税服务厅
广州珠江钢琴集团股份有限公司总装厂
广州无线电集团海华电子企业（中国）有限公司短波通信部
广州市自来水公司西村水厂
中国电信深圳市罗湖区分公司罗湖营销服务中心
深圳远洋运输股份有限公司富强轮船员集体
中国石油化工股份有限公司广东深圳石油分公司康达尔加油站
深圳市路桥建设集团盐田分公司维修部
深圳市儿童医院儿童重症监护病房
深圳出入境检验检疫局深圳国际旅行卫生保健中心
深圳市燃气集团股份有限公司客户服务分公司管道燃气户内安全检查组
深圳百安居装饰建材有限公司罗湖店
深圳市百泰珠宝首饰有限公司配货中心
深圳市高新奇科技股份有限公司维修班组
珠海格力电器股份有限公司空七分厂 1 A 班
珠海市香洲区拱北环境卫生管理所清扫队一班
拱北海关闸口办（行监处）监管一科
中国移动通信集团广东有限公司珠海分公司金湾分公司
广东电网公司珠海供电局变电部巡维中心
广东珠海智海建材发展有限公司化验室
珠海市永隆饮品有限公司话务班
汕头市华鹰软包装设备总厂有限公司装备车间
沃尔玛深投百货有限公司汕头南国分店食品部
广东卫伦制药有限公司血液制品车间
汕头市澄海区自来水公司管道抢修队
南澳县农村信用合作联社隆东分社
汕头航空有限公司飞行部
汕头大学医学院第一附属医院内分泌、老年病区
广东电网公司汕头供电局继电保护一班
汕头市农业科学研究所花生育种研究室
佛山市禅城区农产品质量安全监督检测中心
广东志高空调有限公司海外营销本部
佛山市南海区地方税务局纳税服务局
佛山市新协力的士有限公司刘磊车队
佛山市海天（高明）调味食品有限公司酱油三厂
佛山市社会保险基金管理局三水分局医疗工伤保险管理科
佛山市燃气集团股份有限公司禅城燃气分公司客户服务部客户中心
佛山市环境监测中心站环境监测组
广东烟草佛山市有限责任公司营销管理中心
韶钢松山股份有限公司炼铁部烧结分厂六烧工段
广东电网公司韶关供电局电力调度通信中心自动化厂站班
深圳市中金岭南有色金属股份有限公司韶关冶炼厂熔炼车间二备料工段
广东省韶关市汽运集团有限公司韶关汽车客运西站
韶关市市政工程维修管理处养护部排水养护队
韶关市乐昌市公路局九峰养护中心
韶关发电厂检修部热控仪控一班
河源市连平县广播电视台连平县广播电视中

心电视台
紫金县邮政局投递班
龙川县人民医院院内二科护理组
力升树灯（河源）有限公司制松部
广东烟草河源市有限责任公司物流配送中心
广东烟草梅州市有限公司烟叶生产购销科
大埔县人民医院外一科
广东电网公司梅州蕉岭供电局办公室
广东电网公司梅州五华供电局水寨供电营业厅
广东梅县东山中学办公室
丰顺县公路局汤南道班
梅州市梅江区梅州中学网管中心
惠州市房产管理局房产交易中心
中国电信股份有限公司惠州分公司客响建设中心
中国移动通信集团广东省有限公司惠州公司罗阳服营厅
中国银行股份有限公司惠州分行公司业务部
广东省惠州市对口支援汶川县三江乡恢复重建工作组
惠州市国土资源局惠城区分局服务大厅
惠州市自来水总公司报装服务大厅
汕尾市财政局国库支付中心
广东省海丰县食品企业集团可塘食品公司
陆丰市龙山中学高三年级组
陆河县广播电视台电视新闻中心
汕尾市城区新城中学数学科组
东莞市公路管理局企石养护所
东莞社会保障局医疗生育保险科
东莞市昌辉彩印有限公司本地人车间
中国移动通信集团广东有限公司东莞分公司网络维护中心网络监控室
东莞市工商行政管理局莞城分局登记管理股
东莞光润家具股份有限公司安包装工段
东莞发展控股股份有限公司林村收费站
中山华帝燃具股份有限公司炉具车间
中国工商银行股份有限公司中山分行中山市高新技术开发区支行
广东香山衡器集团股份有限公司零件加工厂冲压一车间
广东腾骏动物药业股份有限公司生产部
中国人寿保险股份有限公司中山分公司客户服务中心
中山市黄圃人民医院儿科
中山崇高玩具制品厂有限公司装配部
中国人民银行江门市中心支行国库科
中国电信股份有限公司江门分公司政企客户支撑中心
江门市鹤山公路局沙坪养护中心
广东恒健制药有限公司科研开发部
江门市新会区人民医院脑外科二区
广东国华粤电台山发电有限公司发电运行部集控二值
广东省恩平市国家税务局纳税服务股
阳春市邮政局邮政储蓄中心营业处
阳西县国家税务局纳税服务股
阳东县交通局运输管理股
阳江市第二中学物理教研组
广东电网公司阳江供电局500千伏蝶岭变电站运行班
广东电网公司湛江徐闻供电局客户服务中心
湛江市赤坎区妇幼保健院预防保健科
广东海洋大学水产经济动物病害控制理论与技术科研团队
中国移动通信集团广东有限公司雷州分公司上坡服营厅
中国电信股份有限公司湛江分公司碧海银沙网站工作室
中交四航局三公司钦州项目部
湛江海滨船厂装修家具分厂
信宜市农村信用合作联社东镇信用社
高州市地方税务局城区税务分局
中国移动通信集团广东有限公司化州分公司市场部
茂名市电白公路局龙记养护站
茂名市茂港区地方税务局征收股

茂名石化炼油分部加氢精致车间
广东电网茂名供电局试验研究所电气试验班
肇庆市第一人民医院特需病区
中国移动通信集团广东有限公司肇庆分公司市场部
肇庆市志成气动有限公司精密数控加工班组
广东一力集团制药有限公司产品工艺攻关小组
德庆县广播电视台银视数字电视营业大厅
华润水泥（封开）有限公司项目部
广东省怀集县财政局预算股
广东电网公司清远市供电局调度通讯中心调度班
英德市地税局城区分局办税征收服务厅
阳山县秤架林场分水坳护林班
万邦（清新）鞋业有限公司一厂三部
清远冠富化纤厂有限公司后纺保全班
潮安县国家税务局办税服务厅
广东电网潮州饶平供电局饶洋供电所
潮州市弘华建筑设计院CAD技能组
潮州市枫溪区金枫电力公司枫春营业厅
潮州市邮政局枫春支局
广东省潮州市金山中学化学科组
广东省揭阳市烟草专卖局专卖管理办公室（稽查支队）
揭阳市区农村信用合作联社磐东信用社
广东电网揭阳惠来供电局输变电部
揭西县邮政局霖都营业处
揭东县农村信用合作联社旧坑储蓄所
广东电网云浮郁南供电局都城供电所配电部
罗定市公路局渡头公路养护中心
云浮市田家炳中学初一级组
中国电信股份有限公司新兴分公司政企客户服务中心
中国移动通信集团广东有限公司云安分公司六都服营厅
广东省农业机械研究所种植机械研究开发中心
广东省国土资源厅测绘院大地测量队
广东省储备粮管理总公司顺德直属库
英德市人民检察院反贪污贿赂局
广东省法制教育所二大队
《中国家庭医生》杂志社编辑部工会小组
华南理工大学后勤产业集团校园服务中心垃圾清运班
广东省经济贸易职业技术学校商贸流通部
广东省高速公路有限公司河源分公司监控中心
广东交通实业投资公司梅河高速公路有限公司工程管理部
广东省佛山航道局澜石分局城区航道站
广东省佛开高速公路有限公司工程养护部
广东省长大公路工程有限公司施工船队
中华人民共和国广东海事局佛山顺德海事处
中交四航局第一工程有限公司哈大铁路客运专线工程经理部
中华人民共和国深圳海事局宝安中心海事处
中远南方“木兰湾”轮
中交广州航道局有限公司“恒龙”轮
交通运输部南海救助局汕头基地“华英392”艇
佛山市广粮饮料食品有限公司设备工程部机修班
中国石化广东佛山石油分公司顺德加得力加油站
广东省海洋与渔业局海洋资源研究发展中心
广东省海洋资源研究发展中心
广东省燃料公司进出口部
广东地方铁路物资有限责任公司业务一部
中国人寿保险股份有限公司韶关分公司乐昌B柜面
中信银行股份有限公司广州分行分行营业部
中国建设银行股份有限公司广州登峰支行
中国工商银行股份有限公司佛山顺德支行营业部
华夏银行股份有限公司广州分行分行营业部
广东省华侨物业发展有限公司广州海关物业管理项目服务中心
中建三局建设工程股份有限公司（粤）深圳

湾体育中心项目经理部
广东水电二局股份有限公司第四工程公司机电车间
广东省电力工业燃料有限公司贸易部
广东电网公司电力通信设备运维中心工程部
中水珠江规划勘测设计有限公司测量队
韶关发电厂煤电班
中海石油（中国）有限公司深圳分公司惠州油田惠州21—1平台
深圳市中金岭南科技有限公司研发部片状锌粉班组
广东广信通信服务有限公司信息增值事业部
中国电信股份有限公司广东分公司广州海珠区分公司
广东省邮政信息技术局金融网系统维护组
中国移动通信广东有限公司客户服务（广州）中心
中国联合网络通信有限公司广东省分公司普宁分公司
广州白云国际机场股份有限公司航空运输服务分公司国内值机部值机一室
广州飞机维修工程有限公司结构车间
广州铁路（集团）公司广州客运段京二组
广州铁路（集团）公司广州车辆段广州东运用车间检日班
广东省粤电集团有限公司沙角C电厂电气二次班
广东电网江门恩平供电局沙湖供电所营业一班
广东省源大水利水电集团有限公司阳江市大河水力发电公司检修班
广东省未成年犯管教所教育改造科
广东省林业科学研究院森林防火与林化研究团队
广东省胜利农场四门塘队
广东省地质局水文工程地质一大队地质调查所
广东省建设信息中心“三库一平台”管理信息服务系统开发项目组

广东省总工会关于授予在2010年度劳动竞赛中涌现的先进集体和个人广东省五一劳动奖状奖章和广东省“工人先锋号”的决定

粤工总［2011］99号

（2011年5月30日）

2010年以来，面对国际国内复杂形势，全省各行各业广大职工在省委、省政府的坚强领导下，围绕建设一流工程和廉洁工程、促进企业自主创新、节能减排和提高效益，立足岗位，提升技能，勇于创新，甘于奉献，掀起新一轮“在干中学、在学中练、在练中比、在比中创”的劳动竞赛热潮，为我省不断巩固和扩大应对国际金融危机冲击的成果，保持经济平稳较快发展，全面完成“十一五”规划各项目标任务，作出了重要的贡献，涌现出一批成绩显著的先进集体和个人。

为表彰先进，进一步动员和激励广大职工积极投身“当好主力军，建功‘十二五’”主题竞赛，为加快转型升级、建设幸福广东建功立业，省总工会决定：

一、授予在2010年度广东省十项工程劳动竞赛中获得模范集体称号的广东省公路建设有限公司南环段分公司等6个集体广东省五一劳动奖状；授予在2010年度广东省十项工程劳动竞赛中获得先进个人（模范企业家、模范科技工作者和模范工人）称号的广州地铁运营总部车务中心车厂调度员曾令相等29名个人广东省五一劳动奖章（名单见省十项工程劳动竞赛领导小组粤竞组［2011］7号文）。

二、授予在广东省第五届“省长杯”工业设计大赛获得一等奖的佛山市顺德区艾万创新设计学研中心广东省五一劳动奖状；授予在2010年度广东省职工职业技能大赛中获得各工种决赛第一名的广东电网公司江门供电局输电部开平分部专责刘添胜等57名个人广东省五一劳动奖章（附件1）。

三、授予广东电网公司东莞供电局通信设备运维部等4个集体广东省“工人先锋号”称号（附件2）。

希望受到表彰的先进集体和个人发扬成绩，再接再厉，不断创造新的业绩。全省各行各业广大职工要以先进典型为榜样，深入贯彻落实科学发展观，紧扣科学发展这一主题，抓住加快转变经济发展方式这条主线，围绕加快转型升级、建设幸福广东这个核心，深入开展形式多样的创先争优劳动竞赛和岗位练兵、技术比武活动，奋发进取、扎实工作，为顺利实施我省“十二五”规划，当好推动科学发展、促进社会和谐的排头兵而努力奋斗！

附件：

1. 广东省五一劳动奖状、奖章获得者名单

2. 广东省“工人先锋号”获得单位名单

附件1：

广东省五一劳动奖状、奖章获得者名单

广东省五一劳动奖状获得者名单（1个）

佛山市顺德区艾万创新设计学研中心（广东省第五届“省长杯”工业设计大赛一等奖）

广东省五一劳动奖章获得者名单（57名）

刘添胜　广东电网公司江门供电局输电部开平分部专责（广东省能源电力类高压线路架设工竞赛第一名）

赵崇志　广东电网公司江门供电局班组工程师（广东省能源电力类继电保护工竞赛第一名）

王辰劼（女）　深圳技师学院教研室主任（广东省会展设计师技能大赛第一名）

王　河　广州大学建筑设计研究院王河设计所副院长（广东省“岭南杯”装饰工程项目设计技能大赛第一名）

李　春　华南农业大学水利与土木工程学院建筑学系主任（广东省“岭南杯”室内装饰设计职业技能大赛第一名）

黄春媛（女）　广东省城市建设技师学院实训指导老师（广东省水泥行业化学检验工技能大赛第一名）

吴智杰　广州珠江钢琴集团股份有限公司副厂长（广东省钢琴调律技能竞赛第一名）

刘林兵　中国农业银行广州东城支行高级综合柜员（首届金融系统职工业务技能大赛金融业务第一名）

何宗佩　中国大地财产保险股份有限公司广东分公司（首届金融系统职工业务技能大赛车险查勘定损业务第一名）

曾　箫（女）　中国人寿保险股份有限公司广东省分公司（首届金融系统职工业务技能大赛人身险客服回访业务第一名）

叶海顺　广东省粤西航道局海安航标与测绘所船长（广东省交通运输行业船舶甲板设备操作工职业技能竞赛第一名）

王　斌　中国移动通信集团广东有限公司东莞分公司高级网优技术主管（广东省通信网络管理员技能竞赛第一名）

关家华　广东电网公司佛山南海供电局九江供电所班员（广东省农网配电营业工职业技能竞赛第一名）

姜小龙　中国南方航空机务工程部沈阳维修基地航线部一车间副主任（中国南方航空股份有限公司机务工种技能大赛第一名）

刘新益　广东省九江酒厂有限公司新产品开发班长（广东酒类行业品酒师技能竞赛第一名）

杜　鑫　中国南方电网调峰调频发电公司天生桥水力发电总厂检修部高压试验室副主任（南方电网调峰调频发电公司高电压技术技能竞赛第一名）

林红敏（女）　广州市广百股份有限公司天河中怡分公司收银员（第四届“银联杯”广东省商业服务业收银员职业技能竞赛第一名）

马艺东　中国大酒店三厨（广东省烘焙行业西式面点师工种技能竞赛第一名）

周玉坚　佛山市顺德区嘉信幼儿园级长（广东省幼儿教师德育专业能力大赛第一名）

严　著　广东省输变电工程公司送电线路架设副专责（广东省输变电工程公司送电线路架设工技能竞赛第一名）

姚　睿　中国移动通信集团广东有限公司广州分公司中级核算管理（中国移动通信集团广东有限公司财务技能竞赛第一名）

王　琼（女）　中国联合网络通信有限公司广州市分公司客户服务经理（广东联通营销员技能竞赛第一名）

罗杰峰　中国联合网络通信有限公司广州市分公司基础网络负责人（广东联通机务员技能竞赛第一名）

颜永红（女）　中国电信股份有限公司10000号运营中心服务支撑（中国电信广东公司10000号服务技能竞赛第一名）

毛　妍（女）　中国电信股份有限公司广州分公司营服中心经理（中国电信广东公司总机服务营销技能竞赛第一名）

陈　伟　中国铁通韶关分公司线务员（中国铁通广东分公司宽带接入技术竞赛第一名）

钟结莲（女）　中国人寿保险公司广州市分公司个险销售部副总经理（中国人寿广东省分公司个险销售管理人员技能竞赛第一名）

殷艺良　东莞市邮政局函件集邮分局名址信息中心副主任（广东省邮政系统邮政业务营销员技能竞赛第一名）

胡全兵　京珠高速公路广珠段有限公司驾驶员（广东省交通集团汽车客运驾驶员职业技能竞赛第一名）

李　艳（女）　广东汕汾高速公路有限公司收费员（广东省交通集团车辆通行费收费员职业技能竞赛第一名）

石振宇　佛山市顺德区艾万创新设计学研中心董事长（广东省第

五届“省长杯”工业设计大赛第一名）

张金球 深圳技师学院实验员（广东省职业技能大赛加工中心操作工 4 轴第一名）

周金东 广州市机电高级技工学校教师（广东省职业技能大赛加工中心操作工 5 轴第一名）

蔡艳梅（女） 肇庆市旅游服务中心导游员（广东省职业技能大赛导游员第一名）

曾秋梅（女） 广东省高级技工学校教师（广东省职业技能大赛电子商务师第一名）

褚万春 深圳科诗特软件有限责任公司原画场景组长（广东省职业技能大赛动画设计师第一名）

吴　桥 广东轻工职业技术学院教师（广东省职业技能大赛广告设计师第一名）

邱朝领 广东火电工程总公司焊培中心副班长（广东省职业技能大赛焊工第一名）

吴惠燕（女） 广东省技师学院教师（广东省职业技能大赛计算机文字录入员第一名）

肖清雄 深圳市安创科技有限公司电气工程师（广东省职业技能大赛可编程序控制系统设计师第一名）

苏志和 广州市交通高级技工学校汽车专业一体化教师（广东省职业技能大赛汽车修理工第一名）

何晓凌 广东省轻工业高级技工学校教师（广东省职业技能大赛钳工第一名）

甘钊生 茂名职业技术学院教师（广东省职业技能大赛食品检验工第一名）

滕　超 广州市机电高级技工学校教师（广东省职业技能大赛数控车工第一名）

温树彬 广东省机械高级技工学校教师（广东省职业技能大赛数控铣工第一名）

李　灿（女） 广州市交通高级技工学校教学部长（广东省职业技能大赛物流师第一名）

刘　军 中国石化销售有限公司华南分公司科员（广东省职业技能大赛油气管道保护工第一名）

陈冬梅（女） 广东白云学院教师（广东省职业技能大赛服装制作工第一名）

廖伟雄 广州市番禺区祈福药膳坊行政总厨（广东省职业技能大赛中式烹调师第一名）

林　骏 茂名市南粤科技学校教师（广东省职业技能大赛家电装配工第一名）

郑立波 四会印象敦煌玉雕工作室艺术总监（广东省职业技能大赛玉雕工艺第一名）

蔡树容（女） 广州市旅游职业学校烹饪实习指导老师（广东省职业技能大赛中式面点师第一名）

吴　浩 中山市琪朗灯饰厂检测部主管（广东省职业技能大赛灯具制作工第一名）

熊　茂 广州文冲船厂有限责任公司总装部吊运课叉车司机（广东省职业技能大赛叉车司机第一名）

吴文威　　中山市环境监测站监测员（广东省广州亚运会环境质量保障监测技术比武暨全国环境监测专业技术人员大比武选拔赛第一名）

周利华　　深圳市燃气集团股份有限公司输配分公司抢修队长（“燃协杯”首届全国燃气行业职业技能竞赛广东省选拔赛第一名）

钟美英（女）　广东省五华县气象局副局长（第五届全国气象行业职业技能竞赛广东选拔赛个人全能第一名）

2010年度广东省“工人先锋号”获得单位名单（4个）

广东电网公司东莞供电局通信设备运维部

广东电网公司佛山南海供电局

广东电网公司江门供电局变电部继保班

广东电网公司江门供电局输电部开平分部维护检修班

劳动竞赛中涌现出来的先进集体和个人

关于表彰2010年度广东省十项工程劳动竞赛先进集体和个人的决定

粤竞组［2011］7号

2010年，广东省十项工程劳动竞赛各参赛企业和广大职工在省委、省政府的正确领导下，深入贯彻落实科学发展观，紧紧围绕建设一流工程和廉洁工程，深入开展以“优质、高效、快速、安全、创新、廉洁”为目标的“六比六赛”活动，为我省成功举办广州亚运会和亚残运会、大力推进“三促进一保持”、加快转变经济发展方式、保持经济平稳较快发展作出了重要的贡献，涌现出一批先进集体和个人。

为表彰先进，根据省政府办公厅《转发省总工会等部门关于在广东省十项工程中开展劳动竞赛创建一流工程活动的意见的通知》（粤府办［2004］47号）精神，省十项工程劳动竞赛领导小组决定，授予广东省公路建设有限公司南环段分公司等6个集体“2010年度广东省十项工程劳动竞赛模范集体”称号（同时颁发广东省五一劳动奖状），授予广州汽车集团乘用车有限公司总经理吴松等5位同志“2010年度广东省十项工程劳动竞赛模范企业家”称号，授予广东粤电湛江生物质发电公司工程部部长杨云金等12位同志“2010年度广东省十项工程劳动竞赛模范科技工作者”称号，授予广州地铁运营总部车务中心车厂调度员曾令相等12位同志“2010年度广东省十项工程劳动竞赛模范工人”称号（29名个人同时颁发广东省五一劳动奖章）；授予广东省长大公路工程有限公司第三分公司等7个单位“2010年度广东省十项工程劳动竞赛优胜单位”称号，授予珠海市总工会等4个单位“2010年度广东省十项工程劳动竞赛优秀组织单位”称号。

希望受表彰的集体和个人珍惜荣誉，再接再厉，在各自的工作岗位上创造新的业绩。全省各地、各行业广大职工要以先进典型为榜样，大力弘扬中国工人阶级伟大品格和劳模精神，踊跃投身“当好主力军，建功‘十二五’”主题竞赛活动，立足岗位、勤学苦练、争创一流、求实奉献，为加快转型升级、建设幸福广东，全面实现“十二五”规划目标任务作出新的更大的贡献！

附件：2010年度广东省十项工程劳动竞赛先进集体和个人名单

广东省十项工程劳动竞赛领导小组
二〇一一年五月三十日

附件：

2010年度广东省十项工程劳动竞赛先进集体和个人名单

一、省十项工程劳动竞赛模范集体（6个，同时授予省五一劳动奖状）

广东省公路建设有限公司南环段分公司
广东惠州平海发电厂
广州地铁运营事业总部车辆中心
广汽汽车集团乘用车有限公司
广州市自来水公司
中航通用飞机有限公司

二、省十项工程劳动竞赛模范企业家（5名，同时授予省“五一”劳动奖章）

曾洪岸　广东省交通集团有限公司副总经理
李瑞明　广东粤电云浮发电厂厂长
吴　松　广州汽车集团乘用车有限公司总经理
胡守斌　广州轻工工贸集团有限公司总经理
张华其　中建三局建设工程股份有限公司（粤）总经理

三、省十项工程劳动竞赛模范科技工作者（12名，同时授予省五一劳动奖章）

周世猛　广东省高速公路有限公司湛徐项目管理处主任、总工程师
余概宁　广东肇阳高速公路有限公司阳阳项目管理处主任、总工程师
罗本扬　广东省电力第一工程局500kV紫荆变电站土建工程项目经理
杨云金　广东粤电湛江生物质发电公司工程部部长
袁焕泉　广州汽车集团股份有限公司汽车工程研究院车身工程部部长
孔少波　广州地铁建设总部副总经理
邓剑荣　广州地铁设计研究院副总工程师
郭建民　广东中远船务工程有限公司工程师
束　萌　广州无线电集团广州广电运通金融电子股份有限公司副总经理
盛焰华　珠海市交通集团路桥开发建设有限公司珠海机场高速公路项目管理部副经理
熊敬刚　中铁六局集团广珠铁路五标段总工程师
陆先明　肇庆市公路发展总公司总经济师

四、省十项工程劳动竞赛模范工人（12名，同时授予省五一劳动奖章）

庄水来　广东长大公路有限公司第二分公司吊车司机
刘红太　南方电网超高压输电公司广州局变电检修试验部一次专责
房振武　广东省源天工程公司铆工
黄旭伟　广州石化炼油三部工人
曾令相　广州地铁运营总部车务中心车厂调度员
范泉湖　广东火电工程总公司送变电工程公司送电工程部班长
王晓东　广东省输变电工程公司变电第二分公司安装三队
湛锦明　中交第四航务工程勘察设计院有限公司勘察处钻探工

刘　宁　　中国水利水电第十四工程局有限公司广东分公司清蓄项目部机电队副队长

滕小楷　　广东省机场管理集团公司工程建设指挥部飞行区土建工程部职员

梁耀华　　广汽本田汽车有限公司生产技术员

王东欣　　中铁十五局集团公司广深港客运专线 ZH－4 标项目部三工区施工队队长

五、省十项工程劳动竞赛优胜单位（7 个）

广东省长大公路工程有限公司第三分公司

广东汕揭高速公路有限公司汕揭高速公路庵埠至云路段项目部

中铁十一局集团有限公司广州市轨道交通六号线盾构二标项目部

中国机械工业建设总公司广州市轨道交通三号线北延段车站设备安装工程 A 标项目部

珠海市海洋农渔和水务局竹银水源工程项目部

化州市第一中学高中部迁建工程项目部

韶关市城市综合管理局帽峰大桥新建工程项目部

六、省十项工程劳动竞赛优秀组织单位（4 个）

珠海市总工会

南方电网调峰调频发电公司清远抽水蓄能电站建设管理局

中国海洋石油南海东部石油管理局

广州市水务投资集团有限公司工会

广东省总工会、广东省人力资源和社会保障厅、广东省经济和信息化委员会、广东省科学技术厅关于表彰 2009 年度广东省职工职业技能大赛优秀选手的决定

粤工总［2010］76 号

2009 年，我省职工职业技能大赛在广大职工的积极响应和踊跃参与下，经过各地、各承办协办单位的精心组织和共同努力，顺利完成各项赛事，涌现出一批优秀技术尖子和技术能手，激发了职工群众比学习、比技术、比贡献、创一流的劳动热情，在全社会中营造了崇尚技能、爱岗敬业、互帮互学、共同提高的良好氛围。

为表彰先进，根据省政府关于广泛开展群众性职业技能竞赛活动的要求和省总工会等部门《关于深入开展职工职业技能大赛，推进高技能人才队伍建设的意见》（粤工总［2007］129 号）的精神，按照省职工职业技能大赛组委会《关于广东电网公司等 24 个行业（系统）28 个工种（项目）技能比赛纳入 2009 年度广东省职工职业技能大赛范围的复函》（粤技组函［2009］2 号）要求，决定授予参加 2009 年度广东省职工职业技能大赛并获各工种优胜名次的广东电网公司深圳供电局彭业等 130 名选手“广东省职工经济技术创新能手”称号（名单附后）。同时，由省职工职业技能大赛组委会对进入各工种决赛的 1429 名其他选手颁发“2009 年度广东省职工职业技能大赛（相应工种）优秀奖”荣誉证书（名单略），对广东省地质局七一九地质大队、广州钢铁企业集团有限公司、广东省航道局、广东省农垦总局劳动竞赛委员会、广东发展银行工会等 5 个集体颁发“2009 年度广东省职工职业技能大

赛优秀组织奖”奖牌和证书。

希望受表彰的集体和个人珍惜荣誉，再接再厉。全省广大职工要以先进人物为榜样，深入贯彻落实科学发展观，认真贯彻落实党的十七大、十七届四中全会和省委十届六次全会精神，立足本职，刻苦钻研，精益求精，求实奉献，深入开展“同舟共济保增长，建功立业促发展”竞赛活动，大力推进“三促进一保持”，加快转变经济发展方式，为广东当好推动科学发展、促进社会和谐的排头兵作出新的更大的贡献！

附：授予2009年度广东省职工经济技术创新能手称号选手名单（共130名）

广东电网公司继电保护工技能竞赛

第一名 彭 业 广东电网公司深圳供电局

第二名 黄福全 广东电网公司深圳供电局

第三名 王英民 广东电网公司惠州供电局

第四名 张安龙 广东电网公司深圳供电局

第五名 曹 杰（女） 广东电网公司珠海供电局

广东发展银行股份有限公司辨假点钞技能大赛

第一名 熊 江 广东发展银行上海分行闵行支行

第二名 樊永利（女） 广东发展银行总行营业部

第三名 许瑶珊（女） 广东发展银行汕头澄海支行

第四名 张晓静（女） 广东发展银行上海分行嘉定支行

第五名 张 飞 广东发展银行上海分行虹桥支行

广东省水利系统闸门运行工技能大赛

第一名 黄宗彦 广东省潮州供水枢纽管理处

第二名 谢允超 广东飞来峡水利枢纽管理局闸坝管理处

第三名 梁润煊 广东佛山顺德区陈村镇水利所电排站

第四名 王晓超 广东飞来峡水利枢纽管理局闸坝管理处

第五名 林玉淇 广东省潮州供水枢纽管理处水电厂

广东省邮政公司邮政速递业务工种竞赛

第一名 卢振邦 广东省邮政公司广州市邮政局

第二名 程 嫚（女） 广东省邮政公司深圳市邮政局

第三名 张裕红（女） 广东省邮政公司深圳市邮政局

第四名 董成永 广东省邮政公司深圳市邮政局

第五名 陈俏冰（女） 广东省邮政公司广州市邮政局

中国移动通信集团广东有限公司IP网络维护技能大赛

第一名 谢永安 中国移动通信集团广东有限公司广州分公司

第二名 阮 炜 中国移动通信集团广东有限公司中山分公司

第三名 李 维 中国移动通信集团广东有限公司中山分公司

第四名 蔡家鹏 中国移动通信集团广东有限公司网管维护中心数据网络维护室

第五名 谢廷贤 中国移动通信集团广东有限公司汕头分公司

广东省粤电集团有限公司集控值班员技能大赛

第一名　王国强　广东省粤电集团有限公司珠海发电厂
第二名　曾庆山　广东省粤电集团有限公司珠海发电厂
第三名　曾祥卓　广东省粤电集团有限公司金湾发电公司
第四名　武　震　广东省粤电集团有限公司金湾发电公司
第五名　郑大鹏　广东省粤电集团有限公司沙角C电厂

广东省农垦总局橡胶产业割胶工技能大赛

第一名　陈志强　广东省新时代农场6队
第二名　李候栽　广东省胜利农场乌石塘队
第三名　苏荣美（女）　广东省红峰农场14队1班
第四名　梁仕明（女）　广东省红峰农场5队1班
第五名　卢彩由（女）　广东省红峰农场12队2班

广东省输变电工程公司送电线路架设工技能大赛

第一名　薛有志　广东省输变电工程公司输电第一分公司
第二名　曾文灵　广东省输变电工程公司输电第三分公司
第三名　黄海洪　广东省输变电工程公司输电第三分公司
第四名　苏雪峰　广东省输变电工程公司输电第三分公司
第五名　严　著　广东能洋电力建设有限公司输电分公司

广东建筑工程集团有限公司高级电工技能大赛

第一名　陆志聪　广东省工业设备安装公司
第二名　周恩全　广东省工业设备安装公司
第三名　梁展东　广东省建筑构件工程公司
第四名　钟威声　广东省工业设备安装公司
第五名　王　威　广东省工业设备安装公司

广东省工会女职工委员会卫生系统静脉输液护理技能大赛

第一名　周天蓉（女）　中山大学附属第二医院
第二名　江　雅（女）　中山大学附属第三医院
第三名　侯玉娟（女）　广州军区广州总医院
第四名　戴良红（女）　东莞东华医院
第五名　肖　莎（女）　广州军区广州总医院

广东省棉纺行业粗纱工职业技能大赛

第一名　梁彩琴（女）　利兴强（恩平）纺织有限公司
第二名　李笑云（女）　利兴强（恩平）纺织有限公司
第三名　刘秋凤（女）　广东忠华棉纺织实业有限公司
第四名　陈全洪（女）　广东忠华棉纺织实业有限公司
第五名　刘培英（女）　广东东莞棉纺织有限公司

广东省机场管理集团公司安检技能大赛

第一名　姚淑琴（女）　广州白云国际机场股份有限公司安检护卫部一中队
第二名　左永江　广州白云国际机场股份有限公司安检护卫部二中队
第三名　杨润炀　广州白云国际机场股份有限公司安检护卫部一中队
第四名　刘富荣　广州白云国际机场

股份有限公司安检护卫部一中队

第五名　许育瑜（女）　广州白云国际机场股份有限公司安检护卫部一中队

广东省交通行业视觉航标工职业技能竞赛

第一名　黄章海　广东省北江航道局清远航道分局白庙航道站

第二名　孙木法　广东省粤西航道局海安航道分局“粤标 605”船

第三名　韩家双　广东省北江航道局英德航道分局英德航道站

第四名　郑认硕　广东省西江航道局西江分局端州航道站

第五名　杨建新　广东省佛山航道局三水分局芦苞航道站

广东省钢铁工业协会转炉炼钢工技能大赛

第一名　沈克强　广钢集团广钢股份公司炼钢总厂炉前工段

第二名　陈　春　广钢集团广钢股份公司炼钢总厂炉前工段丁横班

第三名　黄李平　广钢集团广钢股份公司炼钢总厂炉前工段炉甲 1 班

第四名　赵永生　广钢集团广钢股份公司炼钢总厂炉前工段炉甲 2 班

第五名　张恒亮　广东省韶钢松山股份有限公司第一炼钢厂炉前工段

广东省钢铁工业协会变配电运行工技能大赛

第一名　宋建勋　广州钢铁股份有限公司能源中心供电部设备组

第二名　陈锦标　广州钢铁股份有限公司能源中心供电部设备组

第三名　王在俊　广州钢铁股份有限公司能源中心发电部运行工段

第四名　陈志标　广州钢铁股份有限公司能源中心计划经营科

第五名　邬汉锋　广州钢铁股份有限公司能源中心发电部运行工段电气丁班

广东省钢铁工业协会物理金相实验技能大赛

第一名　田泽辉　广州钢铁股份有限公司理化检验中心物理检验室

第二名　夏惠芳（女）　广州钢铁股份有限公司理化检验中心物理检验室

第三名　邓福文　广州钢铁股份有限公司理化检验中心物理检验室二班

第四名　徐翠芬（女）　广州钢铁股份有限公司理化检验中心物理检验室

第五名　叶雪莲（女）　广州钢铁股份有限公司理化检验中心物理检验室

广东省钢铁工业协会天车工技能大赛

第一名　朱志强　广州珠江钢铁有限公司炼钢部天车区

第二名　钟实进　广州铜材厂有限公司生产安全部熔铸

车间天车工班
第三名 林荣学 广州珠江钢铁有限公司炼钢部天车区
第四名 梁伟兴 广州珠江钢铁厂炼钢部
第五名 植培清 广州珠江钢铁有限公司铸轧部公辅区天车班

中国联合网络通信有限公司广东省分公司电源动力专业岗位技能大赛

第一名 韩　新 中国联合网络通信有限公司广州市分公司
第二名 谭山青 中国联合网络通信有限公司网络管理中心
第三名 刘圣庆 中国联合网络通信有限公司广州市分公司
第四名 杨胜广 中国联合网络通信有限公司深圳市分公司
第五名 陈　沛 中国联合网络通信有限公司茂名市分公司

中国联合网络通信有限公司广东省分公司营业服务技能大赛

第一名 罗敏华（女） 中国联合网络通信有限公司佛山市客服呼叫中心
第二名 陈静娜（女） 中国联合网络通信有限公司佛山市顺德区分公司大良营业厅
第三名 罗佳佳（女） 中国联通梅州分公司丰顺分公司营业厅
第四名 朱杜乔 广州联通天河区分公司3G体验中心
第五名 方晓鸾（女） 中国联通广东分公司珠海分公司客户服务部

中国南方电网有限责任公司超高压输电公司500千伏变电运行技能大赛

第一名 陈方之 南方电网超高压输电公司南宁局500千伏区域控制中心运行分部
第二名 郑熙业 南方电网超高压输电公司南宁局500千伏区域控制中心运行分部运行三值
第三名 吴　畏 南方电网超高压输电公司广州局宝安换流站
第四名 曹双全 南方电网超高压输电公司曲靖局变电部罗平变电站
第五名 陈极升 南方电网超高压输电公司柳州局变电部

广东省地质勘查局工程技术人员技能大赛

第一名 刘景委 广东省地质局七二三地质队
第二名 曹志明 广东省有色局地质研究院
第三名 林秀广 广东省地质局七一九地质队
第四名 邓中林 广东省佛山地质局
第五名 张福来 广东省地质局七〇六地质队

中国南方航空股份有限公司营销业务技能大赛

第一名 梁　静（女） 中国南方航空股份有限公司营销委呼叫中心
第二名 康　丽（女） 中国南方航空股份

		有限公司营销委呼叫中心
第三名	许雯雯（女）	中国南方航空股份有限公司营销委市场销售部
第四名	杜馨婷（女）	中国南方航空股份有限公司北方分公司
第五名	张　静（女）	中国南方航空股份有限公司北方分公司

中国人寿保险股份有限公司广东省分公司会计人员技能大赛

第一名	洪妍儿（女）	中国人寿保险股份有限公司广州分公司
第二名	罗燕婷（女）	中国人寿保险股份有限公司中山分公司
第三名	岳岫岫（女）	中国人寿保险股份有限公司广东分公司
第四名	马彩颖（女）	中国人寿保险股份有限公司广东分公司
第五名	李明治（女）	中国人寿保险股份有限公司惠州分公司

中国铁通集团有限公司广东省分公司光缆接续竞赛

第一名	张　岚	中国铁通广州分公司
第二名	王　川	中国铁通广州分公司
第三名	刘南琳	中国铁通惠州通信段
第四名	区国真	中国铁通广州通信段
第五名	刘文才	中国铁通汕头分公司

中国电信集团广东省电信公司天翼运营与网优技能大赛

第一名	韩　冬	广东省无线网络运营中心
第二名	王军文	深圳无线网络运营中心
第三名	史俊辉	广州无线网络运营中心
第四名	黄济丘	云浮无线网络运营中心
第五名	张　艺（女）	广州无线网络运营中心

广东省交通集团车辆通行费收费员职业技能竞赛

第一名	陈龙英（女）	广东佛开高速公路有限公司
第二名	罗维芳	广东佛开高速公路有限公司
第三名	陈　琳（女）	广东省高速公路有限公司河源分公司
第四名	杨玉香（女）	广东省高速公路有限公司广清分公司
第五名	冯春花（女）	广州深佛高速公路有限公司

广东省总工会关于授予广东省烟草专卖局（公司）何诗艳等七名选手“广东省职工创新能手”称号的决定

粤工总［2010］197号

（2010年12月30日）

2010年，广东省烟草专卖局（公司）举办了第三届全省烟草商业系统卷烟商品营销岗位技能竞赛。烟草商业系统广大职工积极响应、勤学苦练、争创一流、求实奉献，涌现出一批优秀职工技术人才。为表彰先进，根据省总工会等部门《关于深入开展职工职业技能大赛，推进高技能人才队伍建设的意见》（粤工总［2007］129号）等文件精神，广东省总工会决定，授予本届竞赛各工种比赛第一名选手何诗艳等7位同志“广东省职工创新能手”称号。

希望受表彰的同志戒骄戒躁，再接再厉，争取更大的成绩。全省广大职工要以他们为榜样，爱岗敬业、崇尚技能、开拓创新、勇攀高峰，深入开展岗位练兵、技术比武活动，全力将群众性经济技术创新活动推向深入，为广东更好地实施“十二五”规划，当好推动科学发展、促进社会和谐的排头兵作出新的更大的贡献！

附：广东省职工创新能手名单

何诗艳（女）　广东烟草珠海市有限公司电话订货员

陈丽君（女）　广东烟草珠海市有限公司客户经理

夏　阳　广东烟草中山市有限责任公司营销管理人员

周焯荣　广东烟草中山市有限责任公司仓管员

黄仰荣　广东烟草中山市有限责任公司仓管员

文秀良　广东烟草广州市有限公司分拣员

黄桂峰　广东烟草中山市有限责任公司送货司机

统计

2010 广东基层表汇总表

表 1

工会组织建设状况

分组	基层工会	独立基层工会	联合基层工会	基层工会涵盖单位	职工	女性	农民工	女性农民工	工会会员	女性	农民工	女性农民工
	个	个	个	个	人	人	人	人	人	人	人	人
指标序号		c904 = 1	c904 = 2	z001	z002	z003	z004	z005	z006	z007	z008	z009
总计	200061	189575	10486	575886	22411327	9941415	11422554	5473495	20650560	9212432	10526233	5019022
(110)国有企业(仅指非公司制企业,不包括国有独资公司、国有控股公司)	5614	5382	232	14657	1137571	377046	182935	68383	1091425	364187	169107	63863
(120)集体企业	5780	5345	435	24590	639539	277584	338932	153739	587563	256170	316374	143039
(130)股份合作企业	2021	1924	97	4222	303594	124060	109328	47521	282641	115857	100511	43957
(140)联营企业	419	379	40	3604	64442	22191	27719	12350	62330	21605	26511	12040
(151)国有独资公司	576	503	73	915	135631	44911	26874	11279	128628	42027	23553	10086
(159)其他有限责任公司	10839	10763	76	12265	861885	438333	454849	244162	791379	410273	416652	225666
(161)股份有限公司中的国有控股公司	1015	961	54	3586	386451	146332	92632	29871	378023	144134	89345	28793
(169)其他股份有限公司	1576	1538	38	3218	304194	137931	170550	70035	286081	130778	162718	65868
(170)私营企业	104000	99020	4980	263673	7220459	3113100	4146838	1785493	6510011	2852707	3822815	1636345
(190)其他内资企业	1293	982	311	8512	239740	108122	177889	83488	214328	95816	157974	73275
(200)台港澳商投资企业	17200	16919	281	38216	5258671	2427971	3526122	1870493	4817515	2208481	3231320	1702751
(300)外商投资企业	9663	9500	163	44430	2316342	1114490	1427071	749146	2114212	1022931	1315079	686901
(401)财政拨款的事业单位	10025	9246	779	23514	1166465	596362	85778	40120	1123664	577418	75410	35637
(402)其他事业单位	7602	6684	918	36810	885192	405993	200221	95545	833860	385771	185063	89648
(500)机关	8182	7635	547	15863	676835	252556	110554	61857	660483	248749	108464	61008
(600)个体经济组织	14256	12794	1462	77811	814316	354433	344262	150013	768417	335528	325337	140145

表 2

工会组织建设状况

分组	专职工会工作人员		专职工会工作人员年龄构成			专职工会工作人员文化程度构成				
		女性	35 岁及以下	36～50 岁	51 岁及以上	研究生	大学本科	大专	高中(中专、中技)	初中及以下
	人	人	人	人	人	人	人	人	人	人
指标序号	z010	z011	z012	z013	z014	z015	z016	z017	z018	z019
总计	44597	17886	21906	17890	4801	608	8599	16680	14580	4130
(110)国有企业(仅指非公司制企业,不包括国有独资公司、国有控股公司)	3397	1439	588	1838	971	80	929	1448	835	105
(120)集体企业	1771	587	838	717	216	4	179	557	677	354
(130)股份合作企业	767	307	355	328	84	8	167	293	220	79
(140)联营企业	100	68	21	54	25	10	21	32	25	12
(151)国有独资公司	345	154	97	161	87	22	129	157	34	3
(159)其他有限责任公司	2561	1024	1335	1060	166	79	485	1047	824	126
(161)股份有限公司中的国有控股公司	805	354	155	484	166	31	263	353	132	26
(169)其他股份有限公司	467	187	202	229	36	10	112	199	114	32
(170)私营企业	12474	5130	7247	4383	844	44	1811	4339	4940	1340
(190)其他内资企业	265	110	151	95	19	3	17	81	139	25
(200)台港澳商投资企业	7919	2819	4957	2593	369	30	1043	3116	3066	664
(300)外商投资企业	4124	1909	2601	1297	226	65	622	1250	1298	889
(401)财政拨款的事业单位	2792	1145	987	1284	521	90	1135	1048	404	115
(402)其他事业单位	2541	1112	927	1292	322	46	542	1013	820	120
(500)机关	3421	1258	920	1804	697	86	1062	1480	605	188
(600)个体经济组织	843	283	525	271	52		82	267	447	52

表 3

工会组织建设状况

分组	兼职工会工作人员		有女职工的工会数	女职工组织的覆盖率	本级工会建立女职工组织			本级工会女职工工作人员	
		女性						专职	兼职
	人	人	个	建立女职工委员		设立女职工委	未建立	人	人
指标序号	z020	z021			z022	z022	z022	z023	z024
总计	516496	186426	182294		131944	29965	26770	8063	210100
(110)国有企业(仅指非公司制企业,不包括国有独资公司、国有控股公司)	24292	8237	5361	93. 99%	4287	752	466	858	8220
(120)集体企业	15430	5508	5489	90. 18%	3790	1160	709	285	6192
(130)股份合作企业	6357	2278	1986	86. 40%	1457	259	133	212	2522
(140)联营企业	1210	447	413	93. 70%	310	77	24	10	474
(151)国有独资公司	2911	1231	561	96. 79%	405	138	33	66	928
(159)其他有限责任公司	24399	7887	10773	56. 24%	4484	1575	499	581	7989
(161)股份有限公司中的国有控股公司	6254	2652	1000	95. 00%	839	111	64	186	2135
(169)其他股份有限公司	4344	1694	1537	92. 91%	1110	318	128	103	1865
(170)私营企业	221466	73450	90466	91. 01%	67216	15117	17058	2128	97858
(190)其他内资企业	5420	2109	1275	97. 88%	927	321	39	25	1976
(200)台港澳商投资企业	52286	19069	16543	89. 42%	11863	2930	2294	983	20774
(300)外商投资企业	31035	12169	8409	89. 96%	6039	1526	1765	589	11049
(401)财政拨款的事业单位	39598	16876	9876	95. 83%	8122	1342	551	572	15085
(402)其他事业单位	25387	10198	7465	93. 50%	5781	1199	615	665	10248
(500)机关	29456	11531	8046	92. 97%	6249	1231	698	696	9948
(600)个体经济组织	26651	11090	13094	83. 81%	9065	1909	1694	104	12837

表 4

工会保障工作

分组	工会所在单位本年度经济性裁员		工会所在单位拖欠工资				工会所在单位月工资水平低于当地最低工资	本年度领导干部联系生活困难职工户活动	
	裁员人数	得到经济性补偿	涉及职工	涉及农民工	拖欠金额	拖欠农民工金额		参加活动的领导干部	联系的困难职工家庭
	人	人	人	人	元	元	人	人	户
指标序号	b001	b002	b003	b004	b005	b006	b007	b008	b009
总计	28608	108184	23812	2137	123525089	4090663	20364	39442	53552
(110)国有企业(仅指非公司制企业,不包括国有独资公司、国有控股公司)	4467	3574	15543	43	72979487	135000	10865	6549	14889
(120)集体企业	712	586	2309	91	23104427	1276749	2946	1726	2848
(130)股份合作企业	195	113	44		253124		3	1376	2689
(140)联营企业	25	51	84						
(151)国有独资公司	554	432	16		60000		406	947	1696
(159)其他有限责任公司	513	176	80	20	181000	10000	206	935	1213
(161)股份有限公司中的国有控股公司	614	38		3	1825	3928			
(169)其他股份有限公司	62	13	75		18700		20	399	536
(170)私营企业	4799	2379	676	500	1622520	537686	942	6106	5339
(190)其他内资企业	137	96130	114						
(200)台港澳商投资企业	5158	3625	1816	1458	2278950	1748000	2586	2426	2414
(300)外商投资企业	2270	682	20		700000		950	1226	1095
(401)财政拨款的事业单位	1629	53	841	6	9977151	365000	299	8470	8473
(402)其他事业单位	608	121	2095	16	11550900	14300	1010	3251	3923
(500)机关	6411	9	96		797000		111	5411	7951
(600)个体经济组织	454	202	3		5		20	620	486

表 5

工会保障工作

分组	工会送温暖工程工作			工会所在单位离退休人员	工会所在单位参加社会保险的人数						
	建立了送温暖工程基(资)金	没有建立送温暖工程基(资)金	送温暖工程基(资)金结存额		养老保险		医疗保险		工伤保险	失业保险	生育保险
					在职	退休	在职	退休			
	个	个	元	人	人	人	人	人	人	人	人
指标序号	b010	b010	b011	b012	b013	b014	b015	b016	b017	b018	b019
总计	5399	183001	233970058	1126511	10000607	749273	10470762	807632	10490206	6694197	4499049
(110)国有企业(仅指非公司制企业，不包括国有独资公司、国有控股公司)	469	5053	48544804	415850	842996	313535	804139	327151	778589	739404	661373
(120)集体企业	190	5482	1461199	77413	262966	50161	282124	55798	311035	146825	65308
(130)股份合作企业	91	1758	8191317	33176	197192	21986	199560	8320	195886	150958	111340
(140)联营企业	9	404	852370	954	34026	873	34134	869	30546	28408	9160
(151)国有独资公司	59	517	9775441	53616	114997	45718	110678	43536	104619	96480	88553
(159)其他有限责任公司	195	6364	2469915	25528	337747	13373	365907	20368	416718	262316	162666
(161)股份有限公司中的国有控股公司	102	913	12828354	59073	337543	45979	332320	49952	332927	326114	288772
(169)其他股份有限公司	60	1496	43473795	13423	134647	12178	133896	12112	143095	148610	77819
(170)私营企业	1648	97466	9282866	39436	2406199	16650	2483693	15522	2595550	1519842	1090268
(190)其他内资企业	33	1259	606552	656	69838	399	79090	396	96829	36617	23523
(200)台港澳商投资企业	657	16423	48875425	18989	2342871	11937	2680482	13321	2978477	1306778	549405
(300)外商投资企业	375	8947	13157887	29640	1223963	25336	1323583	26233	1340697	929147	573786
(401)财政拨款的事业单位	492	9439	5641117	196860	713447	101640	667399	121452	421911	459516	328794
(402)其他事业单位	429	7166	7722752	82461	449560	47521	417139	59566	344343	267620	215138
(500)机关	352	7812	20749397	78606	338504	41727	325603	52440	179916	142067	151333
(600)个体经济组织	238	12502	336867	830	194111	260	231015	596	219068	133495	101811

表 6

工会保障工作

分组	参加本级工会开展的职工互助互济保障活动人数	医疗	特殊疾病	意外伤害	本年度从职工互助互济保障活动中获得经济资助 人数	金额	工会所在单位是否已参加住房公积金 是	否
	人	人	人	人	人	元	个	个
指标序号	b020	b021	b022	b023	b024	b025	b026	b026
总计	1261503	628108	294608	211985	53800	76515518	23550	150124
(110)国有企业(仅指非公司制企业,不包括国有独资公司、国有控股公司)	217892	108174	74353	51752	12531	20370035	2374	3133
(120)集体企业	7958	2506	1631	1734	341	608023	641	4976
(130)股份合作企业	14352	5511	3264	3433	479	819207	260	1589
(140)联营企业	11065	1206	1105	39	57	115060	21	392
(151)国有独资公司	28262	11140	10770	3162	2031	2883790	311	265
(159)其他有限责任公司	33227	9707	6440	5571	847	1591079	588	5965
(161)股份有限公司中的国有控股公司	112506	24140	20177	11717	3496	5995663	527	475
(169)其他股份有限公司	31899	20715	4963	4877	3788	963949	177	1366
(170)私营企业	78676	31081	23742	18816	3511	3934039	4764	80438
(190)其他内资企业	1565	178	5	7	147	173628	34	1256
(200)台港澳商投资企业	420415	305997	50435	56862	14383	20443007	1296	15374
(300)外商投资企业	99133	25388	29583	18118	4830	4970941	1240	7856
(401)财政拨款的事业单位	109581	47075	39607	19606	3280	4940340	4884	5043
(402)其他事业单位	44049	15116	13022	6573	2265	4580196	1972	5599
(500)机关	43052	14273	11542	5942	1688	3912961	4138	3980
(600)个体经济组织	7871	5901	3969	3776	126	213600	323	12417

表 7

工会保障工作

分组	工会所在单位是否建立企业年金		工会所在单位是否建立企业补充医疗保险		本年度工会所在单位职工工资总额
	是	否	是	否	
	个	个	个	个	万元
指标序号	b027	b027	b028	b028	b029
总计	5191	165849	8717	162324	4789811353
(110)国有企业(仅指非公司制企业,不包括国有独资公司、国有控股公司)	755	4663	1125	4293	983842942
(120)集体企业	101	5465	255	5311	244009642
(130)股份合作企业	83	1766	149	1700	17564269
(140)联营企业	13	400	21	392	149365
(151)国有独资公司	104	472	182	394	10513402
(159)其他有限责任公司	242	6307	387	6162	12141204
(161)股份有限公司中的国有控股公司	297	703	356	644	182412718
(169)其他股份有限公司	52	1486	126	1412	85498108
(170)私营企业	2414	80883	4296	79001	840119578
(190)其他内资企业	18	1272	30	1260	665530
(200)台港澳商投资企业	467	16120	857	15730	306893690
(300)外商投资企业	525	7883	740	7669	902078417
(401)财政拨款的事业单位		10025		10025	239299644
(402)其他事业单位		7602		7602	737043827
(500)机关		8182		8182	135691827
(600)个体经济组织	120	12620	193	12547	91887190

表 8

工会劳动合同、集体合同和民主管理工作（限企事业单位填报）

分组	工会所在单位签订劳动合同					工会签订了集体合同		签订工资专项集体合同	
	基层工会	涵盖单位	签订劳动合同的职工人数	签订劳动合同的农民工	签订劳动合同的女性农民工	基层工会	涵盖单位	基层工会	涵盖单位
	个	个	人	人	人	人	人	人	人
指标序号			h001	h002	h003				
总计	119834	320598	13176026	7159061	3535214	80452	232525	28799	116867
(110)国有企业(仅指非公司制企业,不包括国有独资公司、国有控股公司)	3748	9549	809568	126821	49471	2421	5116	959	2352
(120)集体企业	3209	8050	357969	191284	107991	2024	5407	688	1338
(130)股份合作企业	1395	3176	173047	66556	27424	788	1846	327	1033
(140)联营企业	297	3149	31351	14066	5522	121	911	57	313
(151)国有独资公司	456	738	117763	22401	9806	223	276	81	107
(159)其他有限责任公司	4905	6046	555660	314670	143322	2236	2905	1266	1833
(161)股份有限公司中的国有控股公司	821	3054	282599	72794	25910	305	610	122	289
(169)其他股份有限公司	1062	2071	222960	105469	43491	497	964	242	358
(170)私营企业	67586	149871	4367851	2502558	1087569	50495	122247	16759	50512
(190)其他内资企业	963	5224	174100	140816	65467	241	2078	56	862
(200)台港澳商投资企业	14072	23745	3201513	2266472	1282892	8744	13053	2733	6248
(300)外商投资企业	7391	38579	1695462	1020591	556496	4691	26352	1469	21419
(401)财政拨款的事业单位	4274	10219	437338	59043	30234	1894	5675	594	3429
(402)其他事业单位	3831	20201	471675	126789	45355	1683	12922	655	7338
(500)机关									
(600)个体经济组织	5824	36926	277170	128731	54264	4089	32163	2791	19436

表 9

工会劳动合同、集体合同和民主管理工作(限企事业单位填报)

分 组	建立职代会制度情况			建立了职工大会制度			总计		
	基层工会	涵盖单位	涵盖职工	基层工会	涵盖单位	涵盖职工	基层工会	涵盖单位	涵盖职工
	个	个	人	个	个	人	个	个	人
指标序号									
总计	35833	148318	7323341	32454	88758	3143206	68287	237076	10466547
(110)国有企业(仅指非公司制企业,不包括国有独资公司、国有控股公司)	1930	8410	702372	1527	1897	118907	3457	10307	821279
(120)集体企业	1213	5204	236351	1276	2344	103592	2489	7548	339943
(130)股份合作企业	348	1194	79706	551	1156	53536	899	2350	133242
(140)联营企业	72	796	13031	73	107	6473	145	903	19504
(151)国有独资公司	204	254	93172	152	314	13415	356	568	106587
(159)其他有限责任公司	967	1398	202962	1086	1394	97721	2053	2792	300683
(161)股份有限公司中的国有控股公司	392	847	214458	157	167	23015	549	1014	237473
(169)其他股份有限公司	331	704	147937	290	467	35459	621	1171	183396
(170)私营企业	16402	63043	1791589	16133	43803	1214508	32535	106846	3006097
(190)其他内资企业	304	3670	109747	226	1592	30216	530	5262	139963
(200)台港澳商投资企业	4903	9670	1723997	3809	4141	684210	8712	13811	2408207
(300)外商投资企业	2446	7821	804127	1479	10135	323478	3925	17956	1127605
(401)财政拨款的事业单位	3162	9906	612767	2370	4866	166059	5532	14772	778826
(402)其他事业单位	2084	13942	384962	1572	5739	145022	3656	19681	529984
(500)机关									
(600)个体经济组织	1075	21459	206163	1753	10636	127595	2828	32095	333758

表 10

工会劳动合同、集体合同和民主管理工作（限企事业单位填报）

分组	本年度召开过职代会（包括职工大会）		职代会职工代表（建立职工大会制单位不填）		工会所在单位实行厂务公开情况				工会所在单位建立了董事会	董事			
	基层工会	涵盖单位		女性	实行了厂务公开	没有实行厂务公开	涵盖单位	涵盖职工	涵盖单位		女性	职工董事	女性
	个	个	人	人	个	个	个	人	个	人	人	人	人
指标序号			h008	h009	h010	h010				h012	h013	h014	h015
总计	49969	183547	808286	297425	89078	99331	297055	12142805	25443	20478	3849	4326	1681
（110）国有企业（仅指非公司制企业，不包括国有独资公司、国有控股公司）	2715	9240	73654	20523	3779	1743	10466	813246					
（120）集体企业	1744	5965	23954	8585	3010	2656	8637	383843	1191	901	149	337	83
（130）股份合作企业	625	1972	9728	2952	1008	841	2666	140471	637	1116	161	291	65
（140）联营企业	122	680	1056	295	150	263	3117	21558	34	84	10	13	6
（151）国有独资公司	311	522	8211	2195	373	203	656	110045	466	1087	135	150	31
（159）其他有限责任公司	1515	2220	23172	8110	2856	3703	3645	363851	1019	2574	434	527	171
（161）股份有限公司中的国有控股公司	466	924	19442	6672	598	417	2908	270154	2233	1194	133	123	23
（169）其他股份有限公司	488	982	8668	3061	848	707	1447	216440	406	885	134	198	55
（170）私营企业	23647	72819	230010	82074	46383	52727	125540	3804976	5729	5142	1324	1303	651
（190）其他内资企业	393	3380	9841	3498	629	663	5297	146087	929	140	11	28	5
（200）台港澳商投资企业	5947	10780	156862	63384	10901	6185	20735	2731549	1677	4867	1008	1074	472
（300）外商投资企业	3039	17043	70931	26279	5026	4293	36640	1419917	11122	2488	350	282	119
（401）财政拨款的事业单位	4750	13120	104694	44487	6165	3756	14863	796993					
（402）其他事业单位	2547	16443	47772	18362	3943	3652	19462	537408					
（500）机关						8182							
（600）个体经济组织	1660	27457	20291	6948	3409	9340	40976	386267					

表 11

工会劳动合同、集体合同和民主管理工作（限企事业单位填报）

分组	工会主席进入了董事会		工会所在单位建立了监事会	监事				工会主席进入了监事会	
					女性	职工监事			
	是	否	涵盖单位				女性	是	否
	人	人	个	人	人	人	人	个	个
指标序号	h016	h016		h018	h019	h020	h021	h022	h022
总计	1963	188256	10531	8180	2445	3294	1472	1572	188647
(110)国有企业(仅指非公司制企业,不包括国有独资公司、国有控股公司)		5614							5614
(120)集体企业	111	5561	1201	552	146	291	91	76	5596
(130)股份合作企业	106	1743	513	519	109	193	63	77	1772
(140)联营企业	7	406	27	26	4	9		3	410
(151)国有独资公司	91	485	437	524	133	175	59	63	513
(159)其他有限责任公司	252	6307	530	1102	314	402	145	180	6379
(161)股份有限公司中的国有控股公司	65	950	2097	557	136	162	56	76	939
(169)其他股份有限公司	76	1480	360	413	112	166	62	62	1494
(170)私营企业	811	98391	4252	2567	875	1145	644	692	98510
(190)其他内资企业	7	1285	19	49	7	15	4	3	1289
(200)台港澳商投资企业	289	16795	805	1261	404	528	254	233	16851
(300)外商投资企业	148	9174	290	610	205	208	94	107	9215
(401)财政拨款的事业单位		10025							10025
(402)其他事业单位		7602							7602
(500)机关		8182							8182
(600)个体经济组织		14256							14256

表 12

工会劳动保护工作(限企事业单位填报)

分 组	工会建立了劳动保护监督检查委员会		工会建立分公司、分厂、车间一级工会劳动保护监督检查委员会个数	工会小组劳动保护检查员	本年度本级工会劳动保护监督组织受理举报案件	提请劳动安全卫生监督部门处理案件
	是	否				
	个	个	个	人	件	件
指标序号	1001	1001	1002	1003	1004	1005
总计	57493	131041	44123	124892	6920	1333
(110)国有企业(仅指非公司制企业,不包括国有独资公司、国有控股公司)	1700	3822	5916	18391	308	92
(120)集体企业	1769	3903	1548	4376	161	30
(130)股份合作企业	854	995	684	1477	59	9
(140)联营企业	168	245	139	202	12	
(151)国有独资公司	313	263	642	2928	133	14
(159)其他有限责任公司	2347	4212	1639	4679	155	23
(161)股份有限公司中的国有控股公司	307	708	812	4464	44	2
(169)其他股份有限公司	467	1089	491	1260	14	4
(170)私营企业	31040	68177	17990	47153	2512	541
(190)其他内资企业	480	812	208	883	39	4
(200)台港澳商投资企业	7662	9423	6204	16485	1554	352
(300)外商投资企业	3176	6146	3185	8987	779	109
(401)财政拨款的事业单位	2400	7527	1637	4499	109	36
(402)其他事业单位	1785	5810	1626	4843	911	100
(500)机关		8182				
(600)个体经济组织	3025	9727	1402	4265	130	17

表 13

工会劳动保护工作(限企事业单位填报)

分组	本年度工会参加安全生产检查	本年度工会参加处理工伤事故	本年度工会参加“三同时”审查验收项目	女职工劳动保护			
				是否执行禁止安排女职工从事矿山井下及第四级体力劳动强度的劳动和经期、孕期、产期、哺乳期间禁忌从事劳动的有关规定		是否执行女职工在孕期、产期、哺乳期享有特殊待遇的有关规定	
				是	否	是	否
	次	件	项	个	个	个	个
指标序号	1006	1007	1008	1009	1009	1010	1010
总计	412260	37221	29630	94459	94057	102181	86335
(110)国有企业(仅指非公司制企业,不包括国有独资公司、国有控股公司)	23828	657	1487	2978	2544	3075	2447
(120)集体企业	19467	391	341	2524	3148	2562	3110
(130)股份合作企业	7230	519	126	993	856	1055	794
(140)联营企业	1046	43	19	206	207	212	201
(151)国有独资公司	3579	168	191	427	149	437	139
(159)其他有限责任公司	19061	2710	349	3651	2908	3971	2588
(161)股份有限公司中的国有控股公司	5827	257	232	599	416	623	392
(169)其他股份有限公司	6291	182	112	844	712	866	690
(170)私营企业	179299	9745	23168	52684	46518	57852	41350
(190)其他内资企业	5952	1005	59	726	566	851	441
(200)台港澳商投资企业	56903	16968	1688	10741	6342	10909	6174
(300)外商投资企业	25762	2134	708	4775	4547	5742	3580
(401)财政拨款的事业单位	22591	490	442	4668	5259	5012	4915
(402)其他事业单位	19282	335	307	3222	4373	3364	4231
(500)机关					8182		8182
(600)个体经济组织	16142	1617	401	5421	7330	5650	7101

表 14

工会法律工作(限企事业单位填报)

分组	建立了工会劳动法律监督组织		工会劳动法律监督员	劳动保障法律监督员	本年度工会劳动法律监督组织受理违法、违规案件	本组织自行处理的案件	提请劳动监察部门处理的案件	工会所在单位建立了劳动争议调解委员会		劳动争议调解委员会委员	劳动争议调解委员会中二会成员(职工代表)	本年度劳动争议调解委员会预防劳动争议
	是	否						是	否			
	个	个	人	人	件	件	件	、个	个	人	人	件
指标序号	f001	f001	f002	f003	f004	f005	f006	f007	f007	f008	f009	f010
总计	46047	142469	95021	68272	15655	14519	553	58211	130499	186385	95493	21957
(110)国有企业(仅指非公司制企业,不包括国有独资公司、国有控股公司)	1447	4075	4905	3956	285	140	19	1883	3639	9092	5022	270
(120)集体企业	1250	4422	2562	2050	101	79	14	1804	3868	6312	2969	388
(130)股份合作企业	804	1045	2055	1557	58	35	14	756	1093	2621	1454	57
(140)联营企业	116	297	179	142	8			123	290	352	189	4
(151)国有独资公司	187	389	590	487	11	9	2	240	336	1178	701	34
(159)其他有限责任公司	1816	4743	3556	2526	124	101	15	2491	4068	8968	4706	325
(161)股份有限公司中的国有控股公司	244	771	893	806	51	48	3	363	652	2033	1113	76
(169)其他股份有限公司	359	1197	748	623	24	19	2	454	1102	1500	850	31
(170)私营企业	24656	74546	46171	32379	1814	1389	142	31262	68122	93319	47022	3063
(190)其他内资企业	339	953	912	569	9	2	4	325	967	1269	637	75
(200)台港澳商投资企业	5459	11624	11235	7990	12355	12048	272	7101	9984	22045	11156	15698
(300)外商投资企业	2553	6769	5552	4075	243	201	29	3271	6060	10759	5628	672
(401)财政拨款的事业单位	2160	7767	4983	3756	175	100		2553	7374	9545	4961	426
(402)其他事业单位	1732	5863	4521	3389	354	307	36	2189	5406	7752	4177	676
(500)机关		8182							8182			
(600)个体经济组织	2925	9826	6159	3967	43	41	1	3396	9356	9640	4908	162

表 15

工会法律工作(限企事业单位填报)

分组	本年度劳动争议调解委员会受理劳动争议	集体劳动争议	受理的劳动争议案件按引发原因分类								本年度劳动争议调解委员会调解成功劳动争议	集体劳动争议
			变更、解除、终止、续订劳动合同	除名、辞退职工与职工自动离职、辞职	劳动报酬	保险福利	工作时间和休息休假	劳动安全卫生	职业培训	未成年员工和女职工特殊保护	其他原因		
	件	件	件	件	件	件	件	件	件	件	件	件	件
指标序号	f011	f012	f013	f014	f015	f016	f017	f018	f019	f020	f021	f022	F023
总计	42992	279	16126	9824	5913	2498	3088	1776	1045	389	2333	19191	193
(110)国有企业(仅指非公司制企业,不包括国有独资公司、国有控股公司)	3286	11	2021	543	253	143	152	25	64	30	55	473	10
(120)集体企业	1973	30	713	283	606	86	97	45	11		132	1096	24
(130)股份合作企业	669	3	367	106	41	10	47	10	64	11	13	136	
(140)联营企业	23	1	13	6	1			1			2	5	
(151)国有独资公司	281	6	212	41	20	4	1			1	2	32	4
(159)其他有限责任公司	2879	8	1993	283	128	54	115	11	255		40	214	3
(161)股份有限公司中的国有控股公司	374	1	269	50	18	5	6	10	4	9	3	82	1
(169)其他股份有限公司	490	1	371	95	11	2	4	3	1	1	2	401	
(170)私营企业	6636	50	2056	1324	952	403	422	283	126	81	989	3487	25
(190)其他内资企业	126		105	13	7		1					16	
(200)台港澳商投资企业	16586	63	4582	3903	2603	1446	1825	1310	349	135	433	10569	48
(300)外商投资企业	5068	21	1504	2373	359	112	126	37	68	22	467	868	5
(401)财政拨款的事业单位	1718	18	973	128	185	132	125	10	63	66	36	210	14
(402)其他事业单位	2508	66	779	570	686	98	148	25	31	32	139	1498	59
(500)机关													
(600)个体经济组织	375		168	106	43	3	19	6	9	1	20	104	

表 16

工会经济技术工作(限企事业单位填报)

分　组	技术工人	初级工	中级工	高级工	技师	高级技师	工会开展了劳动竞赛 是	工会开展了劳动竞赛 否	本年度参加劳动竞赛职工	本年度职工提出合理化建议
	人	人	人	人	人	人	个	个	人次	件
指标序号	j001	j002	j003	j004	j005	j006	j007	j007	j008	j009
总计	1194346	544868	303846	161383	51878	18830	16731	171723	2433477	374810
(110)国有企业(仅指非公司制企业,不包括国有独资公司、国有控股公司)	221815	79550	70009	49519	9774	3015	1269	4253	559638	47243
(120)集体企业	22031	11847	4780	2078	893	313	552	5111	49816	2018
(130)股份合作企业	27672	11[illegible]70	5132	3272	749	298	209	1640	34228	14066
(140)联营企业	2689	551	658	539	157	36	31	382	3845	269
(151)国有独资公司	26074	8970	9349	4560	1721	356	182	394	113081	6386
(159)其他有限责任公司	59448	30091	14579	6846	3915	1101	775	5784	106979	20151
(161)股份有限公司中的国有控股公司	49020	16612	13892	10300	2007	343	369	646	213651	29155
(169)其他股份有限公司	27779	13758	6260	3638	1516	315	156	1383	111251	5604
(170)私营企业	239334	113135	53976	21361	10526	4898	6978	92389	381959	25112
(190)其他内资企业	6461	3372	1548	632	483	203	176	1116	62153	1276
(200)台港澳商投资企业	220743	130596	42765	15150	7688	2807	1899	15183	272208	14846
(300)外商投资企业	153747	81060	38852	12648	6658	2671	1032	8285	217588	189289
(401)财政拨款的事业单位	72099	20901	25448	16987	3387	1439	1573	8354	161746	14036
(402)其他事业单位	48585	17278	14065	12557	1478	776	1032	6563	120437	4235
(500)机关								8182		
(600)个体经济组织	16849	5977	2533	1296	926	259	498	12058	24897	1124

表 17

工会经济技术工作（限企事业单位填报）

分组	本年度已实施合理化建议	本年度已实施合理化建议产生的效益	本年度技术革新项目	本年度职工发明创造项目	本年度荣获国家专利项目	本年度推广先进操作法项目	建有职工技协组织		技协会员
							是	否	
	件	元	项	项	项	项	个	个	人
指标序号	j010	j011	j012	j013	j014	j015	j016	j016	j017
总计	131163	1801134955	21265	60298	2369	4763	1244	187210	81293
(110)国有企业(仅指非公司制企业,不包括国有独资公司、国有控股公司)	21891	433505553	1533	331	87	339	156	5366	26964
(120)集体企业	806	11776094	181	10064	7	89	45	5618	1417
(130)股份合作企业	6058	42936314	189	19	35	41	21	1828	580
(140)联营企业	15	41103	4				6	407	27
(151)国有独资公司	3217	110831736	305	36	23	117	17	559	14754
(159)其他有限责任公司	2228	74789959	506	7298	325	230	91	6468	3695
(161)股份有限公司中的国有控股公司	12981	472100005	1394	278	936	222	24	991	12762
(169)其他股份有限公司	1733	23184576	232	71	70	57	21	1518	275
(170)私营企业	6553	87472973	1001	10256	269	1100	367	99000	4724
(190)其他内资企业	415	3980008	95	80	9	21	1	1291	3
(200)台港澳商投资企业	7689	145688224	4783	30540	187	558	104	16978	1650
(300)外商投资企业	57151	278607593	7184	1157	252	1525	75	9242	1474
(401)财政拨款的事业单位	7822	32828218	533	110	140	166	166	9761	8825
(402)其他事业单位	2431	61680460	3277	46	29	277	133	7462	3589
(500)机关								8182	
(600)个体经济组织	173	21712139	48	12		21	17	12539	554

表 18

职工文化体育工作

分组	工会直属文化宫、俱乐部	工会直属体育场（馆）	工会直属图书馆（藏书1万册以上）	本级工会建立职工书屋		本年度工会开展了“创建学习型组织、争做知识型职工”活动	
	个	个	个	是	否	是	否
指标序号	w001	w002	w003	w004	w004	w005	w005
总计	3606	3901	2266	9319	158172	36917	140218
（110）国有企业（仅指非公司制企业，不包括国有独资公司、国有控股公司）	225	225	90	853	4653	1677	3839
（120）集体企业	162	104	92	170	5242	842	4615
（130）股份合作企业	59	77	31	105	1735	443	1397
（140）联营企业	46	10	3	20	390	77	333
（151）国有独资公司	25	31	9	85	427	186	326
（159）其他有限责任公司	191	143	62	254	6256	801	5711
（161）股份有限公司中的国有控股公司	71	65	23	157	846	320	694
（169）其他股份有限公司	35	24	18	78	1434	173	1349
（170）私营企业	1053	981	557	2910	78270	20458	69837
（190）其他内资企业	35	17	13	30	1147	116	1061
（200）台港澳商投资企业	562	612	232	928	15388	2380	14171
（300）外商投资企业	320	358	171	557	7776	1499	7008
（401）财政拨款的事业单位	312	661	477	1372	8565	2753	7197
（402）其他事业单位	229	294	275	777	6791	2033	5538
（500）机关	211	221	151	791	7327	2064	6080
（600）个体经济组织	69	78	62	232	11925	1095	11062

表 19

工会经审工作

分组	是否建立了工会经费审查组织		工会经费审查委员会是否开展了本级经费年度预、决算审查	
	是	否	是	否
	个	个	个	个
指标序号	s001	s001	s002	s002
总计	103075	85667	62835	124589
(110)国有企业(仅指非公司制企业,不包括国有独资公司、国有控股公司)	2922	2600	2456	2974
(120)集体企业	2624	3053	1843	3776
(130)股份合作企业	1033	816	789	1059
(140)联营企业	180	233	158	255
(151)国有独资公司	417	159	377	198
(159)其他有限责任公司	3286	3273	1844	4715
(161)股份有限公司中的国有控股公司	584	431	531	483
(169)其他股份有限公司	644	912	466	1077
(170)私营企业	56985	42415	30673	67869
(190)其他内资企业	621	671	529	761
(200)台港澳商投资企业	10139	6946	6282	10801
(300)外商投资企业	5367	3963	3439	5867
(401)财政拨款的事业单位	5618	4333	4378	5396
(402)其他事业单位	3690	3905	2841	4754
(500)机关	4106	4064	3065	5032
(600)个体经济组织	4859	7893	3164	9572

2010 广东基层以上汇总表

表 20

工会组织建设状况

工会层次	基层以上工会	本级工会专职工会干部	女性	专职工会干部文化程度构成：研究生	大学本科	大专	高中(中专、中技)及以下	本级工会兼职工会干部	女性
	个	人	人	人	人	人	人	人	人
指标序号		z001	z002	z003	z004	z005	z006	z007	z008
总计	4864	9960	3876	370	3010	4334	2246	40344	15104
(1)省级地方工会	1	112	43	26	55	26	5		
(2)地市级地方工会	21	578	219	64	276	185	53	7	2
(3)县级地方工会	121	2321	1062	33	362	1150	776	13983	5480
(4)省级产业(厅、局、公司)工会	100	272	115	25	123	102	22	995	417
(5)地市级产业(局、公司)工会	310	1323	535	88	775	351	109	1950	822
(6)县级产业(局、公司)工会	870	1041	359	31	340	516	154	4446	1503
(71)归属中央的企业集团工会	40	182	79	13	80	73	16	262	77
(72)归属地方的企业集团工会	125	374	135	31	163	144	36	1422	559
(81)乡镇、街道总工会	599	1321	484	22	301	637	361	5152	2155
(82)其他乡镇、街道级工会	729	837	263	26	231	369	211	3468	1104
(9)村工会(联合会)	862	682	150		81	265	336	3541	733
(10)社区工会	973	821	400	10	201	458	152	4703	2132
(11)工业园区	113	96	32	1	22	58	15	415	120

表 21

工会组织建设状况

工会层次	本级工会是否建立了女职工委员会		本级工会女职工委员会主任是否享受同级工会副主席待遇		本级工会女职工工作干部		本年度本级工会举办女职工工作培训		劳务输出地工会吸纳的农民工会员	是否建立乡镇(街道)基层工会联合会	
	是	否	是	否	专职	兼职	培训班	培训干部	人	是	否
	个	个	个	个	人	人	次	人次		个	个
指标序号	z009	z009	z010	z010	z011	z012	z013	z014	z015	z016	z016
总计	4127	710	1963	2894	1184	10169	3650	287625	71484	278	4247
(1)省级地方工会	1			1		6					1
(2)地市级地方工会	21		20	1	75	39	57	5305			21
(3)县级地方工会	118	3	96	25	181	1485	184	30937	71484		121
(4)省级产业(厅、局、公司)工会	89	11	50	50	50	391	74	3331			100
(5)地市级产业(局、公司)工会	283	27	140	170	93	737	219	7214			310
(6)县级产业(局、公司)工会	775	93	368	501	145	1490	486	19453			839
(71)归属中央的企业集团工会	40		25	15	25	154	44	1993			40
(72)归属地方的企业集团工会	117	8	55	70	56	333	115	5314			125
(81)乡镇、街道总工会	509	89	247	346	127	1285	715	61113		118	478
(82)其他乡镇、街道级工会	667	38	361	368	116	1118	374	37379		160	521
(9)村工会(联合会)	695	167	387	475	147	1357	814	66167			623
(10)社区工会	717	256	183	790	138	1632	530	35729			969
(11)工业园区	95	18	31	82	31	142	38	13690			99

表 22

工会干部协管工作

工会层次	本级工会领导班子成员	正副主席	本级工会主席是否在同级党政机关、人大、政协担任以下职务								本级工会正副主席在同级党委、人大、政协任职人数		
			党委常委		人大副主任		政协副主席		其他党政副职级干部		党委委员	人大常委	政协常委
			是	否	是	否	是	否	是	否			
	人	人	个	个	个	个	个	个	个	个	人	人	人
指标序号	x001	x002	x003	x003	x004	x004	x005	x005	x006	x006	x007	x008	x009
合计	12126	6071	751	4049	162	4634	17	4779	612	4187	1242	157	66
(1)省级地方工会	10	7		1	1			1		1		1	1
(2)地市级地方工会	97	86	1	20	19	2		21		21	11	13	7
(3)县级地方工会	424	369	10	111	77	44	4	117	6	115	25	57	29
(4)省级产业(厅、局、公司)工会	315	180	22	78		100		100	11	89	40	1	1
(5)地市级产业(局、公司)工会	766	452	45	265	1	309	2	308	41	269	99	2	4
(6)县级产业(局、公司)工会	2364	1236	108	756	4	860	3	861	149	715	219	7	6
(71)归属中央的企业集团工会	95	71	17	23		40		40	9	31	24	1	
(72)归属地方的企业集团工会	353	171	23	102		125		125	16	109	40		
(81)乡镇、街道总工会	1986	985	209	384	22	567	2	587	166	426	369	22	6
(82)其他乡镇、街道级工会	1871	1010	238	467	30	675	2	703	142	563	347	39	6
(9)村工会(联合会)	1436	535	37	803	1	839	2	838	31	809	14	2	1
(10)社区工会	2226	882	37	935	6	966	1	971	32	940	51	11	4
(11)工业园区	183	87	4	104	1	107	1	107	9	99	3	1	1

表 23

工会干部教育培训工作

统计指标	本年度参加本级工会开展的各类培训班的培训人员							
	工会干部任职培训(轮训)	工会干部适应性岗位培训	工会领导干部研讨班	企业工会干部培训班	非公有制企业工会干部培训班	工会专业人才培训班	工会师资培训班	乡镇、街道（社区）工会干部培训班
	人次	人次	人次	人次	人次	人次	人次	人次
指标序号	p001	p002	p003	p004	p005	p006	p007	p008
总计	39844	43654	11516	121269	81094	18874	20367	68171
(1)省级地方工会	6		5					
(2)地市级地方工会	3654	4391	517	14036	10584	2682	165	2163
(3)县级地方工会	5050	9107	1286	22050	15936	1052	230	3816
(4)省级产业(厅、局、公司)工会	2173	3028	491	907		1249	60	20
(5)地市级产业(局、公司)工会	1250	2629	581	4656	1322	828	9201	1
(6)县级产业(局、公司)工会	4333	4651	734	2976	2540	1305	4120	479
(71)归属中央的企业集团工会	483	968	397	1610		294	49	40
(72)归属地方的企业集团工会	1963	2269	379	2458	314	802	379	30
(81)乡镇、街道总工会	6124	8282	2158	46360	32605	3521	1482	35488
(82)其他乡镇、街道级工会	9614	3595	1479	13286	8479	2398	1498	7046
(9)村工会(联合会)	850	551	173	3708	1652	154	63	7702
(10)社区工会	4257	4134	3310	8840	7428	4449	3119	11001
(11)工业园区	87	49	6	382	234	140	1	385

表 24

工会保障工作

工会层次	是否建立困难职工档案		困难职工			困难职工家庭			困难职工家庭人口	本级领导干部联系生活困难职工户活动	
	是	否	困难职工	困难女职工	单亲困难女职工	困难职工家庭	享受低保待遇家庭	低保边缘户	困难职工家庭人口	参加活动领导干部	困难职工家庭
	个	个	人	人	人	户	户	户	人	人	户
指标序号	b001	b001	b002	b003	b004	b005	b006	b007	b008	b009	b010
总计	2233	2566	329584	90720	16074	217798	73633	71874	720016	14271	27020
(1)省级地方工会		1									
(2)地市级地方工会	18	3	87815	26795	5477	78153	24769	22841	230957	942	3954
(3)县级地方工会	109	12	160244	42444	5951	85893	32943	30483	328984	4646	6378
(4)省级产业(厅、局、公司)工会	56	44	15990	1728	315	12638	3463	635	25586	762	2776
(5)地市级产业(局、公司)工会	186	124	12449	3913	714	10282	2917	5745	27782	874	2310
(6)县级产业(局、公司)工会	336	528	10488	3675	613	7052	2096	1415	22726	1666	2801
(71)归属中央的企业集团工会	34	6	2049	612	156	1452	206	152	5475	399	637
(72)归属地方的企业集团工会	85	40	5225	1799	342	2118	494	316	8883	585	1348
(81)乡镇、街道总工会	271	321	6157	2854	801	5213	1470	2167	16027	1933	2846
(82)其他乡镇、街道级工会	271	434	4702	1803	492	4316	1595	1528	13752	1019	1737
(9)村工会(联合会)	502	338	927	508	227	758	532	490	2312	277	475
(10)社区工会	326	646	23368	4519	973	9753	3144	6094	37096	1099	1612
(11)工业园区	39	69	170	70	13	170	4	8	436	69	146

表 25

工会保障工作

工会层次	建立了送温暖工程基(资)金		本级工会送温暖工程基(资)金结存额	本级工会开办的职业介绍机构	获得政府有关部门资质认定的机构		本年度本级工会职业介绍机构成功介绍人次				本级工会开办的职业介绍机构	获得政府有关部门资质认定的机构	
	是	否			机构数	本年度政府职业介绍经费补贴		农民工	下岗失业人员	零就业家庭下岗失业人员		机构数	本年度政府再就业培训专项经费补贴
	个	个	元	个	个	元	人次	人次	人次	人次	个	个	元
指标序号	b011	b011	b012	b013	b014	b015	b016	b017	b018	b019	b020	b021	b022
总计	1068	3729	196544215	31	18	152000	17224	4392	8075	956	51	29	164501
(1)省级地方工会	1												
(2)地市级地方工会	15	6	19308793	11	8	90000	8375	2311	4701	479	18	17	1
(3)县级地方工会	70	51	28532770	20	10	62000	8849	2081	3374	477	33	12	164500
(4)省级产业(厅、局、公司)工会	33	67	24363971										
(5)地市级产业(局、公司)工会	74	236	63131746										
(6)县级产业(局、公司)工会	82	782	6093909										
(71)归属中央的企业集团工会	15	25	8652343										
(72)归属地方的企业集团工会	49	76	39953260										
(81)乡镇、街道总工会	95	495	4046073										
(82)其他乡镇、街道级工会	94	611	497674										
(9)村工会(联合会)	391	449	466598										
(10)社区工会	117	855	1443248										
(11)工业园区	32	76	53830										

表 26

工会保障工作

工会层次	本年度本级工会职业培训机构培训人次					本级工会再就业基地		本年度工会投入的再就业资金	本年度本级工会小额借(贷)款(人次)		
		农民工	下岗失业人员	零就业家庭下岗失业人员	经培训实现再就业	基地数	吸纳下岗失业人员		获得本级工会小额借(贷)款下岗失业人员	自我创业成功人员	获得小额借(贷)款金额
	人次	人次	人次	人次	人次	人次	人次	人次	人次	人次	人次
指标序号	b023	b024	b025	b026	b027	b028	b029	b030	b031	b032	b033
总计	36593	16419	11717	811	7158	20	4112	973165	30	20	50000
(1)省级地方工会											
(2)地市级地方工会	6470	2636	3063	301	2975	1	216	636500			
(3)县级地方工会	30123	13783	8654	510	4183	19	3896	336665	30	20	50000
(4)省级产业(厅、局、公司)工会											
(5)地市级产业(局、公司)工会											
(6)县级产业(局、公司)工会											
(71)归属中央的企业集团工会											
(72)归属地方的企业集团工会											
(81)乡镇、街道总工会											
(82)其他乡镇、街道级工会											
(9)村工会(联合会)											
(10)社区工会											
(11)工业园区											

表 27

工会保障工作

工会层次	本年度本级工会举办创业培训班					下岗失业人员自我创业成功人员带动就业人员	本年度本级工会经多种形式、渠道帮助和扶持实现再就业人员
	期数	接受培训的下岗失业人员	获得工会小额借款人员	获得工会小额借款金额	自我创业成功人员		
	期	人次	人次	元	人次	人	人
指标序号	b034	b035	b036	b037	b038	b039	b040
总计	41	7976			518	2525	25007
(1)省级地方工会							
(2)地市级地方工会	2	190					4453
(3)县级地方工会	39	7786			518	2525	20554
(4)省级产业(厅、局、公司)工会							
(5)地市级产业(局、公司)工会							
(6)县级产业(局、公司)工会							
(71)归属中央的企业集团工会							
(72)归属地方的企业集团工会							
(81)乡镇、街道总工会							
(82)其他乡镇、街道级工会							
(9)村工会(联合会)							
(10)社区工会							
(11)工业园区							

表 28

工会保障工作

工会层次	本年度领导干部联系困难企业活动		参加了同级政府设立的社会保障、监督机构		开办职工医疗互助活动		参加本级工会开办的职工医疗互助活动人数	本年度职工医疗互助活动		
	参加活动的领导干部	联系的困难企业	是	否	是	否		享受经济资助人数	经济资助金额	资助款结存额
	人	个	个	个	个	个	人	人	元	元
指标序号	b041	b042	b043	b043	b044	b044	b045	b046	b047	b048
总计	3157	3323	394	4402	584	4213	1381332	21686	35533228	194251006
(1)省级地方工会				1		1				
(2)地市级地方工会	231	280	9	12	11	10	840762	5623	17157495	99732474
(3)县级地方工会	582	426	38	83	49	72	86846	337	1141500	50000
(4)省级产业(厅、局、公司)工会	163	40	5	95	22	78	189401	2871	2874920	3514134
(5)地市级产业(局、公司)工会	197	271	20	290	43	267	92787	9075	6313038	64504658
(6)县级产业(局、公司)工会	588	448	46	818	83	781	27419	276	606070	34760
(71)归属中央的企业集团工会	109	11	3	37	15	25	33221	1605	3329143	13899396
(72)归属地方的企业集团工会	11	11	7	118	23	102	45656	446	1933351	11295933
(81)乡镇、街道总工会	562	756	62	527	72	518	12534	831	329466	
(82)其他乡镇、街道级工会	450	629	66	639	56	649	33163	403	389645	25150
(9)村工会(联合会)	88	82	75	765	132	708	5503	35	26400	2500
(10)社区工会	150	342	56	916	72	900	13930	184	1432200	1192001
(11)工业园区	26	27	7	101	6	102	110			

表 29

工会法律工作

工会层次	领取了法人资格证书的基层工会	领取了全国组织机构代码的基层工会	所在地人大是否具有地方立法权		本年度工会参与制定的地方法规			本年度工会参与制定的地方性规范文件(除法规外)	所在区域或行业设立了区域性、行业性劳动争议调解组织		区域性、行业性劳动争议调解组织人数
			是	否		涉及职工权益的法规	涉及工会权益的法规		是	否	
	个	个	个	个	个	个	个	个	个	个	人
指标序号	f001	f002	f003	f003	f004	f005	f006	f007	f008	f008	f009
总计	106148	65848	6	4858	7	5	1	40	1133	3665	15671
(1)省级地方工会	822	822	1		1	1		18		1	
(2)地市级地方工会	11334	9384	5	16	6	4	1	22	7	14	7058
(3)县级地方工会	69599	41117		121					29	92	200
(4)省级产业(厅、局、公司)工会	1421	1254		100					15	85	172
(5)地市级产业(局、公司)工会	1850	1501		310					29	281	256
(6)县级产业(局、公司)工会	2443	1246		870					116	748	413
(71)归属中央的企业集团工会	349	322		40					12	28	108
(72)归属地方的企业集团工会	823	603		125					15	110	133
(81)乡镇、街道总工会	11973	6038		599					156	435	4521
(82)其他乡镇、街道级工会	2973	1494		729					127	578	616
(9)村工会(联合会)	467	417		862					375	465	1503
(10)社区工会	1633	1336		973					223	749	607
(11)工业园区	461	314		113					29	79	84

表 30

工会法律工作

工会层次	本年度区域性、行业性劳动争议调解组织受理争议	调解成功数	本级工会取得劳动仲裁员资格的工会干部	受聘担任仲裁员人数	本年度工会劳动争议仲裁员参与处理案件	是否已建立劳动关系预警机制 是	是否已建立劳动关系预警机制 否	建立了工会劳动法律监督组织 是	建立了工会劳动法律监督组织 否
	件	件	人	人	件	个	个	个	个
指标序号	f010	f011	f012	f013	f014	f015	f015	f016	f016
总计	20934	17335	222	133	539	1014	3783	1252	3546
(1)省级地方工会			7	2		1		1	
(2)地市级地方工会	10394	9405	20	18	57	14	7	11	10
(3)县级地方工会	297	284	102	66	206	38	83	55	66
(4)省级产业(厅、局、公司)工会	9	4	1			16	84	20	80
(5)地市级产业(局、公司)工会	14	12	16	9	82	34	276	59	251
(6)县级产业(局、公司)工会	2471	757	13	10	10	91	773	171	693
(71)归属中央的企业集团工会	4	4	3	3		8	32	16	24
(72)归属地方的企业集团工会	21	21	2			23	102	33	92
(81)乡镇、街道总工会	3530	3045	32	13	130	114	476	164	427
(82)其他乡镇、街道级工会	1643	1475	11	4	21	109	596	134	571
(9)村工会(联合会)	1576	1454	14	7	31	442	398	388	452
(10)社区工会	911	814	1	1	2	87	885	181	791
(11)工业园区	64	60				37	71	19	89

表 31

工会法律工作

工会层次	本级工会劳动法律监督员	工会劳动法律监督组织本年度受理案件			本级劳动保障法律监督员	本级工会具有律师或法律职业资格的人数		建有工会法律援助服务机构	
			本组织自行处理的案件	提请劳动监察部门处理的案件			已取得公职律师执业证书的人数	是	否
	人	件	件	件	人	人	人	个	个
指标序号	f017	f018	f019	f020	f021	f022	f023	f024	f024
总计	4376	5227	3672	436	2585	132	57	368	4428
(1)省级地方工会	20	45	42	3	6	5	3	1	
(2)地市级地方工会	143	1573	1546	8	137	9	6	13	8
(3)县级地方工会	177	266	196	48	92	1		53	68
(4)省级产业(厅、局、公司)工会	132	6	6		54	9	4	4	96
(5)地市级产业(局、公司)工会	293	19	13		187	17	6	8	302
(6)县级产业(局、公司)工会	629	770	66	20	329	20	7	38	826
(71)归属中央的企业集团工会	119	4	4		117	2		2	38
(72)归属地方的企业集团工会	133	8	4	1	89	18	8	7	118
(81)乡镇、街道总工会	752	821	500	120	405	36	18	73	516
(82)其他乡镇、街道级工会	352	480	266	68	174	9	4	39	666
(9)村工会(联合会)	1247	773	613	139	818	3	1	63	777
(10)社区工会	352	438	399	26	162	3		65	907
(11)工业园区	27	24	17	3	15			2	106

表 32

工会法律工作

工会层次	工会法律援助服务机构工作人员		工会法律援助志愿者	本年度工会法律援助服务机构受理案件					本年度工会法律援助服务机构处理案件	本年度工会法律援助服务机构提供咨询代书等服务
		取得律师或法律职业资格的工会干部			劳动争议	侵犯职工人身权利	侵犯工会经费财产权	其他		
	人	人	人	件	件	件	件	件	件	件
指标序号	f025	f026	f027	f028	f029	f030	f031	f032	f033	f034
总计	1028	108	994	1499	1207	64	13	215	604	3640
(1)省级地方工会	7	5		15	13			2	15	288
(2)地市级地方工会	78	14	282	281	252	2		27	229	968
(3)县级地方工会	233	16	332	245	158	29	10	48	105	1445
(4)省级产业(厅、局、公司)工会	16	1	16	6	6				6	
(5)地市级产业(局、公司)工会	14	2	2	1	1					1
(6)县级产业(局、公司)工会	94		26	432	325	23		84	78	6
(71)归属中央的企业集团工会	3	1	1	3	2	1			2	
(72)归属地方的企业集团工会	28	2	14	1	1					1
(81)乡镇、街道总工会	242	41	195	297	258	5	2	32	61	186
(82)其他乡镇、街道级工会	116	5	59	117	96	2		19	41	312
(9)村工会(联合会)	100	12	26	31	28	2	1		20	22
(10)社区工会	95	9	41	67	64			3	44	410
(11)工业园区	2			3	3				3	1

表 33

工会劳动保护工作

工会层次	本级工会是否建立了劳动保护监督检查组织		工会劳动保护监督检查员	本年度工会劳动保护监督组织受理举报案件	本级工会本年度参加劳动安全工作			
	是	否			安全生产检查	提出事故隐患和职业危害整改意见	处理工伤事故	“三同时”审查验收项目
	个	个	人	件	次	件	件	项
指标序号	1001	1001	1002	1003	1004	1005	1006	1007
总计	2227	2577	15048	4413	34136	26856	2500	937
(1)省级地方工会	1		2262		6		4	
(2)地市级地方工会	16	5	478	966	639	1569	341	144
(3)县级地方工会	86	35	1372	219	1525	1075	207	77
(4)省级产业(厅、局、公司)工会	37	63	411	47	501	305	28	22
(5)地市级产业(局、公司)工会	108	202	926	35	2831	1048	67	85
(6)县级产业(局、公司)工会	315	550	1371	55	3511	1432	49	57
(71)归属中央的企业集团工会	33	7	373	3	407	1477	1	64
(72)归属地方的企业集团工会	86	39	1575	1117	1327	1586	551	45
(81)乡镇、街道总工会	286	310	2089	587	5726	3098	364	146
(82)其他乡镇、街道级工会	274	431	1210	405	6450	5188	531	151
(9)村工会(联合会)	564	276	1881	628	6305	6027	259	107
(10)社区工会	383	589	1022	311	4577	3852	75	34
(11)工业园区	38	70	78	40	331	199	23	5

表 34

工会民主参与工作

工会层次	是否建立了三方协调机制的工会		本年度是否与同级政府开过联席联系会的工会		本级工会建立区域性、行业性职代会		
	是	否	是	否	职代会	覆盖企业	覆盖职工
	个	个	个	个	个	个	人
指标序号	h001	h001	h002	h002	h003	h004	h005
总计	986	3812	73	4791	4570	79604	3350228
(1)省级地方工会	1		1				
(2)地市级地方工会	13	8	7	14			
(3)县级地方工会	88	33	65	56	1890	10315	295491
(4)省级产业(厅、局、公司)工会	17	83		100			
(5)地市级产业(局、公司)工会	52	258		310			
(6)县级产业(局、公司)工会	85	780		870	434	3084	118901
(71)归属中央的企业集团工会	10	30		40			
(72)归属地方的企业集团工会	24	101		125			
(81)乡镇、街道总工会	143	447		599	1322	40969	859980
(82)其他乡镇、街道级工会	74	631		729	367	4029	1319196
(9)村工会(联合会)	332	508		862	296	10349	495680
(10)社区工会	130	842		973	261	10858	260980
(11)工业园区	17	91		113			

表 35

工会经济技术工作

工会层次	本年度本级工会组织省级及以上劳动模范和五一劳动奖章获得者休养	本年度职工技术创新所取得的奖项			本年度本级工会授予的“工人先锋号”称号	本级工会聘用的职工节能减排义务监督员	本年度本级工会组织的技术培训	
		国家级	省级	部级			培训班	参加职工
	人次	个	个	个	个	人	班次	人次
指标序号	j001	j002	j003	j004	j005	j006	j007	j008
总计	1381	1			764	949	5386	295492
(1)省级地方工会		1			201			
(2)地市级地方工会	383				257	207	310	58967
(3)县级地方工会	304				55	92	509	24090
(4)省级产业(厅、局、公司)工会	269				52	31	279	8066
(5)地市级产业(局、公司)工会	161				68	52	184	16433
(6)县级产业(局、公司)工会	42				5	46	1211	17763
(71)归属中央的企业集团工会	83				23	33	31	3754
(72)归属地方的企业集团工会	55				49	61	658	36502
(81)乡镇、街道总工会	47				37	120	337	72059
(82)其他乡镇、街道级工会	9				5	278	84	16603
(9)村工会(联合会)	19				4	7	96	10398
(10)社区工会	7				6	21	1676	30016
(11)工业园区	2				2	1	11	841

表 36

工会经济技术工作

工会层次	本年度参加本级工会组织的技能比赛的职工	通过技能比赛晋升技术等级	建有职工技协组织		职工技协开展技术交易活动		本年度职工技协开展技术交易活动情况				
							技协提供的交易项目（包括未成功交易的项目）		属于职工技术创新成果的交易项目成功签订技术合同	完成合同	实现效益
			是	否	是	否	项目数	总价值			
	人次	人次	个	个	个	个	项	元	项	项	元
指标序号	j009	j010	j011	j011	j012	j012	j012	j013	j015	j016	j017
总计	602654	15244	182	4614	60	4736	1168	36030923	110	106	4070703
(1)省级地方工会			1			1					
(2)地市级地方工会	324845	4084	10	11	3	18	121	1000001	95	95	3300001
(3)县级地方工会	58074	3694	28	93	9	112	15	13402	11	8	285702
(4)省级产业(厅、局、公司)工会	13696	1627	7	93		100					
(5)地市级产业(局、公司)工会	43941	3862	19	291	5	305	994	28199520			
(6)县级产业(局、公司)工会	25011	320	37	827	21	843	26	1240000			
(71)归属中央的企业集团工会	26134	153	7	33	3	37	2	550000	1	1	470000
(72)归属地方的企业集团工会	43499	280	3	122	1	124	3	5000000			
(81)乡镇、街道总工会	48446	369	12	577	9	580					
(82)其他乡镇、街道级工会	5412	168	25	680	2	703					
(9)村工会(联合会)	3688	574	6	834	5	835	5	20000	3	2	15000
(10)社区工会	8909	89	26	946	2	970	2	8000			
(11)工业园区	999	24	1	107		108					

表 37

工会经费审查和财务工作

工会层次	本级工会设有资产管理机构		本级工会设有经费审查委员会		设有经审会办公室		本级工会经审会办公室干部		本级工会经审会是否开展了预、决算年度审查审计工作			
									预算审查		预算(决算)执行情况审计	
	是	否	是	否	是	否	专职	兼职	是	否	是	否
	个	个	个	个	个	个	人	人	个	个	个	个
指标序号	s001	s001	s002	s002	s003	s003	s004	s005	s006	s006	s007	s007
总计	672	4125	2441	2363	1183	3618	251	2422	1319	3484	1255	3548
(1)省级地方工会	1		1		1		4		1		1	
(2)地市级地方工会	14	7	18	3	18	3	18	26	16	5	15	6
(3)县级地方工会	53	68	96	25	82	39	44	214	86	35	85	36
(4)省级产业(厅、局、公司)工会	24	76	83	17	49	51	7	147	76	24	73	27
(5)地市级产业(局、公司)工会	52	258	179	131	94	216	22	252	133	177	128	182
(6)县级产业(局、公司)工会	113	751	417	449	184	682	41	394	257	609	236	630
(71)归属中央的企业集团工会	11	29	36	4	13	27	5	50	32	8	33	7
(72)归属地方的企业集团工会	28	97	96	29	40	85	14	109	67	58	63	62
(81)乡镇、街道总工会	96	494	315	280	167	425	50	389	202	392	195	399
(82)其他乡镇、街道级工会	71	634	278	427	163	542	18	269	196	509	178	527
(9)村工会(联合会)	120	720	545	295	198	642	12	238	103	737	103	737
(10)社区工会	72	900	337	635	150	822	14	301	137	835	132	840
(11)工业园区	17	91	40	68	24	84	2	33	13	95	13	95

表 38

工会经费审查和财务工作

工会层次	开展了下级工会、直属单位审计工作				本年度工会基本建设和维修改造工程审计项目	本级工会经费收缴是否委托税务代收		本级工会是否实行建会筹备金制度		本级行政事业单位工会经费是否由财政统一划拨	
	下级工会经费年度收支情况执行审计		直属单位年度财务收支情况执行审计								
	是	否	是	否		是	否	是	否	是	否
	个	个	个	个	项	个	个	个	个	个	个
指标序号	s008	s008	s009	s009	s010	s011	s011	s012	s012	s013	s013
总计	812	3986	641	4157	374	14	4850	16	4848	46	4818
(1)省级地方工会	1		1		3		1		1		1
(2)地市级地方工会	17	4	14	7	4	2	19	3	18	7	14
(3)县级地方工会	65	56	62	59	26	12	109	13	108	39	82
(4)省级产业(厅、局、公司)工会	43	57	37	63	1		100		100		100
(5)地市级产业(局、公司)工会	112	198	92	218	8		310		310		310
(6)县级产业(局、公司)工会	133	732	116	749	46		870		870		870
(71)归属中央的企业集团工会	29	11	23	17	3		40		40		40
(72)归属地方的企业集团工会	52	73	40	85	130		125		125		125
(81)乡镇、街道总工会	124	466	105	485	30		599		599		599
(82)其他乡镇、街道级工会	66	639	63	642	33		729		729		729
(9)村工会(联合会)	96	744	44	796	62		862		862		862
(10)社区工会	63	909	39	933	24		973		973		973
(11)工业园区	11	97	5	103	4		113		113		113

表 39

工会宣传教育和职工文化体育工作

工会层次	本级工会直属文体设施			本级工会直属职工文化、体育协会		本级工会独立兴办职工教育机构				
	文化宫、俱乐部	体育场、体育馆	图书馆(藏书1万册以上)	个数	会员		职工高等院校	职工中等学校	农民工业余学校	女职工培训学校
	个	个	个	个	人	所	所	所	所	所
指标序号	w001	w002	w003	w004	w005	w006	w007	w008	w009	w010
总计	387	502	327	894	262970	43	6	20	4	1
(1)省级地方工会				1	90	1	1			
(2)地市级地方工会	21	16	32	22	16296	16	1	5	1	
(3)县级地方工会	48	15	14	49	3975	26	4	15	3	1
(4)省级产业(厅、局、公司)工会	37	37	12	182	22108					
(5)地市级产业(局、公司)工会	57	26	20	105	45402					
(6)县级产业(局、公司)工会	26	40	17	68	4026					
(71)归属中央的企业集团工会	8	11	3	85	72318					
(72)归属地方的企业集团工会	64	32	13	183	37953					
(81)乡镇、街道总工会	25	28	57	29	14246					
(82)其他乡镇、街道级工会	25	72	53	80	10782					
(9)村工会(联合会)	31	85	30	52	3300					
(10)社区工会	43	132	75	35	32084					
(11)工业园区	2	8	1	3	390					

表 40

工会国际工作和对外经济技术交流工作

工会层次	本级工会本年度应邀来访国际交往代表团		本级工会本年度应邀出访国际交往代表团		本级工会本年度应邀来访业务考察代表团		本级工会本年度应邀出访业务考察代表团	
	团数	人数	团数	人数	团数	人数	团数	人数
	个	人	个	人	个	人	个	人
指标序号	g001	g002	g003	g004	g005	g006	g007	g008
总计	10	103	8	49	31	450	16	154
(1)省级地方工会			1	6			2	11
(2)地市级地方工会	7	67	3	9	5	43		
(3)县级地方工会					4	160	1	25
(4)省级产业(厅、局、公司)工会								
(5)地市级产业(局、公司)工会							2	6
(6)县级产业(局、公司)工会			2	3	15	152	6	79
(71)归属中央的企业集团工会								
(72)归属地方的企业集团工会					2	15	2	13
(81)乡镇、街道总工会								
(82)其他乡镇、街道级工会								
(9)村工会(联合会)	3	36	2	31	2	30	2	14
(10)社区工会							1	6
(11)工业园区					3	50		

表41

开展创建劳动关系和谐企业与工业园区活动

工会层次	是否开展了创建活动		创建活动组织情况									
			联合领导小组组长				办公室所在单位				本级工会是否成立了创建活动领导小组	
	是	否	同级党委政府领导	同级其他领导	本级三方领导	本级总工会领导	工会	劳动部门	三方办公室	其他单位	是	否
	个	个	个	个	个	个	个	个	个	个	个	个
指标序号	c001	c001	c002	c002	c002	c002	c003	c003	c003	c003	c004	c004
总计	59	4805	23	6	15	15	42	13	3	1	57	4807
(1)省级地方工会		1										1
(2)地市级地方工会	12	9	4	1	5	2	8	4			12	9
(3)县级地方工会	47	74	19	5	10	13	34	9	3	1	45	76
(4)省级产业(厅、局、公司)工会		100										100
(5)地市级产业(局、公司)工会		310										310
(6)县级产业(局、公司)工会		870										870
(71)归属中央的企业集团工会		40										40
(72)归属地方的企业集团工会		125										125
(81)乡镇、街道总工会		599										599
(82)其他乡镇、街道级工会		729										729
(9)村工会(联合会)		862										862
(10)社区工会		973										973
(11)工业园区		113										113

表 42

开展创建劳动关系和谐企业与工业园区活动

工会层次	企业开展创建活动情况				是否开展了创建活动		工业园区企业					
	开展活动企业	达标企业	以同级党委政府名义认定	享受优惠政策	是	否		已建工会企业	建立职代会制度企业	集体合同覆盖企业	开展创建活动企业	达标(表彰)企业
	个	个	个	个	个	个	个	个	个	个	个	个
指标序号	c005	c006	c007	c008	c009	c009	c010	c011	c012	c013	c014	c015
总计	22478	10242	810	432	20	4839	931	426	59	442	171	91
(1)省级地方工会						1						
(2)地市级地方工会	14045	7224	156	269		21						
(3)县级地方工会	8433	3018	654	163		121						
(4)省级产业(厅、局、公司)工会						100						
(5)地市级产业(局、公司)工会						310						
(6)县级产业(局、公司)工会						870						
(71)归属中央的企业集团工会						40						
(72)归属地方的企业集团工会						125						
(81)乡镇、街道总工会						599						
(82)其他乡镇、街道级工会						729						
(9)村工会(联合会)						862						
(10)社区工会						973						
(11)工业园区					20	88	931	426	59	442	171	91

表 43

开展创建劳动关系和谐企业与工业园区活动

工会层次	工业园区企业职工总数	工会会员	签订劳动合同职工	养老、医疗、失业三项社会保险覆盖职工	本年度发生职工群体性事件	本年度发生劳动安全事故事件
	人	人	人	人	人	人
指标序号	c016	c017	c018	c019	c020	c021
总计	137433	61759	99569	21634	120	3
(1)省级地方工会						
(2)地市级地方工会						
(3)县级地方工会						
(4)省级产业(厅、局、公司)工会						
(5)地市级产业(局、公司)工会						
(6)县级产业(局、公司)工会						
(71)归属中央的企业集团工会						
(72)归属地方的企业集团工会						
(81)乡镇、街道总工会						
(82)其他乡镇、街道级工会						
(9)村工会(联合会)						
(10)社区工会						
(11)工业园区	137433	61759	99569	21634	120	3

2010 年工会统计年报汇总表（集体合同）

上报单位：____________________　　　　上报日期：　　　年　　月　　日

填 报 人：____________________（签字或盖章）　　　　单位负责人：____________________（签字或盖章）

联系电话____________________　　　　单位公章：

附表

工会签订集体合同情况

类型(c906)	综合集体合同(不包括各类专项集体合同)														
	企业单独签订		区域性					行业性					总数		
	企业	覆盖职工	合同	覆盖企业	同时单独签订综合集体合同企业	覆盖职工	同时单独签订综合集体合同企业职工	合同	覆盖企业	同时单独签订综合集体合同企业	覆盖职工	同时单独签订综合集体合同企业职工	合同	覆盖企业	覆盖职工
	个	人	份	个	个	人	人	份	个	个	人	人	份	个	人
指标序号	h001	h002	h003	h004	h005	h006	h007	h008	h009	h010	h011	h012	h013	h014	h015
总计(0)	39877	4940129	4489	78038	4842	4007386	261000	438	10424	1134	335101	44343	44804	122363	8977273
国有企业及国有独资公司(1)	4441	970040		346	268	30303	23954		352	52	29570	3607		4819	1002352
集体企业(2)	2450	321072		414	97	34614	5079		433	63	48602	2384		3137	396825
私营企业(3)	23887	2129899		58252	3110	2050430	118276		6596	920	151664	31270		84705	4182447
港澳台、外商投资企业(4)	8086	1388144		14044	975	1784220	97340		788	15	59870	1870		21928	3133024
其他(5)	1013	130974		4982	392	107819	16351		2255	84	45395	5212		7774	262625

类型(c906)	工资专项集体合同														
	企业单独签订		区域性					行业性					总数		
	企业	覆盖职工	合同	覆盖企业	同时单独签订工资专项集体合同企业	覆盖职工	同时单独签订工资专项集体合同企业职工	合同	覆盖企业	同时单独签订工资专项集体合同企业	覆盖职工	同时单独签订工资专项集体合同企业职工	合同	覆盖企业	覆盖职工
	个	人	份	个	个	人	人	份	个	个	人	人	份	个	人
指标序号	h016	h017	h018	h019	h020	h021	h022	h023	h024	h025	h026	h027	h028	h029	h030
总计(0)	17188	1734644	4209	52304	5737	992709	105746	172	4260	870	133360	19914	21569	67145	2735053
国有企业及国有独资公司(1)	993	209962		86	43	19136	12433		333	34	9493	4551		1335	221607
集体企业(2)	649	67497		262	139	15701	4656		62	33	3911	1652		801	80801
私营企业(3)	12599	976487		34235	4943	620831	65747		3296	773	73419	10005		44414	1594985
港澳台、外商投资企业(4)	2016	425246		2290	15	225848	1516		83	10	39537	980		4364	688135
其他(5)	931	55452		15431	597	111193	21394		486	20	7000	2726		16231	149525

续上表

类型(c906)	劳动安全专项集体合同			女职工权益专项集体合同			其他专项集体合同			建立集体协商指导员队伍情况						
											地(市)级		市(县)级		县级以下	
	合同	覆盖企业	覆盖职工	合同	覆盖企业	覆盖职工	合同	覆盖企业	覆盖职工	集体协商指导员人数	指导员队伍	集体协商指导员	指导员队伍	集体协商指导员	指导员队伍	集体协商指导员
	份	个	人	份	个	人	份	个	人	人	个	人	个	人	个	人
指标序号	h031	h032	h033	h034	h035	h036	h037	h038	h039	h040	h041	h042	h043	h044	h045	h046
总计(0)	5708	7226	484133	11870	30020	1595447	1103	1194	105963	1997	29	262	71	424	470	1311
国有企业及国有独资公司(1)		844	142134		1400	234342		75	14165							
集体企业(2)		653	55172		1401	126377		32	1815							
私营企业(3)		5079	213179		20526	677037		974	65825							
港澳台、外商投资企业(4)		458	65690		4761	494475		111	23955							
其他(5)		192	7958		1932	63216		2	203